DOSSIERS
DOCUMENTS

Conrad Black
par
Conrad Black

Du même auteur

Duplessis,

Montréal, Les Éditions de l'Homme, 1975 (tome 1)
Montréal, Les Éditions de l'Homme, 1977 (tome 2)
Toronto, McClelland and Stewart, 1977.

Conrad Black
par
Conrad Black

TRADUIT DE L'ANGLAIS PAR
JEAN-PIERRE FOURNIER

ÉDITIONS QUÉBEC/AMÉRIQUE
425, RUE SAINT-JEAN-BAPTISTE, MONTRÉAL (QUÉBEC) H2Y 2Z7 (514) 393-1450

Données de catalogage avant publication (Canada)

Black, Conrad
Conrad Black par Conrad Black
(Dossiers Documents)

Autobiographie.
Publié aussi en anglais sous le titre : A Life in Progress.
ISBN 2-89037-715-6
1. Black, Conrad. 2. Hommes d'affaires – Canada – Biographies. 3. Capitalistes et financiers – Canada – Biographies. I. Titre. II. Collection : Dossiers Documents (Montréal, Québec).

HC112.5.B53A3 1993 338'.092 C93-097267-8

Les Éditions Québec/Amérique bénéficient du programme de subvention globale et de traduction du Conseil des Arts du Canada.

Édition originale publiée par Key Porter Books, Toronto, Canada, sous le titre : *A Life in Progress.*

Dépôt légal : 4e trimestre 1993
Bibliothèque nationale du Québec
Bibliothèque nationale du Canada

Diffusion :
Québec Livres
4435, boul. des Grandes-Prairies
Saint-Léonard (Québec)
H1R 3N4
(514) 327-6900 – région métropolitaine
1-800-361-3946 – extérieur
(514) 329-1148 – télécopieur

Montage : Cait Beattie

À Jonathan, Alana et James

Table des matières

Prologue

Il n'y a peut-être pas d'excuse valable pour quelqu'un qui a mon âge et ma position d'écrire un livre parlant principalement de lui-même. La raison pour laquelle je l'écris maintenant, c'est qu'il s'agit en grande partie d'un commentaire sur le Canada, qui en est à une étape difficile de son évolution politique. Je dois à mes compatriotes une explication sur le fait que je ne réside pas principalement au Canada aujourd'hui, et une description de mes espoirs et de mes inquiétudes pour ce pays.

Une bonne part de ce qui est raconté ici a fait l'objet de longues discussions publiques dans plusieurs pays, parfois d'une façon fort inexacte. Dans bien des cas, il vaut mieux rétablir la vérité sans tarder.

Enfin, j'ose espérer que, placé devant un ou plusieurs des obstacles que l'auteur rapporte ici, quelqu'un, quelque part, y verra des motifs à l'encouragement.

Je désire remercier plusieurs des personnes qui ont collaboré et aidé à la réalisation de cet ouvrage, en particulier ma femme, Barbara Amiel Black, de qui je suis tombé profondément amoureux alors que la rédaction de mon manuscrit approchait de sa conclusion, et qui m'a épousé alors qu'il était en révision. Je suis également reconnaissant à mes amis Peter Atkinson, au Cardinal Emmet Carter, à Dan Colson, Max Hastings, George Jonas, Michael Levine, Charles Moore, Anna Porter, Brian Stewart et Peter White pour leur affection et leurs conseils.

La plupart des auteurs ont un jour connu le désir d'utiliser plume ou machine à écrire pour se confier. C'est ce que j'ai fait. Cette action porte sa propre récompense, et n'en attend aucune autre.

Chapitre 1

Une jeunesse singulière (1944-1967)

Je suis né à Montréal, de parents aisés, le 25 août 1944. La guerre tirait à sa fin en Europe. Le corps expéditionnaire canadien, composé surtout de volontaires, et la mobilisation de nos ressources et de notre industrie au profit des Alliés confirmaient le passage du Canada du statut de dominion anglais à celui de satellite autonome des États-Unis. Les conservateurs regrettaient l'atténuation du lien britannique et tous les Canadiens bien nés se méfiaient des États-Unis, mais c'était un progrès bien mérité et il a été accueilli comme tel.

Montréal était la métropole du Canada, heureux mélange de solidité et de discrétion anglo-saxonnes et de kitsch et de panache français. La communauté de langue anglaise, prospère et britannocentrique, faisait peu de cas de la majorité francophone. Elle la trouvait charmante, mais plutôt fainéante et dominée par le clergé. Elle présumait sans le dire que les francophones étaient destinés, pas tout à fait à tort, à rouler les courts de tennis et à récurer les parterres de l'anglostocratie dans les villégiatures anglophones de Knowlton, de Murray Bay, de Tadoussac et de Cacouna. Sauf pour une poignée de politiciens, de curés et de joueurs de hockey, les francophones n'intéressaient guère leurs compatriotes anglophones.

Une semaine après ma naissance, Maurice Duplessis, « autonomiste » et démagogue à ses heures, était de nouveau assermenté comme premier ministre du Québec après cinq ans d'opposition et d'infirmité.

Je n'avais pas un an quand mes parents ont déménagé à Toronto. La Crise avait convaincu mon père que la prospérité, et même la fortune, était essentielle au bonheur. Nous vivions, disait-il, « dans une société pécuniaire ». Il s'est retiré de l'usine d'hélices d'avion qu'il dirigeait et il est devenu l'adjoint du fameux roi de la bière, E. P. Taylor.

Mon père, George Montegu Black fils, mesurait 1 m 96. Il était mince, cultivé, spirituel, énigmatique, et plutôt mélancolique vers la fin de ses jours. Il avait du talent et de l'ambition. Il aurait sans doute été boursier Rhodes si la Crise n'avait progressivement eu raison de la fortune de son père, jusque-là riche courtier d'assurances et promoteur immobilier à Winnipeg.

Mon père a pris goût au mariage et à l'argent au début des années 30. Après son baccalauréat à l'Université du Manitoba, il a fait des études de comptable agréé, profession pour laquelle, autant que je sache, il n'a jamais eu le moindre intérêt. En 1937, à l'âge de 26 ans, il a épousé celle qui était sa fiancée depuis six ans et il est allé rejoindre son père dans la petite brasserie que mon grand-père avait mise sur pied pour refaire sa fortune.

Ils se sont livrés à cette noble occupation presque jusqu'à la naissance de mon frère, George Montegu Black benjamin, à l'été 1940. Quelques mois plus tôt, à la déclaration de guerre en Europe, mon père avait pris le chemin d'Ottawa. Exclu de l'armée active parce qu'il avait la vue trop faible, il est devenu sous-ministre adjoint de la Défense aérienne et a contribué à l'établissement d'un programme d'entraînement des pilotes du Commonwealth avant de rentrer à Montréal en 1941 pour y fabriquer des hélices d'avion en quantité prodigieuse.

Mon grand-père avait représenté la famille Harmsworth dans l'ouest du Canada, en particulier le premier vicomte Rothermere. Il était associé à lui dans une variété de placements immobiliers et financiers dans les provinces de l'Ouest. Dans les années 20, il a quelquefois amené mon père et ma tante Margaret en Europe. Ils y ont passé la plus grande partie de l'année 1923. Mon père a alors eu l'occasion d'échanger quelques mots avec Rudyard Kipling au cours d'une croisière en Méditerranée, il a entrevu Georges Clemenceau et il a entendu lord Rothermere raconter comment son fils avait failli accéder au trône de la Hongrie, créé par le Traité de Versailles. (Le deuxième vicomte, qui a été mon voisin à Palm Beach, et le troisième vicomte, devenu mon concurrent sur Fleet Street, m'ont tour à tour raconté à peu près la même histoire, me donnant un agréable sentiment de continuité.)

Mon père a acquis une connaissance passable du français, des villes et de la campagne de France, d'Allemagne, d'Italie et d'Angleterre, et des allures mondaines peu communes chez un adolescent élevé au milieu des années 20 dans les plaines de l'ouest du Canada.

Ma mère, Jean Elizabeth Riley, mieux connue sous le nom de Betty, était une femme simple, vive et très vertueuse. Elle était aussi directe que mon père était compliqué et raffiné, aussi chaleureuse que mon père était froid, aussi raisonnable que mon père était capricieux. À part leurs prouesses athlétiques de jeunesse – elle était championne de patin, lui golfeur de calibre professionnel – et le respect mutuel de leurs qualités contraires, je n'ai jamais très bien compris, du moment que j'ai été assez vieux pour en juger, ce qu'ils pouvaient avoir en commun.

À Toronto, ils ont d'abord été perçus comme un charmant jeune couple de l'Ouest, affiné par Montréal, puis comme un ménage pittoresque, plutôt dépareillé, dont les querelles étaient parfois affligeantes, le plus souvent désopilantes, mais jamais assez graves pour diminuer l'affection que je leur vouais. Ils sont devenus graduellement plus excentriques avec l'âge. Ma mère a pris l'habitude d'aller au lit tout de suite après dîner et mon père de veiller une bonne partie de la nuit, en se remontant généralement à l'aide de quelques verres, « ruminant » comme il disait, et lisant. Ma mère lisait aussi abondamment et elle avait une connaissance encyclopédique de la littérature contemporaine. Elle préférait les romans anglais et français aux romans sombres et prolixes des auteurs russes et américains comme John Steinbeck et Erskine Caldwell, qui avaient toujours « une mouche dans la soupe ou le café », disait-elle.

Il arrivait à mon père d'imaginer que la maison était envahie par des intrus ou que les colverts braconnaient dans sa piscine. Il a plus d'une fois fracassé la glace de la double porte du solarium et déclenché une pluie de plâtre du plafond en voulant faire la preuve qu'un fusil n'était pas chargé. Par défi à l'hiver, il chauffait la piscine à 30° jusqu'en décembre, en dépit des frais exorbitants et du fait qu'il fallait remplacer le réservoir de propane pratiquement chaque jour en novembre.

Même les cadeaux que s'échangeaient mes parents à Noël étaient singuliers. Une fois, mon père a donné à ma mère une « allée de garage », c'est-à-dire qu'il a fait repaver l'allée. Comme elle quittait la maison presque chaque jour et qu'il était plutôt reclus, il considérait qu'il lui en faisait cadeau. Elle lui a donné une superbe caméra. Il a arraché la caméra de l'emballage, tenté désespérément de l'ouvrir pour la charger en accompagnant chaque geste d'un monologue tordant, conclu qu'il fallait forcer le boîtier pour l'ouvrir et le fermer, et a finalement renvoyé la caméra au fabricant en pièces détachées le 27 décembre pour la faire remonter.

Quand on lui demandait ce qu'il voulait pour Noël ou son anniversaire, il répondait invariablement, la mine basse, « quelques mots gentils ». S'il était surpris à prendre des airs dramatiques, comme il lui arrivait souvent, il s'exclamait piteusement : « Bof! à quoi bon se plaindre! »

Il se vantait d'être méthodique, mais avait du mal avec tous les gadgets. Un 24 mai, quand nous vivions à Forest Hill, au cœur de Toronto, il a entrepris de nous donner une leçon de balistique et a procédé au lancement d'une fusée. Entre l'allumage et le décollage, le tube de lancement a glissé. La fusée est partie à l'horizontale, est entrée dans la maison du voisin par une fenêtre ouverte, s'est écrasée contre un mur comme un bourdon géant et a explosé. La vieille desséchée qui est apparue à la fenêtre quelques instants plus tard, la tête couverte de bigoudis, ne semblait pas du tout d'humeur à rire.

Un jour qu'il s'est foulé un doigt, mon père s'est mis en frais de tailler une éclisse, nous donnant à mon frère et à moi une leçon de menuiserie.

À peine avait-il commencé qu'il a failli s'amputer un autre doigt avec son couteau et il a décidé de s'en remettre à un vrai médecin.

À l'époque, mon frère et moi ne voyions notre père que les week-ends et les jours de congé, sauf exception. Les déjeuners du samedi et du dimanche étaient les seuls repas que nous prenions avec nos parents. Ils servaient à mon père de prétexte à des monologues ésotériques, mais toujours fascinants, que nous interrompions sans gêne. Mon père rétablissait l'ordre en reprenant solennellement son introduction. Quelques-unes de ces entrées en matière me reviennent encore à l'esprit. «Cela me fait penser aux guenons volantes de l'Alinglappalap!» commençait-il souvent. Quand il disait : «Il y en a qui gueulent plus fort que moi contre Radio-Canada, mais il n'y en a pas qui gueulent plus régulièrement!», c'était toujours le prélude d'un réquisitoire aussi décousu qu'amusant contre le réseau d'État.

Comme l'oncle de Nancy Mitford dans *The Pursuit of Love* (l'un des livres de chevet de mon père), «il aimait ou il haïssait, et d'ordinaire il faut avouer qu'il haïssait» (au moins vers la fin de sa vie). Si ceux qu'il aimait étaient plutôt laids, c'est qu'ils n'étaient pas «bénis des dieux». Mais d'une femme qu'il détestait, il disait qu'elle était «une vieille rombière édentée avec une langue à tondre les haies».

Il trouvait que le *Who's Who in Canada* était un tel «monument à la vanité des hommes» qu'il y a un jour envoyé sa notice biographique, indiquant comme occupation «consultant en friction à distance». Après enquête, la direction de l'annuaire a décidé de ne pas publier la notice.

Il était extraordinairement pointilleux sur la langue et ne supportait pas qu'on la meurtrisse. C'est à peine s'il pouvait regarder les sports à la télévision tant l'insultaient les affronts que les commentateurs infligeaient à l'anglais. Foster et Bill Hewitt, au hockey, et Dizzy Dean, au baseball, l'irritaient particulièrement. Il affirmait sans sourciller que Richard Nixon avait perdu les élections de 1960 parce que le président Eisenhower parlait sans cesse des armes «nuculaires». Il n'a jamais pardonné à Mackenzie King d'avoir dit au public canadien en 1940 : «La menace d'une victoire allemande s'élève comme une avalanche.» Il en a plus d'une fois fait la remarque à Jack Pickersgill, secrétaire particulier de King. (Jack lui donnait raison et protestait vivement de son innocence.) Mon père était un raconteur original et très drôle.

Les impropriétés de langage qu'il commettait à dessein étaient plutôt truculentes. «Je vais fermer les écoutilles, m'attacher au mât et me terrer dans la montagne», a-t-il dit un jour à un Bud McDougald médusé. Il avait un répertoire de phrases amusantes, comme celle-ci de John P. Marquand : «Je n'ai que trois amis et deux d'entre eux ne m'aiment pas.» Il prétendait – mais je n'ai jamais pu le confirmer – que Hailé Sélassié, rentré à Addis-

Abeba après l'expulsion des Italiens en 1941, avait proclamé : « C'est un jour de libération, de castration et de festin ! » Au cours de ma vie adulte, on m'a souvent rappelé en politique et en affaires ce que mon père avait l'habitude de dire : « C'est le destin et peut-être même le désir des minorités d'être opprimées. »

Il avait d'absurdes prétentions. Il croyait avoir l'oreille absolue et disait qu'il pouvait régler son ronflement comme un réveille-matin pour se lever à l'heure qu'il voulait. Il n'avait évidemment pas de tels dons, mais ses tentatives pour le démontrer étaient invariablement à mourir de rire.

C'était un capitaliste convaincant. C'est sans doute sous son influence que j'ai investi en 1952 la totalité de mes économies (59 $) dans une action de General Motors que je n'ai jamais revendue. À l'époque, c'était presque une obligation de la victoire de la guerre froide. On m'a toujours soupçonné de laver mon argent parce que j'ai été pris un jour en flagrant délit de nettoyer des billets de banque que j'avais souillés en tombant dans la boue.

L'aïeul de mon père était venu à Winnipeg des États-Unis et celui de ma mère du Yorkshire vers la fin de 1800. Les Black conservaient une partie de l'extravagance des Américains. En période d'abondance, ils consommaient largement, mais sans ostentation. Ma mère était d'une famille nombreuse : elle avait six frères et une sœur. Les Riley étaient, et restent encore dans l'ensemble, des gens simples, sérieux, stoïques et discrets. Mi-aristocrates, mi-bourgeois, ils représentaient ce qu'il y a de meilleur, de plus sûr et de plus stable dans l'élite du Canada. Avec la grande amabilité qui la caractérisait et qui charmait tout son entourage, ma mère parlait des modestes voyages que mon frère et moi faisions en Europe comme de « tournées des grands ducs » et du personnel d'une compagnie d'assurances dont sa famille était propriétaire à 20 % comme de « cadres professionnels ».

Telle était ma lignée, honorable et irréprochable, comme celle de bien d'autres au Canada, digne d'une certaine fierté et en aucun cas source d'embarras.

Le Toronto du début des années 50 était une ville implacablement terne et assommante, même pour un garçonnet de sept ans : aucun cachet dans le vêtement ou l'architecture, aucune spontanéité, seules l'insoutenable austérité et la cupidité de la Basse Église de l'Ontario. « Aussi morne qu'un dimanche après-midi du temps de guerre à Toronto », écrit Alastair Horne à propos d'Alger à la fin de son ouvrage magistral sur la guerre d'Algérie. Ma mère et moi nous sommes livrés pendant 20 ans à un petit jeu : c'était à qui trouverait le plus laid des milliers de poteaux de téléphone surchargés, cambrés et créosotés de Toronto.

Mon père en est venu à considérer tout déplacement, même de sa maison de banlieue au centre-ville de Toronto, comme une périlleuse descente aux enfers. Mais songeant à ce qu'avaient représenté pour lui ses voyages de jeunesse en Europe, il s'est fait un devoir de nous amener régulièrement à New York et à Montréal, et, dans un grand geste de ferveur monarchique, en Angleterre pour le couronnement de la reine Élisabeth II en 1953.

Le 7 février 1952, en allant saluer nos parents endormis avant de quitter la maison pour l'école, mon frère, dont les talents de comique ont percé tôt et ne se sont jamais démentis, leur a fait part de deux événements fortuits. Il a d'abord dit qu'il avait trouvé un charançon dans ses céréales, ce que le cuisinier chinois de mes parents a nié avec la dernière énergie même après qu'on eut produit le cadavre détrempé de l'insecte. (Le cuisinier était l'être le plus énigmatique que j'aie connu ; il est mort dix ans plus tard à un âge avancé, laissant une fortune de plus d'un demi-million de dollars.) Puis, mon frère a annoncé la mort du roi George VI. Mon père, que ce rituel familial n'arrivait d'ordinaire pas à tirer du sommeil, s'est dressé sur son séant et, exposant son maillot de corps au jour nouveau, s'est mis à s'agiter. C'est ainsi qu'est née l'idée de notre grand voyage en Angleterre l'année suivante.

Enfant, j'étais passionné de bateaux, aussi bien de navires de guerre que de paquebots. Je savais par cœur la longueur et le tonnage des plus grands paquebots, ainsi que l'armement des navires de guerre, et je ne manquais pas une occasion d'asséner ces renseignements à mes amis, et même aux passants. J'ai pleuré à chaudes larmes quand j'ai appris que le dernier des paquebots à quatre cheminées, l'*Aquitania*, serait mis au rancart et démoli en 1950.

La récompense de mes efforts a été un billet de première aller et retour à bord du plus grand paquebot du monde, le *Queen Elizabeth* (314,25 m, 83 673 tonneaux). Je n'oublierai jamais mon émotion indicible lorsque j'ai vu le bateau pour la première fois et que nous sommes montés à bord à New York. Mon frère et moi avons exploré tous les recoins du navire. Le capitaine, debout, courtois, distant et respecté, m'apparaissait comme l'incarnation suprême de l'autorité.

Sur le pont promenade, l'un des stewards, vétéran du *Queen Mary*, du *Mauretania*, du *Berengaria*, du *Majestic* et de l'*Olympic*, la sœur plus fortunée du Titanic, m'a régalé du récit de ses voyages transatlantiques. En quittant Southampton pour New York trois mois plus tard, le *Queen Elizabeth* est passé entre les deux ailes de la flotte anglaise déployée dans le Spithead pour la revue navale. J'ai cru voir le *HMS King George V*, navire amiral de la flotte qui avait coulé le *Bismarck*. En tout cas, nous avons vu le *Vanguard*, dernier grand cuirassé de la flotte anglaise. Quelques semaines auparavant, j'avais harcelé mon père pour qu'il nous fasse conduire à Shoeburyness, à 64 km de Londres, pour voir le navire et c'est à peine si nous avions pu le distinguer à travers la brume au large. (Trente ans plus tard, l'un des derniers capitaines du *Vanguard*, sir Alistair Ewing, a supervisé l'installation et l'enlèvement des volets-tempête de ma maison de Palm Beach. J'ai écouté le récit de ses souvenirs avec autant de ravissement que j'avais écouté ceux de ses contemporains à ma première visite en Grande-Bretagne.)

Sur le paquebot j'ai fait la connaissance d'autres passagers, notamment sir Eric Bowater et des industriels britanniques qui fulminaient contre le maccarthysme. En vain mon père a tenté de les rassurer, disant que les ressources insondables du système politique américain finiraient par tout arranger. Les Britanniques doutaient de l'aptitude des Américains à diriger le monde libre. Comme depuis des mois je filais de l'école à la maison pour voir les audiences du comité McCarthy à la télévision, j'ai osé prendre la défense du sénateur. J'ai dit qu'il avait raison de dénoncer les communistes et de les débusquer de Hollywood et du secrétariat d'État et que, de toute manière, ses audiences à la télévision étaient passionnantes. Autant que je me souvienne, je m'immisçais pour la première fois dans une conversation d'adultes. (Mon deuxième favori à la télévision était David Brinkley résumant les combats aériens dans le ciel de la Corée et faisant la narration des séquences de guerre de la veille. Venait ensuite l'émission Victory at Sea, sur la musique enlevante de Richard Rodgers. Loin derrière suivaient dans mon palmarès, après un bon match sportif et peut-être un discours politique, les bouffonneries de Jackie Gleason et de Phil Silvers.)

J'appréhendais la Grande-Bretagne après une traversée aussi fabuleuse, mais elle ne m'a pas déçu. En entrant à Londres depuis Southampton, mon père a répété la fameuse tirade de Bismarck : « Dieu! Quelle ville à piller! » Les façades majestueuses, les palais splendides (surtout Apsley House), les grands hôtels et les clubs (nous avons d'abord habité au Claridge avant de déménager au Connaught Square), les interminables galeries à colonnades du West End, les innombrables catégories de domestiques en livrée, les gardes, la cérémonie du couronnement, le vénérable Winston Churchill dans son carrosse, l'activité bourdonnante du port et du fleuve, les grandes églises, la campagne, Windsor, Stratford, Hampton Court, Harrods, même les ruines des bombardements, symboles de la résistance de Londres dans les dernières années de la guerre que mes aînés ne se lassaient pas de refaire, tout était magnifique. Londres ne semblait pas si puissante ni si riche ni si vibrante que New York, elle ne l'était pas non plus et ne l'est toujours pas, mais elle était fascinante.

De toute façon, elle ne souffrait pas la comparaison avec Toronto, la seule autre ville au monde que je connaissais mieux.

Ayant vu Londres et New York, je comprenais mieux le malheur du Canada : nous étions un sous-pays, respectable, mais de deuxième ordre. Nous étions différents des Anglais et légèrement distincts des Américains, mais ils étaient plus forts, plus singuliers et plus importants que nous. Nous avions la bonne fortune d'être leur allié, même s'ils nous dominaient. Nous avions la reine que les Américains n'avaient pas, les francophones que les Britanniques et les Américains n'avaient pas, mais les Anglo-Canadiens n'attachaient pas une très grande valeur à ces ressources. En compagnie de mon père et de ma mère en 1951, j'avais assisté au défilé de la princesse Élisabeth en face de l'hôpital Sunnybrook, mais la reine était anglaise et ne venait au Canada que deux semaines par-ci par-là.

Les Américains et les Anglais avaient Churchill, Eisenhower, MacArthur, Marshall et Montgomery. Ils avaient les vedettes. Nous avions de braves gens. C'est du moins ce qui me semblait en 1953 alors que je ne connaissais pas d'autres héros canadiens que le « Rocket » Richard.

Ce que j'admirais chez le Rocket, ce n'était pas seulement ses montées électrisantes, mais son incroyable détermination, de plus en plus indomptable à l'approche des éliminatoires, et le fait qu'il incarnait la fierté et les aspirations de ses compatriotes. Davantage que par ses buts spectaculaires, j'étais impressionné par l'acharnement qui le poussait à parcourir le train de nuit lors d'une série aller et retour entre Montréal et Detroit, tirant les rideaux des couchettes pour trouver et rouer de coups l'un de ses rivaux. Sans doute était-ce cet esprit combatif qui l'avait incité à se dissimuler derrière un pilier de l'hôtel Mont-Royal pour sauter à la gorge d'un arbitre qui venait de le pénaliser.

Voilà, me disais-je, de la vraie fibre de champion, le refus obstiné de la défaite au lieu de la soumission timide qu'on nous prêchait sur les terrains de jeux anglais et anglo-canadiens. Le Rocket acceptant la Coupe Stanley des mains de son ennemi juré Clarence Campbell à sa dernière présence sur la glace à Toronto, Ted Williams frappant un coup de circuit à sa dernière présence au bâton, Sugar Ray Robinson reprenant le titre des poids moyens à Carmen Basilio et à Gene Fulmer, voilà les exemples de volonté triomphante qui me fascinaient dans le sport. Nous en avions quelques-uns au Canada, mais le cri du huard et le bruissement de l'aviron me semblaient de piètres succédanés à la grandeur nationale.

Le 1er juillet 1992, j'ai été particulièrement touché d'être mandé par Sa Majesté au Conseil privé du Canada en même temps que Maurice Richard. C'était un honneur dont je n'aurais osé rêver quand j'écoutais ses exploits en cachette à la radio au début et au milieu des années 50. (Hélas !

le Rocket n'a pu assister à la cérémonie, mais cela n'a en rien diminué ma fierté de partager les mêmes honneurs.)

L'avenir me réservait d'autres «voyages aux frais de la princesse», selon l'expression de mon père, notamment un voyage transcontinental en train en 1955, mais dans l'intervalle le retour à la discipline d'Upper Canada College en septembre m'a semblé pénible : les devoirs, l'odeur d'urine et de formol (que j'ai encore du mal à supporter), les sports obligatoires (pour lesquels je n'avais pas hérité l'aptitude de mes parents), les assommantes leçons de lecture, d'écriture et d'arithmétique inculquées fréquemment à coups de cravache. La plus prestigieuse école privée du Canada, comme la plupart de nos institutions, se modelait sur ses ancêtres anglais. Nous devions recopier cent fois la même chose en retenue, courir autour du «cercle»; pis encore, les écarts de discipline auxquels je me laissais parfois aller entraînaient prestement un postérieur endolori ou des meurtrissures (encore plus souffrantes) à la paume des mains.

Dans les premières années du primaire, le raffut était pire que la douleur. En deuxième année, à l'âge de sept ans, l'institutrice – la seule de l'école – nous tapait sur les doigts avec une cuillère de bois. En troisième et en quatrième année, le régime était mixte : le professeur d'arithmétique nous frappait sur les mains avec une règle et les titulaires utilisaient un système de démérite. À la fin des classes régulières le vendredi, ceux qui avaient trois points de démérite ou plus (seuil que je franchissais à tout coup) devaient se ranger contre le mur extérieur de la classe dans l'ordre alphabétique pour recevoir la fessée.

À partir de la cinquième année, sauf dans les classes d'instituteurs qui pouvaient s'épanouir autrement qu'en rossant les enfants, il n'y avait «rien pour nous sauver que notre fond de culotte», comme se plaisait à dire mon professeur de sixième et de huitième (j'ai toujours eu du mal à les appeler «maîtres»). Étant un peu têtu, insolent par moments et plutôt malchanceux, j'ai eu droit aux coups plus souvent qu'à mon tour. Plus nous grandissions et résistions à la douleur, plus les corrections étaient brutales.

Un instituteur avait mis au point une forme de châtiment particulièrement révoltante : il citait les délinquants devant la classe et lui laissait le soin de décider par un vote s'ils méritaient d'être punis. La classe votait toujours en masse pour la punition. Mes idiots de camarades aimaient et légitimaient le système. Je votais contre jusqu'à ce que mon tour vienne. Alors tous, sauf mes meilleurs amis, réclamaient pour moi le châtiment le plus sévère, qui était toujours exécuté sur-le-champ et avec ferveur. À l'occasion, les élèves pouvaient aussi décider de la sévérité de la punition, c'est-à-dire combien de coups de fouet seraient attribués aux coupables.

C'était «donnez-nous Barabbas!» L'indignation que m'inspirait l'ardeur de mes camarades pour cet exercice de sadisme dépassait même le mépris que j'avais pour son auteur.

À l'origine, je n'avais pas d'opinion sur les châtiments corporels. Il fallait maintenir l'ordre et cette discipline tout anglaise relevait des usages de l'école privée.

Avec le temps, ils me sont apparus comme une pratique brutale et vicieuse. Shaw avait raison de dire : «Celui qui peut agit; celui qui ne peut pas enseigne». J'étais tenté d'enchérir : celui qui peut commande; celui qui ne peut pas intimide. Sans doute y avait-il de meilleures méthodes d'éducation. Je me faisais un point d'honneur de résister à la terreur. De sceptique, je suis devenu rebelle, puis insurgé et anarchiste. (En 1977, j'ai commencé à écrire un roman sur les excès des écoles privées de l'Ontario et leurs effets psychologiques sur les élèves. J'y ai renoncé parce que j'ai peu de talent pour la fiction et je craignais qu'un tel ouvrage passe pour être de mauvais goût ou trop autobiographique.) Comme toute guerre de guérilla, la mienne allait s'intensifier jusqu'à ce que le régime change ou que je sois neutralisé, intimidé ou expulsé.

Les acolytes serviles du système, les *sonderkommandos*, me dégoûtaient. Je méprisais aussi ceux qui nous épiaient aux douches et décernaient le prix «zèbre» au garçon dont les ecchymoses trahissaient le plus grand nombre de coups. Je me suis classé deuxième pour le semestre de l'hiver 1955 (la seule distinction que j'aie eue à Upper Canada à part une deuxième place au championnat junior d'échecs en 1959). Les élèves qui, par leur docilité ou leur servilité, légitimaient les excès du régime pénal de l'école; les sadiques et homosexuels trop affectueux du corps enseignant et les gros bêtas, plus nombreux, qui avaient de toute évidence échoué dans le vrai monde et s'étaient réfugiés au royaume de Lilliput où leur prestige pouvait s'appuyer sur la menace du bâton, me répugnaient tous profondément.

L'un des plus ardents tortionnaires de l'époque était Laurier Lapierre. Longtemps après, quand nous nous sommes affrontés dans des débats amicaux à la radio de Montréal et qu'il a parrainé ma thèse à McGill, et plus tard encore quand il a confessé publiquement ses tendances homosexuelles, on a pu conjecturer sur les mutations psychologiques et socio-économiques qui poussaient ce jeune socialiste canadien-français sans le sou à s'en prendre si violemment aux douillets arrière-trains des fils de l'élite anglophone.

Je ne condamnais pas l'usage légitime de la force pour mater l'insolence, tel que décrit par mon ami et camarade de deuxième et de sixième, John Fraser, dans son livre *Telling Tales*. Par exemple, ce jour où, avec une bande d'élèves de sixième, j'ai chahuté dans un corridor, et où le surveillant courroucé d'un examen du secondaire, pointant son index vers l'écriteau «examen en cours», nous a demandé pour la forme si nous savions lire et auquel j'ai riposté, sans vouloir être aussi impudent que je l'ai été : «Non, je reçois une éducation inférieure». Le surveillant m'a attrapé par le chignon du cou, m'a traîné devant la classe et, beuglant son plaisir de pouvoir contribuer à mon éducation, s'est mis à me cravacher avec un fouet qu'il a miraculeusement tiré de son bureau. Les élèves, languissants, ont levé les yeux de leur feuille d'examen pour voir le spectacle. Le surveillant m'a ensuite rejeté dans le corridor sur ces mots qui ont longtemps trotté dans ma tête : «Reviens quand tu te sentiras de nouveau sous-éduqué!» J'ai rarement été insolent par la suite.

J'ai pareillement été corrigé à ma seule tentative de jouer les petits durs. En l'absence du professeur, j'ai eu une prise de bec et j'en suis finalement venu aux mains avec celui qui passait pour la poule mouillée de la classe. Il s'est révélé plus costaud que je ne croyais et mon initiative s'est soldée par un échec tactique et moral. Le professeur est revenu plus tôt que prévu et nous a fait venir devant la classe pour l'inévitable châtiment. J'ai tenté de sauver mon honneur en plaidant la cause de mon rival, disant qu'il ne méritait pas d'être puni puisqu'il ne faisait que «se défendre».

«Et fort bien, du reste!» a enchaîné le professeur, brandissant son fouet. Il a accepté mon appel à la clémence pour mon vaillant adversaire. J'avais si honte que c'est à peine si j'ai eu conscience de la correction qui a suivi. Mon stoïcisme apparent m'a racheté aux yeux pervers de mes camarades. Non seulement je n'ai plus tenté de jouer les durs, mais je ne suis jamais resté neutre quand j'en voyais d'autres le faire.

C'est la seule fois de mes années d'école où j'ai eu recours à la force physique sans y être provoqué et l'expérience n'a pas été un succès, même avant l'intervention du professeur. J'ai été mêlé à quelques disputes dans la cour de l'école et je m'en suis toujours tiré avec plus de distinction que cette fois-là, mais j'ai vite compris que j'avais peu de talent pour le pugilat. Je n'ai jamais dépassé la deuxième ronde du tournoi de boxe de l'école et j'ai été soulagé quand l'orthodontiste m'a interdit de continuer d'y participer.

Les injustices disciplinaires n'étaient pas rares et je n'en ai certes pas été la victime la plus flagrante. Mon dernier mouvement de révolte contre l'autorité a commencé à l'automne 1958. Je m'étais fait coller deux fois et j'étais contraint à deux heures de retenue un samedi. À la fin de la première heure, le pion a crié les noms de ceux qui étaient libérés. J'ai été surpris d'entendre le mien et plutôt que de lui signaler qu'il y avait peut-être erreur, je suis parti sans mot dire, supposant que ma peine avait été abrégée. J'ai été déclaré absent et convoqué le lundi suivant chez le pion en chef du secondaire. (J'avais terminé le primaire en juin précédent.)

Je présumais naïvement que le châtiment serait équivalent au crime. Mon tortionnaire était un vieux malin au dos voûté qui correspondait à l'image classique du bourreau de saint Jean Baptiste. Il a reconnu en moi un subversif invétéré, que j'étais peut-être devenu du reste. Voulant tuer la révolte dans l'œuf, il m'a flanqué une terrible raclée. Il y a mis tant d'ardeur que ses deux audiophones sont tombés de ses oreilles d'éléphant. Rouge de colère, il m'a jeté un regard d'extraterrestre dément. En 1962, j'ai lu l'ouvrage de William L. Shirer, *Le Troisième Reich : des origines à la chute*. Les deux seuls passages où j'ai eu de la sympathie pour Hitler, c'est quand il s'est torché avec son diplôme d'études secondaires et quand il a ajouté à la liste de victimes de l'infâme Nuit des longs couteaux en 1934 un instituteur à la retraite qui l'avait cravaché trente ans auparavant.

Je n'allais pas tendre l'autre joue, mais sans la crainte de la justice, j'aurais peut-être mis le feu à l'école. Mon père était abonné à l'édition anglaise de la revue *Réalités*, qui traitait abondamment de la guerre d'Algérie. Je n'avais certes aucune admiration pour les fellaghas; ils n'étaient quant à moi qu'une racaille sordide de terroristes paysans infestés de puces. Mes sympathies étaient du côté des Français; les légionnaires étrangers et les parachutistes étaient de vrais héros de roman. Mais je savais la force de sape des opérations clandestines.

J'ai conçu et amorcé une campagne systématique de harcèlement et de sabotage administratif du régime. La structure de l'école avait été condamnée et les classes avaient lieu dans des autocaravanes tandis qu'on reconstruisait l'immeuble principal. Les travaux me facilitaient la tâche. Premièrement, j'ai crocheté la serrure de l'autocaravane qui renfermait les dossiers du corps de cadets, le bataillon de l'école. J'ai retiré ma carte de façon à être considéré comme n'existant pas, puis j'ai subtilement altéré les cartes d'élèves que je n'aimais pas ou que je trouvais ridicules, de manière à leur causer des ennuis ou à les faire accuser injustement d'être absents sans permission. Mes fraudes n'étaient pas assez flagrantes pour que les autorités puissent les détecter. J'ai allègrement embrouillé pour le reste de l'année ce que j'appelais leur « sottise paramilitaire ».

Pour faire bonne mesure, j'ai retiré ma carte des dossiers du directeur des sports, évitant ainsi de devoir me soumettre aux sports obligatoires et à leurs scènes de vestiaire dégradantes. (Par gratitude pour John Bosley, qui était encore moins doué que moi pour l'athlétisme de sorte que ses performances risibles ont toujours éclipsé les miennes, j'ai voté fidèlement pour lui comme député de ma circonscription à partir de 1978. Il aurait été moins sûr de mon vote si je ne lui avais pas été si redevable.)

J'ai ensuite attaqué effrontément le bureau du préfet de discipline. J'ai crocheté la serrure de sa porte en pleine nuit (après ma classe de confirmation dirigée par le directeur de l'école), j'ai dévalisé son bureau et j'ai altéré, en les triant soigneusement, quelques-uns de ses dossiers. J'ai réussi à faire exonérer certains amis en retirant les plaintes déposées contre eux et à faire inculper un élève avec qui j'avais eu un démêlé en déposant contre lui une plainte d'absentéisme. Vers la fin de l'année scolaire, j'ai ourdi mon coup de maître (pour ne pas dire le coup de grâce). La démolition et la reconstruction du bâtiment principal obligeait la direction de l'école à servir le déjeuner en deux temps. Durant la première tablée, le bureau central était laissé sans surveillance et les papiers et dossiers en cours restaient souvent à traîner dans la pièce fermée à clé où trois ou quatre secrétaires travaillaient. J'ai recruté trois complices, dont l'un possédait un vaste jeu de clés. Il a vite repéré celle qui ouvrait la porte du bureau. Nous avons mis la main sur les questionnaires d'examens de fin d'année. Comme j'avais déjà fait, pour ma curiosité et mon plaisir, une copie des bulletins des élèves du secondaire, je pouvais facilement déterminer ceux qui paieraient le plus cher pour les questionnaires. S'en est suivi un commerce fort actif et extrêmement profitable (une marge bénéficiaire de 100 % puisque je n'avais aucuns frais de revient).

J'allais réduire le système scolaire tout entier au chaos, sauf la classe d'immatriculation, en plus d'obtenir des notes spectaculaires sans avoir trop travaillé. Je n'en éprouve ni fierté ni honte. Le système était affreux et il était aggravé par sa médiocrité et sa prétention, mais j'ai fini par être un peu diabolique et par incommoder des centaines d'élèves et de professeurs innocents.

Un élève m'a supplié à genoux de lui vendre un questionnaire d'examen. Je savais par les bulletins que j'avais copiés qu'il n'avait eu que 12 % dans cette matière aux examens de Pâques. Si je me rendais à sa demande et que sa note passait à 90 %, l'écart serait trop grossier même pour l'âne qui administrait l'école. J'ai donc feint d'ignorer de quoi il voulait parler.

Avant la fin de l'année, j'avais mis pratiquement tout le système sens dessus dessous. Comme le roi des rats, la vedette du film qui allait sortir dix ans plus tard, j'avais plus de pouvoir que nos geôliers. Je m'étais introduit dans la salle des maîtres et j'avais remanié les affectations du personnel de surveillance, m'assurant que nos examens seraient surveillés par les moins vigilants – les professeurs de musique et d'écriture, si j'ai bonne mémoire.

Ma petite guerre a pris fin abruptement le 9 juin 1959. L'un de ceux à qui j'avais vendu un questionnaire avait été trop lourdaud pour apprendre les réponses par cœur ou les transcrire sur une feuille de copiage. On a tôt fait de se rendre compte qu'il était au courant des questions d'examens. Dès qu'il a été interrogé, il s'est mis à table.

Le préfet de discipline a compris que les choses étaient allées trop loin et ne pouvaient plus être redressées par les méthodes usuelles. Nous avons été expulsés. La femme du directeur, avachie dans un hamac dans le jardin de la résidence de son mari, m'a fixé d'un regard sombre sous son chapeau en cône, popularisé par le Viêtcong dans les années 60, et m'a dit que ma vie était terminée. N'ayant jamais cru un traître mot de ses papotages de vieille sorcière, je n'avais pas de raison de la croire davantage ce jour-là. (Quelque 25 ans plus tard, Jim Coutts, candidat à l'élection partielle de Spadina, a découvert la veuve du principal dans l'hospice qu'habitait Marion Pearson. Il m'a raconté avec humour comment il avait en vain sollicité son vote.)

Dans le cadre de mes lectures intermittentes sur la guerre d'Algérie (n'ayant aucune envie, pour des raisons évidentes, de lire les ouvrages inscrits au programme d'études), je venais tout juste de lire le roman d'Albert Camus, *L'Étranger*, dont l'action se déroule à Alger. Le narrateur, condamné à mort malgré son innocence, dit qu'il souhaite monter à l'échafaud, conspué par la foule.

Au moment de quitter l'école que j'avais fréquentée durant huit ans, mes chers camarades, dont certains qui m'avaient harcelé pour acheter un questionnaire d'examen quelques jours plus tôt, m'ont comblé d'injures, comme la foule de Camus. Je pensais à *L'Étranger*, même si le parallèle était faux du fait que je pouvais difficilement prétendre – et que je n'ai jamais prétendu, du reste – à l'innocence.

J'ai revu l'un de mes complices deux fois au cours des deux années qui ont suivi. Je n'ai pas revu les deux autres depuis 33 ans. Je leur fais toutes mes excuses. Je me croyais justifiable de faire le chahut et d'ébranler les colonnes du temple d'imposture qu'était Upper Canada College. Mais je n'aurais pas dû en entraîner d'autres dans mon aventure. Je l'ai toujours regretté.

Mes parents ont réagi avec calme, presque sans émotion. Mais j'ai eu de vifs remords pour mon ancienne nounou, une sainte femme qui n'avait pas eu la vie facile (c'est le moins qu'on puisse dire). Elle a fondu en larmes en apprenant mon renvoi.

Mon père m'a fait entrer au Trinity College School, à Port Hope, dans la classe suivante (mes notes étaient fort passables avant même que je dérobe les questions d'examens). Trinity College School était – et reste encore – une autre grande école privée. Elle était moins forte qu'Upper Canada College, mais plus progressiste. Je n'y ai pas vu l'ombre d'une cravache même si on m'en a quelquefois menacé.

J'aimais les élèves, comme j'aimais la plupart des élèves de mon ancienne école, mais la discipline excessive du pensionnat et l'absence de vie privée me faisaient tellement horreur que je ne pouvais m'empêcher d'y résister. Mon insubordination a cependant été moins insidieuse qu'à Upper Canada. Le 22 mars 1960, les autorités de Trinity College School, exaspérées, ont prié mon père de m'en retirer. J'avais rempli d'encre un bouchon de radiateur et je l'avais tiré comme une soucoupe volante à la tête d'un professeur. «Je regrette que ça se termine ainsi», ai-je dit au vénérable directeur en lui serrant la main. En fait, je n'étais pas du tout mécontent. Mon père, jamais à bout de ressources, a d'abord feint de penser que c'était la fin de mon éducation formelle. Il l'a dit à ma mère avec résignation en venant me cueillir à la gare Union dans sa splendide Packard décapotable (que j'ai toujours et que je maintiens en parfaite condition). Mais il a retrouvé sa bonne humeur quand j'ai protesté, et il m'a fait réadmettre au Trinity College School comme externe.

Mon père avait quitté la présidence de Canadian Breweries en 1958. Il était plus ou moins à la retraite et s'accommodait mal de l'oisiveté. Il traversait une période difficile, sans parler des problèmes que je lui causais. Comme il avait du temps, il a personnellement assumé la surveillance de mes examens de onzième dans la salle de billard de la maison. J'ai passé à grand-peine et j'ai été admis en douzième au Thornton Hall, prétentieuse école de chauffe sur Poplar Plains Road.

Thornton Hall était dirigé par une Écossaise névrosée et fascisante, préfigurant le personnage de Jean Brodie dans le film du même nom, et par son amant, dandy crasseux, minable et libertin, qui en était le fondateur. J'ai rencontré là Eric Johnson, le meilleur professeur (latin et français) que j'aie jamais eu, et noué de solides liens amicaux, entre autres avec Brian Stewart, aujourd'hui grand journaliste. Je n'ai jamais laissé de lui être reconnaissant pour son indéfectible amitié depuis le jour de notre rencontre en septembre 1960 et j'ai toujours cherché à lui rendre la pareille.

Avec une précision d'horloger, je me suis faufilé jusqu'en treizième, malgré les tracasseries de la Mussolini écossaise (elle avait les joues creuses du Duce en plus de partager son idéologie). Durant la dernière année de mon séjour à Thornton Hall, mon père, dans l'un de ses transports, a offert d'acheter l'école. Elle semblait une bonne affaire, mais l'offre a poliment été rejetée. Dans un dernier geste de rébellion contre un système scolaire que je trouvais irrémédiablement détestable depuis une décennie, j'ai quitté Thornton Hall en février 1962 et décidé de passer mon examen d'immatriculation à l'ancien manège de la rue University. Était admissible à l'examen quiconque versait une somme remboursable de cinq dollars pour chacune des neuf matières requises.

Je me suis joint à une bande hétéroclite d'étudiants perpétuels, d'attardés et de débrouillards enthousiastes. George Black était sceptique et il était à bon droit fatigué de mes tribulations scolaires. Il prévoyait que je serais forcé de reprendre mon année. Mes parents m'ont néanmoins aimablement invité à déjeuner au Park Plaza le premier jour des examens. Ils n'ont jamais très bien compris ce qui m'indisposait tant à propos de l'école ni pourquoi je n'étais pas aussi docile que les autres garçons. Ma conduite les intriguait et les amusait sans doute, mais pas au point de compenser les soucis et l'embarras que je leur causais.

J'étais aussi résolu à franchir la dernière étape du secondaire que je l'avais été à défier la discipline de l'école. En 1962, le candidat à l'immatriculation devait réussir ses neuf examens ou reprendre l'année. Il n'y avait ni supplémentaires ni révisions. J'ai eu un 50 et un 51, mais j'ai passé le reste avec aise. Mes notes ne me permettaient cependant pas d'entrer à McGill, à l'Université de Toronto ou à l'Université York (malgré l'intercession bienveillante de George Black auprès du président du conseil des gouverneurs d'York, Robert Winters).

Le matin où le facteur a livré mes résultats de treizième, ma mère s'est empressée d'éveiller mon père, qui n'ouvrait d'ordinaire pas l'œil avant midi et alors seulement pour prendre son bain, ayant lu jusqu'aux petites heures du matin. Ce jour-là, longtemps avant l'heure de son bain rituel, il s'est levé à 9 h 30. Il a enfilé sa robe de chambre, a traversé la maison d'un pas ferme, m'a tendu la main, disant «je te félicite!», et il est prestement retourné au lit. Je lui ai dit qu'il méritait aussi des félicitations pour sa patience d'ange et son inlassable soutien. Comme il était homme d'habitude, que nous avions eu de vives disputes et qu'il avait eu peu de raisons de me féliciter depuis quelques années, le moment nous a tous deux émus.

Upper Canada et Trinity College School sont de bonnes écoles, comme elles l'étaient sans doute à l'époque. Des appels de fonds que je reçois d'Upper Canada et de Trinity, de mon inclusion soudaine dans le fichier d'adresses des anciens il y a quelques années et d'une convocation de Thornton Hall me décrivant comme «un ancien distingué illustrant l'esprit d'entreprise appris à Thornton» en 1987, je déduis que tout m'est pardonné. J'ai quant à moi passé l'éponge sur tout ce qui a pu me blesser.

Comme je l'avais toujours soupçonné, l'avenir me réservait de meilleurs jours. Le passage à l'âge d'homme n'avait pas été facile.

L'insupportable crétin qui était directeur d'Upper Canada durant mon séjour a bientôt pris sa retraite. Son successeur a sans doute extirpé le climat délétère du repaire de petits protestants morveux et chauvins de Rosedale et de Forest Hill, que Vincent Massey venait assommer de ses conseils sur leurs bancs de finissants et dont un nombre démesuré aboutissait sur Bay Street pour vivre en somnolant du fruit des relations nouées à l'école.

L'histoire officielle d'Upper Canada, écrite par mon ancien professeur d'anglais, décrit une communauté champêtre que je ne reconnais pas. Le lecteur ne soupçonnerait pas qu'il arrivait aux membres du corps enseignant de s'emporter contre les élèves et de les cravacher avec sadisme. Ne pouvant me résoudre à acheter l'ouvrage, j'ai consenti à l'échanger à Dick Sadlier contre un exemplaire de mon livre – avec dédicaces bien entendu.

La plus grande leçon que j'aie tirée de l'école est une leçon d'admiration pour ceux qui supportaient dans le calme et la dignité un système hostile et souvent injuste. Les héros à l'école ne sont pas ceux qui excellent dans ce qui leur vient sans effort, ni ceux qui se rebellent, dont j'étais un exemple notoire. Ce sont ceux qui surmontent les adversités et en sortent grandis. Il m'a fallu des années pour le comprendre.

En 1951, mes parents ont déménagé dans une maison spacieuse sur un terrain de sept acres alors situé à la limite nord du grand Toronto. Il n'y avait guère d'enfants de mon âge dans le voisinage et, après le départ de mon frère pour l'internat en 1954, me sentant un peu seul, j'ai commencé à lire un peu précocement. J'étais déjà sceptique sur la version anglo-américaine de la guerre que personne ne contestait et j'ai cherché à voir le revers de la médaille. En une semaine en 1955, j'ai lu le premier tome des mémoires de Charles de Gaulle et le testament d'Hitler. Hitler décrivait la France comme «une vieille catin fripée qui n'a jamais cessé de nous rouler et de nous confondre en nous collant l'addition». De Gaulle la décrivait comme «la madone des fresques». Ils ne pouvaient tous deux avoir raison. Sentimentalement, je préférais la version de de Gaulle.

De Gaulle était un personnage étrangement romantique dans sa traversée du désert. Gardien de l'amour-propre national de la France, il était la seule solution de rechange non communiste à la perpétuation de ce qu'il appelait le «régime des partis» de la IVe République. J'avais suivi dans les journaux la prise de Dien Bien Phu (Viêt-nam) et noté que de Gaulle avait ordonné la commémoration de ce triste anniversaire à l'Arc de triomphe. Simple général à la retraite, il émettait des ordres à l'armée et à la police et ils étaient suivis. («Le peuple n'est pas tellement là!» a-t-il dit philosophiquement en descendant de voiture sur ce qui est maintenant la place Charles-de-Gaulle.) J'ai entendu le commentaire d'Edward R. Murrow sur l'interview de Malcolm Muggeridge avec de Gaulle en 1956. Le général, qui n'avait à l'époque que cinq ou six partisans à l'Assemblée nationale, prédisait que le pays ferait bientôt appel à lui pour sauver la nation. Quand le régime français a commencé à s'écrouler en 1958, j'ai suivi le retour de de Gaulle avec le plus grand intérêt et la plus grande sympathie.

Sa relation de son défi à l'état-major quand il se faisait le champion de la guerre aérienne et mécanisée dans les années 30, de son défi aux réalités de la défaite quand «il assuma la France» en 1940 et de son défi aux autorités anglo-américaines durant la guerre me le faisait apparaître dans mon petit monde anglo-idolâtre étouffant comme un personnage héroïque et inspirant. Quand il a refait surface en 1958, son succès, comme l'a écrit l'un de ses biographes (Bernard Ledridge), «était si artistiquement juste qu'il devait l'être politiquement».

Je n'étais pas imperméable aux éloges que faisait mon père du capitalisme et je profitais de ses largesses. Je trouvais la gauche redistributive, envieuse, médiocre, faussement geignarde et larmoyante à propos de la méritocratie darwinienne, presque aussi ennuyante et beaucoup plus dangereuse que les défenseurs soporifiques de l'ordre établi qui causait leur ressentiment. De même n'avais-je guère de sympathie pour la gauche internationale. De Gaulle était pour moi le grand rebelle politique de son époque.

Avec panache, il avait «toujours refusé de suivre les ordres d'une fausse discipline». Il me semblait qu'il aurait su, entre autres vertus, résister à une école oppressive s'il avait eu la malchance d'y être envoyé. Je me suis arrangé pour avoir un rendez-vous chez le dentiste quand de Gaulle est venu à Toronto en 1960 et j'ai pu le voir défiler dans sa berline sur l'avenue University. Autant que je sache, hors le monarque britannique, il était le seul personnage vraiment important à avoir mis le pied à Toronto.

En 1955, j'ai entendu sir Winston Churchill dire à un reporter de la télévision qu'il réclamait une conférence au sommet «entre les Trois... ou les Quatre Grands». Il ajoutait la France, avec condescendance.

Mon père m'avait initié à l'histoire de Napoléon avec la merveilleuse biographie, légèrement expurgée, d'A. G. Macdonnell, Napoleon and His Marshals, en 1958. Je n'étais pas attiré par les guerres incessantes de Napoléon ni par l'élévation de ses parents fainéants sur les trônes usurpés d'Europe, étouffant l'exaltation de la Révolution. À mes yeux, il n'arrivait pas à la cheville de cet autre grand personnage auquel mon père m'avait initié au cours de notre expédition en chemin de fer sur la côte ouest en 1955, Abraham Lincoln. Un peu comme tout le monde cependant, j'étais au fait de la carrière de Napoléon et fasciné par ses exploits de chef militaire, ses bons mots, ses fanfaronnades et sa mythomanie.

En 1962, en plus d'être féru de Napoléon, j'étais gaulliste francophile passionné, en révolte contre le chauvinisme anglo-protestant guindé et suffisant du Toronto de ma jeunesse.

J'en étais venu à espérer, puis à croire que les Anglo-Américains avaient besoin des Français, que la restauration de la dignité et de la puissance de la France par de Gaulle était un développement positif dont la Révolution tranquille du Québec était la réplique locale, et que nous avions au Canada la chance d'unir les deux plus grandes cultures de l'Occident. Nous ferions au Canada comme l'Occident quand il s'accommoderait de la renaissance de la France de de Gaulle.

C'est sur cette note d'optimisme que je me suis inscrit en septembre 1962 à l'Université Carleton d'Ottawa, d'abord en journalisme, puis au bout d'un semestre en histoire. Carleton était la meilleure université à laquelle mes modestes notes d'immatriculation me donnaient accès. J'espérais trouver à Ottawa un havre biculturel et la capitale bourgeonnante d'une puissance naissante sur la scène mondiale. J'ai dit à mon père avec assurance que je ne vivrais plus jamais à Toronto. George Black, qui avait vécu à Ottawa en 1940, m'a fait un sourire entendu (mais je ne serais sûrement pas revenu au Toronto que j'étais si heureux de quitter).

Ottawa m'a un peu désappointé, au point de faire paraître Toronto excitant. Je me suis installé à l'hôtel Savoy, rue Slater, une sorte de pension de famille qu'affectionnaient les députés, les sénateurs et les joueurs de football des Rough Riders d'Ottawa. J'ai profité, peut-être même un peu trop, de ma nouvelle liberté. J'ai passé la plupart des après-midi à suivre les débats de la galerie de la Chambre des communes et mes soirées à jouer aux cartes avec les sénateurs qui habitaient l'hôtel. Je veillais tard, lisant avidement sur toutes sortes de sujets pourvu qu'ils n'aient rien à voir avec mes cours. J'ai boycotté les séances d'initiation des nouveaux, qui me semblaient aussi enfantines que les sottises auxquelles je venais d'échapper.

J'avais un appartement en sous-sol et ma fenêtre était d'ordinaire obstruée par une voiture garée. Je me suis mis à prendre pour le présage du jour la marque de la voiture dont le chapeau de roue constituait tout mon panorama. Après les rares Cadillac et Lincoln, qui étaient de bons augures, venaient les autres par ordre descendant.

Je me suis rarement présenté à l'université cet automne-là, mais je suis devenu une autorité sur la politique canadienne. Je m'y connaissais en procédure parlementaire et je me délectais de la dialectique subtile et du cabotinage prétentieux de Jack Pickersgill et de Réal Caouette. Le gouvernement Diefenbaker avait perdu sa majorité parlementaire en juin 1962 et il était sur le point de sombrer dans l'oubli. La saison politique a donc été pleine de rebondissements dramatiques. J'avais aussi l'avantage d'entendre les ragots de mes camarades de jeu du Sénat. Leurs renseignements n'étaient pas toujours sûrs, mais infailliblement cocasses.

Mes plus fréquents partenaires dans ces marathons de poker (les soirs où nous nous sentions intellectuellement plus en forme, nous passions au neuf ou au bridge) étaient Jean-François Pouliot, William Gladstone et Peter Robinson. Le sénateur Pouliot avait été député de Rivière-du-Loup–Témiscouata durant 34 ans et il était une mine inépuisable d'anecdotes sur Mackenzie King, Henri Bourassa, Taschereau, Duplessis, Cardin, Lapointe, Power, Saint-Laurent et j'en passe. C'était une merveilleuse initiation à la politique canadienne. Elle ne pouvait pas être enseignée de façon plus divertissante. Le sénateur Gladstone était le premier Amérindien à siéger à la Chambre haute du Canada. Il avait été nommé par John Diefenbaker en témoignage d'amitié pour les autochtones. Le sénateur Robinson, de Kenora, était chef de train à la retraite. Il avait plusieurs fois tenté de se faire élire député, sans succès. Gladstone et Robinson étaient d'amusants conteurs malgré leur langage un peu cru. Il arrivait que George Nowlan, redoutable Néo-Écossais qui fut le dernier ministre des Finances de Diefenbaker, et Walter Hazeltine, l'un des leaders conservateurs au Sénat, qui vivaient tous deux à l'hôtel, se joignent à nous, mais ils avaient d'ordinaire autre chose à faire que de jouer aux cartes. Ce n'était pas un apprentissage politique de nature à inspirer confiance dans le sérieux, la sobriété et les vertus diplomatiques (voire la probité) de nos législateurs.

Le Savoy avait une odeur de mélo. C'était une version miniature du *Grand Hotel*, fréquentée par une curieuse bande d'itinérants. Le directeur était un gentil petit brasseur d'affaires, qui croyait avoir quelque influence. Le réceptionniste en chef était un excellent ami, qui a trimé toute sa vie et est aujourd'hui vice-président de la banque Toronto-Dominion. L'ancien chef de police du dictateur Rafael Leonidas Trujillo, de la République dominicaine, Arturo «rasoir» Espaillat, a séjourné quelque temps à l'hôtel. Les autorités de l'immigration jugeaient que la brutalité et les détournements de fonds qui avaient marqué sa carrière de chef de police n'en faisaient pas un citoyen désirable et il était sous le coup d'une ordonnance de déportation. Le chef de cabinet de Donald Fleming, alors ministre de la Justice, habitait aussi à l'hôtel et le directeur l'a un jour invité à déjeuner pour lui vanter les mérites du «rasoir». Il m'a fait un clin d'œil au moment de quitter l'hôtel pour son déjeuner d'affaires. Deux jours plus tard, quand je me suis levé pour prendre mon journal un peu après midi, j'ai eu la surprise de lire en manchette que le directeur était accusé d'avoir tenté de soudoyer un fonctionnaire.

Il a été acquitté après la fuite d'Espaillat au Mexique. Le «rasoir» se joignait quelquefois à nos parties de cartes. C'était un homme fascinant, mais plutôt sinistre. L'hôtel appartenait à Sam Berger, qui avait tenté sans succès de déloger la célèbre mairesse d'Ottawa, Charlotte Whitton.

Le directeur du Savoy, avant ses difficultés avec la justice, avait été codirecteur de la campagne de Berger pour la mairie. J'ai négocié avec lui une atténuation de loyer en retour d'un petit acte de sabotage politique, qui consistait à arracher des parterres les pancartes de la mairesse Whitton. J'étais dans la galerie de la Chambre des communes quand le gouvernement Diefenbaker a été renversé en février 1963 et j'ai fait de petits travaux politiques pour les libéraux locaux durant la campagne qui a suivi. J'ai entretenu brièvement l'espoir que Pearson et ses collègues nous donnent un bon gouvernement.

C'était une vie palpitante pour un jeune de dix-huit ans qui venait de s'affranchir des rigueurs de la discipline scolaire. Malheureusement, mes études s'en sont ressenties. En février, j'ai reçu une lettre d'une femme qui s'est révélée être mon professeur d'Histoire 100 depuis septembre. Elle m'annonçait que ma carrière universitaire prendrait bientôt fin dans l'ignominie à moins que je m'amende et elle m'invitait à lui rendre visite. Je l'ai obligée et nous sommes amis depuis lors. Naomi Griffiths, femme pleine de vie et spécialiste de l'histoire acadienne, reste la favorite des professeurs que j'ai eus*.

Quand on m'a fait part de mes résultats en juin 1963, j'étais à Londres au beau milieu de mon premier voyage autonome en Europe. On me permettait de garder les deux crédits que j'avais récupérés, mais j'avais échoué aux autres cours si lamentablement que je n'étais pas autorisé à me présenter aux reprises. Par la peau des dents, j'ai évité d'être renvoyé de l'université et j'ai pu m'inscrire de nouveau aux cours que j'avais coulés. C'était une expérience nouvelle pour moi d'être officiellement déclaré raté, ayant toujours évité d'être recalé durant mes tumultueuses années scolaires.

J'ai d'abord envisagé de rester en Europe pour y refaire ma vie. J'ai eu un âpre échange de lettres avec George Black, qui avait osé espérer que cessent mes ennuis scolaires. Au bout de quelques semaines de réflexion, j'ai décidé que j'avais assez boudé et que je ne gagnerais rien à abandonner mes études. J'ai résolu de rattraper le temps perdu dans les deux prochaines années.

Mes relations précaires avec mon père avaient eu raison de ma seule vraie source de revenu. Pour rester en Europe, il me fallait trouver un moyen de subsistance. Jusque-là, mon voyage avait été un pèlerinage historique, d'inspiration ésotérique. Avec mon frère, j'ai fait le tour de la

* Elle m'a poussé à entreprendre la récupération de mon année universitaire, qui a pris fin en avril. (Vingt-sept ans plus tard, elle m'a présenté en termes désopilants un doctorat *honoris causa*. Nous avons évoqué pour l'auditoire le souvenir de notre première rencontre.)

France en sens inverse des aiguilles d'une montre comme des beagles. J'ai traîné mon frère dans une variété de lieux de l'histoire de France, de Lourdes au Casino de Vichy où la IIIe République avait voté sa dissolution, de la maison du maréchal Foch à Tarbes à celle de Victor Hugo sur la place des Vosges, de la base de la marine française à Toulon (où le cuirassé *Jean-Bart*, qui s'était signalé à Casablanca en 1942 et à Suez en 1956, était en rade) aux plages de Normandie et de Dunkerque, et des abris de sous-marins allemands de Saint-Nazaire au palais de Napoléon à Fontainebleau. Le tombeau de Napoléon aux Invalides m'a inspiré le même sentiment d'élévation que décrit de Gaulle dans les premières pages de ses mémoires.

Nous avons surtout exploré les routes d'invasion anciennes et modernes de la France : Châlons où Attila a été refoulé, Waterloo, Vimy, Die wacht am Rheim à Strasbourg, Belfort, Colmar et Mulhouse. J'ai cherché l'académie de Metz où le cadet Foch, au milieu de ses examens de baccalauréat en 1871, a su au son des canons allemands que la ville était devenue partie de l'empire de Bismarck, et la gare de chemin de fer où il est revenu avec Weygand rendre Metz à la France le soir du 12 novembre 1918, «à la tête de la plus grande armée de l'histoire du monde», écrit Liddell Hart. J'ai tenté sans succès d'entrer en contact avec Weygand, alors âgé de 94 ans, pour lui demander de me parler de Foch, de la bataille de Varsovie, du Levant, et de la déroute de 1940, mais il a refusé de me voir.

Le champ de bataille de Verdun nous a particulièrement émus : la statue de Maginot, le petit monument «Ici fut Fleury», la tranchée des baïonnettes où une colonne de soldats français a été ensevelie vivante, ne laissant que la pointe des baïonnettes percer le sol. Nous avons fait à pied le tour du grand fort de Douaumont, où de Gaulle a été blessé et capturé le 2 mars 1916. Nous avons vu l'ossuaire renfermant les dépouilles des 130 000 soldats français tués dans le terrible carnage de Verdun.

Parmi les spectacles qui m'ont le plus impressionné cet été-là, je dois inclure Saint-Pierre de Rome et Lourdes. J'avais fait connaissance avec l'Église catholique au Québec, avec son clergé omniprésent, ses bâtiments de pierre grise et ses innombrables clochers, en ville et à la campagne. Mais un temple capable d'accueillir 45 000 fidèles, dessiné par Michel-Ange et Bernini, en chantier pendant 222 ans, où 172 papes ont été ensevelis, ne se compare pas aux églises de Hull et d'Ottawa, ni même à l'oratoire Saint-Joseph de Montréal.

L'idolâtrie plastique et les dévotions de mauvais goût du catholicisme québécois m'avaient encore moins préparé pour Lourdes, où des millions de gens sains, intelligents et séduisants professent leur foi au milieu des infirmes. Il y avait un schisme dans notre famille : ma mère était agnostique et mon père athée. Toronto, l'élite en tout cas, était en grande majorité protestante, Québec était incorrigiblement provinciale malgré une Église formidable, à une faute près : «Si vous serrez le poisson trop fort, il finira par s'échapper», avait dit Duplessis au cardinal Léger.

La basilique souterraine de Lourdes, capable d'accueillir 20 000 fidèles, la grotte où des gens pourtant mondains croyaient vraiment qu'il y avait eu des apparitions, la vigueur culturelle et matérielle des Églises de France et d'Italie, pillées et opprimées par des gouvernements athées et dont les papes ont été emprisonnés et les cardinaux assassinés, étaient autant de phénomènes auxquels m'avaient mal préparé la vue du cardinal McGuigan descendant de sa Cadillac sur Bay Street et celle des sous-vêtements et du cœur saumuré du frère André à l'oratoire Saint-Joseph.

Même les supermarchés criards et choquants de babioles religieuses autour de Lourdes n'avaient pas l'odeur d'exploitation éhontée qui saute aux yeux des touristes de passage dans les lieux de pèlerinage du Québec.

Jamais au cours de mes visites subséquentes à Paris, même quand j'y suis allé en jet particulier ou en Concorde et que j'ai rencontré de grosses légumes dans les grands hôtels, je n'ai retrouvé la griserie que j'ai éprouvée en juin 1963 lorsque je suis arrivé pour la première fois en voiture à Paris par la porte Saint-Cloud.

Le seul nuage de ce printemps splendide et inspirant de 1963 pesant plus lourd que la main de George Black, à part mon échec universitaire, était mon manque d'argent. Mon frère Monte, épuisé par les marches et les contremarches d'une reconstitution involontaire de la campagne des frontières de Napoléon en 1814, est rentré au Canada et m'a envoyé une partie de mes modestes épargnes. Mais dès la mi-juillet, je n'avais plus d'autre choix que de gagner à contrecœur le marché du travail. J'ai réussi à trouver un revenu d'appoint comme guide de l'agence de voyages Thomas Cook, à Paris.

Je laissais mes cars de touristes à la place de la Concorde sur un petit boniment impromptu soulignant le symbolisme des visages de l'Église et de l'État, la Madeleine et le Palais-Bourbon, tournés l'un vers l'autre, et de la présence menaçante des militaires représentée par le dôme imposant des Invalides. Je terminais sur une note d'humour, disant qu'avec le président alors en exercice, l'armée était déployée pour sauvegarder les institutions républicaines. Il était évident à leur visage terne et à leurs minables pourboires qu'ils n'étaient pas plus intéressés par mon discours que ne l'avaient été les touristes du Missouri à qui j'avais prétendu montrer la maison de chambre où le capitaine Harry Truman était descendu à son retour de la Première Grande guerre. «Chiche, m'a dit l'un de mes austères clients en descendant du car, nous sommes républicains et nous aurions préféré que Harry ne revienne pas!»

Je vivais dans une mansarde proprette, au quatrième étage d'un immeuble sans ascenseur, à quinze mètres de la salle de bains, à l'hôtel Bois-de-Boulogne, maintenant démoli, au 164, avenue de Malakoff. L'hôtel était exploité par deux Parisiennes féroces qui avaient beaucoup voyagé. Elles se sont adoucies petit à petit et sont même devenues pleines de sollicitude, sinon maternelles. Je jouais au flipper avec les clients réguliers du *Café des sports*, je mangeais au rabais au *Relais des chauffeurs* et je suis devenu un familier du quartier.

À la mi-août, les quelques francs que je touchais ne me suffisant plus, je suis parti pour l'Espagne, État fasciste paria où on pouvait bien vivre pour une fraction de ce qu'il en coûtait à Paris. Brian Stewart y était, assouvissant sa passion pour les combats de taureaux. Nous avons visité l'émouvant Valle de los Caidos, monument au million de morts de la guerre civile espagnole. Nous nous sommes promenés dans le parc Retiro et avons flâné dans le Prado. Nous avons étonné les pensionnaires de la maison universitaire où habitait Brian en récitant des pages entières de l'histoire magistrale de la guerre civile de Hugh Thomas, qui contredisait la version officielle du régime Franco. C'était un couronnement splendide à un été merveilleux, mais il me fallait rentrer à Ottawa, toute morne qu'elle me parût, pour remettre en train mes études universitaires défaillantes.

Il suffisait que je me présente un peu plus régulièrement à l'université et que je fasse le travail requis par mes cours pour relancer mes études universitaires. Plutôt que de retourner au Savoy, je me suis installé au onzième étage du Juliana, immeuble plus moderne et moins central. Comme voisins, j'ai troqué mes sénateurs dévoyés contre Peter Jennings, jeune présentateur de nouvelles à la télévision locale; le truculent promoteur minier John C. Doyle, qui finit par échapper aux autorités canadiennes à peine plus élégamment que « le rasoir »; et un vieil associé de mon père, le sénateur M. Wallace McCutcheon, avec qui j'ai passé plusieurs soirées fort amusantes et bien arrosées.

J'assistais à mes cours de temps à autres. Je me préparais justement à assister à mon premier cours de philosophie (ne m'y étant jamais présenté durant ma première année d'université) le vendredi 22 novembre 1963 quand sont parvenues les premières nouvelles de l'assassinat du président Kennedy. Je me suis précipité à la maison et, de mon balcon, j'ai vu les drapeaux de la Tour de la paix et des gratte-ciel d'Ottawa mis en berne dans l'aube préhivernale d'un gris métallique.

L'horrible meurtre du président m'inspirait un mauvais pressentiment. J'ai toujours aimé les États-Unis. Dès l'enfance, j'étais impressionné par leur puissance et leur *showmanship*. Ils me semblaient posséder en plus grand toutes les vertus du Canada, sans être banals, mesquins ni timides.

Je les trouvais enchanteurs et magiques, mais le jour où le président a été assassiné, j'ai cru (pas tout à fait à tort) qu'ils perdaient leur innocence.

J'ai adopté une agréable routine pour le reste de mon séjour à Ottawa. J'allais occasionnellement à mes cours le matin, plus souvent l'après-midi, et j'allais fréquemment de l'université à Saint-Pierre-de-Wakefield, dans la Gatineau, me remettre dans l'esprit de mon été boulevardier de 1963, sirotant un vin, fumant des gauloises ou des gitanes et lisant *Le Monde*, *Paris-Match* ou même *Le Devoir*. Mon français était un peu hésitant, malgré les efforts que j'y consacrais, de sorte qu'il s'agissait davantage d'une ambition que d'une réalisation culturelle.

En 1966, je fumais tellement que je devais prendre un coup de slivovitz, l'eau-de-vie de prune d'Europe centrale, avant de me coucher dans l'espoir d'enrayer ma toux assez longtemps pour m'endormir. Ma toux et ma consommation d'eau-de-vie ont fini par m'inquiéter au point que j'ai brusquement arrêté de fumer la cigarette en 1966 et le cigare en 1969. Je n'ai pas fumé (ni pris de slivovitz) depuis.

J'avais beaucoup de cours en soirée pour éviter d'avoir à me lever tôt et je me ramenais souvent à Hull, suivant la bonne vieille tradition étudiante d'Ottawa, pour prendre quelques verres avant de me coucher. J'allais de préférence *Chez Henri*, où il y avait les meilleures bagarres et les videurs les plus formidables que j'aie vus. J'y prenais part seulement en spectateur, il va de soi. Je lisais d'ordinaire une heure ou deux de retour chez moi après la fermeture.

Au printemps 1964, j'ai rencontré l'ami d'un de mes cousins qui était à Ottawa l'adjoint de Maurice Sauvé, doyen des députés québécois de la nouvelle vague issue de la Révolution tranquille. L'ineffable Peter White était d'une endurance, d'une assurance et d'un optimisme renversants. Il était si actif et si économe, comme la plupart des Westmountais, qu'il ne réclamait pour tout logement qu'un lit et un bureau au fond de ma cuisine. Il en est résulté une expérience amusante. Maurice Sauvé était ministre des Forêts (René Lévesque, alors ministre des Richesses naturelles dans le cabinet de Jean Lesage, disait que le gouvernement fédéral aurait tout aussi bien pu nommer un «ministre des patates») et il travaillait avec Peter à l'établissement d'un régime de développement rural qui a fourni la base du futur programme fédéral d'expansion économique régionale. Nous allions et venions à toute heure. Tard un soir, je n'ai pas remarqué qu'un passager, sans doute un peu bourré, avait omis de refermer la portière de ma voiture quand j'ai reculé dans mon espace de stationnement du garage du Juliana. La portière a été arrachée, n'endommageant que les charnières, et nous l'avons apportée en haut pour en faire une table basse. Peter et d'autres membres de l'entourage du ministre se réunissaient avec l'idée d'avancer leur projet. Leur séance de remue-méninges a rapidement tourné à la fête et la noble cause du développement rural au Canada n'a guère fait de progrès ce soir-là.

Maurice Sauvé, chef du groupe interparlementaire canado-américain, avait formé le projet d'assister avec Peter au congrès du Parti démocrate, qui s'apprêtait à désigner Lyndon Johnson comme son candidat à la présidence en août 1964, à Atlantic City. Peu de temps avant, Maurice s'est défilé et Peter, devenu chef de la délégation, m'a invité à l'accompagner. Au dernier moment, il a à son tour été empêché de faire le voyage et c'est à moi qu'a échu l'honneur de représenter le Parlement au congrès. J'ai invité Brian Stewart à m'accompagner. Dès la fin des cours d'été qui me permettaient de rattraper les crédits perdus l'année précédente, nous nous sommes mis en route pour Atlantic City le jour de mon vingtième anniversaire.

Nous avons assisté à un spectacle inoubliable. Sur la petite pointe de terre immortalisée par le *monopoly* et dont la ville s'était lentement dégradée depuis le krach de 1929 sont débarquées les têtes non couronnées des États-Unis. Brian a attiré mon attention sur deux policiers qui, pensait-il, venaient d'arrêter un pickpocket. C'était Adlai Stevenson qu'on escortait vers la salle où il devait faire l'éloge de Mme Franklin Delano Roosevelt. Il m'a tendu la main dans le style du politicien en campagne, qui ne lui était pas très naturel. Deux autres panégyriques étaient à l'ordre du jour : l'un de Robert Kennedy, pour son frère assassiné, et l'autre de James Farley, pour Sam Rayburn, président de la Chambre des représentants. Ont suivi les discours d'acceptation de Hubert Humphrey et de Lyndon Johnson, puis une fête pour marquer les 56 ans du président. L. B. J. et son entourage ont pris place sur un balcon surplombant le Boardwalk et la plage pour assister à un feu d'artifice colossal qui a illuminé la ville. Saluant la foule, au seuil d'une campagne qui allait de toute évidence aboutir à une victoire écrasante sur son adversaire Barry Goldwater, L. B. J. avait l'air d'un dieu, invincible et omnipotent, commandant en chef et maître du Congrès.

Jamais je n'aurais pu concevoir qu'à peine trois ans plus tard il lui serait impossible de se déplacer ailleurs que dans les camps militaires sans provoquer de violentes manifestations. Quand je l'ai revu en 1967, à Montréal, il avait l'air d'un homme assiégé et, quand je l'ai rencontré en personne en 1969, il était retraité malgré lui, malheureux et malade. Il avait l'air d'un aigle en cage, les ailes coupées. Il aurait fallu un observateur autrement plus avisé que moi pour prédire à cette heure de triomphe du 27 août 1964 qu'il s'effondrerait aussi rapidement.

À Atlantic City, nous étions les hôtes du député Cornelius Gallagher, de Bayonne, au New Jersey, chef américain du groupe interparlementaire, et de sa femme. C'était un couple affable et séduisant et Gallagher semblait promis à une brillante carrière. J'ai donc été surpris d'apprendre moins de deux ans plus tard que Gallagher quittait la vie publique sous une pluie d'accusations criminelles, dont celles d'avoir fermé les yeux sur un meurtre dans le sous-sol de sa maison et d'être le jouet de la mafia. La tragédie avait moins de conséquences et d'éclat que celle de Lyndon Johnson, mais elle était du même ordre.

Près d'Atlantic City, à Philadelphie, est apparu un présage des événements à venir : une émeute a éclaté dans un quartier noir défavorisé. Brian et moi sommes allés dans «la ville de l'amour fraternel pour assister à l'émeute raciale». Le spectacle n'était pas joli. Des pâtés de maison étaient incendiés, d'autres saccagés. Quelques personnes ont été tuées et des dizaines blessées. Des bandes de Noirs en colère rôdaient dans les rues. Une brique provenant vraisemblablement d'un immeuble a failli s'écraser sur le pare-brise de notre voiture.

Il n'était pas nécessaire d'être clairvoyant pour prédire que la violence dans les quartiers noirs des villes américaines irait en s'aggravant. Dans le *Times* d'Ottawa, où il a commencé à travailler tout juste après avoir reçu son diplôme de Ryerson, Brian a publié un reportage sensationnel sur les événements dont nous avions été témoins. J'ai eu une admiration sans borne pour Lyndon Johnson lorsqu'il a déployé quelques mois plus tard toute la puissance du gouvernement américain contre la discrimination raciale. Sa défense des libertés civiles, trop peu reconnue à cause de la guerre du Viêt-nam, a été l'une des grandes réalisations de la politique américaine des temps modernes.

Ma dernière année de licence a été la plus sereine de mes années d'études. Un club de théâtre dont j'étais le président a présenté un spectacle de «perles royales», adapté de Mark Twain. Les libidineux étudiants de première année d'Arnprior, de Smith's Falls et des environs sont venus par centaines, à 2,50 $ chacun, pour voir les «mille et un délices freudiens», dans lesquels un de mes amis apparaissait nu, peint en bleu de pied en cap et avec une rose à la bouche, et dansait sur la scène au son d'un 45 tours des Beatles. Quand la musique s'est arrêtée, le rideau est tombé sur des salves d'applaudissements, qui ont bientôt fait place à des protestations. L'artiste s'est réfugié dans la douche et ses coproducteurs ont fermé le guichet et enlevé la caisse. L'affaire a soulevé une vive controverse et a donné lieu à une enquête sur la moralité étudiante. L'enquête était présidée par mon partenaire d'échecs Gordon Ritchie, plus tard négociateur du libre-échange entre le Canada et les États-Unis. C'était un joyeux canular qui n'avait rien d'illégal ni de contraire aux règles de l'université.

À l'automne 1965, après avoir reçu mon diplôme d'histoire de Carleton, je me suis inscrit à l'école de droit Osgoode Hall. Je ne voyais rien de mieux à faire et j'avais beaucoup aimé mes premières années d'université. J'ai continué d'avoir une vie sociale très active, mais je suis nettement devenu trop confiant après avoir réussi mes examens du premier semestre haut la main. Deux de mes compagnons de bouteille étaient agents de change et je me suis laissé distraire par des spéculations fébriles (et modérément profitables). L'un d'eux, Henry Timmins, fils du président de Hollinger Mines, Jules Timmins, a brigué les suffrages comme indépendant dans la circonscription de Halton aux élections fédérales de 1965. Il a mené une furieuse campagne d'extrême droite, qui était un peu le pendant de la campagne de William Buckley pour la mairie de New York. Il est mort d'alcoolisme quelques années plus tard.

Ce n'est qu'au dernier tournant de l'année que je me suis rendu compte d'un retard irrattrapable dans mes travaux. J'ai commis une erreur tactique supplémentaire en me présentant à tous les examens plutôt que de me déclarer malade pour en éviter certains et me concentrer sur les autres. Je suis parti inquiet pour mon deuxième voyage d'adulte en Europe, même si mes modestes recettes à la bourse m'assuraient que je n'aurais pas à faire le cicérone dans les cars de touristes pour acquitter mes factures d'hôtel comme je l'avais fait trois ans auparavant. En Irlande, je suis resté avec Galen Weston, que j'avais rencontré à Toronto, et à Londres avec Brian Stewart, qui travaillait maintenant pour le *Times* de Richmond et Twickenham, de Richard Dimbleby. Brian couvrait l'ouverture d'une confiserie de pâte d'amande le jour de mon arrivée.

J'ai assisté au mariage de Galen, puis Brian et moi sommes partis pour un long voyage en voiture qui nous a conduits à Vienne, Trieste, Budapest, Zagreb, et Belgrade. Nous revenions sur Venise quand, tel qu'entendu au préalable, j'ai téléphoné à George Black pour m'enquérir du résultat de mes examens de droit. J'aurais dû prendre d'autres arrangements. L'histoire se répétait, mais cette fois la récupération s'annonçait plus compliquée. J'avais échoué dans presque toutes les matières. Je n'étais pas autorisé à me présenter aux supplémentaires et, pour faire bonne mesure, j'étais exclu de la faculté et il m'était effectivement interdit d'étudier le droit en Ontario, sauf qu'il était possible qu'on me permette de reprendre l'année au bout d'un intervalle de réflexion contrite sur ma turpitude scolaire.

Avec le recul, je reconnais que je me moquais de la profession, ou en tout cas de ceux qui en contrôlaient l'accès, par mon comportement cavalier. Leur réaction était peut-être excessive, mais je ne peux guère m'étonner qu'ils aient sous-estimé mon talent pour l'étude. L'épisode m'a enseigné des leçons bien plus importantes que celles que j'avais négligé d'apprendre à Osgoode Hall.

Mes ennuis scolaires m'embêtaient, mais je ne les prenais pas trop au sérieux. Malgré mon aversion pour l'école, j'arrivais à passer chaque année. J'avais commis une erreur tactique à ma première année d'université, mais j'avais réussi à me rattraper.

Même si la perspective ne m'enchantait pas, il était temps que je mette fin à mes folies de jeunesse. À l'âge de 22 ans, j'en suis venu avec regret à la conclusion que je devais cesser de faire le dilettante et de chercher à compenser en lisant les biographies d'hommes célèbres (dont je tirais manifestement peu de leçons utiles). Il y avait aussi une question de fierté. Je me fichais de passer pour indiscipliné, mais je trouvais très humiliant – quoique stimulant – de me faire dire que je n'avais pas assez de talent pour aspirer à pratiquer le droit dans le sud de l'Ontario. Je ne savais pas très bien ce qu'il serait, mais j'avais une notion plus exaltée de mon destin.

Je suis retourné brièvement chez mes parents. J'ai juré comme le roi Lear de me venger de la muse et de me réformer, n'ai été cru qu'en partie naturellement et suis parti pour le Québec avec l'idée de repartir à zéro.

En juin, le gouvernement libéral de Jean Lesage, apparemment invincible, avait été défait de justesse par l'Union nationale sous la direction du plus talentueux des disciples de Duplessis, Daniel Johnson. J'admirais les deux hommes depuis que je les avais vus dans un débat télévisé durant la campagne électorale de 1962. J'avais lu assidûment les journaux du Québec durant mon séjour à Ottawa. La politique québécoise et la qualité du personnel politique québécois étaient supérieures à celles du reste du pays. J'étais rentré d'Europe avec l'idée de me relancer et j'ai découvert que mon ancien sous-locataire, Peter White, était maintenant l'adjoint du premier ministre Johnson. Je l'ai appelé et je lui ai dit que si j'étais réduit à vivre au Canada, mon choix se fixait sur le Québec. Il n'était pas trop tôt pour faire appel à l'inclination légendaire de l'Union nationale pour le « patronage ». Le Québec semblait être la seule région du Canada qui se reconnaissait une mission, ou en tout cas un but, et à l'époque de Lesage et de Johnson, avant que le nationalisme ne tourne au séparatisme, il poursuivait ce but avec panache.

Peter White, toujours aussi généreux dans la mesure de ses moyens, m'a offert la moitié de ses intérêts dans deux petits hebdomadaires des Cantons-de-l'Est, l'*Avenir de Brome-Missisquoi*, de Farnham et Cowansville, et l'*Eastern Townships Advertiser*, de Knowlton. Le coût du placement était minime, se résumant à un solde de vente déterminé par le bénéfice à venir, soit moins de 500 $. Peter et moi ne nous sommes jamais tout à fait entendus sur ce montant, mais j'ai réglé l'affaire en m'appropriant une carpette de la cabane qu'il me louait sur la propriété de son père au bord du lac Brome.

Je me suis installé dans cette cabane d'une pièce avec quelques caisses de livres et de whisky et j'ai entrepris de me bricoler une carrière. Peter a aussi réussi à me faire rédiger occasionnellement des discours pour le Conseil canadien des ministres des ressources, dirigé par l'un de ses cousins par alliance, et même pour Daniel Johnson à titre de ministre des Richesses naturelles du Québec. L'Union nationale ne débordant pas de talents, Johnson et Jean-Jacques Bertrand, en plus d'être premier ministre et vice-premier ministre, détenaient à eux deux les portefeuilles des Richesses naturelles, des Affaires intergouvernementales, de l'Éducation et de la Justice.

Sauf pour de petites incursions à Montréal et à Québec, je me suis enfermé dans mon bled des Cantons-de-l'Est. Knowlton est une charmante et jolie petite ville avec quelques douzaines d'opulentes maisons de campagne et quelques centaines de chalets plus modestes entretenus par un millier de descendants pingres et malins de loyalistes anglais. C'était un mélange étrange de patriciens anglos de Montréal nichés parmi des rustauds et des villageois typiques dans un coin de la province française en bordure des États-Unis.

Pour me mettre dans le bon état d'esprit, j'ai lu des ouvrages de Joseph Conrad, à commencer par *Youth*, dans lequel le narrateur décrit comment il a assumé son «premier commandement». Un incendie a obligé le capitaine et l'équipage à fuir dans les chaloupes de sauvetage, dont l'une était sous son autorité. J'imaginais une sorte d'allégorie. J'ai lu dans *Almayer's Folly* la description du négociant hollandais regardant avec envie au-delà du détroit son rival musulman plus prospère et brandissant le poing de frustration dans sa direction. J'ai transposé la scène au lac Brome et lorgné avec envie de l'autre côté du lac la maison de campagne de John Bassett père, longtemps éditeur de la *Gazette* de Montréal, père de l'éditeur du *Telegram* de Toronto, que j'ai toujours admiré pour son panache et son mépris des rigueurs de la société torontoise, et grand-père d'amis de toujours.

J'étais inspiré par un autre livre, *The Life of Lord Strathcona*, surtout par ses 30 ans comme facteur à la baie d'Hudson. J'avais besoin de raquettes pour me rendre à ma cabane l'hiver et un soir, j'ai failli me faire écraser par le train de deux wagons qui passait entre ma cabane et la maison des White quelques fois par semaine. J'étais réconforté par le fait que Strathcona avait non seulement survécu à son épreuve, mais avait fait des millions, vécu presque jusqu'à la centaine et était mort anobli et haut-commissaire à Londres. J'ai été moins encouragé par le roman de Carson McCullers, *The Heart Is A Lonely Hunter*. Avec la férocité des hivers québécois qui empilaient la neige par-dessus le toit de ma cabane et exploitaient ses courants d'air si systématiquement qu'elle en devenait presque un igloo, le roman me donnait envie de tout laisser tomber et de poursuivre mes études de droit à l'Université Tulane de New Orleans. À ma seule tentative de faire du ski, grâce à la générosité d'un annonceur à qui appartenait le centre de ski du mont Sutton, j'ai brisé mes deux skis. Complètement déconcerté, j'ai pris le télésiège pour revenir à la base. Je n'ai jamais tenté de refaire du ski de descente depuis.

Finalement le printemps est arrivé. Nos petits journaux et mes quatre aides, dont l'une se décrivait pompeusement mais à bon droit comme «l'infrastructure» de l'entreprise, ont aussi survécu aux rigueurs de l'hiver. Ils étaient probablement plus robustes que moi. Nous avons fait des expériences amusantes. Mes éditoriaux gazants sur les affaires mondiales n'ont pratiquement suscité aucune réaction. Pourtant, n'étaient leurs excès de style, ils auraient pu être publiés dans un journal sérieux (ultra-conservateur) de grande ville. Suivant l'exemple de mon prédécesseur, Stuart Marwick, j'ai publié une page de l'annuaire local du téléphone en éditorial. Elle n'a guère suscité plus de réaction que mes commentaires sur le Viêt-nam ou la Constitution canadienne.

Je me suis aliéné quelques lecteurs, mais j'ai gagné la reconnaissance béate du premier ministre Johnson en soutenant le projet de loi 15 par lequel le gouvernement du Québec mettait fin à une grève d'enseignants. J'ai engagé une vive polémique dans nos pages avec le directeur de l'école secondaire anglophone de Knowlton. Sur le plan local, j'ai mis à profit les quelques notions d'écologie que j'avais acquises en faisant la recherche des discours de Johnson pour condamner la qualité de l'eau du lac Brome. Sévèrement blâmé par les autorités municipales, j'ai décidé de leur faire sentir le pouvoir de la presse.

Comme Orson Welles, qui disait dans *Citizen Kane* «les gens penseront ce que je leur dirai de penser», j'ai entrepris une campagne acharnée contre les «mauvais administrateurs du lac moribond». Je parlais de l'aimable maire septuagénaire et de ses conseillers comme du «maire Parkes et ses algues savantes». Un jour, Morgan Knowlton, dernier descendant du fondateur de la ville, nous a fait parvenir une petite annonce qui disait, en guise d'introduction : «Vous pensez peut-être que je suis mort, mais je ne le suis pas». L'un de mes abonnés les plus entreprenants essayait régulièrement d'utiliser le journal pour réfuter les «vulgaires bobards», pourtant jamais publiés, prétendant qu'il faisait affaires dans «le pipi de cheval» parce qu'il extrayait de l'urine de juments enceintes une substance utile en pharmacie. Il y avait bien des semaines tranquilles où ce genre d'histoire pouvait faire les manchettes.

L'un des personnages les plus fascinants que j'aie rencontrés dans les Cantons-de-l'Est était le fuséologue Gerald Bull, qui dirigeait à Mansonville un projet de recherche en haute altitude pour l'Université McGill. J'ai eu des rapports affables avec lui à quelques occasions, même s'il était plutôt morose. Je n'étais pas en mesure de faire la distinction entre la vraie recherche scientifique et le charlatanisme, mais j'ai essayé de suivre sa carrière et j'ai été peiné de le savoir assassiné à Bruxelles en 1990 alors qu'il travaillait apparemment à la mise au point du canon géant de Saddam Hussein.

J'ai rencontré Daniel Johnson pour la première fois à l'hôtel Mont-Shefford de Granby en octobre 1966. Il reste l'homme le plus engageant que j'aie connu (dépassant de peu Ronald Reagan). Peter White a porté à son attention ma défense de son projet de loi mettant fin à la grève des enseignants. J'y citais Duplessis disant que « le droit de grève contre l'intérêt public n'existe pas ». Le premier ministre a particulièrement apprécié mon soutien enthousiaste à sa menace de poster un agent de la police provinciale dans chaque classe pour maintenir l'ordre tandis que Jean-Jacques Bertrand et lui donneraient des cours à la télévision en circuit fermé si les enseignants ne rentraient pas au travail.

C'était un magnifique exemple de panache canadien-français, presque aussi extravagant que ce dirigeant de la ville de Montréal qui, durant la crise du Front de libération du Québec (FLQ) en 1970, a suggéré qu'à sept heures un jour donné, tout le monde visite, fouille et, au besoin, saccage la maison de son voisin pour trouver les otages Pierre Laporte et James Cross. La menace de Pierre Trudeau de substituer aux émissions de télévision du réseau français de Radio-Canada des « photos de vases chinois et japonais » pendant la crise d'octobre était de la même farine. En récompense de mon modeste appui au projet du premier ministre, j'ai reçu un laissez-passer me conférant un statut quasi officiel à l'Exposition universelle de Montréal.

Avec le dégel du printemps s'est ouverte l'Expo 67 et une partie du monde a convergé sur Montréal. J'ai passé le plus clair de l'été à faire la chasse – sans trop de succès du reste – aux hôtesses les mieux jambées des pavillons d'une vingtaine de pays et à prendre un verre avec des connaissances et des amis au bar du pavillon du Québec. Je crois n'avoir rien dit de plus important que « le chef veut une consommation » en demandant un whisky soda pour monsieur Johnson.

Dans l'entourage de Johnson, l'atmosphère était joyeuse et décontractée, mais respectueuse. Un jour que je lui ai porté un discours à son bureau, j'ai vu que sa table était remplie de documents attendant sa signature. Avec un large sourire et un grand geste de la main, Johnson m'a dit : «Je ne signe pas ce que je n'ai pas lu et je n'ai pas le temps de lire ces documents.»

Il lui arrivait de me faire monter dans sa voiture. C'est au cours d'une de ces conversations qu'il a éveillé mon intérêt pour Duplessis. Jusque-là, comme la plupart des Canadiens anglais, je tenais Duplessis pour une sorte de führer local. Je bombardais Johnson de questions sur de Gaulle, qui s'intéressait à lui, l'avait reçu, et comme tous ceux qui rencontraient Daniel Johnson, avait été conquis par lui. Le premier ministre répondait d'ordinaire à une question par une autre question, habitude qu'il s'est plu à intensifier après qu'on la lui eut fait remarquer. Un jour que je lui ai demandé l'heure, il s'est lancé dans une longue tirade sur la question de savoir «quel intérêt un jeune homme comme moi, assuré d'un brillant avenir, pouvait bien avoir à l'heure qu'il était». La seule façon de tirer de lui une réponse sérieuse, c'était de lui demander comment Duplessis aurait réagi à telle ou telle situation.

La seule ombre au tableau de ce merveilleux été fut un spectaculaire accident de la route en juin. Alors que je roulais vite sur une route de campagne près de Knowlton, un pneu s'est dégonflé. La voiture a dérapé, a été projetée dans les airs sur une distance de 20 m et est retombée dans un fossé. Je suis tombé dans les pommes et quand je suis revenu à moi, des vaches fouinaient aux glaces de la voiture et je saignais abondamment d'une entaille au front. J'ai marché pendant 800 m jusqu'à une maison de ferme dont les occupants surpris m'ont conduit à l'hôpital de Cowansville. On m'a fait des points de suture dans une antichambre et quand on m'a retiré le pansement, mon regard s'est fixé sur la vision orwellienne de photos des deux grandes personnalités de la ville, Jean-Jacques Bertrand et le maire Roland Désourdy, entrepreneur haut en couleur. Je l'avais échappé belle et je m'en suis remis promptement.

Montréal offrait un spectacle splendide à l'été 1967. Le soir de la Saint-Jean-Baptiste, le 24 juin, un million de Montréalais se sont pressés rue Sherbrooke, de l'avenue de Lorimier jusqu'à Westmount. La tribune d'honneur était dressée en face de l'hôtel Ritz-Carlton et le cardinal Léger, le premier ministre Johnson, le maire Jean Drapeau et le président du comité exécutif Lucien Saulnier y formaient une phalange impressionnante. Les apparences étaient cependant trompeuses, comme je n'ai pas tardé à l'apprendre. Moins de deux ans plus tard, Saulnier s'était retiré, Johnson était décédé, Léger avait quitté Montréal pour le cœur de l'Afrique et des décennies allaient s'écouler avant qu'ait lieu un autre défilé de la Saint-Jean-Baptiste aussi somptueux et aussi paisible.

De grandes attentes précédaient l'arrivée du général de Gaulle sur les rives du Québec à bord du croiseur Colbert (moyen de transport qu'il avait choisi prétendument pour faciliter sa visite des îles Saint-Pierre et Miquelon, mais qui en réalité le libérait de son obligation protocolaire d'entamer sa tournée canadienne par une visite à Ottawa). Le bureau de Johnson était informé régulièrement des mouvements du navire. Lorsque le navire a doublé Blanc-Sablon et commencé à remonter le Saint-Laurent, les membres de l'entourage du premier ministre se sont mis à soigner leur français parlé. Bientôt même les plus relâchés parlaient comme des sosies du général.

Avec Brian Stewart, revenu récemment au pays, je faisais partie de la foule enthousiaste qui s'est massée devant l'hôtel de ville de Montréal pour accueillir de Gaulle et Johnson. Ils sont arrivés en début de soirée, debout à l'arrière d'une Lincoln décapotable qui les avait emmenés de Québec le long de la vieille route de la rive nord qu'on disait avoir été construite par Louis XV, mais qui l'a en fait été par Duplessis. Le gouvernement du Québec avait réquisitionné les autobus scolaires pour amener de grandes foules acclamer de Gaulle et Johnson le long des 200 km du trajet. Pour moi, de Gaulle incarnait l'histoire moderne de l'Europe, la renaissance de la civilisation française, et le rétablissement de la diversité géopolitique, de solutions de rechange au monolithe austère et glacial des alliances de la guerre froide.

Tandis qu'il défilait, revêtu du simple uniforme de général à deux étoiles que lui avait valu son héroïsme devant les hordes nazies à Abbeville en 1940, je pensais à Verdun et à Ingolstadt, où il était prisonnier de guerre dans la cellule voisine de celle du maréchal soviétique Toukhatchevski et où il avait appris à parler l'allemand ; au refoulement des bolcheviques de la Pologne avec l'aide de Weygand ; à la fuite de Bordeaux et à la grande marche de la Libération le long des Champs-Élysées le lendemain de ma naissance (« Reculez d'un pas, messieurs, je vous prie », dit-il aux politiciens et à leurs acolytes cherchant à se frayer une place dans son entourage à l'heure de la victoire).

J'ai éprouvé des sensations moins agréables lorsqu'il s'est adressé à la foule après avoir insisté pour que Drapeau rétablisse les micros qu'il avait fait débrancher sur le balcon parce qu'il avait appris que de Gaulle faisait des déclarations de plus en plus incendiaires à chacune des pauses du cortège de voitures en route pour Montréal.

Je suis devenu très mal à l'aise quand il a confié que l'accueil qu'il avait reçu dans la province lui rappelait « la Libération ». Il a vécu cette période de la guerre confortablement assis sur la terrasse de Carlton House surplombant le Mall alors que nos soldats canadiens avançaient péniblement sur les plages de Normandie avec leurs camarades britanniques et américains. Quand de Gaulle, électrisé par les pancartes qu'agitait la foule, s'est écrié du plus profond de son être « Vive le Québec libre! », j'ai eu pour la première fois le terrible sentiment que mon espoir de bonne entente en prendrait un coup.

Je suis rentré attristé à Knowlton et j'ai pondu mon premier éditorial antigaulliste, pressant Pearson de déclarer notre distingué visiteur *persona non grata* et de l'expulser du pays. Comme a fait remarquer Brian Stewart ce soir-là, la moitié des nations du monde, particulièrement les Américains et les Britanniques, nous enviaient de pouvoir embarrasser de Gaulle. Pearson a fait de son mieux et lui a servi une honnête réprimande, mais de Gaulle a annulé sa visite à Ottawa et a eu droit à un départ plus digne que celui qu'il me semblait mériter.

Jean Drapeau s'est chargé de remettre de Gaulle à sa place. Il a rappelé au général que, malgré sa sollicitude pour le Québec, le Canada français avait dû persévérer seul et laisser sa culture à la porte de la maison pendant deux cents ans. Il a prononcé un discours puissant, marquant à la fois le ressentiment du Québec pour la condescendance de la France, la réprobation d'Ottawa pour l'affront fait au Canada, et son profond respect pour de Gaulle. Si le Canada avait été politiquement stable et sûr de lui, le discours aurait été prononcé par Pearson ou Johnson. Au cours de cette année du centenaire, le seul autre qui ait réussi à parler au nom des Canadiens français et des Canadiens anglais, à part Drapeau, a été Daniel Johnson. En décembre, à la Conférence de la Confédération de l'avenir convoquée par John Robarts à Toronto, il a énuméré une liste longue, mais raisonnable, de revendications. « Depuis des décennies, a-t-il dit, on nous demande ce que veut le Québec, je réponds : *What does Canada want?* Que veut le Canada? » La réponse n'a hélas été ni rapide ni claire.

Il était temps de reprendre le collier universitaire. Il m'est enfin venu à l'esprit que je m'étais rebellé plutôt bêtement et sans discernement et que je m'étais comporté comme un révolutionnaire de salon, personnage politique qui me répugnait de plus en plus à mesure que persistait la guerre du Viêt-nam. J'ai compris qu'il y avait des occupations plus nobles et plus utiles que d'invoquer de grands noms comme celui de de Gaulle et de lutter contre la fausse discipline de l'establishment canadien, qui n'était après tout pas si intimidant ni sinistre et auquel, pour des raisons tactiques au moins, il valait mieux se joindre que de résister.

Chapitre 2

Québec : de l'Expo à la Loi sur les mesures de guerre (1967-1970)

En septembre 1967, je me suis inscrit à la faculté de droit de l'Université Laval à Québec, loin du bras vengeur d'Osgoode Hall. Je n'entendais pas pratiquer le droit, mais je pensais que le diplôme pouvait être utile. Surtout, je refusais de laisser à Osgoode Hall le dernier mot sur mon aptitude pour l'étude du droit. Le jour du test «psychométrique», j'ai fait le voyage aller et retour de Toronto parce que j'étais délégué au congrès du parti progressiste-conservateur chargé d'élire le successeur de John Diefenbaker, au Maple Leaf Gardens. L'ancien premier ministre s'est retiré à contrecœur après avoir été largement devancé par deux premiers ministres provinciaux et un ancien collègue de son cabinet au premier tour de scrutin. L'indicible Heward Grafftey, député de Brome-Missisquoi, qui me recevait souvent à sa table somptueuse chez lui à Knowlton, m'avait fait élire délégué. Je suis rentré de Québec trop tard pour voter au dernier tour de scrutin. Je n'avais pas le sentiment que le nouveau chef, Robert Stanfield, serait une figure transcendante. (Heward, qui était excentrique et plein d'entrain, prenait un malin plaisir à choquer ses visiteurs. L'un de ses trucs était de se mettre à poil sur le palier de l'escalier et de crier : «Voulez-vous voir le membre du membre du Parlement?»)

Les trois années que j'ai passées à Laval ont été les plus satisfaisantes de tout mon temps d'études. Au contraire des autres maisons d'enseignement que j'ai fréquentées, j'ai développé à Laval un sens profond et durable de la camaraderie. Il y avait dans la vingtaine d'anglophones noyés parmi les quelque 500 étudiants de la faculté des types très attachants. J'ai toujours été reconnaissant, par exemple, de l'amitié nouée avec Jon Birks (qui a ensuite administré la chaîne de bijouteries de sa famille dans des circonstances difficiles), Dan Colson et Peter O'Brien (qui ont pratiqué le droit dans des succursales différentes de la firme Stikeman Elliot). La majorité francophone a été on ne peut plus accueillante. Je n'ai pas vu l'ombre d'un préjugé, même de la part de nos confrères nationalistes. Aux quelques extrémistes séparatistes qui dénonçaient sans cesse «les vampires de la finance anglo-saxonne», nous adressions invariablement la parole en anglais, traduisant même leurs prénoms («Andrew» et «John Peter» pour André et Jean-Pierre). Les étudiants francophones les trouvaient aussi ridicules que nous.

Apprendre à parler le français sans négliger nos cours n'était pas une mince tâche. Nous pouvions passer nos examens en anglais, mais il était essentiel de bien comprendre le français. La première année, j'ai été ponctuel, même quand les cours commençaient à huit heures. Je me souviens d'un cours de droit familial où le professeur s'est endormi au milieu d'une de ses phrases interminables. (Je sympathisais avec lui, mais j'ai été étonné que le ministre fédéral de la Justice, Pierre Trudeau, le nomme juge à la Cour d'appel deux semaines plus tard.)

La deuxième année, j'ai assisté aux cours moins assidûment, mais quand même beaucoup plus que durant mes années de préparation de la licence, et mes notes se sont améliorées. En arrivant à mon premier cours en octobre de la dernière année, en plein débat sur le projet de loi 63 garantissant la liberté de choix de la langue d'enseignement au Québec, j'ai trouvé l'atrium de l'immeuble de la faculté des arts orné d'une toile de six étages de hauteur sur laquelle était écrit en charmant franglais «*Fuck* les Anglais!» J'ai tourné les talons, résolu à ne plus mettre les pieds à la faculté. Sans en démordre, j'ai réussi à passer ma licence «avec distinction», obtenant 97,5 % à l'examen final de droit privé international. J'ai reproduit de mémoire le texte presque intégral d'un jugement historique de la Haute Cour d'Alger.

À mon entrée à l'université en 1967, l'Expo de Montréal battait son plein, Johnson était premier ministre, Lévesque membre du Parti libéral, et la bonne entente entre anglophones et francophones était la règle. Quand j'en suis sorti en avril 1970, la grande majorité de mes confrères militaient dans le Parti québécois fondé par Lévesque en 1968. Le vent avait tourné.

Aux élections provinciales de 1970, les jeunes femmes de la faculté se promenaient en minijupes à hauteur de la fourche, la poitrine ornée d'un large bouton – presque un plastron – sur lequel était inscrit simplement «oui». Jamais je n'ai vu de réclame politique plus efficace.

Ayant pris l'habitude d'écouter les discours du président des États-Unis à l'époque d'Eisenhower, je suivais attentivement celui de Lyndon Johnson le soir du 31 mars 1968. Johnson était mon idole, comme l'était et le reste encore son prédécesseur pour des millions de gens. Johnson avait mis fin à la ségrégation et donné à des millions de Noirs le droit de vote qui leur était injustement nié ; il avait déclaré la guerre à la pauvreté, livré une guerre non déclarée à l'agression communiste, réduit les impôts et brièvement équilibré le budget. Il était d'autant plus héroïque qu'il avait dû surmonter ce que Samuel Johnson appelait «l'insincérité des ans». Mais je semblais seul au monde à avoir de lui une si haute opinion.

Ce soir-là, lorsqu'il a dit : «Je ne solliciterai pas ni n'accepterai la nomination de mon parti pour un second mandat à la présidence», j'ai eu l'affreux sentiment qu'avaient gagné non seulement les communistes, mais aussi les judas de la gauche, qui avaient suborné le libéralisme américain et élevé Hô Chi Minh sur un piédestal, exalté le Viêtcong et trahi la tradition martiale et les intérêts stratégiques des États-Unis. Tout ce à quoi je croyais en politique, et notamment le libéralisme traditionnel tolérant, était profané par des lâches et des fumistes. Les assassinats ultérieurs de Martin Luther King et de Robert Kennedy et leurs séquelles, qui ont comblé d'aise le mouvement antiaméricain mondial et sa variété canadienne, m'ont bouleversé. Les générations futures rappelleront sans doute le succès avec lequel Richard Nixon s'est attaqué aux terribles problèmes qu'il a hérités en janvier 1969.

Le gouvernement de Gaulle a été ébranlé jusque dans ses fondements par les événements de mai 1968. Je suivais la situation de près sur les ondes courtes qui m'apportaient régulièrement les nouvelles de la France. J'étais sûr que le général reprendrait le dessus. «De jour en jour le fier visage du gaullisme se désagrège», proclamait joyeusement la BBC. Curieux atavisme que celui qui pousse chaque génération de Français, peuple pourtant riche et confortable, à arracher les pavés et à les lancer à la police! Les événements ont atteint leur point culminant avec le défilé d'un million de manifestants réclamant la démission de de Gaulle à Paris.

Puis insidieusement, l'instinct bourgeois des Français est remonté à la surface. Le général a parlé quatre minutes et demie. Il a rappelé qu'il était «le seul dépositaire légitime du pouvoir républicain». Il a vilipendé «les vieux politiciens finis», dupes des «communistes totalitaires... qui ne pèseraient pas plus lourd que leur poids, qui n'est pas lourd» advenant son départ. Trois quarts de million de personnes ont défilé sur les Champs-Élysées pour prier de Gaulle de rester (plusieurs sans doute avaient participé à la manifestation de la semaine précédente et étaient revenus à de meilleurs sentiments). De Gaulle a dissous l'Assemblée nationale et, en juillet, il a remporté la plus grande victoire électorale des 175 ans d'histoire de la République française, dernier tour de force d'un grand homme que je ne pouvais malheureusement pas appuyer à cause de sa volonté de réduire l'influence du monde anglo-saxon, mais que je pouvais admirer. C'était du grand théâtre et un modèle de leadership inspiré.

Au défilé de la Saint-Jean en 1968, j'étais de nouveau près de la tribune d'honneur, dressée quelques kilomètres plus à l'est devant la Bibliothèque nationale (de la nation québécoise), en face du parc Lafontaine. Une émeute a éclaté et les projectiles ont commencé à pleuvoir si densément que j'ai dû me réfugier dans un fourgon à chevaux de la police; les chevaux étaient occupés à seconder la police qui chassait les manifestants à coups de bâton. Les dignitaires, sauf le nouveau premier ministre Pierre

Trudeau, ont fui la tribune d'honneur. Le chef indépendantiste Pierre Bourgault est passé devant moi, porté en triomphe par des hommes qu'il croyait être ses partisans, mais qui étaient en fait des policiers en civil. Ils l'ont jeté tête première dans un fourgon et «l'ont interrogé agressivement» (*Le Devoir*). L'émeute a duré quelques heures et fait des dizaines de blessés. Elle n'augurait rien de bon pour le fédéralisme. Trudeau a quand même remporté une victoire écrasante aux élections générales du lendemain, en partie à cause de son refus de se laisser intimider par la foule.

En juillet 1968, dans un bar de journalistes, j'ai négocié avec un directeur de la *Gazette* de Montréal une modeste rémunération pour écrire des articles de fond sur l'Amérique latine. J'ai pris l'avion pour Buenos Aires et je suis allé rejoindre Jon Birks, qui y avait un emploi d'été. J'ai été assez impressionné par le président argentin, le général Juan Carlos Ongania, malgré ses décrets puritains ordonnant aux hommes et aux femmes célibataires de garder toujours une distance d'au moins 15 cm entre eux en public. L'immense beauté des Portenas ne facilitait pas l'observance de la loi.

J'ai laissé entendre dans un article que Perón pourrait revenir si Ongania échouait. «L'Argentine est l'un des grands pays latins du monde, mais elle est mal en point, ai-je pontifié. Si Perón était Sukarno, Ongania pourrait-il être de Gaulle?» La réponse est venue un an plus tard : Ongania a été chassé par ses collègues généraux. Il a quitté la Casa Rosada en taxi sans même qu'on lui rembourse ses frais, selon la presse. À Buenos Aires le jour de l'anniversaire de la mort d'Eva Perón, j'ai vu les fleurs déposées en sa mémoire aux portes de tous les cimetières (les autorités n'avaient pas divulgué le lieu où elle était inhumée.) Perón est finalement rentré en 1974 et il est mort en fonction quelques mois plus tard. (Juste avant son retour, le dentiste Hector Campora s'est fait élire à la présidence sur la modeste promesse d'être «le serviteur docile du général Perón».)

Je suis allé à Montevideo, où j'ai tenté en vain de retrouver les débris du cuirassé de poche *Admiral Graf Spee* dans le Rio de la Plata, puis à Rio de Janeiro, Sao Paulo, Brasilia, Lima, Cuzco, Bogota et Caracas. Le Brésil m'a impressionné, malgré son infantilisme politique. Le ministre des Affaires étrangères (Itamarati) disait que les Américains complotaient d'inonder l'Amazonie pour en faire un abri de sous-marins Polaris. Dans l'un des moments de répit que me laissait la chasse aux hôtesses de l'air anglaises autour de mon hôtel de Rio de Janeiro, j'ai assisté à une grande manifestation contre l'invasion soviétique de la Tchécoslovaquie. Le cardinal archevêque Camara, un joyeux cabotin, s'est adressé à la foule. Le cardinal ne respirait qu'aux dix minutes. Il a brusquement interrompu l'une de ses tirades pour faire jouer l'hymne national tchèque sur un phono. J'ai aussi assisté à un match de football qui réunissait 200 000 fanatiques au stade Maracana. Rio de Janeiro m'a semblé excitante et mystérieuse, mais un peu frivole, à mi-chemin entre *Flying Down to Rio* et *Orfeu Negro*. «Entre les plages mondialement fameuses de Copacabana et d'Ipanema, des soldats au casque bleu embusqués derrière des canons de cuirassé de 45 cm de diamètre scrutent l'horizon de l'Atlantique Sud qu'aucun mât d'armada ennemie n'a troublé depuis la retraite des Portugais il y a 146 ans», ai-je écrit dans la *Gazette*. Mes articles, signalant mes humbles débuts dans la presse métropolitaine, ont été assez bien accueillis.

Daniel Johnson est mort le 28 septembre 1968 à la Manicouagan, la veille de l'inauguration du majestueux barrage à contreforts de 137,5 m de hauteur et de 1 585 m de longueur qui porte son nom. Quand j'ai visité le barrage des années plus tard, j'ai reconstitué les circonstances désolantes de sa mort dans une roulotte. J'ai eu le même sentiment de tristesse en 1970 en apprenant que de Gaulle était mort d'une rupture de l'aorte qu'il subit en étirant le bras pour prendre l'horaire de la télévision! Fin banale de vies exceptionnelles.

L'Union nationale a pris le pouvoir sous Duplessis et Johnson – les deux seuls à avoir triomphé des libéraux au Québec après la chute de Mercier (1891-1892) – en persuadant les conservateurs et les nationalistes de serrer les rangs. La mort de Johnson a remis le flambeau du nationalisme québécois dans les mains de René Lévesque. Le conservatisme de Duplessis et de Johnson (et d'Henri Bourassa et de Lionel Groulx avant eux) et leur respect des institutions – tribunaux, Église et Constitution – freinaient leurs élans nationalistes. Je connaissais assez Lévesque pour savoir qu'il n'aurait pas de telles contraintes. À Québec, les milieux politiques et universitaires se coudoyaient. Les membres de la faculté de droit engagés politiquement avaient régulièrement accès aux hommes politiques. Du temps que Johnson était chef de l'Opposition, Lévesque disait qu'il était «le politicien le plus véreux du Québec». Maintenant qu'il était mort, Lévesque disait que «le Québec avait perdu l'un de ses grands hommes politiques», et il s'est mis en frais d'usurper ses partisans.

Vers la fin de l'année, en vacances au Mexique avec Peter White, j'ai décidé de pousser une pointe à Cuba. Fidel était encore idéalisé par la gauche comme l'exterminateur de la maladie et de l'analphabétisme et l'avenir de l'Amérique latine. J'ai trouvé Cuba horriblement déprimant. Rien n'allait. Un dixième de la population était en exil et un dixième en prison. Les murs de La Havane étaient pavoisés d'affiches identifiant Fidel aux vrais hommes d'État comme Lincoln, Washington, Jefferson et Bolivar.

L'ancien maître d'hôtel du Tropicana avait été rétrogradé à notre hôtel miteux. Comme le patron du bistro de Paris décrit par Malcolm Muggeridge au lendemain de la Libération, il mesurait tout à l'aune de ses pourboires. «J'ai reçu Gary Cooper, Meyer Lansky et toute l'équipe des Yankees de New York un soir, m'a-t-il dit. J'ai fait 5 000 $ en six heures. Batista était un brave type. Nous n'aurions jamais laissé un voyou comme Fidel entrer au Tropicana. Le pays est devenu une porcherie.»

J'ai assisté à la grande manifestation marquant le dixième anniversaire de l'arrivée de Fidel au pouvoir. Des affiches invitaient la population de La Havane à se rendre à «la Plaza de la Révolution avec Fidel», suivant la détestable habitude de la gauche d'intimider par le nombre. Fidel a parlé pendant quatre heures. On faisait la queue durant des heures à La Havane pour acheter une glace, même en janvier, mais Fidel a entretenu son auditoire avec ferveur des trente et quelques essences de glace désormais disponibles. «Glace aux fraises» (bravos) «aux bananes» (bravos), etc.

Un touriste québécois qui m'accompagnait a traduit la première heure du discours, puis nous avons laissé tomber et nous sommes rentrés à l'hôtel.

Quand j'ai quitté Cuba, l'agent au contrôle des passeports m'a demandé si je comptais revenir. J'ai répondu «oui», puis j'ai soufflé à l'oreille d'un homme d'affaires britannique près de moi «en regardant par le viseur d'un canon». J'étais si déprimé que je n'ai cru pouvoir m'en remettre qu'en acceptant l'invitation de John A. (Bud) McDougald, l'associé de mon père, d'aller à Palm Beach, via Mexico, New Orleans et Miami. Mon séjour s'est révélé un excellent antidote à Cuba. Les palaces entretenus comme des sous neufs, la foison de Rolls Royce, de Ferrari, de Mercedes-Benz et d'Aston Martin, les vacanciers d'hiver des clubs Everglades et Bath and Tennis, riches à craquer, même les papotages déments et fascisants des milliardaires désœuvrés m'ont semblé plus prometteurs que le stalinisme tropical, spartiate et novlangue de Fidel.

J'avais de nouveau l'oreille collée sur les ondes courtes à la fin de la campagne référendaire d'avril 1969 en France. Les nouvelles étaient mauvaises. «Quoi qu'il arrive, dit le général fatigué dans son dernier discours à la nation, l'armée de ceux qui m'ont appuyé tiendra dans ses mains le destin de la nation.» Peut-être, mais leur nombre n'a pas suffi. Le général, qui avait autorisé une formulation absurdement compliquée pour la question plébiscitaire, a démissionné. Jamais je ne pensais qu'une carrière si illustre puisse prendre fin sur une note aussi banale : un référendum sur le Sénat et la réforme universitaire, dont les résultats serrés n'impliquaient pas un manque de confiance dans le régime. En concevant et en menant la campagne comme il l'avait fait, et en mettant sa présidence en jeu, de Gaulle a sans doute obéi à d'obscurs motifs psychologiques. Sa démission avait une certaine grandeur : «Je cesse d'exercer mes fonctions de président de la République. Cette décision prendra effet à midi demain.»

Quand sa déclaration a été diffusée, j'ai relu dans ses mémoires le passage sur la défaite de Winston Churchill en 1945 : « Il n'y a laissé ni sa gloire ni sa popularité, seulement l'adhésion qu'il avait gagnée comme guide et symbole de la nation en péril. Sa nature, identifiée à une noble entreprise, l'expression de son visage, gravée par les chauds et les froids de grands événements, ne convenaient plus à l'ère de la médiocrité. »

En juin 1969, j'ai assisté au congrès de l'Union nationale qui a confirmé l'admirable et candide Jean-Jacques Bertrand, qui ne payait pas de mine, au poste de premier ministre du Québec. L'imposteur crypto-séparatiste Jean-Guy Cardinal, ministre de l'Éducation, a recueilli plus de 40 % des suffrages. Le congrès n'était pas seulement un monument à la popularité de Johnson, mais la dernière manifestation des joies du pouvoir de l'Union nationale. Bière, vins et alcools gratis coulaient à flot au Château Frontenac et dans les hôtels et les bars de Québec. L'événement était authentiquement populiste et d'une gaieté exubérante.

Le nouveau chef de l'Opposition du Nouveau-Brunswick, Richard Hatfield, suivait avec Peter White et moi le cortège de Bertrand vers le quartier général de la campagne au Palais du Commerce, sur les terrains de l'exposition. Peter a fait observer que le congrès coûtait 25 000 $ l'heure. Richard, surpris, a révélé que toute sa campagne pour la direction du Parti conservateur au Nouveau-Brunswick n'avait coûté que 25 000 $.

Engagé par un ami du *Toronto Telegram* pour commenter la politique au Québec, j'ai repris mon stylo de journaliste en juillet 1969. Les deux grands partis avaient chacun trois vedettes qui pouvaient barrer la route du pouvoir à Lévesque (Cardinal, Mario Beaulieu, ministre des Finances et organisateur en chef de l'Union nationale, et Marcel Masse, ministre de la Fonction publique, du côté du gouvernement ; les anciens ministres Claude Wagner et Pierre Laporte, et Robert Bourassa, comptable âgé de 35 ans, ancien secrétaire de la Commission royale sur la taxation, du côté des libéraux). J'espérais encore, à mes débuts de chroniqueur politique d'un grand journal, que Lévesque soit tenu en échec.

À l'été 1968, Peter White et moi avions tenté d'acheter le *Sherbrooke Daily Record*. Après la fin de son premier mariage (sa femme était de North Hatley), John Bassett avait perdu tout intérêt au quotidien. L'emménagement dans un nouvel immeuble et l'achat d'une nouvelle presse, écueil classique des quotidiens, avaient entraîné un dépassement de budget de 100 000 $ et l'entreprise perdait de l'argent. Le directeur du journal a réussi à faire financer une plus grande part des pertes accumulées que nous n'étions prêts à assumer et il a acheté le *Record* en août 1968. Le printemps suivant, la presse était saisie et le successeur de Bassett était prêt à vendre. Il a conservé l'immeuble et s'en est tiré sans perte. Nous avons acheté quelques meubles décrépits, de vieilles machines à écrire et l'achalandage pour 18 000 $, que nos petits journaux de Cowansville et Knowlton pouvaient avancer.

Nous avons bientôt pris un troisième associé, David Radler, que Peter avait rencontré dans ses démarches pour obtenir la candidature de l'Union nationale dans le comté de Brome (c'est du reste pour cette raison que Peter s'intéressait au *Record*). David était diplômé en commerce de McGill et de Queens. Il était capitaine d'industrie, consultant auprès du ministère des Affaires indiennes, propriétaire d'une boutique d'artisanat autochtone à l'Expo 67 et à son successeur permanent, Terre des hommes. Il était aussi restaurateur. Lui et son père possédaient au centre-nord de Montréal un restaurant réputé qui était un lieu de rendez-vous de l'Union nationale.

Mario Beaulieu avait travaillé comme serveur au restaurant des Radler. Quand il s'est présenté à l'élection partielle dans la circonscription où était situé le restaurant, David a racolé les votes ethniques, c'est-à-dire non francophones. Au lieu de ruminer des slogans nationalistes comme ses collègues, David a fait un photomontage présentant Beaulieu entre Daniel Johnson et Pierre Trudeau, les bras entrelacés, avec l'inscription «Trudeau=Johnson=Beaulieu=même chose» en dix langues. Il a remporté son secteur haut la main. Beaulieu avait brigué les suffrages contre Lévesque dans la circonscription voisine de Laurier en 1960. Il était entendu que Beaulieu ne traiterait pas Lévesque de séparatiste et que Lévesque ne le traiterait pas de bandit. Lévesque l'a emporté par une faible majorité.

Peter et David s'étaient connus au Club Renaissance lors de la fête de la victoire de l'Union nationale en 1966. David était en route pour Kingston, résigné à une victoire libérale. Quand il a appris par la radio que les résultats préliminaires favorisaient Johnson, il a rebroussé chemin.

En prenant possession du *Record* le 1er juillet 1969, nous avons décidé de faire maison nette. Nous avons rencontré les 32 employés et leur avons dit que, le journal ayant perdu 180 000 $ au cours des 22 mois précédents, au moins 40 % du personnel devait être remercié. Nous nous sommes partagé la pénible tâche de congédier les employés. C'était certes cruel, mais il n'y avait pas d'autre façon d'éviter la faillite et la perte de tous les emplois. Peter a poussé le zèle jusqu'à téléphoner à une employée qui était en lune de miel aux chutes Niagara pour l'informer allègrement qu'elle n'avait pas besoin de revenir. L'un des vendeurs de publicité nous a informés qu'il ne pourrait travailler qu'à mi-temps pour cause de maladie. En réponse à nos questions, il a fini par avouer que son psychiatre tenait «les nouveaux patrons du Record» pour la cause de sa maladie. Nous avons rigoureusement contrôlé les coûts et nous avons réalisé nos premiers bénéfices au bout de quelques mois.

Comme la presse avait été saisie, David s'est mis en frais de trouver un nouvel imprimeur. Il a découvert que le moins cher, compte tenu des taux de change en vigueur, était à Newport, au Vermont. Le *Record* est ainsi devenu le premier quotidien de l'histoire du monde à être imprimé à l'étranger. Je ne connais pas non plus d'autre étudiant de troisième année de droit qui ait été éditeur de quotidien. Personne d'entre nous ne pouvait prédire jusqu'où nous mènerait cette fructueuse association. En moins de deux ans, nous avons commencé à réaliser des bénéfices annuels de plus de 150 000 $ et nous avons décidé d'étendre nos intérêts dans les journaux.

Le 27 août 1969, j'ai publié dans le *Record* un long article intitulé « Un an après Chicago : hommage à L. B. J. ». Je m'attaquais avec véhémence aux adversaires de Johnson, leur reprochant de passer sous silence ses efforts en faveur des Noirs et des pauvres, de dénaturer ses objectifs au Viêtnam et de céder à un « snobisme vulgaire ». Je traitais Norman Mailer de « vétéran débraillé de la vantardise américaine ». Je priais « le vrai Walter Lippmann » de se taire et je qualifiais le chef démocrate de la Californie, Jesse « Big Daddy » Unruh, de « charlatan bovin ». L'agent d'information du consulat américain à Montréal a envoyé l'article au président, qui l'a fait insérer dans le journal officiel du Congrès. Il m'a écrit une très jolie lettre et nous avons entretenu une correspondance sporadique jusqu'à sa mort.

David et moi sommes allés en vacances à New Orleans et à Miami juste après le Nouvel An 1970. Je suis revenu au Québec pour défendre nos intérêts au congrès du Parti libéral du Québec, c'est-à-dire pour faire valoir l'importance politique du *Record*, qui était en réalité fort limitée. Jean Lesage, l'un des grands hommes de l'histoire du Québec, avait été forcé de se retirer de la direction du parti sur l'insistance des députés et de libéraux fédéraux mécontents. Claude Wagner, l'un des candidats à la succession, a prononcé un discours électrisant qu'il a ouvert en disant : « On va se regarder les yeux dans les yeux. On va se dire ce qu'on a à se dire ». Ses remarques incluaient une rassurante profession de foi dans le Canada. « Je suis fédéraliste, point ! » a-t-il dit. Dans un congrès sérieux, il l'aurait emporté, mais près de la moitié des délégués étaient désignés d'office. L'establishment libéral, pour des raisons qu'il était seul à connaître, avait truqué le scrutin.

Claude Wagner a devancé Pierre Laporte, mais il a été dépassé par Robert Bourassa, garçon intelligent, courtois, et même assez amusant, dont j'avais fait la connaissance peu de temps après son élection comme député en 1966. Il avait dangereusement flirté avec Lévesque sur son chemin de Damas post-électoral quand Lévesque, privé des privilèges ministériels, a laissé tomber le masque et s'est révélé séparatiste. J'ai suivi le congrès en compagnie du distingué directeur du *Devoir*, Claude Ryan, homme sérieux et réfléchi qui aurait sans doute été le plus étonné du monde de savoir qu'il succéderait à Bourassa à la tête du Parti libéral du Québec.

Ma vie était agitée et je commençais à éprouver d'inquiétants symptômes de tension. Je souffrais d'indigestions, d'attaques de claustrophobie dans les restaurants, les avions et les autres endroits clos. J'avais le sommeil nerveux, je me réveillais en nage et je faisais même de l'hyperventilation. Jamais je n'avais eu de telles indispositions. Dans la nuit du 1er au 2 mars 1970, j'ai été réveillé par un accès d'angoisse quasi paludéen. Je tremblais violemment, je suais à torrent même là où je ne me soupçonnais pas de glandes sudoripares tel que sur le dos des mains, et je cherchais ma respiration comme un asthmatique. Les symptômes physiques me rappelaient les récits d'agonie de personnages célèbres comme Henri VIII ou Alexandre VI (Borgia). Les symptômes psychologiques ressemblaient davantage à la bilharziose. J'étais paralysé de terreur. Je n'ai jamais rien souffert de plus effroyable.

J'ai sué toute la nuit et j'ai marché pendant six heures sur les plaines d'Abraham, cherchant à découvrir l'origine de cette troublante éruption d'un malaise qui devait être latent depuis longtemps. Le matin, je suis allé consulter un charmant médecin irlandais de Québec que Dan Colson et moi embêtions régulièrement avec notre hypocondrie et avec qui nous avions de vives discussions politiques.

Il m'a prescrit des somnifères et m'a suggéré d'aller passer une semaine ou deux dans ma famille. Je suis allé deux semaines à Toronto. Le passage des ans et le déplacement du mal – des frasques scolaires à l'épuisement nerveux – ne diminuaient en rien le réconfort et la sollicitude de mes parents. Ma mère m'a suggéré de prendre un verre ou deux de temps à autre. Je l'ai assuré que, quelle qu'en soit la cause, la sobriété ne pouvait être tenue responsable de mon malaise.

Mon père, par l'entremise d'un médecin qui était un bon ami et un voisin, m'a ménagé un rendez-vous avec le chef du service de psychiatrie du Clark Institute of Psychiatry. La séance a été utile. Le docteur m'a recommandé de prendre mon mal en patience en cas de rechutes, qui n'ont pas manqué de se produire. J'avais eu une attaque d'angoisse. J'en soupçonnais la source. Comme le mal ne pouvait être corrigé par des médicaments, le médecin m'a recommandé une cure de psychanalyse. Pour me soumettre à un traitement noté d'autant d'infamie et de stéréotypes, je devais me convaincre de me qualifier moi-même comme analyste pour que ma recherche ne soit pas purement subjective. C'est sur cette base que je me suis inscrit à un programme d'analyse en septembre 1971.

Je n'ai éprouvé qu'une seule fois depuis – en novembre 1972 – la terreur étouffante, paralysante et diffuse d'une vraie crise d'angoisse, mais j'ai subi quantité de rechutes de moindre importance, dont la fréquence et l'intensité ont graduellement décliné au cours des treize ans qui ont suivi. J'ai vécu durant cette période dans la hantise d'attaques subites de phobie obsessionnelle.

Durant quelques années, j'ai traîné un sac pour mitiger l'appréhension de nausées subites. Je n'ai jamais été malade dans ces conditions, mais cela a eu peu à voir avec mes craintes, qui se sont graduellement apaisées.

Le succès de l'analyse m'a réconforté et intrigué. Progressivement, j'en suis venu à déterminer et à réduire les sources de ma sensibilité occasionnelle à l'angoisse. Puis, je me suis un peu désintéressé de peur de verser dans l'égocentrisme et de trop me laisser absorber par les souvenirs les plus obscurs et les fonctions les plus banales de la vie.

J'ai lu quantité de sommaires d'analyses et des journaux d'analysants. Il est passionnant d'approfondir le fonctionnement du cerveau humain, en particulier du sien. Au bout de deux ans et demi de ce régime, j'ai décidé que j'avais bien davantage intérêt à m'affranchir de cette distraction volontaire qu'à étudier et surtout à soulager les caprices psychiatriques des autres. Mon intérêt pour l'incontinence nocturne et le manque d'affection parentale de mon prochain s'est vite épuisé.

Quand mes moyens grandissants me l'ont permis, j'ai patronné des œuvres pour la santé mentale, en particulier le Clarke Institute. En 1989, six ans après avoir accédé au conseil d'administration du Clarke Institute et des années après ma dernière crise d'angoisse, j'ai eu le plaisir d'accueillir Henry Kissinger, alors directeur de notre société, à un fructueux dîner-bénéfice au profit du Clarke.

J'ai été secoué par un autre choc culturel, en partie relié au précédent : mon sentiment religieux s'est éveillé, sans aller jusqu'à la ferveur et à la piété, et encore moins à la sainteté. Mes invocations désespérées, le plus souvent silencieuses, à la Providence aux heures les plus troublantes de mes angoisses m'ont conduit à lire des ouvrages de théologie, notamment l'œuvre magistrale et probante du cardinal Newman.

Dans un cheminement semblable à celui de Newman, j'ai rejeté mon agnosticisme au profit d'une pratique religieuse modérée et tolérante, indulgente même pour l'athéisme que j'avais défendu pendant quelques années avec une vigueur sans doute assommante pour mes proches. Dès que je me suis mis à croire en Dieu, je n'ai plus cherché à lui échapper et je l'ai vénéré discrètement.

J'ai passé mes derniers examens à Laval le 27 avril 1970, deux jours avant les élections qui ont relégué l'Union nationale aux poubelles de l'histoire et porté au pouvoir Robert Bourassa, qui allait devenir une sorte de Mackenzie King francophone. Dans mon bureau de votation de Sillery, j'ai voté pour le libéral Claude Castonguay tout juste derrière Jean Lesage et le vieux Louis Saint-Laurent, alors âgé de 88 ans. J'ai cherché de bons ouvrages sur l'Union nationale que Duplessis et Johnson avaient menée à la victoire six fois dans les neuf élections précédentes. N'ayant rien trouvé de convenable, j'ai résolu d'en écrire un petit à petit au cours de la prochaine année.

Au début de mai, j'ai été témoin d'une scène qui a fait époque au Québec : tous les membres du gouvernement, contrairement à la coutume, ont défilé chez le lieutenant-gouverneur pour remettre leur démission. La première d'une trentaine de berlines noires, ornées du fleurdelisé de Duplessis à l'aile droite avant, est arrivée à destination avant que la dernière quitte l'Assemblée nationale. Douze des ministres avaient été défaits dans leur circonscription. Ainsi, sur un dernier geste d'apparat ministériel, l'Union nationale a sombré dans l'histoire du Québec.

Peter White a brigué les suffrages dans Brome et a été emporté par la marée libérale. À l'inverse de Duplessis qui avait chassé ses partisans conservateurs par ses discours enflammés et n'avait pu compter que sur l'appui des nationalistes en 1939, Bertrand a perdu les nationalistes au profit de Lévesque et presque tous les anglophones à Bourassa en 1970.

La défaite de Peter a revêtu un aspect comique. La manipulation du *Record* à laquelle il s'est livré avec David, qui était directeur de sa campagne, s'est retournée contre lui, comme il était à prévoir. David a bien travaillé, mais il a cessé de croire à la victoire quand il a vu que l'organisation ne comptait aucun bénévole et dépendait exclusivement d'employés payés (par nous). Il s'est gardé de le dire à Peter. Celui-ci, voyant que ses discours étaient chaudement acclamés, jubilait après chaque réunion, sans savoir que les applaudissements n'étaient pas désintéressés.

En juillet, j'ai entrepris un long voyage outre-mer, faisant une première escale à Lima pour assister au mariage de Jon Birks. Ma destination finale était le grand théâtre de guerre de l'époque, le Viêt-nam. Le président Lyndon Johnson, se rappelant l'article que j'avais écrit dans le *Record* l'été précédent, a généreusement commandité la partie asiatique de mon voyage, qui a été mémorable.

J'ai été conquis par les couventines sages et élégantes de Lima et leurs amis et maris machos et fanfarons, mais ils vivaient emmurés et se déplaçaient nerveusement, évitant d'attirer l'attention sur leurs voitures dans les rues congestionnées de la ville. Le Pérou était déchiré par des luttes politiques et ne pouvait plus continuer longtemps à vivre de répression militaire et de slogans enfantins, blâmant les *gringos* pour tous ses malheurs.

Je suis arrivé en Orient fourbu après vingt heures de vol, de Lima à Tokyo. J'ai passé quelques semaines au Japon à lire des abrégés d'histoire culturelle et politique et à visiter les lieux usuels, de Kyoto à Hiroshima. J'ai fait une croisière dans la mer intérieure et j'ai tenté de retrouver la trace des vestiges de ce qu'on a appelé le shogounat MacArthur.

J'ai trouvé plus de souvenirs de MacArthur à Manille. J'ai logé à l'hôtel Manille où le général a vécu de 1935 à 1941 et où, m'a dit le général Alexander Smith, ancien aide de camp de MacArthur, la mère du général est morte en 1935. J'ai marché sur les quais de Corregidor d'où MacArthur est parti vaincu et sur la plage du golfe Lingayen où il est revenu vainqueur comme il l'avait promis.

À Séoul, en Corée, j'ai rencontré le président Park Chung Hee, petit homme robuste et pimpant qui me rappelait les sinistres commandants des camps d'internement nippons dans les films sur la guerre du Pacifique.

J'ai lu une bonne partie de son autobiographie en trois tomes, ouvrage très inégal du moins dans sa version anglaise (l'auteur répète constamment qu'il a la chair de poule), mais qui renferme d'éloquents fragments sur la lutte contre le communisme et le sous-développement. L'engagement occidental en Corée m'a semblé une réussite totale, à en juger d'après mon survol de Séoul en hélicoptère en compagnie du réputé chroniqueur Jack Anderson, de Washington, sur l'initiative du président de la Corée. L'expansion effrénée de Séoul, son industrie bourgeonnante, et l'étalement de ses gratte-ciel ont été une révélation pour moi. J'étais encore imprégné des descriptions qu'on avait faites quinze ans plus tôt de mornes champs de vase ravagés par la guerre. Je supposais qu'il y avait eu progrès, mais je ne m'attendais pas à un autre Sao Paulo.

J'ai trouvé Hong Kong fantastique. Les femmes, occidentalisées dans leur vêtement, leurs manières et leur bilinguisme, étaient ravissantes. Je n'en avais pas vu de plus belles, sauf à Buenos Aires et à Budapest. Je n'avais pas vu non plus de port plus bigarré et plus achalandé, dans un décor aussi joli que celui de San Francisco et peut-être de Rio. L'architecture était aussi extraordinairement variée que les cultures qu'elle abritait : l'hôtel Hilton, la Banque de Chine, et le Cricket Club se voisinant douillettement. Le représentant de la République populaire de Chine m'a invité à déjeuner à l'hôtel Peninsula et m'a baladé dans sa Lincoln à conduite inversée. Au plus fort de la révolution culturelle, il s'habillait et parlait comme un vieux mondain échappé des tripots de l'Orient que hantaient les films de Charlie Chan. Malgré son hospitalité, j'ai raté mon test idéologique d'entrée en Chine. La rencontre a dégénéré en une scène ridicule parce que je défendais Nixon et Johnson contre les calomnies maoïstes. Il m'a traité de « chien capitaliste » et j'ai riposté en le traitant de « lèche-bottes staliniste ».

Djakarta m'est apparue assez quelconque, mais j'y ai eu d'intéressantes conversations avec les fonctionnaires de l'ambassade américaine. Taibei était une vitrine de la guerre froide. J'ai recueilli une interview plutôt terne avec le premier ministre Jiang Jing-guo, fils de Tchang Kaï-chek. L'argent américain créait aussi à Taiwan un miracle économique.

Singapour était une Toronto orientale, propre, prospère, organisée et désespérément respectueuse des lois, mais sans originalité ni cachet. C'était une ville en transition, de l'ancienne culture coloniale du baume de tigre et des pink gins bercée par le ronron des éventails du bar de l'hôtel Raffles à l'état de ville dynamique et moderne. Je suis allé sur la pointe d'où on aurait pu voir le *HMS Prince of Wales* et le *Repulse* disparaître au large en décembre 1941. «Nous cherchons des ennuis et nous pensons les trouver!» a dit l'amiral Phillips dans son mot d'adieu.

Tout ce périple n'était qu'un prélude au Viêt-nam et au Cambodge.

Le Viêt-nam a dominé la politique internationale de 1965 à 1975. Aucun événement ne semblait échapper à son influence. Quand les grèves ont paralysé les universités et les usines de la France en 1968, de Gaulle, avec le talent proverbial des Français pour la rationalisation, a rejeté le blâme sur la dégradation de l'autorité des chefs et des institutions politiques causée par la politique américaine au Viêt-nam. Quand on a commencé à manifester contre la guerre du Viêt-nam dans les universités américaines et que Grayson Kirk, à Columbia, Nathan Pusey, à Harvard, et Clark Kerr, à l'Université de la Californie, se sont dégonflés devant les forces nihilistes, j'ai perdu la sympathie que j'avais pour l'élite universitaire libérale depuis l'époque de McCarthy quinze ans auparavant. Ma visite à l'Université Columbia pendant les troubles du printemps 1968 a renforcé mes opinions.

Le relâchement des mœurs sexuelles, dont j'ai largement profité à vrai dire, l'abrégement des robes, la culture de la drogue douce, à laquelle je n'ai jamais touché ayant eu assez de mal à me guérir de l'habitude du tabac, et la musique populaire tapageuse qui prônait la libération et la vie de bohème, ont été fortement inspirés par le désenchantement suscité par la guerre du Viêt-nam.

Une jeunesse arrogante s'est emparée des écrans et des ondes. «Fais ce qui te chante quand ça te chante! Et sois fier!», disait le prétentieux Peter Fonda à un paysan du bayou dans le banal et gélatineux *Easy Rider.* L'iconoclasme de la jeunesse excédée s'arrêtait aux pieds des héros révolutionnaires, d'où l'adoration de Mao et de Hô Chi Minh et la vénération de pleutres surannés comme Herbert Marcuse. De Gaulle a lui-même tenté d'exploiter la vague avec un certain succès. Dans la fameuse interview qu'il a donnée à Michel Droit à la veille des élections parlementaires de l'été 1968, il a demandé où étaient les «révolutionnaires» quand il s'est rebellé contre les forces de la capitulation et du nazisme en 1940, quand il a défendu le pays contre les putschistes en 1962 et 1963, et quand il a «donné le coup d'envoi à la libération des Français du Québec». Les électeurs français n'ont heureusement pas été très émus par cette dernière considération.

C'était tonifiant d'arriver à la source de ce grand drame en septembre 1970. Après une descente en spirale au-dessus du delta du Mékong, de ses jungles insondables et de ses fleuves brun grisâtre, nous avons atterri à Tan Son Nhut, alors l'aéroport le plus achalandé du monde : pullulement de colporteurs, de changeurs de monnaie, de pickpockets, de ronds-de-cuir, de conscrits à leur arrivée ou sur leur départ, d'émigrants impatients et d'étrangers curieux, dont j'étais. Le tohu-bohu et le fourmillement incessant de l'Orient étaient transmués en un monde de décadence et de danger par la corruption de la guerre. Rien ne correspondait vraiment aux apparences.

À peine m'étais-je dépêtré avec mes bagages de la gare vétuste et grouillante que le marché noir de Saïgon s'est manifesté dans toutes les langues et toutes les couleurs de peau et de monnaie. Avant même d'arriver à l'hôtel Caravelle, dont la patronne semblait avoir pour principale occupation de changer des devises, on m'avait déjà offert des caméras, des machines à écrire, des prostituées de tous genres et un plein camion de Budweiser.

Quand je me suis présenté à l'ambassade des États-Unis, immeuble rendu familier aux téléspectateurs du monde par l'offensive du Têt deux ans et demi auparavant, le fusilier marin de faction a solennellement pris le téléphone et annoncé : «Monsieur Black est arrivé!» Quelques secondes plus tard, un agent dévalait le corridor, agitant un télégramme du secrétaire d'État William P. Rogers, qui donnait instruction de me recevoir avec tous les égards à titre d'«ami personnel» de Lyndon B. Johnson et d'éditeur influent. Le secrétaire d'État, heureusement pour moi, s'était clairement mépris sur ma relation avec L. B. J., qui se limitait à une rencontre de cinq minutes et à un échange de lettres suscité par mon éditorial à son sujet. Les milieux officiels de Saïgon ne connaissaient pas très bien le Canada et encore moins le rôle modeste que j'y tenais, mais les Américains et les Sud-Vietnamiens étaient reconnaissants envers quiconque semblait favorable à ce qu'ils tentaient d'accomplir.

Le personnel de l'ambassade a été on ne peut plus serviable. On m'a ménagé des rendez-vous avec pratiquement tous les notables non communistes du pays. Après avoir entendu les adversaires de la guerre du Viêt-nam se moquer de l'ambassadeur Ellsworth Bunker en disant qu'ils allaient «faire sauter Ellsworth de son bunker», j'ai eu un plaisir particulier à le rencontrer. Le calme et la politesse du diplomate, âgé de 78 ans, m'ont charmé et rassuré. Je lui ai fait part de mes inquiétudes à propos du soutien populaire du gouvernement de Saïgon, de l'incitation à la corruption que représentait le flot de dollars américains inondant le pays, de la faible adhésion de la population américaine à l'effort de guerre, de l'efficacité des tactiques américaines contre la guérilla, et du sérieux de l'armée sud-vietnamienne. L'élégant et vénérable ambassadeur m'a assuré d'un ton avunculaire que tout irait pour le mieux.

Le commandant américain, le général Creighton Abrams, que j'ai rencontré à son quartier général près de Tan Son Nhut, le Pentagone oriental, était plus tranché et moins optimiste. Il croyait que les Nord-Vietnamiens en avaient assez de combattre les Américains, étant donné surtout la capacité de l'aviation américaine de frapper n'importe où, par n'importe quel temps, dans un délai de quinze minutes. Il était moins sûr du courage de ses alliés sud-vietnamiens. Il se contentait de dire du gouvernement de Saïgon qu'il représentait une amélioration par rapport à son prédécesseur et enfin que les Vietnamiens, de toute évidence, n'étaient pas entichés du communisme. Il m'a déposé au centre-ville dans sa Chrysler blindée dont la plaque affichait impudemment quatre étoiles. Je crois me rappeler qu'il fumait comme une cheminée ; il est mort de cancer du poumon quatre ans plus tard. Le général Abrams s'inquiétait sincèrement de l'état des pertes. Il était résolu, sans être dogmatique ni blasé, et impressionnant. Les demandes constantes de renforts accompagnées de pronostics optimistes de son prédécesseur, le général William Westmoreland, avaient jeté l'effort de guerre dans le discrédit. Il fallait tirer l'oreille du général Abrams pour qu'il évoque modestement le jour J, la délivrance de Bastogne, la libération avortée de Prague en avril 1945, et ses années auprès du général Patton. Tandis qu'on nous ramenait en voiture, je me disais qu'il était le genre de commandant auquel on serait relativement heureux de confier son sort ou celui de ses fils.

Il était, dans le plein sens du mot, chef de la mission militaire des États-Unis. J'ai rencontré des cadres de moindre rang, civils et militaires, pour la plupart volontaires. Ils détestaient le temps passé au Viêt-nam et ne vivaient que pour les bandes sonores que leurs familles leur envoyaient régulièrement des États-Unis. Elles leur donnaient à tout coup le mal du pays. Je me rappelais la remarque de de Gaulle à son guide russe lors de sa visite à Stalingrad en 1944. « Quelle grande nation ! » s'était-il exclamé. Le guide présumait qu'il parlait des Russes, mais de Gaulle s'est empressé de le corriger : « Les Allemands sur la Volga, quel peuple indomptable ! »

Quiconque voyait l'abnégation et le courage des Américains au Viêt-nam ne pouvait avoir que du mépris pour ceux qui défilaient insolemment sous la bannière du Viêtcong dans les rues de l'Occident et des villes américaines. Il était cependant difficile de justifier l'opportunité stratégique de l'engagement américain au Viêt-nam. Comment pouvait-on imaginer qu'un pays aussi impénétrable et fermé que le Sud Viêt-nam devienne aussi américanisé, aussi sûr, que la Corée du Sud, sans parler de Taiwan?

Avec le professeur Patrick Honey, vietnamologue réputé de l'Université de Londres, j'ai interviewé des prisonniers de guerre nord-vietnamiens. J'ai pu discuter sans interprète avec ceux qui parlaient le français. Pour les autres, Patrick Honey a servi d'interprète. Ils ont confirmé ce que m'avait dit le général Abrams : leurs compatriotes étaient las de combattre les Américains. Ils m'ont raconté ce que c'était de marcher ou d'aller à bicyclette sur la piste Hô Chi Minh pilonnée par les B-52, volant à trop haute altitude pour être vus ou entendus, ou inondée de napalm par les Phantom, qui surgissaient comme l'éclair. L'aviation américaine utilisait aussi des engins moins meurtriers, mais plutôt démoralisants. Elle arrosait la piste d'émetteurs à haute fréquence qui, à l'approche des piétons, diffusaient un son perçant qui attaquait le système nerveux et provoquait un dérèglement intestinal. Leurs récits étaient scatologiques, mais plutôt amusants.

J'ai adopté une confortable routine : interviews en matinée et en après-midi, et déjeuner avec des fonctionnaires ou des correspondants de presse. Je me suis lié d'amitié avec Steve Cowper, du *News* d'Anchorage, en Alaska. J'ai entretenu avec lui des contacts intermittents par la suite et j'ai eu le plaisir de le revoir à l'occasion du désastre de l'Exxon Valdez en 1990. Il était devenu gouverneur de l'Alaska. Nous nous sommes revus depuis et j'ai constaté que l'intervalle de vingt ans n'avait nullement atténué l'humour lapidaire qui avait égayé tant de mes soirées à Saïgon en 1970. J'ai fait connaissance en Indochine avec deux autres Américains en vue que j'ai mieux connus par la suite, le chroniqueur Joseph Alsop et le jeune diplomate Thomas Enders. J'ai sermonné Enders, lui disant qu'il fallait faire sauter les digues du fleuve Rouge et inonder Hanoi en juin si l'agression nord-vietnamienne le justifiait. Je l'ai rencontré au cours de ma seule incursion dans la campagne du Cambodge et nous avons eu cette discussion au bord d'une rizière. La politique américaine, engageant des conscrits dans une guerre non déclarée pour poursuivre par demi-mesures un objectif moindre que la victoire, m'exaspérait.

Nous prenions d'ordinaire le dîner dans l'excellent restaurant situé sur le toit du Caravelle. Comme l'aviation américaine lâchait souvent des bombes éclairantes pour empêcher l'infiltration ennemie dans le périmètre de Saïgon, les fenêtres étaient abondamment scotchées pour éviter qu'elles volent en éclats. Nous avions quand même une vue imprenable sur la ville. Le couvre-feu, rigoureusement observé, entrait en vigueur à minuit. À minuit moins cinq, une femme grassouillette passait chaque soir sous ma fenêtre, rue Tu Do, tambourinant un air sinistre avec des baguettes de bambou. Elle reste mon plus vif souvenir du goût renommé des Vietnamiens pour le merveilleux. Il suffisait d'entendre sa musique insolite pour savoir qu'il existait un fossé difficile à combler entre les civilisations du Viêt-nam et de son grand protecteur d'outre-Pacifique.

Après ce petit récital ambulant, je prenais un bon bain et je regardais à la télévision un match de baseball ou de football transmis en direct (ou presque) par satellite des États-Unis. J'avais à peine le temps de m'asseoir dans la baignoire qu'apparaissait chaque soir un énorme cafard, qui en faisait le tour avec l'assurance d'un matou.

Il n'était pas aussi gros que le cafard immonde que j'ai vu mené en laisse par un enfant quelques semaines plus tard à Phnom Penh, mais il méritait sans doute une fin plus digne que celle qui l'attendait. Je suis allé à la campagne un week-end et, comme les bonnes chambres d'hôtel étaient rares, j'ai loué la mienne pour trois jours à une équipe de CBS qui était de passage. (Les réseaux CBS et NBC avaient leurs bureaux dans l'hôtel.) À mon retour, j'ai trouvé la tête du cafard intacte et apparemment vivante, mais son tronc et ses membres arrière avaient été écrasés contre le mur par mes locataires. À Saïgon, il ne servait à rien de sonner la femme de chambre.

Je n'ai pas vu grand combat au Viêt-nam, mais j'ai souvent vu de longues files d'hélicoptères survoler sans fin la jungle. La scène restera toujours, pour ceux qui en ont été témoins, la preuve par quatre de l'incompatibilité des civilisations, de leurs objectifs et de leurs méthodes, dans la guerre du Viêt-nam. L'aviation américaine était invincible, mais au bout du compte inefficace.

J'ai visité toutes les zones militaires et rencontré quantité de notables vietnamiens. Ils avaient été si accommodants depuis les Français, de Ngô Dinh Diem à Duong Van Minh, dit «le gros Minh», Nguyên Khanh, Nguyên Cao Ky et Nguyên Van Thieu, que je pensais bien qu'ils sauraient s'entendre avec le Viêtcong au besoin. Nguyên Bê, chef du contre-espionnage, m'a fait la plus grande impression. Saïgon était entourée de chevaux de frise et densément peuplée de statues militaires grossières. La ville semblait chercher par tous les moyens à se convaincre de son courage et de ses talents pour la guerre. Elle me faisait penser aux officiers d'arrière-garde de l'état-major italien, décrits par Hemingway dans l'*Adieu aux armes*, qui interrogeaient avec «une allure très militaire au petit matin» les soldats battant en retraite. Le général Nguyên Bê semblait être un soldat authentique, intelligent, discipliné, résolu et brave.

Il y en avait sans doute beaucoup d'autres, mais la manie des soldats américains de parler de leurs alliés vietnamiens comme de «têtes de con», généralement précédées d'une épithète vulgaire et injurieuse, n'était pas de nature à les faire paraître comme des combattants très crédibles. À la base d'artillerie américaine, disposée de façon à couper les lignes ennemies, près de la célèbre forteresse de Khe Sanh, j'ai vu les soldats américains assis à des tables de pique-nique tandis que des obusiers de gros calibre tiraient, se rechargeaient automatiquement, se déplaçaient de quelques degrés sur la droite et reprenaient le même manège, sans doute, pensais-je, pour dissuader l'ennemi d'attaquer. Le commandant de la base a paru étonné quand je lui ai demandé si c'était un moyen efficace d'éloigner les Nord-Vietnamiens. Il m'a assuré qu'il n'y avait pas l'ombre d'un ennemi dans la région à part des tigres. Pour endurcir ses «crados» (c'est-à-dire «têtes de con» ou soldats sud-vietnamiens), il les exposait aux tigres la nuit sur le périmètre extérieur. C'était une forme de combat sinistre, surréaliste : une guerre mécanique menée à partir de tables de pique-nique contre un ennemi invisible dont on continuait de mettre l'existence en doute. Superbe manœuvre en un sens, mais était-ce vraiment la guerre?

Le commandant de la zone coréenne, à la tête de 50 000 hommes solides et bons buveurs, m'a semblé plus convaincant, sinon plus rassurant. Il m'a juré que son territoire était entièrement pacifié. Quand je lui ai demandé le secret de son extraordinaire succès, il m'a répondu sans détour : «Parce que je tue tout ce qui bouge, homme, chat, enfant, écureuil, qui n'est pas revêtu d'un uniforme coréen ou américain.» C'était une façon de gagner les cœurs et les esprits qui n'était pas susceptible d'être bien reçue à Peoria, et encore moins à New York, à Washington ou à Hollywood.

J'ai visité la pagode An Queng, foyer de l'opposition bouddhiste au régime de Saïgon où quelques moines se sont immolés. Mes prudents entretiens avec les moines d'An Queng m'ont convaincu que le Viêt-nam était plus énigmatique que je pouvais imaginer. Je suis allé à Vung Tau, le fameux Cap Saint-Jacques, qui conservait dans ses villas du bord de mer tout le raffinement de l'époque coloniale, pour rencontrer Nguyên Cao Ky, mécontent d'être confiné à la vice-présidence. Homme élégant, sinistre et superficiel, Cao Ky avait été mis au pilori par la presse américaine, qui le soupçonnait de vénérer Hitler. Il a nié être entiché d'Hitler, mais il m'a semblé d'un opportunisme orgueilleux et mesquin, défauts qu'il n'est pas rare de trouver chez les survivants d'une longue guerre civile, mais qui n'en faisaient pas un chef crédible pour le genre de cause et de valeurs que les Américains prétendaient défendre.

Le président Nguyên Van Thieu m'a semblé beaucoup plus intéressant. L'ambassade américaine a sollicité une interview qui m'a tout de suite été accordée. Je l'ai rencontré au palais Tu Do – immense, moderne et grossier – le matin du 1er octobre 1970. Les hommes qui montaient la garde dans les antichambres de la présidence étaient encore plus intimidants que les gorilles qui accompagnaient Charles de Gaulle à Montréal en 1967.

Pendant une heure et demie, en anglais ou en français, Nguyên Van Thieu a déballé une quantité ahurissante de détails sur des affaires controversées, assaisonnant ses propos de commentaires acerbes sur ses contemporains. Il m'a assuré que le président Kennedy avait ourdi l'assassinat de Ngô Dinh Diem en 1963. La rumeur circulait, mais n'avait jamais été évoquée en si haut lieu. Le commandement de l'aide militaire américaine avait coupé les approvisionnements d'essence pour forcer la démission ou le limogeage de Diem et Thieu n'avait pu se servir de ses chars pendant les dix derniers jours de la vie de Diem. Il a décrit de Gaulle comme «un vieillard amer répudié par son peuple et tentant de rétablir un empire perdu», et Sihanouk comme «un charlatan, un poseur, un laquais des communistes». Sa haine de Mao Zédong et des Chinois en général colorait ses propos et paraissait émaner du Viêt-nam profond. Il s'est gardé de défendre ceux qui passaient pour les plus corrompus de ses généraux, Dang Van Quang et Dô Cao Tri. Il a simplement dit qu'ils seraient poursuivis s'ils étaient vraiment escrocs. Il m'a donné la date précise du déploiement des B-57 américains au Viêt-nam la semaine suivante.

Son opposition au communisme, et à son expression vietnamienne, était véhémente. Quand je l'ai pressé de questions, j'ai compris qu'elle avait ses racines davantage dans sa formation catholique que dans la lutte militaire et politique. Il n'y avait pas d'opportunisme ni d'affectation polémique chez lui. Il semblait tenace et rusé, mais non pas manipulateur du genre de ceux qui foisonnaient dans les cafés de Saïgon. Il n'y avait ni opportunisme ni vantardise dans sa prédiction tranquille de la victoire. Il en avait établi un calendrier optimiste et échafaudé un scénario plutôt spécieux, mais qui valait la peine d'être publié. Il pensait représenter un système supérieur et croyait fermement qu'il serait soutenu par son grand allié d'outre-mer.

La présence de la force expéditionnaire américaine était illustrée par les photos pompeusement autographiées de Lyndon Johnson, de Nixon, de Spiro Agnew et d'autres figures politiques. Contrairement au président Park de la Corée du Sud, il ne caressait aucun projet économique ni industriel pour l'après-guerre au-delà de vagues notions d'exportation de riz et de l'implantation d'un secteur manufacturier. Comme Churchill, a-t-il dit, sa politique se bornait à gagner la guerre. À chaque jour suffit sa peine.

Je ne doutais pas de ses intentions ni de son courage. Je me demandais seulement s'il avait une main gagnante. Je voulais tant que les Américains l'emportent et que soient écrasés les communistes, et les fourbes et les maniaques qui étaient leurs détestables suppôts dans les salons, les campus et les médias de l'Occident, que je croyais encore plus que mon noble et brave hôte à la victoire des États-Unis et de la vietnamisation. Après l'interview, le cousin du président, l'ancien étudiant de l'Université de l'Oklahoma que Kissinger appelle « l'illustre Nha » dans ses mémoires, s'est approché de moi et a épinglé au revers de ma veste l'impressionnante « médaille de la défense nationale ». J'ai supposé qu'elle m'était décernée pour avoir bu dix tasses de thé vietnamien sans jamais demander où se trouvaient les toilettes. (Des années après la capture du Viêt-nam par l'armée nord-vietnamienne, j'ai pris plaisir à porter la médaille à de prétentieuses cérémonies comme l'ouverture de l'Exposition royale d'hiver à Toronto.)

Quelques heures après avoir rencontré Thieu, j'ai envoyé un résumé de l'interview au bureau de la Presse associée. L'article a fait la une des journaux du monde entier. Il a été le clou de ma carrière sporadique de journaliste. Pendant quelques jours, j'ai été traité comme une vedette dans les zincs fréquentés par la presse de Saïgon. Seize ans plus tard, quand j'ai convoqué à mon bureau de Londres le journaliste désigné comme correspondant du *Daily Telegraph* à Washington, il m'a dit que pendant un mois après mon acquisition du journal, il a cherché à se rappeler pourquoi mon nom lui était familier. Il s'est finalement souvenu de cet article que j'ai écrit alors qu'il était correspondant du *Telegraph* à Saïgon. Au Club de presse de Saïgon, on se demandait qui j'étais, comment j'avais eu l'interview avec Thieu et « où diable était Sherbrooke? ».

Le soir du 1er octobre 1970, je suis allé dîner à l'antenne chirurgicale de Tan Son Nhut avec le docteur Michael Kent, chef de l'Unité d'hygiène mentale, que j'avais rencontré en achetant des calmants pour m'aider à dormir pendant ma tournée. Le dîner a été interrompu trois fois par l'arrivée de soldats désorientés, emmenés par des auxiliaires médicaux. Les pauvres étaient au bout du rouleau, catatoniques ou dangereux pour eux et leurs camarades. Les blessés de guerre foisonnaient à Saïgon, mais aucun n'était plus émouvant que ces hommes dont le cœur et l'esprit avaient été ébranlés par les violences de la guerre. Ils avaient été tirés brusquement de la quiétude de leur foyer et brûlaient d'y retourner. Le gouvernement n'avait pas réussi à leur communiquer la moindre notion de l'importance de leur présence au Viêt-nam. Les soldats restaient en service au front pendant douze mois, deux fois plus longtemps que les officiers. C'était une politique insensée que le PX (coopérative militaire) de Saïgon, de la dimension du magasin Eaton à Toronto, ne suffisait pas à contrebalancer.

Mon enthousiasme pour l'effort de guerre américain n'allait pas jusqu'à favoriser l'envoi d'une armée de conscrits dans les jungles infectes, impénétrables et minées du Viêt-nam ni même l'affrontement direct d'Américains et de Vietnamiens sur le terrain. Aussi me suis-je réjoui du discours magistral de Nixon annonçant la politique de vietnamisation, le 9 novembre 1969. Nixon a parlé pour la première fois de la «majorité silencieuse» et il a dit qu'il était prêt à assumer la responsabilité de cette politique. «Si j'ai raison, a-t-il ajouté, ce que disent aujourd'hui mes adversaires n'aura pas d'importance. Si j'ai tort, ce que je dis n'aura pas d'importance.» Au moment de quitter Saïgon et de rentrer au Canada via Phnom Penh, Bangkok, Honolulu et Los Angeles, j'espérais que l'horrible guerre prenne fin en douceur. Quand j'ai atterri à Los Angeles, j'ai été accueilli par des manchettes de journaux annonçant que l'armée occupait Montréal. À la suite de l'enlèvement du fonctionnaire britannique James Cross et du ministre du Travail du Québec Pierre Laporte par le FLQ, Trudeau avait décrété la Loi sur les mesures de guerre.

En mon absence, David Radler et Peter White avaient engagé le *Record* dans la coproduction montréalaise de *Hair*, comédie musicale libertaire et nudiste, avec John F. Bassett (fils de l'éditeur du *Telegram* et petit-fils de l'éditeur de la *Gazette*). La pièce nous ramenait à Woodstock, qui n'avait rien à voir avec nous. Ils avaient pris cette décision, pensais-je, pour venger le veto que j'avais opposé à notre commandite de la pièce *And Miss Reardon Drinks a Little*. Malgré son texte banal, la pièce avait eu un succès financier et critique sur Broadway. Quand la Loi sur les mesures de guerre a été décrétée, les comédiens de *Hair*, suivant le militantisme agaçant des années 60, ont quitté la Comédie canadienne (le théâtre de Gratien Gélinas que mon père avait subventionné lorsqu'il était patron de Canadian Breweries dans les années 50), sont allés dans le parc de stationnement de l'immeuble d'Hydro-Québec, qui abrite le bureau du premier ministre du Québec à Montréal, ont uriné sur les voitures officielles et montré leur derrière aux gardes de Bourassa qui bloquaient l'entrée de l'immeuble. Dans la meilleure tradition de l'ordre public au Québec, la police a jeté les comédiens en prison et la production a été suspendue pendant deux jours parce que nous avons refusé de payer leur caution. De toute façon, la Loi sur les mesures de guerre ne favorisait pas les sorties au théâtre.

L'un de nos associés était le fils du chef d'orchestre Fred Waring (*The Pennsylvanians*). En novembre, son père a participé à un de nos meetings d'organisation. Il a bu prodigieusement et, se balançant périlleusement sur les pattes arrière de sa chaise, murmurait sans arrêt : «C'est comme la maudite armée américaine, il faut entraîner ces bâtards». Il a répété quatre ou cinq fois ce judicieux conseil (dont l'application ne m'était pas évidente malgré mon séjour récent chez les militaires américains au Viêt-nam), puis il est bruyamment tombé à la renverse, s'est évanoui et est resté aplati sur le plancher comme un sacco le reste de la soirée.

Hair étant censée être une production tribale, la troupe «adoptait» des Amérindiens partout où elle se produisait. David Radler a mis à profit ses connaissances de conseiller du ministère des Affaires indiennes et recruté une bande de Montagnais de Sept-Îles. Leur chef Walter Watso a plus tard acquis une certaine notoriété en «plaçant» 75 000 $ de subvention du ministère des Affaires indiennes à Las Vegas. La presse de langue anglaise et de langue française n'a malheureusement pas réussi à coordonner ses séances de photo des acteurs et des Indiens. La troupe s'est engouffrée dans une taverne du voisinage pour passer le temps et quand les photographes du *Journal de Montréal*, de *Montréal Matin* et de *La Presse* sont arrivés, les comédiens et les Indiens étaient trop soûls pour poser. Walter paraissait terriblement désappointé lorsque ses Indiens ont repris le car pour rentrer à Sept-Îles. Je n'ai pu comprendre ce qu'il leur disait puisqu'il ne leur parlait ni en anglais ni en français, mais son ton était éloquent. La production a été retirée de l'affiche avant Noël, mettant fin à ma brève carrière d'imprésario malgré moi.

Tandis que j'étais en Extrême-Orient, nous avons envisagé l'achat d'une obscure station de radio d'Oshawa. David et Peter m'ont téléphoné à Saïgon pour en discuter. David et moi projetions d'animer une émission de fin de soirée dans laquelle nous ferions part de nos réflexions sur les tendances de gauche des médias. L'idée aurait pu être amusante, mais la transaction n'a pas eu lieu. Nous avons aussi considéré brièvement l'achat d'une équipe d'expansion de la Ligue nationale de hockey, mais David et moi avons convenu que nous ne pourrions offrir le genre de paie que les athlètes professionnels commençaient à réclamer.

Sous les mesures de guerre, le *Record* partageait un factionnaire avec l'établissement voisin de Bell Telephone et David était censeur de langue anglaise pour les Cantons-de-l'Est. Quand la direction du *Campus*, journal des étudiants de l'Université Bishop que nous composions et envoyions à l'impression, a voulu défier son autorité juste pour rire, il a dépouillé le journal de son contenu, n'y laissant que la date et quelques résultats sportifs, et il l'a fait imprimer dans cet état. Je croyais n'avoir jamais quitté Saïgon.

La *Gazette* avait affecté Brian Stewart à l'hôtel de ville de Montréal et je l'ai accompagné à la fête célébrant l'écrasante victoire du maire Jean Drapeau aux élections municipales de décembre. Le maire a dépeint ses adversaires comme des terroristes. Il a balayé tous les bureaux de vote et recueilli 91,7 % des suffrages. Le discours qu'il nous a servi ce soir-là et le climat général de la loi martiale me rappelaient le soulèvement de l'OAS à Alger au début des années 60. En philosophe, le maire nous a dit, à Brian et à moi : « C'est comme au baseball. On acclame un joueur un soir et on le conspue le soir suivant. Ils m'ont acclamé en 1954, conspué en 1957 et ils m'acclament de nouveau aujourd'hui. Ça ne veut rien dire. La seule popularité qui compte, c'est d'être populaire avec soi-même. » Il m'a semblé qu'il y avait dans ses propos un brin de sagesse qui méritait d'être conservé pour la postérité.

Plusieurs de mes amis ont été incarcérés sans motif, mais ils ont été largement dédommagés par le profit qu'ils ont par la suite tiré de leur « expérience ». Je prenais un malin plaisir à taquiner mes amis séparatistes ou vaguement de gauche. À l'hôtel Nelson, place Jacques-Cartier, on pouvait toujours provoquer une bonne tirade du garçon de table Reggie Chartrand, vieux boxeur groggy qui était l'un des chefs des Chevaliers de l'indépendance.

Le ministre provincial de la Justice, Jérôme Choquette, a posé devant la statue de Duplessis, remisée avec des machines à sous au sous-sol de l'immeuble de la Sûreté provinciale, rue Parthenais, en attendant d'être installée sur son socle. Au *Record*, je me suis employé à rédiger des éditoriaux farouchement pro-Trudeau et pro-Drapeau, allant jusqu'à réclamer que « ceux dont la conduite avait encouragé » le meurtre de Pierre Laporte (que j'avais rencontré quelques fois et dont j'admirais l'intelligence) soient rangés parmi « les parias moraux de la société ».

CHAPITRE 3

Les chemins de la maturité (1970-1972)

Au début de 1971, j'ai emménagé dans la maison du père de Peter White, dont j'avais loué une dépendance en 1966 et 1967. Knowlton était un endroit commode et confortable, à mi-chemin entre Sherbrooke et Montréal. David Radler, Peter White et moi avons dirigé le *Daily Record* avec une main de fer et nous avons réalisé des profits astronomiques considérant que nous ne l'avions payé que 18 000 $. Nous avons finalement acheté un entrepôt d'articles de pêche pour loger le journal et sa presse, mais nous avons certainement fait des économies record.

Nous suivions les employés de près, sans malice, mais sans relâchement. Nous avions un annuaire répertoriant dans l'ordre les numéros de téléphone de Montréal et nous retrouvions implacablement les appels personnels de Sherbrooke à Montréal. Un jour un reporter est allé voir David pour lui présenter une liste de griefs et David lui a imposé une amende de deux cents à retenir sur son chèque de paie pour avoir gaspillé une feuille de papier. Le soir de la victoire d'Alan Blakeney, du Nouveau Parti démocratique (NPD), en Saskatchewan en 1971, le même reporter a fait le V de la victoire, alors courant dans les milieux de gauche. David lui a répondu par le même geste, disant «Ça va t'en coûter deux» et il a retenu deux dollars sur son chèque de paie (pour avoir provoqué le patron).

Pour réduire la feuille de paie en conservant des apparences de noblesse, j'ai eu l'idée d'embaucher un détenu à modeste salaire dans le cadre du programme fédéral de réinsertion sociale. J'ai sélectionné un prisonnier à la prison de Cowansville (l'un des nombreux projets que Roland Désourdy devait à ses amitiés politiques). J'aimais bien le type et je fondais sur lui de réels espoirs. Au bout de deux semaines il a encaissé des faux chèques et il a détalé au Nouveau-Brunswick. Quand la nouvelle de son arrestation et de sa condamnation est arrivée par le fil de Fredericton, le rédacteur de nuit n'a pas fait le lien avec celui qui avait été son compagnon de travail, puisqu'il ne savait pas son nom, et il a publié le renseignement parmi les nouvelles locales.

J'ai conçu ce que j'appelais un régime de rémunération variable pour les reporters. Je négociais avec eux à la fin de la semaine ce que leur «méritaient» le volume et la qualité de leur travail. Le régime était excessif, mais beaucoup de nos reporters se sont ensuite illustrés dans de grands journaux et ne nieraient pas la valeur de l'enseignement reçu au *Record* en dépit des exactions de la direction.

Nos techniques de gestion n'étaient pas toutes fantaisistes, loin de là. (À titre d'éditeur, j'ai traité avec les journalistes plus souvent que David ou Peter.) Nos reporters étaient très jeunes. Aucun n'avait d'expérience dans le métier et très peu avaient fait des études post-secondaires. Plus d'un était névrosé ou avait des problèmes de famille. David et moi n'hésitions pas à les aider s'ils nous le demandaient (nous avons retenu les services d'un psychanalyste pour un reporter). J'ai donné des leçons d'anglais et j'ai appris aux reporters à être de bons employés. Autant que je me souvienne, je n'ai congédié qu'un très petit nombre de reporters parmi les douzaines qui sont passés au journal et j'aurais eu bien des raisons de les congédier presque tous. Ceux qui nous quittaient le faisaient volontairement, en général pour un poste mieux rémunéré dans un grand journal. Souvent, quand on nous demandait des références pour un autre employeur ou l'université, David et moi donnions à l'employé une feuille blanche à en-tête de la société en lui disant de la remplir et d'imiter nos signatures.

Si les reporters se plaignaient trop, j'invitais Brian Stewart à faire une critique objective du journal. Il tenait la rubrique municipale depuis trois ans à la *Gazette* et passait pour l'observateur le plus avisé du régime Drapeau. Son style était élégant et il était fréquemment invité à la télévision. Ses commentaires sur le *Record*, sans être méchants, donnaient à réfléchir. Ils étaient souvent caustiques. «Comment peut-on amorcer ce qui est censé être un article de journal par une question aussi bête que : êtes-vous toujours gêné par la décharge?» demandait-il. Il faisait mine de se formaliser des implications lubriques d'une manchette de sport annonçant une victoire des Royaux de Drummondville sur les Castors de Sherbrooke par un titre comme : «Dégelée royale des Castors».

Au printemps 1971, le légendaire lord Thompson of Fleet, dont j'ai fait la connaissance à une réunion de la Presse canadienne, m'a livré sa règle d'or : toute rénovation devait recevoir sa sanction personnelle; si on proposait pour l'éditeur un bureau plus grand que la salle de toilettes pour hommes, il congédiait l'éditeur. À cause de la situation du journal, nous avions déjà institué des mesures d'austérité plus sévères que tout ce que j'ai pu voir dans l'organisation de Thompson ou ailleurs. David gardait par-devers lui un exemplaire du fameux manuel de relations industrielles de Wilfrid Taylor, datant du début du dix-neuvième siècle, et il en citait régulièrement la déclaration liminaire posant en principe que tous les employés sont paresseux, incompétents et malhonnêtes.

Les trois propriétaires avaient seuls le pouvoir de signer des chèques au nom de l'entreprise ou d'autoriser des dépenses de plus de cinq dollars.

Les factures étaient soumises à une vérification digne de Torquemada. Le moindre objet requis pour la production du journal était rationné, contesté et soumis à un marchandage intense. Les dépenses superflues étaient éliminées. David a remercié le chroniqueur d'ornithologie sans savoir qu'il était un vieil ami de Peter. Quand Peter a protesté, David a lancé, indigné : «Crois-tu vraiment que je vais payer 50 $ par semaine pour 10 cm de copie sur les roselins de la rivière à machin?»

Au poste que John Bassett appelait «uniformes et sacs de courrier», nous avions une petite caisse noire pour nos causes favorites et nos dépenses plus ou moins reliées au journal.

Il n'y avait pas de meilleure école non seulement pour les reporters, mais aussi pour les propriétaires. Le fait d'avoir engagé dans l'affaire nos modestes économies était un excellent stimulant. David et moi suivions les voitures de livraison. Nous avons même cherché à nous familiariser avec l'équipement de photocomposition pour éviter d'être bernés par notre chef de production, qui avait la manie des imprimeurs d'utiliser un jargon inutilement technique. Personne d'autre que nous traitait avec la banque. Nous nous sommes même chargés de l'interview exclusive du téméraire directeur de notre succursale de la Banque de Montréal, René Gagnon, lorsqu'il en est venu aux mains avec un bandit. On nous a vus porter des journaux à des abonnés en colère qui se plaignaient tard le soir de n'avoir pas reçu leur journal.

La distribution était la responsabilité d'un hurluberlu au nom aussi singulier que lui : J. W. Wathen Brack. Il mesurait 1,67 m, pesait 141 kg et marchait avec une canne parce que, disait-il, ses genoux avaient tendance à céder dans le pénible intervalle entre la table et les toilettes. (Il décrivait la dernière phase du cycle digestif en termes frisant la scatologie.) C'était un brave homme qui ne manquait pas d'amis. Il est mort d'une thrombose coronarienne en 1977, comme c'était à prévoir, et le correspondant du *Record* dans Brome-Missisquoi a conclu son compte rendu par ces mots : «Repose en paix, joyeux vivant!»

Il nous arrivait à Peter, à David et à moi de vendre de la publicité locale et nationale, d'aller en reportage, de réviser la copie et de surveiller la mise en page au marbre. Nous ne plaisantions pas sur l'organisation. Un an après que nous en avons fait l'acquisition, le *Record* rapportait de 10 000 $ à 15 000 $ par mois au lieu des 10 000 $ de pertes mensuelles des deux années précédant la transaction.

À la Commission (Kent) sur les médias, qui lui demandait dix ans plus tard de décrire la contribution du *Record* au journalisme canadien, David Radler n'a pas dit toute la vérité lorsqu'il a répondu : «Une salle de rédaction de trois personnes, dont deux vendent de la publicité.» David a inventé une technique permettant d'exploiter l'espace à deux pour un. Il remplissait une page de courrier de campagne (« madame Tartempion s'est fait piquer par une guêpe alors qu'elle était en visite chez madame Jones ») et de nouvelles brèves sans photo, puis superposait une publicité couleur à demi-tarif (« achetez au Bon Marché » en lettres rouges). Nous avons perfectionné la technique et graduellement augmenté les tarifs, faisant valoir qu'il s'agissait d'une forme irrésistible de publicité insidieuse rejoignant des milliers de lecteurs captifs.

Le mémoire à la Commission Kent a été moins controversé que celui que j'ai présenté au nom du *Record* à la Commission du Sénat sur les médias (présidée par Keith Davey) en 1969. J'y ai livré mes opinions sur l'état mental et idéologique des membres de la prétendue presse active au Canada. « Nous n'avons pas assez de garanties que les journalistes investis de l'autorité que confère la signature du moindre entrefilet ont les qualités intellectuelles et psychologiques requises pour exercer cette fonction », ai-je dit.

J'étais – et reste – d'avis que si la plupart des journalistes, comme le reste de la population, sont consciencieux et travaillent de leur mieux, beaucoup trop sont dévorés par la jalousie parce qu'ils sont condamnés à rapporter ce que disent et font les autres.

J'ai déploré l'abdication de la majorité des rédacteurs, éditeurs et patrons de journaux. En termes souvent cités depuis – hors de contexte –, j'ai écrit : « Mon expérience avec les journalistes m'autorise à dire qu'un très grand nombre sont ignorants, paresseux, dogmatiques, intellectuellement déshonnêtes et trop libres. La profession est sérieusement encombrée de jeunes à l'esprit corrosif qui substituent l'engagement au discernement, et dans une moindre mesure de vieux scribouillards qui peinent dans un miasme de décrépitude croissante. L'alcoolisme est endémique dans les deux groupes. » (C'était de loin les remarques les plus percutantes adressées à la Commission, mais Keith en a fait peu de cas à l'époque.) J'ai dénoncé l'entente discrète par laquelle la direction de la chaîne Southam, en particulier, donnait aux reporters pleine liberté sur le contenu et une grande marge de manœuvre budgétaire en retour de leur sanction de propriétaires modèles, dupant ainsi leurs actionnaires et leurs lecteurs.

J'ai condamné sans merci l'antiaméricanisme corrosif et généralisé des médias du Canada, citant l'exemple du *Montreal Star* et de Radio-Canada. J'ai couvert le *Star* d'injures pour présenter couramment la propagande américanophobe de Wilfred Burchett, communiste australien notoire, comme des commentaires objectifs et intelligents sur l'Extrême-Orient sans mentionner ses affiliations politiques. J'ai donné des preuves accablantes des préjugés antiaméricains du réseau anglais de Radio-Canada et je m'en suis pris à l'ensemble des médias canadiens pour leur manque de rigueur, leur moutonnerie gauchisante absconse et ennuyeuse, leur grossière tendance à critiquer sans tolérer la critique, leur culture affligeante, leur manque de flair et leur tendance à se comporter en syndiqués déchaînés alors qu'ils prétendent absurdement faire partie d'une profession intellectuelle.

Mes réflexions sur le journalisme s'appuyaient sur une vaste expérience sociale et professionnelle des médias, et sur la longue pratique que j'en ai comme consommateur et observateur. Elles ont soulevé de vives réactions, mais elles n'ont jamais été – et ne pouvaient pas être – réfutées avec autorité.

Notre mémoire au Comité du Sénat sur la Constitution, qui a parcouru le Canada en 1971, n'était pas du tout controversé et revêtait peut-être plus d'intérêt. Lors des audiences du comité à Sherbrooke, la salle était bondée d'étudiants séparatistes qui ont effrontément chahuté les intervenants, sauf une personne de l'assistance qui a demandé dans un français très laborieux pourquoi les Canadiens persistaient à «lécher le cul de la reine d'Angleterre».

J'ai écrit un traité constitutionnel réfléchi appuyant, pour l'essentiel, le bilinguisme officiel et une formule d'amendement voisine de celle de la Charte de Victoria publiée à l'été 1971. Voyant l'assistance, j'ai demandé à Peter de donner lecture du mémoire étant donné son aptitude pour les deux langues et sa virtuosité d'expression verbale. Il a traduit le mémoire avec un panache digne de Duplessis. Il a parlé de sa relation avec feu Daniel Johnson et il a magistralement répondu aux questions du comité et de l'auditoire. Bref, il a été sensationnel, mais notre mémoire n'a suscité aucun intérêt de sorte que nous aurions mieux fait de suivre le conseil de David, qui nous recommandait de dire simplement que le Canada, tel qu'il était constitué, était «un fiasco».

Le *Record* était favorable au gouvernement du Québec et naturellement hostile au Parti québécois, assez bien disposé envers Trudeau, le plus grand fédéraliste du Québec, malgré les réserves de David, qui le tenait pour un communiste parce qu'il «avait signé un document à Moscou», et ardemment pro-américain en politique internationale. Nous étions sans pitié pour ceux qui manifestaient en faveur de Hanoi et contre la guerre et, fidèle aux idées que j'avais formées durant mon séjour au Viêt-nam, je polémiquais (plutôt à sens unique) avec les correspondants et les chroniqueurs pacifistes et pro-communistes.

Un jour Dalton Camp, dont le *Record* publiait la chronique en vertu d'une entente avec l'agence du *Telegram* héritée dans la transaction, s'est livré à une attaque injustifiée contre les administrations qui se succédaient à Washington, leur prêtant des motifs diaboliques en Asie du Sud-Est. J'ai publié en marge de sa chronique une riposte véhémente et injurieuse. J'ai dit que Dalton n'écrirait plus pour nous et j'ai annulé sa collaboration. (Je l'ai remplacé par William F. Buckley, qui ne risquait pas de verser dans de telles hérésies.) Dalton m'a courageusement adressé une lettre ouverte disant qu'il comprenait désormais «les sentiments des populations libérées de My Lai (théâtre de l'infâme massacre du lieutenant Calley)».

Au printemps 1971, un jeune homme frais émoulu de l'université Bishop s'est présenté pimpant au *Record* pour demander un emploi de reporter. David l'a informé qu'il n'y avait qu'un poste de rédacteur sportif disponible. Le jeune homme s'est montré intéressé et David lui a fait subir un test de notre cru, truffé de questions obscures sur l'époque que nous connaissions, le milieu des années 50, alors que le candidat avait encore la couche aux fesses. Nous avions décidé qu'une réponse juste sur cinq suffirait à qualifier le candidat pour un emploi. Aucun n'avait jusque-là réussi à répondre correctement à une seule question.

David a demandé au jeune homme qui était l'arrêt-court des Tigers de Detroit en 1954. Il a répondu du tac au tac : Harvey Kuenn. David l'a embauché sur-le-champ. Cinq mois plus tard, alors que David était dans l'Arctique, portant sa perruque de consultant du gouvernement fédéral auprès des autochtones, et que Peter était au Guatémala, j'ai mis le bois mort des cadres de la rédaction à la retraite et j'ai promu le jeune rédacteur sportif au poste de rédacteur en chef. Scott Abbott était alors âgé de 21 ans. Il est passé du *Record* à l'Université du Tennessee, puis à la Presse canadienne, et il a finalement fait fortune en inventant le jeu Trivial Pursuit. Scott était excellent rédacteur en chef et d'agréable compagnie. Nous nous sommes tous réjouis de son succès.

À l'achat en 1969, le *Record* n'avait aucun actif, sauf de vieilles machines à écrire et des meubles usés (les chaises étaient dangereuses, disaient les reporters). La presse avait été saisie par le fabricant et l'entreprise était au bord de la faillite. Nos méthodes étaient peut-être particulières et radicales, mais le journal s'en est tiré, survivant au *Chronicle Telegraph* de Québec et même au *Montreal Star*, et continue de prospérer.

En 1945, le quotidien de langue française de Sherbrooke, *La Tribune*, tirait à 9 000 exemplaires et le *Record* à 7 000. En 1969, le tirage du *Record* atteignait 8 000 et celui de La Tribune 45 000. Largement minoritaire, marginal, s'appuyant sur un public fidèle, mais âgé, peu prospère et dispersé sur 160 km le long de la frontière américaine, à portée de la *Gazette* et du *Montreal Star*, le *Record* n'aurait pas survécu avec une direction moins brutale que la nôtre. Le journal n'était pas sans histoire. Louis Saint-Laurent a été correspondant du *Record* à Compton en 1896.

John Bassett, de retour de la guerre, a brigué les suffrages dans Sherbrooke aux élections fédérales de 1945. Il a été défait, malgré une campagne courageuse, revêtu de son kilt et de son uniforme du Black Watch (dans une ville où 2 000 hommes s'étaient dérobés à leurs obligations militaires), et il est resté éditeur du *Record* pendant trois ans.

John Bassett fils était une figure controversée à Toronto. Personnage haut en couleur, magnat de la presse et des sports, président des Argonauts de Toronto et du Maple Leaf Gardens, fondateur de CFTO, candidat défait aux élections fédérales de 1962, homme au physique imposant, dont le divorce inattendu au milieu des années 60 a scandalisé les vieilles familles de Toronto, son succès faisait l'envie des mauvaises langues. Il accordait volontiers son temps aux jeunes, dont j'étais, et je n'ai jamais considéré ses détracteurs comme ses égaux. Ses états de service pendant la guerre ont été remarquables. C'était un politicien courageux, un pionnier de la télévision, un administrateur sportif compétent et un éditeur doué, qui a redonné vie au *Telegram* après une longue torpeur quand, avec l'appui des Eaton, il l'a repris à l'âge de 37 ans de la succession de son ami George McCullough. Je l'ai toujours considéré comme l'un des bâtisseurs du Canada et un ami très cher, de même que ses femmes et ses fils.

Le *Telegram* n'était apparemment plus rentable au début des années 70. Envisageant de l'acheter, j'en ai parlé à l'associé de mon père, John A. (Bud) McDougald, alors président d'Argus Corporation, qui a réuni des fonds importants avec le président de la Banque canadienne impériale de commerce, Neil J. McKinnon. J'étais sur le point d'entamer des pourparlers avec John Bassett, avec qui j'avais déjà tenté de négocier l'achat du *Record* trois ans auparavant, mais un samedi matin d'octobre 1971, Bud m'a appelé à Montréal pour m'informer que John Bassett annonçait dans le *Telegram* la fermeture du journal.

L'annonce était laconique (« J'ai pris cette décision. Il va sans dire que c'est la plus difficile que j'aie eu à prendre en temps de guerre ou de paix. ») Elle a provoqué des remous considérables. On espérait que John reporte sa décision et considère des offres d'achat, mais il ne voulait envisager que l'« enterrement honnête » du *Telegram* et il a fait savoir qu'il avait déjà vendu les « listes d'abonnement » au *Toronto Star* pour 10 millions de dollars. Le *Star* déliait les cordons de sa bourse pour rendre l'euthanasie de son concurrent plus acceptable.

On a bientôt appris que le *Globe & Mail* achèterait l'immeuble et la presse du *Telegram*. Tout compte fait, Bassett faisait un bon coup : il réalisait peut-être 20 millions de dollars de bénéfice pour les actionnaires, se dépêtrait d'une affaire qui n'était plus rentable depuis un bon moment, et jetait les bases du *Toronto Sun*, qui allait être éminemment prospère.

Nous avons tenté de prendre une option sur le journal. Nous avons envoyé à John un télégramme lui faisant part de notre «ferme intention» d'acheter le *Telegram*. Fred Eaton nous a communiqué la réponse de John : «Je suis ravi de leur intention, mais où est leur argent?» (Certes une question raisonnable.) Le jour du Yom Kippour, David était prêt à «prendre l'avion pour Toronto l'estomac creux», mais Fred a dit : «Non, merci, nous allons empocher le comptant et l'affaire sera réglée.» Ils ont pris la bonne décision. Si nous avions pris le journal en main, nous aurions fait des coupures draconiennes, et nous aurions peut-être été forcés de nous rabattre à brève échéance sur la fondation d'un successeur comme le *Sun*. Quoi qu'il en soit, nous n'aurions pu réussir aussi bien que Doug Creighton, qui est rapidement devenu l'un des grands éditeurs du Canada en plus d'être l'un de ses citoyens les plus originaux.

Près d'un an plus tard, nous avons comparu devant la Commission d'enquête sur les pratiques restrictives du commerce, à Montréal. Elle cherchait à déterminer s'il y avait eu restriction indue du commerce dans la fermeture du *Telegram*. J'ai cité la remarque de Fred Eaton en l'enveloppant de commentaires apaisants parce que je craignais qu'elle soit mal interprétée. Le reste de mon témoignage s'est borné à faire la preuve de l'honorabilité des Eaton et des Bassett. Nous avons déjeuné avec le directeur de la Commission, Louis Couture, et nous avons eu une conversation fort animée sur Duplessis et son adversaire le plus redoutable, T. D. Bouchard.

En 1971, nous avons failli acheter l'ancien journal de T. D. Bouchard, Le Clairon, de Saint-Hyacinthe. Le journal appartenait au docteur Rajotte, vétérinaire et séparatiste original qui avait connu Bouchard. Il avait une telle admiration pour lui qu'il avait acheté son journal et fait un effort gigantesque pour le remettre sur pied, frisant la faillite à force de faire tirer des Cadillac. Le docteur était si ému à l'idée de céder Le Clairon à des gens qui appréciaient l'héritage de Bouchard qu'il a terminé son boniment en disant : «Je vais vous donner l'équipement!» – «Quel équipement?» ai-je demandé. (L'hebdo était imprimé ailleurs et ne possédait pas de presse.) «Les cireuses! a-t-il riposté. J'ai 17 cireuses et je vous les donne!» Il s'est empressé de me les montrer (c'était de simples petits appareils, de la dimension d'agrafeuses ou de distributeurs de scotch, valant environ 20 $ pièce). Le docteur était l'un des hommes les plus attachants avec qui j'ai négocié, mais l'affaire s'est arrêtée là.

Un jour, Peter White a téléphoné au propriétaire du *News* de Saint-Jean (Québec) pour s'enquérir de la situation de l'entreprise. «Moche! a-t-il répondu. Je la vendrais pour cinq dollars.» Peter a filé à Saint-Jean, rencontré le patron dans un bar, rédigé l'acte de vente sur un dessous de verre et acheté le journal pour à peine plus que le prix de vente suggéré.

Au lieu de me laisser décourager parce que nous n'avions pas réussi à acheter le *Telegram*, l'un des plus grands journaux du Canada, j'ai consulté la liste des propriétaires de quotidiens dans l'annexe du rapport de la Commission Davey sur les médias, et j'ai appelé un à un les indépendants, leur offrant plus ou moins formellement d'acheter leur entreprise. J'ai eu des réactions positives de la Colombie-Britannique. David et moi avons pris l'avion pour Fort St. John et nous avons acheté du fils de la légendaire Ma Murray l'*Alaska Highway News*, qui était une entreprise de famille. Nous avons mis le cap sur Vancouver et convenu provisoirement d'acheter le *Daily News*, de Prince Rupert, et le *Herald*, de Terrace, dès que nous pourrions les visiter sur place. L'affaire a été conclue rapidement à Prince Rupert, où nous avons vu deux femmes autochtones se battre à coups de poing devant le magasin des alcools, mais il neigeait si fort quand nous sommes arrivés à Terrace que nous avons décidé de rester à bord de l'avion et d'acheter le journal sans le voir.

Le journal de Prince Rupert avait toujours le même tirage, à quelques centaines d'exemplaires près, qu'au moment de sa fondation en 1905. Il avait connu son heure de gloire à la Andy Warhol lorsque le président Franklin D. Roosevelt avait visité la ville en 1944. Il était allé saluer les ouvriers de la route de l'Alaska en revenant d'une rencontre avec MacArthur et Nimitz à Hawaii. Les archives du *Daily News* contenait toujours une photo de son cuirassé géant en rade à Prince Rupert, qui était habituellement fréquenté par des navires beaucoup plus modestes.

Nous avons payé 240 000 $ pour le journal des Murray, moitié en solde de vente et moitié sur le pouvoir d'emprunt du Sherbrooke *Record*. Il a suffi d'une année de bénéfices des deux journaux pour effacer la dette. Nous n'avons payé que 150 000 $ pour les journaux de Prince Rupert et de Terrace, moitié en solde de vente et moitié en prêt exigible contre le passif courant du *Daily News* de Prince Rupert. Il a fallu un peu plus d'un an pour effacer cette dette. Le vendeur du journal de Prince Rupert était le fabuleux courtier et spéculateur W. Binnie Milner, que j'ai visité à son palace de Marine Drive.

Binnie, alors âgé de 81 ans, était un vieux renard, survivant de l'époque agitée de Bay Street près de 40 ans auparavant où George Drew était président de la Commission des valeurs mobilières de l'Ontario, les prospectus n'étaient pas tenus de dire la vérité et les actions n'étaient pas déposées en fiducie pour la garantie de nouvelles émissions. Bud McDougald m'a raconté qu'à la fin des années 20, quand il allait en Floride sur le train de première avec sa Cadillac seize cylindres, Binnie était déjà une célébrité. Il chargeait deux Dusenberg à bord du train et risquait des fortunes au poker pendant le voyage. En 1972, quand je l'ai vu pour la dernière fois, il vivait encore sur un grand pied. Il m'a prié de retourner ses salutations à Bud. «Je ne l'ai pas vu depuis le jour où Herbert Hoover a été investi de ses fonctions (le 4 mars 1929)», m'a-t-il dit.

St. Clair Balfour, président de Southam, m'a mis en rapport avec les propriétaires du *Journal-Pioneer*, de Summerside, quotidien du soir de l'Île-du-Prince-Édouard. L'achat du journal et de son imprimerie a fermé la liste de mes acquisitions en 1971. Brûlant de consulter mon frère sur les mérites de la transaction, je l'ai appelé du motel. Les murs étaient si minces que pour éviter d'être entendu par l'un des vendeurs dans la pièce voisine, j'ai enfoui ma tête sous les couvertures et j'ai chuchoté au téléphone. J'étais sur le point de suffoquer quand mon frère a dissipé mes inquiétudes. À 250 000 $ comptant et un solde de vente de 250 000 $, remboursable sur cinq ans à taux d'intérêt fixe de 5 % sur le solde, l'affaire était excellente. Au bout d'un an et demi, l'acompte était récupéré et le solde de vente n'était pas considérable.

En quête d'un nom pour notre société, qui s'étendait rapidement, nous nous sommes adressés à Alex Konigsberg, l'aimable associé de Peter White dans son étude de droit. Nous lui avons donné instruction d'inclure le mot «royal» dans le nom parce que les provinces où nous faisions affaire étaient incurablement monarchistes, une nouveauté pour des Québécois. Il a dû se rabattre sur «sterling» parce que le mot «royal» était surutilisé en Colombie-Britannique et dans l'Île-du-Prince-Édouard. Sterling Newspapers Limited est devenue en affaires l'équivalent du «p'tit train va loin». Elle s'est révélée une mine d'or au fil de ces vingt années. Les journaux de Sherbrooke, de Prince Rupert, de Fort St. John et de l'Île-du-Prince-Édouard ont rapporté un bénéfice net de plus de 600 000 $ avant impôts et intérêts en 1972. Nous avons partout appliqué des variantes de la gestion du *Record*. Nous étions maintenant propriétaires de journaux d'un océan à l'autre, avec de grands vides en cours de route, il faut le reconnaître.

En 1977, ayant tous quitté le Québec et n'étant pas très optimistes pour l'avenir de la province à court terme, nous avons vendu le *Record* à un de nos amis, George MacLaren (cousin de John Bassett), pour 865 000 $, soit 48 fois plus que nous n'avions payé huit ans auparavant et après en avoir tiré environ un million de dollars de bénéfices avec lesquels nous avons bâti notre chaîne de journaux. John Bassett avait converti ses intérêts dans le *Record* en une part du *Telegram* de Toronto, la fondation de la plus grande station de télévision au Canada (CFTO), Inland Publishing et une série d'autres stations de radio et de télévision très profitables.

George MacLaren a cédé le *Record* à Pierre Péladeau avec un bénéfice de plus de deux millions de dollars en 1989. Le journal a donc été une sorte de talisman pour les propriétaires qui s'y sont succédé. Nos succès de Sherbrooke ont pris des dimensions bien plus grandes qu'aucun de nous, et encore moins de ceux qui nous ont rencontrés dans cette phase pittoresque de formation, n'aurait pu imaginer.

Peter White et moi avons tenté de jouer les éminences grises dans les décombres de l'Union nationale, qui avait chuté à 20 % des suffrages populaires aux élections de 1970 alors qu'elle en détenait 41 % en 1966. L'UN était désormais le troisième parti de la province, derrière les libéraux de Bourassa (45 %) et les péquistes de Lévesque (24 %). Dans le vide, avons-nous pensé, n'importe qui peut avoir de l'influence, quelle que soit la distance qui le sépare du pouvoir réel. Le quart des électeurs traditionnels de l'Union nationale était passé aux péquistes et le quart aux créditistes (disciples poujadistes de Réal Caouette, cultivateurs, ouvriers réactionnaires et petits bourgeois). Le parti de Duplessis, de Paul Sauvé et de Daniel Johnson avait le choix entre Marcel Masse, Mario Beaulieu et Gabriel Loubier pour succéder à Jean-Jacques Bertrand.

Masse, que de Gaulle avait décrit publiquement comme «un jeune homme prédestiné», évoquant le portrait que Churchill avait tracé de lui en 1940 alors qu'il était âgé de 49 ans, était un homme assez séduisant, mais gravement atteint par le virus du nationalisme.

Mario Beaulieu, l'ami de David, était un conservateur nationaliste de vieille souche qui friserait toujours le séparatisme, empruntant les déguisements indépendantistes sans jamais se mouiller lui-même, pour parodier Disraeli; le slogan «Québec d'abord» (1966) est devenu «Québec à 100 %» (1969) et «Québec plus que jamais» (1970), mais jamais «Québec libre».

Mario n'avait pas saisi le message contenu dans la mort de Johnson et la montée de Lévesque, le passage du leadership nationaliste de la droite modérée à la gauche centriste : sans leader capable d'unir conservateurs et nationalistes, les conservateurs ne pouvaient plus rivaliser avec les sociaux-démocrates pour le vote nationaliste ni avec les libéraux pour l'affection des modérés.

Les nationalistes votaient pour les indépendantistes. La dialectique socialiste plaisait aux ouvriers et aux universitaires. Elle permettait surtout de justifier intellectuellement la redistribution de l'argent des Anglais et des Juifs aux Français du haut en bas de l'échelle sociale. Il n'y avait plus de conservateurs de langue française dans le gros des années 70. La seule façon de récupérer le tiers des votants qui avait adhéré à l'Union nationale ou aux créditistes, c'était de rebâtir l'alliance nationaliste-conservatrice Duplessis-Johnson, de combattre à la fois ce que Duplessis appelait «le scandale de la séparation et les marionnettes d'Ottawa». Les slogans ne suffiraient pas.

Pour convertir le centre en position de force, il fallait un chef possédant le poids, la crédibilité et l'adresse tactique de Duplessis ou de Johnson (les deux seuls qui avaient défait le Parti libéral du Québec en 75 ans).

Gabriel Loubier, que je connaissais à peine, était un marchand de ferraille de Bellechasse et le ministre de la Pêche de Johnson. Il ne semblait posséder aucune des qualités requises d'un bon chef politique au Québec.

Peter et moi avions été impressionnés par le discours de Claude Wagner au congrès libéral de 1970. Nous pensions qu'il serait sensible à l'invitation de revenir à la vie publique puisqu'il n'y avait pas de raison de croire qu'il avait renoncé à toute ambition politique davantage que lors de son séjour antérieur sur le banc. Il était devenu juge de la Cour supérieure après le congrès truqué qui avait porté Bourassa à la direction du parti grâce aux délégués nommés d'office par Trudeau, Lesage et Jean Marchand. Sa nomination avait été le dernier geste de Bertrand avant de dissoudre la législature qu'il avait rebaptisée du nom d'Assemblée nationale, mettant fin pour toujours à l'Union nationale. Les sondages indiquaient que Wagner, qui incarnait le visage civil de l'ordre public, jouissait d'une popularité le rangeant dans la catégorie électorale des Trudeau, Lévesque et Drapeau.

Peter et moi avons écrit à Wagner, que nous ne connaissions pas. Nous avons ouvert la lettre avec les mots qu'il avait servis au congrès libéral : «On va se regarder les yeux dans les yeux; on va se dire ce qu'on a à se dire : vous devriez être premier ministre du Québec.»

Nous l'avons invité à déjeuner au Cercle universitaire de Montréal en mai 1971. Nous avons passé un moment fort agréable, qui n'a été interrompu que par une fille de table si obsédée par les miettes de pain qu'elle les ramassait toutes les cinq minutes. Wagner était charmant, jovial, assez intelligent, et très bilingue. Ses talents de chef étaient aussi évidents parmi trois personnes que dans une salle remplie de milliers de partisans. Nous suggérions d'élire Wagner chef de l'Union nationale, de rallier les créditistes, puis d'arrêter et de renverser la saignée de nationalistes non séparatistes vers le PQ et de conservateurs traditionnels vers les libéraux. L'objectif était d'empêcher un parti ouvertement séparatiste de devenir l'Opposition officielle et d'éviter que Bourassa, dont la capacité de résistance aux pressions n'a jamais été le point fort, ne glisse à petits pas vers la souveraineté.

Le déjeuner a marqué le début d'une relation qui a persisté jusqu'à la mort de Wagner en 1979 et qui a atteint son point culminant lors de sa fameuse campagne pour la direction du Parti conservateur fédéral en 1976. En 1971, j'ai sondé quantité d'éminents hommes d'affaires à propos de sa candidature et Peter s'est assuré de l'adhésion enthousiaste d'influents survivants de l'Union nationale. Wagner a finalement décidé qu'il ne pouvait quitter le banc pour une position aussi risquée (et trop peu rémunérée, pensais-je) que la direction d'un parti usé à la corde. Loubier a été élu et a mené le parti à l'extinction en 1973. Lévesque est devenu chef de l'Opposition, puis premier ministre en 1976.

Mon opinion de Wagner n'a pas été rehaussée par Gisèle, sa femme revêche et dominatrice que j'ai rencontrée quelques fois chez lui. Chaque fois qu'il était question de la carrière de son mari, madame répondait, crachant ses paroles de sa tête de pingre (elle avait le menton et le nez retroussés l'un vers l'autre, comme le vieux pêcheur de sangsues de Cumberland dans le conte de Wordsworth). Imprévisible, grincheuse et naïve, c'était une vieille sorcière aux cheveux roux dont la présence aux côtés de son mari n'avait rien de réconfortant.

Même en 1971, je ne pouvais m'empêcher de soupçonner que sous son dehors sympathique et formidable, derrière son front imposant et ses yeux brillants, quoique un peu hagards, Claude était un général Boulanger, un Hamlet, irrésolu, incapable de prendre des risques, et dominé par une mégère. Ces travers ne l'auraient cependant pas empêché de l'emporter dans l'estime populaire sur Gabriel Loubier, Camil Samson (créditiste) ou la première version de Robert Bourassa.

De 1964 à 1966, Claude Wagner était l'une des lumières de la soi-disant «équipe du tonnerre», qui a prétendument fait entrer le Québec dans l'ère moderne. Les autres étaient Jean Lesage, René Lévesque, Pierre Laporte, Paul Gérin-Lajoie et Eric Kierans. Wagner était un imposteur à certains égards, mais on pouvait en dire autant des autres. Il y avait une bonne dose d'autoglorification et de mythe dans cette notion d'équipe du tonnerre. J'ai vu Jean Lesage pour la première fois à son arrivée à la conférence fédérale-provinciale de février 1963, à Ottawa. En entrant au Château Laurier, il a laissé tomber ses caoutchoucs sans regarder à terre ni derrière lui, comptant sur les nombreux laquais de son entourage pour les ramasser. Le contraste avec l'arrivée de Duplessis à la conférence fédérale-provinciale de 1945 était frappant. Sa voiture étant tombée en panne, Duplessis a persuadé un cultivateur de le conduire dans son vieux tacot, forçant ses ministres à s'asseoir sur les genoux l'un de l'autre. À la porte du Château Laurier, Duplessis a bondi de la voiture et, pointant sa canne vers les caméras, il a déclaré : «Nous sommes la délégation du Québec. Nous sommes pauvres, comme vous voyez. C'est pour ça que nous voulons notre part des impôts.»

Jean Lesage n'avait jamais subi la défaite avant d'être humilié par Daniel Johnson en 1966. Après ce cuisant revers, il a montré des signes du bourgeois suffisant que ses adversaires l'accusaient d'être et s'est mis à boire. J'ai toujours tenu Lesage, surtout vers la fin de sa vie alors que je le voyais souvent, pour un Canadien et un Québécois sincère et un grand personnage de l'histoire politique canadienne. C'était triste qu'il ait à affronter cette grande crise d'amour-propre à la fin de sa carrière. Sa séquence ininterrompue de succès l'avait mal préparé à relever un tel défi.

J'ai toujours pensé que l'intendance de Gérin-Lajoie au ministère de l'Éducation était une supercherie. Duplessis a bâti les écoles et les universités et y a laissé le clergé enseigner à des salaires minables (en arrivant ainsi à un budget équilibré, de faibles impôts, des travaux publics considérables et de généreux dessous-de-table pour l'Union nationale). La laïcisation réalisée par Gérin-Lajoie sous prétexte de modernisation a laissé les mêmes personnes enseigner les mêmes programmes aux mêmes élèves à partir des mêmes manuels dans les mêmes immeubles à un coût dix fois plus élevé pour les contribuables.

Pierre Laporte, comme son mentor Duplessis, n'a pu résister au tripotage et aux basses actions politiques. Mais contrairement à Duplessis, il était mesquin. C'était un renard avec des airs de nounours. Sa présence parmi une bande de réformateurs prétendant guider le Québec hors de la noirceur était incongrue.

René Lévesque était un politicien très intuitif. Il avait l'air de l'épicier du coin, philosophe, sympathique, le front ridé et les épaules hydrauliques. Il avait raison de dire que sa pensée coïncidait souvent avec celle du peuple québécois. Lévesque a toujours été très poli envers moi, mais il était terriblement maussade, une sorte de petit lutin repoussant, fumeur invétéré aux mains remplies de goudron, crasseux, nerveux et fourbe. (Quand il a remporté les élections de 1976, un de mes amis anglophones du Québec a émigré en Ontario non pas par crainte de la montée séparatiste, mais parce que Lévesque portait des Hush Puppies à son assermentation comme premier ministre.) C'était irritant d'entendre Lévesque se faire passer pour un modéré tout en excusant les actes de terrorisme qui ont tué ou blessé des innocents sous prétexte qu'ils étaient « la conséquence compréhensible de frustrations ».

Quiconque écoutait Lévesque dans les années 60 ne pouvait douter qu'il était séparatiste, mais il ne l'a reconnu clairement qu'après la défaite du gouvernement Lesage en 1966. Il avait le don de simplifier à l'extrême les questions politiques les plus complexes et il l'a pleinement mis à profit pour vendre l'option indépendantiste. C'était le don suprême du journaliste superficiel ; Lévesque avait ouvert la porte du monde au Québec français avec son émission de télévision *Point de mire* dans les années 50. Un don important, mais pas toujours attachant.

Eric Kierans était un ancien vendeur de chaussures qui a fait fortune et est devenu directeur de la Bourse de Montréal. C'était un homme cultivé et agréable, bien supérieur à la moyenne des ministres provinciaux. En 1972 et 1973, je faisais partie d'un panel d'experts discutant les affaires politiques sur les ondes de la station de radio de langue anglaise de Radio-Canada à Montréal, avec Kierans et Frank Scott, cofondateur de la CCF et ancien doyen de la faculté de droit de McGill. Je représentais le Parti conservateur, Kierans le libéral et Scott le NPD. C'était absurde car je préférais Trudeau à Stanfield, Eric était plus ou moins néo-démocrate et Frank Scott, « après une vie passée à combattre les injustices de la droite, en était venu à la conclusion que la plus grande menace se situait à gauche », et sa philosophie était conservatrice. Eric Kierans avait l'esprit de contradiction des Irlandais de la classe ouvrière. Il était compétent et affable, mais assez prévisible, et ses opinions étaient banales, du genre col bleu revendicatif à la Studs Terkel avec un mince vernis universitaire.

Claude Wagner, d'allégeance incertaine, complétait l'équipe du tonnerre, qui était en fait plus grincheuse que tonitruante. Les hauts fonctionnaires de la Révolution tranquille impressionnaient davantage, notamment Claude Morin. La fonction de Jacques Parizeau, d'après ce que j'ai vu, consistait surtout à fouiller dans sa serviette et à répondre sèchement « 10 000 tonnes, chef » quand Daniel Johnson lui demandait des statistiques. Sur le plan social, Parizeau était on ne peut plus plaisant et civilisé, mais c'était un bourgeois moliéresque aspirant à se faire voiturer en Citroën DS ornée du fleurdelisé de Duplessis, à déjeuner au triple martini dans un restaurant cinq étoiles aux frais de la princesse, avec un valet qui l'aide à enlever et à remettre son incontournable manteau en poil de chameau. Si la suffisance de Jean Lesage avait des allures de tragédie, celle de Jacques Parizeau relevait de la bouffonnerie. J'ai toujours aimé et respecté ce tartuffe sympathique et mondain, mais j'ai un peu de mal à le prendre au sérieux comme chef politique.

L'équipe du tonnerre était une rodomontade à laquelle le Québec a mis fin en élisant Johnson en 1966. Mais les fumistes ont continué de propager le mythe au Canada anglais pendant des années. Ils étaient encore à l'œuvre quand j'ai pris leurs positions d'assaut avec mon ouvrage sur Duplessis en 1976.

Le projet a mijoté lentement à partir de 1971. Alors que je cherchais à me documenter sur l'Union nationale, mon amie Naomi Griffiths m'a envoyé une invitation à un colloque sur Duplessis à l'Université du Québec à Trois-Rivières à la fin de mai. L'historien nationaliste bien connu Michel Brunet présidait un panel de quatre jeunes universitaires séparatistes, utilisant le jargon pédant du métier et portant le complet de tweed et les lunettes de rigueur à monture invisible.

Deux heures durant, l'auditorium de l'université a résonné de phrases creuses profanant la mémoire de Duplessis. Finalement, un vieillard chevrotant, assis tout juste devant moi, s'est levé et a beuglé de colère pendant quinze minutes, brandissant des liasses de papier qu'il disait tirées des archives secrètes de Duplessis. Il a systématiquement réfuté tout ce qu'on avait dit. C'était Robert Rumilly.

Au vin d'honneur qui suivait, je l'ai félicité et je lui ai dit qu'il était grand temps qu'on mette les préjugés de côté et qu'on analyse sérieusement le régime de Duplessis. Il m'a aussitôt invité à lui rendre visite à Ville Mont-Royal. J'y suis allé le week-end suivant. Nous nous sommes installés dans la bibliothèque du deuxième étage d'une magnifique maison de pierre qu'il devait à l'histoire (il avait écrit des dizaines de volumes sur l'histoire du Québec). Nous avons causé sous l'œil attentif du chef de l'Action française Charles Maurras, du maréchal Pétain, de Camillien Houde et de Maurice Duplessis, dont les photos autographiées pendaient aux quatre murs.

Robert Rumilly était un ancien combattant du siège de Verdun et un homme de droite, consterné par ce qu'il tenait pour la dégénérescence de la France après la Première Guerre mondiale. En 1928, il manifestait à Paris avec les militants de l'Action française (mouvement nationaliste et royaliste animé par Maurras) quand la police a ouvert le feu sur la foule, tuant le voisin de Rumilly. Il a décidé de quitter la France. Il est venu à Montréal et n'est jamais retourné dans son pays d'origine, même en touriste.

Il a apparemment apporté assez d'argent pour vivre, mais il a décidé de se consacrer au métier d'écrivain. Extrêmement prolifique, il s'est signalé d'abord comme pamphlétaire, puis comme biographe à gages (il s'est fait damer le pion par Emil Ludwig pour la biographie de Mackenzie King durant la Deuxième Guerre mondiale). Il a bientôt entrepris une monumentale histoire du Québec en 41 volumes, largement tirée des comptes rendus de journaux (Trudeau l'a noté avec humour quand j'ai cité Rumilly comme source d'un fait historique en 1982). Pendant des décennies, au rythme d'un tome par six mois environ, il a publié plus de trois millions de mots. Il a développé certaines sections et en a tiré des chronologies détaillées de Henri Bourassa, Honoré Mercier, et Maurice Duplessis en 1971. L'ouvrage était commandité par les conservateurs des archives de Duplessis, organisation qui portait fièrement le nom de «la Société des amis de l'honorable Maurice L. Duplessis inc.»

Rumilly faisait partie de l'avant-garde des personnalités de la droite française qui sont venues au Québec dans les années 30 et 40, fuyant l'agitation politique, puis la guerre, l'occupation allemande et finalement la vengeance des forces de la libération envers ceux qu'on soupçonnait d'avoir collaboré avec les nazis. La bande hétéroclite, reliquat de la droite pétainiste classique, a été accueillie par Rumilly, qu'on aurait dit rescapé des pages de Balzac. Le fugitif de Bernonville, que Saint-Laurent a déporté pour sa présumée collaboration, était l'un des membres les plus célèbres du groupe. François Dupré, propriétaire du Ritz-Carlton de Montréal pendant quelque temps, en était un autre, quoique moins controversé.

Rumilly recyclait les enveloppes qui lui arrivaient par la poste et dont les timbres étaient oblitérés. Il était toujours le premier à entrer au chic magasin de vêtements Brisson & Brisson, rue Sherbrooke, le jour du solde annuel. Il marchait en traînant les pieds comme un tas de guenilles ambulant. Quand on lui demandait comment il allait, il répondait à tout coup : «Pas mal pour un p'tit vieux!»

Un jour que j'essayais de retrouver la trace de François Leduc, ministre de la Voirie durant le premier mandat de Duplessis, Rumilly, qui avait égaré son numéro de téléphone, m'a proposé le plus sérieusement du monde d'appeler les douzaines de F. Leduc de l'annuaire de Montréal en demandant : «Suis-je chez François Leduc que Maurice Duplessis a congédié comme ministre de la Voirie en 1937?» Il lisait religieusement les rapports de courtage et administrait ses biens avec un zèle que je n'ai vu que chez les bourgeois français et les juifs écossais. Il avait l'esprit vif et mordant, empreint de rudesse et de cynisme bien français, mais comme mes logeuses françaises de l'avenue de Malakoff en 1963, il témoignait parfois d'une sollicitude et d'une camaraderie surprenantes.

Ayant combattu à Verdun, Rumilly avait une loyauté indéfectible pour Pétain. Il était conservateur et autoritaire, plutôt à l'enseigne de Salazar, étant trop peu militariste et totalitaire pour être fasciste, même s'il en était fréquemment accusé. Dans le monde français, la ligne de partage avait été tirée en 1940 entre vichystes, gaullistes et ceux qui mettaient trop d'ardeur à collaborer avec les Anglais pour perdre leur temps avec les gaullistes ou les vichystes.

Au Canada, le Bloc populaire, Henri Bourassa, *Le Devoir*, et les jeunes nationalistes comme Jean Drapeau (candidat du Bloc populaire en 1942 et directeur de la campagne d'André Laurendeau, chef du Bloc, en 1944) étaient plutôt vichystes. Il en était de même pour la plupart des diplomates canadiens de langue française, dont le jeune Pierre Dupuy, qui représentait le Canada auprès de Vichy et qui a terminé sa carrière comme commissaire général de l'Expo 67. De Gaulle n'a pas été très enchanté d'être accueilli par lui à son arrivée à l'Expo.

Les libéraux du Québec et du Canada, leurs chefs du temps de guerre et d'après-guerre, comme Jean Lesage, et des fonctionnaires comme Jules Léger (mais pas nécessairement son frère, le cardinal) étaient réputés pour s'intéresser davantage aux causes universelles et britanniques qu'à la restauration de la puissance de la France.

Les hommes comme Georges Vanier, qui a déclaré très tôt son appui à de Gaulle et sa franche opposition à Vichy, ont été perçus avec autant de méfiance d'un côté que de gratitude de l'autre. (De Gaulle a prié sur la tombe de Vanier lors de son passage au Québec en 1967.)

Si le Bloc populaire et les nationalistes passaient pour être sympathiques à Vichy et les libéraux aux Anglais, il était logique que de Gaulle préfère l'Union nationale aux autres partis du Québec. Johnson a misé là-dessus. Un peu comme les distinctions ethniques dans d'autres sociétés, chez les Slaves ou les Juifs séfarades et ashkénazes par exemple, ces différences politiques subtiles restaient significatives dans le Québec des années 60 et du début des années 70, surtout quand de Gaulle était au pouvoir.

La principale contribution de Rumilly à la vie politique du Québec était d'avoir favorisé la réconciliation du maire Camillien Houde et de Duplessis à temps pour les élections provinciales de 1948 où Duplessis a remporté 84 des 92 circonscriptions. En témoignage de sa gratitude, Houde a pris fait et cause pour Rumilly auprès de Duplessis et l'Union nationale a retenu ses services plus ou moins comme pamphlétaire. À la veille des élections de 1956, Rumilly a publié un livre intitulé, sans prétention d'objectivité, *Quinze ans de réalisation : les faits parlent d'eux-mêmes*. L'ouvrage se terminait sur ce cri lyrique : «Oh! ma province de Québec!»

Ce soir de mai, dans sa somptueuse bibliothèque, j'ai persuadé Rumilly de mon intérêt à produire un ouvrage en anglais (la plupart de ses livres n'ont pas été publiés en anglais) qui rendrait justice à Duplessis. Pour traiter le sujet sérieusement, j'avais besoin d'avoir accès aux archives de Duplessis, que Rumilly avait citées avec tant de ferveur à Trois-Rivières. Il m'a donné une lettre de recommandation à l'intention de la conservatrice des archives, Auréa Cloutier. Celle-ci était entrée au service du père de Duplessis, le juge Nérée Duplessis, et l'avait fidèlement servi jusqu'à sa retraite pour cause de diabète. Il lui avait alors suggéré d'aller travailler pour son fils, Maurice. Elle est entrée à son service avant même que Maurice entame sa vie publique en 1927 et y est restée jusqu'à sa mort en 1959, après 28 ans comme chef de parti, dont 18 comme premier ministre et procureur général du Québec. Elle a continué dans ses fonctions sous le règne tragiquement bref de Paul Sauvé, puis a pris sa retraite quand le gouvernement, après une lutte déchirante pour le pouvoir, est passé aux mains ineptes d'Antonio Barrette en janvier 1960.

L'accès aux archives ne pouvait m'être accordé que sur la recommandation de l'un des directeurs de la Société. J'ai donc sollicité une autre lettre de l'ineffable Jean-Noël Tremblay, aigre et grincheux ministre des Affaires culturelles de Johnson et de Bertrand, dépeint par Peter Newman comme «le meilleur cerveau du dix-septième siècle à Ottawa» alors qu'il était député de la coalition Diefenbaker-Duplessis de 1958 à 1962. À l'époque, j'avais vaguement l'idée d'écrire ou bien une monographie sur le progrès économique du Québec sous Duplessis ou un ouvrage ouvrant la porte à une vue plus objective de Duplessis que celle qui avait cours dans les milieux universitaires du Canada anglais et de presque tout le Canada français.

Je me suis présenté chez Mlle Cloutier en juin 1971, armé d'une bouteille de champagne. En tout, j'ai fait 55 visites chez elle à Trois-Rivières et j'ai apporté 55 bouteilles de champagne pour lubrifier mon examen minutieux des archives de Duplessis.

Les papiers de Duplessis étaient fourrés pêle-mêle dans des classeurs et des boîtes de chaussures au sous-sol de sa maison, au 240, rue Bonaventure, à peu de distance de la cathédrale. On pouvait aussi bien trouver une note de blanchissage à côté d'une lettre de lord Alexander ou de Mackenzie King. C'était comme de remonter dans le temps. Presque rien n'avait été déplacé depuis sa mort douze ans plus tôt. Après avoir vu le matériel et la mine extraordinaire de renseignements qu'il renfermait sur une aussi riche carrière de l'histoire politique du Canada, j'ai compris qu'il me faudrait écrire un ouvrage substantiel. Pour contredire l'opinion courante, il fallait un ouvrage bien documenté qui fasse autorité.

Les études canadiennes-françaises venaient tout juste d'être instituées comme discipline distincte dans les universités de langue anglaise, notamment à McGill, à Toronto et à York. L'interprétation des événements politiques du Québec devenait l'équivalent universitaire d'une industrie artisanale.

Les intellectuels torontois se disaient horrifiés par le nationalisme conservateur de Duplessis. Sans doute de bonne foi, ils supposaient que si le Québec se laïcisait, socialisait ses institutions économiques et ses services publics, et cessait de se laisser distraire par les thèmes nationalistes, nous pourrions tous coexister dans un joyeux commonwealth canadien de bonne entente sociale-démocrate. Toute dissidence de ce point de vue était dénoncée avec une violence réservée à la pire des hérésies.

Il y en avait de plus enthousiastes que d'autres à propos des bienfaits de la socialisation. Les plus naïfs étaient ceux que Trudeau a qualifiés de «séparatistes torontois» et de «faibles au grand cœur» lors du décret de la Loi sur les mesures de guerre en 1970. Le test décisif des néo-démocrates et libéraux anglo-canadiens pontifiant sur le Québec, qu'ils aient participé directement ou seulement de loin à l'histoire récente du Québec, était la condamnation irrévocable de Duplessis.

Je concluais provisoirement que l'intérêt du Québec français pour la social-démocratie dépendait de sa disposition à accepter le *danegeld* d'un gouvernement fédéral dont la pertinence lui semblait de moins en moins nette. Il provenait aussi de l'adhésion à une méthode fashionable de redistribuer la richesse entre groupes socioéconomiques dont les frontières ressemblaient étrangement aux divisions ethniques de la province, c'est-à-dire des non-francophones aux francophones, de chaque Anglo- ou Judéo-Québécois selon ses moyens à chaque Québécois « authentique » selon son manque relatif de moyens, avec l'approbation enthousiaste des québécophiles les plus ardents et les plus à la mode du Canada anglais.

Les nationalistes conservateurs étaient antiséparatistes, antisocialistes, pas particulièrement anti-Anglais et respectaient les institutions politiques et sociales du Canada. Mes recherches préliminaires indiquaient que le Québec sous Duplessis avait fait plus de progrès économique, adopté des programmes sociaux plus utiles, et parmi les plus généreux du Canada, en matière de pension, de garde d'enfants et de salaire minimum, et bâti plus de routes, d'écoles, d'hôpitaux et d'universités que jamais auparavant ou par la suite. Je l'ai expliqué à Brian Stewart et à Betty Shapiro à mes débuts à la télévision en juillet 1971 dans une émission locale de Montréal (coanimée par Brian) que Brian décrivait à juste titre comme la « ligue pamplemousse de la télévision ». Je rongeais de plus en plus les racines d'une vaste et opprimante orthodoxie, qui allait réagir comme le font toutes les tyrannies lorsqu'elles se sentent menacées.

À ma quinzième visite à Trois-Rivières, Mlle Cloutier a tiré de la pharmacie de la salle de bains du sous-sol de la maison de Duplessis une chemise accordéon pleine à craquer. Elle renfermait, me dit-elle, des dossiers que Duplessis lui avait remis en disant : « Voilà pour le jour où nous écrirons nos mémoires ! » La chemise contenait des états de compte de la fameuse caisse électorale de l'Union nationale, des copies de déclarations des revenus du chef de l'Opposition, des potins d'évêques, etc.

Pour m'aider à passer à travers le matériel, je me suis inscrit au programme de maîtrise des Études canadiennes-françaises de McGill. Je devais participer à des discussions de groupe, faire des travaux de recherche à la bibliothèque, et enfin écrire une thèse intitulée *Maurice Duplessis (1927-1939), vu à travers sa correspondance.* Mon séjour à McGill devait être le chant du cygne de ma carrière universitaire. Il n'était destiné qu'à me faciliter la première moitié du travail et à me donner l'élan nécessaire pour finir ce qui s'annonçait comme un ouvrage monumental.

Après les tribulations de mes séjours antérieurs à l'université, j'aurais dû me douter que ce dernier chapitre ne serait pas entièrement dénué de controverse.

Durant un an environ à partir de la fin de 1971, Rumilly et moi avons recueilli des interviews, parcourant la province dans la très confortable Cadillac Eldorado que je possédais alors et discutant de l'histoire du Québec et de la France et de la politique canadienne. Il m'a persuadé d'écrire à Pierre DesMarais II pour lui demander de solliciter la direction de l'Union nationale après le désistement de Claude Wagner. (Pierre et moi avons plus tard été associés étroitement à Carling O'Keefe et à Unimédia, lorsque nous en avons fait l'acquisition.)

Rumilly m'a présenté les derniers survivants du « bon vieux Québec » : l'archevêque ultramontain Cabana ; le chef du programme de colonisation de la Crise, Ernest Laforce, maintenant nonagénaire, qui avait fait campagne dans sa jeunesse pour sir John A. Macdonald en 1891, et d'innombrables juges, politiciens, intellectuels et hommes d'affaires à la retraite. Duplessis avait dit à Malcolm Muggeridge (que j'ai aussi rencontré durant cette période) que la clé du pouvoir au Québec était de garder les jésuites et les dominicains à couteaux tirés. J'ai longuement interviewé le principal apologiste jésuite de Duplessis, le père Émile Bouvier, directeur du département des relations industrielles de l'Université de Montréal, et le principal adversaire dominicain de Duplessis, le père Georges-Henri Lévesque, doyen des sciences sociales à l'Université Laval.

L'une des personnes les plus intéressantes que j'aie rencontrées durant cette tournée était un vénérable auteur séparatiste, le jésuite Gustave Lamarche, version modérée du chanoine Lionel Groulx. Un jour que je me suis longuement enfermé avec le père Lamarche à Joliette, Rumilly a demandé à la blague : « Lequel des deux est en train de corrompre l'autre? » Le père Lamarche a gentiment riposté : « Si tous les Anglo-Canadiens étaient comme monsieur Black, il ne serait pas nécessaire de faire l'indépendance du Québec. » J'ai ajouté : « Si tous les Canadiens français éminents étaient comme le père Lamarche, tous les Canadiens anglais seraient comme moi. »

J'ai trouvé la petite noblesse du vieux Québec attachante. Elle avait « du cachet », comme Duplessis avait l'habitude de dire. Louis Saint-Laurent a semblé déconcerté lorsque je lui ai demandé pourquoi lui et Duplessis, malgré leurs vifs désaccords, concluaient invariablement leurs lettres en s'adressant en bons hommes de loi des « salutations confraternelles ». Jean-Jacques Bertrand, que j'avais connu en 1966 et que j'ai interviewé quelques fois en 1971 et 1972, m'est apparu si philosophe et désintéressé malgré les coups d'une longue carrière politique que j'ai fourni à sa femme un modeste appui financier lorsqu'elle a été élue députée à la Chambre des communes dans les années 80. Je ne pouvais penser à rien de mieux pour témoigner mon affection pour cet homme dont Claude Ryan disait en 1973 qu'il était dépositaire «des plus hautes vertus civiques et humaines».

En août 1971, j'ai profité de vacances en Afrique pour rendre visite au plus illustre des Québécois, le cardinal Paul-Émile Léger. J'avais vu le cardinal dans plusieurs circonstances publiques; c'était un homme d'une présence formidable, soigné, de taille moyenne, ses cheveux argentés rejetés vers l'arrière sous sa barrette, profond, sombre, le regard oblique et brillant typique des Canadiens français, reflétant fidèlement l'activité originale et puissante de son esprit. Son trait dominant, qu'il a conservé jusqu'à sa mort, était son verbe riche et mélodieux qui lui conférait, du moins en français, une éloquence presque infaillible.

Quand je l'ai mieux connu et que j'ai soutenu sa candidature au prix Nobel de la paix en 1973, il m'a donné un recueil et un album de discours choisis me permettant d'étudier sa technique de plus près. Son langage imagé et son débit dramatique en faisaient l'égal des meilleurs orateurs que j'aie connus, tels Martin Luther King, Ronald Reagan et de Gaulle. Le cardinal Léger était d'ordinaire fatigué et souvent même un peu distrait. Ma tante, qui lui a vendu sa maison de la place Ramezay en 1966, disait qu'il avait l'air d'un «fanatique, mais un fanatique gentil».

Je connaissais l'ancien secrétaire de langue anglaise du cardinal, Jonathan Robinson, depuis quelque temps. Il allait souvent à Knowlton alors qu'il exerçait auprès du cardinal une fonction analogue à celle de Peter White auprès de Johnson. Il a plus tard présidé le département de philosophie à l'Université McGill et fondé l'oratoire de Toronto.

Jonathan a écrit au cardinal à Yaoundé, au Cameroun, pour lui demander s'il me recevrait. Son éminence a vite répondu par une invitation manuscrite fort bien tournée.

Ma première tentative d'atteindre le Cameroun a été contrecarrée par un ennui que j'ai constaté à mon arrivée à Dakar, de New York : mes bagages avaient été acheminés à Berlin. J'achetais chaque jour des vêtements pour me changer et je passais mes nuits dans les bars pieds-noirs. À Bamako, arrivé sans réservations, je me suis retrouvé dans une chambre d'hôtel envahie de chauves-souris qui pénétraient par une ouverture pratiquée dans le mur pour loger un climatiseur. J'ai renoncé à aller plus avant et je suis rentré à Paris pour me ressaisir.

Quand je suis finalement arrivé à l'aéroport de Yaoundé venant de Paris et que je me suis réclamé du cardinal Léger, j'ai été traité comme un prince. Il m'est apparu dès que j'ai mis les pieds dans le pays que l'étonnante décision du cardinal de poursuivre son ministère en Afrique équatoriale avait eu autant de retentissement au Cameroun qu'au Québec.

De la part d'un homme aussi populaire et aussi influent, la décision d'abandonner son poste pour aller combattre les maladies tropicales dans le tiers-monde était certes inattendue. Quels qu'aient été ses motifs, son renoncement pouvait passer pour un commentaire sur l'avenir du Québec et de l'Église catholique romaine. La perspicacité politique du cardinal était légendaire et je brûlais d'entendre ce qu'il serait disposé à me dire à propos de son peuple, de son Église ou de lui.

À bord de l'avion m'amenant à Yaoundé, j'ai lu *Burnt-Out Case* de Graham Greene. J'avais lu de même *The Quiet American* en allant au Viêtnam l'année précédente. Greene était en proie à une crise religieuse tandis qu'il écrivait le roman et son anticatholicisme, comme son antiaméricanisme pathologique dans l'autre roman, en ont fait pour moi des ouvrages de référence moins utiles.

Je suis descendu à l'hôtel Intercontinental à Yaoundé et j'ai pris un taxi pour me rendre à l'ancienne mission coloniale allemande de N'Simelon à 15 km dans la brousse. Le cardinal est entré comme nous nous apprêtions à dîner, suivi de près par un minet aux longs poils gris ébouriffés et une jolie jeune femme canadienne-allemande qu'il employait comme chauffeur. Il avait eu récemment un accident d'automobile en prenant livraison d'une nouvelle Citroën. (« Je ne pensais pas aux choses terrestres », a-t-il expliqué au policier yaoundais médusé tandis qu'on remorquait sa voiture longtemps attendue.) Le cardinal s'est assis sur une simple chaise de bois et le chat s'est tapi dessous, regardant droit devant lui avec le même air noble que son maître. Après dîner, nous nous sommes installés sur la véranda de la résidence du cardinal et nous avons parlé pendant des heures, comme deux soirs par la suite, regardant les éclairs fendre le ciel africain presque à l'horizontale sur des dizaines de kilomètres. Le deuxième soir, mon arrivée chez le cardinal a été retardée de quinze minutes par un embouteillage d'une vingtaine d'automobiles et de quelques cars attendant patiemment qu'un boa constrictor traverse la route. J'étais le seul automobiliste à trouver que l'incident valait la peine d'être signalé. Le dernier soir, j'ai été l'objet d'une fête impromptue pour marquer mon vingt-septième anniversaire.

Ma visite est arrivée à point nommé. Le directeur de l'organisme de charité qui avait construit l'hôpital du cardinal à Yaoundé avait péché par « excès d'optimisme ». Le cardinal commençait à s'inquiéter de devoir faire faillite et se retirer dans un monastère pour expier ses péchés, m'a-t-il avoué quelques mois plus tard. Parlant à cœur ouvert, le cardinal a dépeint l'un de ses plus éminents collègues comme « la boîte aux lettres du pape » et d'autres membres du clergé en termes assez sarcastiques, « notre dame » de telle ou telle ville, par exemple. Il a parlé avec très grand respect des papes qu'il avait connus, en particulier Pie XII qu'il a défendu contre l'accusation d'avoir été indulgent pour l'Allemagne nazie. Sa maîtrise du sujet donnait à penser qu'il avait eu à réfuter l'accusation plusieurs fois auparavant.

Il a parlé gentiment de de Gaulle qu'il admirait. Il lui était reconnaissant d'avoir rétabli le prestige des peuples de langue française dans le monde. Il était flatté des éloges que de Gaulle avait faits de lui à l'Université de Montréal en 1967, mais il se méfiait de ses activités au Canada. Son frère Jules, qui avait été assez grossièrement reçu par de Gaulle quand il lui avait présenté ses lettres de créances comme ambassadeur, favorisait notoirement une politique de conciliation avec la France au ministère canadien des Affaires extérieures. Jules avait curieusement omis de prévenir Ottawa du caractère éventuellement explosif de la visite de de Gaulle en 1967.

Le cardinal a admis qu'avant l'élection de Jean XXIII en 1958, de Gaulle avait fait savoir qu'il favoriserait le choix d'un pape de langue française. (De Gaulle venait de décorer le cardinal Léger de la Croix de la Libération.) Il a cependant nié que de Gaulle soit intervenu en sa faveur. On croit que le cardinal a reçu quelques voix au conclave qui a désigné le pape Jean XXIII.

Ses commentaires sur le Québec de l'époque et des années subséquentes étaient évidemment beaucoup moins réservés. Il tenait Duplessis pour un politicien brillant, mais autoritaire, cynique et inconscient des impératifs de la modernisation. Le cardinal a toujours regardé de haut les personnages publics qui ne réussissent pas à exciter l'imagination populaire. Il avait tendance à aller dans le sens du courant intellectuellement, mais c'était un homme à la pensée claire. Il avait pratiquement été le seul des évêques du Québec à ne pas s'inquiéter de la laïcisation de l'éducation, l'épouvantail que Duplessis agitait pour effrayer l'épiscopat, et il brûlait de se délester de la responsabilité de l'Université de Montréal. Le cardinal tenait Lesage pour un politicien doué, mais gonflé d'un « orgueil juvénile » et enclin aux « bêtises et aux sottises ». Paul Sauvé, son vieux confrère de classe au séminaire de Saint-Sauveur, était son politicien québécois favori, suivi par Johnson. Bourassa était encore une quantité inconnue qui lui faisait mauvaise impression. Lévesque et Trudeau lui semblaient d'authentiques et puissants chefs populaires. Le cardinal a omis de se prononcer nettement pour l'option constitutionnelle de l'un ou de l'autre, mais il a semblé nourrir une faible préférence pour le fédéralisme. Ses parents avaient vécu au Michigan avant de rentrer au Québec pour éviter l'assimilation. Le cardinal et son frère avaient été élevés à Valleyfield, près de la frontière de l'Ontario. Il s'attendait que le Québec traverse des jours difficiles.

Le cardinal a évoqué son séjour au Japon (1933-1939) avec l'air entendu d'un homme qui savait qu'il avait été prophétique. Il n'en pensait pas moins de sa mission en Afrique. Il avait un sens aigu des ravages de l'abondance sur les consciences. J'avais l'impression que sa décision d'exercer son ministère dans le tiers-monde provenait du désir d'expier sa propre prospérité et d'unir sa destinée à celle de l'Église. Il n'y avait en réalité pratiquement pas de lépreux dans cette région de l'Afrique. Le cardinal ne semblait pas trop se préoccuper du fait que la plupart des Québécois pensaient qu'il s'employait personnellement à panser les malades dans une léproserie. L'hôpital, une fois terminé, est devenu un excellent centre de traitement d'enfants handicapés de toutes sortes. Son personnel médical a presque toujours été français et canadien. Les médecins camerounais s'installaient invariablement dans le pays où ils avaient étudié dès qu'ils recevaient leur diplôme.

Le cardinal prévenait les pays industrialisés qu'ils ne pouvaient pas impunément «se réfugier derrière un rideau de blé». Son rôle, disait-il, était de «sensibiliser l'Occident à la misère et aux dangers du tiers-monde». Il avait un sens aigu du dramatique et il s'est montré un peu agacé qu'on néglige de suivre ou d'apprécier ses conseils.

Au cours d'une des soirées que j'ai passées avec lui en Afrique en 1971, il a lavé la vaisselle. Il semblait en forme, mais il était un peu blême et confus. Quand il est rentré à Montréal à l'automne 1971, il éprouvait de sérieuses difficultés financières et m'a demandé entre autres de l'aider. Je suis devenu vice-président de ses œuvres de charité, Le cardinal Léger et ses œuvres. J'ai fait des arrangements pour obtenir un don substantiel de mon ami Charles Gundy, président de Wood Gundy. Charles trouvait le cardinal et sa cause intéressants et je soupçonne qu'il était en partie motivé par sa femme, qui s'était convertie au catholicisme et qui a adopté plusieurs enfants de la Corée, du Viêt-nam et du Bangladesh.

D'autres membres éminents de l'élite de Montréal et de Toronto ont donné généreusement. Le cardinal a fait appel avec succès à Trudeau et à Gérin-Lajoie. L'Agence canadienne de développement international (ACDI) a donné de l'argent, de même que quelques communautés de religieuses. J'ai accompagné le cardinal dans quelques-unes de ses visites. Il exerçait sur ses interlocuteurs, surtout ses interlocutrices, un magnétisme incomparable, à mon avis. Ses gestes théâtraux, sa voix enrouée, ses yeux profonds, joueurs et perçants, et son talent unique pour les bons mots, pouvaient séduire jusqu'aux plus sceptiques de ses interlocuteurs, et les vieilles nonnes, qui le percevaient toujours comme leur archevêque, étaient loin d'être les plus sceptiques. Son organisation a bientôt été remise à flot et il n'a jamais manqué de rendre à César ce qui appartenait à César.

Un jour, Charlie Gundy a dit en s'excusant qu'il devait lui parler d'argent. «Les dollars sont aussi importants, Votre Éminence», a-t-il dit. La riposte a été instantanée : «Sauf votre respect, monsieur Gundy, c'est une leçon que j'ai déjà bien apprise.»

Il prenait soin de ne pas afficher trop de respect pour les institutions anglo-canadiennes, somnolant à un dîner en l'honneur de la reine Élisabeth à Montréal ou faisant attendre sans raison le gouverneur général Vanier dans son antichambre. En 1974, il a quand même été le seul Franco-Québécois de poids à dénoncer l'odieux projet de loi 22 de Bourassa, qui éliminait l'anglais comme langue officielle et ordonnait des tests de langue pour les enfants de sept ans afin de déterminer s'ils devaient être admis à l'école française ou anglaise. Le cardinal a marqué sa dissidence dans un brillant discours lorsqu'il a reçu un doctorat *honoris causa* de l'Université de Montréal, dont il a été chancelier pendant 17 ans. Évoquant son arrivée à Paris alors qu'il était jeune prêtre en 1929, il a dit : «J'ai constaté que la langue ne peut être protégée par des lois, mais seulement en la parlant avec une telle clarté que ceux qui l'entendent souhaiteront la parler.»

Son inclination pour le dramatique n'a nullement décliné avec les ans. Quand, avec Roland Michener, Marcel Masse et moi, il a coprésidé en 1979 le Conseil canadien pour les réfugiés (que Pierre Trudeau a décrit à bon droit comme une tentative de Joe Clark et du ministre de l'Immigration Ron Atkey de se décharger du problème sur le secteur privé), il n'a eu en tête que de noliser un 747 pour ramener de Bangkok «500 enfants», opération sur laquelle il aurait sans doute voulu attirer toute l'attention des médias.

Quand son frère a été nommé gouverneur général en 1974, le cardinal a fait des pieds et des mains – en vain heureusement – pour devenir évêque de Hull. L'idée était insensée. Sa brève expérience comme curé de paroisse à Montréal à l'âge de 72 ans a tourné au désastre. Au cours de l'interview pour mon livre sur Duplessis, j'avais leur correspondance en main et j'ai eu l'impression qu'il se sentait sur la sellette, en particulier quand je l'ai interrogé sur l'accusation de «lâcheté» qu'il avait portée par écrit contre Trudeau. Néanmoins, sa fière allure ne l'a jamais quitté.

Malgré son hypocondrie, sa nervosité, son affectation, son goût pour la publicité et son arrogance, le cardinal était incontestablement un grand homme, brillant, exaltant et fondamentalement affable. Si je le cite aussi longuement, c'est qu'il était l'un des hommes les plus intelligents et les plus sensés que j'aie connus. Sa personnalité extraordinaire conciliait une vie spirituelle active avec une profonde mondanité. On sentait parfois ces deux impulsions se disputer au fond de son cœur, comme des chiens en bataille, mais il n'en était pas moins fascinant. Il ne manquait pas non plus du sens de l'humour. Un matin qu'il était de passage à Montréal en 1973, il m'a tiré du lit en me téléphonant. J'ai répondu d'une voix rauque, cherchant à étouffer le froissement des couvertures et les éternuements de ma copine. «J'espère que je ne vous dérange pas?» a-t-il demandé. Je l'ai rassuré, disant que je me préparais pour «les œuvres de la journée». «On dit qu'il est en général plus difficile de récupérer des œuvres de la nuit!» a-t-il riposté.

J'ai quitté Yaoundé pour Douala à la fin d'août 1971 à bord d'un avion d'Air Cameroun dont on n'a pas pu fermer la portière. Pour éviter des ennuis, le pilote a maintenu une altitude d'environ 300 m. J'ai continué sur Paris dans de meilleures conditions et de là, en voiture, vers la Normandie. La journée, commencée dans la jungle équatoriale, s'est terminée au casino de Deauville.

Quand le cardinal Léger est mort à l'automne 1991, à l'âge de 87 ans, j'étais en Angleterre. Je n'ai pu assister aux funérailles, mais j'ai fait le nécessaire pour qu'un avion de la société y mène le cardinal Carter et le ramène à Toronto. Le cardinal Carter m'a envoyé une note : «Votre présence physique nous a manqué, mais je me suis assuré de votre présence spirituelle en joignant mes pensées et mes prières aux vôtres pour le repos de l'âme de notre ami Paul-Émile Léger. Il est resté exposé en chapelle ardente pendant toute la cérémonie et il avait l'air très paisible. Plus encore que lorsqu'il était vivant, ses yeux perçants nous observaient derrière ses sourcils en broussaille. Je suis persuadé qu'il était touché par vos sentiments.» Je l'espère.

J'ai participé aux réunions du Hudson Institute à Croton-on-Hudson, à New York, quelques fois au printemps et à l'été 1971. C'était (comme la Rand Foundation) une cellule de réflexion rendue célèbre par Herman Kahn, un géant parmi les futurologues, à la fois génie de la science et de la mise en scène et fumiste éhonté. Comme les groupes de réflexion étaient à la mode, j'ai pensé qu'il pouvait être utile d'y participer. J'ai trouvé que les sessions étaient trop pédagogiques, trop largement fréquentées par de riches et pesants hommes d'affaires ou des membres de Mensa d'un ennui mortel, et trop portées à discuter d'hypothèses insipides («les États-Unis devraient-ils renoncer volontairement à leurs industries de l'acier et de l'automobile au profit du Japon?» ou «l'Amazonie devrait-elle être condamnée et ses forêts converties à la culture des céréales?») pour soutenir mon intérêt.

En même temps que je faisais ma recherche sur Duplessis et que je m'intéressais à la psychologie, j'ai lu beaucoup d'ouvrages de théologie. Je ne prétends pas – et n'ai jamais prétendu – être particulièrement éclairé sur le sujet. Je ne cherchais pas à le pénétrer, mais simplement à y voir assez clair pour savoir où j'allais. La lecture de Newman m'a persuadé de sa théorie de «convergence de probabilités» du sens «illatif» de la vraisemblance. Mais elle ne m'a pas transmis sa certitude de l'existence de Dieu. Je n'ai jamais pu dire, comme Newman, que j'étais aussi sûr de l'existence de Dieu que «de l'existence de mes mains et de mes pieds».

J'ai aussi lu les principales attaques contre la religion. *Le Futur d'une illusion* de Freud est un ouvrage aussi prétentieux qu'ignorant et le seul livre de cet auteur qui justifie sa propre condamnation de sa prose «viennoise très relâchée». La critique de l'«histoire romancée» des apôtres par Edmund Gibbon était mieux écrite et plus près de la vérité historique, mais aussi tendancieuse et peu concluante. L'existence de Dieu ne dépend pas de l'exactitude des auteurs du Nouveau Testament et la foi chrétienne est aisément conciliable avec un haut degré d'allégorie biblique, même qu'elle en dépend probablement.

Mon favori parmi ces ouvrages est *The Pathetic Fallacy*, de Llewellyn Powys, écrit dans un style agréablement robuste par un ami du célèbre avocat agnostique américain Clarence Darrow. «La religion moribonde nous empêche d'avoir une vue nette et éclairée de la vie... Le christianisme n'est qu'un rêve de sauvagerie lamentable... Les étoiles qui voguent à la dérive dans le flot galactique s'en moquent. Au pied d'un minaret en Turquie, j'ai entendu l'azan dans le vide éclat de midi. Dans la forêt d'éléphants de l'Afrique, j'ai vu les nègres pareillement absorbés. De près, en maintes occasions, j'ai vu nos prêtres occidentaux élever l'hostie. L'Indien, les hommes de Chine, personne n'a su faire autrement que d'élever des bras maigres et nerveux vers le ciel. Futilité.»

J'en ai conclu que les grands triomphes de l'esprit – l'anéantissement de la théorie de la Terre centre de l'univers par Copernic, la découverte que l'homme descend d'un ordre animal inférieur par Darwin, la constatation que nous ne sommes pas maîtres de notre inconscient par Freud, le développement de la fission nucléaire avec ses possibilités constructives, destructives et autodestructives – sont des progrès qui accentuent la vulnérabilité de l'homme et diminuent ou menacent notre position relative dans l'univers. Le processus d'acquisition du savoir contredit la théorie selon laquelle la somme du savoir est limitée et nous approchons davantage chaque jour de sa plénitude. C'est une adaptation spéculative enfantine du système de Coué.

La théorie est du plus sot Bertrand Russell, le dupe tremblotant et décrépit qui a mené au nom du désarmement les marches stupides sur Aldermaston. (Il était plus sensé quand il réclamait une attaque nucléaire préventive contre Staline, à la fin des années 40.) L'argument le plus intéressant de Newman, sinon le plus convaincant, est sa longue citation de Napoléon, cet « homme merveilleux spécialement marqué par la gloire, qui a influencé les destinées de l'Europe dans les premières années du siècle », à l'avant-dernière page de sa *Grammaire de l'assentiment.*

Napoléon est censé avoir déclaré, selon ce qu'aurait rapporté Lacordaire : « Si ces palais somptueux et innombrables ne sont pas élevés en mon honneur, si ce n'est mon image triomphalement affichée dans la fière cité, en pleine campagne, à l'intersection des rues, au sommet des montagnes ou portée près du cœur par les vivants et placée devant les yeux chancelants des agonisants, si ce n'est ni Alexandre le Grand, ni Jules César, ni Napoléon qui a accompli sans effort ce que d'autres n'ont pas réussi à faire dans une vie d'efforts, peut-Il être moins que divin? » « Il » est évidemment « Celui qui a passé sa vie dans l'obscurité et qui est mort en malfaiteur. Mille huit cents ans se sont écoulés depuis ce temps », mais « le titulaire de ce grand nom règne... possède le monde, (et) retient Ses possessions... Qui est-Il sinon le Créateur lui-même : le souverain de Ses œuvres, vers Qui nos yeux et nos cœurs se tournent instinctivement parce qu'Il est notre Père et notre Dieu? »

Les écrits d'Eric Voegelin et d'Oswald Spengler ne portaient pas surtout sur la religion, mais les deux auteurs étaient d'admirables déistes. (J'ai presque découragé ma première femme de m'épouser parce que j'ai lu Spengler tout au long d'un voyage que nous avons fait à Hawaii en janvier 1978.) J'en suis venu à mépriser l'athéisme et à redouter les maléfices de l'être humain dépouillé de toute perspective cosmique et de spiritualité. Je ne pense pas entendre des voix d'outre-tombe, mais j'accepte la théorie de Newman selon qui Dieu parle à notre esprit par la voix « puissante, péremptoire, tranchante, irrationnelle, comminatoire et définitive » de la conscience.

Ce n'est qu'en 1986 que je me suis officiellement converti au catholicisme et que j'ai commencé à fréquenter l'église régulièrement. Du moment qu'on croit en Dieu, il est relativement facile de croire que Dieu a inspiré le Christ (sinon seulement le Christ), que le Christ a invité saint Pierre à fonder une Église et que l'Église catholique romaine « malgré ses inepties, ses vulgarités et ses compromis » (m'a dit un jour le cardinal Léger) est le successeur légitime des premiers chrétiens.

Une fois lancé sur cette voie, il n'était logiquement plus possible pour moi de ne pas conclure que si je voulais communiquer avec le Créateur de l'univers, le moyen le plus sûr, sinon absolument sûr ni le seul, était de recevoir les sacrements de l'Église catholique romaine. Une fois que mon esprit et mon intuition se sont alliés pour me convaincre de la réalité et de l'utilité de la vie spirituelle, je ne pouvais plus résister à la tentation salutaire de la pratique religieuse. Mon adhésion a cependant été retardée de sept ans parce qu'il me fallait attendre l'annulation du premier mariage de ma première femme et je n'ai pas été très zélé depuis.

J'ai lu, à part Newman, les réflexions de plusieurs autres grands convertis comme Edith Sitwell et Evelyn Waugh, et surtout Chesterton et son désir «de se libérer de ses péchés» et j'en ai discuté avec Muggeridge. J'avais de la sympathie pour Rebecca West, qui a abandonné la catéchèse parce qu'elle en avait assez de se faire sermonner par des prêtres homosexuels. J'ai même trouvé les commentaires de Marshall McLuhan sur le sujet assez profonds, contrairement à la plupart de ses écrits.

Heureusement, mon instruction religieuse a été faite d'agréables soirées arrosées d'excellents bordeaux chez le cardinal Emmett Carter. Nous nous récitions des passages de Newman et d'autres auteurs. «J'ai regardé dans le miroir et j'ai vu un monophysite», disait Newman, m'a rappelé le cardinal dans l'une de ses cartes de Noël. J'ai fini par croire que le miracle était possible et que si un miracle pouvait arriver, logiquement n'importe quel miracle pouvait arriver, même l'Immaculée Conception et l'Ascension physique du Christ. Mais je ne pouvais faire davantage que de reconnaître que de tels événements et d'autres aussi scientifiquement improbables aient pu arriver.

Le cardinal m'a assuré que je pouvais recevoir les sacrements pourvu que j'accepte la Résurrection, sans laquelle, a-t-il affirmé sans équivoque, sa foi personnelle et sa vie professionnelle ne seraient que fraude et supercherie. Le cardinal Emmett Carter était déjà un ami très cher et très respecté, mais de savoir qu'étant érudit et supérieurement intelligent, il avait franchement misé sa vie sur un dogme précis a décuplé l'admiration que je lui portais.

J'ai finalement été admis aux sacrements avec mon fils aîné dans la chapelle privée de la résidence du cardinal Carter le 18 juin 1986. Le choix n'était pas déchirant et je n'ai renoncé à rien.

Je n'ai jamais été sérieusement tenté de considérer le protestantisme autrement que comme la foi de ceux qui jugent l'agnosticisme imprudent ou insoutenable. C'est l'impression que m'ont toujours donnée les protestants pratiquants de la Haute Église. La meilleure définition qu'on puisse en donner, c'est celle de chrétiens qui ne sont pas papistes, qui cultivent le doute autant que la foi, la bonne volonté autant que la vérité éternelle, et souvent la crainte de l'athéisme, du papisme et du rabbinisme autant que l'attachement intellectuel sectaire.

Tiraillé entre un besoin limité de spiritualité et la crainte d'abandonner trop d'autorité aux mains d'un épiscopat autonome ou dépendant d'une direction internationale, le protestantisme est trop conditionnel pour déborder les congrégations religieuses nationales. Comme a dit Newman il y a 150 ans, malgré la sincérité de bien des adhérents intelligents, «il vogue sur le canal de la neutralité entre la Scylla et la Charybde du oui et du non... il ne peut pas continuer pour toujours à se tenir sur une jambe, à s'asseoir sans chaise, à marcher les pieds liés ou à brouter dans le vide comme les cerfs de Tityre». Pas toujours peut-être, mais au moins pour un autre siècle et demi après Newman.

Le protestantisme n'est pas non plus le parti de la légitimité. Le schisme de Luther et celui de Knox sont des hérésies plus louables que le désir de Henri VIII de piller les monastères et de divorcer de sa femme innocente pour en marier une autre qu'il a bientôt exécutée sous des accusations d'adultère inventées de toutes pièces et pour n'avoir pas réussi à donner naissance à un héritier mâle (bien que l'héritière qu'elle ait enfantée, Élisabeth I, soit devenue le plus grand monarque de l'histoire de la Grande-Bretagne). Aucun d'entre eux n'a vraiment réussi à déposer le titulaire de la véritable Église.

Je respecte la foi des évangélistes et des fondamentalistes, mais je n'arrive pas à m'y intéresser. Je tolère toutes les formes de croyance et d'incroyance, la stricte observance religieuse et l'abstention totale. En religion comme en amour, on doit faire ce qu'on veut, éviter ce qu'on ne veut pas, être discret et respecter l'opinion des autres. Je n'ai jamais été très heureux de ma confirmation anglicane par mon principal d'Upper Canada College, l'ineffablement matériel Cedric Sowby. Je n'ai pas été plus touché par l'athéisme nihiliste de mon père. Je n'ai ni goût ni autorité pour le prosélytisme, mais j'estime que l'athéisme est stérile, ingrat et illogique. Il est évident qu'existent des forces spirituelles; il est évident qu'existe un Dieu, quelle qu'en soit la définition, devant qui il est bien avisé, sinon requis, d'être humble. Le monde n'est pas simplement un accident et la vie est sacrée et précieuse, sinon inviolable dans tous les cas. «Peut-Il être moins que divin?» se demandait Napoléon au sujet du Christ. Je crois que non et en 1986, j'estimais avoir assez longtemps éludé cette vérité.

Comme toute institution qui tente d'unir le céleste et le terrestre, l'Église catholique romaine est en partie enveloppée par la brume de la faillibilité, d'où l'absurdité de ses interdits en matière de contrôle des naissances et de divorce, et ses panacées socialistes. Deux fois, j'ai été sérieusement décontenancé par ses dispositions sur le divorce, mais aucune institution fondée sur l'universalité, la permanence et la vérité éternelle n'existe d'abord pour le plaisir d'un individu. De tels épisodes peuvent affecter ma pratique, mais non pas ma foi.

Le spectacle de célibataires septuagénaires prétendant gérer la vie sexuelle du monde et les insensés prêchi-prêcha économiques de curés béatement ignorants du monde matériel, pris au pied de la lettre, diminuent l'institution et banalisent la foi. Ce sont des invocations à la perfection comme le Sermon sur la montagne.

En 1987, la revue jésuite canadienne *Compass* m'a demandé d'analyser la doctrine sociale des évêques de l'Église catholique du Canada depuis la Deuxième Guerre mondiale. Elle est passée de l'encouragement ferme à l'auto-assistance et de l'opposition acharnée à l'égalité du revenu dans les années 60 à l'assimilation de l'affluence à «la violence» en 1971 par la Commission épiscopale des affaires sociales, qui représente de fait ni l'épiscopat ni les fidèles. La Commission des affaires sociales a affirmé en 1971 que «l'injustice économique et politique» au Canada était «pire» que «l'agression terroriste», et elle a lancé en 1972 une guerre moins que sainte contre «la prison étroite de l'individualisme».

Elle blâmait les problèmes du tiers-monde sur les pays industrialisés, tenait Julius Nyerere pour un génie économique et les sandinistes pour des anges bienveillants et estimait que le déploiement d'euromissiles par l'Occident était mal avisé et n'arracherait aucune concession des Russes. La répression du mouvement Solidarité en Pologne et l'invasion soviétique de l'Afghanistan lui semblaient irréprochables. La technologie et le capital étaient les principaux «ennemis» du progrès social. Ronald Reagan avait pour ambition de déclarer unilatéralement la guerre nucléaire. Le vol KAL 007 des lignes coréennes, selon elle, aurait pu tout aussi bien s'écraser par suite d'une panne de moteur. Pire que tout, la Commission affirmait en 1969 que «l'Église a mission d'être la mouche du coche... à l'instar des prophètes, de Jésus-Christ, et de martyrs de l'ère moderne comme Martin Luther King et les Kennedy.»

«Aucun de ceux-là n'a été la mouche du coche, ai-je écrit en 1987 dans le magazine *Report on Business* du *Globe & Mail*. Le rôle de Jésus surtout est d'ordinaire considéré comme étant plus noble par les ecclésiastiques chrétiens. L'Église a un rôle plus élevé à jouer que les Kennedy (la comparaison, compte tenu des inclinations et des singeries bien connues des Kennedy, est bizarre). Et qui appelle l'Église à ce destin banal et peut-être hérétique?»

Quelques évêques canadiens sots et méprisables, fallait-il répondre. Le problème de curés dans le vent énonçant des platitudes socialistes et dépeignant Dieu comme un pote sans cesse à nos côtés est très répandue.

S'il fallait croire à ces balivernes, ni moi ni aucun être sérieux ne pourrait évidemment persister dans la foi. L'homme est rarement Dieu et les idées à la mode ne deviennent qu'exceptionnellement vérité éternelle; il n'est pas nécessaire d'avoir une intuition surhumaine pour les distinguer. (Cet article, comme il fallait s'y attendre en raison de son contenu et de son sujet, est le seul de mes articles qui ait été mis en nomination pour un prix national. L'article monstrueusement diffamatoire d'Elaine Dewar sur les frères Reichmann lui a été préféré.)

Les vices et les excès du clergé n'infirment pas l'existence d'un Dieu suprême ni la légitimité de la religion. Je recommande le catholicisme à quiconque s'y sent attiré. Il n'est pas une panacée, mais il est sain, rigoureux, consolant et l'intelligence et l'esprit humain peuvent s'y sentir à l'aise.

Mon père aimait citer l'aphorisme français selon lequel la vie mène « au suicide ou au pied de la croix ». L'alternative n'est pas si tranchée, mais je pense que lui et ceux de mes connaissances qui ont évité tout effort intellectuel sérieux pour se réconcilier avec les cruelles limitations de la vie en ont payé le prix en souffrances morales.

De 1970 à 1972, j'ai passé au Québec des jours agréables à parcourir le pays et à fouiller son histoire récente avec Rumilly, à fréquenter McGill où s'ajoutaient à mes cours des conférences occasionnelles sur Duplessis, et à bâtir notre entreprise. Au terme de ces deux années, presque tous mes principes de vie étaient en place. Je croyais en Dieu et dans la liberté de la personne, dans la liberté économique et le droit des individus de toucher la majeure partie de leur revenu, sauf en cas de crise sociale ou nationale. Aucun système économique ne me semblait viable qui ne reposait sur la récompense individuelle. L'idée de prendre l'argent de qui l'a gagné pour le donner à qui ne l'a pas gagné en échange de son suffrage me paraissait sujette à la plus grande circonspection. Je respectais presque toutes les nations, j'en admirais plusieurs et j'en aimais quelques-unes, surtout la mienne, mais je croyais que l'avenir, voire la survie du Canada dépendait de notre aptitude à faire des rapports anglo-français une source de force plutôt que de faiblesse. J'avais ébauché un objectif et une occupation.

Chapitre 4

Le crépuscule de la bonne entente (1972-1974)

J'ai emménagé au luxueux Port-Royal, l'édifice le plus haut de la rue Sherbrooke, en novembre 1971. Pour un homme de ma condition, la *dolce vita*, revue et corrigée au goût des années 70, était à portée de la main. J'étais à distance de marche de dizaines d'excellents restaurants, bars et boîtes de nuit. La permissivité et la promiscuité, symboles de libération de tout ce qui pouvait gêner, du puritanisme et du manque de spontanéité jusqu'aux auteurs de la guerre du Viêt-nam, étaient endémiques et contagieuses.

Les prescriptions sociales et (au Québec) religieuses de modération et d'abnégation n'avaient plus cours. On ne soupçonnait pas encore les risques du libertinage pour la santé. Les femmes de toutes tailles et de tous âges semblaient engagées dans une course fiévreuse au contraceptif. Pour qui le cheminement lent et souvent cocasse vers l'âge adulte avait été marqué de l'obligation sisyphéenne de séduire, être sollicité pour faire l'amour et pas toujours, à mon humble étonnement, par des pétasses était une expérience nouvelle et enivrante. La rébellion, dans le vêtement et ailleurs, était à la mode. L'époque et la ville étaient grisantes. Montréal était un carrefour unique de vie nord-américaine et française, de nationalisme québécois intense et de fraternisation canadienne, un refuge pour les fugitifs de la gauche américaine, la forteresse assiégée du vieil isolationnisme franco-québécois, un rivage balayé par les hautes et basses marées. La ville n'avait pas grande importance sur le plan international, mais elle était amusante.

En d'autres temps, je n'aurais pas acquis une aussi vaste expérience des femmes. Mes appétits sexuels, si grands fussent-ils, étaient tempérés par ma timidité, qui était un reliquat de l'école privée, quelques inhibitions mineures et un formalisme du vêtement et des manières qui tranchait tant avec le goût du jour qu'il en devenait séduisant pour les femmes portées à la pitié. Sans exceller dans aucune sphère des relations sociales, j'ai fait ce que mes professeurs auraient appelé «des progrès constants».

Je menais une vie plutôt voluptueuse d'éditeur, d'historien, d'étudiant de troisième cycle universitaire, de politicien amateur et d'auto-analysant. Je ne m'en plaignais pas, certes, mais je commençais à mettre en question ma présence au Québec, et à Montréal en particulier. En 1972, je suis allé voir le film *Cabaret* avec ma copine de l'époque, plantureuse Canadienne française, courtière en valeurs, qui ne dédaignait pas le whisky. Je lui ai dit qu'il me semblait y avoir des parallèles entre le Berlin des années 30 et le Montréal des années 70, toute proportion gardée.

Bien sûr, il n'y avait pas à Montréal de gangs de fiers-à-bras en uniforme. Je connaissais assez le Québec pour savoir que les Canadiens français sont en général de braves gens qui ont la tête sur les épaules. Mais il y avait de nombreux conflits de travail à saveur nettement raciste et idéologique. Le ministre du Travail avait été victime d'un meurtre sadique en 1970. Il y avait eu la loi martiale. Un diplomate britannique avait été kidnappé et il y avait dans le discours des séparatistes formant désormais le deuxième parti de la province largement de quoi inspirer la crainte.

Au printemps 1970, je m'en suis pris à une bande de grévistes du syndicat des postiers qui brûlaient le drapeau du Canada au square Dominion pour protester contre les institutions fédérales. Ils m'ont invité à régler l'affaire aux poings. Je leur ai proposé d'en discuter plutôt, et nous avons fini par trinquer à la taverne dans la meilleure tradition canadienne-française.

En 1971, à la demande de Claude Wagner, je suis allé avec Peter White chez Paul Desmarais le consulter sur la candidature de Wagner à la tête de l'Union nationale. Paul était aux prises avec une grève à *La Presse* et le boycottage éventuel des produits et services de Power Corporation. Une femme avait été tuée quelques soirs plus tôt au cours d'une manifestation devant *La Presse*. Paul était tendu et nerveux, mais pas défaitiste. Encore à la demande de Wagner, nous avons ensuite vu Claude Ryan à son bureau du journal *Le Devoir* au même sujet. Assis dans son fauteuil sous une photo du fondateur du journal, Henri Bourassa, et un énorme crucifix (l'archevêché de Montréal était en fait copropriétaire du journal à l'époque), Ryan avait l'air terriblement fatigué.

L'un et l'autre gardaient le front haut dans le climat politique difficile de la province, mais ils n'étaient pas des modèles de force et d'optimisme. Desmarais favorisait Masse. Ryan penchait déjà pour Lévesque, qu'il a appuyé aux élections de 1976. Nous avons ensuite vu le maire Drapeau, qui n'avait rien perdu de sa vivacité ni de sa paranoïa. Il considérait Montréal comme un foyer de subversifs et de terroristes latents. Quand il a retiré ses lunettes, j'ai remarqué pour la première fois que son air de Charlot qui faisait les délices des caricaturistes pouvait aisément se transformer en un visage de tyran latin à la Franco.

Des gens célèbres que nous avons vues ce jour-là, le seul qui paraissait reposé, optimiste et en forme était Jean Béliveau, l'étoile du hockey qui tout au long de sa carrière a combiné l'élégance et l'esprit sportif à la virtuosité.

(Nous avons garé nos voitures côte à côte au garage de la Place Ville-Marie.)

Vers le même temps, j'ai rencontré Doug Harvey, abruti par l'alcool, au Cercle des journalistes de Montréal. J'ai tenté d'engager la conversation. Je lui ai demandé si la lutte avait été serrée entre Béliveau et Bernard «Boom Boom» Geoffrion pour succéder à Maurice Richard au poste de capitaine après la retraite du «Rocket». «Il y avait le Rocket et moi, a répliqué Harvey. Les autres étaient tous des cons. C'est moi qui ai succédé au Rocket.» C'était faux, mais il était si bourré que je n'ai pas continué la conversation. Ses muscles faisaient des boudins sous son T-shirt.

En 1972, le noble objectif de la bonne entente se portait mal. Trop souvent j'ai vu des anglophones unilingues entrer au magasin à Montréal et se faire adresser la parole en français. S'ils parlaient français avec hésitation ou un accent anglais, on leur répondait dans un anglais laborieux et agaçant. De plus en plus de Canadiens français semblaient incliner vers l'idée que le bilinguisme n'était ni possible ni souhaitable. C'était, m'a dit un confrère francophone de Laval, un «cheval de Troie assimilateur». Ayant fait beaucoup d'efforts pour être bilingue, j'étais déconcerté. Je pensais apaiser et non pas exacerber les insécurités proverbiales de mes compatriotes de langue française, «la race qui ne sait pas mourir» de Maria Chapdelaine.

Mes amis nationalistes étaient presque tous gentils avec moi, mais ils semblaient considérer ma venue de l'Ontario et mon immersion dans la culture française comme la confirmation de leur conviction narcissique que le Québec est un pays d'un intérêt unique et infini plutôt que l'effet d'une volonté pancanadienne. Ils avaient tendance à rejeter tous les vices du Québec sur «l'argent des Anglais».

Les stéréotypes et les mythes n'avaient pas été révisés pour tenir compte de la réalité. Si le Québec avait eu un régime réactionnaire et n'avait aspiré qu'à la survivance pendant des siècles, pensait-on, c'était à cause de la corruption politique engendrée par les entreprises anglophones et de l'hostilité ultramontaine du clergé aux réformes sociales. En fait, depuis la bataille des plaines d'Abraham jusqu'à Duplessis, la langue française n'avait été préservée que par l'Église. Ce qui m'inquiétait le plus à propos des nationalistes, c'est que je n'en ai jamais rencontré un seul capable d'imaginer que des Canadiens anglais pouvaient croire au Canada comme eux croyaient au Québec.

Le Canada, présumait-on, était un complot anglo-américain pour endormir le Québec et le noyer dans la vulgaire excroissance anglo-canadienne des deux grandes (il fallait en convenir) puissances anglo-saxonnes. Il y en avait d'assez effrontés pour dire que le malheur du

Québec était d'être harnaché à une pâle copie des Britanniques ou des Américains plutôt qu'à l'un des originaux. Je répondais avec mordant que le Québec français serait englouti sans faire une vague dans le grand Chicago.

Le discours nationaliste devenait assommant. René Lévesque parlait des six circonscriptions que son parti avait remportées aux élections de 1970 comme de «circonscriptions libérées». En 1972, en compagnie d'une brillante avocate canadienne-française que je fréquentais, j'ai assisté à une causerie de Camille Laurin, psychanalyste et chef parlementaire du Parti québécois, au Cercle universitaire de Montréal. Il a cité tous les organes du corps et tous les déséquilibres sexuels et scatologiques possibles, des troubles de la pubescence à la caprophagie, pour caricaturer la politique canadienne. Beau parleur, raciste et impitoyablement narquois pour quiconque ne partageait pas son irrédentisme, Laurin m'a semblé très mal représenter sa profession et son option politique qui, malgré son intolérance revêche, gagnait inexplicablement de plus en plus d'adhérents.

Au printemps 1972, Claude Wagner se retrouvait dans l'actualité. Eddie Goodman, avec l'aide de Brian Mulroney, à Montréal, et d'autres cherchaient à le convaincre de briguer les suffrages sous l'étiquette conservatrice aux élections générales prévues pour l'automne. Mulroney avait fait ses études de droit à Laval avec Peter White, Michael Meighen et George MacLaren. Il militait farouchement à tous les niveaux du Parti conservateur depuis son séjour à l'Université St. Francis Xavier où il avait pris la tête des Jeunes pour Diefenbaker à la veille du congrès de 1956. Étudiant de première, âgé de seize ans seulement, il était cité en exemple par les doyens du mouvement, Hal Jackman et Ted Rogers, étudiants en droit. Jackman et Rogers avaient envoyé Brian planter des affiches pro-Diefenbaker dans la neige à quatre heures du matin. Brian était rentré gelé jusqu'à la moelle à six heures et avait trouvé ses chefs cuvant leur brandy, mais à jamais impressionnés par son zèle.

Inquiet de sa situation financière, Wagner hésitait à quitter le banc des juges encore une fois. Il y avait été nommé d'abord par les libéraux, puis par l'Union nationale en 1970. Goodman, organisateur politique roué, administrateur d'entreprises et fondateur d'un grand bureau d'avocats, connaissait mieux que personne les coulisses de la politique, ainsi que l'histoire politique et parlementaire britannique.

Il a réuni un fonds estimé à 300 000 $ pour rassurer Wagner. L'affaire a été divulguée en temps utile et a donné lieu à un torrent d'accusations à propos d'une caisse noire. Le militant libéral Claude-Armand Sheppard en a fait le sujet d'un livre sans fondement, suggérant que Goodman et Wagner avaient enfreint les dispositions du code criminel contre la subornation de la magistrature. L'affaire était en réalité assez innocente, mais Wagner n'a jamais su répondre autrement qu'en grognant à qui mettait son honnêteté en cause.

J'ai toujours cru que Wagner aurait été plus utile dans l'arène provinciale, où ses limites auraient été moins évidentes. Il faisait peur à Bourassa et aurait pu embêter Lévesque, mais Trudeau n'en faisait presque pas de cas. Si ses bailleurs de fonds l'avaient soutenu à la tête de l'Union nationale (UN), je doute que le Parti québécois (PQ) aurait été élu. Le PQ n'a réussi à prendre le pouvoir qu'en 1976 parce que les Anglo-Québécois, dégoûtés par les lois linguistiques discriminatoires de Bourassa, ont opté pour une UN un peu rajeunie sous la direction de Rodrigue Biron, aimable charlatan de Lotbinière qui a tôt fait de passer au PQ.

Le Québec se serait peut-être satisfait d'un substitut non séparatiste à Bourassa en 1976, tout comme l'Ontario se serait contenté en 1990 d'échanger David Peterson contre un successeur moins socialisant. Il n'y avait pas d'autre choix. Wagner était disponible en 1971, mais l'élite politique du Québec, moins nantie et moins avisée que ses homologues fédéraux de Toronto (on trouve des combinards politiques à la pelle, mais il n'y a qu'un Eddie Goodman au Canada, il faut le reconnaître), n'a pas su reconnaître le potentiel politique qu'il représentait. Quant à moi, je n'avais pas encore les moyens d'influencer de telles décisions.

Wagner n'avait en vérité que deux idées : l'ordre public et le fédéralisme. Il y croyait dur comme fer et les aurait défendues avec beaucoup plus de crédibilité et de panache que Bourassa. Les sondages l'attestaient. À son premier mandat, Bourassa n'était qu'un intrigant qui ne savait pas parler franchement. Il était manipulé par son entourage et il avait l'air d'un évadé de parlement-modèle de Cégep, un poltron qui se donnait l'air d'un chef.

J'ai passé le mois d'août 1972 à l'Île-du-Prince-Édouard. C'était mon premier séjour dans les provinces de l'Atlantique et je l'ai trouvé fort agréable. Je suis rentré pour assister à l'annonce de la candidature de Wagner à Montréal en septembre. David Radler était ravi de revoir ses vieux amis de l'Union nationale et du Club Renaissance – « comme une rangée d'aspirateurs », disait-il – à l'hôtel Reine-Élisabeth. Wagner a bien parlé. Les conservateurs espéraient qu'il puisse mettre fin au système tribal du parti fédéral unique au Québec.

Après avoir étudié à fond l'histoire des élections fédérales au Canada, Peter White et moi en étions venus à la conclusion qu'il était presque impossible de l'emporter sans appui substantiel au Québec. À part la coalition de 1917, les conservateurs fédéraux n'avaient obtenu que trois majorités parlementaires depuis la mort de sir John A. Macdonald en 1891.

Ils avaient renversé sir Wilfrid Laurier avec l'aide d'Henri Bourassa en 1911, élisant 24 députés sur 65 au Québec. À la faveur de la crise et du scandale de la Beauharnois, R. B. Bennett avait pris 25 sièges au Québec pour l'emporter sur Mackenzie King en 1930. Et les conservateurs avaient fait élire 50 députés au Québec en 1958 parce que Maurice Duplessis, pour se venger des libéraux fédéraux qui étaient intervenus contre lui en 1939, avait mis son parti, sa caisse prodigieuse et son organisation au service de Diefenbaker.

J'étais plutôt favorable à Trudeau, en dépit de sa politique économique extravagante et de sa tendance à succomber à toutes les lubies qui parcouraient le monde. Il n'était pas de fantaisies qui ne reçoivent son adhésion enthousiaste : de la croissance économique zéro à la troisième voie (la tentative notoirement infructueuse d'atténuer notre dépendance commerciale des États-Unis), en passant par la deuxième piste, son ridicule projet de désarmement (dont il a naïvement discuté avec de méprisables individus comme Nicolae Ceausescu et Erich Honecker), et la politique Nord-Sud, qui prétendait aider les paysans de la jungle du Brésil, les nomades d'Arabie, les masses déshéritées de l'Inde et les Bochimans d'Afrique en les mettant dans le même panier.

Sa défiance des minorités ethniques, professionnelles, régionales et sexuelles a dégradé la politique et mené le Canada au bord de la ruine. Il a, plus que nul autre, transformé les Canadiens en un peuple de geignards, intoxiqués d'assistance sociale et politiquement conformistes.

J'étais même disposé à fermer l'œil sur les maladresses de Trudeau en politique étrangère : sa fraternisation avec les leaders gauchistes du tiers-monde et sa flatterie des Russes, dont il semblait préférer les méthodes autoritaires à la désorganisation chronique des Américains. Je n'ai jamais cru qu'il était antiaméricain ; il s'inquiétait du désordre de la société américaine et ne s'entendait pas avec ses dirigeants, sauf Carter, dont il n'a jamais compris l'inaptitude criante pour la présidence. Je voyais Trudeau à New York. Il aimait les célébrités, les séductions, la variété et l'énergie irrépressible de la ville. Il n'était pas antiaméricain. Il ne connaissait pas et ne comprenait pas les États-Unis.

J'ai pu passer par-dessus ce que je tenais pour des fautes navrantes chez Trudeau parce que sur la grande question de son mandat, les relations entre anglophones et francophones, il était inventif, tenace et, pour un temps, indispensable. J'étais si ardemment fédéraliste et si absorbé par mon rêve d'harmonie anglo-française que je me souciais davantage de préserver l'État fédéral que de sa mauvaise administration.

L'indépendance du Canada vis-à-vis des États-Unis a longtemps reposé sur un patchwork fait de l'attachement à la culture britannique, de la présence du fait français et de la crainte, parfois diffuse et parfois véhémente, des Américains. René Lévesque m'a dit en 1974 qu'aucun Canadien anglais ne pouvait justifier le Canada. J'ai vérifié sa théorie auprès d'éminents Canadiens anglais. Ils ne tardaient pas à verser dans une litanie de platitudes sur la bienveillance des Canadiens, les couleurs vives de l'automne, les oiseaux migrateurs, le plein air, le bouclier canadien, tout sauf la police montée en tunique rouge.

Depuis ma lecture du premier tome des mémoires de guerre de de Gaulle en 1955, j'étais convaincu que le Canada n'avait pas de raison profonde de durer si Canadiens anglais et français ne s'estimaient pas foncièrement chanceux de pouvoir partager un pays. À défaut, le Québec ferait bande à part après avoir soutiré du Trésor canadien à force de le harceler tous les bénéfices possibles pour l'inciter à rester dans la Confédération.

Trudeau s'était justement attaqué à ce problème du collapsus pulmonaire du fédéralisme par son programme de biculturalisme dont le succès dépendait d'un État fédéral investi de pouvoirs adéquats. Il a servi au congrès libéral d'avril 1968 la formule politique la plus brillante que j'aie entendue au Canada : «Maîtres chez nous, mais pour tout le Canada».

Je disais à mes amis séparatistes de l'Université Laval qu'un vote pour la sécession du Québec était un vote pour l'annexion du Canada aux États-Unis, qui n'était pas un si mauvais sort du reste.

Le Canada ne pouvait se contenter indéfiniment d'un régime à parti unique l'apparentant davantage au Mexique, gouverné par le même parti depuis 1928, qu'aux États-Unis ou au Royaume-Uni, où le pouvoir alterne assez régulièrement entre deux grands partis. Depuis longtemps, l'opposition au gouvernement du Canada ne provenait pas des conservateurs et de leurs chefs insignifiants (Manion, Hanson, Bracken, Drew), mais des premiers ministres du Québec et de l'Ontario, et à l'occasion de l'Alberta. Johnson, Robarts et Lougheed avaient pesé plus lourd dans le débat constitutionnel que Robert Stanfield. Il était important d'offrir une solution de rechange aux libéraux parce que leur performance était abominable à presque tous égards, sauf dans la défense des pouvoirs fédéraux.

Puisque les divers ordres de gouvernement au Canada baignaient dans un bourbier de pouvoirs contradictoires, les conflits étaient constants. Personne n'était satisfait du partage constitutionnel. Personne n'avait foi dans les institutions fédérales, sauf quelques excentriques dont c'était le gagne-pain, comme l'hurluberlu Eugene Forsey, avec qui j'ai entretenu longtemps une correspondance sporadique sur de menus détails constitutionnels.

Dans ce vortex d'indifférence, de confusion et de lutte constitutionnelle, Trudeau faisait figure de Prométhée. Le système ne pouvait cependant durer que si les deux grands partis avaient des chances à peu près égales d'exercer le pouvoir. Jack Pickersgill m'avait dit en 1962 : «Les libéraux sont le parti du pouvoir; les conservateurs sont comme les oreillons, on les attrape une fois dans la vie.» Les conservateurs n'étaient pas un parti du tout, à vrai dire, mais un salmigondis de non-libéraux : fermiers mécontents des Prairies, financiers ronchonnants de Bay Street et autres franges.

Les conservateurs ne pouvaient être une solution de rechange viable que s'ils parvenaient à gagner des circonscriptions au Québec. Il n'y avait pas d'Henri Bourassa ni de Maurice Duplessis pour leur venir en aide. Il leur fallait un candidat qui plaise au Québec. Wagner était l'homme tout désigné, une sorte de deuxième prix puisqu'on ne pouvait le convaincre de prendre la tête d'un parti de rechange non séparatiste aux libéraux provinciaux. D'où mon intérêt pour Wagner, que je ne croyais pas autrement apte à diriger les grandes fonctions de l'État.

On avait décidé que Wagner se présenterait dans Saint-Hyacinthe–Bagot, représenté à la Chambre des communes par Théogène Ricard, ancien ministre subalterne du cabinet Diefenbaker. L'ancien titulaire provincial de la circonscription, feu Daniel Johnson, l'avait pratiquement servie sur un plat d'argent à Ricard (comme Jean-Jacques Bertrand l'avait fait pour Grafftey dans Brome-Missisquoi et Duplessis pour Léon Balcer dans Trois-Rivières).

J'ai accompagné Wagner à Saint-Hyacinthe, avec Peter White, pour mettre sa campagne en train. Nous avons fait le tour de la circonscription, visitant le marché et les plus grosses usines. Wagner croyait que sa seule présence suffirait à lui rallier le Québec. Il se considérait comme le «fer de lance» du monde ordinaire, et non pas de l'État.

De retour d'une tournée de la Côte-Nord avec Wagner, Peter l'a décrit comme «un monstre à la Frankenstein», un candidat assemblé à partir d'un kit (père juif allemand, mère franco-ontarienne catholique). Si on n'y prenait garde, disait-il, Wagner pouvait aller dans tous les sens. Il était capricieux, léthargique et peu coopératif. Il refusait souvent de se plier à un horaire, simplement pour contrarier ses organisateurs.

Mon frère n'a jamais eu beaucoup d'intérêt pour la politique, mais il avait ses politiciens favoris et d'autres qu'il n'aimait pas. Robert Stanfield était du second groupe. Mon frère le trouvait socialisant, terne, et présomptueux de se mesurer à Trudeau. Un matin d'octobre, les journaux ont rapporté que Stanfield, parlant à Montréal, avait noté la présence de Wagner et du sénateur Jacques Flynn à la table d'honneur, mais omis de mentionner Heward Grafftey, qui avait failli en venir aux mains avec son chef.

Mon frère, qui était plus matinal que moi, m'a téléphoné à sept heures : «Excuse-moi de te tirer du lit. Je voulais simplement que tu dises à ton ami Grafftey que s'il a envie de casser la gueule à Stanfield, qu'il le fasse devant témoins et je verserai 10 000 $ à sa caisse électorale.» J'ai fait le message, mais Heward n'y a pas donné suite.

J'étais scrutateur pour mon ami Michael Meighen, candidat conservateur dans Westmount contre l'ancien ministre libéral Bud Drury. J'étais surtout responsable du bureau de votation de l'immeuble Port-Royal. J'ai fait mon démarchage, mais c'était de toute évidence une forteresse libérale. Les anglophones de Montréal persistaient à croire qu'ils devaient tout aux libéraux, même la survie de leur langue. (Meighen, qui s'exprimait bien dans les deux langues, était en réalité beaucoup plus susceptible de défendre l'anglais au Québec que Drury, unilingue qui avait fui le Québec pour s'établir à Ottawa.)

Michael a réduit de moitié la majorité recueillie par Drury en 1968 (contre Murray Ballantyne, confrère d'université de mon père). Wagner et Grafftey ont remporté leur circonscription. Ils étaient les seuls députés conservateurs du Québec. Wagner a conservé de justesse le siège apparemment sûr de Ricard, mais sa victoire n'a eu aucun effet d'entraînement. Trudeau a été malmené dans les autres régions du Canada et est revenu à la Chambre des communes avec 109 députés, parmi lesquels Jeanne Sauvé et Marc Lalonde, nouvellement élus. Stanfield a fait élire 107 députés. Nous avions la base d'un régime bipartite, mais la division n'avait jamais été aussi profonde entre le Canada anglais et le Canada français depuis la Première Grande guerre.

Au début de 1972, David, inspiré par son travail de consultant chez les autochtones du Québec et par les statistiques donnant Sept-Îles comme la ville la plus prospère du Canada, a acheté le bihebdomadaire local *L'Avenir*. Le vendeur était un ancien pilote d'hélicoptère, Norman Despard, Canadien anglais pratiquement unilingue et pionnier du Nord. Journal bilingue, *L'Avenir* dominait ses concurrents en vertu de la loyauté indéfectible des anglophones, qui formaient le cinquième de la population.

Sept-Îles devait au minerai de fer, et surtout à l'Iron Ore of Canada, sa transformation de port baleinier et de poste de traite en une ville trépidante de 25 000 habitants. Les premiers gisements de fer avaient été concédés à la Hollinger Consolidated Gold Mines et à sa filiale, Labrador Mining and Exploration, propriété conjointe d'Argus Corporation et des familles Timmins, Dunlap et McMartin, consortium dans lequel John A. McDougald, cousin des McMartin et président d'Argus, tenait le premier rôle.

L'Iron Ore avait été mise sur pied à la fin des années 40, alors que les dépôts de fer du Mesabi Range, au Minnesota et au Michigan, étaient en voie d'épuisement avant qu'on ne découvre le procédé d'enrichissement du minerai.

Le projet formé par un groupe d'aciéries américaines ayant à sa tête la Bethlehem et la National, et coordonné par la M.A. Hanna, de Cleveland, et son président George M. Humphrey (plus tard secrétaire au Trésor dans le cabinet Eisenhower) était l'un des plus ambitieux au monde. Il prévoyait la construction d'un chemin de fer de 512 km dans la toundra, de Sept-Îles à la nouvelle ville minière de Schefferville, et la construction de vastes installations de manutention et de traitement de minerais et de concentrés à Labrador City et à Sept-Îles.

Sept-Îles était située dans la circonscription de Duplessis. En reconnaissance du fait que Duplessis avait développé la région et était mort à Schefferville, le conseiller municipal Pierre-Julien Cloutier et moi, encouragés par une lettre de Robert Rumilly à *L'Avenir*, avons fait campagne pour que la fameuse statue de Duplessis soit érigée sur le vieux quai à Sept-Îles, en 1972.

Sept-Îles avait les attraits et les défauts d'une ville frontière. Elle était située à l'extrémité de la route menant au nord-est du continent nord-américain. De là, passé le fleuve Moisie, le long de la Basse-Côte-Nord du Saint-Laurent était parsemé de petits ports de pêche, pauvres et désolés, Natashquan, Kegaska, Havre-Saint-Pierre, Blanc-Sablon. Un survol de la région en hélicoptère suffisait à expliquer le commentaire attribué à Jacques Cartier à la vue du même paysage en 1534 : «C'est la terre que Dieu a donnée à Caïn!»

J'étais un habitué d'une partie plus rapprochée de la Côte-Nord du Saint-Laurent, de Baie-Saint-Paul à Tadoussac, du temps que j'étudiais à Laval. À Tadoussac, j'aimais contempler le point où le Saguenay, profond de 240 m, rejoint le Saint-Laurent, formant un bassin d'eau douce qui pousse les baleines confuses à remonter souvent à la surface, de mai à septembre.

Sept-Îles, en bordure du golfe Saint-Laurent, est fréquentée par des minéraliers de 100 000 tonneaux. Elle conserve quelques-uns des vestiges des explorateurs et des coureurs de bois d'antan : le vieux phare, une église indienne, des souvenirs du temps de la pêche à la baleine, et le Vieux Poste des Montagnais, restaurant qui a plus d'une fois fait faillite. (David était généreusement payé par le gouvernement fédéral pour le rendre viable. Le soir où nous y avons dîné en 1973, il a d'abord critiqué l'état du mobilier, qu'il jugeait inconfortable).

Outre quelques cadres de langue anglaise comme Despard et de petits hommes d'affaires et des membres de professions libérales francophones, la population était un ramassis d'ouvriers, d'aventuriers fauchés, de colporteurs et de femmes de rue, qui avaient rappliqué dans ce bastion du bout du monde pour livrer leur dernière bataille. Les hivers étaient incroyablement froids, les gens bruyants, la fonte des neiges révélait plus de sable que de terre, l'eau potable était décolorée, les caravanes dominaient l'architecture et le français parlé était le plus grinçant et le moins euphonique que j'aie entendu.

La région n'était pas sans attraits. Les maisons que j'ai visitées étaient habitées par des gens robustes et hospitaliers. Leurs conversations autour de la table étaient joviales et spirituelles. Des crucifix pendaient bien en évidence dans chaque pièce. On racontait plein d'anecdotes sur le boom de la région, passée presque du jour au lendemain de l'état sauvage au stade de demi-civilisation.

En mai 1972, Sept-Îles était déchirée par des luttes entre syndicats ouvriers. La CSN et la FTQ, héritières des traditions catholique (Confédération des syndicats nationaux) et internationale (Fédération du travail du Québec), se disputaient les métallurgistes locaux. La CSN était dirigée par le voyou en chef du Québec, Marcel Pepin, et l'ancien moine antisémite Michel Chartrand. La FTQ était menée par Louis Laberge, qui était à l'époque relativement sobre. Des bandes de partisans traînaient dans les rues de Sept-Îles, se bagarrant à l'aide de bouts de tuyaux et d'outils de construction. Le charivari a fait des dizaines de blessés.

Notre éditeur de Sept-Îles devait louer un hydravion pour porter *L'Avenir* à Rimouski, le faire imprimer et le rapporter sur la Côte-Nord. Je me suis rendu à Sept-Îles à bord d'un vol de Québecair en partance de Montréal à sept heures. Un petit Canadien français débraillé, échevelé, ivre mort et sentant la charogne est monté en titubant dans l'avion à la dernière minute et il a persuadé l'hôtesse d'ouvrir le bar, dans la meilleure tradition libertaire de Québecair. Le petit habitant n'a pas cessé de se noircir et de roter pendant toute la durée du vol. Quand nous sommes arrivés à Sept-Îles au bout de quelques heures, il pouvait à peine marcher. Il a insisté pour descendre le premier sous prétexte qu'il était en mission de «salut national». Il a zigzagué jusqu'à la portière, a déboulé la passerelle, s'est cassé une jambe et a dû être transporté à l'hôpital en ambulance. S'il était assez dessoûlé pour lire, il a eu la consolation de voir en première page de l'édition du lendemain du journal *Le Devoir* qu'il avait été «glorieusement blessé au service du Québec».

J'ai eu ma propre crise ouvrière à régler à Sept-Îles au début de 1973. Nous avions emménagé dans un nouvel immeuble, acheté une presse et pensions devenir quotidien, mais notre éditeur a été débordé par les événements. Les journalistes ont annoncé qu'ils se formaient en syndicat.

J'ai pris l'avion pour Sept-Îles et je me suis entretenu brièvement avec le rédacteur en chef, qui était manifestement le meneur du mouvement de reconnaissance syndicale. J'ai décidé que le journal, qui perdait déjà de l'argent, ne pouvait se permettre d'accéder aux demandes du syndicat ni de soutenir une grève. La rédaction était médiocre et ne permettait pas de retenir assez d'abonnés pour surmonter la concurrence d'un canard qui était distribué gratuitement. Les journalistes ne cachaient pas leur intention de faire du journal un organe socialiste et séparatiste pour aider la CSN dans sa lutte contre la FTQ. J'ai congédié les quatre journalistes de la rédaction pour raison d'incompétence.

Naturellement, ils m'en ont fait grief. L'éditeur et moi avons assuré la rédaction pendant quelque temps, puis nous avons embauché des briseurs de grève. Nous nous sommes présentés devant la Commission des relations de travail du Québec au palais de justice de Sept-Îles en juin 1973. Mon procureur était Philip Matthews, sous-ordre de Brian Mulroney chez Ogilvy Cope, type affable et amusant. J'ai invité à dîner tour à tour les membres du personnel restant. Ils ne portaient aucun intérêt au syndicat et me l'ont dit clairement. Il y avait de grandes manifestations devant nos locaux. Je me faisais abreuver d'injures racistes par les voyous du syndicat chaque fois que j'entrais au bureau ou que j'en sortais. Je répondais en blaguant. La plupart des employés n'étaient pas impressionnés par le langage de charretier et le discours marxiste des laquais de la CSN.

Le procureur de la partie adverse était le frère de mon ancien doyen à la faculté de Droit, Louis Marceau. Il s'appelait Robert. Philip Matthews, le confondant sans doute avec le célèbre mime, l'appelait toujours Marcel. Quand je lui ai fait observer que ce n'était pas son nom, il m'a répondu à haute voix en pleine cour : «Je me fiche de son nom puisqu'il est assez con pour répondre au nom de Marcel!»

Le soir du quatrième jour de l'audience, j'ai acheté une caisse de bière pour en faire cadeau aux employés, mais Philip et moi l'avons finalement bue en entier, contemplant de la fenêtre de ma chambre le crépuscule qui descendait sur Sept-Îles.

Philip était si hostile à nos adversaires et à la ville en général qu'il a délibérément raté un vol de Québecair pour ne pas avoir à partager l'avion avec Marceau. Il a quitté sa chambre d'hôtel sans tirer la chasse d'eau en guise de salutation. Nous avons eu la CSN à l'usure. Nous avons versé aux reporters congédiés une indemnité de licenciement de 150 % et nous avons évité le syndicat. Malgré le soutien des employés et l'adresse et l'amitié de Philip Matthews, l'épisode m'a laissé un goût amer. Décrit en termes ouvertement racistes par *Le Soleil* de Québec, l'hebdomadaire *Québec-Presse*, et le réseau français de Radio-Canada, il a porté un dur coup à mes rêves évanescents de collaboration anglo-franco-canadienne.

Nous étions harcelés par des annonceurs, qui avouaient obéir à des motifs raciaux et politiques (la Côte-Nord était très séparatiste). Nous avons dû batailler avec La Baie et Steinberg et faire intervenir leur direction pour «convaincre» leurs cadres locaux d'annoncer chez nous.

Tandis que je me démenais en cour à Sept-Îles, David essayait de vendre Sterling Newspapers à Power Corporation. J'ai eu un instant l'espoir de pouvoir annoncer à mon prétentieux petit tribunal du travail qu'il aurait désormais à traiter avec Paul-G. Desmarais, le plus grand homme d'affaires du Québec. Power a fini par nous offrir 2,5 millions de dollars. Nous en demandions six millions. J'ai dit à John Rae, l'adjoint de Paul Desmarais à l'époque, que l'offre n'était pas sérieuse. Il a été trop poli pour me répondre que notre entreprise n'était pas non plus très sérieuse. (Les pourparlers ont eu lieu dans notre petit bureau de l'immeuble Peel Centre, où nous avions deux pupitres et quatre chaises pliantes. Un jour que Fred Eaton et Douglas Bassett nous ont rendu visite, en compagnie du trésorier de Baton Broadcasting, Joe Garwood, celui-ci a été forcé de s'asseoir sur le rebord de la fenêtre.) Nous voulions vendre parce que nous avions des appréhensions à propos du Québec. La transaction ayant échoué, nous avons décidé de nous retirer progressivement du Québec et d'étendre nos intérêts ailleurs.

Nous avons d'abord quitté Granby, où nous étions propriétaires d'un petit hebdo de langue anglaise, *The Leader Mail*, qui m'avait semblé une grosse affaire lorsque j'étais rédacteur en chef du *Knowlton Advertiser* et que Peter White, Brian Stewart et moi avions tenté de l'acheter de Desmarais et de Jacques Francœur en 1967. Nous étions aussi propriétaires de *La Nouvelle Revue*, hebdomadaire gratuit que nous avions acheté en 1971. David a commencé à désespérer de *La Nouvelle Revue* lorsque nous avons produit un numéro de 48 pages et que nous avons perdu de l'argent. Il s'est mis à augmenter la proportion d'annonces et à réduire la part du texte. Nous parlions régulièrement de politique avec Paul Desmarais. Drôle de coïncidence, un jour que nous étions chez lui en 1973, des huissiers ont envahi notre bureau de Granby au nom du directeur des affaires locales de Desmarais. Ils ont tout saisi «jusqu'aux crayons» parce que nous avions omis de payer une facture d'imprimerie.

La semaine suivante, David et moi étions au bureau de Granby. Un vendeur d'annonces s'est plaint que ses collègues lui volaient ses comptes et il a demandé à David d'intervenir. David lui a baragouiné en mauvais français qu'il était un peu difficile d'émettre des restrictions avec un journal de six pages. Nous avons peu après vendu l'entreprise à l'ancien ministre des Travaux publics de l'Union nationale, Armand Russell. David a prédit que la transaction mènerait Russell à la ruine. Il a eu raison. (Les accusations de malversation portées contre Russell ne l'ont pas aidé non plus.) David s'est ensuite installé en Colombie-Britannique pour y étendre les affaires de la société. Il y vit toujours.

Quelques années plus tard, nous avons acheté la majorité des actions d'une petite chaîne de motels en Colombie-Britannique. David a passé ses vacances d'été à faire la navette entre les motels pour remercier des employés, au point qu'il ne restait pratiquement plus que lui et sa femme Rona pour accueillir les visiteurs. Peu après l'acquisition de la chaîne, David m'a appelé et m'a dit : «J'ai de bonnes raisons de penser que nos motels ne font pas des affaires d'or; le président de la société s'est suicidé hier.» (La tragédie était en fait reliée à des problèmes de santé.)

David a administré l'entreprise avec son efficacité habituelle. Si bien que lorsque nous avons voulu vendre en 1990, personne ne pouvait penser faire autant d'argent que nous et aucune offre satisfaisante ne nous a été faite. Au début de 1978, nous avons même pensé acheter un hôtel de voyages organisés à Waikiki (Honolulu). Je proposais de le baptiser «David Radler's Blue Hawaii Palace». Nous en avons été dissuadés, entre autres, par deux filles de Winnipeg qui venaient d'y faire un séjour. Quand je leur ai demandé si leur chambre était propre, elles ont répondu : «Doit-on lui parler de Herman?» Herman n'était pas un rat comme j'ai d'abord supposé, mais un cafard. Il a quand même suffi à nous faire changer d'idée.

À partir du printemps 1973, j'ai tenté pendant un an de vendre *L'Avenir* de Sept-Îles. Le journal perdait de l'argent et sapait mes énergies. J'en ai parlé à Pierre Péladeau. Il a disserté de philosophie, de religion, de littérature, de femmes, de politique, de sports, mais n'a jamais mordu à l'hameçon. Finalement, après avoir fendu l'air avec plusieurs acheteurs, j'ai réussi à refiler le journal à Raymond Bellavance, de Rimouski, en février 1974. Ce fut l'un des moments les plus joyeux de ma carrière.

L'affaire a pris une tournure grotesque, comme de raison. Le président de l'Association des hebdos A-1 du Québec, qui s'est immiscé dans les négociations, m'a réclamé une commission. Je lui ai finalement donné le quart des honoraires qu'il demandait et je lui ai dit qu'il n'en aurait pas davantage. Il était déconfit et a cherché à se justifier en disant que tous les courtiers étaient de parfaits escrocs. «Sinon, m'a-t-il dit, ils n'arriveraient pas à nourrir leur famille.»

En route pour l'Île-du-Prince-Édouard à l'été 1975, je suis passé prendre des chèques chez Bellavance, à Sept-Îles. J'ai trouvé son bureau assiégé par le même piquet de grève qui m'avait harcelé deux ans auparavant. Les grévistes m'ont conspué quand ils m'ont vu. Je leur ai dit que je venais montrer à Bellavance comment traiter avec les mécontents. Raymond m'a rapporté par la suite que mon passage d'une heure avait court-circuité la grève et facilité le règlement du conflit. Les syndicats de journalistes du Québec et moi nous portions ainsi une affection réciproque.

Malgré mon amitié pour certains dirigeants comme Cliff Pilkey et Lynn Williams, je n'ai jamais eu beaucoup d'estime pour le mouvement syndical, sauf quand il a pris des proportions héroïques comme en Pologne. George Black tenait les syndicalistes pour des fumistes, qui ne se souciaient guère des travailleurs, s'ils n'étaient pas carrément communistes ou bandits. Il leur reprochait en outre, comme à tout le monde, leurs fautes d'anglais, tel ce chef du syndicat des ouvriers de brasserie qui l'avait accusé en cours de négociation de «dévier bien bas», de chercher à le «pardre», et de vivre dans le luxe dans une «suite de chambres» à l'hôtel Royal York.

Depuis qu'il y a des lois pour protéger les travailleurs contre les caprices et les mesquineries des employeurs, les syndicats ne font qu'entraver la hausse de productivité que permettrait l'automatisation. Ils forcent les patrons à maintenir des emplois fictifs et tuent le sens communautaire dans l'entreprise. Dans mes rapports avec l'Union des employés de gros, de détail et de magasins à rayons chez Dominion Stores et les syndicats de journalistes et de typographes à Londres et à New York, je n'ai rencontré que des fainéants qui se souciaient moins que moi du bien-être de leurs membres. En Colombie-Britannique, David Radler a vite réglé le problème : il a acheté l'hypothèque sur le chalet de l'un des représentants syndicaux avec qui nous traitions régulièrement. Nous n'avons pas eu de mal avec le syndicat par la suite.

En même temps que je me débattais avec nos employés de Sept-Îles, j'ai eu un conflit mineur à McGill avec Ramsay Cook, patron extérieur de ma thèse sur Duplessis, de 1927 à 1939. Laurier Lapierre m'a défendu avec acharnement, mais j'ai consenti à faire quelques retouches dans le sens suggéré par Cook. Laurier m'a montré les notes écrites de Cook en prenant bien soin de cacher la signature et l'en-tête, car les examinateurs extérieurs sont censés être anonymes. Les remarques étaient tout à fait gratuites et si insultantes que je me suis mis en tête de trouver qui en était l'auteur.

Cook a fait quelques observations justifiées, mais pour le reste il en avait surtout contre toute forme de réhabilitation de Duplessis. Il ne voulait pas infirmer son modèle de deux sociétés démocratiques monoculturelles qui, s'il était mis en œuvre, pensait-il, noierait le nationalisme québécois dans l'alchimie bienveillante d'un socialisme modéré pancanadien.

Feignant de ne pas savoir qui en était l'auteur, j'ai rédigé une réponse citant les remarques les plus sottes de Cook. J'ai fait quelques-unes des corrections de style qu'il a indiquées et j'ai ajouté à la bibliographie les titres qu'il suggérait, même s'ils n'ajoutaient vraiment rien à mon analyse. Ils ne servaient qu'à étayer l'idée idéaliste, féerique et torontocentrique que Cook se faisait du Québec. Malgré une tentative maladroite de Cook de le bloquer, mon diplôme de maîtrise m'a été décerné à l'automne 1973. Mon éducation formelle a ainsi pris fin au bout de vingt-deux ans de scolarité parfois orageuse et de trois diplômes.

Robert Bourassa a annoncé des élections pour octobre 1973. Son slogan, qui n'était pas mal, disait : «Bourassa construit, l'adversaire détruit». Bourassa lui-même était insignifiant. Trudeau a laissé entendre qu'il mangeait «trop de hot-dogs». L'un de ses conseillers a dit qu'il avait «le cheveux nerveux». Il était gauche et hésitant et n'était qu'une marionnette des libéraux d'Ottawa.

Son programme de fédéralisme renouvelé et de bilinguisme officiel était acceptable. Il proposait, comme Johnson, de laisser les parents choisir la langue d'instruction de leurs enfants. Tous les écoliers apprendraient le français cependant. Le vote ouvertement séparatiste était passé de 6 % en 1966 à 24 % en 1970. L'Union nationale et les créditistes se présentaient à l'électorat sans Wagner ni chef d'envergure.

J'ai passé la dernière moitié de la campagne électorale à Sept-Îles, où je surveillais l'installation de la nouvelle presse. (La tâche a été compliquée par l'originalité du mécanicien de la société Goss. Un soir, il a mis le feu en croisant des fils électriques et il a éteint l'incendie en urinant sur les flammes.). Nous nous sommes bien amusés avec les élections à Sept-Îles. Mes adversaires locaux étaient partisans du candidat péquiste, qui était représentant des Métallos. Le journal a couvert la campagne assez honnêtement, sauf que nous avons assommé le Parti québécois en publiant un sondage annonçant une victoire libérale. Nous nous sommes gardés de dire sur quel échantillonnage le sondage reposait : je n'ai consulté que sept personnes (y compris moi-même).

Mes apparitions à la radio et à la télévision locales ont incité la station anglaise de Radio-Canada à Montréal à m'engager au milieu de 1973 pour dialoguer avec Laurier Lapierre les lundis matins. L'émission avait lieu en studio. Les sujets nous étaient soumis la veille. Laurier et moi prenions des positions radicalement contraires pour nous amuser, mais aussi parce que nous étions de toute façon d'assez mauvaise humeur les lundis matins. Nous nous engueulions un bon coup – au grand plaisir de nos auditeurs, à en juger par la cote d'écoute. Les enseignants étaient ma cible favorite. S'il n'y avait rien de plus important à traiter, je me répandais en injure contre eux. Trois semaines avant le jour du scrutin, j'ai fait équipe avec le ministre de l'Éducation, Guy Saint-Pierre, contre Laurier et Jacques Parizeau pour discuter de séparatisme. De l'avis général, nous l'avons emporté facilement.

Le jour du scrutin, le 29 octobre 1973, a signalé la fin de ma campagne d'ardent fédéraliste anglo-québécois. Bourassa a recueilli 55 % des suffrages. Il a enlevé 102 sièges sur 108 (dont la circonscription de Duplessis, qui incluait Sept-Îles). Le Parti québécois a porté sa part du vote populaire de 24 % à 30 %. Les créditistes, sous la direction grotesque de l'ancien ministre libéral Yvon Dupuis, sont tombés à 10 %, et l'Union nationale à 5 %. Les chefs des trois partis d'opposition, René Lévesque, Dupuis et Gabriel Loubier, ont été défaits dans leur circonscription. Bourassa remportait une victoire éclatante, mais qui sonnait creux, comme le balayage de L. B. J. en 1964 et la victoire de Nixon en 1972.

Le triomphe de Bourassa, comme celui de Duplessis en 1936, n'a pas tardé à «faire place aux larmes», selon la phrase célèbre de T.-D. Bouchard.

L'épouvantail de l'assimilation, que le Québec était censé avoir vaincu avec la Révolution tranquille, a refait surface. En dépit de nombreuses études montrant que le français était mieux assuré que jamais au Québec, Bourassa a renié ses promesses électorales aux anglophones (qui lui avaient donné le tiers de ses votes le 29 octobre) et aboli le statut officiel de l'anglais, sous le prétexte vermoulu et invraisemblable de «la survivance». Sa loi sur la langue officielle (projet de loi 22), présentée au début de 1974, limitait l'accès à l'école publique anglaise aux enfants de parents éduqués en anglais au Québec. Les enfants d'immigrés devaient subir des tests de connaissance de la langue dès l'âge de six ou sept ans pour permettre au gouvernement du Québec, au lieu des parents, de décider quelle serait leur langue d'instruction. Les enseignes, menus ou cartes des vins sur lesquels le français n'était pas aussi en évidence qu'une autre langue exposaient leurs propriétaires à une amende de 3 000 $.

Le projet de loi 22 témoignait d'un manque de générosité flagrant. La proportion de Québécois de langue française augmentait. La qualité du français parlé et la force des institutions culturelles de langue française, comme les universités et les médias, s'amélioraient constamment. L'argument de l'assimilation des immigrants à la communauté de langue anglaise était absurde : pratiquement personne n'immigrait au Québec à cause de la hargne et de la méfiance qui y régnaient envers les étrangers. Les immigrants qui choisissaient de s'établir en Amérique (au nord du Rio Grande) présumaient tous qu'ils arrivaient sur un continent anglophone et non pas sur un timbre-poste de langue française.

Le Québec s'était si bien appliqué à réaliser le scénario tracé par Ramsay Cook et les autres libéraux torontois monolingues de même farine que, dans sa quête de laïcisation, il avait littéralement jeté le bébé avec l'eau du bassin. Le taux de natalité des Canadiens français, autrefois fabuleux, s'était effondré. Il n'y avait plus de croissance naturelle de la population et pas d'immigrants assimilables (sauf de rares Vietnamiens, Nord-Africains et Haïtiens que les Québécois, pour des raisons trop évidentes et trop honteuses pour qu'on s'y attarde, n'étaient pas pressés d'accueillir).

Le Québec a inventé le mythe d'une menace culturelle, ressuscité les balivernes de Duplessis, selon lesquelles «les droits collectifs ont préséance sur les droits individuels», et serré la vis à sa minorité économiquement privilégiée. (Duplessis avait invoqué ce principe douteux contre les Témoins de Jéhovah et les communistes simplement pour révoquer un permis de vente d'alcool et cadenasser brièvement quelques entrepôts.)

Puisque la langue française n'était nullement menacée au Québec en 1974, le vrai motif du projet de loi 22 ne pouvait être que d'évincer les non-francophones pour que les élites franco-québécoises puissent s'emparer de leurs maisons de Westmount, de leurs luxueux bureaux et de leur enviable statut socio-économique. L'objectif était compréhensible, mais il était loin de ce qu'avait annoncé le meilleur des mondes de 1960. Dans l'un de nos débats à la radio, Laurier Lapierre a candidement avoué : «Nous prétendions apporter la lumière au Québec en 1960; il nous fallait donc croire que c'était auparavant la noirceur». Pour un militant de la bonne entente, le projet de loi 22 sonnait cruellement le glas de rêves naïfs, mais honorables.

En plus d'être une insulte, le projet de loi 22 trahissait les Canadiens de l'extérieur du Québec qui avaient fait le pari de la réconciliation franco-anglaise. Les faiseurs d'opinion au Québec, de Duplessis au journal *Le Devoir* en passant par la Commission Laurendeau-Dunton de 1963, avaient toujours souhaité le bilinguisme réciproque. Les Canadiens français, disaient-ils, ne devaient pas être seuls forcés d'apprendre l'anglais par nécessité économique. Le Québec se posait maintenant comme la province la plus implacablement monolingue du Canada. Il coupait l'herbe sous le pied des centaines de milliers de Canadiens anglais qui avaient soumis leurs enfants à l'immersion française et avaient défendu les étiquettes bilingues et la télévision de langue française là où il n'y avait même pas de francophones (pratiquement tout le reste du Canada). L'impuissance du Québec anglais faisait particulièrement peine à voir, comme le spectacle de Canadiens français naguère modérés qui maintenant se taisaient ou claquaient des talons par loyauté tribale à l'unilinguisme.

Les nationalistes québécois avaient beau ergoter et gémir, il fallait être dans un coma avancé pour ne pas voir les énormes paiements de transfert d'Ottawa à Québec. Trudeau n'abordait jamais la question sous cet angle. Il refusait manifestement de la réduire à son expression vulgaire. Il voulait que l'adhésion à la Confédération s'inspire de motifs plus élevés, du rêve lauriéresque de partage d'une moitié de continent, d'un océan à l'autre, par deux races fondatrices faisant du vingtième siècle le siècle du Canada. J'ai de bonnes raisons de penser que Trudeau craignait surtout la réaction brutale du Canada anglais s'il apprenait les proportions depuis longtemps soupçonnées des virements fiscaux en faveur du Québec.

Quelle incroyable vexation c'était d'entendre Jacques Parizeau quinze ans plus tard accuser Ottawa de mauvaise administration pour avoir accumulé un déficit de 400 milliards de dollars et demander pour la forme quel intérêt pouvait avoir le Québec de rester dans un pays aussi prodigue. Puisqu'une large part de la dette a été contractée pour acheter l'affection du Québec – et distribuer une ration aux autres «provinces pauvres», qui n'auraient jamais entendu parler de la péréquation si Duplessis n'avait pas forcé Saint-Laurent à reconnaître le droit concomitant du Québec de prélever des impôts en 1955 –, les remarques de Parizeau avaient l'air du chantage classique. Aucune forme de paiement n'arrêtera le maître chanteur jusqu'à ce qu'il ait entièrement dépouillé sa victime et mette finalement sa menace à exécution.

Quand Duplessis, chef du seul gouvernement provincial qui n'ait pas loué son droit de taxation directe à Ottawa, a annoncé la double taxation en 1955, Saint-Laurent en a payé le prix politique et le gouvernement fédéral a dû céder aux provinces jusqu'à 10 % des impôts.

Pour justifier son existence, Ottawa a adopté le rôle d'égalisateur et de stabilisateur de la fiscalité, des services, et finalement du niveau de vie des régions. La péréquation était née.

Diefenbaker a porté à 13 % la part provinciale des impôts directs. Pearson s'est fait forcer la main (John Robarts m'en a assuré plus d'une fois) par Jean Lesage (qui n'a pas nié quand je lui ai posé la question) pour céder 50 % des impôts. «Ce que Duplessis, le rebelle de l'Union nationale, demandait, ai-je écrit dans mon ouvrage sur Duplessis, Jean Lesage, le modernisateur libéral, l'a pris. Et ce que Saint-Laurent, le défenseur libéral de l'intégrité nationale du Canada a tenté d'éviter, Pearson, le sauveteur libéral du Canada, s'y est plié de bonne grâce dans le meilleur intérêt du Canada (et du Parti libéral).»

Au début des années 70, le comédien Yvon Deschamps a créé un monologue caricaturant l'habitant québécois qui réclame «un Québec indépendant dans un Canada fort». La formule est spirituelle et originale, et en même temps fort juste : le seul intérêt des Québécois francophones au Canada est d'ordre économique.

Les Québécois ne sont pas comme les populaces naïves d'Amérique latine qui se laissent influencer par le premier démagogue venu. Ce sont des gens prudents et sages, descendants de Normands et de Bretons, économes et forts en calcul. Il se peut qu'ils prennent un coup de trop au restaurant de Herbert Radler, fassent le tour des tables en chantant *Il a gagné ses épaulettes* et râlent contre l'effigie de la reine sur la monnaie et les billets de banque. Mais feraient-ils, étant sobres, rien de financièrement impétueux?

Le Québec voulait l'indépendance sans perdre les paiements de transfert de l'Ontario et de l'Alberta. Trudeau voulait forcer le Québec à choisir, assuré qu'il prendrait l'argent.

L'esprit bourgeois des Québécois l'a toujours emporté sur la tentation nationaliste. Duplessis l'a vu lorsqu'il a convoqué les élections de 1939 sur la participation à la Deuxième Guerre mondiale. Il a perdu. «Quel enfant gâté auquel on donne une glace au chocolat n'exige pas une glace à la vanille?» a dit John Robarts, parlant du Québec, au cours d'un déjeuner avec mon frère et moi en 1975.

Stanfield, Clark, et peut-être même Mulroney, pensais-je, donneraient au Québec une indépendance tacite et achèteraient sa discrétion avec les paiements de transfert. Stanfield le ferait par conviction en tant qu'ancien premier ministre provincial (très respecté, du reste), Joe par naïveté et Brian, soupçonnais-je, à partir d'une évaluation réaliste du meilleur moyen de concilier ses intérêts personnels avec ceux de la province et de la nation. Étant spécialisé en relations du travail, Brian était disposé au compromis. Trudeau, intellectuel et dialectique, préférait invoquer un principe et n'en pas démordre. Là-dessus, que mes hypothèses soient fondées ou non, je faisais davantage confiance aux libéraux de Trudeau qu'aux conservateurs.

J'ai toujours cru que Trudeau jaugeait bien la situation, pourvu que le Québec comprenne bien l'alternative, que l'ultimatum soit réel, et que le Canada anglais ne cède pas indéfiniment au chantage. Le Québec devait savoir qu'il n'enfonçait plus une porte ouverte que les Anglo-Canadiens prétendaient fermée sans conviction. Je pense depuis longtemps qu'il n'y a que deux options qui ne sont pas dépourvues de grandeur ni d'intérêt pour le Canada : ou bien un pays fonctionnellement biculturel, fondé sur le respect mutuel et non pas sur l'obligation d'un groupe d'apprendre la langue de l'autre, ou un arrangement équitable avec les États-Unis. La question d'une telle entente ne se poserait que si le Québec se séparait, mais je croyais utile de faire valoir que le Canada anglais en arriverait bientôt au stade où il pourrait faire une meilleure affaire avec les Américains qu'avec les Québécois et aurait de meilleures chances que le Québec de s'en tirer seul. La souveraineté-association était un conte de fées et on ne devait pas permettre indéfiniment aux chefs séparatistes du Québec de sucer et de souffler simultanément.

Non seulement les Québécois, mais tous les Canadiens seront un jour forcés de décider des institutions politiques qu'ils veulent. En 1976, je croyais – et je crois toujours – que les Canadiens pourraient faire un échange : de la part des Canadiens anglais, la tolérance sans réserve – garantie et inscrite dans la Constitution – d'une présence française correspondant à l'importance de la population francophone en retour de l'adhésion inconditionnelle et irrévocable du Québec à une autorité fédérale investie de pouvoirs adéquats.

Parce que c'est un idéal raisonnable, de loin préférable à la balkanisation, il devrait pouvoir se réaliser. Le Canada n'a pas de légitimité sans le Québec et le Québec n'a pas grand intérêt à lui offrir cette légitimité s'il peut profiter de la Confédération sans vraiment y participer et jouir en même temps des plaisirs de la souveraineté. L'indépendance que faisaient miroiter Lévesque et Parizeau, avec tous les avantages de la fédération et de la souveraineté, ne pouvait manquer de sourire aux Québécois.

Je n'ai jamais pris au sérieux les prétentions du Québec à la «social-démocratie». Quoi qu'en disent les syndicalistes, les journalistes et les universitaires, ce n'est qu'une façon intellectuellement présentable d'évincer les Anglais et les Juifs et de prendre leur place.

Quelques semaines après que le cardinal Léger eut condamné l'esprit du projet de loi 22 à l'Université de Montréal, j'ai assisté aux fêtes du vingtième anniversaire de la fondation de l'Université de Sherbrooke par Duplessis. Le cardinal Léger et son frère Jules, nouvellement élevé au rang de gouverneur général, y recevaient des doctorats *honoris causa*. Leur avion a été retardé et ils ont dû faire une partie du trajet d'Ottawa à Sherbrooke en voiture.

Le cardinal a fait un brillant discours comme d'habitude. Le public universitaire québécois de 1974, détaché des traditions intensément catholiques des générations précédentes, ne constituait pas l'auditoire le plus réceptif aux propos d'un prêtre septuagénaire, d'autant que l'après-midi avait déjà été trop longue et qu'il faisait très chaud ce samedi. Nous sommes pourtant restés assis, immobiles et silencieux, à écouter sa prose riche, vive et électrisante. Il exaltait les valeurs traditionnelles dans le français lucide et impeccable qu'il avait vanté quelques semaines plus tôt à l'Université de Montréal comme étant préférable à la restriction d'autres langues, un français «aussi clair que l'eau qui jaillit des fontaines et que le chant des oiseaux émanant des feuillages» des Jardins du Luxembourg qu'il avait visités en 1929. Le discours du cardinal a été accueilli par un tonnerre d'applaudissements.

Il était tard et la chaleur était encore plus étouffante quand le gouverneur général est monté à son tour sur la tribune. Jules n'était pas aussi bon orateur que son frère et on ne s'attendait pas à grand-chose. J'ai rarement entendu un discours plus émouvant. « Care fratello, dit-il en se tournant vers le cardinal, un homme avait deux fils. Encore jeunes, ils ont quitté la maison pour se mettre, l'un au service de l'Église, l'autre au service de l'État. Leurs occupations les ont menés aux confins de la terre, mais toujours ils sont revenus sur les rives du grand fleuve où ils sont nés, en partie pour renouveler leur rêve, mais surtout pour reprendre leur souffle. N'ayant ni fortune ni position ni instruction formelle, le père n'a pu léguer à ses fils que la foi et l'espoir. Il a compris qu'ils n'avaient besoin de rien d'autre pour faire leur chemin dans le monde. L'honneur que vous faites aujourd'hui à lui et à ses fils montre qu'il avait raison. Merci. »

Malheureusement, ce fut la dernière manifestation de civilité du Québec traditionnel à laquelle j'ai assisté comme résident dans la province. La journée s'est mal terminée. À peine venais-je de discuter avec le gouverneur général du retour récent et de l'élection du président Juan Perón d'Argentine (qu'il avait connu lorsqu'ils étaient tous deux attachés d'ambassade à Santiago du Chili à la fin des années 30) qu'il a eu une crise d'apoplexie. Il a bravement tenté de quitter la salle par ses propres moyens. Incapable de marcher, il s'est affaissé. Son frère a tenté de le réconforter et de l'encourager en attendant l'arrivée d'une ambulance. De mauvaises langues disaient que le gouverneur général avait trop bu, toutes prêtes à l'en excuser. (Le cardinal lui a administré l'extrême-onction. Jules Léger a survécu et terminé son mandat de vice-roi, mais il n'a jamais complètement retrouvé l'usage de la parole.)

Les Anglo-Québécois, selon leur habitude, se sont divisés autour du projet de loi 22. Les uns se sont écrasés dans les bars et leurs clubs décrépits pour râler contre l'arrogance de leurs compatriotes de langue française, sans rien faire ni quitter le Québec. Les anglophones de Montréal sont plutôt antiaméricains, condescendants envers le reste du Canada et violemment méprisants envers Toronto. Ils prétendent s'identifier à Londres, auquel ils portent une affection qui, autant que j'ai pu voir, ne leur est pas rendue et est même insoupçonnée de leurs cousins d'outre-mer. L'autre moitié des anglophones de Montréal préféraient croire qu'il n'y avait pas d'agression contre l'anglais, que c'était un ennui et une distraction sans importance. Le premier groupe se composait de bougons et d'ivrognes ; « le nez bien haut dans les airs et bien bas dans le jus », comme mon père se plaisait à dire des gens de Westmount. Le second groupe correspondait parfaitement à la description qu'en a faite Peter Brimelow de « chiens léchant la main du vivisecteur sur la table de chirurgie ». Je ne pouvais m'identifier à aucun des deux groupes. Je formais désormais un groupe ethnique à moi seul.

En mai 1974, l'Opposition a renversé le gouvernement à Ottawa, forçant des élections générales. («Le gouvernement, hier, est tombé», a dit à Peter White un consul prétentieux à l'ambassade du Canada aux Pays-Bas. White, qui était de passage, avait besoin de savoir parce qu'il voulait se porter candidat conservateur à London, en Ontario. Son slogan était : «Si le prix ne te convient pas, vote White». Il a récolté 17 000 voix : une défaite honorable.

Michael Meighen s'est de nouveau présenté à Westmount. J'ai écrit des discours pour lui, en plus d'être l'un de ses directeurs de campagne. Mon premier discours, au meeting de lancement de sa campagne en présence du chef conservateur Robert Stanfield, nous a valu plusieurs pintes de bon sang depuis. J'y dénonçais «la main morte de la stupide bureaucratie linguistique», la soi-disant «police de la langue» créée par le projet de loi 22. Michael a insisté pour que je laisse tomber «main morte» ou «stupide». Il a gardé le second. Le député de Westmount, Bud Drury, qui avait déménagé ses pénates à Ottawa, n'avait plus de titre pour représenter la circonscription. Il s'est moqué de la «célèbre loi 22». Trudeau n'avait pas plus d'intérêt à attaquer la mesure outrageante que n'en avaient eu King et Lapointe en 1937 à révoquer (comme ils en avaient le droit) la loi du cadenas de Duplessis.

J'étais persuadé que Michael n'avait aucune chance de l'emporter à moins de s'attaquer au projet de loi 22 et de dénoncer les libéraux pour avoir trahi la confiance des anglophones du Québec. Dans mon discours, je faisais aussi des voyous de l'assistance publique mes souffre-douleur. Stanfield a été visiblement horrifié quand Michael s'en est pris aux «137 000 prestataires de l'assurance-chômage qui ne s'étaient même pas donné la peine de prendre leurs chèques pendant la récente grève des postes». Michael et son chef ne représentaient pas une version très robuste du conservatisme. Le candidat a refusé de prendre les moyens qui lui auraient permis de combler l'écart le séparant de Drury, l'incarnation de l'inertie, du cynisme et de la lassitude des libéraux. La majorité de Drury a été sensiblement réduite, mais le troupeau de partisans libéraux l'a quand même réélu et Trudeau a remporté la majorité des sièges à la Chambre des communes.

Le comité de l'Assemblée nationale a passé le printemps et l'été à revoir le projet de loi 22. Jean-Louis Roy, président de la Ligue des droits de l'homme, poste auparavant occupé par Trudeau, a longuement témoigné. J'avais bien connu Roy lorsqu'il dirigeait le Centre d'études canadiennes-françaises de McGill. Je lui avais prêté une masse considérable d'archives de Duplessis qu'il a utilisées dans un livre alors en cours de rédaction (sans se donner la peine de noter qu'il les tenait de moi).

Vu son esprit libéral, l'identité de son employeur et les traditions du groupe au nom duquel il témoignait, j'osais espérer qu'il exprime sa dissidence de la masse de témoins et suggère que le projet de loi 22 brimait des droits acquis et la liberté d'expression.

Au lieu de cela, il a proposé que l'anglais soit progressivement aboli comme langue d'enseignement dans les écoles du Québec. Le novlangue orwellien était à la mode, aussi bien dans la langue officielle que dans la langue proscrite. (Onze ans plus tard, alors qu'il était directeur du journal *Le Devoir*, Roy est venu me voir à Toronto pour me demander d'investir dans son misérable journal. Je lui ai rappelé son témoignage. Il a répondu que j'avais «une mémoire terrible». Je lui ai dit que la véritable source de terreur provenait des souvenirs que j'avais du Québec, non pas de ma mémoire.)

Je m'étais installé au Québec en 1966, réfugié du philistinisme et de l'ennui de Toronto (et des tribulations de mes études universitaires). J'espérais apporter ma modeste contribution à la bonne entente entre Canadiens de langue française et de langue anglaise. J'ai appris le français, j'ai étudié le droit du Québec, j'ai acquis une vaste connaissance de l'histoire contemporaine du Québec et j'y ai contribué par mes écrits, je suis devenu éditeur de journaux de langue française et de langue anglaise, qui prônaient tous la bonne entente, j'ai servi d'éminents hommes publics du Québec qui prêchaient la modération, et j'ai défendu cette école de pensée à la radio et à la télévision.

La bataille semblait perdue. Il n'y avait que des extrémistes de langue française, des pleutres de langue anglaise, et la vaste masse de gens indifférents et complaisants des deux cultures. Le Québec se vantait, d'une part, de sa générosité envers sa «minorité» et l'opprimait légèrement, d'autre part. Les Québécois de langue française étaient si habitués à se voir comme une minorité assiégée qu'ils étaient sincèrement incapables d'imaginer que ce qu'ils faisaient aux Anglais pouvait être injuste. Les Canadiens anglais, au Québec et ailleurs, ronchonnaient ou bâillaient d'ennui plutôt que de s'attaquer à l'effet réel des lois linguistiques du Québec. Il était temps pour moi de partir. Au Québec français, tout était hypocrisie, narcissisme et obscurantisme. Si je restais au Québec, je serais comme anglophone l'objet de provocations incessantes du gouvernement. Chaque semaine, mon idéal de bonne entente serait rongé et ridiculisé. Je ne pouvais maintenir quelque affection pour le Québec qu'en le quittant.

Je n'ai pas regretté mon séjour au Québec, sinon pour y avoir investi un tel excès d'espérances de jeunesse. J'avais cru sur parole les représentants autorisés de la province qui prétendaient souhaiter le bilinguisme.

Nul n'aurait pu prédire que l'insécurité démographique du Québec et la prise de conscience de ses pouvoirs le conduiraient fâcheusement à agresser les droits des Anglais, sans un cri de dissidence chez les francophones. Il aurait peut-être été plus facile de prédire que les Anglais du Québec seraient trop défaitistes et les Canadiens anglais de l'extérieur trop complaisants pour réagir.

Il était notoire que le Québec considérait les minorités francophones de l'extérieur du Québec comme perdues et assimilées, mais je pensais qu'il attachait de l'importance au statut du français à l'extérieur du Québec. Il était évident que ce statut ne survivrait pas longtemps à la suppression de l'anglais au Québec. Daniel Johnson avait promis de ne pas élever «une muraille de Chine autour du Québec» et Pierre Elliott Trudeau, «un jour où il semblait que les acclamations ne s'arrêteraient jamais», avait lancé «maîtres chez nous, mais pour tout le Canada». L'un et l'autre inspiraient confiance parce qu'ils avaient de l'autorité et tenaient des propos raisonnables.

La fierté du Québec est un sentiment louable que je partageais dans la mesure où je le pouvais. Mais la provocation des représentants locaux de l'écrasante majorité culturelle du continent, leur éviction et l'abandon d'un statut transcontinental durable pour la langue française, malgré leur popularité provisoire, conduisent à un cul-de-sac.

Comme démocrate et partisan de l'autodétermination des nations, je ne pouvais contester le droit du Québec de choisir sa voie. Comme ex-ami passionné du Québec, leurré, peut-être en partie par ma vision romanesque du Canada, à y passer huit années splendides, mais frustrantes à la fin, j'étais indigné par son esprit de clocher et je le regrette toujours. De Gaulle a dit qu'il aimait la France, sinon particulièrement les Français. Moi, j'aimais toujours les Canadiens français, mais de moins en moins le Québec.

Le 26 juillet, j'ai déjeuné avec mon ami Gérald Godin, compagnon de la chanteuse Pauline Julien et ardent séparatiste, qui a défait Bourassa dans sa circonscription deux ans plus tard et est devenu ministre dans le gouvernement Lévesque. (La première fois que je l'ai revu, c'était en 1989. Il est venu à la radio à Québec durant le débat sur le projet de loi 178 et m'a traité d'imbécile pour avoir dit, comme la Cour suprême, la Cour d'appel et la Cour supérieure, que la suppression des affiches bilingues enfreignait la liberté d'expression.)

Après le déjeuner, j'ai surveillé le chargement de mes meubles dans le camion d'un déménageur indépendant de l'est de Montréal (qui n'avait jamais mis les pieds en Ontario). J'ai fait de poignants adieux à l'amie (Canadienne française) que je fréquentais depuis deux ans et dont je garde un agréable souvenir. Puis, j'ai pris la route de Toronto, après avoir livré cette réflexion sur les ondes de la radio anglaise de Radio-Canada qui m'avait si souvent invité en un temps plus heureux : «Le gouvernement actuel est, financièrement et intellectuellement, le plus corrompu de l'histoire du Québec. Outre les affaires louches, impudemment conclues, il faut lui reprocher ses promesses brisées, la plus évidente étant celle d'octobre dernier de conserver la loi 63 (le droit des parents de choisir la langue d'enseignement de leurs enfants). Par-dessus tout, nous nous rappelons l'agitation de l'élite intellectuelle et politique du Québec français en faveur du bilinguisme de la minorité anglophone dans les années 50 et 60. Maintenant qu'elle se bilinguise, *Le Jour* (quotidien non officiel du PQ), *Le Devoir*, et même le gouvernement nous disent presque chaque jour que le bilinguisme est une forme insidieuse d'assimilation. La modération n'est plus possible sous la direction de l'élite technocrate de la province incarnée par Robert Bourassa, qui est intrigant, insensible, insignifiant et amoral.

«Le gouvernement a déterré le spectre ancien et totalement fictif de l'assimilation pour justifier le projet de loi 22 et la suppression de la liberté de choix en éducation, la réduction de l'éducation de langue anglaise au dernier échelon des fantaisies ministérielles, l'agression de la liberté d'expression par la réglementation de la langue interne et externe des affaires et des institutions, et la création d'une nouvelle bureaucratie linguistique stupide pour instituer un système de dénonciation, de harcèlement et de favoritisme organisé. En deuxième lecture, le ministre de l'Éducation a retiré l'argument de l'assimilation et révélé ce que tout le monde savait déjà : que la langue française au Québec est plus vigoureuse à tous égards que jamais auparavant.

«Le Québec est atteint d'une maladie sociale qui le paralyse. Dans tout ce débat, aucune voix française ne s'est élevée pour protester contre le projet de loi 22, qui est antidémocratique et réduit les libertés... La Ligue des droits de l'homme du Québec, qui a été fondée par Pierre Trudeau et de qui on aurait pu attendre de tels sentiments, a réclamé au contraire l'abolition de l'enseignement de langue anglaise par la voix de son porte-parole Jean-Louis Roy, qui tire son revenu de l'Université McGill.

«Quant au leadership politique de la communauté de langue anglaise, au lieu des Jonathan Robinson (ministre des Mines de Duplessis et père de mon ami, alors président de la faculté de philosophie de McGill), George Marler et Eric Kierans d'autrefois, nous avons le tristement naïf (Victor) Goldbloom et les *quislings* (William) Tetley et (Kevin) Drummond.

«Il est clair que Robert Bourassa, après avoir persuadé Trudeau et Jean Lesage de l'aider à escroquer la direction du Parti libéral à Claude Wagner et à Pierre Laporte, après avoir éliminé l'opposition non séparatiste en tournant deux élections consécutives en référendums sur la séparation, va maintenant tenter d'éliminer le Parti québécois par une politique faisant graduellement des éléments non francophones de la province des boucs émissaires.

«Il est clair que la seule différence de taille entre Robert Bourassa et René Lévesque, c'est que Bourassa sait compter. Il se contente pour l'instant de dépouiller les autres provinces de leurs biens pour pratiquer le favoritisme au Québec. C'est son idée du "fédéralisme rentable".

«Au lieu de la bonne entente, il joue au chat et à la souris. La minorité de langue anglaise se nourrit encore de l'illusion que Montréal est une ville merveilleuse. Elle n'a pas de chef et ne compte pour rien, sinon comme otage d'un gouvernement malhonnête.

«Le mois dernier, l'un des ministres le plus modéré, Guy Saint-Pierre, a dit à un groupe d'hommes d'affaires de langue anglaise : "Si vous n'aimez pas le Québec, vous pouvez partir." Avec tristesse, et bonne conscience, j'accepte ce choix.»

Mes remarques ont été rediffusées six fois sur le réseau anglais de Radio-Canada. Elles ont suscité d'innombrables commentaires.

Chapitre 5

Fermer la porte de la chambre d'enfant (1974-1976)

J'ai fait le trajet en voiture jusqu'à Toronto dans la nuit du 26 au 27 juillet 1974. Mes rêveries de voyageur nocturne ont été brusquement interrompues à quelques kilomètres de la maison de mes parents. Le brouillard et la fatigue aidant, j'ai tamponné une voiture. Les dommages étaient mineurs, mais je suis rentré à Toronto pour m'y établir, après douze ans d'absence, dans la cabine d'une dépanneuse.

J'étais parti de Toronto depuis si longtemps que je n'y avais presque plus d'amis. Je connaissais des tas de gens, mais très peu de femmes. J'ai troqué mon appartement du Port-Royal contre un plus petit au Lonsdale, juste en face de l'école primaire d'Upper Canada College, «un retour aux sources», m'a dit le cardinal Léger lorsqu'il m'a rendu visite en 1975. J'avais moins le sentiment de rentrer chez moi que de recommencer à neuf.

Au deuxième week-end après mon retour, je suis allé au somptueux chalet de mon frère à Muskoka. J'ai vu à la télévision la démission de Richard Nixon. Longtemps après, j'en ai discuté avec Henry Kissinger, qui avait charge de recevoir les démissions des hauts personnages publics à titre de secrétaire d'État (il avait déjà reçu celle de Spiro Agnew). Je lui ai dit que le cas de Nixon me rappelait l'adage selon lequel pour dix hommes capables de résister à l'adversité, il n'y en a qu'un capable de résister au succès. Sans me poser en psychiatre, j'ai ajouté que Nixon me semblait mal dans sa peau. J'ai évoqué son discours du 9 novembre 1969 sur le Viêt-nam, qui m'était revenu à l'esprit le soir de sa démission. Nixon avait dit que seuls les États-Unis pouvaient vaincre et humilier les États-Unis. Au bout du compte, seul Richard Nixon a pu vaincre et humilier Richard Nixon.

Kissinger s'est dit d'accord avec moi. Il distinguait quant à lui cinq Nixon : un Nixon nerveux, qui semblait se soûler dès qu'il prenait deux verres pour se détendre ; un professionnel bourgeois de banlieue de la Californie du Sud, sans trait distinctif ; un spécialiste de sales tours politiques, obsédé et paranoïaque ; un avocat astucieux de Wall Street, et un homme d'État, aussi à l'aise avec de Gaulle qu'avec Zhou Enlai. Nixon l'appelait parfois tard le soir, a-t-il dit, et trahissait en une heure de bavardage deux ou trois de ces personnalités.

L'establishment libéral américain ne lui a pardonné qu'un bref instant – le temps de renouer contact avec la Chine et d'entamer les négociations sur la restriction des armes stratégiques – d'avoir eu raison dans la cause d'Alger Hiss. Quand Nixon leur a livré des armes mortelles dans la foulée du cambriolage du Watergate, ses adversaires l'ont exécuté, en se targuant de leur loyauté envers la Constitution et des bénéfices du journalisme d'enquête. Les ennemis carriéristes et idéologiques de Nixon n'ont pu résister à la tentation d'anéantir leur ancien rival. Ils auraient pourtant dû savoir qu'ils déstabiliseraient le système politique américain, gêneraient pour dix ans les États-Unis dans leur lutte contre les noirs desseins du Kremlin, et déchaîneraient le pouvoir destructeur d'une presse régicide.

La presse, mise à l'abri des poursuites en diffamation par les jugements libéraux insensés de la Cour suprême, serait encouragée à croire qu'elle était toute vérité, la conscience de la nation, l'opposition loyale et, selon la formule cinglante de Kay Graham, «le brouillon de l'histoire». La destitution des présidents est devenue la griserie d'un Parti démocrate incapable de présenter des candidats compétents à la présidence, mais perpétuellement majoritaire au Congrès. Le Watergate menait à la criminalisation des divergences politiques; une forme de putsch pseudo-juridique moralisant.

La démission de Nixon n'était pas, comme on l'a prétendu, le triomphe de la presse libre. C'était un triomphe des névroses de Nixon et de la vindicte de ses ennemis sur l'intérêt de la nation.

De Gaulle a écrit de Pétain : «La vieillesse est un naufrage; pour que rien ne nous soit épargné, la vieillesse du maréchal allait être identifiée avec le naufrage absolu de la France.» Le penchant autodestructeur d'un homme d'État peut effectivement infirmer l'autorité de sa fonction et du pays. En 1974, personne, sauf peut-être et beaucoup trop tard Nixon lui-même, ne semblait penser à cela.

Quand j'ai vu Nixon abandonner la partie, de ma retraite de Muskoka, j'ai médité sur sa force et sa persévérance. Peu sociable, refoulé, maladroit, à force de détermination, d'intelligence et de courage, il a été le seul de l'histoire des États-Unis, à part Franklin D. Roosevelt, à se présenter cinq fois à un poste électif national sous l'étiquette d'un grand parti et à se faire élire quatre fois.

À l'été 1974, ayant épuisé son capital politique et déshonoré sa fonction, Nixon a été forcé de se retirer. J'admirais sa force de volonté et j'espérais qu'il puisse encore remonter dans l'estime de ses concitoyens, mais je m'inquiétais de l'avenir du système politique américain.

Pour la troisième fois en onze ans – 22 novembre 1963, 31 mars 1968, 9 août 1974 –, un régime présidentiel était brusquement interrompu. Ce n'était décidément pas la bonne façon de remplacer le chef de la plus grande nation au monde, «le chef du peuple américain», disait Franklin D. Roosevelt (en parlant de lui). Nixon avait apparemment choisi Gerald

Ford pour succéder à Agnew à la vice-présidence parce qu'il était le candidat le plus susceptible d'être confirmé et de dissuader le Sénat (vu sa médiocrité) de le destituer. La pire crise politique de l'État américain depuis la guerre civile n'était pas terminée.

J'ai rencontré Richard Nixon pour la première fois quinze ans plus tard. J'ai trouvé un homme d'une durabilité à toute épreuve, étonnamment intelligent, extrêmement fin dans son analyse des affaires internationales et de la politique intérieure, «l'âme sereine; sa passion consommée», particulièrement prévenant, courtois, naturel, spirituel, agréable, et assurément généreux. (Je lui ai rendu visite dans son bureau invraisemblable et quelconque au-dessus d'un agent de voyage, en bordure d'une autoroute de banlieue du New Jersey.)

La nation américaine a survécu et vu s'effondrer ses indignes rivaux; la présidence a survécu et retrouvé son statut d'égalité avec le Congrès et le pouvoir judiciaire, et Richard Nixon a survécu et regagné le respect de ses pairs et de ses concitoyens. Comme a dit Brendan Behan à George Black au cours de l'un de ces événements d'une grande platitude que sont les dîners d'après-théâtre au Centre O'Keefe (dont mon père a ordonné la construction alors qu'il était à Canadian Breweries), l'instinct de conservation «est chose honorable».

J'ai eu le bonheur de retrouver mes vieilles connaissances des familles Eaton et Bassett à l'été 1974. Quand ma famille a déménagé à Toronto en 1945, elle s'est installée derrière les Eaton à Forest Hill et je suis allé à l'école avec les quatre frères Eaton. Nous sommes toujours restés amis. Dans les années 60 et 70, j'allais souvent à leurs chalets à la baie Georgienne. J'y ai eu quantité de conversations désopilantes avec John David Eaton. Homme intelligent et timide, il n'avait jamais voulu exploiter un grand magasin. Il a persévéré par sens du devoir et a légué une grande marque de commerce à ses fils. L'entreprise était un peu précaire, mais ils l'ont remise sur la voie de la prospérité. Du Viêt-nam en 1970, j'ai envoyé à Signy Eaton, la matrone simple et élégante du clan Eaton qui se piquait d'avoir un esprit libéral, des cartes postales plutôt chauvines à propos desquelles elle m'a taquiné pendant des années.

J'ai célébré mon trentième anniversaire le 25 août 1974 dans le fastueux paysage de la baie Georgienne, coin du Canada précambrien immortalisé par les toiles de Tom Thompson, de Goodridge Roberts et du Groupe des Sept. Du climat politique du Québec à l'hospitalité généreuse de l'une des grandes familles de l'élite canadienne, il y avait un bond socioculturel gigantesque que j'ai fait avec plaisir.

J'ai ouvert un bureau de Sterling Newspapers dans le vieil immeuble de la Banque de commerce, rue King. Je n'ai pu me résigner à faire les frais d'une secrétaire. Je travaillais d'ordinaire chez moi, au Lonsdale, achevant la rédaction de mon ouvrage sur Duplessis avec un intérêt que n'avait pas tiédi mon départ de la province. Au contraire, en regard des singeries de Bourassa, Duplessis m'apparaissait chaque jour plus grand. Ayant une vie plus rangée, et surtout plus chaste – provisoirement en tout cas –, qu'à Montréal, je passais la matinée au téléphone à traiter les affaires de ma «division», qui se résumait à Sherbrooke et à Summerside. Je faisais une brève apparition au centre-ville à l'heure du déjeuner ou peu après, pour entretenir mes relations ou en bâtir de nouvelles, le plus souvent au Toronto Club. Puis, je rentrais à la maison et je restais rivé à ma machine à écrire jusqu'à trois ou quatre heures du matin.

Mon appartenance au Toronto Club était très utile. Mon père avait acheté l'immeuble voisin, rue Wellington, pour y loger le United Appeal. L'organisation a finalement décidé de ne pas l'utiliser et mon père a offert la propriété au Toronto Club au prix coûtant malgré l'augmentation considérable de sa valeur marchande. Le club en a fait un terrain de stationnement. En guise de reconnaissance, John A. McDougald, président du comité d'administration, qui criblait les demandes d'adhésion avec un zèle jamais démenti, a envoyé chez mes parents une lettre m'accueillant au Toronto Club le jour de mon vingt et unième anniversaire. Mon frère a été admis le même jour. Nous n'avions ni l'un ni l'autre fait de demande. Il s'est écoulé près de quinze ans avant que je trouve au club un membre aussi jeune que moi.

McDougald scrutait les demandes d'adhésion avec autant de soin que Duplessis les arrêtés ministériels. J'étais avec lui à la salle à manger un jour que le directeur lui a présenté une liste de candidats. Bud a vu les noms de John Robarts, ancien premier ministre de l'Ontario, et de John Turner, ancien ministre fédéral des Finances et de la Justice. Professant depuis toujours un profond mépris pour les politiciens, McDougald s'est exclamé : «Ah! non. Dis-leur qu'ils aillent au Kiwanis s'ils veulent se joindre à un club.»

Bud McDougald était le dernier survivant du quatuor qui avait mis l'Argus Corporation sur pied en 1945. Le fondateur, E. P. Taylor, avait modelé l'Argus sur l'Atlas Corporation, de New York. Taylor était fermement convaincu qu'au bout de quinze ans de déflation dans le secteur privé, les lendemains seraient prospères. Il croyait aussi qu'avec 10 % des actions, on pouvait obtenir un siège au conseil d'administration de presque n'importe quelle entreprise et, petit à petit, le dominer. Les événements lui ont donné raison, au moins pour quinze ou vingt ans. Taylor, ses associés et leurs entreprises ont dominé le milieu des affaires au Canada durant cette période. Le nom d'E. P. Taylor était synonyme d'arrogance capitaliste, de roi de la bière, de gros richard, de conglomérat, de turfiste, d'arriviste et de lèche-bottes de la royauté.

Le premier groupe d'actifs d'Argus était un amalgame d'intérêts médiocres que Taylor avait acquis avant la guerre : des brasseries, des usines d'embouteillage et des cafés plus ou moins crevés, une entreprise de maltage sans prétention de Winnipeg, achetée de l'excentrique montréalais Howard Webster en 1943, un bloc d'actions d'une modeste entreprise de produits chimiques et une faible part des actions de Massey Harris, l'un des plus grands fabricants d'instruments aratoires au monde et l'une des plus célèbres entreprises du Canada.

À l'époque, il n'y avait pas de règles strictes gouvernant les transactions entre apparentés ou les gains en capital. La technique imaginée par les quatre partenaires pour augmenter les actifs d'Argus consistait à acheter des blocs d'actions à titre personnel, à les revendre à grand profit à des sociétés apparentées ou à Argus même et, au besoin, à retirer la dette en émettant des tas d'actions sans droit de vote. Taylor et ses premiers partenaires se sont livrés sans réserve à cette pratique.

Comme partenaire, Taylor a d'abord recruté le colonel W. Eric Phillips. Homme âpre et brillant, qui avait été l'un des plus jeunes colonels de l'Empire britannique durant la Première Grande guerre, Phillips était copropriétaire, avec Pilkington et Pittsburgh Plate Glass, de la Duplate, qui fournissait des vitres de voiture à son beau-père, R. S. McLaughlin, cofondateur de la Buick et président du conseil de General Motors of Canada. Phillips a plus tard divorcé de la fille de McLaughlin et épousé la sœur de la femme de Bud McDougald. Il a été des années président du conseil d'administration de l'Université de Toronto. C'était un intellectuel brillant et un administrateur hors pair.

McDougald était soigné, élégant, drôle, malin, félin, presque totalement dépourvu d'instruction, fier de son ignorance, un conteur amusant, qui ne buvait jamais d'alcool et n'avait pas d'enfants. Le dernier membre du quatuor était M. Wallace «Wally» McCutcheon, avocat et actuaire, grand buveur et très dur en affaires.

Taylor lui-même était costaud, acariâtre, vif et énergique. Il enchaînait souvent avec une nouvelle question avant qu'on ait répondu à sa question précédente. On disait qu'il se préparait à quitter les réunions avant même d'y arriver. Jovial et sociable, il était une mine inépuisable d'idées. Il se passionnait surtout pour les chevaux. Sous sa présidence de l'Ontario Jockey Club, l'hippisme est passé du stade de courses truquées de chevaux de laitiers aux jarrets tuméfiés sur des pistes délabrées au turf et à l'élevage de chevaux de la plus haute qualité. Vers la fin de la guerre, C. D. Howe avait recommandé mon père à Taylor, qui cherchait un comptable d'expérience en brasserie et un bon administrateur. Taylor, Phillips, McCutcheon et McDougald formaient indubitablement une très bonne combinaison.

Les intérêts d'Argus dans les brasseries ont été réunis sous le nom de Canadian Breweries Limited et placés, de 1950 à 1958, sous l'habile direction de mon père, qui en a fait la brasserie la plus grande et la plus rentable au monde. La participation dans Massey Harris a été portée à environ 10 % et les quatre dirigeants d'Argus ont été nommés directeurs de la société. Ils n'étaient pas satisfaits des services du président du conseil, James S. Duncan, homme intelligent, mais intraitable et vaniteux. Il a fini par obliger Phillips et Taylor à le congédier en 1956. Lorsqu'il a été forcé de se retirer dans ses maisons des Bermudes, de la Jamaïque et d'Espagne, James Duncan gagnait six fois le salaire de son subalterne immédiat, le président A. A. Thornbrough, qui a tôt fait de rattraper le temps et l'argent perdus.

Dans les années 50 et au début des années 60, je l'ai déjà dit, Toronto était une ville terriblement terne. Le peu de flair qu'elle avait provenait de ces hommes. Ils servaient du vin à table et se faisaient conduire dans des voitures sur lesquelles on avait fait d'ordinaire un bon travail de caisse. Leurs rites élitistes donnaient à la ville une patine de goût et de raffinement : Phillips à l'Université de Toronto, McDougald au Toronto Club, et Taylor au Jockey Club, où presque chaque année, il accompagnait la reine-mère ou quelque autre membre de la royauté au cercle des vainqueurs de Woodbine, qu'il a construit et où, en tant que président du Jockey Club, il s'est en fait décerné le trophée du meilleur turfiste.

Nous étions au nombre de ses amis qui assistaient presque chaque année à cette cérémonie. Le premier dégorgement d'envie dont j'ai été témoin au Canada a été l'assourdissant concert de huées s'abattant sur Taylor lorsqu'il s'amenait au cercle des vainqueurs. (J'ai été soulagé le jour où j'ai assisté avec ma femme à la dernière édition du Queen's Plate que E. P. Taylor a remportée comme propriétaire plutôt qu'éleveur de chevaux en 1979. La reine-mère faisait encore une fois la présentation. Lorsque le nom de Taylor a été annoncé, les loques et les épaves des gradins inférieurs l'ont longuement ovationné. Comme mon père avait l'habitude de dire : «Si tu t'accroches assez longtemps, tu finis par te faire respecter.»)

McDougald a acquis la majorité des actions de Dominion Stores de François Dupré, réfugié français de la fin des années 40 comme Rumilly. Il l'a revendue, suivant la manière habituelle, à Argus Corporation. Il a fait de même de blocs d'actions des mines d'or Hollinger Consolidated, qui appartenaient en grande partie à ses cousins, Alan et Duncan McMartin. McDougald a aussi acheté CFRB, la grande station de radio de Toronto, à prix d'aubaine à la fin de la Deuxième Guerre mondiale. Il a obtenu l'autorisation d'en porter la puissance à 50 000 kilowatts (le Bureau des gouverneurs de la radiodiffusion, prédécesseur du CRTC, était ouvertement politique) et il a cédé la station à Argus avec la vertigineuse majoration de prix habituelle.

Taylor avait organisé le regroupement des actifs reliés aux produits chimiques pour les revendre à la Dominion Tar & Chemical. Sa pièce de résistance était la St. Lawrence Corporation, dans laquelle il a pris à bon compte une participation majeure pour lui et ses partenaires. Il en a majoré le prix et l'a revendue à Domtar pour presque dix fois plus. Il a aussi pris une participation d'environ 10 % dans British Columbia Forest Products et il a exercé une influence considérable sur cette société de concert avec les papeteries Mead et Scott, qui détenaient à peu près le même nombre d'actions.

Les intérêts d'Argus dans Canadian Breweries, dont la compétitivité a singulièrement décliné après la retraite de mon père en 1958, ont été vendus à Rothman en 1968. Rothman les a revendus en 1988 à Elders IXL, qui les a fusionnés à Molson en 1989. En 1969, Argus a été larguée sans cérémonie comme partenaire principale de B.C. Forest Products par les papeteries Mead et Scott en faveur de Noranda. Pour la première fois dans l'histoire d'Argus, une participation prétendument stratégique s'est révélée une imposture.

Au milieu des années 60, les relations entre les fondateurs d'Argus se sont gravement détériorées. Après la mort de Phillips en décembre 1964, il y a eu plusieurs séances exploratoires auxquelles ont participé Taylor, Bud McDougald, le colonel Max Meighen, qui avait accumulé une bonne quantité d'actions, Doris Phillips, mon père, et moi à l'occasion. Mon père avait été nommé directeur alors qu'il était président de Canadian Breweries. À sa retraite, il est resté directeur à titre d'important actionnaire. Il est sagement resté neutre au début de la dispute entre Taylor et McDougald. Les relations entre Taylor et le colonel Meighen étaient particulièrement tendues. Un jour chez nous, E. P. a hurlé : «Ne me crie pas par la tête!» Le colonel Meighen a répondu en criant : «Je crierai si tu cries après moi!» Le dialogue entre ces deux fabuleux capitaines d'industrie n'était pas toujours terriblement distingué.

Les intérêts de Taylor, de Phillips, de McDougald et de McCutcheon avaient été regroupés dans une société au nom bucolique de Meadowbrook Holdings. Taylor, pour des raisons qui n'ont jamais été expliquées, a consenti à les partager en quatre parts égales, renonçant à l'avantage qu'il possédait comme le plus gros détenteur d'actions avec droit de vote et, de loin, le plus gros détenteur d'actions privilégiées sans droit de vote.

Wallace McCutcheon a eu l'idée saugrenue de se joindre au gouvernement Diefenbaker en 1962. Lorsqu'il a voulu revenir en 1963, après la victoire des libéraux de Pearson, McDougald lui a barré la route. Avec Phillips, il pouvait mettre Taylor en minorité sur de telles questions. McDougald a de nouveau bloqué la voie au retour de McCutcheon en 1968. Le sénateur s'était classé sixième dans la course pour la direction des conservateurs en 1967 et il avait été défait de justesse aux élections générales de 1968. McDougald était donc l'actionnaire le plus influent d'Argus après la mort de Phillips en 1964. Il disposait effectivement des actions de Phillips par l'entremise de sa belle-sœur, Doris Phillips, et de la société de fiducie Crown Trust, qu'il dominait aussi par le jeu de ses actions et de son influence officielle et officieuse sur les blocs d'actions détenus par d'autres cousins McMartin, également cousins des McMartin de Hollinger aux Bermudes.

Les McMartin de Crown Trust exploitaient un centre de villégiature et des magasins d'articles de sport dans les Adirondacks. Les McMartin s'étaient dispersés après le départ de leurs riches ancêtres de Timmins au début du siècle, à l'époque de la fondation de la mine Hollinger. Le phénomène n'est pas inusité chez les riches et quelques-uns des McMartin étaient en outre excentriques. Allan et Duncan ont eu neuf femmes à eux deux. Allan a entamé une procédure de divorce contre l'une de ses femmes dès le lendemain du mariage; il prétendait n'en avoir aucun souvenir. Outre la chasse aux grands fauves, les McMartin étaient surtout connus pour leur immense prodigalité et pour une bacchanale épique au terme de laquelle Duncan a knockouté un invité aussi soûl et agressif que lui, Errol Flynn.

McDougald a joué ses cartes politiques avec une habileté et une patience consommées. Souvent tourné en ridicule par Phillips, qui le traitait d'«ignare», d'«homme de main» et de «vendeur d'obligations parvenu aux fesses à l'air», il a enduré les quolibets du colonel plus ou moins sans riposter, lui a survécu et a assumé sa position de vote, sinon son autorité morale ni son éminence intellectuelle, en homogénéisant ses intérêts et ceux des conjointes de la famille dans laquelle lui et Phillips se sont mariés : Doris Phillips, «Jim» (de son vrai nom Hedley Maude) McDougald, et leur sœur Cecil Hedstrom, qu'on appelait «les trois femmes de Bud McDougald».

Séduisantes, chic et bien élevées, les trois filles du besogneux colonel Eustace-Smith avaient été encouragées à marier la fortune. Doris s'y est prise par deux fois. Son premier mari, Adair Gibson, s'est suicidé. Cecil a d'abord épousé un membre de la famille Gooderham. Ses deux mariages ont été catastrophiques.

L'épisode suivant de l'histoire de ce consortium mythique s'est déroulé dans une atmosphère fadasse, un peu tapette, moitié *Auntie Mame* et moitié *Suddenly Last Summer.*

Le conflit entre McDougald et Taylor était inégal, un peu comme la dispute de Staline et de Trotski. Brillant, vif, mais inattentif et apolitique, Taylor embêtait les membres du conseil d'administration et les cadres supérieurs. Sa critique fort pertinente des extravagances auxquelles se livraient les successeurs de Phillips chez Massey Ferguson, de l'indolence de Hollinger, et du rendement toujours insatisfaisant de Dominion Stores, lui a aliéné les cadres de ces entreprises que McDougald, avec une minutie et un cynisme staliniens, cultivait par des avantages accessoires, des promotions et l'utilisation illimitée de l'avion de la société, voire dans le cas d'Albert Thornbrough chez Massey, d'Al Fairley chez Hollinger et d'Alex Hamilton chez Domtar, des sièges au conseil d'administration de la Banque canadienne impériale de commerce. Phillips, dans ses derniers jours, avait voulu dissoudre Argus et liquider ses actions. Il exprimait des doutes sur la compétence de McDougald, comme Lénine moribond à propos de Staline.

Quoiqu'il ait toujours admiré et aimé E. P. Taylor, George Black ne lui a jamais pardonné de l'avoir brusquement viré de Canadian Breweries ni d'avoir «systématiquement démoli les brasseries». Il s'en est ouvert à McDougald, à Phillips et à Meighen chez McDougald en 1964. Notre famille appréciait certainement la générosité subtile que McDougald nous témoignait, en ouvrant à mon frère et à moi la porte du Toronto Club et en me faisant cadeau du tableau de Napoléon que possédait le colonel («Je sais que je parle au nom du colonel et au mien quand je dis que Napoléon sera beaucoup plus heureux dans ta bibliothèque qu'il ne l'a été à Sainte-Hélène», m'a-t-il écrit).

Meighen, qui était irascible même quand tout allait bien, n'était guère plus aimé de McDougald que de Taylor, mais McDougald était assez opportuniste pour s'en faire un allié au besoin. Meighen était plus intelligent que le laissaient croire son manque d'humour, son mauvais caractère, son fanatisme et sa conversation en monosyllabes. Il avait travaillé fort pour sortir de l'ombre de son fameux père (Arthur Meighen a été premier ministre du Canada de 1920 à 1921 et en 1926) et de son charmant frère Ted. Il était reconnaissant à McDougald des directorats qu'il lui avait conférés dans le groupe Argus. Les prédécesseurs de McDougald avaient feint de ne pas le connaître.

Le général Bruce Matthews, vieux gentleman très respecté de Toronto recruté par Taylor pour lui succéder à la présidence du conseil de Canadian Breweries au milieu des années 60 – essentiellement pour être le bouc émissaire de l'avalanche de mauvaises nouvelles que la politique de Taylor avait rendu inévitables après le départ de mon père –, n'était pas très heureux qu'on l'ait fait sécher en l'envoyant dire au personnel que l'entreprise ne serait pas vendue quelques jours avant la vente, en 1968. L'irritation du général était compréhensible.

Taylor était passé maître dans l'art de la vente. Quand il s'y mettait, il pouvait être très convaincant. Son exploit ultime a été de persuader Paul Desmarais que l'avenir d'Argus lui appartenait. Desmarais n'ignorait pas les possibilités d'Argus et la torpeur de la direction qui avait succédé à Taylor et à Phillips. Il s'est mis à acheter des actions fébrilement, croyant que le fondateur d'Argus pouvait lui en faire obtenir la mainmise comme il l'en avait assuré.

J'ai assisté à la fondation de la société Ravelston en mai 1969 dans l'une des somptueuses salles de conférence du vieil immeuble de la Banque de commerce. Meadowbrook a été dissoute et remplacée par une association formée de McDougald, Phillips, Meighen, Matthews et nous. Le groupe détenait à l'origine 47 % des actions d'Argus avec droit de vote, mais en a vite acquis la majorité absolue. Meadowbrook en détenait 38 %. Le nom de Ravelston était celui de la résidence de l'oncle de McDougald, sans doute inspiré de la banlieue d'Édimbourg. L'oncle, le sénateur Wilfrid Laurier McDougald, avait été sacrifié par Mackenzie King lors du scandale de la Beauharnois en 1930.

Bud McDougald semblait déterminé à venger un peu son oncle et sa famille en général. La fondation de Ravelston, qui constituait la *mcdougaldisation* de ce qui passait pour l'entreprise de Taylor, était sans doute inspirée en partie par ce sentiment.

Les perspectives d'avenir étaient assez évidentes. Paul Desmarais et Harry Jackman (père de Hal), non moins opportuniste, achetaient des actions d'Argus depuis des années, mais pas depuis aussi longtemps que George Black. Mon père avait commencé alors que le brillant quatuor était à son zénith, non pas à cause des perspectives annoncées par son déclin, et il n'avait nullement envie de prendre la direction d'Argus. En 1976, se rangeant au vieil argument de Phillips, il avait plutôt tendance à favoriser la liquidation de la société. Taylor, qui avait incité Desmarais et jusqu'à un certain point Jackman à acquérir des actions, ne comptait plus pour grand-chose.

Pour moi, qui voyais agir le groupe de près depuis des années, il était évident que McDougald prendrait les rênes de l'affaire. En 1974, il avait soixante-six ans. Saint Thomas More disait : « Rien ne changera en Angleterre aussi longtemps que Wolsey vivra ». De même, rien ne pouvait bouger à Argus du vivant de McDougald. L'avenir d'Argus se résumait à une course entre l'érosion naturelle de l'entreprise et la mort de McDougald. Si le croque-mort précédait le liquidateur, nous aurions une chance, peut-être une bonne chance. Desmarais n'était pas dans le coup ; Jackman à peine plus, mais il était habitué aux miettes. Contrairement à Desmarais, il était disposé à s'en contenter pourvu qu'elles contiennent de l'argent. Tel était le drame qui se déroulait à Toronto lorsque j'y suis rentré en 1974. Les jeux de coulisse de la grande entreprise anglo-canadienne devaient se révéler plus enrichissants que les sillons arides de l'électoralisme québécois.

Il était grand temps que je rentre à Toronto pour d'autres raisons. Depuis sa retraite de Canadian Breweries en 1958, mon père s'en faisait pour son portefeuille. Il était, pour emprunter une de ses expressions qu'il n'aurait jamais voulu appliquer à lui-même, «un millionnaire ordinaire». Il passait presque toutes ses soirées à «ruminer», comme il disait, jusque tard dans la nuit. Il appelait notre modeste réseau d'entreprises familiales «le système». La pierre angulaire était la société Western Dominion Investment, de Winnipeg, que mon père et mon grand-père avaient acquise de lord Rothermere. Nous détenions 56 % des actions. Mes doubles cousins Riley, de Montréal, étaient propriétaires du reste (la sœur de mon père avait épousé le frère de ma mère). La Western détenait 22 % de Ravelston et d'autres broutilles.

Les titres de Western Dominion étaient inscrits au nom d'une société familiale bizarrement nommée Bemocoge (Betty était le nom de ma mère), qui appartenait moitié à mon père et moitié à mon frère et à moi. Pour échapper aux droits de succession de l'époque, la plus-value était portée au compte d'actions des deux fils. Il n'y avait pas eu beaucoup de plus-value en fait, et les impôts fédéraux sur les successions (mais non pas les droits provinciaux) avaient été remplacés par les impôts sur les gains en capital au décès.

À cause de l'attitude contemplative de George Black, son bien dépérissait depuis quinze ans. La seule entreprise active qu'il possédait était la Dominion Malting, que E. P. Taylor avait achetée de Howard Webster en 1943, revendue à Argus en 1945, et qui est passée aux mains de Canadian Breweries de qui nous l'avons achetée en 1968 lorsque l'entreprise a été achetée par Rothman. (J'ai vendu Dominion Malting, avec profit encore une fois, à Dwayne Andreas, d'Archer Daniels Midland, en 1990.) Après intérêt sur le prix d'achat, Dominion Malting a rapporté de un à deux millions de dollars par année, qui ont été appliqués presque en entier à la réduction de la dette ou à des dépenses en capital.

Ma mère détenait à peu près un demi-million d'actions privilégiées sans droit de vote de classe C d'Argus Corporation et à peu près un million de dollars d'actions dans la compagnie d'assurances générales que son grand-père, son père, et ses frères avaient dirigée pendant des années. Mon père détenait deux blocs d'actions qu'il avait achetés avec des fonds empruntés dans IAC, société de prêts à vue, et Westcoast Transmission, entreprise de distribution de gaz. Il n'y avait presque pas d'appréciation ni de perspective d'appréciation dans ces blocs d'actions. Ils entraînaient un mouvement négatif de l'encaisse. Mon père détenait aussi une part de la prospère entreprise de tannage de son beau-frère, qui était une bonne affaire solidement bâtie par mon oncle Conrad, mais pas une grande source d'encaisse pour les actionnaires.

Mon père était trop coupé du milieu des affaires et trop handicapé pour y jouer un grand rôle et brasser de grosses affaires. Il ne connaissait pas la nouvelle génération d'étoiles de la finance. Les conseils financiers et professionnels qu'il recevait n'étaient pas des mieux avisés. C'est ainsi qu'il a été conduit à adresser des supplications pathétiques à McDougald à la fin de 1975. Il le priait de liquider Argus et d'en distribuer le produit. Sachant que nous serions fermement opposés à une stratégie aussi négative, il n'en a rien dit à mon frère ni à moi. McDougald, qui avait dix millions de dollars en banque et tirait grand orgueil de passer pour le plus grand financier du Canada, n'a pas fait de cas de sa suggestion. Nous avons eu vent de l'affaire pour la première fois en consultant les papiers de mon père après sa mort. Il avait perdu son assurance en affaires et il était rongé d'inquiétudes pour sa santé physique et financière. Sa situation n'était pas précaire, mais elle était loin d'être aussi reluisante qu'elle aurait dû l'être. Le patriarche perdait graduellement sa fortune.

Outre les actions d'Argus, le meilleur actif de la famille en 1974 était constitué de mes 44 % d'actions de Sterling Newspapers. Même sur la base de l'évaluation irréaliste qu'en avait faite Power Corporation en 1973, elles avaient centuplé en cinq ans et constituaient nos seuls actifs qui s'appréciaient. Mon frère avait immobilisé son capital, dont une partie composée d'emprunts, dans une pittoresque firme de courtage, Draper Dobie. Lorsque son partenaire a eu des ennuis financiers, nous avons acheté l'entreprise. Les temps n'étaient pas très favorables à ce genre de commerce. C'était une industrie qui tendait à se comprimer à long terme. Mon frère avait un flair pour le courtage et y avait travaillé plus de dix ans, mais à l'époque son encaisse était quand même négative. J'avais concentré mon attention sur mes propres affaires et j'ai été légèrement décontenancé de trouver un tel désarroi quand je suis rentré à Toronto.

J'ai examiné la situation à fond au cours de l'automne 1974, sollicitant l'avis d'avocats et de comptables plus éclairés et plus dynamiques que ceux qu'avait retenus mon père. J'ai recommandé de vendre tous nos titres publics, sauf ceux d'Argus et de l'entreprise familiale de ma mère. Je proposais de conserver Sterling, qui resterait en situation de plus-value, de garder Malting en position d'attente, et Draper en attente d'une fusion ou d'une vente. Argus, sans vouloir être lugubre, resterait en attente de ce qu'on pourrait appeler par euphémisme les «événements», c'est-à-dire un changement de direction amené par le passage naturel du temps. George Black n'était pas enchanté de l'idée d'abandonner sa veille quotidienne d'IAC et de Westcoast. Il suivait ces actions comme un vieux faucon battant la campagne à l'affût des rongeurs. Il se faisait porter chaque après-midi l'édition du journal qui suivait la fermeture de la Bourse, mais les actions ne bougeaient pas vraiment.

La condition de ma mère était plus inquiétante que le lent dépérissement des membres et de la vue de mon père. Ma mère avait toujours été très robuste. Elle avait été opérée d'un cancer des intestins en 1974 et semblait complètement rétablie. Il n'en était presque jamais question, mais nous étions tous trop conscients de la possibilité d'une rechute pour ne pas nous en inquiéter. Avec raison, s'est-il avéré.

Peu après Noël 1974, j'ai pris des vacances au Moyen-Orient avec mon amie montréalaise. Beyrouth était splendide. Exotique, inattendue, riche, originale, pleine de belles femmes à peau cuivrée, aux yeux de biche et aux jolies cuisses. La ville rappelait à la fois Saïgon, Paris et Istamboul, une sorte de Hong Kong du Proche-Orient que les Libanais, avec leur sens aigu des affaires, faisaient fonctionner.

La seule rumeur de guerre que j'aie entendue est survenue au cours d'une visite chez l'ambassadeur adjoint du Canada, Raymond Chrétien. Quatre appareils de l'aviation israélienne ont pratiqué une intervention chirurgicale sur un refuge de l'Organisation de libération de la Palestine (OLP) à quelques kilomètres de la résidence du diplomate. Nous avons assisté à l'opération du balcon, un verre à la main, comme les matrones de Washington à la première bataille de Bull Run.

Les sites classiques de l'Égypte valent certes la peine d'être vus, quoique pour qui fréquente le Saint-Laurent, le Nil inférieur est un cours d'eau brunâtre absurdement lent et étroit.

Notre voyage à Istamboul a dû être annulé à cause de l'invraisemblable incompétence du personnel de notre nid de cafards d'hôtel et de l'aéroport. Nous avons eu droit à un exemple patent d'ineptie tiers-mondiste, digne de la fameuse expédition d'Evelyn Waugh en Amazonie. Nos plans minutieux s'effondraient un à un. Chaque étape s'amorçait en grande pompe, avec optimisme et de cérémonieuses salutations, et s'effilochait dans une débâcle ridicule. Ma suffisance occidentale en a pris un bon coup; comme exercice de logistique, c'était extrêmement pénible.

Désespérés, nous nous sommes finalement entassés sur un vol d'Air France, qui ramenait des pèlerins de Jeddah et de la Mecque au Maghreb, via Paris. Jamais je n'ai tant admiré le sang-froid des Français. Les passagers (nous étions presque les seuls Occidentaux) ont couvert le plancher de l'avion de 20 cm de détritus et ont tôt fait de mettre les toilettes hors d'usage. Le petit homme qui occupait le siège voisin du mien avait la déconcertante habitude d'enlever et de remettre sans arrêt son œil de verre. L'équipage est resté impassible tandis que les passagers arabes se ruaient dans les allées sans tenir compte des ordres de boucler la ceinture dans les turbulences ni de l'interdiction de l'Organisation de l'aviation civile internationale de s'asseoir sur le plancher d'un avion en vol.

J'ai eu l'agréable sensation d'avoir franchi la ligne de partage des cultures et d'arriver en terrain familier lorsque, au bureau de change de l'aéroport Charles-de-Gaulle, un géant du Sud des États-Unis a rabroué mon voisin à l'œil de verre. Le borgne, faisant fi de la queue, s'est planté devant moi et s'est mis à jouer des coudes dans les flancs de l'Américain. Il s'est retourné et, le fusillant du regard, lui a lancé : «Hé! où vas-tu, petit bout?» Le pèlerin a retraité sans protester. Nous avons visité Colombey-les-Deux-Églises, où des gerbes de fleurs avaient été déposées au nom de Mao Zedong sur la tombe de de Gaulle.

En avril 1975 s'est engagée une lutte pour la direction d'Argus Corporation entre Paul Desmarais, de Power Corporation, et Bud McDougald et ses amis, dont nous étions. La dispute tenait à la fois de la farce et du drame. Paul a rendu visite à Bud à Palm Beach et lui a promis la carotte offerte d'ordinaire aux cadres vieillissants ou passifs pour les convaincre de lâcher la bride d'entreprises stagnantes. Il lui offrait notamment de se servir de l'avion de l'entreprise quand il le voudrait. Il n'avait pas très bien analysé la psychologie des dirigeants d'Argus. McDougald utilisait déjà l'avion quand il le voulait.

D'après Desmarais, la part de McDougald dans Argus ne valait qu'environ huit millions de dollars. McDougald – il ne se gênait pas pour le dire – avait plus que ça dans son compte personnel au siège social de la Banque canadienne impériale de commerce. Il était très fier de ses titres de président du conseil de Dominion Stores et de Standard Broadcasting (propriétaire de CFRB et d'autres stations de radio). Sa photo paraissait dans la publicité du journal de Dominion Stores («Personne n'offrira de meilleurs prix!») et on lui rendait hommage sur les ondes de CFRB. La présidence des comités exécutifs de Hollinger Mines et de Massey Ferguson en faisait un chef de file de l'industrie minière au Canada et la présidence de l'Exposition royale d'hiver de Toronto, en lui permettant de frayer avec l'aristocratie terrienne de la Grande-Bretagne (le duc de Wellington, le marquis d'Abergavenny, et lord Crathorne étaient directeurs de Massey) le rangeaient parmi les grands hobereaux du monde.

Desmarais ne pouvait rien lui offrir de mieux. McDougald s'est offusqué de sa proposition, qui exposait la fragilité de son rang socioéconomique et donnait à entendre qu'il ne faisait que marquer le temps et réchauffer les fauteuils de Taylor et de Phillips (jugement qui n'était pas déraisonnable de la part de Desmarais et était donc offensant). C'était l'image colportée par Taylor. Desmarais, séduit par le maître vendeur, comme l'espion enjôlé par le contre-espion plus astucieux, l'a achetée, même si McDougald lui a donné une réponse délibérément ambiguë lors de leur dernière discussion sérieuse sur le sort d'Argus.

Desmarais avait vu la frime dans la réputation d'Argus, mais il avait sous-estimé l'orgueil de McDougald. Ravelston détenait 51 % des 1 690 000 actions avec droit de vote. Ses partenaires (surtout les Meighen et les Black) détenaient un peu plus de 20 % des actions (sans droit de vote) avec privilège de participation. Puisque l'offre de Power Corporation était sujette à la cession d'au moins 80 % des actions des deux classes, les conditions étaient impossibles à réaliser.

L'affaire était bizarre. La Commission des valeurs mobilières de l'Ontario, informée des pourparlers, a exigé qu'ils soient rendus publics. McDougald a nié toute discussion sérieuse avec Desmarais. Celui-ci croyait sans doute que la controverse conduirait McDougald, âgé de soixante-sept ans et sans enfant, à lâcher le morceau. Power a présenté son offre. McDougald était flagorneur, snob, sectaire, un anachronisme élégant et un illettré fieffé, mais il était aussi coriace, déterminé et astucieux, et plus habile en public que Desmarais, homme charmant et dynamique, beaucoup plus inventif que McDougald en affaires, mais timide et gêné par un léger bégaiement.

McDougald a tourné en ridicule l'offre de Desmarais, la qualifiant d'épisode digne d'*Alice au pays des merveilles*. Il a émis une série d'actions privilégiées d'une valeur de cinquante millions de dollars de Massey Ferguson et il a menacé de les acheter toutes à moins que Greenshields, le courtier de Power, soit exclu de la transaction. C'était un bluff monumental puisqu'il n'avait pas les moyens de donner suite à sa menace (ceux qui ont acheté les actions l'ont amèrement regretté). Le syndicat financier s'est retiré et l'associé talentueux de Desmarais, Jean Parisien, a dit qu'il n'avait jamais «de sa carrière vu une société comme Greenshields se faire traiter de la sorte». «Sa carrière? a riposté McDougald. Quelle carrière? Je n'ai de ma vie jamais entendu parler de lui et je ne m'attends pas d'en entendre parler dans l'avenir.»

Desmarais a porté son offre officielle de 24 $ l'action commune à 30 $ pour des blocs d'actions. Nous avons passé une partie du dîner annuel de Hollinger en juin 1975, assis dans une chambre obscure du Toronto Club (même McDougald n'arrivait pas à trouver le commutateur), à acheter les actions de McCutcheon, qui étaient aux mains de ses fils. Le dîner de

Hollinger, inauguré par les Timmins et les McMartin, était à l'origine une fête bruyante destinée à honorer les prospecteurs et les promoteurs miniers. McDougald en a fait un événement chic, réservé à l'élite. McDougald a négocié une entente de premier refus avec Harry Jackman et un siège au conseil pour son fils Hal, s'assurant ainsi le support de 68 % des actions avec droit de vote. Mon père était alors inconscient à l'hôpital, souffrant de sérieuses complications à la suite de la greffe d'une hanche.

Nous avons été surpris que Desmarais prenne livraison des actions qui lui ont été offertes. Il se retrouvait avec 51 % des avoirs des propriétaires, mais seulement 26 % des actions avec droit de vote (en comptant celles d'E. P. Taylor, qui n'ont été libérées d'une entente préalable avec Ravelston qu'au bout d'un an).

On pensait que Paul Desmarais, voyant sa route bloquée par des vieillards (McDougald, Meighen, Matthews et mon père avaient tous entre soixante-quatre et soixante-huit ans), comptait sur le temps. «J'attends à la porte», a-t-il dit à la Commission Bryce sur la concentration des entreprises à laquelle son offre a donné naissance. «Il attendra longtemps», a dit McDougald à la même Commission. Il a eu raison.

J'avais déjà contribué au mythe fabriqué autour de McDougald. En 1974, j'ai persuadé un reporter de la *Gazette*, Henry Aubin, d'écrire une série d'articles sur les intérêts tentaculaires de McDougald. (Curieusement, puisqu'il était fondateur du Centre de journalisme d'enquête du Canada, Aubin n'a pas réussi à trouver mon appartement où devait avoir lieu l'interview. Je vivais pourtant dans l'immeuble le plus élevé de la rue Sherbrooke. Il a dû me téléphoner pour avoir d'autres indications.) J'ai aussi refilé un tas de renseignements louangeurs à Peter Newman pour son premier livre sur l'establishment canadien, dont le premier chapitre était consacré à McDougald. J'enjolivais à peine. McDougald était doué. Il était une sorte de Casanova asexué, ou mieux encore de Cagliostro vertueux, l'envers d'un coureur, un grand et impeccable acteur dont c'était la plus grande performance sur une scène nationale. Enfin sorti de l'ombre de Taylor et de Phillips, il a instantanément fait figure du plus grand homme d'affaires du Canada, discret, mais immensément riche et influent. Il a joué le rôle à la perfection. Ce fut son chant du cygne.

Desmarais a vu au-delà de la légende d'Argus. Il a probablement exagéré la valeur des actions tant l'entreprise s'était détériorée en 1975. Il a blâmé sa défaite sur les préjugés raciaux et religieux de l'establishment de Toronto, évitant ainsi l'opprobre à Montréal. Il était vrai que McDougald avait fait jouer son influence, mais les McCutcheon s'étaient vendus au plus offrant et Jackman avait entrevu de meilleures perspectives de gain en capital avec McDougald qu'avec Desmarais. La religion n'a rien eu à voir là-dedans. McDougald était du reste jacobite. Avec grande habileté, Desmarais se présentait aux Canadiens français comme une réussite canadienne-française et aux Anglais comme le type de Canadien français qui mérite d'être encouragé.

Ayant contribué au mythe de McDougald, j'en ai eu tellement ras le bol d'entendre dire que Desmarais prendrait la direction d'Argus dès que le croque-mort serait convoqué rue Toronto que j'ai décidé de faire circuler une solution de rechange incluant mon frère et moi, sans exclure Jackman. Le stratagème a réussi. En attirant l'attention des médias sur moi, j'ai cependant donné vie à une image, qui a dansé, vacillé et syncopé au fil des ans jusqu'à prendre des formes et des airs imprévisibles qui n'avaient souvent pas grand-chose à voir avec la réalité.

La chute de Saïgon en mai 1975 et la sujétion militaire du Sud Viêt-nam au régime de Hanoi m'ont déprimé. L'antiaméricanisme international remportait sa plus grande victoire. Les cris de joie de la gauche étaient assourdissants. Les puissances communistes et leurs sympathisants baignaient dans la gloire. Pis encore me semblaient les innombrables légions de ceux qui sympathisaient avec Hanoi simplement pour être dans le vent. Ils étaient omniprésents dans une ville aussi superficielle et matérialiste que Toronto. Je pouvais à la rigueur accepter le délire d'une gauche ardente et cadavéreuse, mais non pas des hédonistes ventrus qui faisaient le signe de la victoire de leur Mercedes et de leur BMW et se tapaient sur les cuisses dans les bars à vins et les trattorias de Yorkville.

Leurs jubilations burlesques, tandis que Nguyen Van Thieu fuyait du palais Tu Do vers le Surrey sous l'œil approbateur du monde et que l'opprobre accablait le minable Gerry Ford, occupé à distribuer des boutons contre l'inflation, me déprimaient.

Le chef du syndicat des enseignants du Québec, Raymond Laliberté (on le raillait fréquemment en entonnant l'air populaire américain *Freedom's just another word for nothing left to lose*) a demandé à son congrès annuel – et obtenu de ceux qui étaient responsables de la formation de la jeunesse dorée du Québec – une minute de silence athée en signe de gratitude pour « la libération communiste du Sud Viêt-nam ». Voilà où avait mené la Révolution tranquille post-duplessiste, même les libéraux à limousine de Toronto me semblaient acceptables par comparaison.

On discutera sans fin de la question de savoir si la politique du gourdin de Nixon et de Kissinger, qui les a conduits à menacer de reprendre le bombardement aérien du Nord Viêt-nam, aurait fini par dissuader les Nord-Vietnamiens de violer les Accords de Paris si l'exécutif du gouvernement américain ne s'était pas enlisé dans le scandale. Au moment où j'écris ces lignes, Nixon et Kissinger le croient certainement. Leurs arguments sont convaincants, mais ne me persuadent pas vraiment. Je soupçonne que le régime de Saïgon était trop corrompu et le Sud trop instable et trop fragile pour résister à l'offensive, même avec le soutien de l'aviation américaine.

Avec le temps, la populace a cessé d'applaudir le régime staliniste de Hanoi. Elle a été refroidie par la fuite désespérée de millions de réfugiés dont les chances de survie, passe encore d'atteindre une terre non promise d'abondance, étaient fort minces. (Quinze ans plus tard, j'ai critiqué Margaret Thatcher lorsqu'elle a proposé de déporter les *boat people* vietnamiens de Hong Kong. J'ai écrit dans le *Sunday Telegraph* que c'était une « politique diabolique ».) Les intentions américaines au Viêt-nam passent maintenant pour avoir été bienveillantes, même si leur jugement stratégique était fautif.

Je n'ai jamais douté que les forces de la répression échoueraient ni que le prestige des États-Unis, et surtout de leur présidence, serait restauré. Personne ne pouvait prévoir que les communistes s'effondreraient aussi vite, mais je n'ai jamais douté un instant de l'issue de la guerre froide. Au printemps 1975 cependant, les forces du bon sens et du bon goût, telles que je les percevais, passaient par une vallée de larmes.

En 1975, le chef de l'Opposition Robert Stanfield, trois fois défait par Pierre Trudeau (les élections de 1972 ont été virtuellement nulles, mais Trudeau a dominé le Parlement), a annoncé sa retraite. Un congrès a été convoqué pour l'élection de son successeur en février 1976. Claude Wagner me semblait candidat logique à la succession. J'étais resté en contact avec lui justement dans ce but. Je n'ignorais pas ses limitations, son irascibilité, sa superficialité et son indécision, mais mon but était de rétablir le bipartisme. Je ne voulais pas perpétuer le parti au pouvoir, une opposition officielle qui n'était qu'un ramassis de libéraux dissidents et une opposition non officielle geignarde. Pour remporter la victoire, les conservateurs devaient planter des racines au Québec. Ils avaient besoin, du moins contre Trudeau, d'un chef du Québec.

Claude Wagner était l'homme de la situation.

Étant le plus important contact de Wagner à Toronto, j'ai organisé un dîner en son honneur au Toronto Club. L'événement a attiré pas mal de monde. Douglas Bassett, Fred Eaton et moi nous sommes mis en frais de trouver des fonds et des appuis pour Wagner à Toronto. Nous avons créé l'illusion d'une machine politique bien huilée. C'était une fraude splendide. Douglas et moi avons pris l'avion pour Ottawa en mars afin d'établir des plans avec Wagner. Un blizzard terrible s'est abattu sur Ottawa et on a annoncé la fermeture de l'aéroport juste après notre arrivée. Nous avons l'un et l'autre ruiné de magnifiques chaussures de 150 $ en enjambant l'accumulation de neige pour monter dans les taxis et nous avons dû louer une voiture pour rentrer à Toronto dans des conditions très pénibles l'après-midi. Le lancement de la campagne revêtait des éléments de farce bouffonne, qui n'allaient que s'amplifier.

La première opération consistait à purifier les 300 000 $ versés à Claude Wagner pour le convaincre d'abandonner une seconde fois son poste de juge en 1972. J'ai suggéré d'en faire un fonds qui ferait des dons anonymes aux principaux rivaux de Wagner et d'exposer la situation en temps utile. Il allait de soi que le fonds serait plus tard renfloué. Ma proposition n'a pas eu l'air d'apaiser la paranoïa de Wagner sur les questions d'argent.

Il était évident que Wagner devait entrer dans la course et qu'il était un candidat solide. Aucun des aspirants de 1967 ne se présentait. John Diefenbaker, Davie Fulton, George Hees, Duff Roblin et Donald Fleming n'étaient pas en lice. L'ancien premier ministre de l'Ontario, John Robarts, ne se présentait pas non plus, ni Peter Lougheed, de l'Alberta. Bill Davis, successeur de Robarts, ayant dilapidé sa majorité à Queen's Park en 1975, n'était pas sollicité. Grâce surtout à l'attitude éclairée de Stanfield à l'égard du Québec, les conservateurs étaient assez disposés à se laisser convaincre des chances d'une percée au Québec. Le moment était propice à la victoire d'un chef conservateur présentable.

Le chef libéral Mackenzie King avait remporté la plus grande de ses sept victoires en 1940. Louis Saint-Laurent, l'« oncle Louis », avait remporté une victoire éclatante en 1949 à l'époque où les chefs aux tempes grises et à la mine avunculaire, comme Eisenhower, Churchill, Adenauer, Leslie Frost et Duplessis, étaient en vogue. John Diefenbaker a remporté une plus grande victoire encore en 1958, Pierre Trudeau une victoire moins absolue mais quand même considérable en 1968. Tous les dix ans, ou à peu près, le Canada se prosternait aux pieds d'un nouveau prétendant politique, brûlant d'être débarrassé de ses frustrations et de ses inhibitions de passager du train anglo-américain, mais ne voulant pas pour autant s'embarquer dans une aventure susceptible de compromettre les avantages de ces relations.

Le Canada avait beaucoup évolué, mais cette tendance était évidente avec R. B. Bennett en 1930, lors de la première élection de Mackenzie King en 1921, de la première élection de sir Robert Borden en 1911, et de celle de sir Wilfrid Laurier avant. Peu après la consécration d'un nouveau chef politique ou d'un chef recyclé, le désenchantement et la rancœur s'installaient. Dans un rituel de sacrifice tribal, le roi devait mourir (seulement politiquement, s'entend) et être remplacé par un nouveau messie instantané et éphémère.

Wagner était un orateur doué, un candidat très présentable, qui faisait toujours bonne impression, à première, deuxième et troisième vues. Comme le général Boulanger, Claude était d'abord extrêmement séduisant. Il se révélait à l'usage atrocement indécis et capricieux. Il ne se rappelait jamais d'une faveur et n'oubliait jamais un affront, fût-il imaginaire.

L'inconnu, c'était mon vieil ami Brian Mulroney. Il était pressé de se présenter par les plus chauds partisans et les plus puissants amis de Trudeau. Paul Desmarais, ancien client de Mulroney, Ced Ritchie, président du conseil de la Banque de Nouvelle-Écosse, Ian Sinclair, président du Pacifique Canadien, tous bons amis de Trudeau, exhortaient Brian à entrer dans la course. Les libéraux comptaient partager le vote québécois et pro-québécois entre Wagner et Mulroney et assurer la victoire d'un candidat qui ne pourrait menacer leur emprise sur le Québec.

Brian Mulroney, me semblait-il, était trop fin politique pour ne pas savoir qu'on tentait de l'utiliser et chercherait à tourner la situation en sa faveur. Je lui ai rendu visite à Montréal à l'été 1975. J'ai passé une agréable soirée à dîner chez lui avec sa femme Mila, personne charmante, intelligente et pleine d'assurance. J'ai encouragé Brian à se présenter en vue de se positionner pour la succession, comme John Turner chez les libéraux en 1968 et John F. Kennedy, qui avait sollicité la nomination démocrate à la vice-présidence avec Adlai Stevenson en vue de la lutte désespérée contre Eisenhower en 1956. Je lui ai dit qu'ayant donné ma parole, je devais soutenir Wagner jusqu'au bout même si je le tenais personnellement pour un bien meilleur ami.

Au pousse-café, avec autant de tact que j'ai pu, j'ai dit que je ne prenais pas sa candidature très au sérieux, sinon comme manœuvre d'obstruction des libéraux et chance d'avancement pour lui, et qu'il serait bien habile d'utiliser l'argent des libéraux pour devenir chef au prochain tour, si tout allait bien. Il avait peu de chances de remporter la victoire. Il n'avait pas de compétence démontrable et ne servait que de trouble-fête pour bloquer l'élection d'un prétendant sérieux à l'affection du Québec.

Wagner s'était fait élire deux fois au provincial et deux fois au fédéral. Il s'était distingué comme procureur général et ministre de la Justice du Québec pendant une période agitée. Il avait présidé à la fameuse «nuit de la matraque» durant laquelle la police a bâtonné les manifestants qui protestaient contre la visite de la reine Élisabeth à Québec en 1964. (J'étais à Québec ce soir-là pour la fête de l'Action de grâces. Le spectacle n'était pas agréable, mais je me suis plus tard habitué à voir la police battre les manifestants au Québec. Souvent quand j'étais étudiant à Laval, j'ai vu des policiers surgir du sous-sol de l'Assemblée nationale et se lancer à l'assaut des manifestants en criant. La formation de campagne de la police n'était guère impressionnante.)

Brian a exprimé, sans conviction, son désaccord avec mon analyse. Il croyait avoir de bonnes chances de l'emporter et pensait être à la hauteur de la situation. Il était difficile de faire la part de la vantardise, de l'alcool et du calcul dans ses propos. Il était et reste un compagnon de virée. Il était plus spontané, mais pas tout à fait détendu, avant de renoncer à la dive bouteille. Les bobards selon lesquels Brian Mulroney n'était qu'un ivrogne étaient fort exagérés cependant. Comme Duplessis en 1944, il a trouvé la volonté de corriger son alcoolisme.

Je connais Brian Mulroney depuis vingt-cinq ans. Il s'est toujours montré charmant, compétent, hautement motivé, loyal envers ses amis, rusé, et il a poursuivi sans relâche sa bonne étoile politique partout où elle l'a mené. En 1975, il était probablement le plus éminent avocat patronal du Québec. Il était membre de la commission d'enquête présidée par Robert Cliche sur l'agitation ouvrière au Québec. (Il m'a aussi donné le seul conseil juridique dont j'ai eu besoin pour remporter mes «causes». Il m'a dit d'inculquer aux femmes qui inséraient des encarts dans le *Sherbrooke Record* le mantra «nous sommes de la main-d'œuvre occasionnelle» pour qu'elles puissent le répéter devant la commission sur le salaire minimum.)

À l'époque, Brian se considérait encore sincèrement comme un déshérité de Baie-Comeau. Fils d'un contremaître de la papeterie du *Chicago Tribune*, il s'identifiait davantage avec les francophones que les anglophones, et plus avec la classe ouvrière qu'avec les fils de l'élite de Westmount. Il a rencontré ceux-ci pour la première fois par l'entremise de Michael Meighen, George MacLaren et Peter White à Laval et il a été en contact fréquent avec eux dans sa pratique du droit.

Brian avait envers l'argent l'attitude de qui n'en a pas, mais qui en a vu d'autres en disposer avec prodigalité. Il préférait le dépenser plutôt que l'accumuler, processus qu'il avait tendance à trop simplifier du reste. En politique, il avait à l'égard de l'argent l'attitude de qui est arrivé à l'âge adulte à la fin du régime Duplessis alors que les fruits d'un long séjour au pouvoir étaient distribués avec largesse. Brian avait un cœur d'ouvrier, mais le goût des riches. Son optimisme irrépressible et sa bonhomie, son amour de l'intrigue et son aptitude à pénétrer la pensée des deux camps dans un différend ouvrier-patronal l'équipaient merveilleusement pour sa fonction, mais, comme la plupart des membres de sa profession, il avait parfois tendance à se tromper du côté de la générosité avec l'argent de l'employeur (c'est-à-dire du client).

Depuis les Jeunes pour Diefenbaker, alors qu'il avait tant impressionné Ted Rogers et Hal Jackman près de vingt ans auparavant, Brian n'avait pas cessé de s'occuper avec frénésie des affaires du Parti conservateur. Il était de tous les congrès, recueillait de l'argent, appuyait les causes perdues et s'immisçait dans les intrigues les plus obscures de l'Opposition éternelle et factieuse. Il s'est ainsi mêlé du fonds de Claude Wagner et il est ainsi devenu l'un des militants les plus en vue du Parti conservateur.

Brian aspirait depuis des années à être le sauveur des conservateurs au Québec. L'arrivée de Wagner, qu'il a facilitée avec empressement, pouvait mettre fin à de tels espoirs. Le rejet de Wagner, assez prévisible avec l'assaut bien nanti de Brian contre ses sources naturelles de soutien, pouvait très bien établir Brian comme l'homme de demain. Brian n'a jamais très bien réussi à expliquer – du moins à moi, même après l'avoir fait boire abondamment – pourquoi il était conservateur, au-delà de la tradition familiale et du fait que le parti était une argile plus malléable, un terrain plus propice à son avancement que le Parti libéral. L'idéologie n'y était certes pour rien. Brian avait semblé content de se faire le promoteur de Wagner, son aîné de quatorze ans, mais quand Wagner n'a mené aucun changement sensible dans la position des conservateurs au Québec en 1972, il n'a pu résister à la tentation de se lancer lui-même en politique.

Vu son ambition, il aurait été fou de ne pas entrer dans la course. Sa campagne a été plutôt fade. Elle a montré que Brian faisait peu de cas de l'obligation de «mener le pays», comme il disait avec mépris de l'exercice du pouvoir. À trente-cinq ans, n'ayant jamais fait face à l'électorat, Brian n'était pas une solution de rechange plausible à Trudeau. Il était beaucoup plus superficiel même que Wagner. La légèreté de ses positions déconcertait ses amis, dont j'étais. Je voulais qu'il réussisse, mais l'idée de le voir chef du parti me paraissait farfelue à l'époque. Il s'est quand même assez bien classé dans la course. Hélas ! il a commencé à boire l'eau de son bain. Il a réagi vivement au moindre indice d'hésitation de ses amis.

Rentrant chez lui à Montréal (les hauteurs de Westmount, devrais-je dire) après le congrès, il a trouvé des cadeaux de quelques vieux amis pour son nouveau-né. Fâché que ni l'un ni l'autre ne l'ait appuyé, il s'est mis à donner des coups de pied sur les boîtes et les a jetées à la rue. J'ai toujours trouvé les caprices de Brian plutôt attachants, y compris ses violents accès d'égoïsme. La plupart des politiciens y sont enclins, sinon comment pourraient-ils passer leur temps à demander présomptueusement aux gens des faveurs qui les incommodent.

Les techniques politiques personnelles n'avaient pas de secrets pour Brian – comment se positionner en toute circonstance vis-à-vis de relations utiles, comment se rendre serviable et s'insinuer dans les bonnes grâces de quiconque pouvait lui être de la moindre utilité, comment arracher et amplifier des commérages, comment se mettre en valeur partout et toujours. Ses talents de ce côté dépassaient de loin son aptitude pour l'administration. Il savait très bien comment avancer, mais il ne savait pas très bien quoi faire une fois arrivé au but.

Il s'est acquitté honorablement et avec compétence, pourrait-on dire, des positions qu'il a occupées, de directeur de la Standard Broadcasting à celle de premier ministre du Canada, qu'il ait affaire à un seul client ou au pays tout entier. Son talent pour l'hyperbole, son bagou et son habitude de prendre ses rêves pour des convictions ont cependant toujours eu quelque chose de troublant. Brian avait une admiration sincère pour les États-Unis. C'était même un mordu de la politique américaine, mais autrement, sa philosophie de gouvernement se limitait à des platitudes sur les relations anglo-françaises et la collaboration ouvrière-patronale. C'était assez mince pour qui aspire à devenir premier ministre. Pour être bon ami, agréable, intéressant et enrichissant, il n'est pas nécessaire d'être politicologue de génie. C'est en tant qu'ami raisonnablement fiable et combinard politique plutôt qu'homme d'État que j'ai connu Brian Mulroney.

Si j'ai aidé Brian, je me suis surtout employé avec Douglas Bassett, Fred Eaton et Steve Roman à solliciter des fonds et des appuis pour Wagner dans la région de Toronto. Nous avons versé une contribution personnelle, quoique pas aussi fabuleuse que Douglas et moi l'avons laissé entendre en blaguant dans une interview avec l'ancienne ministre du cabinet Pearson, Judy LaMarsh, tout de suite après le congrès. J'ai travaillé étroitement avec Hugh Segal et John MacNaughton pour bâtir l'organisation de Wagner dans le sud de l'Ontario. Comme Douglas Bassett l'a discrètement fait remarquer à Wagner après coup, quand Wagner s'est trouvé à court d'argent la veille du congrès : «Nous sommes ceux que tu as appelés quand tu as eu besoin d'une dernière tranche de 10 000 $ et tu l'as eue.»

J'ai pris l'avion avec John Robarts pour me rendre au congrès en février 1976. Je suis allé présenter mes respects à l'organisation de Wagner et à celle de Mulroney en arrivant sur les lieux.

Steve Roman et moi avons participé à la négociation d'une entente engageant Claude Wagner, Jack Horner, Paul Hellyer et Sinclair Stevens à se ranger derrière le plus fort d'entre eux à mesure que le scrutin rétrécirait la liste des candidats. Les fonds que nous avons recueillis pour ces candidats leur ont été remis à cette condition. Je ne connaissais pas Stephen Roman auparavant. J'ai vite appris à apprécier sa façon rude, terre à terre, et ultra-conservatrice de traiter avec les gens et les choses. Lorsque je lui ai parlé pour la première fois, je l'ai interrogé sur Jan Masaryk et Eduard Benes. Stephen a répondu que c'était des «putes». Je n'ai plus jamais confondu les Tchèques et les Slovaques. Nous avons eu le plaisir de soutenir plusieurs causes politiques et religieuses ensemble par la suite.

Mon vieil ami Heward Grafftey était candidat à la direction du parti, mais il n'a recueilli que quelques voix de ses «fantassins». Il a été soumis aux techniques de financement politique personnalisées de Stephen. Faisant voltiger son stylo au-dessus de son carnet de chèques du compte en fiducie, Stephen a interrogé Grafftey. Il a inscrit la date et même signé le chèque avant de noter le montant. Heward n'a pas excellé à l'examen. Il a refusé d'adhérer à l'entente que nous avions conclue avec les autres et n'a obtenu qu'une contribution symbolique de Stephen.

Très vite, j'ai compris que les délégués n'éliraient ni Mulroney ni Wagner, le premier parce qu'il était trop inexpérimenté et ne payait pas de mine et le second parce qu'il répondait avec une moue aux questions soulevées par son fameux fonds de soutien de 1972 et à cause de son inclination à lancer la police contre les manifestants.

Peter White a le dernier fait mouche sur le fonds de soutien, portant à Wagner un coup mortel. Il a laissé entendre que Wagner n'était pas tout à fait honnête à propos du fonds. Wagner a répondu avec le mélange habituel de bravade insensée, d'apitoiement sur lui-même et de manque total d'imagination. Peter a raconté l'histoire au reporter gauchisant Bob Mackenzie, correspondant québécois du *Toronto Star*, qui l'a étalée en manchette à la une le jour de l'ouverture du congrès. Peter a parlé d'une valise d'argent, dont il a pris livraison chez Eddie Goodman. Elle ne contenait que 15 000 $ et était destinée à des fins légitimes pour la campagne de Wagner, mais Peter a finement insinué le pire.

J'ai fait de mon mieux auprès de Mackenzie pour limiter les dégâts, mais avec un candidat qui devenait catatonique dès que la presse l'approchait, c'était difficile. Je n'étais pas prêt non plus, pour des raisons évidentes, à attaquer Peter personnellement. En fait, il n'y avait rien de répréhensible à propos du fonds que Brian et Peter avaient contribué à recueillir. Wagner était tout simplement incapable de l'expliquer. J'ai demandé à Bud McDougald si le fonds de Wagner le gênait. «Bon Dieu, non! a-t-il répondu. Ce sont les politiciens qui n'acceptent pas de pots-de-vin qui m'effraient.» Il ne servait à rien d'expliquer à un cynique comme McDougald qu'il ne s'agissait pas d'un pot-de-vin. Quand on lui demandait des contributions politiques, McDougald avait l'habitude de refuser, disant : «J'ai toujours trouvé plus efficace et plus économique d'acheter carrément les politiciens. Ce n'est pas très difficile, vous savez.»

Le discours de Wagner la veille du scrutin n'était pas moins brillant que celui qu'il avait fait au congrès libéral du Québec six ans auparavant. Mulroney a fait un mauvais pastiche de lieux communs de collégiens avec des airs de John Kennedy.

Paul Hellyer a été encore plus désastreux et il a été copieusement hué. Deux questions restaient en suspens : l'une était de savoir lequel de Joe Clark ou de Flora Macdonald réussirait à émerger comme le champion des forces anti-Wagner (j'ai pensé que Joe avait remporté ce duel lorsqu'il a prétendu ressembler physiquement à sir John A. Macdonald, faisant ainsi de son apparence physique un atout politique). Sinclair Stevens a été le seul de notre groupe à nous faire faux bond. Paul Hellyer et Jack Horner ont tenu parole, mais Sinclair s'est rangé dans le camp de Clark, lui donnant probablement la marge nécessaire à la victoire. La seconde question était de savoir si ce candidat ascendant parviendrait à arrêter Wagner, comme j'en avais peur. Joe Clark a réussi les deux coups.

Joe l'a emporté par 1 187 voix contre 1 122, devançant Brian au troisième tour. Brian n'a pas eu à trancher au dernier tour puisque Wagner, rancunier comme toujours, avait décidé qu'il ne pouvait être délégué du Québec. Brian s'est classé troisième, en bonne position pour devenir le prochain chef. Il s'était taillé en six mois une place que les politiciens n'atteignent en général qu'au bout d'années, voire de décennies, de travail de Romain au Parlement et sur les tribunes électorales et il était libre de retourner au secteur privé avec un prestige grandi.

Brian d'abord n'a pas semblé apprécier sa bonne fortune. Il n'a cependant pas semblé m'en vouloir d'avoir appuyé Wagner.

Le clou du congrès pour moi, c'est quand Gisèle Wagner, cédant à je ne sais quel inimaginable élan, m'a donné un vigoureux baiser (le premier et le dernier) devant les caméras de la télévision de Fred Langan, de la CBC. Ou encore quand John Diefenbaker, dans sa péroraison, a prétendu que Trudeau avait annoncé à Moscou que les États-Unis posaient une menace militaire pour le Canada. Le vieux a été très en évidence au congrès et il a soutenu Wagner jusqu'au bout. J'ai eu quelques conversations amusantes avec lui au cours desquelles il a ressassé ses souvenirs de Duplessis et du cardinal Léger. (Il m'avait été d'un grand secours quand j'ai mis le cardinal Léger en nomination pour le prix Nobel en 1972.)

Les fanfares se sont tues, les délégués sont partis et les conservateurs ont dû faire face aux conséquences d'avoir élu Joe Clark à la tête du parti. Quand j'ai reparlé à Mulroney environ un mois plus tard, je lui ai dit que je pensais qu'il serait favori pour l'emporter au prochain congrès. Je ne croyais pas que Joe Clark durerait et je soupçonnais que Claude Wagner durerait encore moins longtemps. Mes deux candidats ont bien réussi et mes prédictions se sont réalisées, quoique Joe ait semblé un instant vouloir durer.

Depuis le congrès de Sherbrooke qui avait élu Maurice Duplessis à la tête des conservateurs du Québec pour succéder à Camillien Houde avec l'appui tacite de L.-A. Taschereau en 1933, les libéraux n'avaient jamais cherché à influencer un congrès conservateur comme ils l'ont fait en soutenant discrètement la campagne de Mulroney. Leurs efforts ont semblé réussir provisoirement : Mulroney a empêché Wagner de l'emporter et Trudeau a survécu politiquement, quoique avec peine, jusque dans les années 80. Wagner aurait balayé le pays en 1979 et Donald Macdonald aurait remis les libéraux au pouvoir après un intermède conservateur de style Diefenbaker.

Les amis de Trudeau pensaient utiliser Mulroney comme Taschereau pensait utiliser Duplessis en 1933, mais Mulroney (comme Duplessis) les a déjoués.

En même temps que le congrès, ma famille passait par d'atroces épreuves. En septembre 1975, nos pires craintes ont été confirmées. Ma mère était atteinte de cancer du foie au stade terminal. Elle a tenu le coup de façon admirable. Elle est restée d'un calme majestueux et imperturbable et elle a dépassé les prévisions des médecins, mais je n'ai jamais rien éprouvé de plus déprimant. Dans l'abstrait, peut-être aurait-il été possible de suivre philosophiquement le progrès de son impitoyable maladie et de voir même sa jaunisse comme un processus naturel inexorable tel que la chute des feuilles d'automne. Je ne pouvais pas. Le spectacle de cette femme énergique, toujours si active, lentement, cruellement affaiblie par cette terrible maladie, fendait le cœur.

Pendant dix jours, après Noël, j'ai accompagné mes parents et une infirmière très expérimentée aux Bermudes. Ma mère n'y était jamais allée et brûlait de voir l'île. Nous nous sommes promenés partout en voiture. Nous prenions nos repas à la chambre et nous nous délassions. J'ai corrigé les épreuves de quelques chapitres de mon ouvrage sur Duplessis, qui était presque prêt pour l'impression, et j'ai beaucoup joué aux échecs avec mon père. J'ai gagné vingt-cinq parties de suite. Il a réglé nos enjeux en disant sur un ton solennel : «Je considère que c'est une distribution de mes biens!» Il n'avait rien perdu de son bagou. «Le petit soldat poursuit sa marche», a-t-il dit pathétiquement en avançant son dernier pion. Notre retour des Bermudes sur l'avion d'Argus, un Falcon que McDougald avait tapissé de ses armoiries (même si sa part de l'avion était plus petite que la nôtre), a été retardé de deux jours parce que l'avion devait emmener Doris Phillips, sa maisonnée et ses chiens de Toronto à Palm Beach.

Ma mère et moi n'avions jamais eu beaucoup de mal à communiquer. Nous n'avions donc pas d'explications à nous donner, d'excuses à nous faire, ni de choses à éclaircir entre nous. Elle s'inquiétait de mon père, mais prétendait avoir une grande confiance en mon frère et en moi. Elle avait vécu comme un oiseau dans une cage dorée avec un mari sédentaire et peu serviable, mais sa famille était toute sa vie et elle mourait sereinement. Le souvenir le plus vivace que je garde d'elle et qui ne cesse de m'inspirer, c'est sa partialité ardente à notre égard. La force de son exemple est décuplée par sa fin déchirante. Nous nous sommes parlé pour la dernière fois deux jours avant sa mort à la maison. Elle n'avait plus que de rares moments de lucidité. Nos derniers mots ont été intenses, difficiles, et brefs, mais nous nous sommes au moins dit au revoir. C'était réconfortant, pour moi en tout cas.

Elle est morte au petit matin du 19 juin 1976. Je suis retourné chez mes parents moins d'une heure après sa mort. Ses restes avaient déjà été emportés. J'ai tenté de dire à mon père quelques mots d'encouragement : « Il faut tourner la page, etc. » Mais je n'ai guère eu de succès. Mon frère et moi avons acheté le lot le plus en vue au cimetière Mount Pleasant. Papa s'est dit soulagé qu'elle soit à bonne distance de Mackenzie King, heureux qu'elle soit enterrée près de J. Y. Murdoch, fondateur de Noranda Mines, mais désolé d'apprendre qu'elle serait voisine de la femme d'un ancien concurrent, où le veuf serait un jour enterré. « J'ai toujours aimé et respecté Jim Murdoch, a-t-il dit, mais s'il faut que je passe l'éternité à côté de cet autre mécréant, je n'irai pas. »

Il n'était pas assez fort pour assister aux funérailles. Il a vu l'enterrement à travers des lunettes fumées, comme un chef de la mafia, de la banquette arrière de sa voiture, conduite par son factotum catalan.

De retour à la maison, il a reçu quelques invités à l'étage. Finalement, alors qu'il ne restait plus à la maison que quelques parents et amis, il est descendu et s'est courageusement efforcé de paraître amusant, talent qui ne l'abandonnait pas même à une heure aussi triste. À Douglas Bassett, qui lui demandait s'il avait l'intention d'aller en voyage au cours de l'été, il a répondu qu'il rendrait effectivement visite à son dentiste, rue Yonge, à la fin de juillet.

Son propre état était alarmant, physiquement et psychologiquement. La mort de ma mère l'avait bouleversé. Les tendances de mon père à la mélancolie et à la solitude se sont accentuées, de même que son sentiment d'impuissance du fait qu'il avait du mal à se déplacer et que sa vue baissait. Je me suis entendu avec mon frère pour le visiter fréquemment et tenter de le remonter. Sans trop insister, je me suis mis en frais de détourner sa pensée vers d'autres horizons.

Le 28 juin, mon frère est venu me dire qu'il avait passé une soirée très pénible avec lui la veille. Papa était très bas et en proie à de noires pensées. Il semblait ne plus avoir le goût de vivre. Mon frère m'a demandé si je pouvais faire quelque chose. Je soignais un gros rhume d'été, mais je suis quand même allé le voir en début de soirée le 29 et j'ai fait de mon mieux.

En survivant à ma mère, lui ai-je dit, il lui avait au moins épargné la tristesse qu'il vivait maintenant. Après tout ce qu'il avait accompli et enduré, surtout cette dernière grande épreuve, sa vie gardait un sens et il n'y avait pas de véritables limites au bonheur qu'il pouvait encore vivre ou recréer s'il arrivait à surmonter la tristesse des derniers jours. Je lui ai dit que si son moral devenait trop bas, cela ne lui ferait aucun tort de consulter un psychologue, et que cela pourrait même lui être bénéfique.

Il n'a pas accueilli ma suggestion avec enthousiasme. Il était de la génération qui jugeait de telles démarches humiliantes, voire stigmatisantes. Après sa mort, j'ai découvert dans sa bibliothèque des livres sur la tristesse dont il avait lourdement souligné certains passages. Ce fut la seule preuve, et posthume encore, de son combat vaillant, mais inutilement solitaire, pour venir à bout d'un phénomène qui affecte beaucoup de gens et pour lequel des secours sont disponibles. Puisqu'il était absolument inébranlable dans sa perception matérialiste de notre « société pécuniaire » et porté à des remarques narquoises du genre « moyens de subsistance invisibles, Dieu est l'œuvre la plus noble de l'homme », il était inutile de lui suggérer des voies de réconfort déistes.

J'ai cru néanmoins l'intéresser, surtout lorsque je lui ai suggéré de coordonner nos lectures de manière à pouvoir en discuter. Il a bien réagi à ma suggestion et il est parti chercher le livre qu'il venait de commencer, un livre d'humour de H. Alan Smith. Je l'ai regardé monter l'escalier circulaire qui mène de la serre au hall d'entrée. Il avait une formule qu'il avait cultivée pendant des années lorsqu'il se couchait très tard. Il déclamait *Ozymandias* de Shelley à raison d'un vers par marche. Il ne le faisait pas dans le jour, mais je l'avais soutenu plusieurs fois pour l'aider à monter. C'est ce à quoi je pensais lorsqu'un craquement terrible m'a fait sursauter. J'ai vu mon père traverser la rampe et s'écraser au sol trois mètres plus bas.

Le Catalan et moi sommes arrivés en même temps auprès de lui. Nous avons transporté mon père dans la bibliothèque et l'avons étendu sur un divan. Il n'était pas très cohérent. Même s'il y avait un peu de sang, il n'y avait pas signe de blessure grave. J'ai appelé une ambulance, le médecin qui était notre voisin et mon frère.

Mon père, reprenant ses sens, a dit qu'il avait perdu l'équilibre et n'avait plus envie de vivre. L'ambulance l'a transporté à l'hôpital général de Scarborough où une vieille dame grincheuse a du céder sa chambre au nouveau patient. Durant tout le temps que j'ai passé à l'hôpital, elle rouspétait parce qu'elle avait été déplacée dans le couloir. Les médecins et les infirmiers l'ont assurée qu'il s'agissait d'une urgence et qu'elle retrouverait bientôt sa chambre, mais ils n'arrivaient pas à l'apaiser.

Mon père et moi avons eu une brève conversation, histoire de combler le fossé des ans qui sépare un homme de son fils. Il m'a remercié d'avoir été «un bon fils». Nous avons eu un échange de mots très touchants. Je m'efforçais de paraître optimiste en paroles et en pensées, mais il avait subi un choc terrible et n'avait plus envie de vivre. Il a commencé à perdre connaissance par intermittence. Le médecin m'a appelé hors de la chambre et m'a prévenu qu'il ne survivrait probablement pas à l'accident. Je suis rentré à la maison, doublant la Rolls Royce Phantom V de Bud McDougald, avenue Lawrence. Bud était assis sur la banquette arrière. Je me suis servi un scotch foncé et me suis installé pour regarder un film de Charlie Chan. Chan montait à bord du *Queen Mary* quand le médecin a rappelé. Mon père était mort.

Je suis allé chez mon frère. Nous nous sommes assis face à face. Il m'a regardé, stupéfié. «Doux Jésus! Nous sommes orphelins!» s'est-il exclamé. Nous avons pensé faire à mon père des funérailles intimes, mais à la suggestion bien avisée de ma belle-sœur, nous avons résolu de recréer ses jours de gloire. Pour tenir les cordons du poêle, j'ai recruté Bud McDougald, E. P. Taylor, Nelson Davis (un vieil ami qui fuyait la publicité, mais dont Peter Newman venait de révéler qu'il était l'un des hommes les plus riches du Canada), Charlie Gundy, Max Meighen, Bruce Matthews, Alex Barron, et même John Bassett, qui a répondu à son fils Douglas lorsqu'il le lui a demandé qu'il n'avait pas «vu George Black depuis dix ans». Il a quand même accepté. Grace Church était presque remplie le 2 juillet 1976. Nous avons chanté la version religieuse de *Danny Boy*, *My Own Dear Land*, *O God Our Help in Ages Past* et *The Battle Hymn of the Republic*. La cérémonie, fort émouvante, a été couronnée à l'enterrement par la prière des industriels que j'avais entendue pour la première fois lorsque nous avions assisté en 1975 à une messe de souvenir pour Neil McKinnon, l'ancien président de la Banque de commerce. «Dieu, miséricorde pour ceux qui T'ont bien servi en enrichissant le commerce de la nation.»

En guise de solidarité avec Bud McDougald, je lui ai conféré dans le programme des funérailles le titre mineur de porteur en chef. Sa conversation avec E. P. Taylor, dans la salle à manger après les funérailles, a rappelé à Brian Stewart la rencontre de L. B. J. et du général de Gaulle aux funérailles de J. F. K. Au moment de partir, Bud a donné à mon frère et à moi sa fameuse poignée de main à quatre mains, que mon frère, faisant allusion à la course de carrosse à quatre chevaux commanditée par McDougald à l'Exposition royale d'hiver, avait baptisée le «Green Meadows Four-in-hand».

Je suis allé voir McDougald avec mon frère à Green Meadows dix jours plus tard. Il n'était pas question que nos associés de Ravelston exercent leur droit d'acheter nos actions. Bud McDougald nous a reçus très gentiment. C'était un personnage élégant et considérable. L'appui qu'il prodiguait à des jeunes de notre rang était inestimable. Son amitié, quoique tiède et jamais assurée, était appréciée et, s'il est besoin de le dire, réciproque. Il nous a laissé le soin de partager les titres de mon père aux conseils d'Argus, de Ravelston, de Dominion Stores et de Standard. Mon frère et moi avons décidé que je siégerais au conseil d'administration d'Argus et de Ravelston et que mon frère siégerait aux autres.

Le rapport du coroner, obligatoire en cas de mort accidentelle, faisait état d'« accident dans la maison ». On a dit privément qu'il pouvait avoir été causé par une attaque d'arthrite au genou qui l'a fait basculer par-dessus la rampe d'escalier. De toute évidence, je préférais cette explication à celle du suicide. Papa avait dépéri lentement, presque aussi cruellement que maman, mais son état n'a pas été diagnostiqué aussi clairement. Ils sont morts presque symétriquement selon la formule classique : « longue maladie, morte tranquillement à la maison » dans le cas de ma mère et « mort soudaine » dans le cas de mon père.

J'éprouvais de vifs sentiments de tristesse, de solitude et d'injustice. Je me disais en même temps que nos parents en avaient mis juste assez en place pour nous permettre de bâtir quelque chose de substantiel et d'extraordinaire, en continuité avec leur œuvre. Je soupçonne qu'ils auraient pu prévoir ce qui allait arriver et qu'ils en aurait tiré beaucoup de satisfaction. Comme a dit ma mère à propos de la mort de ses parents, c'était comme de « fermer la porte de la chambre d'enfant ».

Chapitre 6

Financier en attente (1976-1978)

Quelques semaines après les funérailles de mon père, je suis allé en Europe afin de me reposer et de reconstituer mes forces dans les plus grandes stations balnéaires françaises.

Un soir, après avoir dîné dans les Pyrénées, près de Pau, je me suis installé à Biarritz avec des amis pour une longue nuit d'Armagnac et de réminiscences. Nous habitions l'hôtel du Palais, résidence d'été de Napoléon III et d'Eugénie, que j'avais visité une première fois en 1963 alors que le duc de Windsor et l'empereur d'Éthiopie s'y trouvaient. Nous sommes allés nous coucher aux petites heures du matin, traversant en titubant le hall de l'hôtel où Édouard VII avait fait prêter serment au premier ministre Herbert Henry Asquith en 1908. (À cette auguste époque, il ne serait pas venu à l'idée du monarque d'interrompre ses vacances de débauche simplement parce que le premier ministre en exercice, sir Henry Campbell-Bannerman, était forcé de démissionner pour cause de maladie.)

Le lendemain matin, je me sentais comme «une jambe amputée», pour emprunter l'expression d'un ami. J'ai lentement rétabli mon métabolisme en passant près de cinq heures debout dans les vagues de l'Atlantique. J'ai exprimé à mon ami, M. Lafarge, le concierge de l'hôtel, mes regrets pour nos excès de la veille, formulant l'espoir que ses collègues n'étaient pas trop «scandalisés». Il a fait mine de ne pas comprendre. «J'ai vu les têtes couronnées d'Europe tomber ivres mortes dans la fontaine et traverser le hall à quatre pattes, m'a-t-il dit. Je vous prie, monsieur, de ne pas utiliser le mot "scandale" à la légère.»

Avec son long nez pointu et ses yeux vifs et alertes, M. Lafarge me faisait penser à Duplessis. Il était très fier de son effort de guerre. Barman en chef au casino de Biarritz, il s'était donné pour mission de pousser les officiers allemands à boire. Il se vantait d'avoir corsé les boissons de l'état-major régional dans la nuit du 5 au 6 juin 1944, paralysant ainsi le commandement ennemi par une épidémie de gueules de bois.

Je suis rentré à Toronto administrateur d'Argus, prêt à jouer mon nouveau rôle de «financier».

En octobre, John Craig Eaton m'a invité à le rencontrer à son bureau. Les quatre frères Eaton m'y ont accueilli, plutôt cérémonieusement. Pensant faire un mot d'esprit, j'ai dit spontanément : «J'accepte!» Ils m'ont effectivement invité à devenir administrateur d'Eaton. Sans m'enquérir davantage de la situation de l'entreprise, j'ai dit : «Naturellement, votre invitation m'honore et naturellement, j'accepte.» La vénérable T. Eaton Company, qui était une grande marque de commerce, était en difficulté parce que ses propriétaires avaient tout misé sur le Centre Eaton, à Toronto.

C'était un coup d'audace. Le Canada étant le pays qu'on connaît, je n'ai pas tardé à me faire dire qu'Eaton courait à la faillite et que le centre Eaton serait un fiasco. Le centre a au contraire remporté un succès instantané. La population de Toronto, contrairement à ce qu'on croyait, aimait que les magasins restent ouverts jusqu'à neuf heures du soir en semaine. J'ai su pour la première fois (indirectement) ce que c'était que de risquer le tout pour le tout et de gagner. Voir son intuition confirmée n'est pas moins agréable que de s'enrichir. Le premier élément, du reste, mène inévitablement au second.

Les Eaton ont décidé de prendre leurs affaires en main, peut-être pour la première fois depuis la mort de sir John Craig Eaton en 1922. Ils s'y sont consacrés avec leur grâce et leur détermination coutumières et ont tôt fait de rétablir le nom et la fortune de la famille. Quand ils ont remercié le vice-président qui avait dirigé la campagne de publicité inspirée par le slogan «Chez Eaton, vous êtes plus que bienvenu», Fred Eaton lui a dit : «Chez Eaton, vous n'êtes plus le bienvenu!»

Mes sympathies vont naturellement du côté du propriétaire, qui risque son argent. Souvent j'ai vu des gestionnaires non propriétaires s'employer à protéger leur position, développer la société imprudemment et améliorer leur propre situation financière indépendamment du rendement de l'entreprise. Le propriétaire gestionnaire accepte la responsabilité de ses actions, les conséquences de ses erreurs et la récompense de ses bons coups. La responsabilité commence littéralement avec lui. J'ai toujours eu du plaisir à voir les fils de grandes familles multiplier leur fortune d'une façon qui fait mentir les caricatures de la gauche. J'ai eu moins de plaisir à voir dissiper de nouvelles fortunes, contredisant néanmoins la conviction de la gauche selon laquelle les riches (inévitablement) s'enrichissent (comme si c'était un mal).

Il n'y a pas, et ne doit pas y avoir, de filet de sécurité pour les riches. Les Eaton, Weston, Bronfman, Thompson, Jackman, McCutcheon et autres ont fait fructifier le bien dont ils ont hérité. Qu'ils aient eu de riches antécédents ne leur enlève pas leur mérite. Cela devrait plutôt inspirer ceux qui aspirent à la continuité et veulent éviter le cycle de déchéance de la fortune en trois générations. La permanence des grandes familles de mérite ne signifie pas non plus que leur cercle n'admet pas de nouveaux venus. Paul Desmarais, les frères Reichmann, Ted Rogers, Jimmy Pattison et bien d'autres ont pu prendre leur place parmi les chefs de file de la haute finance sans être gênés le moins du monde par les familles « établies ».

C'est un mythe de la gauche, et un motif constant d'envie au Canada, que le succès de l'un suppose l'échec ou l'exploitation de l'autre. Notre système économique n'est pas fondé sur un conflit entre riches et pauvres ni sur un jeu à somme nulle. C'est un processus dynamique : plus il y a de joueurs, plus l'argent circule et plus nous sommes prospères, pourvu que le cadre législatif et réglementaire s'y prête.

Pour m'établir comme acteur crédible de premier plan dans le monde de la finance, je me suis mis en frais d'en réaliser le critère essentiel : accéder au conseil d'administration de l'une des grandes banques du Canada. J'ai conçu l'idée de convaincre mon bon ami Bill Twaits, président du conseil d'Imperial Oil et vice-président du conseil de la Banque royale, que je pourrais jouer un rôle utile à la Banque royale. Puisqu'il ne convenait pas que je plaide ma propre cause, j'ai engagé mon vieil ami John Hull, qui avait beaucoup travaillé pour mon père et collaborait étroitement avec Twaits au Conseil national des chefs d'entreprises, de le faire pour moi.

(Je ne savais pas à l'époque que les administrateurs de banques dirigent en général leurs affaires plus efficacement que les banques et que les réunions des conseils d'administration baignent dans un surréalisme prétentieux.)

Bill Twaits a été à la hauteur de la tâche. Il a talonné le président de la Banque royale, Earle McLaughlin, jusqu'à ce qu'il m'invite à déjeuner avec quelques-uns de ses administrateurs et de ses cadres et me propose de faire partie de son conseil. Par déférence, j'en ai informé Bud McDougald, qui en voulait à la Banque royale d'avoir financé la tentative de Power Corporation de prendre la direction d'Argus. Il est monté sur ses grands chevaux et m'a interdit d'accepter l'invitation de McLaughlin sous prétexte que la Banque royale était une institution hostile.

Je n'avais pas prévu sa réaction. Je lui ai fait valoir que je pouvais rebâtir nos relations avec la banque, dont Taylor, Phillips et Meighen avaient été administrateurs, mais il est resté inflexible. J'ai dit que je tenais à être administrateur de banque et que la Banque royale était la seule à me l'avoir proposé. Il a répliqué qu'il pouvait sur-le-champ susciter une invitation de la Banque de commerce. J'ai noté que, selon McLaughlin, je ne pouvais me joindre au conseil de la Banque de commerce parce que la Loi sur les banques interdisait que plus de 25 % des administrateurs d'une société ouverte soient administrateurs d'une même banque.

« Je n'ai pas de leçons à prendre d'Earle McLaughlin à propos de la Loi sur les banques », a rétorqué McDougald. Il a dit qu'il porterait le nombre des administrateurs d'Argus de 16 à 21 pour me permettre d'accepter la proposition de la Banque de commerce. (McDougald, Thornbrough, Fairley et Alex Hamilton, président de la Domtar, étaient administrateurs d'Argus et de la Banque de commerce.) Il a ajouté qu'il me consulterait sur les cinq nouveaux administrateurs d'Argus, mais que si j'allais à la Banque royale, je ne serais pas réélu administrateur d'Argus.

J'ai dû céder. J'ai refusé à regret l'invitation de McLaughlin et remercié Bill Twaits de ses efforts en leur exposant mon dilemme. (L'un des successeurs d'Earle, Alan Taylor, m'a dit que je n'étais que le deuxième à décliner une telle invitation. Je l'ai fait à contrecœur. Je crois que l'autre était John Robarts.) Russell Harrison, le nouveau président de la Banque canadienne impériale de commerce, m'a téléphoné dès le lendemain de ma prise de bec avec McDougald et m'a demandé ce que je faisais pour déjeuner. Je lui ai répondu que je comptais évidemment déjeuner avec lui. Nous avons noué dès lors une relation très agréable, et parfois étroite.

Comme administrateurs d'Argus, Bud a proposé l'un des frères Eaton, supposant (à bon droit) que je lui recommanderais Fred (qui a accepté «avec reconnaissance et humilité»), Harry Edmison et Jim Wright, depuis longtemps secrétaire et trésorier d'Argus, Trumbull Warren, et Charles «Bud» Baker. Trumbull était colonel honoraire du 48e régiment des Highlanders, président du conseil de Rheem of Canada, président de l'Exposition royale d'hiver, et ancien aide de camp du maréchal Montgomery. Je le connaissais à peine, mais je pensais qu'il serait excellent administrateur. Je ne pouvais imaginer combien il serait utile, perspicace et inestimable.

Je connaissais Bud Baker depuis des années. Il avait succédé à E. P. Taylor à la présidence du Jockey Club et avait été propriétaire d'une agence de publicité extérieure. C'était un homme respecté. McDougald le proposait parce qu'il avait un jour tenu la queue d'un cheval pendant une traversée aérienne de l'Atlantique, empêchant l'animal de faire un trou dans la carlingue de l'avion. J'aimais Bud Baker, mais je craignais que le conseil devienne trop patricien et trop distant des milieux de la finance et de l'industrie. J'ai ajouté que le titre qu'il invoquait en faveur de Baker me semblait farfelu considérant la tâche qui était devant nous.

J'ai plutôt suggéré Nelson M. Davis, riche patron d'une pléthore de petites et moyennes entreprises et ami de Bud, qui venait tout juste de se retirer du conseil de la Banque de commerce. Avec Fred Eaton et Hal Jackman, qui était administrateur d'Argus depuis 1975, il ajouterait du muscle financier au conseil pour repousser l'hypothèse propagée par les agents de presse de Desmarais à propos de «l'inéluctabilité» de sa prise de contrôle d'Argus. Bud a accepté. Dans les événements qui secoueraient bientôt Argus, l'élection de ces cinq administrateurs, en particulier celle de Nelson Davis, allait se révéler critique.

Le lendemain, Dick Thompson, président de la banque Toronto-Dominion, que je connaissais comme administrateur d'Eaton, m'a invité à faire partie de son conseil. Mes intrigues avaient été superflues puisque m'arrivait spontanément une invitation non sollicitée. J'ai décliné la proposition à regret. À mon entrée au conseil de la Banque de commerce à l'âge de 32 ans, on m'a présenté comme le plus jeune administrateur de l'histoire de la banque*.

L'ex-président du conseil de la Banque de commerce, Page Wadsworth, président de la Confederation Life, m'a ensuite invité à faire partie de son conseil, dont George Black avait été l'un des administrateurs les moins assidus. Le conseil était composé de financiers très influents, même si la Confederation Life étant une société de fonds mutuels, leur fonction était en réalité une sinécure.

Quelques jours avant, je me suis joint au conseil de la Carling O'Keefe, qui avait pris la relève de Canadian Breweries. C'était un geste sentimental et opportun à la fois puisque nous fournissions une bonne quantité de malt à la brasserie. La position m'a mis en contact régulier et étroit avec Jean Lesage, avec qui j'ai eu d'intéressantes discussions sur le Québec, surtout dans les mois qui ont précédé le référendum. Nous avons eu du plaisir à évoquer ses débats avec Duplessis à l'Assemblée législative.

Le Québec est allé aux urnes en novembre 1976. Robert Bourassa a dissous l'Assemblée nationale au bout de trois ans seulement et on prévoyait qu'il serait facilement réélu. Au fur et à mesure de l'avancement de la campagne, le Parti québécois et une Union nationale rajeunie, faisant appel aux anglophones, ont gagné du terrain. J'ai apporté mon modeste écot à la campagne dans un éditorial du Sherbrooke Record décrivant le gouvernement Bourassa comme un régime corrompu, hypocrite et indigne de l'appui des Anglo-Québécois. Je terminais en disant qu'il était « un embarras et un déshonneur pour les Québécois ».

Après l'échec de l'Union nationale sous Gabriel Loubier en 1973, Joseph-Maurice Bellemare, député de Champlain, voisin de la circonscription de Duplessis, et ministre du Travail dans les gouvernements de Johnson et de Bertrand, a remporté une élection partielle en 1974 et rallumé le flambeau.

* Ma feuille d'appel a supplanté celle de mon père à la même banque. George Black s'est un jour plaint que le pétrolier Eric Harvie, de l'Alberta, voulait lui en remontrer. Mon père avait réussi à assister à une réunion en cinq ans et Eric n'avait assisté à aucune réunion en six ans. Il avait fait cette remarque au stade le moins sociable de sa carrière. George Black offrait chaque année sa démission à McKinnon, mais elle était toujours refusée.

En avril 1975, à l'hôtel Windsor, Peter White, Robert Rumilly et moi avons passé une soirée mémorable avec Bellemare, sans doute le plus truculent des lieutenants de Duplessis après Camillien Houde. Brandissant le poing vers le ciel et tapant du pied, Bellemare jurait de faire revivre le parti qu'il avait servi avec originalité et fidélité. (Il était si démonstratif qu'il me rappelait la description que le feld-maréchal Guderian faisait d'Hitler dans ses mémoires.) Quand le pont Duplessis reliant Trois-Rivières à Cap-de-la-Madeleine s'était écroulé en 1949, Bellemare avait rejeté le blâme sur les communistes. Même Duplessis avait eu du mal à l'avaler. Le «chef» s'était borné à noter que le pont avait été nommé en l'honneur de son père.

Le soir des élections, j'étais au dîner annuel du Conseil canadien des chrétiens et des juifs. Le président d'honneur, Earle McLaughlin, a informé les convives de la victoire décisive du Parti québécois. J'ai terminé la soirée autour d'un pot chez l'un des Eaton, répétant qu'il fallait «amputer le membre gangrené».

Le vote ouvertement séparatiste au Québec était passé de 2 % en 1962 à 9 % en 1966, 23 % en 1970, 30 % en 1973 et 41 % en 1976. Au cours de la même période, l'Union nationale était passée de «l'autonomie» de Duplessis à «l'égalité ou l'indépendance» de Johnson et à la crypto-souveraineté. Le Parti libéral était passé du fédéralisme intégral à la revendication (par Bourassa, à Paris, en 1975) d'un «État exclusivement français et souverain dans un marché commun canadien». Loin de la bonne entente et de l'alliance cordiale qui m'avaient attiré au Québec dix ans auparavant, nous étions arrivés à la conclusion logique du mouvement qui m'avait persuadé de le quitter en juillet 1974.

Trudeau disait que le gouvernement péquiste était coincé entre ses ambitions indépendantistes et l'obligation de tenir un référendum qu'il ne pouvait gagner. Les rares arguments militant en faveur de Clark contre Trudeau – vu qu'ils n'étaient pas de même calibre et que Joe n'était pas sensiblement à la droite de Trudeau en matière économique – sont tombés avec l'élection de Lévesque. Il ne me semblait pas concevable que Clark puisse mieux que Trudeau défendre l'intégrité de l'État fédéral. Joe allait bientôt parler de «la communauté des communautés». La formule, sans doute sincère chez Joe, a toujours évoqué la souveraineté-association dans mon esprit, c'est-à-dire l'indépendance du Québec assortie de paiements de transfert et de péréquation.

En un sens, la victoire de Lévesque me réjouissait. Elle nous rapprochait, me semblait-il, du jour où nous devrions fixer notre avenir politique. Elle punissait en outre un régime méprisable d'imbéciles et de romanichels, matériellement corrompus, foncièrement lâches et esclaves des sondages. Nous avions le choix entre un Danton de deuxième ordre (Lévesque) et un Talleyrand de quatrième ordre (Bourassa). Mirabeau (Daniel Johnson peut-être) était mort.

Mon ouvrage sur Duplessis a enfin été publié au début de décembre 1976. L'un des derniers personnages que j'ai interviewés était celui qui a fondé l'Union nationale avec Duplessis, Paul Gouin, propriétaire d'une boîte à chansons dans le Vieux-Montréal. Gouin s'est montré philosophe et plutôt généreux envers Duplessis. J'ai ainsi interviewé, peu avant leur mort, de nombreux Québécois qui ont joué un rôle éminent dans la vie politique des années trente à soixante. Ils restent pour moi un précieux lien avec le Québec traditionnel, qui les a de loin précédés au tombeau.

Je m'attaquais à tant de préjugés populaires sur le Québec et son histoire récente qu'il me semblait devoir documenter mon ouvrage soigneusement. Je me fondais sur des archives que j'étais seul à avoir vues avec Rumilly. Il en est résulté un livre de 684 pages en anglais avec plus d'un millier de notes de bas de page.

J'ai tenté de démontrer que Duplessis a fait fond sur la paranoïa des évêques, agitant l'épouvantail de la laïcisation du Québec, pour les convaincre de fournir le personnel des écoles et des hôpitaux (seuls Mgr Joseph Charbonneau, le cardinal Léger et quelques autres évêques ont mis ce raisonnement en doute). Il a ainsi pu payer des salaires dérisoires au personnel des services d'éducation et de santé et consacrer le reste du budget aux écoles, aux hôpitaux, à l'électrification rurale et aux éléments d'infrastructure dont le Québec avait un criant besoin. La stratégie lui a aussi permis de garder les impôts bas, de percevoir de lourds tributs pour sa caisse électorale, et d'éviter les déficits.

Duplessis a mis en œuvre des programmes de garderie, d'aide au logement et de retraite, et établi le salaire minimum le plus élevé au Canada. Sa générosité envers les travailleurs, qu'il décourageait cependant de faire grève, l'a assuré de la loyauté de la classe ouvrière malgré l'hostilité fanatique de la plupart des chefs syndicaux et a attiré dans la province des capitaux sans précédent. Le Québec s'est modernisé à tous égards, sauf dans ses institutions politiques, et la Révolution tranquille n'a été pour la plus grande part que cosmétique, extravagance et trompe-l'œil. La laïcisation de l'éducation a mené à l'effondrement des sociétés religieuses et à l'explosion des coûts sans amélioration notable des normes, des installations, de l'accessibilité et du choix en éducation.

Lesage m'a avoué qu'il n'aurait pu vaincre Duplessis ou Sauvé. Le Québec devait changer et Lesage a été dans l'ensemble un bon premier ministre, mais son gouvernement a été rejeté en 1966 en faveur du disciple le plus fervent de Duplessis, Daniel Johnson. Les impôts élevés, l'agitation ouvrière, la discrimination contre les Anglais et la chute des investissements ont entraîné la désindustrialisation du Québec et le glissement vers l'indépendance.

L'œuvre de Rumilly, comme il était à prévoir, ne faisait malheureusement que blanchir le régime Duplessis. Blessé du fait que j'aie cité dans mon livre quelques-unes de ses lettres les plus serviles à Duplessis, Rumilly a entrepris une «campagne de salissage» contre moi dans la section des lettres du journal *Le Devoir*, qui a pourtant publié deux critiques très favorables de mon ouvrage et dont le directeur Claude Ryan y a souvent fait référence de façon très positive. J'ai engagé une longue polémique avec le jésuite Jacques Cousineau, qui m'a accusé d'avoir dramatisé la mort de Duplessis et d'avoir manqué de respect pour le clergé conservateur du Québec.

Je venais à peine d'y mettre un point final (j'ai traité le père Cousineau, pas tout à fait à tort, de «mythomane jésuite fasciste») que j'ai été pris à partie dans les mêmes pages par un adversaire encore plus bizarre, Charlie Lamarre, valet de chambre de Duplessis au Château Frontenac. On pouvait facilement déceler la main lourde et noueuse de Rumilly dans cette nouvelle polémique. Lamarre m'a plus tard prié de l'excuser pour s'être laissé pousser par Rumilly à discuter l'exactitude de mon livre. J'ai regretté de l'avoir qualifié de «flagorneur illettré» dans ma réponse au journal *Le Devoir*.

Ce type d'échange virulent n'était pas inusité dans la presse du Québec. Il n'était pourtant qu'un avant-goût de ce qui se préparait dans la ville très conservatrice de Toronto. J'avais entendu dire par des amis qui faisaient de la recherche en même temps que Ramsay Cook à la Bibliothèque nationale d'Ottawa à l'été 1976 qu'il avait plusieurs fois demandé au *Globe & Mail* de faire la critique de mon livre. Il n'avait pas réussi à bloquer mon diplôme de maîtrise à McGill, disait-il, et se rattraperait en démolissant mon livre. Il n'était pas question qu'il attende de voir l'œuvre finie, c'était un crime prémédité.

Mon ami Dick Malone, éditeur du *Globe & Mail*, m'a confirmé que la critique avait été confiée à Ramsay, qui en avait fait la demande. Il m'a assuré que j'aurais toute liberté de répliquer. «Si nous revenons sur notre décision, m'a-t-il dit, Cook écrira une critique encore plus méchante ailleurs».

Le samedi 18 décembre, j'ai trouvé une critique cinglante dans le *Globe & Mail*. J'ai tapé une réponse de cinq paragraphes et je l'ai portée chez Malone à onze heures. «Je t'attendais!» m'a-t-il dit en ouvrant la porte.

Il m'a renvoyé au rédacteur en chef adjoint, Cameron Smith, pour corriger ce qui risquait d'être diffamatoire. La lettre, publiée le 20, signalait que Ramsay avait tenté en vain de bloquer mon diplôme, avait consacré une bonne partie de sa carrière à propager des mythes exposés par mon ouvrage, et avait demandé au *Globe & Mail* d'en faire la critique. «Nous sommes tous familiers avec le principe qui veut qu'on soit jugé par ses pairs, ai-je écrit. Le *Globe & Mail* ne mérite guère de félicitations pour avoir violé cette règle et confié la critique d'un ouvrage sérieux sur un sujet majeur à un petit crétin suffisant et tendancieux.»

J'avais pris la précaution de recruter de solides appuis universitaires pour mon livre, qu'on pouvait trouver dense mais dont on ne pouvait contester la rigueur et l'érudition. Ramsay Cook lui reprochait surtout d'être «injustifiablement long». Si j'avais été plus concis, il m'aurait sans doute accusé d'être superficiel. (Cinq ans plus tard, quand j'ai dû réorganiser un groupe d'entreprises sclérosées, les analystes financiers m'ont quelquefois reproché de faire des opérations trop complexes. Les analystes financiers étaient censés pouvoir comprendre les transactions complexes, comme les historiens devaient pouvoir aborder courageusement un ouvrage de 684 pages, du moins dans le domaine de leur spécialité.)

Ce qui m'a irrité, c'est que Cook avait condamné le livre d'avance. Je n'avais rien contre la critique en tant que telle. Jack Pickersgill a discuté mon analyse des relations fédérales provinciales et André Desrosiers, l'un des membres antiduplessistes du groupe de Michel Brunet à l'Université de Québec à Trois-Rivières, où j'ai rencontré Rumilly, m'a reproché de défendre une «idéologie usée». Ils ont l'un et l'autre publié leur critique dans des journaux savants. Un professeur de l'Université de Victoria a fait paraître une critique idéologiquement hostile dans le *Sun* de Vancouver. Je lui ai répondu brutalement, mais beaucoup plus gentiment qu'à Cook. Le vieux journaliste Normand DePoe m'a reproché dans les journaux Thomson d'utiliser un langage compliqué. (Je voulais intituler le livre *Rendre à César*, mais Jack McClelland a insisté sur *Duplessis* afin de promouvoir les ventes.) Le livre a fait l'objet de douzaines d'articles positifs, notamment dans les journaux du Québec, et de la part de Jack Granatstein dans *Quill and Quire*, de Ken Adachi dans le *Toronto Star*, de la Presse canadienne et de *Maclean's*.

Ramsay Cook ne savait pas que j'étais au courant de son rôle à McGill. Sa faible réponse à ma lettre, dix jours plus tard, était une retraite de mauvaise grâce. Il était surtout vexé que je l'aie «appelé Ramsay avec mépris». J'avais justement l'intention de le vexer. (Autant que je me souvienne, nous ne nous sommes jamais rencontrés.) Si sa réponse avait été plus arrogante, j'aurais engagé avec lui une rixe à finir. Jack McClelland, John Robarts, John Bassett, et l'éminent historien Robert Bothwell étaient disposés à me soutenir par écrit. Douglas Bassett a rédigé de son propre chef une généreuse lettre d'appui au *Globe & Mail*. Je lui en suis reconnaissant. C'est le type d'aide que nous attendons de nos amis, mais que nous ne recevons pas toujours.

Les articles, l'inclusion de *Duplessis* dans les bibliographies d'ouvrages subséquents, et les achats considérables des universités, des écoles et des bibliothèques ont démontré hors de tout doute que j'ai gagné la bataille pour réhabiliter Duplessis. Les archives du séminaire de Trois-Rivières que j'ai utilisées ont de nouveau été interdites au public. J'en avais microfilmé et photocopié les pièces principales à mes frais. J'en ai fait don à l'Université McGill, au collège bilingue Glendon de l'Université York et à l'Université de Windsor. J'estimais que les universitaires de langue française du Québec avaient été trop mesquins pour Duplessis et que leurs institutions ne méritaient pas la collection. (J'en ai fait don à l'Université de Windsor quand le chancelier Richard Rohmer m'a décerné un doctorat *honoris causa* en littérature en 1979.) J'avais été administrateur de l'Université York pendant un temps. J'avais démissionné quand le candidat des administrateurs à un poste de direction a été supplanté par une personne désignée par la faculté et quand le président de l'université, au bout de deux ans d'un mandat de cinq ans, s'est fait réélire pour un nouveau mandat de cinq ans commençant au terme de son premier mandat. Les administrateurs n'administraient rien. J'ai quand même quitté avec meilleure grâce qu'un de mes collègues qui, au moment de partir, a recommandé que l'université soit convertie en usine.

George C. Scott a dit du général Patton, qu'il a si bien incarné dans le film du même nom : «Le vieux me plaisait parce qu'il était un anachronisme splendide.» J'avais les mêmes sentiments pour Duplessis. Le livre a été magnifiquement rendu en français par mon amie Monique Benoît, qui m'avait secondé dans la recherche. Il a été publié en deux tomes et tiré à 10 000 exemplaires. Le fait d'être attaqué par Rumilly sur ma droite et Cook sur ma gauche prouvait que j'avais fait un travail objectif, comme je l'espérais. Auréa Cloutier, Maurice Bellemare et la charmante nièce de Duplessis, Berthe Bureau-Dufresne, ont assisté au lancement de la version française en 1977. J'ai cependant déploré la fin de mon amitié avec Rumilly. Nous n'avons pas repris contact, sauf quand je lui ai adressé mes souhaits à l'occasion de son quatre-vingtième anniversaire. Il m'a répondu assez cordialement sur un papier à en-tête gravé d'un blason disant, peut-être défensivement : «J'ai recherché et écrit la vérité».

Le plus grand éloge qu'ait reçu *Duplessis* est venu de Bernard Landry, ex-associé de Peter White et ministre de l'Industrie dans le cabinet Lévesque. À l'une des séances du cabinet du nouveau gouvernement, le sujet de la fameuse statue de Duplessis est venu sur le tapis. Landry a mis fin au débat en citant ce passage de mon livre : «Les gouvernements successifs du Québec se sont ridiculisés en paraissant avoir peur de la statue de Duplessis. »

Lévesque m'a raconté quelques années plus tard qu'il a asséné un coup de poing sur la table, en disant : « Il a raison ! Je détestais Duplessis, mais il a été premier ministre pendant dix-huit ans et je n'ai pas peur de sa maudite statue. Les contribuables l'ont payée. Nous allons l'installer sous cette fenêtre. » L'imposante statue, qui ressemble d'assez près à Duplessis, paraît jeter un regard énigmatique sur les calèches et les cars de touristes qui défilent à ses pieds par la porte Saint-Louis, adjacente à l'Assemblée nationale.

Mon frère et moi avons entrepris de renforcer notre situation financière en vendant Draper Dobie à Dominion Securities. J'ai fait appel à McDougald, suggérant qu'il use de son influence et fasse valoir au président du conseil de Dominion Securities, Doug Ward, l'opportunité de la transaction. Bud s'est montré excellent entremetteur encore une fois. Mon frère a eu des négociations fructueuses avec le président de Dominion Securities, Tony Fell, notre ami d'enfance (il a été élevé sur la même rue que nous et y est toujours mon voisin). Dominion Securities s'est enrichie du personnel très compétent de Draper Dobie et nous avons réalisé un gain en espèces et en actions tout en nous protégeant des caprices du courtage et en réduisant notre présence dans cette industrie en régression. Mon frère et moi avons déménagé nos bureaux à Dominion Securities. L'association s'est révélée des plus agréables et des plus rentables.

Mon frère a suggéré de vendre la maison de nos parents, mais nous n'aurions jamais pu remplacer cette propriété de sept acres située à 1,5 km du centre démographique de Toronto. Je lui ai dit de prendre la maison puisqu'il avait la famille pour l'occuper, mais il a refusé. Je l'ai donc gardée et j'y ai emménagé en février 1977. Un faucon a survolé la cime des arbres au fond de la propriété pendant le déménagement. J'ai senti que je m'établissais pour longtemps dans la maison où j'ai été élevé. Il m'a fallu douze ans pour acheter la propriété de la succession de mon père. Dans l'intervalle, j'ai presque entièrement reconstruit et agrandi la maison et j'ai ajouté quatre acres à la propriété (avec le concours de mes voisins Murray Koffler et Tom Bata).

J'ai passé l'année 1977 à accréditer ma candidature à la direction d'Argus, au lieu de Paul Desmarais ou de Hal Jackman, advenant la fin du régime McDougald. La première étape consistait à établir ma crédibilité selon la manière classique de l'establishment, c'est-à-dire en me faisant connaître et en devenant administrateur de quelques sociétés, dont une banque. C'est ce que j'avais fait depuis trois ans que j'étais revenu à Toronto. Je passais pour un investisseur avisé, mais mes aptitudes de gestionnaire n'avaient guère été mises à l'épreuve depuis mon départ de Sherbrooke. Mon premier pas s'est borné à développer d'excellentes relations de travail avec ceux qui survivraient vraisemblablement à Bud McDougald parmi les détenteurs du bloc de contrôle d'Argus, Max Meighen, Bruce Matthews, Alex Barron et Dixon Chant.

Je n'ai raté aucune occasion de me familiariser avec les cadres supérieurs des entreprises du groupe Argus. L'équipe de la Standard Broadcasting, dirigée par H. T. «Mac» McCurdy, était composée de gens de radio compétents sur lesquels on pouvait compter pour protéger nos franchises. Alex Hamilton, président de Domtar, semblait aussi très compétent. À Montréal, dans l'orbite de Meighen et de Barron plutôt que de McDougald (qui avait nommé Meighen président du conseil de Domtar comme prix de consolation pour l'avoir privé de la présidence du conseil de Massey), Hamilton n'était pas corrompu par la décadence de l'élite de Toronto. Argus ne détenait que 14 % de Domtar. L'industrie des produits forestiers passait par une récession cyclique grave en 1977.

La situation de Dominion Stores était plus délicate. Le président Tom Bolton était un honnête cadre de supermarché, mais l'entreprise avait manqué le bateau dans l'immobilier et le marché de gros, dont les marges de profit exprimées en pourcentage des ventes étaient de deux à trois fois supérieures à celles du marché de détail, et elle commençait à montrer des signes de vieillissement dans l'aménagement de ses magasins et ses techniques de marketing. Le bruit courait déjà que les procédures d'achat de la société étaient entachées d'irrégularités. Avec tant de fournisseurs dans une industrie aussi infestée de bandits notoires et d'aussi gros stocks de produits passant par tant de mains, les pertes attribuables au vol par les employés sont en général de 1 % à 1,5 % des ventes, soit 30 millions de dollars dans le cas d'une entreprise de l'envergure de Dominion Stores. Il semblait y avoir beaucoup de choses qui circulaient sous la table.

La société minière Hollinger n'exploitait pas de mines. Elle détenait 60,5 % de la Labrador Mining & Exploration Company, qui ne faisait ni extraction ni exploration non plus. Elle touchait des redevances sur les minerais et les concentrés extraits par l'Iron Ore Company of Canada. Le président de Hollinger et de Labrador, Al Fairley, était l'un des cadres les moins entreprenants que j'aie connus. En bon Alabamien, le charme lui sortait de prime abord par tous les pores de la peau et il respirait la confiance en soi. Il était retourné vivre dans l'Alabama en 1977 et venait de temps à autres à Toronto dans un avion de Hollinger quand il lui était utile de prétendre qu'il avait un emploi et un bureau. Fairley était aussi le plus timoré des hommes que j'aie rencontrés. Il s'est un jour excusé du conseil de la Banque canadienne impériale de commerce sous prétexte qu'il était en conflit d'intérêts parce qu'il était citoyen américain et que la cible anonyme d'une prise de contrôle que la banque devait financer était identifiée comme une entreprise américaine.

Quand le gouvernement de Terre-Neuve a nommé une commission d'enquête sur l'industrie minière avec mission, entre autres, d'évaluer l'opportunité d'un impôt provincial sur les redevances, Fairley a juré qu'il veillerait personnellement à faire réduire la notation des obligations émises par Terre-Neuve si un tel impôt était décrété. Comme il était à prévoir, l'impôt a été décrété, portant le taux d'imposition des entreprises du Labrador à un sommet au Canada, soit environ 60 %. À part de toucher des redevances, des intérêts bancaires et des dividendes sur ses 12 % d'actions de Noranda, de faire un peu de prospection et d'organiser un dîner annuel pour vieillards, Hollinger ne faisait à peu près pas d'affaires.

Bud et ses amis menaçaient de temps à autres de mettre la main sur Noranda. Ils se faisaient régulièrement envoyer la liste des actionnaires, mais aucun projet n'a survécu au pousse-café au Toronto Club. Hollinger et Labrador disposaient de liquidités d'environ 60 millions et avaient le meilleur potentiel de croissance et de réinvestissement de toutes les entreprises d'Argus. Argus détenait environ 20 % des actions de Hollinger. Les cousins de McDougald, les McMartin, les Dunlap et un ou deux groupes de Timmins, en détenaient une autre tranche de 20 %. Hollinger était une princesse au bois dormant qui attendait le baiser d'un vrai gestionnaire depuis si longtemps qu'elle en était presque comateuse.

Il y avait enfin Massey-Ferguson. À l'automne 1977, l'entreprise n'a pas versé de dividendes sur ses actions ordinaires et privilégiées et a déclaré de lourdes pertes. McDougald s'est fait élire président du conseil, poste resté vacant depuis la mort de Phillips en 1964. Le président, Albert A. Thornbrough, était un homme intelligent et intéressant. Colonel durant la Deuxième Grande guerre, il possédait des puits de pétrole et détenait des diplômes universitaires respectables. Président de Massey depuis près de vingt-cinq ans, il habitait Boca Raton et y passait trois ou quatre jours par semaine. Il conduisait ses affaires du garage sans fenêtre de sa maison, converti en bureau. Thornbrough avait un visage de bois de style gothique américain. Pour fuir l'insurmontable concurrence de John Deere aux États-Unis, Thornbrough s'était lancé dans une expansion fougueuse, financée par emprunts, dans le tiers-monde, et il était devenu prisonnier de ses rêves. En 1977, Massey-Ferguson frisait la catastrophe.

En septembre 1977, McDougald a contracté une pneumonie en Angleterre, aggravant le climat d'incertitude et de dégradation du groupe Argus. Il a été hospitalisé à St. Michael, à Toronto, pendant plus d'un mois et semblait en voie de se rétablir.

L'ayant observé pendant des années et ayant travaillé étroitement avec lui pendant quelques autres, j'ai pu apprécier sa personnalité et ses techniques. C'était un homme plutôt élégant, tiré à quatre épingles, qui avait tendance à faire étalage de sa richesse. Ses immenses garages étaient ornés de chandeliers. Il avait de la vaisselle en or. Il avait fait graver ses armoiries sur les chapeaux de roue de ses voitures et des chevaux de course miniatures en enjolivaient le capot et les lunettes arrière. Les rayures des revers de sa veste coïncidaient toujours avec celles de son col.

Bud jouait le rôle du gros homme d'affaires à la perfection. Après son infarctus en 1966, il a persuadé le duc d'Édimbourg d'inaugurer l'Exposition royale d'hiver et il a fait en voiture avec lui la courte distance qui sépare le Toronto Club de l'hôtel Royal York. Le *Toronto Star* s'est moqué du duc pour n'avoir pas fait le trajet à pied alors qu'il insistait tellement sur le maintien de la forme physique. En guise de représailles, Bud a annulé des millions de dollars de publicité de Dominion Stores dans le *Star*. Quand Bud et Nelson Davis se sont fait interpeller parce qu'ils avaient omis de boucler leur ceinture de sécurité dans leurs Cadillac fabriquées sur commande, ils ont sermonné les agents de police interloqués, leur disant que l'interdiction du code criminel contre toute forme d'assistance au suicide avait préséance sur l'obligation du port de la ceinture prescrite par la loi de la circulation. Bud et Nelson menaçaient toujours de vendre une partie de leur propriété à l'Arabie saoudite en échange d'un consulat pour obtenir des modifications aux règlements de zonage dans un sens ou dans l'autre. Bud, Nelson et Steve Roman ont tous prétendu avoir acheté des parcs de stationnement à un moment ou à l'autre pour congédier des préposés insolents. Leurs anecdotes étaient peut-être en bonne partie apocryphes, mais elles faisaient partie de la légende de Bay Street.

L'un des traits de caractère les plus attachants de Bud McDougald était sa loyauté. En 1964, Jean Lesage, alors premier ministre du Québec, lui a rendu visite à Palm Beach pour le prier de larguer l'ancien trésorier de Duplessis, Gérald Martineau, comme administrateur de Dominion Stores parce qu'il venait d'être accusé de favoritisme. Bud a répliqué : « Pas question ! Il était bon administrateur quand il avait le vent dans les voiles. Même si vous l'envoyez en tôle, je ne l'oublierai pas et quand tes électeurs en auront marre de toi, je te recevrai toujours chez moi. » Après sa défaite, Lesage a effectivement été invité quelques fois chez McDougald.

En affaires, McDougald « pouvait toujours trouver une centaine de raisons de ne rien faire », disait mon père. Cette torpeur a empiré avec les ans. Il faisait figure de célébrité dans le milieu des affaires et la haute société au Canada, et s'était taillé une place à Londres comme président du conseil de Massey-Ferguson, protecteur de l'entraîneur des chevaux de la reine et propriétaire de l'écurie King's Clere, où la reine gardait quelques-uns de ses chevaux. Il était aussi doyen de la société de Palm Beach et président du somptueux Everglades Club, auquel appartenaient surtout d'indolents héritiers et une poignée de méritocrates d'avenir comme Paul Desmarais (Bud a réussi à le chasser du club en 1975 après sa tentative de prise de contrôle d'Argus ; Desmarais n'y a été réadmis qu'après la mort de Bud). Les personnes de couleur et les Juifs n'entraient pas au club, même comme invités pour le déjeuner ou une ronde de golf. Bud a maintenu cette règle révoltante. Le club comptait pourtant des Juifs parmi ses fondateurs. Ils n'en ont été exclus que des dizaines d'années plus tard quand les fils de l'élite blanche ont commencé à s'inquiéter de la montée économique des Juifs, comme les Blancs pauvres craignant l'émancipation des Noirs.

Derrière cette façade se cachait un homme cynique et méchant que ses connaissances de jeunesse n'ont jamais oublié. « J'aime les dépressions car elles me font toujours faire beaucoup d'argent, se vantait-il. Si les banquiers avaient du plomb dans la tête, nous leur prêterions de l'argent et ils s'enrichiraient plutôt que l'inverse. » En fait, Bud déroutait et dupait les banquiers, surtout ceux de la Banque de commerce, mais il était trop prudent pour emprunter.

Ses dix millions de dollars à la succursale principale de la Banque canadienne impériale de commerce provenaient de la vente de terrains qui entouraient sa maison de Toronto à un invraisemblable capitaine d'industrie de l'Europe centrale, Rifet John Prusac, qui les a remplis de maisons tocardes en carton-pâte dans lesquelles, selon Bud, couvait le tiers-monde. Prusac était un grand dandy aux cheveux ondulés, obséquieusement poli, fleur à la boutonnière, toujours en courbettes et claquant des talons, mais rusé et qui savait y faire sous son air ridicule.

Bud faisait beaucoup d'affaires avec Prusac, mais il a toujours caché cette relation à ses amis. Il n'aurait jamais invité Prusac au Toronto Club. Il le recevait ailleurs et lui en mettait plein la vue par son allure prodigue et assurée. Comme je faisais mon affaire d'avoir McDougald et son entourage à l'œil, je connaissais Prusac, son admiration pour Bud et son ambition de lui succéder à Argus. C'était un secret de Polichinelle dans le milieu des promoteurs immobiliers.

Convoitant le style, les postes et les revenus de McDougald, Prusac a poussé l'ambition jusqu'à courtiser la belle-sœur de Bud, Cecil Hedstrom, au moins de quinze ans son aînée. Prusac avait gagné plus de 50 millions de dollars dans la promotion immobilière. Cecil, dont le jugement faisait notoirement défaut, pensait sans doute que sa liaison ruritanienne la mettrait sur le même pied que Doris et Jim, qui avaient épousé la fortune, tandis qu'elle, deux fois divorcée, s'usait à vendre des immeubles.

Bud était intervenu dans le projet de vente de la ferme expérimentale de Massey-Ferguson, tentant de la céder sans appel d'offres à Prusac, qui devait remettre à Cecil le montant de sa commission pour la transaction. Le secrétaire de Massey, Wally Main, qui incarnait la meilleure tradition de l'entreprise, a refusé de se prêter au jeu et McDougald a tenté de forcer Thornbrough à le congédier. Thornbrough, suivant son habitude, a opté pour une solution mitoyenne; il a simplement gelé le salaire de Main. Je l'ai dégelé à mon arrivée à Massey et j'ai baptisé Wally « le capitaine Dreyfus de Massey-Ferguson ».

Le resquillage de Bud était indécent pour quelqu'un qui avait un aussi gros compte en banque. Il voyageait à Londres avec des billets échangés à CFRB contre de la publicité et a chipé l'une des deux Rolls Royce Phantom V de Massey-Ferguson pour une valeur comptable résiduelle ridiculement basse. (J'ai acheté l'autre à sa valeur marchande.) Bud n'avait pas d'autre politique que d'empocher la petite monnaie en faisant la morale aux autres. Par son oisiveté, sa cupidité et sa vanité, il exerçait une influence malsaine sur le groupe Argus.

Au début de 1978, le successeur de Wally Main au poste de secrétaire de Massey, Derek Hayes, m'a invité à déjeuner avec Victor Rice, l'ancien contrôleur devenu vice-président responsable du personnel, qui passait pour l'étoile montante de l'entreprise. Ils ont confirmé mes pires craintes sur le délabrement de Massey. C'était une histoire navrante et drôle à la fois de myopie et de corruption.

Pour préserver la position d'Argus, McDougald avait interdit l'émission de nouvelles actions. Thornbrough, incapable de mettre au point un tracteur fonctionnel de plus de 100 CV ni de moderniser le petit tracteur qui avait fait la fortune de Massey, maintenait les ventes en faisant des affaires avec les pays du tiers-monde où les ventes et les profits étaient chroniquement instables et souvent impayés. À la fin de 1977, tout croulait. Thornbrough et ses collègues, comme des généraux en déroute, n'en continuaient pas moins de donner des ordres à des unités inexistantes ou depuis longtemps disparues. Le convalescent McDougald, comme le vieux Pétain en 1940, a été appelé à prêter le prestige (perçu) d'antan pour bloquer la montée irrésistible de l'adversité.

Pratiquement dès sa sortie de l'hôpital en novembre 1977, McDougald est allé à Palm Beach. Nous nous sommes parlé quelques fois au téléphone en décembre et en janvier. Lorsque les journaux ont annoncé que Desmarais piloterait une délégation officielle d'hommes d'affaires en Chine,

Bud m'a appelé pour me demander en riant de dire à Paul de voir comment les Chinois arrivaient à «voler des nids d'oiseau dans les arbres et à les vendre dix dollars pièce après les avoir trempés dans l'eau bouillante pour en faire des soupes». Doug Ward lui a rendu visite à Palm Beach et Bud lui a avoué que Thornbrough l'avait déçu. Alex Barron lui a aussi rendu visite et pensait qu'il était en voie de se rétablir. Février a été marqué par un silence de mauvais augure, suivi par des rumeurs encore plus sinistres.

Bud a eu soixante-dix ans le 14 mars 1978. Je lui ai adressé la lettre d'usage, flatteuse, exprimant ma reconnaissance pour les attentions qu'il avait eues pour moi. Le 14, il est allé en voiture à sa ferme de West Palm Beach, achetée de la famille Norris. Il en était très fier et m'avait fait faire le tour du propriétaire. Maintenant qu'il n'était plus qu'une tête de mort dans une veste trop grande, il pouvait réfléchir sur ce symbole de son succès, de sous-fifre de Taylor et de Phillips à chef suprême de l'élite des affaires du Canada.

Il avait été tenace et rusé, mais son règne devait maintenant prendre fin. Le barbare, en l'occurrence Desmarais, était à la porte. Massey-Ferguson, la vedette du groupe Argus, était au bord du gouffre. Les camarades de la première heure, les vieilles moustaches et les vrais croyants, Meighen, Matthews, Thornbrough, Fairley, McCormack et Bolton, n'avaient plus de prise sur les événements. Leur numéro avait été sensationnel, mais ce n'était qu'un numéro. Le rideau est tombé aux ides de mars 1978.

Bud est allé de sa ferme à l'hôpital Good Samaritan. Il est mort le lendemain de son anniversaire. (Phillips était mort au même hôpital treize ans auparavant.) Il n'aurait pas su mieux choisir son moment. J'étais à mon bureau à Dominion Securities quand Page Wadsworth m'a appelé pour m'en informer. Son appel a bientôt été suivi d'un autre, de John Eaton, qui avait appris la nouvelle d'un ami à la cathédrale St. Michael. Une minute plus tard, Doug Ward a appelé. Il partait méditer sur sa ferme. Deux minutes plus tard, Bruce Matthews m'a officiellement fait part de la nouvelle.

Le lendemain soir, Alex Barron, de loin le plus compétent des cadres d'Argus, est venu dîner chez moi avec mon frère. Alex avait attiré l'attention d'Arthur Meighen alors qu'il était courtier en valeurs chez Fry et il l'avait invité à se joindre à l'entreprise familiale, la Canadian General Investments, pour travailler avec son fils Max Meighen. Les deux avaient bien réussi. Alex était une mine d'idées sur la façon de ramener Argus à la santé. Il était particulièrement sévère envers Thornbrough et Fairley et voulait que Ralph Barford et moi devenions administrateurs de Massey.

J'avais connu Barford au conseil consultatif du premier ministre. Je savais que c'était un manufacturier accompli et un homme d'affaires hors pair. Alex nous a promis des fonctions plus importantes dans les conseils des entreprises d'Argus. Il ne pensait pas que le colonel Max Meighen voudrait quoi que ce soit de la succession et prévoyait que le général Bruce Matthews serait nommé président du conseil, lui (Alex) président et moi l'un des vice-présidents. Il ne croyait pas qu'Argus puisse être renflouée par un montage financier ou un numéro de prestidigitation, mais il était résolu à raffiner ses opérations. Nous supposions que Matthews serait l'un des exécuteurs testamentaires de McDougald et mandataire de ses actions. J'avais relu attentivement l'entente des actionnaires de Ravelston et je l'avais laissée à dessein sur la table avant et après dîner pour rappeler à Alex comme tout pouvait être fluide advenant une mésentente.

Le lendemain, je suis allé chez McDougald avec mon frère pour présenter nos respects à ses proches. Le cercueil était ouvert, «selon la tradition barbare de Toronto», comme mon père l'avait noté au décès du colonel Phillips en 1964. Mon frère s'était rompu un tendon d'Achille en jouant au tennis et clopinait tant bien que mal sur des béquilles. Debout avec Fraser Fell, neveu de Bruce Matthews et associé principal de la société d'avocats Fasken Calvin, nous avons contemplé le visage cireux du défunt. (Fraser était assez chauve.) Monte a soudain reculé d'un pas et fait demi-tour sur ses béquilles. Tandis que je regardais Bud McDougald une dernière fois, j'ai entendu Monte dire : «C'est trop pour moi! Allons prendre un verre! Dis, Fraser, tu deviens chauve! Ça doit être le chagrin.» Son ton léger nous a ramenés sur terre.

Les funérailles du lendemain à la cathédrale St. Michael étaient correctes. L'archevêque Philip Pocock, qui s'était querellé avec Bud à propos du boycottage des raisins «non syndiqués» de la Californie vendus chez Dominion Stores, a présidé la cérémonie à l'insistance du sénateur Joe Sullivan, mais il n'en était pas le célébrant*.

Le duc de Wellington, qui était en visite chez Bud à Palm Beach, était présent. E. P. Taylor est venu de Lyford Cay pour s'assurer que Bud était bien mort. Mme McDougald s'est dite soulagée que Paul Desmarais ne soit pas venu à la cérémonie. Nous avons chanté l'*Ô Canada* et le cortège s'est ébranlé vers le cimetière de Mount Hope, où John Prusac est

---

* Max Meighen a prétendu que Peter Newman avait communié (d'origine juive, les Newman s'étaient apparemment convertis au catholicisme dans les années 30 et Peter a effectivement produit un certificat de baptême pour se faire admettre dans les Chevaliers de Saint-Lazare, mais je ne l'ai certainement pas vu à la sainte table).

mystérieusement apparu après le départ des amis du défunt, restant longtemps debout près de la tombe à geler sous son manteau de poil de chameau. Ce n'était pas de bon augure. Mon chagrin était sincère. Je me rappelais l'amabilité de Bud envers mes parents et moi, sa force jusqu'à un certain point et au-delà, son habileté de charlatan. Comme a dit Hal Jackman : «Il a enrichi nos vies.» Pour une fois, il ne parlait pas simplement du point de vue matériel.

Plus tard, à la résidence des McDougald, la soirée s'est corsée quand Doris a annoncé à mon frère et à moi qu'elle était coexécutrice de la succession de Bud avec Jim et la Crown Trust. Elle en était elle-même étonnée. Aucune fonction n'était prévue pour Bruce Matthews, Doug Ward ni aucun autre ami de McDougald possédant quelque sens des affaires. Dick Chant, coexécuteur de la succession Phillips avec Doris et la Crown, et vice-président de Crown, allait jouer un rôle clé, qu'il en soit conscient ou pas. Je ne le connaissais pas bien. L'année précédente, il avait fait une crise cardiaque et avait manqué l'assemblée annuelle d'Argus. (À la réunion d'organisation qui a suivi, Bud a expliqué : «Ce n'est que sa première attaque. Il s'en remettra. Il n'y a pas de quoi s'inquiéter des deux ou trois premières.» Bud prétendait en avoir eu cinq. E. P. Taylor croyait que toutes, sauf une, étaient en réalité des «indigestions du fait d'avoir trop bu de Ginger Ale».) Dick était complètement rétabli. J'avais souvent causé fort agréablement avec lui aux réunions d'Argus, mais je n'avais pas la moindre idée de ce qu'il entrevoyait pour le holding dans l'avenir immédiat. En quittant Green Meadows – pour la dernière fois, s'est-il avéré –, j'ai résolu d'en savoir davantage. Argus était en train de couler et nous ne pouvions pas attendre d'autres funérailles de première classe avant de prendre les mesures draconiennes qui s'imposaient.

Le conseil de direction d'Argus, auquel j'avais été élu une semaine avant la mort de McDougald par la conjugaison du désir de McDougald de voir plus d'intérêts divergents en jeu et de celui de Barron d'avoir un allié activiste, s'est réuni le 22 mars à dix heures du matin. McDougald avait peut-être pensé m'y faire élire comme dernière faveur, mais vu l'importance de notre participation et l'état du holding, il n'aurait été ni facile ni prudent de m'exclure beaucoup plus longtemps. Bruce Matthews présidait la réunion. Je suis arrivé à dix heures quatre à cause d'un embouteillage monumental sur l'autoroute Don Valley. N'ayant pas eu d'autres nouvelles d'Alex Barron depuis notre dîner du 16 mars, je supposais que Max Meighen et Bruce Matthews avaient consenti à ce que lui, mon frère et moi avions convenu, que j'allais devenir membre du conseil de direction d'Argus avec bureau au siège social, au 10, rue Toronto, et administrateur de Massey-Ferguson.

Quand je suis arrivé à la réunion, à laquelle assistaient Bruce Matthews, Max Meighen, Alex Barron, Hal Jackman et Dixon Chant, j'ai constaté que l'exécutif avait déjà élu Max président du conseil, Bruce président-directeur général et Alex directeur général adjoint. (On parlait beaucoup d'affaires pour une société qui n'avait pas d'autres revenus que des dividendes, n'avait pris aucune initiative depuis des années et montrait encore peu de dispositions à en prendre.) Aucune fonction pour Dixon, ni pour moi, ni aucun indice qu'Alex se souvenait de ce que nous avions convenu six jours auparavant.

J'ai dit que je ne pouvais m'opposer aux nominations, mais que dans la foulée de la mort de Bud, vu la situation de Massey et Power qui rôdaient autour d'Argus, nous devions paraître solidaires et reconnaître les autres actionnaires de Ravelston. La référence à Dixon Chant était évidemment délibérée, mais les membres du triumvirat ont cru que je ne pensais qu'à moi. Max Meighen m'a dit de ne pas chercher à «défoncer les clôtures». (Max a prétendu par la suite avoir dit que je n'aurais pas long à attendre, mais il n'a pas qualifié ses propos à l'époque.) Alex est resté muet comme une carpe pendant la réunion et n'a jamais offert d'explications par la suite.

Je soupçonnais que c'était par rancune qu'ils avaient omis de me nommer à une fonction. Pour en avoir le cœur net, j'ai dit que la presse tiendrait cette omission pour un affront à mon égard et que nous n'avions pas besoin de telles insinuations de division dans le conseil. Max a mordu à l'hameçon avec une rapidité qui ne lui était pas coutumière. Il a hurlé : «Nous sommes patrons de cette entreprise, pas la presse!» Je n'ai rien dit de plus et la réunion a pris fin.

J'avais du mal à croire que Max, Bruce et Alex, quelle que soit l'opinion qu'ils se faisaient de moi, pussent se montrer aussi hostiles à un moment aussi critique. Je m'étonnais aussi qu'ils ne fassent rien pour renforcer leur position alors qu'ils ne détenaient à eux trois qu'environ 30 % de Ravelston (qui représentait 60 % des actions avec droit de vote d'Argus). Ravelston et ses actionnaires détenaient environ le tiers des avoirs des actionnaires d'Argus contre 50 % pour Power Corporation. Comme j'ai dit plus tard à Peter Newman : «Je n'avais même pas de bureau à Argus. Je ne pouvais qu'y aller et courtiser les membres du triumvirat. C'était une déclaration de guerre. Je ne comprends pas qu'ils se soient montrés si étonnés de ce qui s'est passé par la suite. C'est comme si les Japonais avaient dit : nous ne pensions pas que les Américains couleraient nos porte-avions à Midway simplement parce que nous avions bombardé Pearl Harbor.»

Rue King après la réunion, j'ai croisé un vieil ami et je lui ai dit que j'en étais à «mon huitième jour de deuil et de manigances».

Je suis allé directement à mon bureau de Dominion Securities et j'ai mis en branle une stratégie que j'avais conçue au cas où mon frère et moi serions laissés pour compte. On avait sous-entendu à la réunion du conseil de direction que Bruce remplacerait Bud à la présidence du conseil de Dominion Stores, de Massey et de Standard. J'ai supposé que les membres du triumvirat n'avaient consulté personne à ce sujet.

L'essentiel de ma stratégie consistait à susciter chez les veuves et leurs représentants le même sentiment de colère que m'inspirait l'attitude autoritaire de Max et d'Alex, en supposant que Bruce avait trop d'égards pour Jim et Doris pour s'en être fait complice ; à conclure une alliance ferme avec Dixon Chant et le redoutable P. C. Finlay, cadre permanent de Hollinger, qui, à titre de conseiller des McMartin et des Dunlap, influençait presque autant d'actions de Hollinger qu'en possédait Argus, et à former une coalition de rechange en prenant une participation importante dans la Crown Trust, fiduciaire des successions McDougald et Phillips. J'ai aussi commencé à masser Al Thornbrough, de Massey-Ferguson, et Al Fairley, de Hollinger, qui étaient complètement furieux des critiques (justifiées) qu'Alex Barron avait faites d'eux. Mais j'ai surtout parlé à Nelson Davis, en Arizona, et, après avoir tâté le terrain, j'ai émis l'opinion qu'il devrait assumer la présidence du conseil d'Argus. Il ne s'y opposait pas.

Nelson était timide et secret, propriétaire de bateaux classiques et de terrains de golf privés. Sa maison, parfaite reproduction du type d'architecture qui avait cours aux États-Unis à la fin du XVIIIe siècle, était un véritable musée renfermant des Gainsborough, des Romney, des plafonds Wedgwood et de splendides meubles anciens. (L'allée de météorite concassé ne faisait pas de poussière, mais ne valait rien pour faire fondre la neige.) Dans une variété d'entreprises, surtout privées, camions de transport, matériel de forage, concessions de voitures, centres commerciaux et même une entreprise de laminage de cartes, Nelson avait amassé une plus grande fortune que celle de Bud, sans avoir ni son renom ni son prestige. L'idée de présider le conseil d'Argus ne pouvait pas manquer de lui plaire puisque c'était en somme le seul type de distinction qui lui échappait.

J'ai vite entamé la discussion avec Dick Chant. Il partageait mes craintes au sujet d'Argus. Il avait l'impression que les nouveaux dirigeants étaient plus pressés d'occuper les fauteuils de Bud que de remédier aux problèmes grandissants du holding. Les administrateurs d'Argus ont approuvé les recommandations du conseil de direction sans les discuter le 4 avril. Après la réunion, Dick s'est entretenu avec Bruce, qui a refusé d'unir ses actions aux blocs des successions Phillips et McDougald. Bruce a expliqué à Dick qu'on ne lui avait pas assigné de poste dans le conseil de direction d'Argus pour éviter de devoir m'en attribuer.

Bruce Matthews, qui détenait fièrement 3,9 % des actions de Ravelston, pensait sans doute que cet argument l'emporterait, oubliant que les postes au conseil de direction sont d'ordinaire en rapport avec l'importance de la participation. Bud McDougald et Bruce Matthews avaient promis à Dick de le nommer vice-président d'Argus, mais Bruce n'a pas évoqué cet engagement. La conversation a convaincu Dick que Max envisageait de prendre la direction avec la complicité de Bruce (Bruce était administrateur d'une entreprise de Meighen) et de traiter les autres actionnaires de Ravelston en minorité captive. La conclusion n'était pas déraisonnable et servait mes fins.

La Crown Trust, comme exécuteur testamentaire de Phillips, de McDougald et de divers McMartin, tenait un rôle clé. Il est évident que la relation fiduciaire est sacrée, mais le fait de placer la Crown en mains amies – les nôtres – aurait pour effet de rassurer l'alliance que j'essayais de mettre sur pied et d'attirer l'attention des membres du triumvirat, à moins qu'ils n'aient complètement perdu la tête, ce qui, de toute évidence, n'était pas impossible.

Près de 30 % des actions de la Crown étaient détenues par Reuben Cohen et Leonard Ellen, actionnaires majoritaires de la Central Trust et de la Nova Scotia Life. Reuben était, après K. C. Irving et Harrison McCain, le plus important homme d'affaires du Nouveau-Brunswick. Lui et Leonard étaient des êtres accomplis et charmants. Ils avaient montré une déférence excessive pour se faire admettre dans le milieu de la haute finance de Toronto. Ils étaient particulièrement sensibles au charme de McDougald, qu'ils considéraient virtuellement comme un membre de la famille.

Louise Cohen, belle et douée, avait même peint un portrait de Bud dans sa vieille Alfa Romeo et lui en avait fait cadeau. Mais Bud tenait les deux hommes d'affaires des Maritimes pour des importuns. Il faisait échec à leur tentative de prendre la direction de la Crown et jouait au plus fin avec eux. Bud était président du conseil et président de la Crown jusqu'à ce que l'amendement à la Loi sur les banques le force à choisir entre la banque et le trust.

La Crown elle-même détenait près de 25 % des actions du trust pour le compte des cousins McMartin, Jean Mulford à New York et l'excentrique Rita Floyd-Jones, de Saranac Lake, qui, selon la rumeur, avait un trône dans l'hôtel décrépit où elle vivait. Reuben et Leonard ont envoyé un télégramme à la Crown offrant d'acheter ce bloc de 24, 8 %, sans préciser de prix. J'ai offert 34 $ l'action, 13 $ de plus que leur cours à la Bourse, et la direction du trust a obtenu l'assentiment des descendants de John McMartin. La transaction nous a coûté 6,3 millions de dollars que Sterling Newspapers pouvait financer. Avec le bloc de 10 % détenu par la succession McDougald et le bloc de 10 % de la Banque de commerce, nous avions la direction effective de Crown Trust. La transaction a été complétée le 4 mai. Mes relations avec Dick Chant, vice-président de Crown, se sont ensuite resserrées.

Alex Barron, mon frère et moi avions convenu le 16 mars que Hollinger était la pièce maîtresse, la corne d'abondance qui pouvait être déployée intelligemment pour rebâtir la structure chancelante d'Argus. La clé de Hollinger n'était pas le moulin à paroles de l'Alabama (Fairley), mais l'éternel Percy Clair Finlay. Âgé de 79 ans, Finlay était membre du conseil de Hollinger depuis 43 ans, associé de J. Y. Murdoch (l'un des fondateurs de Noranda Mines) dans son étude de droit, et conseiller juridique de la plupart des McMartin, Dunlap et Timmins, familles fondatrices de la Hollinger. Finlay était un vieillard hargneux et intraitable qui tenait la plupart des phénomènes modernes – des régimes de retraite aux règles sur les conflits d'intérêts – pour des tracasseries décadentes. (Quelques années plus tard, il a proposé que le président du conseil et le conseiller juridique de la Hollinger et leurs homologues d'une société minière, la Goldale, s'entendent sur la prise de contrôle de la Goldale par la Hollinger. P. C. était président du conseil et conseiller juridique des deux sociétés et le principal actionnaire de la Goldale.)

Finlay ressemblait à Casey Stengel et parlait le même anglais estropié. Il prétendait toujours être au bord de la ruine, mais il était clair qu'il ne valait pas moins de 10 à 20 millions de dollars. Il avait l'habitude d'acheter le modèle le plus commun de Ford, avec un seul pare-soleil, avant d'hériter de Fairley une Cadillac de la Hollinger qu'il gardait propre en la laissant hors du garage chaque fois qu'on prédisait de la pluie. Pendant le terrible ouragan qui a soufflé quelques fenêtres du centre Toronto-Dominion en avril 1975, P. C. traversait la rue King quand le vent l'a fait basculer et une voiture a écrasé sa serviette. Il a fait une telle scène au chauffeur de la voiture malgré ses 76 ans et ses deux côtes fêlées que l'automobiliste lui a acheté une serviette et un chapeau le lendemain.

Influençant plus de 20 % des actions de Hollinger, P. C. était, comme j'ai dit à l'époque, «le maire Daley du groupe Argus» (faisant allusion aux remarques de Kennedy à propos du maire de Chicago, qui pouvait faire et défaire les rois dans le parti démocrate des années 60). Le fils de P. C., John, avocat et homme d'affaires affable et talentueux, ne ressemblait guère à son père. C'était mon bon ami depuis que nous avions été initiés au dîner de Hollinger à la fin des années 60. Nous nous asseyions tous deux au fond de la salle du Toronto Club avec les pilotes de l'avion dans lequel Fairley faisait la navette entre Toronto et l'Alabama. John partageait une bonne partie du travail juridique de son père.

Fairley se retirait et Max Meighen, à son grand honneur, refusait de lui verser de pleines rentes de retraite tandis qu'il continuait de tirer son plein salaire de président à titre de vice-président du conseil. Il est vite apparu, en conséquence, que Fairley ne prendrait pas parti dans le conflit entre membres du conseil d'Argus. J'ai suggéré que P. C. Finlay lui succède à la présidence de Hollinger au lieu de Bruce Ross, extraordinaire entrepreneur minier qui avait persévéré sous le régime immobiliste grassement rémunéré de Fairley. Ross avait une perception activiste, mais classique, de la société minière. P. C. a accepté ma suggestion et il a exprimé le vœu de ne pas passer ses dernières années à travailler «pour Demaree (Desmarais) ou Barron».

En même temps, mon frère et moi avons proposé à John Finlay un rôle dans Argus et une modeste participation dans Ravelston. L'ouverture aux deux Finlay était fondée strictement sur le mérite, mais il était raisonnable de supposer qu'elle aurait des retombées politiques utiles advenant que les manœuvres à l'intérieur du conseil tournent à la guerre intestine.

Al Thornbrough avait beaucoup plus de poids qu'Al Fairley. Travailleur, passionnément engagé dans la mission internationale de Massey-Ferguson, sa pire erreur avait été de concilier le conservatisme de McDougald sur l'émission d'actions avec sa fièvre d'expansion financée par emprunts. Il était tout à fait conscient qu'Alex Barron voulait le déloger. Il a donc été assez facile de le convaincre que la victoire de notre camp lui serait salutaire.

L'un de mes informateurs chez Massey m'a prévenu d'une réunion à l'hôtel Prince en avril. Alex Barron y avait convoqué Victor Rice pour qu'il expose à Bruce Matthews le désarroi qui régnait chez Massey. Alex ne se trompait pas sur l'état de la société, mais c'était une procédure plutôt naïve et sournoise qui m'a aidé auprès de Thornbrough. Alex avait donné suite à l'une de ses promesses du 16 mars et j'ai été élu administrateur de Massey en avril. En allant à son bureau après la première réunion, Hal Jackman m'a fait voir des chiffres démontrant que depuis 50 ans, Massey n'avait réalisé aucun profit net cumulatif. L'entreprise était réputée, mais peu rentable.

Le 20 avril, Alex et sa fiancée m'ont invité avec ma fiancée au restaurant Napoléon. Nous avons passé une excellente soirée, mais comme ouverture de paix, c'était trop peu et trop tard.

À Palm Beach, Jim McDougald et ses sœurs Doris et Cecil apprenaient par les journaux les promotions successives de Matthews, Meighen et Barron aux postes laissés vacants par la mort de leur compagnon et bon pasteur John A. McDougald. Elles n'étaient jamais consultées et ne l'appréciaient guère.

Mes nouveaux collègues à la Crown Trust, Ainslie St. Clair Shuvé et Bill Ritchie (président et vice-président), me disaient qu'ils trouvaient le cinéma du clan Meighen-Matthews présomptueux et déplaisant. Le conseil d'administration de la Crown Trust allait bientôt inclure mon frère, David Radler, Peter White, notre avocat Igor Kaplan, Nelson Davis et Dick Chant. Shuvé était de la vieille école. On pouvait aisément l'imaginer s'adressant à une veuve le mouchoir à la main et lui conseillant ce que son défunt mari lui-même aurait souhaité. Ses manières onctueuses et sa civilité étaient amusantes. Ritchie était un homme de principe, Écossais strict. On n'a pas eu à insister pour qu'ils disent à leurs clientes que la meilleure façon d'assurer le respect des droits de la majorité des actionnaires de Ravelston, c'était de conclure une entente avec nous. Des pourparlers parallèles avec Dick Chant ont conduit à la même conclusion.

L'affaire a été renvoyée à l'avocat de Bud et de Jim, Lou Guolla, qui a rédigé un projet d'entente engageant les intérêts Phillips, McDougald et Black à unir leurs votes sur toute question après consultation. Mon frère et moi nous engagions à appuyer les femmes. En échange, vu leur âge et leur ignorance des affaires, elles nous laissaient la liberté de déterminer l'opportunité d'avis de transfert obligatoire forçant un actionnaire à vendre ses actions. (En vertu de l'entente de 1969, tel avis pouvait être émis par une simple majorité des actionnaires de Ravelston. Notre groupe détenait près de 70 % des actions.) Après la signature de l'entente le 10 mai, mon frère et moi étions en position d'écarter les clans Meighen et Matthews à notre convenance.

Le vent avait tourné rapidement et, pour les habitants languissants de la rue Toronto, imperceptiblement puisqu'ils ne se donnaient pas la peine de consulter les actionnaires. Ils supposaient qu'ils se comporteraient comme le font habituellement les veuves éplorées et désintéressées et les jeunes héritiers sans expérience.

Lou Guolla, Ainslie Shuvé, Bill Ritchie et Dixon Chant ont repassé un à un avec les trois femmes les articles des ententes supplémentaires de Ravelston. Doris, Jim et Cecil, toutes limitées que fussent leurs capacités intellectuelles, étaient aussi rapaces et opportunistes que n'importe qui d'autre. L'entente, requise et approuvée par elles, leur a été expliquée sous toutes les coutures, en monosyllabes et avec des exemples adaptés à l'esprit d'un enfant de dix ans. Elles ont compris et autorisé chacun des mots et chacune des virgules de tous les articles.

Le 12 mai, date du dîner annuel de Hollinger, tout était en place. Les membres du triumvirat dormaient paisiblement dans leurs grands fauteuils de l'ancien temple grec de la rue Toronto, inconscients de la terre qui tremblait sous leurs pieds. Après le dîner, durant lequel j'ai longuement conversé avec E. P. Taylor, présent pour la première fois depuis des années, je suis rentré chez moi et j'ai tapé sur la vieille machine à écrire de ma grand-mère maternelle un exposé des raisons me justifiant d'appuyer sur la gâchette de Ravelston à brève échéance, voire sur-le-champ.

Comme toujours en situation révolutionnaire, la dynamique favorise le groupe le plus radical jusqu'à ce qu'en Thermidor, et finalement en Brumaire, Robespierre cède le pas à Fouché et à Talleyrand, Lénine proclame la nouvelle (c'est-à-dire l'ancienne) politique économique, et Napoléon ou Staline rétablisse l'ordre. Mon manifeste du 12 mai était plutôt modéré. Je parlais de rétablir la collégialité, de conserver une participation importante, mais réduite, de Meighen dans Ravelston, de garder Barron et Matthews comme cadres, de redistribuer les pouvoirs en fonction du rapport de forces et non pas du royaume de fées et de la boutique de bonbons dans lesquels se complaisait le triumvirat, et de déménager au 10, rue Toronto (dans le bureau de McDougald, mais seulement avec l'assentiment de Jim).

Nelson, comme je l'avais suggéré sept semaines auparavant, remplacerait Max à la présidence du conseil d'Argus. Bruce serait vice-président, moi président, Alex demeurerait vice-président directeur, Dick Chant serait vice-président, et mon frère comblerait la vacance causée par la mort de Bud. Mes suggestions ont été bien accueillies par les destinataires, mon frère, Nelson, Dixon, et les camps McDougald et Phillips.

En pratique, je soupçonnais qu'au moment opportun, Alex voudrait partager le régime de retraite de principe de Max, mais ils avaient l'un et l'autre le choix de rester. Le général Matthews, pensais-je, continuerait de servir sous le nouveau commandement, comme il l'avait toujours fait dans la vie civile et l'armée.

Le 13 mai, Ritchie, Shuvé et Guolla m'ont informé que les trois femmes voulaient «donner une leçon à Max» et me demandaient d'émettre contre lui un avis de transfert obligatoire. Je n'ai pas hésité. Ritchie et Guolla sont retournés à Palm Beach dans l'avion d'Argus le 14 mai et, avec Thornbrough, qui était venu de Boca Raton en vue de se faire ramener à Toronto, ils ont expliqué aux trois femmes par le menu détail l'avis de transfert. Elles brûlaient de me voir passer à l'action et décapiter l'ennemi, Max Meighen.

Je ne peux pas prétendre que leur état d'esprit me déplaisait : avant que l'intérêt du public ne soit éveillé, elles réclamaient non pas un simple avertissement, mais une exécution exemplaire. Je me serais contenté d'une sanction moindre, mais si mes associés exigeaient que Max Meighen soit mis à mort financièrement et livré à leur guillotine ligoté comme une perdrix, je n'allais pas tâtonner avec le couperet. Je ne me lavais pas les mains du procès. J'étais disposé à exécuter, mais non pas à décréter la peine capitale. Les femmes ne voulaient pas entendre parler de clémence. Elles voulaient sa tête.

Je n'avais aucune confiance dans l'intégrité et la loyauté de ces associées. Je soupçonnais que leur soif de sang pouvait être détournée au moindre caprice, spontanément ou par quelque influence méphistophélique. Mais je me fiais à la Crown Trust, exécuteur testamentaire des deux successions, et à Dick Chant, exécuteur de la succession Phillips et vice-président de la Crown, pour me protéger contre toute atteinte du comité du salut public des douairières, si sanguinaire que soit le châtiment infligé au colonel Meighen, qui ne se doutait de rien.

Je me suis présenté chez Max Meighen avec Dick Chant à deux heures et demie de l'après-midi, le 16 mai, tandis que Bruce voyait Nelson et mon frère au bureau de Nelson (Alex Barron était en lune de miel, sa première femme était morte en 1977). Dick et moi avons expliqué à Max, sans lui faire de reproches et sur un ton plutôt discursif, que nous lui faisions tenir un avis de transfert obligatoire en vertu d'une clause de l'entente des actionnaires de Ravelston, qu'il semblait avoir oubliée. (Avec le recul, je pense que les plus grandes contributions de Bud McDougald au milieu canadien des affaires ont été la restauration du Toronto Club, l'avis de transfert obligatoire et le maintien de jetons de présence au comptant.) J'ai dit à Max que les signataires de l'avis étaient mécontents de ne pas avoir été consultés pendant deux mois et que, détenant plus d'actions avec droit de vote que lui (il possédait le tiers du bloc de contrôle de sa société), je n'aimais pas me faire dire de ne pas « enfoncer de clôtures ».

J'ai aussi établi clairement que nous étions disposés à négocier un ajustement de sa participation et de son influence plutôt que d'acquérir ses actions, s'il le préférait, et que l'avis ne serait pas rendu public. Il nous a regardés avec étonnement et n'a rien dit. J'ai rompu le silence en faisant des remarques sur les portraits d'Arthur Meighen, d'Alex Barron et de la secrétaire de l'entreprise, Louise Morgan, qui ornaient les murs de son bureau. Max a ouvert la porte. Mme Morgan est entrée. Nous leur avons serré la main et nous sommes sortis. À l'ascenseur, j'ai dit à Dick : « Sortons avant que Max retombe sur terre. » Dick a répliqué que Max avait singulièrement monté dans son estime (mais pas au point de défier la loi de la gravité) du fait d'avoir accueilli notre message avec autant de sérénité.

J'ai téléphoné à mon frère au bureau de Nelson. Nelson venait de terminer son préambule, mais il révélait assez de ce qui allait suivre que Bruce était déjà « haletant comme un cheval de trait ».

Alex Barron est rentré de sa lune de miel le 17 mai. Il m'a téléphoné, consterné par ce que Max lui avait raconté des événements de la veille.

Nous avons eu une discussion fort polie et civilisée. J'ai exposé nos motifs et nos griefs et j'ai souligné qu'il était encore possible d'en venir à un compromis. Je prévoyais que les victimes auraient un dernier sursaut d'activité après ce coup fatal et inattendu, comme les mouches qui s'agitent violemment pendant trente secondes après avoir été vaporisées d'insecticide.

Alex, qui n'avait pu se résigner à me dire entre le 17 et le 22 mars que nos ententes du 16 ne prendraient pas effet bientôt (sinon jamais), s'est lancé dans une furieuse ronde de négociation avec Hal Jackman et Desmarais. Il lui a fallu (mais pas à eux) quelques semaines avant de se rendre compte qu'il n'avait aucun pouvoir de négociation ni possibilité de disposer des actions de Meighen dans Ravelston ou de les déployer puisqu'elles étaient sujettes à un avis de transfert obligatoire.

Voyant que ses tractations ne menaient à rien, il a adressé la première semaine de juin une note aux actionnaires de Canadian General Investments faisant référence à notre avis de transfert de Ravelston. Il espérait sans doute que cette tactique déclencherait une immense controverse publique, ébranlerait la détermination fragile des veuves, et minerait la détermination de Nelson, de Dixon, de mon frère et de moi. Il a vu juste dans les deux premiers cas, mais pas dans le troisième. Nous détenions 22 % des actions de Ravelston et nous avions émis un avis de transfert forçant la cession du bloc de 26 % de Meighen. Les veuves étaient techniquement majoritaires en vertu de notre entente.

Les trois femmes et Nelson Davis sont venus prendre le thé chez moi le 27 mai, juste avant qu'éclate la controverse publique. J'ai laissé entendre qu'il n'était peut-être pas nécessaire de traiter Max brutalement, qu'on pourrait trouver une façon d'arriver à nos fins en préservant sa dignité. Doris a répliqué, presque à mi-voix : « Il a des taches d'œuf sur sa cravate. » Jim a ajouté : « Il a porté des chaussettes jaunes chez nous en Floride. » Cecil a parlé de ses revers de veste trop étroits et Nelson de sa Mercedes or. (Nelson aurait préféré qu'il achète une Cadillac chez lui, comme Bud, Eric Phillips, mon père et moi l'avions fait). Mes invités se sont tournés vers moi, qui prenait la défense de Max dans la conversation et qui était encore le seul n'ayant pas exprimé d'opinions. « Il devient un peu turbulent après une couple de verres et je pourrais me passer de ses fleurs à la boutonnière, mais est-ce que ce sont des raisons valables de le mettre à la porte avec sa valise? » ai-je demandé, affectant d'être neutre. Doris a tranché avec la sévérité d'un procureur de comité de salut public : « On peut se passer de lui! » Doris et Jim m'ont adressé des notes très élogieuses le lendemain et Doris m'a fait porter un buste de Napoléon en bois pour accompagner le portrait de Napoléon du colonel Phillips que Bud m'avait donné en 1968.

La presse, alertée la première semaine de juin par l'avis d'Alex aux actionnaires de la Canadian General Investments, a commencé à téléphoner aux acteurs du drame. Les veuves n'ont pas mis de temps à se cacher derrière les bottes de foin, jouant les innocentes, les naïves et presque les séniles dans un habile saut de main de relations publiques, digne d'*Arsenic et vieille dentelle.* L'affaire était montée de toutes pièces, mais elles ont joué leur rôle avec autant d'aplomb que Bud avait toujours joué le sien et m'ont enfermé dans le rôle de l'ogre.

Il n'a pas fallu beaucoup de temps non plus pour que l'ineffable John Prusac monte à la surface de leur potion de sorcières. Dick Thomson, président du conseil de la banque Toronto-Dominion, m'a écrit pour m'offrir le financement dont nous pourrions avoir besoin. Mon frère Monte a été élu administrateur de la banque Toronto-Dominion quelques semaines plus tard. C'était une des premières indications de notre mobilité ascendante dans le milieu de la haute finance au Canada.

J'ai rencontré Bruce Matthews dans le but de l'apaiser au début de juin. Il était clair que notre initiative ne plaisait pas au gentilhomme qu'il était. Vu son âge, son manque d'enthousiasme était compréhensible et on ne pouvait le lui reprocher. Mais dans les circonstances, si les veuves retraitaient, l'intervention de Bruce pouvait être capitale. Il m'a assuré qu'il ne ferait rien d'irréfléchi avec ses actions.

Ses premiers mots à propos de la personne qui avait cosigné l'avis de transfert avec moi au nom de Western Dominion ont été pour me demander : «Qui est Waters (sic)?» Il voulait parler de Shirley Walters, secrétaire de Western Dominion, qui avait signé «S. Walters». Elle était aussi ma fiancée, nos relations d'affaires et de cœur ayant évolué plus ou moins en tandem. Elle était passée au secrétariat de Western Dominion en quittant Dominion Securities, où elle nous était venue de Draper Dobie. Nous ne pouvions pas nous marier avant son divorce. Elle l'a finalement obtenu en mai 1978. Elle m'a tiré d'une réunion du conseil de la Banque de commerce pour m'en informer par téléphone du palais de justice. Nous nous sommes officiellement fiancés durant cette conversation. Je lui ai passé la bague de fiançailles au doigt le soir même.

Il n'était dans l'intérêt de personne de divulguer ces détails de notre vie privée. J'ai fait des démarches auprès de l'Église anglicane pour obtenir la permission de nous marier. Elle nous a été accordée. Ma conversion au catholicisme, que je souhaitais, a dû attendre l'annulation de son premier mariage et la régularisation de nos relations. Tout a fini par s'arranger. Je n'ai évidemment donné à Bruce Matthews qu'une réponse partielle à sa question.

Le 26 juin, *Maclean's* a publié en page couverture un article intitulé «The Argus Grab» (La prise d'Argus), utilisant une photo promotionnelle qui avait servi au lancement de la version française de mon ouvrage sur Duplessis. L'article a fait sensation et Jim et Doris se sont empressées de faire marche arrière dans leurs déclarations aux médias. Pour avoir du renfort, j'ai donné au *Globe & Mail* le numéro de téléphone de Nelson au château Dromoland, en Irlande, où il assistait à une réunion du conseil de l'une des entreprises de Jim Pattison en compagnie du procureur d'Argus, Don McIntosh. Nelson a été splendide, comme à l'accoutumée. «On ne fait pas affaires avec le premier venu qui passe dans la rue, a-t-il dit. Il faut choisir ses associés et leur être fidèle.» Nelson et Eloise Davis sont rentrés à Toronto le 18 juin et y ont été accueillis par un téléphone de Jim McDougald à Eloise, disant : «Nelson est un traître et un rat!» Le coup de fil a mis fin à une amitié de près de quarante ans. Nelson a appelé John Robinette pour lui donner instruction de prendre une action en diffamation contre Jim, mais le procureur l'en a dissuadé.

Max et Alex étaient finis, mais Alex avait placé une grenade offensive sous ma coalition. Bruce n'était évidemment pas digne de confiance. Il n'avait aucune loyauté envers nous et n'avait certes pas réussi à naviguer à travers sa longue carrière en restant insensible à tous les vents. Pendant quelques jours, le climat ressemblait à celui d'un vieux film western quand le héros assiégé, jetant un coup d'œil furtif par la fenêtre de sa cabane, dit : «Ça me semble drôlement tranquille là-bas!»

J'ai appris par mes informateurs de la Crown Trust et d'ailleurs que Doris avait convoqué une réunion des exécuteurs de Phillips et de McDougald avec Bruce Matthews et John Prusac pour minuit le 25 juin, à la vieille maison du colonel sur Teddington Park. Prusac s'y est montré à son plus ridicule, se pavanant dans une cape et criant des instructions dans une incarnation composite du comte Dracula et d'Adolf Hitler. Le sort de quelques-unes des plus fameuses entreprises du Canada allait maintenant se jouer dans une atmosphère d'invraisemblable bouffonnerie.

J'avais eu raison de faire confiance à Dixon. Il a refusé de consentir au transfert des actions de Bruce aux successions Phillips et McDougald. Le général s'est assis docilement sur l'ordre de Prusac, a mis sa serviette sur ses genoux et a cédé ses actions par écrit aux veuves. La Crown Trust n'a pas ratifié la transaction ni comme exécutrice ni comme agent de transfert. Je trouvais personnellement humiliant qu'un charlatan et un exploitant de taudis puisse ainsi intimider un major général à la retraite, qui avait commandé avec distinction 200 000 soldats canadiens dans le nord-ouest de l'Europe.

Le lendemain, 26 juin, Prusac battait le pavé de la rue Bay, tentant sans succès de transférer les actions de Bruce et proclamant virtuellement sur les toits : «La transaction est consommée.» Les événements se sont précipités. Nelson, Dixon, Monte et moi, avec divers procureurs, Lou Guolla et Igor Kaplan en particulier, nous sommes réunis dans l'après-midi du 27 et presque toute la journée du 28 dans la vieille salle du conseil de la Crown Trust, sous un portrait de Bud McDougald.

Nous avons décidé de faire tenir à Bruce un avis de cession obligatoire, Dixon et la Crown Trust fournissant la majorité des voix au nom de la succession Phillips, qui, avec mon frère et moi, pouvait exécuter l'entente du 10 mai. Nous avons aussi convenu de poursuivre les veuves, Cecil, qui avait le nez fourré partout, Prusac et Bruce Matthews pour avoir comploté d'enfreindre l'accord du 10 mai et celui de 1969 liant les actionnaires de Ravelston. (Je menaçais à haute voix de faire déclarer Jim et Doris incompétentes comme exécutrices, mais ce n'était que bravade puisque le succès d'une telle action aurait pu invalider l'entente du 15 mai et l'avis de transfert communiqué à Max le lendemain.) Finalement, Nelson et moi avons exercé le droit que nous conféraient les règlements d'Argus de convoquer une réunion des administrateurs le 30 juin. Nous projetions de congédier les dirigeants élus à la réunion truquée du 22 mars où j'étais arrivé avec quatre minutes de retard pour trouver les élections terminées.

J'ai remis à Bruce son avis de transfert obligatoire, avec Page Wadsworth comme témoin, pendant la réunion du conseil de Massey-Ferguson le 27 juin. Bruce a rembarré Alex Barron et l'a accusé de manquer d'originalité (ce qui n'était pas la couleur forte de Bruce non plus). J'ai dit à Bruce qu'il ne s'agissait que d'une mesure préventive, mais qu'elle serait suivie d'un char d'assignations au cours des prochains jours s'il ne retirait pas ses actions du marché. Il est allé aux toilettes pendant une dizaine de minutes. J'ai passé le reste de la journée à recruter des appuis en vue de la réunion du conseil d'Argus.

Doug Ward était notre intermédiaire auprès des veuves et Lou Guolla auprès de Prusac. Guolla a menacé Prusac de le poursuivre jusqu'aux enfers. Prusac s'en est ouvert le 28 juin à Peter Harris, gendre de Bruce Matthews et président du conseil de la maison de courtage A. E. Ames. Il a fondu en larmes devant la perspective d'échec de son coup, comme Robespierre à l'hôtel de ville de Paris le soir où il a été condamné par la Convention.

Le soir du 28, j'ai dîné avec ma fiancée au restaurant Winston. Je me suis absenté un moment pour passer un coup de fil à Doug Ward, qui m'a rapporté l'échec de sa mission auprès des veuves. Doug, qui était âgé de soixante-dix-huit ans et avait été le meilleur ami de Bud, m'a conseillé d'être «dur avec ces bonnes femmes». Je n'avais pas besoin d'encouragement. Doug s'est trouvé pris dans une autre farce grossière chez Doris. Il a fait mine de quitter la maison trois fois. Chaque fois, un domestique albinos de Doris a bondi jusqu'à sa voiture pour le prier de revenir. Doug était accompagné par le président du conseil de Crown Trust, Harold Kerrigan, ajoutant, comme Dick a dit, «la confusion de Harold à celle de Doris».

Plus tôt le même jour, rentrant de déjeuner au Cambridge Club, un client d'un des membres de l'équipe juridique d'Igor Kaplan chez Aird & Berlis, qui était aussi conseiller de Consumers' Gas, a été intercepté rue Adelaide par une connaissance qui lui a demandé de lui faire cadeau d'un petit appareil de chauffage à gaz (il faisait 28 °C à l'ombre). Les avocats ont battu en retraite, mais l'intrus – reproduisant l'allégorie du Vieux marin de Samuel Coleridge – lui a crié à la consternation des passants : «Si ce n'était de moi, tu croupirais encore dans la merde à Islington!»

Igor Kaplan m'avait été présenté par Dave Smith, député, puis ministre dans le cabinet Trudeau. Smith, que j'avais connu au parlement modèle de l'Université Carleton, était alors membre du conseil de la ville de Toronto et il est plus tard devenu président de l'exécutif. J'ai engagé Igor pour nous conseiller sur nos affaires de famille à mon retour de Montréal en 1974 parce que j'éprouvais le besoin de conseils juridiques plus percutants que ceux qui étaient transmis à mon père. Igor s'est certainement montré à la hauteur de la tâche. La famille d'Igor avait fui Memel le jour de l'annexion de la Lituanie par Hitler en 1939 et avait traversé la Russie sur le transsibérien. Igor n'était alors âgé que de huit ans. Ils se sont rendus au Japon avant de se faire admettre au Canada comme cultivateurs (ce qu'ils n'avaient jamais été) et de s'établir près de Brockville, en Ontario. Igor avait eu une carrière en dents de scie comme avocat et homme d'affaires. Le dossier d'Argus lui a sans doute donné un bon coup de pouce. Il s'en est acquitté avec imagination et fermeté.

J'ai passé la plus grande partie de la journée du 29 juin à recruter des appuis pour nos procédures d'expulsion chez Argus le lendemain. À l'assemblée régulière du conseil d'Argus quelques semaines plus tôt, j'avais réussi à faire élire mon frère Monte au poste laissé vacant par le décès de McDougald. Alex Barron avait appuyé ma proposition. Les cinq administrateurs que Bud et moi avions choisis à la fin de 1976 – Nelson Davis, Fred Eaton, Trumbull Warren, Harry Edmison et Jim Wright – étaient solidement derrière nous et modifiaient de façon décisive l'équilibre du pouvoir. Avec Dick Chant, Al Thornbrough, Don McIntosh, mon frère et moi, nous étions assurés de remporter tous les votes, peu importe la façon dont la question était formulée.

McCurdy, de Standard Broadcasting, Fairley, Alan McMartin, de Hollinger, Tom McCormack et Tom Bolton, de Dominion Stores, devaient être absents ou s'abstenir. Il était impossible de prédire ce que ferait le vieux Harry Carmichael, âgé de quatre-vingt-neuf ans. Hal Jackman, le dernier des conservateurs, voterait pour la nouvelle liste, sans écarter l'ancienne, puisque toute décision de la sorte lui apparaissait comme une forme de régicide et ses sympathies allaient du côté de Charles I (comme elles sont allées quelques années plus tard du côté de Joe Clark).

Je supposais que Jackman n'était là, du reste, que pour une seule raison : accroître sa participation dans la société à un prix avantageux ou élargir son influence à la faveur de la plus grande division possible. Je m'attendais qu'il s'abstienne. À part Max, Alex et Bruce, Alex Hamilton était le seul qui voterait assurément contre nous puisqu'il avait travaillé étroitement avec Max et Alex chez Domtar après que Bud leur eut confié la présidence du conseil de cette société. Le vote serait sans doute de 10 contre 4, avec six absences ou abstentions, et l'impondérable Harry Carmichael. Sans mon frère et les cinq nouveaux administrateurs élus pour faciliter ma nomination au conseil de la Banque de commerce, un tel vote n'aurait pas été possible. Ce n'était pas un commentaire flatteur sur le conseil de direction ni sur l'adresse politique et administrative de nos rivaux qu'ils n'aient pas réussi à racoler plus d'appui malgré leur ancienneté.

Le soir du 29 juin, je suis allé à la fête organisée par Tony Fell au Toronto Club pour célébrer le soixantième anniversaire de Doug Ward à Dominion Securities (la fête du soixante-cinquième anniversaire de Signy Eaton a eu lieu le même soir au York Club). Doug faisait toujours de très bons discours de fin de dîner. Il a fait des allusions amusantes à Draper Dobie et à sa relation avec mon frère et moi. (Nous comptions alors parmi les plus importants actionnaires de Dominion Securities.) Je me suis esquivé à quelques reprises pour passer un coup de fil à Jackman et tenter de le convaincre de se ranger avec nous, mais il est resté sur la clôture.

Nous avons tenu une réunion croupion le lendemain matin dans la salle du conseil d'Eaton. Nelson a parlé le premier et n'a pas ménagé ses injures à l'égard de Bruce. Doug Ward l'a suivi, décrivant le comportement de Bruce comme étant «tout à fait immoral et complètement répréhensible». Dick Chant a décrit la rencontre convoquée par Doris à minuit le 25 juin, insistant sur les maniérismes ridicules de Prusac. Trumbull Warren est arrivé de Muskoka au milieu de la réunion. Avant de s'asseoir, il a annoncé à propos de l'opposition en déroute : «Qu'ils aillent tous au diable! On n'en veut plus.» Le secrétaire d'Argus, Harry Edmison, et le trésorier Jim Wright, dont les emplois étaient en jeu, se sont ralliés à nous. Ils n'aimaient pas la rudesse de Max ni les intrusions obséquieuses d'Alex. Don McIntosh, conseiller juridique d'Argus depuis que Phillips et Taylor s'étaient disputés avec J. S. D. Tory près de 25 ans auparavant, était un allié puissant et convaincant. Il n'y avait aucun doute sur la position de mon ami Fred Eaton. Ils étaient tous magnifiques.

Nous sommes partis vers la rue Toronto. Bruce a appelé la réunion à l'ordre. Il avait été convenu le 4 avril que Max, président du conseil, ne présiderait rien, ni la réunion des administrateurs ni celle des actionnaires. J'ai parlé brièvement et la réunion a été ajournée. Nelson, Dick et Don McIntosh se sont enfermés avec Max dans le vieux bureau de Bud, à l'étage, et ils lui ont suggéré de se retirer. Max a dit qu'il n'était pas au courant de la tentative de Bruce de céder ses actions aux veuves, la désapprouvait et n'avait jamais entendu parler de Prusac. «Si vous voulez que je parte, a-t-il ajouté, vous serez forcés de me chasser.» Il m'a répété la même chose et je lui ai dit que je le ferais volontiers.

J'avais déjà rencontré Bruce pendant l'ajournement. Je lui ai dit que nous les expulserions tous et que nous comptions le poursuivre, qu'il était très vulnérable comme on l'en avait probablement informé, et qu'il y avait sans doute une façon plus élégante d'assurer la transition. Je lui ai offert de rester au conseil comme vice-président, avec Nelson comme président, moi président de la compagnie, Dick Chant vice-président directeur, et Jackman vice-président. J'ai dit que s'il promettait au conseil de renoncer à sa tentative de vendre ses actions, nous suspendrions l'exécution de l'avis de transfert obligatoire, différerions les autres procédures juridiques et ajournerions le meeting au 13 juillet pour permettre aux parties de «réfléchir» et de chercher une solution plus élégante. Bruce a accepté sans réserve, désertant ses alliés de la veille. La réunion a repris et Bruce m'a donné la parole.

J'ai été poli avec Max. «Il ne devait pas y voir un manque de respect envers lui personnellement, ai-je dit. Il y a eu des désaccords de principe que la majorité croit pouvoir régler en renouvelant la direction. Nous ne voulons offenser personne et n'exigeons rien d'inconvenant du colonel Meighen.»

Je pouvais difficilement être aussi poli avec Bruce Matthews. Je lui ai laissé le bénéfice du doute, disant que «dans la confusion des derniers jours, le général avait pris, sans doute par inadvertance, des initiatives on ne peut plus déstabilisantes, mais qu'il souhaitait maintenant clarifier sa position». Bruce a parlé simplement et dignement. Il a dit qu'il aurait du mal à s'expliquer et ne tenterait pas de le faire, mais il promettait de ne pas vendre ses actions de Ravelston. Don McIntosh a fait part de notre nouvelle liste de candidats et la réunion a été ajournée.

Nous avions définitivement le vent dans les voiles, mais il ne fallait pas débrayer.

Avec ma fiancée et Tom Birks, de Montréal, je suis retourné ce soir-là au Winston, dont le propriétaire John Arena était alors au faîte de sa réputation gastronomique et politique. Nous nous préparions à prendre le pousse-café quand Kaplan, jamais à bout de ressources, est arrivé avec son «triangle lituanien» : Bruce (dont la malléabilité était notoire) serait invité à signer contre lui-même, en compagnie de la succession Phillips et de Western Dominion, un avis de transfert obligatoire en vertu de l'accord de 1969. Je lui ai fait observer que Meighen et McDougald réunissaient une faible majorité des actions de Ravelston. Je l'ai félicité pour son imagination et je lui ai offert un verre de cognac. (Meighen détenait 26,76 %, McDougald et Phillips 23,47 % chacun; nous en détenions 22,4 % et Matthews 3,9 %. Le «triangle lituanien» ne réunirait donc que 49,77 % des actions.)

Le lendemain matin, samedi, fête nationale du Canada, Monte et moi sommes allés voir le général Matthews chez lui. En arrivant, mon frère m'a dit : «Nous lui avons cloué un pied au plancher, mais il continue de tourner en rond. Nous devrons lui clouer l'autre pied.» Nous lui avons fait savoir assez clairement que nous voulions ses actions de Ravelston et rétablirions l'avis de transfert obligatoire au besoin. Bruce a évité de nous répondre et usé de faux-fuyants (Al Thornbrough l'avait baptisé «le vicaire de Bray»). Mon frère s'est penché vers lui et lui a dit : «Général, nous aurons vos actions.» – «Je ne me laisserai pas intimider», a dit le général. «Que si, vous verrez!» a rétorqué mon frère.

La réunion n'a guère été concluante. Le lendemain dimanche, 2 juillet, des suggestions de propositions de vente sont venues des veuves qui, avec les singeries de Prusac et la défection du général, avaient finalement dû se rendre compte que l'affaire était cuite. Les pourparlers entre avocats se sont poursuivis les 3 et 4 juillet. (Bill Somerville, de Borden Elliott, avait remplacé Lou Guolla, avocat fidèle et compétent que Jim McDougald a outrageusement diffamé et que j'ai parfois engagé depuis en guise d'appréciation pour sa fermeté en face de pressions excessives).

Une dernière réunion a eu lieu chez moi à dix heures et demie le soir du 4 juillet. Y assistaient Prusac, Somerville, Jack Geller, représentant très compétent de la Crown Trust, Igor, Monte, moi, et quelques jeunes avocats. Somerville a commencé par réciter une litanie grossière et fictive des griefs de ses clientes. Il a ensuite déclaré qu'elles étaient disposées à vendre pour 20 millions de dollars. J'ai répondu que je jugeais inutile de répondre à son préambule de circonstance, du reste inexact, décrivant des événements qui s'étaient produits avant qu'il intervienne dans l'affaire. Je laissais entendre qu'il ne savait pas grand-chose de l'affaire, et j'avais raison. J'ai fait une contre-proposition à 18 millions. Nous avons vite réglé à 18,4 millions. Puisque la plupart des actions devaient être partagées entre Nelson Davis et Fred Eaton, j'étais prêt à aller jusqu'à 25 millions de dollars au besoin. L'un des jeunes avocats a rédigé l'acte de vente. Prusac l'a soumis aux veuves et l'a ramené signé.

Dans l'intervalle, j'ai appelé Russell Harrison, qui regardait *Miss Universe* à la télévision. Je lui ai dit que je venais de compléter une transaction avec «deux aspirantes de choix à ce titre». Je lui ai demandé 18,4 millions de dollars pour le lendemain à dix-sept heures. Il m'a assuré qu'il n'y aurait pas de problème, mais il a dit regretter que le drame s'achève. «Ça m'amusait», a-t-il dit. Prusac a été exemplaire ce soir-là. Il est revenu à minuit et il est reparti au bout de quelques minutes. «Votre réputation vous précède» lui ai-je dit, délibérément ambigu, en lui serrant la main. Igor est resté jusqu'à quatre heures et demie du matin, récitant un monologue de *Tout est bien qui finit bien* avant de partir. C'était un exploit peu commun vu son état de fatigue et d'ébriété. Il a transféré les actions Ravelston de Phillips et de McDougald à neuf heures du matin.

Le matin du 5, j'ai informé un certain nombre de personnes des événements de la veille et quelques-unes d'entre elles de mon projet de mariage. Quand j'ai raconté à Hal Jackman comment nous avions acheté les actions des veuves, il a fait un parallèle avec le jeune Bolingbroke, qui dans le premier acte de *Richard II*, arrive avec 20 000 soldats pour reprendre les terres de son père et dans le dernier acte est couronné roi d'Angleterre. «Félicitations! m'a-t-il dit. C'était du grand drame!»

La réunion du conseil d'Argus a été fixée au 13 juillet. Mon mariage avait lieu le 14. Je voulais d'abord régler la question d'Argus et en finir en deux jours avec ces deux problèmes qui me tracassaient.

La transaction a été conclue sans incident à dix-sept heures, le 5, au siège social de la Crown Trust. Mon frère a ouvert le dernier acte en me disant : «Il est temps d'en finir avec cette comédie. Voilà ce vieil idiot de Pete Elliott.» L'associé principal de Borden Elliott m'a raconté avec force détails que les veuves avaient été très caustiques à l'égard de Bruce Matthews.

Mon frère avait de jolies formules pour décrire ces personnages. L'un des figurants du menuet qui prenait fin était chauve, avec cette particularité qu'il avait une patte de calvitie descendant plus bas que la ligne de son chapeau derrière la tête. Monte l'appelait le «ventilateur de chapeau». Le nom lui est resté collé pendant des années.

Pensant que ma stratégie se dénouait, Max Meighen a convoqué une réunion de Ravelston le 11 juillet. Doris et Jim avaient alors cédé leurs actions et s'étaient retirées. Je représentais une vaste majorité des actions. J'ai prévenu Max et Alex qu'il n'y aurait pas d'éclats de joie ni de coups bas, mais que s'ils ne se rendaient pas le 13, ils seraient simplement virés. Ils l'ont bien accepté.

Le 13 juillet, je suis allé avec Shirley (elle a changé son nom pour Joanna en 1990) à l'hôtel de ville pour obtenir notre certificat de publication des bans. Le maire Dave Crombie nous a aperçus de la fenêtre de son bureau et nous a fait signe de la main d'un air crâneur.

Je suis allé à Grace Church en voiture, en passant par le cimetière Mount Pleasant et le tombeau de mes parents, pour prendre le certificat ecclésiastique de publication des bans. Puis, je suis allé au 10, rue Toronto pour reprendre la réunion du conseil d'Argus ajournée le 30 juin.

Max et Alex, isolés et démoralisés, ont accepté leur défaite avec grâce, sinon avec un esprit sportif. Ils ont résigné leurs fonctions sans acrimonie. Bruce a présidé la réunion avec son tact habituel. Max et Alex se sont abstenus de voter pour le nouveau conseil. En assumant la présidence, Nelson a exprimé l'espoir que s'amorce «une nouvelle ère de bonnes relations». Je suis rentré à la maison pour célébrer mon mariage imminent en compagnie des White, des Radler, de Brian Stewart et de son amie, qui restaient tous à la maison.

Max, Alex et Bruce n'étaient pas de mauvais bougres. Ils me faisaient penser aux généraux qui veulent faire la guerre avec les méthodes de la dernière. Ils ne pouvaient pas imaginer d'autres solutions que la guerre de tranchées, l'usure et la promotion par ancienneté. Ils étaient trop sûrs d'eux. Pourtant, seul Alex avait le cœur à se battre et seul Bruce savait manœuvrer.

La surprise a été totale. Ils ont compris qu'ils étaient en guerre, et en très mauvaise posture, seulement quand Dick et moi avons remis à Max l'avis de transfert de ses actions. Il était comme «le malheureux général Mack», le commandant autrichien de la campagne d'Austerlitz qui s'est soudain trouvé encerclé par Napoléon à Ulm. Les mouvements de fourmis de mes blindés de reconnaissance ont été si furtifs et si insidieux que la position de nos adversaires était totalement minée avant qu'un seul coup de feu ne soit tiré. «La lueur du coup de foudre, a écrit de Gaulle à propos de la chute de la France en 1940, a révélé l'horrible infirmité d'un régime sans relation et sans proportion avec l'honneur, la dignité et l'avenir de...» l'entreprise, en l'occurrence.

Neuf ans plus tard, j'ai écrit à Max Meighen une note de condoléances à l'occasion de la mort de sa femme. À Alex Barron, j'ai envoyé une lettre d'encouragement quand il a été hospitalisé pour le cancer. La réponse généreuse que j'ai reçue de Max et la longue et amicale conversation téléphonique que j'ai eue avec Alex peu avant sa mort constituaient, j'espère, une réconciliation partielle. Quelles qu'aient été leurs limites, Max et Alex étaient de grands hommes qui ont bien réussi. J'ai toujours regretté que nos intérêts nous opposent. Je n'ai jamais douté que leur traitement de la succession de McDougald était une déclaration de guerre et que leur administration d'Argus et de ses affiliées nous aurait conduits à la catastrophe, dont ils auraient aussi payé le prix.

J'ai eu par la suite d'excellentes relations avec Bruce Matthews. C'était un gentleman indestructible et éternel. Sous des dehors légèrement empotés se cachait un instinct de conservation d'une acuité remarquable. Le général et le colonel sont morts octogénaires avancés, l'un en 1991 et l'autre en 1992. Ils sont devenus, pour emprunter l'expression de Housman, «des coureurs devancés par leur renom qui les a précédés dans la tombe».

La phalange des trois sœurs, inspirées par le sombre et oléagineux dandy Prusac, n'était pas aussi bonne candidate à la paix des braves. Alors que Max, Alex et Bruce nous avaient – du moins pour le général et le colonel – ignorés et sous-estimés, les femmes avaient tenté de se servir de moi. Elles ont été malveillantes et obstructionnistes quand leurs plans ont mal tourné. Nous avions convenu (verbalement) avec elles qu'elles pouvaient faire le voyage en Floride une dernière fois dans l'avion d'Argus. Elles se sont querellées si violemment à bord de l'avion que l'équipage, inquiet, a envoyé l'un de ses membres s'informer de la cause de la commotion. Cecil était prise à partie (tardivement) pour sa défense de Prusac.

Le blitzkrieg wagnérien de mai l'a cédé en juin à une farce de salon bourgeois à la Flaubert. Les leçons de mai étaient les mêmes que celles de 1940 et d'innombrables autres débâcles : évitez l'obsolescence, surtout l'obsolescence intellectuelle ; assurez-vous d'établir et de refléter le vrai rapport de forces ; et ne vous prétendez pas détenteur inexpugnable d'une position qui est en réalité précaire. En finance, seuls les propriétaires peuvent se permettre d'agir en propriétaires.

La leçon de juin, c'était qu'il faut éviter d'essayer de manipuler sans gêne des gens qu'on sous-estime peut-être. Le pickpocket qui se fait prendre à son jeu ne reçoit et ne mérite guère de sympathie. Je préfère me souvenir de Doris, de Jim et de Cecil comme je les ai d'abord connues – belles, élégantes et originales, voire excentriques, et toujours plaisantes – même si ma dernière expérience avec elles est bien loin de cette image idyllique.

Prusac mérite sans doute d'être crédité pour avoir, à force d'ingéniosité et de travail, remporté un succès financier considérable à partir d'une situation très humble. Ses motifs et ses méthodes, dans le cas qui nous occupe, étaient assez transparents et sans vertu. Si Prusac avait pris la direction d'Argus, comme il est venu bien près de le faire, le milieu d'affaires du Canada aurait été tourné en dérision.

CHAPITRE 7

La reconstruction d'Argus : des tracteurs au pétrole (1978-1981)

La mystique d'Argus reposait sur l'aptitude de Taylor et de McDougald à exercer une influence dominante sur l'exploitation d'une société avec un bloc d'actions de 10 % à 25 % et sur leur sens de la mise en scène. L'achat de près de la moitié des actions de Ravelston – ou le quart des actions d'Argus avec droit de vote – pour la somme relativement modeste de 18,4 millions de dollars montrait combien la pyramide financière était fragile. Massey-Ferguson était pratiquement insolvable, Dominion Stores était stagnante et périclitait, et Hollinger était en sommeil. Domtar avait secoué le joug d'Argus, Alex Hamilton ne reconnaissant pas d'autres représentants d'Argus que Barron, Matthews et Meighen. Avec 14 % des actions, nous ne pouvions pas faire peser notre influence sur l'infidèle. Standard Broadcasting, dans laquelle notre participation était plus que symbolique (47 %), était dynamique, mais assez petite, et commençait à montrer les signes de dégradation du régime McDougald.

Convertir ce plat de lentilles en profits était théoriquement assez simple. Il suffisait d'acheter des actions à la valeur escomptée qu'exigent en général les sociétés de portefeuille à la fois parce qu'elles sont loin du bénéfice d'exploitation et qu'elles trouvent de toute façon peu de preneurs. Cette condition était encore plus grave dans les filiales d'Argus, qui n'avaient pas suscité d'intérêt depuis des années de la part des investisseurs. Le groupe Argus était légendaire, mais l'intérêt qu'on lui portait était plus folklorique que financier. Nous comptions payer les actions en vendant des actifs à prix fort et en améliorant le rendement des actifs restants. Le plus difficile était de mettre Argus en position de domination réelle dans les sociétés à fort potentiel de croissance. La tâche qui nous attendait était triple : consolider la gestion de nos intérêts actuels ; améliorer la qualité de nos actifs en échangeant nos moins bons éléments contre de meilleurs dans des industries plus dynamiques ; et bâtir de véritables intérêts de propriétaire dans la société au lieu de la structure en porte-à-faux d'intérêts symboliques que nous avions héritée. Nous devions nous préparer pour le jour où les associés externes de Ravelston voudraient redéployer leurs investissements. Nelson Davis, Fred Eaton et autres étaient chez nous surtout par amitié et parce qu'ils croyaient que nous pouvions leur faire faire de l'argent. Si les administrateurs délégués, et moi en particulier, voulaient devenir et rester propriétaires plutôt que soi-disant propriétaire comme Bud, il nous fallait amener à Ravelston d'importantes liquidités lui permettant d'acquérir des titres à partir des recettes de vente d'actifs.

Si la force est le produit de la masse par la vitesse, selon la définition de Napoléon, notre force devait être une équation à multiple élevé pour l'instant : n'ayant pas de masse, il nous fallait développer une vitesse considérable. Notre position était assez semblable à celle de Napoléon en Italie en 1795. Commandant de troupes mal armées, indisciplinées, miteuses et abattues, Napoléon les a déplacées avec une telle dextérité dans les vallées fluviales de l'Italie septentrionale qu'il a mis en déroute les forces bien supérieures de l'Autriche, ne livrant bataille que sur les fronts mineurs de Rivoli et de Castiglione.

De nos cinq participations, seule la Hollinger-Labrador pouvait faire une acquisition susceptible d'imprimer au groupe une nouvelle direction. Pour créer une masse, nous devions vendre nos intérêts non stratégiques dans la Domtar; rafistoler et larguer Massey-Ferguson; démembrer et larguer Dominion Stores, véritable «éléphant blanc» dans un secteur de main-d'œuvre et de capital qui ne faisait jamais plus d'un cent par dollar de vente, mais dont les éléments pouvaient encore rapporter une jolie somme; appliquer les recettes à la consolidation de nos avoirs propres; et activer Hollinger et Standard Broadcasting.

Nous pouvions maintenant vendre nos actions dans la Crown et appliquer les recettes au paiement d'une quantité suffisante des actions de Meighen, de McDougald ou de Phillips pour donner à Western Dominion Investments (WDI) plus de 50 % d'une société Ravelston reconstituée avec des associés plus sympathiques. En premier lieu, il fallait résoudre l'impasse avec Desmarais et Power. Puis, les Riley devaient passer de WDI à Ravelston, et David Radler et Peter White à WDI, essentiellement en fusionnant celle-ci avec Sterling Newspapers. Avec Dominion Malting, l'opération donnerait à Western Dominion un bénéfice d'exploitation de plus de quatre millions de dollars, qui pourrait annuler une partie des intérêts sur les emprunts contractés pour acquérir notre position dans Ravelston.

Pour réaliser tous ces projets – échanger en partie les Riley contre Peter White et David Radler, intégrer Sterling Newspapers à Western Dominion, vendre nos actions de la Crown Trust pour renforcer notre participation dans Ravelston, liquider les actions de Domtar et les actifs de Dominion Stores sous Argus afin d'augmenter nos avoirs propres dans les autres filiales d'Argus, larguer Massey et activer Hollinger –, il nous fallait atteindre une vitesse plus grande que jamais depuis la fondation d'Argus 33 ans auparavant.

Notre stratégie d'acquisitions serait celle du capitaine Liddell Hart, qui prônait entre les deux guerres l'offensive par un torrent grandissant d'unités aériennes et mécanisées. Nous prendrions pour cibles les poches de moindre résistance, suivant la maxime de Liddell Hart, qui disait que l'eau versée au sommet d'une colline se fraie un chemin vers le bas par des voies imprévisibles. Nous ne pouvions déterminer nos cibles d'avance. Les choix s'imposeraient au moment opportun.

Peter, David et moi voulions réorienter le groupe Argus vers le secteur des journaux avec lequel nous étions familiers et que nous préférions, mais le remaniement qu'il fallait opérer avant de tenter toute démarche de ce côté était si considérable qu'il valait mieux ne pas en parler hors de notre cercle restreint sous peine d'infirmer notre crédibilité.

Pour combler mes attentes, Argus devait être arrachée à son passé de dépendance de dividendes de participation symbolique dans des sociétés mal gérées de secteurs mous et engagée sur une nouvelle voie libérée des contraintes d'un tiers de siècle, l'équivalent capitaliste de la Longue Marche. Je n'aspirais à rien de moins, mais auparavant, je devais me livrer à l'agréable diversion de mon mariage, le jour anniversaire de la prise de la Bastille et le lendemain de l'élection du nouveau conseil d'Argus.

J'ai toujours voulu éviter les grandes noces avec affluence de parents et d'amis exubérants débitant des platitudes. Le mariage a eu lieu à Grace Church, où avaient été célébrées les funérailles de mes parents. Mon frère et moi avons fait don à l'église du blason du Collège des armoiries de Londres. John Erb, officiant aux funérailles de mon père, a présidé la cérémonie. Nous n'avons invité que vingt personnes. Seuls figurent dans ce récit mon frère, mes associés de Sterling Newspapers, Nelson et Eloise Davis, Igor Kaplan, Douglas et Susan Bassett, et Brian Stewart.

Au dîner qui a suivi à la maison, mon frère a diverti les convives en parlant du rôle secondaire que les médias lui ont attribué dans le drame d'Argus et Peter White a décrit avec tact les événements qui avaient servi de toile de fond à notre union. J'ai évoqué mes parents et remercié plusieurs invités, notamment Nelson Davis, qui, ai-je dit, «a été qualifié à juste titre hier par le *Globe & Mail* de grand et puissant allié». L'occasion était émouvante et la soirée splendide, mais les événements récents m'avaient exténué et je me suis retiré vers vingt-deux heures. Ma femme et nos invités ont fêté jusqu'aux petites heures du matin. Les événements des semaines précédentes, couronnés par mon mariage, m'avaient laissé à bout de forces.

La stratégie destinée à remettre Argus sur pied a été mise en branle dès le premier jour ouvrable après ces agapes. J'ai offert la Crown Trust à Reuben Cohen, venu déjeuner à la maison le 18. Nous l'avons vendue quelques mois plus tard en réalisant un profit d'environ deux millions de dollars. Nous l'avons cédée à Izzy Asper et à Gerry Schwartz, de Canwest Capital, parce que Reuben a refusé d'augmenter son offre. Il a sans doute pensé que je voulais le rouler lorsque je lui ai dit que nous tenions une offre plus élevée que la sienne.

Reuben et Leonard ont poursuivi la Banque de commerce sous prétexte qu'elle avait nui à leurs intérêts de clients en vendant ses intérêts en même temps que nous. J'ai dit à Russell Harrison que l'offre d'Asper et de Schwartz était plus élevée que celle de Reuben. J'ai témoigné en faveur de la banque, qui a eu gain de cause en première instance, mais a été déboutée de son appel, verdict injuste témoignant des qualités de plaideur de mon confrère d'université Alan Lenczner.

J'ai recruté Michel Bélanger et Bob Scrivener, administrateurs de Power Corporation (Bob était aussi administrateur de la Banque de commerce), comme intermédiaires auprès de Paul Desmarais. Bob Scrivener, mon frère, Paul Desmarais et moi avons eu une rencontre amicale dans une suite du Ritz-Carlton au début de septembre. Dick Chant et moi avons conclu un marché avec Paul Desmarais et Peter Curry, président de Power et ancien ami de mon père, lors d'une réunion chez moi en octobre.

Paul et Peter voulaient toucher la valeur comptable de leurs actions dans Argus, soit 87 millions de dollars. Nous avons réglé pour 65 millions comptant et un billet de 22 millions, à taux régressif (à zéro, en fait) pour combler la différence entre la valeur comptable et le cours du marché. Les discussions n'auraient pas pu être plus agréables ni produire un résultat plus satisfaisant. Argus et Power ont enterré la hache de guerre. L'une des premières leçons que j'ai apprises en édifiant Sterling Newspapers, c'était de ne jamais embarrasser le vendeur. On peut avoir à s'en repentir.

J'ai mis au point avec Don Fullerton, président de la Banque de commerce, et mon frère avec Dick Thomson, de la banque Toronto-Dominion, la vente aux deux banques de 65 millions de dollars d'actions rachetables sans privilège de participation pour rembourser Power. L'année suivante, nous avons racheté à valeur escomptée le billet émis à Power. Ainsi, nous sommes entrés en possession de 51 % des actions avec droit de vote d'Argus, nous donnant environ 75 % du total (après l'achat différé des actions privilégiées de Meighen dans Argus et de ses actions dans Ravelston). L'ère de la propriété simulée était révolue. (La valeur de notre actif a si bien augmenté que la Banque de commerce a plus tard converti les 65 millions de dollars d'actions privilégiées à échéance prédéterminée en un placement permanent lui donnant une participation d'environ 15 % dans Ravelston.)

Notre position dans la Hollinger retenait aussi notre attention, car le vide est un appât pour les farceurs et les prédateurs. L'ineffable Harold Crang avait une fenêtre ouverte sur les affaires de la Hollinger du fait de son mariage avec Peggy Dunlap, héritière, avec ses fils et ses filles, des actions d'un fondateur de la société. Crang «dirigeait avec style un bureau de courtier en valeurs marron», disait le président du conseil de la Hanna Mining, Bud Humphrey. Il avait une garde-robe imposante et une vue flibustière engageante du monde de la finance.

Harold et son associé, John Churchill Turner, spéculateur bluffeur et obèse, ont commencé à fouiner les fonds d'actions de Hollinger placés sous la surveillance de P. C. Finlay. J'ai proposé qu'Argus ait droit de premier refus sur ces actions en échange du droit des actionnaires, qui réunissaient un bloc d'un peu plus de 20 % des actions de la Hollinger, de nous vendre leurs actions à 42,50 $, moyenne de leur cours récent. La somme représentait un passif éventuel d'environ 40 millions, mais nous étions disposés à vendre tout autre actif au besoin pour renforcer notre position dans la Hollinger. Harold Crang a exercé ses pouvoirs de dissuasion, mais il n'était pas de taille pour P. C. Finlay. Une actionnaire a demandé à P. C. pourquoi elle devait l'écouter plutôt que son mari actuel. Il a répondu : «Parce que vous, votre défunt mari et votre beau-père avez suivi mes conseils avec profit depuis quarante ans et que ce n'est pas le moment d'arrêter.» Les McMartin, les Timmins et les Dunlap ont signé. J'ai revu Harold Crang quelques semaines plus tard au York Club et je lui ai gentiment laissé entendre qu'il m'avait un peu empoisonné l'existence. Il a pris son air de bonimenteur et m'a dit : «Je voulais simplement vous rendre service.»

En décembre 1978, Al Fairley s'est retiré de la présidence de Hollinger à l'âge statutaire de 65 ans et a été remplacé par P. C. Finlay, qui venait de fêter ses 80 ans. C'était un progrès à tous égards et toute l'industrie l'a reconnu. P. C. ne le cédait en popularité dans l'industrie qu'au légendaire prospecteur et ingénieur minier Bill James.

J'ai d'abord tenté de vendre Domtar à Paul Desmarais parce qu'elle allait bien avec la Consolidated Bathurst, que détenait Power. L'affaire a échoué parce que nous n'avons pas pu en convaincre le conseil d'administration de la Domtar (nous avons en fait été bien loin de réussir). J'ai alors ouvert deux fronts auprès d'entreprises de produits forestiers en veine d'acquisition : MacMillan Bloedel, par l'entremise de Page Wadsworth, qui en était administrateur, et Kruger, de qui j'achetais du papier journal au *Sherbrooke Record*. Joseph Kruger n'a pas présenté d'offres sérieuses, mais MacMillan Bloedel l'a fait. À la réunion du conseil d'Argus en décembre 1978, Nelson et moi avons prié Alex Hamilton de rester dans la salle pendant que nous discutions de la vente des actions de Domtar et nous l'avons invité à choisir l'acheteur s'il avait un favori. Nous avons conclu peu après un accord conditionnel avec MacMillan Bloedel. J'en ai aussitôt informé Alex Hamilton, qui semblait d'accord. (La condition était que l'offre, annoncée sur-le-champ, recueille 90 % des actions.)

Le même jour, nous avons remis à Canadian General Investments un chèque couvrant l'achat de leurs actions de Ravelston et d'Argus. Cinq minutes plus tard, Alex Hamilton m'a appelé pour m'annoncer que Domtar faisait une offre publique d'achat de MacMillan Bloedel. J'ai pris l'appel d'Alex au bureau de Don McIntosh chez Fraser Beatty, au First Canadian Place. Quand j'ai annoncé la nouvelle, John Turner, le futur premier ministre (à ne pas confondre avec le sous-fifre de Harold Crang), procureur de MacMillan Bloedel, a dit : «Don, ouvre la bouteille de scotch!» C'était la dernière salve d'Alex Barron et elle était de taille. J'ai informé Cal Knudsen, président du conseil de MacMillan Bloedel, de ce qui se préparait avant qu'il ne l'apprenne pas les voies normales. Au bout de quelques minutes, il m'a rappelé et m'a dit que son entreprise prendrait un départ en flèche dans la bataille qui s'annonçait avec Domtar en retirant la condition de son offre d'achat de nos actions de Domtar.

Il a commencé à neiger très fort à Toronto et les détails techniques ont mis des heures à se régler. Puisque Labrador Mining détenait 300 000 actions de Domtar en plus des 2 500 000 d'Argus, nous avons aussi vendu celles-là. Le nouveau président de la Hollinger, P. C. Finlay, est arrivé au bureau de Fraser Beatty à dix heures et demie du soir, longtemps après son heure de coucher. Son chapeau était couvert de six centimètres de neige. Il avait une liasse de certificats d'actions dans une main et le sceau de la société dans l'autre. (Vu ses 80 ans, nous avons proposé de lui engager un chauffeur, mais son fils a fait observer qu'il serait peut-être difficile de trouver un chauffeur responsable disposé à se présenter au travail à 4 h 45 du matin, quand P. C. quitte la maison pour le bureau.)

Nous avons vendu à 27 $ l'action, prix que Domtar a rarement approché depuis. Quelques jours plus tard, Ian Sinclair, président du conseil de Canadien Pacifique, a renchéri avec une offre publique d'achat de MacMillan Bloedel, dont le CP était le principal actionnaire. Le premier ministre de la Colombie-Britannique, Bill Bennett, est intervenu dans la mêlée générale. Il a réuni les combattants et leur a demandé que la direction de MacMillan Bloedel reste partagée. Les trois pugilistes sont retournés à leur coin. Il y a eu un dernier échange de communiqués de presse hostiles entre Argus et Domtar juste avant Noël. L'épisode a signalé la fin de notre querelle avec le clan Meighen.

Nous sommes sortis de Domtar avec 75 millions de dollars en main. Le président du conseil de MacMillan Bloedel (Cal Knudsen) a tellement apprécié nos négociations qu'il m'a invité à faire partie de son conseil en 1980. J'ai accepté, mais dans l'intervalle la direction de la société est passée à la Noranda Mines, qui a substitué son propre candidat.

En acceptant la proposition de cessez-le-feu du premier ministre Bill Bennett, Canadien Pacifique, MacMillan Bloedel et Domtar sont revenues au point mort. Notre bloc d'actions de Domtar, n'étant plus utile à MacMillan Bloedel, a été remis sur le marché. Alex Barron m'a dit quelques années plus tard, lorsque nos relations sont redevenues polies, que le bloc a été offert à la société Canadian General Investments avec la bénédiction d'Alex Hamilton. Alex Barron voulait acheter et porter la participation de CGI à 20 % ou 25 %, qu'elle avait certes les moyens de faire, mais Max Meighen s'est abstenu et Ted Meighen s'est opposé à la transaction.

Alex Barron a perdu intérêt dans les entreprises de Meighen par la suite, m'a-t-il dit. Il est malheureux que CGI n'ait pas saisi cette occasion. La société aurait fait un brillant placement et utilement prolongé la carrière d'Alex Barron dans un rôle où ses talents considérables auraient pu être mis à profit. Domtar ne serait peut-être pas tombée sous l'emprise de la Caisse de dépôt et placement du Québec. Son président, Jean Campeau, m'a dit qu'il avait investi dans Domtar par dépit parce que le siège social de la division Sifto a péremptoirement été évacué du Québec. Si Alex Barron et Alex Hamilton étaient restés en tête, les acquisitions désastreuses qui ont failli ruiner Domtar dix ans plus tard n'auraient pas eu lieu.

Massey-Ferguson était une source d'inquiétude majeure depuis le début du nouveau régime d'Argus. Je recevais sans cesse des délégations de l'énorme consortium bancaire de Massey, qui me demandaient de leur faire part de nos plans et surtout de notre disposition à investir dans la société. Je ne les ai pas du tout rassurées, me contentant de leur dire que nous entendions moderniser la gestion et revoir les perspectives en temps et lieu. Il était facile de déduire de leurs remarques que le consortium ne continuerait pas longtemps à soutenir l'entreprise à moins que Bruce Matthews et Al Thornbrough ne soient remplacés par des hommes plus jeunes. Bruce ne demandait pas mieux que de céder la présidence du conseil et personne d'autre que moi ne s'est offert à la prendre. Max Meighen s'est abstenu à la réunion du conseil de septembre 1978, qui m'y a nommé.

J'ai convoqué une réunion de la haute direction, bande vieillissante et sans gêne qui recherchait surtout son avantage personnel : Thornbrough, son mielleux ange gardien anglais Tim Powell, l'Américain jovial et bien en chair John Staiger, le stoïque Wally Main, qui avait beaucoup souffert, et le directeur de personnel stalinien Jack Belford. Victor Rice me semblait le seul candidat apte à succéder à Thornbrough. Je pensais qu'il avait l'imagination, la fermeté et l'ambition nécessaires pour prendre les mesures radicales qui s'imposaient et serait un continuateur plausible de la société advenant qu'Argus s'en défasse, peut-être brusquement, comme je le soupçonnais.

Fils d'un ramoneur de Barking dans l'est londonien, Victor est intelligent et vif d'esprit. Son enthousiasme irrépressible et son astuce implacable, sinon impénétrable, lui permettraient d'endurer les chocs terribles qui s'annonçaient, pensais-je. Longtemps, dans des moments très difficiles, parfois sans même nous voir ni nous parler, Victor et moi avons partagé la conscience de l'absurdité des affaires et du reste de la comédie humaine. Chez Victor, comme chez Hal Jackman, l'ironie et le cynisme sont au bord des lèvres. Insubordonné, intrigant, meilleur manipulateur que cadre, Victor possède un talent et un charme certains. C'est, à sa façon, un bon ami.

Tandis que j'étais en lune de miel à Nantucket en août 1978, Bill Wilder, ancien président de Wood Gundy et chef du projet de gazoduc de l'Arctique, m'a téléphoné pour me demander si j'étais disposé à rencontrer sir Siegmund Warburg à Toronto au début de septembre. Il va de soi que je brûlais de connaître le célèbre financier, l'égal d'André Meyer et de Sidney Weinberg, de Goldman Sachs, les plus grands banquiers d'affaires au monde, mais Bill m'a demandé de lui promettre de ne pas nommer Rice ni d'autre président de Massey-Ferguson dans l'intervalle. Je lui ai dit que nous entendions diriger nos entreprises comme bon nous semblait, que je ne suspendrais pas le cours normal des affaires en attendant de savoir ce que Siegmund Warburg ou quiconque aurait à me dire, mais que s'il avait une proposition intéressante, nous serions heureux de l'écouter quel que soit le président de Massey. Le ton de la demande, comme les entourloupettes de Harold Crang à la Hollinger, m'indiquait le peu de crédibilité d'Argus et surtout que le milieu de la finance doutait de la compétence de la nouvelle administration, et en particulier de la mienne.

L'énorme intérêt porté par les médias à la prise de contrôle d'Argus avait suscité une bonne dose d'envie et de ressentiment. On s'interrogeait, comme il était normal, sur nos aptitudes de gestionnaires. L'inquiétude était légitime et seuls les événements pouvaient y répondre, mais elle n'était pas aussi pertinente qu'elle semblait, vu la stratégie en cours pour échanger nos actifs mous contre d'autres à bon rendement. La stratégie ne pouvait être révélée, mais elle était déjà une opération rentable et son exécution exigeait de solides capacités de commerçant et de financier plutôt que d'industriel.

Ayant passablement d'expérience avec les médias, je savais que la presse considérait le domaine des affaires ennuyant et marginal. J'ai décidé d'être raisonnablement accessible aux médias pour prouver trois choses : que le domaine des affaires peut être intéressant et qu'il y a des hommes d'affaires articulés, quoi qu'en pensent les médias canadiens; et que le succès financier n'est pas plus un sujet de honte qu'il ne doit être un sujet de vantardise et d'ostentation.

Ma politique rompait tellement avec la pratique austère et le langage soporifique du monde des affaires au Canada qu'elle a enclenché une bombe à retardement dans mes relations publiques et médiatiques. En règle générale, je pouvais jauger l'hostilité montante des armées de l'envie, celle des *yuppies* frustrés dans leurs ambitions obscènes et des morses sans défense des repaires de la gérontocratie, et le ressentiment intellectuellement plus cohérent de la gauche douce de Toronto. J'ai toujours considéré ceux qui ne m'aimaient pas pour des raisons légitimes d'idéologie ou de goût comme une opposition loyale.

Cherchant un renfort sur le plan de la finance et de la longévité, j'ai invité Nelson Davis à se joindre à sir Siegmund Warburg et à moi pour notre première rencontre en septembre 1978. Sir Siegmund étonnait par sa présence physique et intellectuelle : belle tête léonine, les yeux vifs, ardents; de grandes dents bien formées; un accent prononcé, qui évoquait les interprétations cinématographiques d'Allemands cultivés parlant un anglais correct, mais un peu ampoulé.

À cause de son grand renom, il m'était deux fois plus difficile de ne pas me montrer réceptif à ses propositions. Il est apparu très tôt que sir Siegmund, sans doute encouragé par Bill Wilder, croyait que je brûlais d'envie d'une initiative susceptible de nous soulager de l'insoutenable obligation de revitaliser la paralytique Massey-Ferguson. Je lui ai expliqué, dans les termes les plus clairs, que Massey venait au cinquième rang de nos intérêts dans Argus, représentait moins du tiers de ce que nous comptions (à bon droit) toucher pour nos actions de Domtar, et que nous pouvions nous permettre de jouer nos cartes sans trop nous presser.

Sir Siegmund guignait manifestement l'actif le plus désirable de Massey, la division Perkins Diesel, que le colonel Eric Phillips avait achetée dans les années 50 et qui faisait de Massey le plus gros fabricant mondial de moteurs diesel. J'ai plus tard découvert que nous partagions la passion de la psychologie et j'ai détecté chez lui le désir de se remettre dans les bonnes grâces de sa terre natale en dérobant l'une des filiales les plus rentables de Massey à prix dérisoire pour la céder à une grande entreprise allemande.

J'ai constaté son intérêt pour la psychologie quand je lui ai rendu visite chez lui près de Montreux, en Suisse, en 1980, et qu'il m'a montré ses livres. Il imputait facilement des motifs sexuels à toutes les actions et il avait une foi inusitée dans la graphologie. Il soumettait l'écriture de ceux avec qui il traitait à un examen «professionnel» et faisait grand cas du moindre signe de vanité, comme des chemises à monogramme. C'était l'une des raisons pour lesquelles il prétendait ne pas faire confiance à Victor Rice. Je soupçonnais plutôt qu'il en voulait à Victor de ne pas se laisser séduire par ses offres d'aide.

Au cours de conversations successives à Toronto en septembre 1978, à Londres en décembre, à Paris, à New York et en Suisse au cours des deux années subséquentes, sir Siegmund m'a avoué qu'il n'avait d'abord pas cru Hitler aussi antisémite que l'indiquaient ses discours. Comme le passager juif décoré de la croix de fer dans la *Nef des fous* de Katherine Anne Porter, sir Siegmund était un authentique patriote allemand. Son voisin à la campagne, en Bavière, le baron Konstantin von Neurath, premier ministre des Affaires étrangères d'Hitler, l'a assuré en 1933 que le chancelier donnerait suite à ses menaces. Sir Siegmund, alors âgé de 31 ans, a sur-le-champ émigré à Londres. Suspect à son arrivée, il est devenu le doyen des banquiers d'affaires de la Grande-Bretagne et de l'Europe.

Son influence s'est étendue progressivement au reste du monde. En 1980, il a été décoré par l'empereur du Japon pour le rôle qu'il a joué dans l'internationalisation du yen. À l'automne de sa vie, il cherchait à se rapprocher de son pays natal. Surtout, me semblait-il, il voulait extraire et transplanter pour une bagatelle le cœur et les poumons d'une grande entreprise canadienne anglo-saxonne à la Klockner Humboldt-Deutz, à la Mercedes-Benz ou à la Bayerische Motoren Werke, selon celle qui verserait les plus gros honoraires à la maison Warburg en réparation, à la fois symbolique et réelle, du paradoxe culturel juif-allemand de la carrière remarquable de sir Siegmund.

Il m'a fait parvenir un exemplaire du discours du chancelier Helmut Schmidt à la synagogue de Cologne en novembre 1978 à l'occasion du 40e anniversaire de l'infâme «nuit de cristal» (*Kristallnacht*) au cours de laquelle les Allemands, encouragés par leur gouvernement, se sont livrés au pillage et au massacre des Juifs. Le chancelier ouvrait ses remarques en disant : «Nous voici au lieu et au jour anniversaire du début de notre descente nationale aux enfers.»

Les motifs de sir Siegmund n'ont évidemment pas tous émergé à notre première rencontre. Personnage irrésistible et de grande autorité, sir Siegmund n'a pas eu de mal à convaincre Bill Wilder qu'il voulait faire revivre Massey. Il s'est en fait révélé le plus élégant, le plus crédible, le plus subtil et le plus prestigieux des voleurs à l'étalage.

Nous avons amorcé une vaste correspondance qui s'est poursuivie jusqu'à sa mort à l'automne 1982. Sir Siegmund a été jusqu'à un certain point mon mentor. C'était, à tous points de vue, un grand homme. Il maintenait son réseau de relations en parlant régulièrement par téléphone – une fois par semaine dans certains cas – avec une cinquantaine de personnes. Au début de 1980, il m'a fait le grand honneur de m'inclure parmi les «membres-candidats» de ce groupe, qui comptait le président de l'Égypte, Anouar Sadate, Henry Kissinger, et le chancelier d'Autriche, Bruno Kreisky. Sir Siegmund était l'un des êtres les plus brillants et les plus intéressants que j'aie connus. Il était cependant apparent dès septembre 1978 qu'il ne serait d'aucun secours pour les actionnaires de Massey-Ferguson. L'exercice financier de Massey s'est soldé le 31 octobre 1978 par une perte de 278 millions de dollars. Avec une évaluation honnête des établissements et des stocks, il ne restait plus d'avoir net des actionnaires.

Durant l'automne 1978, nous avons mis au point une nouvelle entente des actionnaires de Ravelston. Celle de 1969 prévoyait une base d'évaluation peu réaliste pour la vente d'actions entre associés. Les vérificateurs chargés de l'évaluation du bloc Meighen ont dû solliciter des instructions de la Cour suprême de l'Ontario. Leur procureur a dit douter que Western Dominion paie sa part des honoraires d'évaluation. Notre procureur, John Robinette, n'a pas eu de mal à persuader le tribunal de la faiblesse de cet argument. Nous avons trouvé l'épisode si irritant que nous avons remplacé le cabinet adverse comme conseiller juridique de la Standard Broadcasting et informé les vérificateurs que leurs services ne seraient plus retenus par aucune de nos entreprises. Ils nous ont fait grâce de leurs honoraires, (ont été réélus) et le procureur de CGI a négocié le prix des actions de Meighen avec Igor Kaplan de la façon habituelle.

L'achat des actions des Riley dans Western Dominion et la hausse de la participation de Western Dominion de 22 % à 51 % dans Ravelston ont coûté environ 17 millions de dollars de plus que notre profit sur la revente des actions de la Crown Trust. Les intérêts de l'emprunt étaient amplement couverts par le bénéfice d'exploitation de Sterling Newspapers. Puisque les actions de Western Dominion que mon frère et moi avions achetées de notre père peu avant sa mort avaient été payées à même le bénéfice de la Dominion Malting et que l'achat de cette entreprise de Canadian Breweries en 1968 avait été financé strictement par l'effet de levier, le seul argent que nous ayons vraiment déboursé pour ce placement était l'équivalent de ma mise de fonds pour l'achat de la moitié des deux petits journaux des Cantons de l'Est (Knowlton et Cowansville) en janvier 1967, soit 500 $ (moins une carpette de valeur discutable).

La société propriétaire de ces journaux (Eastern Townships Publishing Company) a acheté le *Sherbrooke Daily Record* en 1969 pour 18 000 $. En 1971, le *Record* a fondé Sterling Newspapers, qui a financé ses acquisitions subséquentes moitié par emprunt et moitié en solde de vente dégressif. J'étais comme le type qui multiplie exponentiellement sa mise initiale de deux dollars au pari mutuel en réemployant ses gains dans chaque course. À part mes années d'efforts et ma crédibilité, je ne risquais que ma mise initiale de 500 $ sur le projet Argus.

Les Riley ont pris 10 % de Ravelston, Nelson Davis 16 %, Hal Jackman 12 %, Fred Eaton 8 %, et Dick Chant, Douglas Bassett et John Finlay 1 % chacun. Le reste, 51 %, appartenait à Western Dominion Investments. David Radler et Peter White détenaient chacun environ 12 % de WDI. Mon frère et moi détenions le reste, et je me suis retrouvé avec une participation un peu plus grande que la sienne après la fusion de Sterling Newspapers et de WDI. Les actionnaires de Ravelston bénéficiaient de régimes différents, notamment Jackman, qui employait en partie les fonds d'une compagnie d'assurances. La nouvelle entente sans avis de transfert obligatoire n'était pas encore définitive à la fin de 1978. La veille de Noël, un cadre de la N. M. Davis Corporation s'est présenté au 10, rue Toronto avec un chèque de 7,5 millions de dollars et une note de Nelson, disant : «Cher Conrad, quand l'entente sera prête, envoie-la et je la signerai. Si elle te convient, elle me conviendra aussi. Dans l'intervalle, voici mon argent. S'il t'en faut plus, passe-moi un coup de fil. Joyeux Noël, Nelson.»

Les partenaires d'une telle classe ne courent pas les rues et il est presque impossible de les remplacer comme nous l'avons constaté dix semaines plus tard lorsque Nelson s'est noyé dans sa piscine en Arizona. Il était âgé de 71 ans. Sa mort a suivi d'un an, presque jour pour jour, celle de Bud McDougald. Ses funérailles n'ont pas été un événement social comme celles de Bud, ou même de George Black, mais un hommage émouvant auquel ont participé une foule de gens qui avaient travaillé pour lui, dont un facteur qui l'avait connu des années auparavant, et d'obscures et loyales relations remontant à ses débuts en affaires. Eloise Davis a répondu ainsi à ma lettre de sympathie : «Pour moi, Nelson sera toujours l'aigle au sommet de toutes ses montagnes.» Pour moi aussi.

La poursuite de nos objectifs stratégiques s'est accélérée, avec une brève pause pour combler les vacances au conseil d'administration. J'ai succédé à Nelson à la présidence du conseil d'Argus, mon frère m'a succédé à la présidence, Bruce Matthews s'est retiré et nous avons acheté ses actions au même prix que nous avions payé celles des Meighen. J'ai passé le plus clair de mon temps dans l'ancien bureau du colonel Phillips chez Massey-Ferguson, à l'angle de la rue Simcoe et de l'avenue Université. Le bureau, décoré de brocart, était resté vide et sans meubles depuis quatorze ans.

Avec ma collaboration intermittente, Victor et sa nouvelle équipe de direction travaillaient fébrilement à peler la croûte de placements improductifs et malavisés du régime Thornbrough. Le pire était Hanomag, division de matériel de construction qui avait coûté 300 millions, entièrement financés par emprunt, et qui perdait des sommes stupéfiantes presque depuis le premier jour. Dans l'espoir de distancer Caterpillar et les autres entreprises établies dans ce secteur, Massey avait acheté d'énormes installations de construction de sous-marins, à Hanovre.

Pour en avoir machiné la vente à Massey-Ferguson, Toni Schmuecker a été désigné l'industriel de l'année en Allemagne et fait chef de la direction de Volkswagen. (Il n'y avait pas de quoi s'étonner que sir Siegmund Warburg ait eu une si piètre opinion de notre endurance dans cette industrie.) Victor Rice n'a donné qu'une seule instruction à notre équipe de négociation au téléphone de la salle de conférence de Massey : «Larguez cette affaire de merde!» Dieu merci! elle l'a refilée à Dieter Esch, chevalier d'industrie que la justice allemande a envoyé en tôle pour fraude quelques années plus tard. Il a refait surface dans les années 90 comme propriétaire d'un groupe d'agences américaines de mannequins.

J'ai visité avec ma femme l'usine de Massey-Ferguson située près de Compiègne en avril 1979. Elle a cru entendre le directeur dire, en français, que les essieux qu'on y fabriquait étaient expédiés à Detroit. «A-t-il dit Detroit? Michigan? m'a-t-elle demandé. Débarrassez-vous de cette affaire au plus coupant! Elle n'a aucun sens!» Elle voyait loin. Victor donnait à nos délibérations un ton léger. Un dimanche soir, il s'est présenté chez moi avec un ourson pour une importante réunion de stratégie. Quand on lui tirait les oreilles, l'ourson criait : «Je vais droit au sommet! Personne ne peut m'arrêter!» Son sens de l'humour était un atout inestimable.

Henry Schacht, chef de la Cummins Diesel, M. Thomée, vice-président du conseil de Volkswagen, sir Leslie Murphy du National Enterprise Board de la Grande-Bretagne, et Bodo Liebe, chef de la KHD (Klockner Humboldt-Deutz) et candidat de sir Siegmund, sont venus tour à tour proposer de nous délivrer de la Perkins Diesel, le seul actif clairement valable de Massey. Je leur ai proposé en contrepartie de fonder une coentreprise dont les actionnaires de Massey pourraient tirer profit ou une participation majeure dans Massey afin de donner de la stabilité à l'entreprise. Nous pourrions ensuite nous débarrasser de ses actifs les moins rentables et renforcer le cœur de l'entreprise. Je n'étais pas prêt, pour reprendre une maxime de Bud McDougald, «à vendre la carcasse et à garder les plumes». Personne n'a mordu. C'étaient des vautours. Moi, j'avais à cœur de préserver la société, non pas de distribuer des charognes financières.

Au printemps 1979, nous étions prêts à entreprendre le premier d'une série de remaniements d'Argus destinés à créer des liquidités pour augmenter notre participation et rehausser la qualité de nos actifs.

Le plan, émanant d'une bonne dose de réflexion et de discussion avec Igor Kaplan sur ses implications fiscales, était simple et assez élégant : Argus déclarerait un dividende spécial en nature sur ses actions de Hollinger, offrant aux actionnaires qui le voudraient le choix de le toucher en espèces (Ravelston opterait pour des titres de Hollinger plutôt qu'un dividende en numéraire, acquérant ainsi au moins 75 % du bloc de contrôle de Hollinger), Ravelston vendrait ensuite à Hollinger ses actions d'Argus, en faisant la première société publique du groupe et touchant des fonds utiles. P. C. Finlay était ravi de se retrouver à la tête, ou presque, de la nouvelle structure du holding avec lequel il n'avait pas toujours collaboré de bon cœur par le passé. Les actionnaires d'Argus, qui détenaient une participation indirecte dans la Hollinger, pourraient devenir actionnaires directs des deux sociétés, toucher des dividendes en numéraire au lieu de titres de Hollinger, ou vendre leurs actions d'Argus à la Hollinger contre des espèces. Bref, ils avaient le choix de toucher des dividendes en espèces ou partie en numéraire, et de rester actionnaires de l'une ou de l'autre ou des deux sociétés. Ravelston a pris des titres au lieu d'espèces de Hollinger et des espèces de Hollinger contre ses actions d'Argus.

La simplicité de l'opération a plu. Elle a aussi eu pour effet d'amorcer une longue polémique dans le milieu des affaires sur notre société et nos méthodes. Ned Goodman est venu me voir et m'a dit au nom des réputés gestionnaires de fonds Beutel Goodman : « Cette procédure de hollingérisation a si bien réussi, elle a tellement valorisé les avoirs et de façon si équitable que nous avons décidé d'investir davantage chez l'auteur d'un tel plan. »

Avec le temps, les gestionnaires de fonds et investisseurs institutionnels les plus performants sont aussi devenus nos plus gros et nos plus loyaux actionnaires, notamment Stephen Jarislowsky, de Jarislowsky Fraser, et Tullio Cedraschi, de CN Investments. (À la fin des années 80 et au début des années 90, les deux hommes représentaient plus de 15 % de nos actions et se sont joints à nos conseils d'administration, Tullio à la Hollinger, et Steven à UniMédia, puis à Southam. La presse financière n'en a pas moins continué de prétendre que Jarislowsky était mon ennemi irréductible.)

D'autres institutions et conseillers en placement (moins astucieux) ont développé une méfiance maladive de notre « campagne de manœuvre » de 1978 à 1985. Ils ont recommandé à leur clientèle de vendre ou d'éviter nos actions. Vu que la campagne était en partie destinée au rachat des actions, pour fins d'annulation ou d'accumulation, l'hostilité de la communauté financière était loin de nous desservir puisqu'elle contribuait à déprécier nos actions. Nous étions toujours disponibles pour répondre aux questions des actionnaires. J'ai vu personnellement à dissiper les inquiétudes exprimées par les actionnaires jusqu'en 1986. Quand j'ai commencé à passer le plus clair de l'année hors de Toronto et que la direction de la société s'est stabilisée, nous n'avons rien fait pour pousser la vente de nos actions et n'avons pas cherché à les rendre plus séduisantes. Nous n'avons pas non plus répondu aux critiques des analystes, sauf que j'ai fait des remarques désobligeantes à l'occasion sur leur compétence, ce qui les a incités à continuer de sous-estimer la valeur de nos actions.

La Hollinger, devenue actionnaire largement majoritaire d'Argus, a été rebaptisée Hollinger-Argus. Avec le produit de la vente des actions d'Argus, Ravelston a acquitté à rabais le billet émis en faveur de Power pour l'achat des actions d'Argus l'année précédente. Nous avons aussi réduit la dette de Ravelston et le coût effectif des placements dans la société en versant un dividende spécial. Ravelston détenait près de 50 % de Hollinger, en plus des ententes de premier refus négociées pour écarter les manigances de Harold Crang et transférées d'Argus par les clients de Finlay. Argus avait employé une bonne partie du produit de la vente de Domtar pour augmenter sa participation dans Dominion Stores, que nous tenions toujours pour une société à rendement trop faible, mais sous-estimée, un bon actif dans un secteur stagnant. Un an après la prise de direction d'Argus, le progrès avait été, sinon napoléonien, rapide et encourageant.

En juin 1979, les conservateurs de Joe Clark ont défait de justesse Pierre Trudeau pour former un gouvernement minoritaire. Je ne faisais pas confiance à la nouvelle équipe. Joe Clark est un homme honnête et appliqué qui a tiré le meilleur de ses talents, mais je n'ai jamais cru qu'il avait les qualités nécessaires pour exercer avec succès, ou même sans succès, la fonction de premier ministre du Canada pendant tout un mandat. Je n'ai pas été autrement surpris qu'il place son gouvernement six mois plus tard à la merci d'une motion de censure qu'il était sûr de perdre au Parlement.

Après les élections de juin, j'ai écrit aux deux chefs de parti. À Trudeau, j'ai cité la lettre du cardinal Villeneuve à Duplessis après sa défaite aux élections de 1939 : « Qui peut jurer que vous ne reprendrez pas le pouvoir? Vous y reviendriez avec la force que seule procure l'adversité. » Il m'a répondu : « De tous les rôles que j'ai joués, mon Duplessis à votre Villeneuve est certes le plus amusant et le plus inattendu. » Les événements subséquents ont avéré ma prédiction.

La victoire de Joe m'a renforcé dans mon opinion qu'avec Wagner, la vague conservatrice aurait été aussi importante que celles qui ont porté Trudeau, Diefenbaker, Saint-Laurent, King et Bennett au pouvoir dans les décennies précédentes. Joe était minoritaire parce qu'il ne faisait pas, à première et à seconde vue, aussi bonne impression qu'eux comme chef politique. Claude a eu du regret de s'être laissé nommer sénateur libéral et il a offert de se joindre au gouvernement. La suggestion a été accueillie avec la tiédeur qu'elle méritait. Quelques mois plus tard, il est mort, apparemment de leucémie. J'ai entretenu une correspondance assez amicale avec lui presque jusqu'à la fin de sa vie. C'était un homme curieux, et désappointant à certains égards, mais pas un mauvais bougre.

Trudeau a retiré sa démission, coupant court à la campagne de Donald Macdonald pour la direction du Parti libéral. Sa réélection en janvier 1980 a mis fin à un intermède particulièrement bête des affaires fédérales.

Ce qui m'a le plus étonné, c'est que Joe Clark ait pensé que ce gaspillage éhonté d'une victoire électorale n'avait pas sensiblement diminué ses titres à diriger son parti. L'ignominie de sa défaite, semblait-il, relevait tout le monde de l'obligation de prendre la responsabilité de ses actions. Brian Mulroney était le seul que je connaisse à part moi à penser que Joe ne durerait pas à la tête du parti. Il a même enchéri sur moi, qui disais dès l'été 1979 que «Joe (était) n'importe quoi, sauf un chef».

Brian s'est arrangé pour que son *alma mater*, St. Francis Xavier, me confère un doctorat *honoris causa* quelques jours avant les élections de juin 1979. Malcolm Muggeridge était le conférencier d'honneur à la collation des grades. Au déjeuner qui l'a précédée, il s'est trouvé à côté d'Allan MacEachen, député de la circonscription et vice-premier ministre de Trudeau. En route vers la salle où avait lieu la cérémonie, Muggeridge, avec qui j'entretenais une correspondance sporadique depuis notre première rencontre au sujet de Duplessis en 1972, m'a soufflé à l'oreille : «Dois-je comprendre que cet homme (MacEachen) est vice-premier ministre et qu'il y a des élections la semaine prochaine?» – «Oui», ai-je répondu. «Sans doute que les électeurs vont corriger cette anomalie!» s'est-il exclamé. MacEachen a effectivement été défait.

La cérémonie a traîné en longueur. Pour une aussi petite institution, un nombre démesuré d'étudiants s'est présenté à la tribune pour recevoir des diplômes. Au bout d'un moment, Malcolm s'est tourné vers moi et m'a dit, désespéré : «Se peut-il que personne n'ait été recalé?» Malcolm et Kitty nous ont raccompagnés à Toronto dans notre avion et nous sommes restés en contact plus régulier par la suite. (Brian a offert à mon frère un titre honorifique d'une autre université des Maritimes, St. Joseph. Il a été poliment rabroué, Monte n'ayant aucune ambition universitaire. Brian s'est étonné que mon frère soit aussi modeste.) J'ai continué un temps de fréquenter le circuit des doctorats. Je n'ai pas cessé d'être impressionné par les étudiants, qui me semblaient beaucoup plus présentables que ceux de ma génération dix ans auparavant.

À la fin de l'été, il est apparu que Massey-Ferguson pourrait atteindre le seuil de rentabilité, voire réaliser un léger bénéfice, pour l'exercice se terminant le 31 octobre 1979, après avoir déclaré une perte de 278 millions de dollars l'année précédente. Le consortium de plus d'une centaine de banques, qui était notre bailleur de fonds, nous demandait presque chaque jour d'augmenter l'avoir des propriétaires depuis la perte annoncée à l'automne 1977. Le ratio d'endettement d'un pour un le gênait et c'était compréhensible puisque la valeur de revente de l'actif immobilisé et de l'inventaire était douteuse et que l'avoir des propriétaires était donc très précaire.

Victor avait réussi à délester Massey de quelques-unes de ses filiales les plus mal en point, mais il était clair que beaucoup d'acheteurs éventuels évitaient de se manifester dans l'espoir que la société soit forcée de liquider ses actifs rentables à des prix de faillite. La seule division assez attrayante pour susciter des acheteurs sérieux avec des espèces sonnantes était le groupe de moteurs diesel. J'aurais quant à moi préféré le garder et vendre le reste.

La division argentine de Massey-Ferguson, chroniquement déficitaire, illustrait bien le dilemme. Au début de 1979, un représentant de Mme Fortabat, de Buenos Aires, réputée l'une des femmes les plus riches d'Amérique latine, est venu me voir et m'a offert en son nom de nous soulager de la division argentine pourvu que nous lui versions 10 millions de dollars US. J'ai refusé poliment. Un an plus tard, jour pour jour, le même représentant s'est pointé de nouveau. J'en avais l'eau à la bouche, croyant Mme Fortabat disposée à nous faire une offre plus généreuse vu que la situation de l'entreprise s'était sensiblement redressée. Sa proposition était identique à la première, sauf qu'il nous réclamait cette fois un prix de sortie de 20 millions US. Je l'ai de nouveau poliment renvoyé. Les deux propositions révélaient la taille de nos problèmes. (Une dizaine d'années plus tard, j'ai revu Mme Fortabat à la Société des Amériques. Nous avons échangé d'aimables propos sur cet épisode étrange dont elle prétendait n'avoir qu'un vague souvenir.)

Victor et moi avons réussi à vendre Motor Iberica, la filiale espagnole dans laquelle nous avions une participation d'un peu moins de 40 %, à la société Nissan. La transaction a incité le duc de Wellington, grand propriétaire foncier en Espagne, à concevoir l'idée originale d'une prime de départ pour les membres du conseil d'administration. J'ai consenti à écrire au président du conseil de Nissan afin de réclamer une indemnité pour Son Éminence. J'ai reçu longtemps après une réponse peu enthousiaste.

Pour accélérer la remontée et mettre fin à la pêche à la ligne de fond du genre de celle pratiquée par Mme Fortabat, nous avons annoncé le 24 août

1979 que la Hollinger-Argus (dont la crédibilité financière était déjà beaucoup meilleure que celle du cadavéreux holding dont elle était issue) était prête à participer à hauteur de 100 millions de dollars à une émission d'actions de 500 millions de dollars de Massey-Ferguson. Notre part serait exclusivement convertible en actions avec droit de vote et une bonne partie de l'émission proviendrait de la conversion d'emprunts en actions privilégiées relativement alléchantes, le tout sujet aux recommandations de l'équipe de vérification constituée par le syndicat financier de cinq membres.

Si l'émission d'actions pouvait être justifiée et absorbée, le redressement du bilan de Massey et le renforcement de son pouvoir de négociation de vente d'actifs tiendraient presque du miracle. Jackman m'a dit que le paiement de dividendes était trop incertain et Siegmund Warburg que le projet était un rêve en couleur (sans doute parce qu'il tenait tant à nous dérober). Je pensais néanmoins que l'idée avait une chance de réussir. Massey-Ferguson a déclaré un profit de 30 millions de dollars pour l'année. Il y avait beaucoup de marge dans l'inventaire et le calcul des opérations de change, mais le progrès était réel. Je comptais faire de Dominion Stores notre véhicule pour ce placement. Étant fortement imposée, elle pouvait bénéficier de capital-actions privilégié à haut rendement en franchise d'impôt.

La Hollinger avait de temps à autre convoité la Noranda depuis que J. Y. Murdoch avait été chassé sans cérémonie de la présidence de la Noranda au milieu des années 50. La friction entre les deux sociétés s'est aggravée quand le cabinet de Holden, Murdoch, Finlay et Robinson a été remplacé peu de temps après comme conseiller juridique de la Noranda. Plusieurs des associés du cabinet ont en fait été engagés par la Noranda. En 1969, McDougald et Taylor ont soupçonné la Noranda d'avoir incité les papeteries Mead et Scott à déloger Argus comme son associée majoritaire dans la société British Columbia Forest Products et les relations se sont encore détériorées. L'opération a révélé pour la première fois la faiblesse du vieux principe d'Argus selon lequel on pouvait dominer une société avec une participation de 10 % à 20 %.

Je n'ai pas hérité des griefs du régime McDougald contre le président du conseil de la Noranda, Alfred Powis, pas plus que je n'en avais hérité contre Paul Desmarais. Je croyais que Powis avait tiré profit de ses disputes avec Bud McDougald et Percy Finlay pour créer son mythe d'invincibilité. Je l'accusais sans malice d'avoir inventé la menace que la Hollinger faisait peser sur la Noranda, tout comme Montgomery avait été l'auteur du mythe de Rommel, sans doute pour rehausser sa gloire.

La Noranda n'était certes pas sans attraits. C'était une superbe entreprise d'exploitation de ressources naturelles. Powis l'avait étendue au pétrole, au gaz et aux produits forestiers, sans toutefois réduire la grande vulnérabilité de l'entreprise à l'effondrement cyclique de ses revenus. La prise de contrôle d'une société dont la capitalisation dépassait 1,5 milliard de dollars était nettement au-delà des moyens de la Hollinger. J'ai donc entamé des pourparlers avec la Caisse de dépôt et placement du Québec, dont le président était alors Marcel Cazavan, vieux routier du style de l'époque Duplessis, en vue de faire une offre publique d'achat conjointe. Mon interlocuteur le plus fréquent était André Saumier, ancien sous-ministre des Richesses naturelles, qui voulait forcer les sociétés Hollinger et Labrador à investir une plus grande part de leurs redevances dans l'exploration minière au Québec. Il est finalement passé au service de la société de courtage J. A. Richardson.

Il n'y avait presque pas eu de coentreprises d'envergure réunissant les secteurs public et privé au Canada. Je pensais que c'était l'occasion de former une association qui pourrait avoir une applicabilité considérable. Je me disais aussi qu'il serait utile de montrer aux nationalistes du Québec que la collaboration avec Bay Street – envers qui les rhéteurs et les polémistes étaient plutôt caustiques – était possible, et même très souhaitable.

Alfred Powis m'avait invité à faire partie du conseil de la Noranda à la condition que je n'augmente pas sensiblement notre participation. Estimant que la condition nous privait de la possibilité de comptabiliser nos participations à la valeur de consolidation, j'ai refusé. Pour s'assurer de conserver son indépendance à l'égard de tout actionnaire, Powis émettait des tas d'actions et la Hollinger n'aurait pas les moyens de soutenir le pourcentage de sa participation indéfiniment. La Noranda, ai-je dit à nos administrateurs, était «un gouffre comme le Viêt-nam dans lequel nous pourrions investir de plus en plus de ressources sans jamais gagner». Même avec des alliés comme l'Amax (American Metal Climax), avec qui nous étions en pourparlers, les risques persisteraient. Ils étaient encore multipliés du fait que la société Noranda était à la merci des fluctuations constantes du prix des matières premières.

Nous aurions certainement pu gagner avec la Caisse. André Saumier nous disait que Jacques Parizeau, alors ministre des Finances, était réceptif à ma suggestion d'arrêté ministériel nous autorisant à passer outre au préavis d'offre publique d'achat et à aller droit au parquet de la Bourse de Montréal. La mesure n'aurait pas été un modèle de franc-jeu, mais à quoi bon s'associer au gouvernement si ses pouvoirs ne peuvent être mis au service de sa politique? Au Québec, que le régime soit de gauche ou de droite, le domaine réservé du gouvernement national du Canada français est vaste et peut donner lieu à des mesures autoritaires.

Quand le cours des titres de la Noranda a dépassé le point qui ne me permettait plus d'en justifier l'achat, nous avons vendu nos actions. Acquises au fil des ans au coût d'environ 35 millions de dollars par la Hollinger et la Labrador, elles ont été échangées contre un billet à haut rendement de 163 millions de dollars, négociable en banque, qui reportait sur dix ans l'impôt sur le gain en capital. Cette monétisation généreuse d'un actif non stratégique improductif montrait que nous avions raison de penser en prenant la direction d'Argus l'année précédente que le groupe incluait des actifs grossièrement sous-estimés, qui pouvaient être liquidés à profit et dont les recettes pouvaient être réemployées stratégiquement.

J'ai remis la liste des actionnaires de la Noranda et notre volumineuse correspondance avec la Caisse de dépôt à Trevor Eyton et à Jack Cockwell, qui ont mené à terme, conjointement avec la Caisse, une offre publique d'achat de la Noranda. Alfred Powis et ses collègues, avec la notable dissidence d'Adam Zimmerman, se sont distingués en vendant les actions de la Noranda sur un marché à la hausse, entretenu par une fièvre d'acquisitions, juste avant de négocier un accord avec Brascan, qui a acheté une bonne partie des actions autodétenues de la Noranda, réduisant de beaucoup la livraison de titres. C'était un cas patent d'opération d'initié et la Bourse de Toronto a tapé sur les doigts des administrateurs de la Noranda. (J'ai eu par la suite d'agréables rapports avec Trevor, Jack et Alf au conseil de la Brascan et de quelques sociétés connexes.)

Avec le renforcement de nos réserves financières résultant de la vente de la Noranda, la première phase de la «campagne de manœuvre» prenait fin avec succès. Argus était maintenant subordonnée à la Hollinger. Les sociétés Hollinger et Labrador disposaient de 250 millions de dollars en liquidités, outre des redevances annuelles de 45 millions avant impôt sur le minerai de fer. Ravelston était vrai propriétaire au lieu de soi-disant. La direction de Massey était crédible et Dominion Stores restait une bonne source de vente d'actifs et était nettement sous notre influence, les recettes de la vente de la Domtar nous ayant permis de porter notre participation à plus de 30 %. Nous étions maintenant prêts à passer à l'attaque : de la position d'indigence de Bonaparte en Italie, nous étions passés à celle de MacArthur partant de Guadalcanal avec une capacité d'assaut amphibie; il nous suffirait de pouvoir sauter agilement d'une île à l'autre.

La première occasion s'est présentée dans notre secteur de prédilection : les journaux. Le *Montreal Star* avait fait les frais d'une grève de quelques mois dont le règlement lui avait été très défavorable. Comme il arrive d'ordinaire dans une ville où un seul des quotidiens concurrents est frappé par une grève, le *Star* avait perdu à la reprise l'avantage compétitif qu'il détenait sur la *Gazette* presque depuis sa fondation par lord Atholstan en 1869. Sous Atholstan et son successeur, J. W. McConnell, le *Star* était à la fois prestigieux et très rentable.

En octobre 1979, le *Star* a fermé ses portes. Il appartenait au groupe FP Publications, qui réunissait les intérêts de Victor Sifton, propriétaire du *Winnipeg Free Press* (source du nom de l'entreprise, FP) et de l'*Ottawa Journal*; de Max Bell, propriétaire de l'*Albertan* de Calgary, du *Colonist* et du *Times* de Victoria, et du *Herald* de Lethbridge ; et de Howard Webster, propriétaire du *Globe & Mail* de Toronto. En 1973, la famille McConnell avait fusionné le *Montreal Star* au groupe. La structure de propriété de FP Publications n'était pas sans évoquer celle de Ravelston après McDougald. J. W. McConnell était mort en 1963, et Victor Sifton, son fils John, et Max Bell étaient tous décédés depuis la fondation de FP.

La famille McConnell était représentée dans FP par Derek Price, qui avait épousé la petite-fille de J.W. et avait été éditeur du *Star*. Nous nous étions connus à l'Association des éditeurs de quotidiens du Québec. Derek représentait la crème de la société anglophone de Montréal : urbain, affable et honnête. Quand je l'ai appelé après l'annonce de la fermeture du *Star*, il a dit qu'il regardait par la fenêtre en se demandant s'il allait sauter ou non. Pour qui avait travaillé si fort à promouvoir la bonne entente au Québec et à représenter les éléments conciliateurs et éclairés de la société anglophone, de devoir présider à la fermeture du *Star* était un sort cruel. N'ayant plus d'intérêt direct dans le groupe FP, les McConnell étaient ouverts à une offre d'achat de leur participation de plus de 20 %.

Les intérêts Sifton étaient défendus par le brigadier Richard « Dick » Malone, ancien copain de Victor Sifton ayant une vaste expérience de l'administration des quotidiens. Je connaissais Dick depuis des années. Je l'avais rencontré d'abord socialement, puis à la Presse canadienne, où nous étions partisans de la ligne dure avec le syndicat des journalistes. Durant la Deuxième Guerre mondiale, Dick Malone avait été officier de liaison du maréchal Montgomery et directeur de la campagne de publicité des forces armées canadiennes. À la fin de la guerre, il était agent de liaison entre Mackenzie King et le général Douglas MacArthur et il a organisé quelques rencontres qu'il a décrites avec verve dans ses mémoires. Dick est resté jusqu'à la fin de sa vie une mine intarissable d'anecdotes d'authenticité douteuse le reliant à des noms célèbres. Il possédait une poignée d'actions de FP Publications, comme Bruce Matthews à Ravelston. Comme il était porte-parole des Sifton, malgré les efforts désespérés de June Sifton (belle-fille de Victor) pour l'en déloger, et avait été président de FP Publications et éditeur du *Globe & Mail*, il exerçait une influence considérable dans le groupe. Il détenait un nombre disproportionné d'actions avec droit de vote.

Il m'était souvent arrivé de déjeuner ou de dîner chez Dick à Forest Hill. Nous échangions des livres d'histoire militaire, prenions un verre de scotch, discutions de l'actualité ou jouions au croquet. Les relations de Dick avec Howard Webster étaient mauvaises. Howard estimait que le rendement de la société sous sa direction n'était pas satisfaisant.

J'en étais aussi venu à connaître assez bien Howard Webster, parce que je connaissais plusieurs de ses neveux et que j'avais été membre du conseil du Confederation Arts Centre de Charlottetown avec lui. Personnage excentrique, Howard s'était marié sur le tard. Le mariage a été de courte durée parce que sa femme s'est lassée de son humeur changeante et de ses habitudes d'ivrognerie. Il l'a un jour déposée à Londres pour «une journée» en route pour l'Irlande, s'est laissé distraire par la boisson et les affaires et est rentré directement à Montréal sans la prévenir.

Son ivrognerie pouvait effectivement faire problème. Un jour que j'étais avec Bud McDougald au Toronto Club en 1969, le directeur est venu l'informer que Howard était sur le palier de l'escalier et que son pantalon était tombé. Bud a suggéré qu'on l'aide à remonter son pantalon. Une minute plus tard, Howard est entré dans la salle à manger en titubant, sa veste rentrée dans sa ceinture, mais il a réussi à terminer son déjeuner sans incident et avec un semblant d'aplomb.

Je suis rentré avec Howard de Charlottetown à Toronto en juillet 1977. Sa valise était attachée avec une ficelle. Il était incontestablement le plus mal attifé des hommes d'affaires canadiens avec P. C. Finlay, qui faisait tenir la poignée de sa serviette avec de la colle et du scotch.

Howard Webster était incapable de s'exprimer et désespérément timide. Même avec les gens qu'il connaissait assez bien, comme moi, il lui fallait quelques verres pour parler avec un minimum d'assurance. Il n'osait pas contredire. Il se bornait à marmotter et à tergiverser, à hocher la tête et à grogner, puis il obéissait à son merveilleux instinct financier. Il avait un répertoire de grimaces, de grattements de menton et de sons à peine audibles pour exprimer des sommes d'argent qui se chiffraient d'ordinaire en millions de dollars. Un jour, le conseil de FP a autorisé en sa présence un programme d'achat au mieux de titres de la Sun Publishing de Vancouver (dont FP était actionnaire majoritaire, mais dont les actions étaient inscrites à la cote), puis il a placé un ordre d'achat personnel, rivalisant avec l'offre de la société dont il était initié, à la fois administrateur et copropriétaire.

Poursuivi pour le renvoi injustifié d'un employé d'un silo dont il était propriétaire à Detroit, il n'a pas tenu compte de la compensation accordée au plaignant et, pendant deux ans, il n'a pu mettre les pieds aux États-Unis ni même survoler le pays parce qu'un mandat d'arrestation a été lancé contre lui pour outrage au tribunal. Toujours aux États-Unis, il s'est un jour présenté à l'assemblée des actionnaires d'une entreprise de fabrication de stylos et a posé une série de questions sur le ton hésitant et presque inaudible qui était le sien. Comme il était pauvrement vêtu et manquait d'assurance, la direction a pensé qu'il était l'un des ces gêneurs à lot irrégulier d'actions. Elle l'a traité avec mépris jusqu'à ce qu'il révèle qu'il était actionnaire majoritaire ; il a congédié le conseil d'administration.

À divers moments, il a eu la haute main sur une quantité d'entreprises disparates : la Dominion Malting, les hôtels Lord Simcoe et Windsor, le Scripps Estate à Detroit, la St. Raymond Paper Company, Quebecair, 45 % des Blue Jays de Toronto, d'importantes participations dans Burns Foods (avec Arthur Child) et la MacLaren Power and Paper Company. Ses prouesses financières et son originalité se doublaient d'une très grande générosité. Il faisait l'aumône à coût de millions. En 1979, il a constaté qu'il avait fait erreur en intégrant le *Globe & Mail* au groupe FP. Il en a fait une plus grande encore en omettant de négocier une entente de premier refus avec les autres actionnaires et l'a aggravée en antagonisant presque tous les associés de FP. Son neveu, Norman Webster, était chef du bureau du *Globe & Mail* à Londres.

Le conseil de la Fondation Max Bell comprenait George Gardiner, Roland Michener, James Richardson, Joe Sedgwick et George Currie, conseiller en gestion qui a remplacé Dick Malone à la présidence de FP quand Dick a enfin pris sa retraite en 1979. Je les connaissais tous assez bien.

Dès l'annonce de la fermeture du *Montreal Star*, j'ai parlé à Derek Price, puis à Dick Malone, qui était encore sous le coup des accusations d'indécences portées contre son fils Richard, éditeur du *Winnipeg Free Press* (surnommé le « bombardier »). Dick m'a conseillé de faire une offre à FP et de prétendre que j'étais disposé à relancer le *Star*. J'ai ensuite parlé à George Gardiner pour sonder les administrateurs FP du groupe Bell et à Howard Webster. Ils convenaient tous qu'il fallait un changement, que le groupe était en mauvaise posture et qu'une offre de ma part ne serait pas malvenue.

En plus de la catastrophe de Montréal, l'*Ottawa Journal* était en train de couler. Après avoir longtemps serré de près son rival de Southam, l'*Ottawa Citizen*, le *Journal* s'était rééquipé en typographie dans son vieil immeuble du centre-ville et se faisait de plus en plus distancer par le *Citizen*, passé à l'offset en banlieue. Le président et rédacteur en chef du *Journal*, Norman Smith, était un vieil ami de mon père. Ils s'étaient connus dans le programme d'entraînement aérien du Commonwealth à Ottawa en 1940. Norman était un excellent journaliste, parfaitement intègre et loyal, mais pas un homme d'affaires. L'*Albertan* de Calgary, qui n'avait jamais bien réussi sous Max Bell, était en déroute. Le *Globe & Mail*, talonné par le *Sun*, jailli des ruines de l'ancien *Telegram*, et le *Star*, avait connu des jours meilleurs. Seuls les quotidiens de Victoria, de Vancouver, de Lethbridge et de Winnipeg se portaient bien.

J'ai déduit de ma conversation avec George Gardiner qu'il se préparait à acheter le groupe FP avec John Bassett. Nous avons convenu de nous rencontrer. George m'a demandé à brûle-pourpoint : «Sommes-nous alliés ou concurrents?» Je supposais que George, l'un des plus brillants financiers au Canada, était de mèche avec ses collègues de la Fondation Max Bell tandis que John agissait au nom des Eaton, par l'entremise de Baton. Ils formaient une puissante alliance, qui serait divisée si j'allais de l'avant indépendamment, car Fred Eaton et Douglas Bassett seraient alors engagés dans les deux offres. J'étais ravi d'être associé avec des hommes aussi talentueux, riches et agréables. Nous avons eu plusieurs rencontres, à mon bureau, et surtout chez George. Au terme de chaque session, John Bassett et George Gardiner mesuraient réciproquement leur tension artérielle à l'aide d'un sphygmomanomètre domestique. Ils me suggéraient de me prêter au même examen, mais je ne croyais pas que c'était nécessaire.

John et moi avons rencontré June Sifton et son procureur, puis Howard Webster. John, Howard et moi avons eu un agréable déjeuner dans un salon privé du Toronto Club. Howard se disait tout à fait d'accord avec notre projet, d'autant qu'il était très mécontent de Malone (jugeant les profits insatisfaisants). June Sifton (qui pensait devoir voter les actions de Sifton) était aussi d'accord. John Bassett n'avait pas plus d'estime qu'eux pour Malone pour des raisons qui remontaient au temps de guerre. Lors d'une rencontre à mon bureau chez Massey-Ferguson, John s'est exclamé devant June Sifton et son procureur, comme l'un des grognards de Napoléon : «La seule poudre que Malone a vue durant la guerre, c'était sur un visage de femme ou peut-être son cul.» Après le déjeuner, Howard est sorti du club par la porte principale. John et moi nous sommes dirigés vers le terrain de stationnement, à l'arrière. Dans le couloir, John m'a saisi le bras et m'a dit en jubilant : «Tu te rends compte que tu es le seul être vivant capable d'adresser la parole à tous ces cinglés?»

Nous avons élaboré une offre à deux niveaux accordant une forte prime au petit nombre d'actions avec droit de vote. Elle était particulièrement alléchante pour Dick Malone, qui n'était cependant pas très sensible à l'appât du gain. Derek Price et Howard Webster semblaient d'accord. Dick, sans toutefois s'engager, se montrait réceptif.

Au début de décembre 1979, je suis allé au déjeuner organisé par John Turner en l'honneur de Peter Lougheed au McMillan Binch, dans l'immeuble de la Banque royale. Je me suis trouvé assis à côté de l'éditeur du *Globe & Mail*, Roy Megarry. Il avait eu vent de notre offre et il a exprimé la crainte que le *Globe & Mail* soit forcé de panser les blessures que la société mère s'était infligées à Montréal et à Ottawa. Je l'ai raccompagné en voiture au *Globe & Mail* et nous sommes restés assis à discuter devant l'immeuble. J'ai répondu franchement à toutes ses questions. (J'étais au volant de sorte que nous ne pouvions pas être sur la banquette arrière comme Roy l'a indiqué dans ses mémoires.)

Puisque nous serons bientôt associés, me disais-je, je dois éviter de répondre évasivement à ses questions légitimes. Je l'ai assuré que nous n'étions pas opposés à son projet d'expansion nationale par satellite (John Bassett était sceptique, mais je pensais qu'il était possible de l'en persuader). Je lui ai dit que les autres problèmes de FP devaient être réglés à la source et que sa situation personnelle ne changerait pas sensiblement, mais je n'ai pas voulu insulter son intelligence en lui faisant croire que John Bassett, George Gardiner et moi serions aussi désintéressés et passifs que Howard Webster et George Currie. Roy est sorti de ma voiture sur ces paroles que j'ai notées soigneusement et que j'ai crues à l'époque : «Votre proposition n'est pas négative et pourrait être positive pour nous. Je ne m'oppose pas à vous.»

J'ai appris par la suite qu'il est allé droit à son bureau et a entrepris de nous mettre des bois dans les roues avec la frénésie qu'il appliquait par intermittence à la direction du *Globe & Mail*. Au fil des ans, il est passé par embardées d'expédient en expédient : du «quotidien national» (largement évacué de Toronto par le *Sun* et le *Star*) au quotidien de jour (désastreux), qui a incité le *Star* à occuper entièrement le créneau du matin, au «journal de l'élite», qui a cessé temporairement de faire vérifier son tirage, et à la pléthore de magazines distribués en encart (un seul a survécu plus de quelques années). Il a congédié le rédacteur en chef et le directeur de la rédaction et effectué sur le tard un virage à droite. Il a enfin quitté le journal à son tour en 1992 pour distribuer des subventions au tiers monde, vocation admirable qui convenait beaucoup mieux à ses talents que la direction du *Globe & Mail*.

La version qu'a donnée Roy Megarry de notre conversation dans ma voiture, prétendant notamment que j'étais opposé aux éditions transcanadiennes par satellite, sortait tout droit de son imagination intéressée. Je l'ai simplement mis en garde contre la tentation de livrer les batailles de Toronto à Winnipeg et à Vancouver. John Bassett, il faut en convenir, n'était guère emballé par les éditions par satellite, mais j'ai assuré Roy que nous considérerions le projet sans préjugés.

Immigrant irlandais, Roy Megarry était fils de ses œuvres et avocat des bonnes causes. Son incompétence de gestionnaire n'infirmait pas ses talents d'agitateur. Il a d'abord convaincu Norman Webster de faire pression sur son oncle, à qui il s'est aussi adressé directement, pour le détacher de l'accord tacite qu'il avait avec nous. Howard était le moins interventionniste des patrons. Par comparaison, la gestion bienveillante de Roy Thomson au *Times* de Londres pouvait passer pour une tyrannie digne de lord Northcliffe. Megarry a entrepris de persuader Howard que nous ferions les pires bassesses à ce que j'ai appelé pour le bénéfice d'un reporter de Toronto « la madone du journalisme canadien » (le *Globe*).

Quelques jours plus tard, George Gardiner m'a passé un coup de fil pour m'informer qu'un ami commun avait entendu Howard Webster dire que notre offre était insuffisante. Elle était pourtant exactement ce que John Bassett et moi avions convenu avec lui au Toronto Club dix jours plus tôt. Le rôle de Megarry dans cette affaire ressemblait en plus plausible et en plus efficace à celui de Prusac dans la prise de contrôle d'Argus.

Peu après que George Gardiner m'eut refilé ce renseignement, Howard, sans avertissement ni avis pour ne pas être accusé de maquignonnage ou de mauvaise foi (dont il n'aurait pu se défendre), a fait une contre-offre légèrement supérieure à la nôtre. J'ai pris la défection de Howard assez philosophiquement, faisant la part de son excentricité et de sa timidité oppressive. Nous avons vite enchéri sur son offre et je ne le redoutais pas comme concurrent. Si grand qu'ait été l'enthousiasme de Roy Megarry pour l'absentéisme de Howard à la présidence du *Globe & Mail*, Malone et les autres actionnaires en avaient assez de ses extravagances. J'étais persuadé que nous pourrions lui damer le pion, mais l'avantage du coup monté de l'intérieur, comme à Ravelston, risquait d'être perdu. Le défection de Howard exposait le groupe FP au marché public alors que l'antipathie de Malone pour John Bassett minait la sympathie qu'il aurait eue pour nous, et qu'il avait initialement pour moi si j'avais fait une offre solo.

Douglas Bassett et moi sommes allés voir Dick pour le rassurer du mieux que nous pouvions sur le vote du père de Douglas. Il était clair qu'il avait d'insurmontables appréhensions à propos de notre offre, même s'il était très bien disposé envers Douglas et moi personnellement. C'est en vain que Douglas l'a imploré de juger des offres selon leur mérite.

Ce que nous redoutions est arrivé : Thomson a fait une offre. Il m'a suffi d'un peu de recherche pour voir qu'il y avait anguille sous roche. Clair McCabe (le brillant chef de la division de presse de Thomson en Amérique du Nord) avait vendu une salade à Malone. Comme il l'avait fait avec le *Times* et le *Sunday Times* de Londres (que le groupe s'apprêtait à céder à Rupert Murdoch à un prix dérisoire), il lui avait promis que Thomson protégerait l'*Ottawa Journal* et serait peut être même en mesure de ranimer le *Montreal Star*. (Thomson a fermé le *Journal* et enterré le *Star* quelques mois après la transaction, puis il m'a demandé de témoigner de son honorabilité à l'instruction subséquente en vertu de la Loi relative aux enquêtes sur les coalitions. Je me suis prêté au jeu et Thomson et Southam ont été exonérés.)

Dick Malone a été franc et aimable avec moi comme toujours, mais il avait décidé de tenir tête avec une obstination churchillienne à toute autre offre que celle de Thomson. Derek Price était encore réceptif à notre camp et m'a chaudement remercié pour avoir contribué à précipiter une enchère qui, quelques semaines après la terrible et traumatisante fermeture du *Montreal Star*, a permis aux McConnell de réaliser un gain énorme sur leurs actions de FP. Elles se sont vendues au prix fort, comme celles de Bell.

Quand les enchères ont touché la limite de ce que nous étions disposés à offrir, étant donné la combine en faveur de Thomson et le manque d'intérêt relatif de mes associés pour les propriétés autres que le *Globe & Mail*, j'ai conclu une entente verbale avec Webster. S'il l'emportait (ce qui ne risquait pas d'arriver vu l'état d'esprit de Malone), nous achèterions de lui les journaux de Vancouver, Victoria, Lethbridge et Winnipeg pour une somme calculée selon le pourcentage de tirage qu'ils représentaient dans le groupe FP (environ 40 %, considérant la participation minoritaire du public dans le *Vancouver Sun*). Les ententes verbales avec Howard, comme le passé récent en faisait foi, n'étaient pas un pari sûr, mais il aurait peut-être honoré celle-là. Il n'est pas certain non plus que la transaction aurait intéressé John Bassett et George Gardiner. Les offres finales ont été remises à Roland Michener. Thomson a emporté le morceau pour une somme d'environ 170 millions de dollars, plus que raisonnable pour une diffusion quotidienne payée de 950 000 exemplaires, dont plus de 800 000 de journaux rentables. Thomson n'avait pas fait une aussi bonne affaire depuis des années.

L'affaire valait la peine d'être tentée. Je n'en voulais à personne, sinon à Roy Megarry, et non pas pour son opposition, mais pour sa fourberie. Comme la plupart des gens associés au déclin du groupe FP, Roy n'avait pas brillé par sa bonne foi, mais il avait bien joué son jeu, amorçant le glissement qui a contrecarré nos projets. Notre échec nous a permis au bout du compte de nous tailler une meilleure position à Southam. La recherche patiente d'actifs sains à prix raisonnable est d'ordinaire récompensée.

«Conrad aura perdu beaucoup de temps à jouer au croquet avec le brigadier», a noté David Radler avec ironie au terme de l'affaire. En fait, mes intermèdes avec Dick Malone m'ont plu et se sont poursuivis presque jusqu'à sa mort en 1984. C'était un vieux buffle, qui donnait l'impression de connaître la terre entière tant il aimait émailler sa conversation de noms de gens en vue, mais il était intéressant, intelligent et bon ami. Je n'ai jamais oublié la très belle lettre qu'il m'a écrite à l'occasion de la mort de mes parents. «La vie est pleine de heurts, mais elle continue, et le Seigneur aime les beaux lutteurs», écrivait-il.

Le drame de FP venait à peine de se dénouer que j'étais déjà à Palm Beach, où pour la deuxième année j'avais loué l'ancienne maison de Neil McKinnon sur la rue qu'habitait Jim McDougald et Doris Phillips. L'indécision du président Jimmy Carter me répugnait tellement que j'ai gaiement payé 2 000 $ pour assister au dîner du candidat Ronald Reagan lorsqu'il est venu à Palm Beach en février. Je suis d'ordinaire partisan de quiconque est président des États-Unis et je favorisais plutôt les démocrates jusqu'à ce que le parti se dégonfle après le désastreux congrès de 1968, arrache le choix des candidats des mains des huiles du parti, qui avaient désigné Roosevelt, Truman, Stevenson, Kennedy, Johnson et Humphrey, et le donne au Mouvement pour la libération gaie, à Jane Fonda, à Shirley MacLaine, aux écomaniaques, aux faiseurs d'ange et aux agitateurs de tout acabit. Cette frange maudite a donné à la nation et au monde une série de candidats singulièrement imbuvables comme McGovern, Carter, Mondale et Dukakis.

Au début de 1980, j'ai dit à mon vénérable voisin, Charles Wrightsman, propriétaire de l'une des plus grandes maisons de Palm Beach, que Carter me semblait «le pire président depuis Harding». – «J'ai connu Warren Harding, a riposté Charles. Il n'était pas aussi mauvais.» (Harding est mort en 1923.)

Jimmy Carter était l'incarnation de *Mr. Smith au Sénat*, de Jimmy Stewart. Voyant la présidence pervertie par les talentueux Johnson et Nixon, la nation s'est tournée silencieusement vers un *outsider* incompétent et calotin. Les seules personnes de poids que connaissait Jimmy Carter en dehors de la Georgie quand il a été élu appartenaient à la Commission trilatérale (ils y étaient encore quand j'en suis devenu membre en 1982) et il en a truffé son administration : Zbigniew Brzezinski, Harold Brown, Richard Holbrooke, Henry Owen et Joe Nye. Ils étaient tous compétents, exceptionnellement même dans le cas de Brzezinski, mais l'administration a été paralysée par l'indécision chronique de Carter.

L'alliance occidentale pouvait déployer la bombe à neutrons en Europe en février et ne le pouvait plus en avril. Les conseillers militaires russes à Cuba étaient «inacceptables» le mardi, acceptables le vendredi. Le porte-avions *America* pilotait un corps expéditionnaire dans le golfe Persique du lundi au jeudi, puis sans raison faisait demi-tour sur l'ordre du commandant en chef. Carter disait que l'invasion de l'Afghanistan lui en avait beaucoup appris sur la politique étrangère de l'URSS et négociait avec elle un traité sur la limitation des armes stratégiques (SALT) consacrant sa suprématie, exploit peu commun considérant l'effondrement de la menace soviétique précipité par la politique de défense de Reagan. Je lui ai donné raison quand il a dit à l'été 1979 que la nation américaine était «malade»: le symptôme le plus évident et le plus aisément remédiable du malaise était sa présence à la Maison-Blanche.

C'est en mars 1980 qu'il a été le plus odieux, selon moi. La crise des otages américains battait son plein. Carter a annoncé en conférence de presse que le président de l'Iran, Bani Sadr, avait fait la veille une déclaration compatible avec la position américaine et qu'une percée était en vue. Le lendemain, je pense, la traduction du discours de Bani Sadr a été publiée par le secteur privé et il est apparu que le président avait grossièrement dénaturé ses propos. Je ne me suis jamais formalisé des petites chicanes politiques, mais de déshonorer ainsi la direction d'une grande nation en se mettant à plat ventre devant un régime intégriste et psychopathe du tiers-monde me paraissait au moins aussi offensant que le psychodrame atroce du Watergate. L'affaire n'a pas aidé Carter dans les primaires du Wisconsin. L'État n'impose pas la discipline de parti et Ronald Reagan a balayé les candidats démocrates et républicains.

Au cours des années subséquentes, j'ai eu l'occasion de rencontrer Jimmy Carter et de causer longuement avec lui à quelques reprises, notamment pendant et après une tournée des remparts de Jérusalem en compagnie de sa femme et du maire de Jérusalem, Teddy Kollek, en 1990. Je l'ai trouvé agréable, intelligent et idéaliste. Son amour de la paix, son intégrité matérielle et son humilité devant Dieu étaient admirables, mais sa haute vertu morale a été prise en défaut par l'esprit de parti désespéré et moralisateur qu'il a démontré en mars 1980.

Jimmy Carter n'avait ni l'instinct ni le panache d'un chef. Les États-Unis et d'autres pays ont prospéré sous des chefs médiocres – Coolidge, même Eisenhower. Mackenzie King était loin d'être excitant. Il ne l'est devenu que lorsque son journal intime a été publié après sa mort, révélant ses névroses et ses péchés mignons. Au fond, Jimmy Carter a échoué comme président parce qu'il n'avait pas de politique cohérente, qu'il ne proposait pas d'objectifs nobles et clairs pour inspirer les Américains. Il n'est pas arrivé à convaincre le public que la puissance des États-Unis pouvait être une influence positive dans le monde et que l'avenir de la nation serait et méritait d'être toujours serein.

De Reagan, je gardais le souvenir de pubs de borax, du *General Electric Theater* à la télé, et de quelques films. J'ai commencé à le prendre au sérieux quand il a refusé de déplacer la réunion du conseil de l'Université de la Californie du campus de Berkeley, agité par une émeute. Il n'a pas prêté attention aux manifestants à son arrivée et a serré la main aux agents chargés de la sécurité qui essayaient de les contenir. Il est allé plus loin : il a ordonné à la Garde nationale de faire évacuer le square central du campus, baïonnette au canon. Elle s'est exécutée sans faire un seul blessé.

Le pays venait à lui. Quoi qu'en aient pensé ses détracteurs, Reagan savait d'instinct ce que voulait la population et comment tourner l'opinion publique en sa faveur. Après le Viêt-nam, le Watergate et les inepties du régime Carter, la présidence devait retrouver sa capacité de diriger et d'inspirer. Les États-Unis, qui avaient subi la perte d'influence la plus vertigineuse de toutes les grandes puissances depuis la chute de la France, devaient retrouver leur place légitime à la tête des nations occidentales. Carter était le mal, Reagan la solution. La fonction cherchait l'homme.

À Palm Beach, je n'ai pu parler avec Reagan que quelques minutes. Je lui ai rappelé qu'il avait utilisé notre avion lors de sa dernière visite au Canada pour adresser la parole à des âmes sœurs de Mississauga et paraître à CFRB. Il était en grande forme, comme la communauté ultraconservatrice et honteusement riche qu'il visitait. Les trois plus jeunes personnes dans la salle étaient, par ordre ascendant, ma femme, moi et Ronald Reagan. Nous devions baisser la moyenne d'âge de quatre-vingt-trois à quatre-vingt-un ans (et peut-être la valeur moyenne dans la même proportion).

Le dîner devait être sans cérémonie. Ma voisine de gauche n'en portait pas moins un sautoir de diamant et une remarquable série de bracelets ornés de diamants. Elle s'est excusée pour porter quelques-uns de ses bijoux à la garde de son chauffeur. Elle est revenue à temps pour assister à la prière d'un belliqueux pasteur de Jupiter, en Floride, qui réclamait l'intervention divine en faveur d'une galaxie de causes patriotiques. «Il prie pour nous, ma chère», a dit son mari à ma voisine à la voix râpeuse et un peu sourde. «Quoi?» L'échange a été répété quatre fois, toujours sur un ton un peu plus élevé. À ma droite prenait place un général d'avion à la retraite, patron d'une agence de publicité et ami d'Alexander Woolcott, qui, dans le fol air de Palm Beach, croyait vraiment que le général Dwight D. Eisenhower était «membre en règle du parti communiste».

Reagan a prononcé l'un de ses grands discours de démagogue. Personne ne prendrait «le drapeau américain pour un paillasson» s'il devenait président, et ainsi de suite. La soirée s'est terminée par le plus prétentieux défilé de voitures qu'il m'ait été donné de voir à la porte de l'hôtel Breakers. Il y en avait à perte de vue : des Mercedes Benz 600 et 900, des Rolls-Royce Phantom, Silver Cloud, Corniche, Shadow et Spur, plusieurs allongées ou transformées de berline à capote rabattable pour témoigner de l'ingéniosité de leur propriétaire à trouver des façons de dépenser 100 000 $ de plus sur une voiture de 200 000 $.

Le cortège était précédé par l'hôpital mobile donné par l'ancien maire de la ville et le dernier ambassadeur américain à Cuba, Earl Smith (qui m'avait parrainé à l'Everglades Club, faisant échec à la tentative de Jim McDougald de me blackbouler). L'hôpital était destiné à porter secours aux victimes de crise cardiaque sur l'avenue Worth, la prétendue Cinquième avenue du Sud. Deux personnes ont dû être évacuées sur des civières, «Rien de grave, j'espère?» ai-je demandé à l'un des membres de la garde de sécurité de Reagan. «Oh! non, a-t-il répondu, le gouverneur donne toujours un petit choc à ces vieillards.» J'ai eu un avant-goût de la force de la révolution Reagan.

L'échec de la tentative de prise de contrôle de FP n'a pas réduit notre soif d'acquisition. La Labrador, grâce à la force de persuasion négative de Fairley, payait des impôts astronomiques. Comme la nouvelle politique du Canada permettait de mettre à l'abri les revenus investis dans l'exploration de nouvelles sources d'énergie, une acquisition dans ce secteur semblait souhaitable. Un comité d'administrateurs de la Hollinger, composé de John Finlay, de David Dunlap (le fils de Peggy Dunlap Crang) et de Bruce Ross, ancien directeur extraordinaire des opérations minières de Timmins et président de la Labrador Mining and Exploration, avait sondé le terrain et en était venu à la conclusion que la Norcen Energy Resources était la meilleure candidate.

Les actifs pétroliers se vendaient à prime à l'époque et nous voulions nous assurer de ne pas payer le prix fort pour une entreprise quand même soumise aux caprices du cours des marchandises. La Norcen n'avait pas fait de bond aussi spectaculaire que d'autres titres pétroliers parce qu'elle était encore largement perçue comme un service public. Elle était issue de la Northern and Central Gas Corporation, dont le nom avait été changé après le scandale de la Northern Ontario Natural Gas. Le président du conseil du temps, Ralph Farris, a été condamné à la prison pour parjure à propos d'un pot-de-vin à l'ancien maire de Sudbury, Leo Landreville, qui, lorsque l'affaire à été exposée, était devenu juge de la Cour suprême.

L'administration subséquente de Spencer Clark et Ed Bovey a changé le nom de la société, réuni l'une des grandes collections d'œuvres d'art du Canada et acquis une réputation de mécénat. L'entreprise a constamment élargi sa fonction d'exploration sous la brillante direction d'Ed Galvin et d'Ed Battle, dont les talents d'acquéreurs d'actifs dépassaient le dossier d'exploration de la société. En 1980, c'était une superbe entreprise engagée à 80 % dans l'exploration et l'exploitation de sources d'énergie, mais encore sous-évaluée par rapport aux critères du secteur de l'énergie à cause de sa réputation de service public.

En décembre 1979, j'avais demandé à Trevor Eyton si son groupe possédait vraiment des actions de la Norcen, comme on le prétendait. Il l'a nié, mais m'a rappelé quatre minutes plus tard pour me dire qu'il pouvait mettre la main sur deux millions d'actions, soit 10 % de l'entreprise, avec laquelle Gordon Securities était en rapport. Je les ai achetées. Le lendemain matin, neuf heures une, heure de CFRB, j'ai passé un coup de fil au président du conseil de la Norcen, Ed Bovey, homme urbain et jovial que je connaissais du conseil de la Banque canadienne impériale de commerce. «J'espère que c'est toi!» m'a-t-il dit en décrochant le récepteur.

Après délibération, nous avons porté notre participation à près de 40 % en février dans une transaction de routine sur le parquet de la Bourse. Nous avons appelé l'opération *Catapult* pour marquer l'ascension d'Argus à un niveau élevé de propriété d'un actif de très grande qualité. (Le nom n'était pas tiré de l'opération de la Deuxième Guerre mondiale au cours de laquelle les Britanniques ont écrasé la flotte française à Mers-el-Kebir, en juillet 1940.) L'offre était assez élevée et n'a pas été contestée.

C'était la première étape, et la plus facile, du réinvestissement des redevances de la Labrador dans la Norcen pour obtenir des abattements d'impôts. L'achat a coûté 320 millions de dollars, dont 200 millions ont dû être empruntés. (La Bourse de Toronto a exigé la preuve de la capacité de la Hollinger et de la Labrador d'acheter les actions au prix convenu. P. C. Finlay a produit en quelques heures des garanties de crédit pour le plein montant de la part de trois banques.) Après un an et demi de manœuvre, nous avions réuni la masse critique nécessaire à une acquisition sérieuse. Elle a marqué le début d'une association très agréable avec une entreprise fort bien administrée.

René Lévesque a enfin tenu son référendum au printemps 1980. La question était ambiguë. Il demandait à la population d'autoriser le gouvernement du Québec à entrer en pourparlers avec le gouvernement fédéral pour réaliser le souveraineté en association avec le reste du Canada. Les interventions de Pierre Trudeau, surtout le dernier de ses quatre discours au Centre Paul-Sauvé quelques jours avant le scrutin, ont été les plus efficaces des campagnes politiques que j'aie suivies au Canada. Sur le ton méprisant qui convenait à la circonstance, il a répondu à Lévesque, qui lui reprochait de ne pas comprendre le Québec français parce que son deuxième nom était Elliott. L'option séparatiste a été rejetée par 60 % des suffrages, les Québécois de langue française se partageant à peu près également entre le oui et le non. La victoire n'était pas écrasante, mais elle arrêtait pour l'instant la montée des séparatistes. Ils ont recueilli un peu moins de suffrages que le Parti québécois aux élections générales de 1976.

Pour arriver à ce résultat, Trudeau avait promis (au Québec) une charte des droits et une formule d'amendement de la Constitution. Depuis son débat acerbe avec Daniel Johnson à la dernière conférence fédérale-provinciale convoquée par Lester Pearson au début de 1968, Trudeau avait tenu tête à ceux qui réclamaient un nouveau partage des pouvoirs en disant que les droits des citoyens importaient davantage que les prérogatives des ordres de gouvernement. C'était un argument rousseauiste séduisant que ses adversaires, aussi bien séparatistes que défenseurs de principes caducs du droit coutumier, avaient du mal à contrer, mais Trudeau devait maintenant donner au Québec de quoi se mettre sous la dent constitutionnelle. (Hélas! sa reddition constante aux groupes de pression et son attachement fétiche à la réglementation, aux paiements de transfert et à la croissance zéro réduisaient considérablement la pertinence de sa dévotion sans doute sincère aux libertés individuelles.)

La situation de Massey-Ferguson n'a pas cessé de se détériorer en 1980. Après l'annonce d'une injection de capitaux de 500 millions de dollars incluant une participation de 100 millions d'Argus en août, un lourd et exigeant processus de vérification s'est amorcé de la manière classique. Les équipes de vérificateurs des preneurs fermes ont passé les principales unités d'exploitation de l'entreprise au peigne fin. Victor avait réduit le nombre d'employés d'environ 24 000 et avait fait un travail remarquable d'amputation des secteurs les plus gangrenés.

À la fin de 1979, la marée a tourné contre nous. La nature des opérations de Massey faisait en sorte que l'augmentation de la livre sterling et la baisse du dollar américain avaient un effet très nocif sur ses revenus. Or, le début du régime Thatcher et la fin du régime empoté de Jimmy Carter ont justement créé de telles conditions. La livre a monté en flèche et le dollar s'est écroulé, n'étant plus soutenu que par la hausse des taux d'intérêt qui avait un effet désastreux sur une entreprise aussi endettée que Massey. Les États-Unis ont sombré dans la récession, aggravée dans le secteur agricole par l'embargo de Carter sur les ventes de blé par mesure (inefficace) de rétorsion contre l'invasion soviétique de l'Afghanistan.

J'avais espéré améliorer le rendement de l'exploitation au point de pouvoir réaliser un refinancement orthodoxe mené par Argus, qui serait ainsi devenu actionnaire majoritaire d'une Massey-Ferguson convenablement capitalisée. Nous aurions pu vendre nos actions au sommet du cycle impitoyable de l'agriculture et redéployer nos investissements dans des entreprises plus rémunératrices. Avec la chute du revenu et des dépenses agricoles et le renversement du cours de la monnaie, il est apparu au beau milieu de l'enquête des vérificateurs au début de 1980 qu'il faudrait trouver une nouvelle voie.

Il nous faudrait refinancer Massey pour augmenter son rendement, et non pas par suite de l'augmentation de son rendement. Aucun des acheteurs ou des investisseurs aiguillés chez nous par sir Siegmund Warburg ou venus spontanément n'était intéressé à autre chose qu'à nous arracher la division des moteurs diesel pour une bouchée de pain et à nous laisser la carcasse.

Il serait difficile d'attirer des investisseurs dans ces conditions. Au début du printemps 1980, Victor Rice et Russell Harrison (président du conseil de la BCIC) ont parlé de demander l'aide du gouvernement du Canada. Le taux d'intérêt préférentiel grimpait inexorablement dans les deux chiffres et il n'était pas possible ni moral de camoufler l'effet de l'environnement économique sur Massey au-delà du second trimestre de l'année.

Le consortium bancaire n'avait jamais cessé de prétendre à l'existence d'une relation intime entre Massey et Argus du fait que j'étais à la tête des deux sociétés. Aussi longtemps que je serais président du conseil de Massey, il supposerait qu'Argus comblerait les carences de Massey, en particulier le terrible fardeau du service de la dette. Les actionnaires, et même certains administrateurs de la Hollinger-Argus, nous mettaient déjà en garde contre le risque de nous enfoncer dans une mauvaise affaire. Le moment de vérité approchait. On me demandait de satisfaire à la fois ceux qui estimaient de mon devoir de sauver Massey et ceux qui me conjuraient de ne pas y engager un sou de plus, quel que soit le sort de l'entreprise.

S'il était possible de mobiliser des capitaux, la participation d'Argus aurait plus de poids et serait perçue comme étant plus désintéressée avec mon départ du conseil de Massey. Nous avions un investissement dix fois plus considérable dans la Norcen que dans Massey-Ferguson. La valeur comptable de notre investissement dans Massey était de 39 millions de dollars et le consortium bancaire avait prêté à la société plus d'un milliard. Le problème était le sien, pas le mien. Tout ce qui pouvait l'amener à le reconnaître était un pas en avant.

J'ai donné ces explications aux administrateurs de Massey le 23 mai 1980 et j'ai remis ma démission comme président du conseil. J'avais nommé Victor président en septembre 1978 parce que j'espérais qu'il serait assez crédible et assez motivé pour se dispenser de la supervision orwellienne du grand frère Argus. Il a sauté sur l'occasion avec enthousiasme. Je m'étais opposé à ce que la BCIC discute des finances de Massey avec le gouvernement fédéral parce que je ne voulais pas demander l'aide du gouvernement et qu'il ne serait pas possible de l'avoir si Massey était perçue comme la pupille d'Argus. La méthode consacrée par l'usage de traiter ce genre de problème, si on jugeait l'entreprise d'intérêt suffisant pour ne pas la mettre simplement en faillite (seuil que Massey avait franchi avec les changements apportés à sa gestion par Victor, espérais-je), c'était que les créanciers prioritaires convertissent leurs prêts en actions privilégiées et que les détenteurs d'actions privilégiées les convertissent en actions ordinaires.

Il ne me semblait ni possible ni nécessaire que le gouvernement s'en mêle. Victor, toujours optimiste (il n'aurait pu autrement passer à travers l'année suivante), a décidé d'utiliser le syndicat financier pour mobiliser des capitaux sous forme de gros investissements privés. Le syndicat financier faisait grand bruit du progrès de l'entreprise, mais le financement par actions sur le marché public n'était plus possible. Victor a décidé de persuader dix investisseurs internationaux d'investir chacun 50 millions de dollars. J'étais persuadé que notre position s'était dégradée du point où Volkwagen, KHD et Cummins Diesel voulaient acheter nos meilleurs actifs pour une bagatelle au point où toute société intéressée attendrait plutôt l'occasion d'acheter nos actifs du syndic.

J'étais prêt à aider, mais pas au point d'hypothéquer ce que nous avions bâti chez Argus depuis deux ans. Dans mes remarques au conseil le 23 mai, j'ai noté la prévoyance d'Alex Barron comme administrateur de Massey et j'ai vu à ce que le commentaire soit inscrit au procès-verbal. J'ai envoyé l'extrait à Alex, qui avait vendu les actions de la Hollinger détenues par Canadian General Investments parce qu'il craignait de nous voir nous embourber chez Massey. Il n'avait pas à s'inquiéter.

Les pourparlers avec les gouvernements ont été facilités par mon départ de la présidence du conseil et Victor les a poursuivis avec énergie. J'ai assisté à quelques rencontres plutôt agréables avec Bill Davis, et à une autre à Ottawa avec le président du conseil du Trésor, Don Johnston, où Victor, Tony Fell et moi avons été reçus par une pléthore de hauts fonctionnaires. J'avais tenté à quelques reprises d'éveiller de l'enthousiasme pour une participation gouvernementale et j'avais d'abord proposé une coentreprise avec les gouvernements du Canada de l'Ontario et la société Chrysler pour la fabrication de moteurs diesel.

Puisque les moteurs diesel de Massey étaient entièrement fabriqués en Angleterre, les marges de profit s'évaporaient quand la livre sterling était relativement surévaluée, comme en 1980. Le fait de fabriquer des moteurs au Canada aurait augmenté notre souplesse. Nous aurions aussi pu envisager avec un intérêt accru les propositions les plus raisonnables de vente d'une partie de nos installations en Grande-Bretagne. J'ai écrit à Herb Gray, ministre fédéral de l'Industrie et du Commerce, à ce propos le 4 juillet 1980. J'ai été accueilli par une douche froide de faux-fuyants administratifs.

Victor était naturellement impatient de savoir ce que nous allions faire. «Tu me montres le tien et je te montre le mien», m'a-t-il dit. Au cours de l'été 1980, la pression sur la société a redoublé. Les créanciers du monde entier attiraient son attention sur ses échéances imminentes et s'inquiétaient qu'elle manque à ses engagements. À une réunion du conseil, Hal Jackman et Page Wadsworth, assis à mes côtés, m'ont simultanément remis une note. Celle de Page disait : «Que dirais-tu d'un placement de 100 millions de dollars de la BCIC en actions de Massey?» Celle de Hal : «La seule façon dont l'entreprise peut s'en tirer, c'est que les banques convertissent les trois quarts de leurs prêts en actions ordinaires.» Plutôt que d'y répondre, j'ai remis à chacun la note de l'autre.

En septembre, Massey était à l'agonie. Notre aptitude à résoudre la question avec dignité avait été dépassée par les événements. Le 27 août, j'avais écrit à Herb Gray lui demandant des signes d'encouragement de la part du gouvernement tandis qu'Argus et la BCIC tentaient de mobiliser des capitaux. Je croyais encore pouvoir justifier une telle initiative si les investissements étaient assez considérables pour nous assurer de toucher nos dividendes sur nos actions privilégiées. En l'absence de tels signes d'encouragement et d'une intervention concrète, si modeste soit-elle, ai-je écrit, nous devons tous nous préparer à une débâcle financière sans précédent au Canada et rare ailleurs.

À la réunion du conseil de la BCIC en septembre, Russell Harrison, le conseiller juridique Alex MacIntosh et moi nous sommes excusés pour rencontrer Victor et Tony Fell à propos d'un communiqué de presse sur le projet d'injection de capitaux. Victor avait préparé un communiqué fort optimiste au nom de la BCIC, d'Argus Corporation et du syndicat financier, dont l'arrivée imminente était dépeinte comme l'équivalent financier du 7e Régiment de cavalerie. Alex MacIntosh a élevé des objections au nom de la banque. Tony Fell a exprimé des réserves et j'ai essayé d'atténuer la portée de notre engagement sans enlever tout son sens au communiqué. Russell n'a rien dit jusqu'à ce qu'il bondisse sur ses pieds et s'exclame : «C'est de la foutaise! Il n'y aura pas de nouveaux capitaux. Je vais demander au conseil d'autoriser la comptabilisation d'une perte de 100 millions de dollars sur mauvaise créance.» Il est sorti en trombe de son bureau, refroidissant considérablement l'ardeur de Victor. (Six mois auparavant, Russell a fait le même cirque à propos de la menace d'une banque américaine de rappeler son prêt à Massey. Il a annoncé que la BCIC rappellerait aussitôt ses prêts à la Chrysler Corporation, qui était alors en difficulté, et la banque américaine a retraité. Russell était en tout temps inébranlable, autant que charmant.)

La BCIC a radié le montant. Argus avait, en principe et pour ses besoins internes, opéré une décote de 100 % de l'actif au début de l'été. À la réunion du conseil de Massey-Ferguson le 5 septembre 1980, Al Thornbrough a bel et bien confirmé qu'il avait perdu contact avec la réalité de l'entreprise : il a proposé de transférer les emprunts de la BCIC à la Banque royale. Je lui ai fait observer que la Banque de commerce avait autorisé son président à passer une tranche de 100 millions de dollars de ses prêts à Massey aux pertes le matin même et que la Banque royale n'était pas devenue la banque la plus rentable au Canada depuis 40 ans en consentant des prêts aussi risqués.

L'objurgation du duc de Wellington était plus exaltante. «Pas question de faire faillite!» a-t-il lancé sur le ton du commandement. «Il a joliment sonné la charge, mais probablement plus pour son bénéfice que le nôtre», m'a dit Dick Chant. Après son appel aux armes, j'ai fait savoir que j'étais en train d'élaborer une proposition afin de protéger les banques du Canada, du Royaume-Uni et des États-Unis et de nous retirer méthodiquement des autres pays, mais que les banques françaises, allemandes et italiennes risquaient de trouver l'opération un peu brutale. «Qu'elles aillent se faire foutre!» a beuglé Son Excellence sur un ton tout à fait digne de son illustre ancêtre.

Craignant que les créanciers fassent main basse sur l'actif de Massey-Ferguson sans prévenir, mon frère a appelé le gardien de la Rolls-Royce que nous avions achetée de Massey et qui était encore garée sur le terrain adjacent aux bureaux de la société derrière le Claridge, rue Davies. Il a tiré le chauffeur d'un profond sommeil au petit matin et lui a donné instruction de conduire la voiture à un garage pour de vague réparations. «Et dis-leur de prendre leur temps!» a-t-il ajouté. Le chauffeur, perplexe, a décidé de remiser la voiture chez lui. (La vieille limousine Cadillac que Thornbrough utilisait à Toronto a été achetée par David Radler, qui l'a fait conduire à Vancouver et l'a garée dans l'allée de sa maison afin «d'impressionner certains types de visiteurs», a-t-il dit. David s'est débarrassé de la voiture quand l'un de ses amis lui a dit qu'il espérait que David n'aurait pas trop de «visiteurs se laissant impressionner par une vieille Cadillac sale avec trois pneus crevés».)

Le 15 septembre, j'ai rédigé ma dernière épître à Herb Gray dans le sens que j'avais indiqué au duc de Wellington. «Une coalition d'efforts... émanerait de Massey-Ferguson en cercles concentriques, embrassant la BCIC, le groupe Argus, le gouvernement fédéral et le provincial, les créanciers canadiens, britanniques et américains, jusqu'à ce que le périmètre soit assez étendu pour que Massey-Ferguson puisse s'y retirer et rationaliser ses affaires de façon ordonnée... À moins de signes encourageants du gouvernement fédéral, Massey-Ferguson ne pourrait conclure de tels arrangements sans se mettre à genoux... Massey serait forcée de rencontrer ses créanciers privée de toute apparence de soutien ou d'assurance de continuité et n'aurait rien à leur montrer sinon un bol de mendiant... En aucune circonstance consentirons-nous [Argus] à nous humilier davantage que nous l'avons déjà fait en maintenant une apparence de solidarité entre Massey-Ferguson et nous, permettant ainsi à Massey de rester à flot depuis deux ans. »

Nous étions en fin de partie. Même en tenant compte de la tendance des gens à croire ce qui leur convient, j'ai été étonné que la presse et mes interlocuteurs du gouvernement fédéral persistent à penser que j'étais inextricablement lié à l'entreprise d'instruments aratoires.

La voie royale du refinancement sur la foi de meilleurs résultats avait été bloquée par la conjoncture. (La montée en flèche du dollar US à l'occasion de l'inauguration de Ronald Reagan a grandement profité à Massey.)

La voie mitoyenne d'un refinancement orthodoxe avec le soutien symbolique du secteur public était devenue un mirage à cause de l'hésitation de ceux qui pensaient que j'étais pris dans un piège financier qui se resserrerait de jour en jour et dont je ne pourrais me tirer qu'en faisant renflouer Massey-Ferguson par Argus.

Il ne restait plus que la voie étroite, que j'avais mise au point au printemps avec Dick Chant et mon frère et qui menait au sas de secours : le don des actions de Massey que détenait Argus en deux parties égales aux fonds de retraite des employés canadiens syndiqués et non syndiqués, et le retrait des administrateurs d'Argus du conseil de Massey.

La situation de la société était devenue si intraitable qu'il ne restait plus qu'à trancher le nœud gordien. J'ai passé un coup de fil à Herb Gray le soir du 30 septembre. Il a dit que le gouvernement ne pouvait rien faire pour aider Massey aussi longtemps qu'Argus était perçue comme l'une des bénéficiaires. Je lui ai répondu : « Je comprends le problème. Je crois avoir une solution et vous ne tarderez pas à la connaître. »

J'avais maintenu la présence d'Argus comme preneur éventuel d'une nouvelle émission d'actions afin de rassurer et d'encourager les créanciers, les gouvernements et, même à une époque plus heureuse, le syndicat financier. Pour une variété de raisons, les unes cyniques et les autres naïves, notre présence était devenue un obstacle au progrès. J'allais éliminer l'obstacle.

Le 1er octobre, j'ai obtenu l'autorisation du conseil de direction d'Argus de verser nos titres aux fonds de retraite de Massey-Ferguson et je me suis assuré que ces fonds étaient autorisés à les recevoir. Hal Jackman a quitté la réunion plutôt que de se prononcer sur la vente à titre gratuit parce qu'il pensait que je faisais cadeau d'un actif, mais il a envoyé sa démission par un commissionnaire accompagné d'un commis, au cas où le porteur serait frappé «par une voiture ou une crise cardiaque». Comme l'athlète dans une course de relais, il pourrait ainsi, avant de rendre le souffle, remettre la missive au survivant.

Hal a obéi au même raisonnement qu'avait fait son père Harry quand il s'était opposé à l'expropriation de la société Texas Gulf Sulphur par le gouvernement fédéral au profit de la Corporation de développement du Canada. Il avait adressé une lettre au président du conseil de la Texas Gulf après avoir fait livraison de ses titres à l'acheteur pour un joli profit*.

David Radler avait remis sa démission comme administrateur de Massey-Ferguson à Dick Chant en mai, lorsque j'ai exposé pour la première fois mon plan d'urgence. Fred Eaton et Trumbull Warren ont envoyé la leur et, le 2 octobre, je les ai envoyées à Victor avec la mienne, celles de Dick Chant et de mon frère et les certificats de trois millions d'actions de Massey-Ferguson endossés à l'intention des fonds de retraite des employés canadiens syndiqués et non syndiqués. Puis, j'ai émis un bref communiqué disant que nous serions toujours disposés à participer à un refinancement. On ne nous a jamais demandé de le faire.

Massey a effectivement présenté son «bol de mendiant». Dans ce domaine comme en bien d'autres domaines peu conventionnels des arts de la haute finance, l'imagination de Victor dépassait celle du créateur d'Oliver Twist. Le refinancement qui a suivi a été un triomphe pour Victor et pour le trésorier onctueux, impassible et légèrement maniéré de Massey, Douglas Barker.

La gestion de Victor était magistrale et pointue : les prêteurs ont presque tous été convertis en actionnaires, la North American Farm Equipment a été abandonnée et les actifs les plus désespérés ont été bazardés aux créanciers locaux un peu comme je l'avais prévu dans ma

---

* Quelques années plus tard, Hal Jackman est rentré d'outre-mer au milieu d'une tentative de prise de contrôle de l'Union Gas. Il a découvert que son président du conseil de la National Victoria and Grey, Bill Somerville (sans lien de parenté avec le procureur de Phillips et de McDougald), également administrateur de l'Union, était resté loyal à l'Union, dirigée par l'ancien trésorier provincial Darcy McKeough. Hal a dit à Somerville de faire livraison de ses titres de l'Union à l'acheteur. Darcy a brusquement démissionné comme administrateur de l'Algoma Central, dominée par Jackman. Hal m'a demandé de persuader Darcy de rester, mais il a refusé. Hal a professé son étonnement, disant : «Darcy est un politicien qui ne comprend pas que les loyautés politiques qui ne coûtent rien n'existent pas vraiment en affaires.»

lettre du 15 septembre à Herb Gray. Les actionnaires ont été passés à l'essoreuse. Les actions ont été réunies à raison d'une nouvelle pour dix anciennes de sorte que le nombre d'actions en circulation est demeuré à peu près le même. L'entreprise est devenue une société à exploitation diversifiée, se spécialisant dans les pièces d'automobile. En 1991, elle a quitté l'Ontario néo-démocrate pour l'État de New York, désertant les pouvoirs publics qui s'étaient finalement portés à sa rescousse après s'être longtemps fait tirer l'oreille. Victor Rice a rebaptisé Massey-Ferguson Varity, du nom d'un fabricant de charrues acheté par Massey au XIXe siècle. Hal Jackman est revenu au conseil et en est reparti. *Plus ça change...*

D'une saignée perçue et éventuelle, Argus et Hollinger-Argus ont tiré le recouvrement immédiat des 7,4 millions de dollars d'impôt sur le gain en capital réalisé avec la vente de la Domtar et des exonérations fiscales futures encore plus importantes. Les tricoteuses qui m'attendaient joyeusement à la guillotine ont été déconcertées quand le tombereau est arrivé vide. J'ai lancé un blitz de relations publiques pendant quelques jours, acceptant presque toutes les demandes d'interview. Le 3 octobre, Russell Harrison m'a accueilli à la réunion de conseil de la BCIC, en disant : «Je ne m'attendais pas de te voir ici.» – «Je ne voudrais être nulle part ailleurs», ai-je répondu.

J'ai quitté la réunion du conseil de Massey-Ferguson le 5 septembre en emportant sous le bras une toile faisant voir un affût de canon devant une concession en ruines de Massey-Harris à Arras en 1918. «Je ne partirai quand même pas sans un souvenir du temps que j'ai passé ici, ai-je dit à Victor. Envoie-moi une facture si tu y tiens.» Il n'en a rien fait.

Dans les jours qui ont suivi le 2 octobre, j'ai reçu quantité d'appels de félicitations. Gordon Fisher, président de Southam, a été le premier à me passer un coup de fil, mais le plus enthousiaste a été sir Siegmund Warburg. «Excellent, mon jeune ami! a-t-il dit. Brillant! Quelle imagination, mon cher Konrad! Comment y as-tu pensé? Transformer un passif en un actif, c'est de la magie!» Malcolm Muggeridge m'a écrit : «Tu as bien fait de laisser. La moissonneuse-batteuse Massey-Ferguson de nos voisins tombe en panne chaque automne.» Quand j'ai revu Herb Gray, au dîner offert par Trudeau aux chefs du Sommet économique en juin 1982, il a affiché un large sourire et a cité Barbra Streisand : «Tu ne m'écris plus.» Un retraité m'a adressé une lettre de remerciement. J'ai dit à Derek Hayes, plus tard secrétaire de la BCIC, et à John Egan, devenu sir John Egan, président du conseil de Jaguar, qui ont tous deux quitté Massey à peu près en même temps que moi, que je n'abandonnais pas le navire, mais que je transférais simplement «mon pavillon à un bâtiment en meilleur état de navigabilité, comme l'amiral Fletcher (commandant de la flotte américaine) à Midway». Nous avons tous convenu que Massey n'était pas la fin du monde.

Le *Sun* m'a grossièrement diffamé dans un éditorial de Peter Worthington, disant que j'étais personnellement responsable des dettes de Massey-Ferguson. Une caricature d'Andy Donato intitulée «Conrad le tricheur» m'apparentait au joueur de Willie Nelson qui savait quand se retirer du jeu. Sur réception d'une assignation, Doug Creighton a convenu de publier ma réponse en bonne place en page éditoriale sans commentaire du journal. J'ai commencé ma réponse en disant : «Pour tirer les choses au clair, non pas que le *Sun* soit particulièrement friand des choses claires...» Worthington a été si troublé par ma réponse qu'il a rédigé un éditorial intitulé «*Mea culpa*» et a annoncé sa retraite. Il a été remplacé par ma brillante et séduisante amie, Barbara Amiel. Je l'avais rencontrée pour la première fois chez John Bassett en 1979. Puisque nous étions parmi les rares Canadiens capables d'exprimer régulièrement des points de vue conservateurs rationnels et de se faire entendre, nous avons toujours eu beaucoup de plaisir à nous voir et nous nous sommes vus assez souvent. Nos rencontres étaient strictement amicales. Ce n'est que beaucoup plus tard, étant l'un et l'autre sans attaches, que notre relation a pris une tournure romantique.

Au début de 1980, voulant renforcer le conseil de Massey, j'ai invité Ralph Barford, qui s'en était retiré en 1979 par loyauté pour Alex Barron, son premier parrain, et John Turner à s'y joindre et ils ont accepté. Je les ai emmenés de bonne foi dans une situation qui s'est révélée terriblement éprouvante. J'ai voulu m'acquitter de ce que j'estimais être une dette d'honneur en les invitant à se joindre au conseil de Ravelston en 1981. Ralph a accepté et a fait un joli profit. John ne s'estimait pas en mesure d'accepter, mais il m'a exprimé sa reconnaissance.

Le 28 octobre 1981, John et Ralph (*in absentia*) ont offert un dîner en l'honneur de Victor Rice au York Club. John Turner a porté un toast à Victor, qui a répondu en rendant hommage à Vince Laurenzo (successeur de Victor à la présidence lorsque Victor m'a remplacé à la présidence du conseil), à Douglas Barker et à moi pour l'avoir aidé à sauver Massey.

Victor avait amené Douglas en vacances outre-mer alors que j'étais président du conseil «parce qu'il ne voulait pas me laisser seul à me battre avec les chiffres», a expliqué Douglas. Sentant vaguement l'absinthe, Douglas Barker a passé des nuits blanches à répondre aux coups de fil de nos associés inquiets, en particulier celui de Khartoum. Il a raconté comment il avait péniblement entamé l'une de ses tournées désespérées des banques européennes avec des sous-vêtements de papier que lui avait donnés la Lufthansa parce qu'elle avait égaré ses bagages.

Finalement contraint de me lever, j'ai salué le courage, l'ingéniosité et la persévérance de Victor. Je me suis tourné vers Alex Barron et lui ai exprimé mon admiration pour sa prescience comme administrateur de Massey. Mon admiration pour Alex à cet égard transcendait nos désaccords notoires sur une foule d'autres sujets. J'ai rappelé que dans les jours les plus sombres, aucun administrateur de Massey n'avait perdu de vue les intérêts de l'entreprise et j'ai dit qu'il n'en était pas un avec qui je ne serais pas honoré de servir encore une fois. Ainsi s'est dénouée une période fort agitée.

Peu après la fin du drame de Massey, Igor Kaplan est mort d'une tumeur au cerveau et d'un cancer généralisé qui l'ont rongé sans relâche pendant deux ans. Il était âgé de quarante-neuf ans. Il a courageusement affronté son sort cruel. Le rabbin qui a présidé les funérailles a prononcé l'éloge funèbre le plus brillant et le plus touchant que j'aie entendu, exprimant avec une sobre éloquence la tragédie de la situation. L'ancien associé d'Igor, John Aird, élevé récemment au rang de lieutenant-gouverneur de l'Ontario, a assisté à la cérémonie à titre privé. Nous étions tous deux trop émus par la tristesse et la gravité de la circonstance pour nous adresser la parole ou même nous serrer la main. Nous nous sommes contentés de nous toucher à l'avant-bras. J'ai adressé à la mère d'Igor, la belle et éternelle Nadya, une citation pertinente du cardinal Newman et Ravelston a financé une chaire d'études judaïques à l'École de théologie de Toronto. Dans un article publié par le journal du barreau, j'ai décrit Igor comme « un grand avocat et un ami très cher ».

Les répercussions de l'affaire Massey-Ferguson s'éteignaient à peine quand le gouvernement fédéral a introduit son Programme national de l'énergie. Il reposait sur l'hypothèse que le prix mondial du pétrole, passé de 3 $ à près de 40 $ le baril sous la pression de l'OPEP, doublerait encore au cours de la prochaine décennie. Le programme imposait de lourdes taxes sur l'extraction du pétrole et usurpait en grande partie la fonction de gérance en offrant des stimulants à l'exploration. La Hollinger-Argus s'était départie de son actif le plus paralytique, mais la filiale qu'elle venait d'acquérir, la Norcen, était sensiblement affectée par cette mesure irréfléchie. Son bénéfice net serait réduit d'environ la moitié. Le flux monétaire serait à peu près inchangé, mais le tiers environ des rentrées proviendrait de subventions malavisées pour des travaux d'exploration dans des lieux distants comme les îles de l'Arctique, où le pétrole était incertain, inaccessible et peu rentable.

Nous étions en train d'élaborer un projet complexe en vue de vendre nos concessions de minerai de fer et nos actions de Dominion Stores et de Standard Broadcasting à la Norcen et d'effacer la dette contractée par la

Hollinger et la Labrador pour prendre la direction de la Norcen. Cette forme raffinée de transactions internes avait déjà essuyé les critiques d'éléments de la presse financière qui croyaient avoir flairé le sang chez Massey. La presse, comme les hordes envieuses de cadres moyens et les morses de la gérontocratie, devenait hostile. L'atmosphère des relations publiques n'était cependant pas la seule à se gâter. Les taux d'intérêt dépassaient 20 % et, comme l'a joyeusement fait remarquer Jackman au début de 1981, la Labrador devait emprunter un peu pour verser des dividendes.

Le ministre de l'Énergie, Marc Lalonde, son secrétaire parlementaire Roy MacLaren, son chef de cabinet Michael Phelps, le sous-ministre Mickey Cohen et le premier sous-ministre adjoint Ed Clark, hommes affables et intelligents qui ont poursuivi (ou repris) une carrière distinguée dans le secteur privé, n'ont jamais pu se rappeler par la suite leur enthousiasme pour le PNE. Inexplicablement, et heureusement pour eux, vu le succès de leur carrière subséquente, ils n'en ont pas été non plus tenus responsables.

Mon expérience m'a enseigné que le secteur privé n'est pas nécessairement mieux administré que le secteur public, mais on y est puni plus rapidement pour ses erreurs et ses fautes d'indiscipline. Il ne m'est jamais apparu non plus que les savants professionnels affichaient plus de probité ou de lucidité intellectuelle que les simples hommes de commerce. La fumisterie et la prétention ne sont pas des substituts à l'intelligence pratique. L'entier épisode du Programme national de l'énergie a été une disgrâce pour laquelle ses principaux auteurs non jamais eu à assumer leur véritable responsabilité. Le ministre des Finances, Alan MacEachen, s'est montré réceptif quand je l'ai approché avec d'autres pour lui proposer de substituer des exonérations d'impôts aux subventions à l'exploration contenues dans le PNE. La mesure aurait sauvegardé les profits des pétrolières sans rien coûter au gouvernement fédéral puisque les subventions n'étaient pas considérées comme revenus aux fins de comptabilité, mais les dégrèvements d'impôt l'étaient. Le gouvernement aurait pu rendre les exonérations d'impôts conditionnelles aux activités d'exploration dans les régions excentriques selon une proportion appropriée. Les associations de comptables ont cependant torpillé l'initiative auprès de la Commission des valeurs mobilières de l'Ontario sous prétexte qu'elle empiétait sur l'autorégulation professionnelle. Elles s'opposaient à la modification des régles de comptabilité par entente entre le gouvernement et l'industrie. Notre proposition, disaient-elles, infirmait leur capacité de déterminer le revenu de leurs clients. C'était désespéré.

En prenant la direction d'Argus en 1978, je m'étais inspiré des techniques de la guerre éclair et des infiltrations massives des unités blindées de la Wehrmacht en 1940. Avec les ventes et les remaniements touchant la Crown Trust, la Power, la Domtar et la Noranda, nous avons mené avec succès une guerre de manœuvres afin de créer une masse critique. La série d'interventions n'était qu'une pâle imitation des grandes stratégies de Napoléon, mais elle mettait en œuvre quelques-uns de ses préceptes. La force développée par la vélocité des transactions a abouti à l'acquisition d'un excellent actif, la Norcen, à prix avantageux.

La phase suivante, que j'avais ambitieusement conçue comme une avance à cloche-pied modelée sur la campagne de MacArthur dans les îles du Pacifique, a mal démarré. L'opération FP a échoué, mais sans causer de pertes. Dans ce sens, ce n'était même pas une bavure comme Dieppe. Les perspectives de hausse de revenus et de valorisation des actions que faisait miroiter la Norcen ont été anéanties par le ministère fédéral de l'Énergie. Nous nous étions échappés de Massey sans subir trop de dégâts et avec autant de dignité que possible, mais comme a dit Churchill après Dunkerque : «On ne gagne pas la guerre en évacuant le champ de bataille». Le projet de réorganisation de l'ancien groupe Argus sous l'égide de la Norcen devait maintenant être abandonné. Les pressions se relâcheraient sans doute avec la baisse des taux d'intérêt, mais dans l'intervalle nous n'avions pas de remède pour notre écartèlement financier.

La réorganisation aurait fait porter la dette par la Norcen, qui aurait certainement pu la gérer, et elle nous aurait permis de mettre les redevances de la Labrador à l'abri des impôts et de les réemployer intelligemment dans l'exploration de sources d'énergie. L'opération était complexe et empruntait davantage aux tactiques désastreuses des Japonais à Leyte qu'à la simplicité lumineuse des actions de MacArthur. Son échec nous a laissés inondés de frais d'intérêt et avec un actif dominant de valeur incertaine et réduite, au grand plaisir de mes ennemis de plus en plus nombreux.

Si insignifiantes qu'aient été leurs critiques (celles formulées en ma présence étaient certainement insipides), elles exerçaient une influence sur l'opinion des milieux financiers, notamment la Commission des valeurs mobilières, dissipant le climat de réceptivité à ma campagne apparemment sans fin de manœuvres et de réorganisation.

Avant de me replier dans une guerre de tranchées, j'ai exploré la possibilité d'une sortie éclair un peu sur le modèle, en plus profitable, de notre retraite de Massey-Ferguson. Des actionnaires de Ravelston m'avaient signifié leur intention de liquider ou de réduire leur participation. J'ai entamé des pourparlers avec Paul Reichmann en vue de lui vendre la participation de Ravelston dans la Hollinger-Argus. Avec la mine d'or que leur procurait le marché immobilier de New York, Paul et son frère étaient en voie de construire, comme Paul disait, leur «propre Canadien Pacifique», sans chemin de fer. Le chic, rusé et extrêmement affable Latham Burns nous aidait.

J'avais rencontré Paul Reichmann lorsqu'il avait voulu acheter l'ancien siège social de la Crown Trust, rue Bay, en 1978 pour l'ajouter au First Canadian Place. J'étais prêt à lui vendre l'immeuble en échange d'une participation dans son immense projet, mais non pas pour du comptant. Nous ne nous sommes pas entendus et l'affaire est tombée à l'eau quand nous avons vendu nos actions de la Crown Trust, mais nos conversations avaient été très amicales.

Paul est impressionnant. Ses yeux, ses cheveux, sa barbe et sa peau foncés, sa voix fatiguée, infailliblement courtoise, son érudition et sa politesse toute talmudique, son esprit de décision, sa vivacité, son imagination et sa fiabilité sont remarquables. Je l'ai toujours tenu pour l'un des hommes d'affaires les plus intéressants et les plus brillants avec qui j'ai traité, dans la catégorie de Siegmund Warburg, Dwayne Andreas, Jimmie Goldsmith, Kerry Packer, Rupert Murdoch, Leslie Wexner, Warren Buffitt et un tout petit nombre d'autres. Les problèmes de liquidités qu'il a éprouvés par la suite à Olympia & York n'ont pas modifié mon opinion. L'argent n'est après tout que l'argent. Paul Reichmann, par sa vision, son stoïcisme dans les bons et les mauvais moments, et la qualité des monuments qu'il a conçus, est indubitablement un grand homme.

Nous en sommes venus à quelques millions de dollars près de nous entendre. Sa proposition m'aurait donné un profit d'environ 75 millions de dollars pour deux ans et demi de travail acharné et une valeur nette d'un peu plus de 100 millions de dollars. Je pensais pouvoir gagner plus d'argent plus rapidement en réemployant ces capitaux, peut-être aux États-Unis, et en me remettant à travailler avec David Radler et Peter White à une nouvelle version de Sterling Newspapers avec des moyens singulièrement augmentés. Gagner de l'argent n'était cependant pas mon seul ni même mon premier objectif. Prendre une telle voie aurait donné l'impression d'une retraite ordonnée, mais cynique. J'avais beaucoup parlé de rebâtir Argus. Son remaniement et sa vente à Paul Reichmann ne correspondaient pas à ma définition d'une reconstruction.

Je n'ai jamais douté que Ronald Reagan l'emporterait sur le malheureux Jimmy Carter, que ses réductions d'impôt redonneraient de la vigueur à l'économie et amorceraient une nouvelle vague d'industrialisation, que sa politique de défense mettrait les Russes au pas et qu'il rétablirait le prestige de la présidence dans le système politique américain et la place de l'Amérique dans le monde.

Les États-Unis étaient en remontée et certes attrayants, mais même si j'en avais plein le dos des médisances, de la médiocrité, de l'intervention gouvernementale crypto-socialiste, et de l'ambivalence nationale du Canada, je n'étais pas prêt à m'exiler. Je choisirais peut-être de partir un jour, mais pas en termes aussi ambigus. «Tout dépend de ce que tu veux faire du reste de ta vie», m'a dit Hal Jackman. Rompre les amarres et partir à la recherche d'un profit mercenaire n'était pas une solution. J'ai sondé le terrain de bonne foi avec Paul Reichmann dans le but d'explorer toutes les possibilités. S'il avait augmenté son offre suffisamment, la tentation et l'agitation des autres actionnaires de Ravelston auraient peut-être été irrésistibles, mais il ne l'a pas fait. Je suis resté pour me battre, pour être au moins financier, peut-être même industriel, et non pas un simple parvenu.

Chapitre 8

La reconstruction financière : du pétrole au minerai de fer (1981-1983)

Le démembrement de Dominion Stores allait constituer la prochaine étape de la reconstruction. La chaîne de supermarchés était délabrée et se dégradait lentement depuis des années. Elle avait à peine exploité le champ prometteur de l'immobilier et louait presque tous ses locaux. Elle n'avait qu'effleuré le commerce de gros, dont les marges de profit sont beaucoup plus élevées que celles du commerce de détail. Elle s'était intéressée sur le tard à l'épicerie de dépannage et son poulain (Min-a-Mart) était médiocre. À part son intérêt majoritaire dans General Bakeries, marginalement rentable, Dominion était aussi restée à l'écart de l'industrie de la préparation des aliments. Elle achetait de fournisseurs et vendait par l'entremise d'une main-d'œuvre syndiquée dans des locaux loués. Depuis 1978, son chiffre d'affaires avait augmenté plus lentement que le taux de l'inflation malgré l'ajout de nouveaux magasins chaque année. Sa part du marché diminuait graduellement, mais la direction de Dominion s'obstinait à nier l'évidence.

La société disposait de bons emplacements, mais ses cadres avaient la réputation d'être trop conservateurs et de manquer d'imagination. Leurs pratiques financières étaient en outre discutables. Des baux récents ne s'expliquaient que si des primes avaient été versées aux représentants du locataire. Fait encore plus inquiétant, les états financiers étaient modifiés chaque année après l'exercice par des abattements sur les stocks. Le système de remise sur les achats en vrac était jalousement gardé par le vice-président principal, John Toma, et n'avait jamais été vérifié adéquatement. La tentation était évidemment forte d'acheter en fonction de la remise, secrète ou non, sans vraiment tenir compte de la demande de la clientèle. Dans les conversations que j'ai eues avec lui en général, Toma ne m'a pas donné l'impression d'avoir grand respect pour la vérité. Il avait un teint cireux et des manières évasives qui lui donnaient un air légèrement sinistre.

Tom Bolton, président sortant de Dominion, était le représentant honnête et distingué d'une autre génération de commerçants d'alimentation au détail. La direction de Dominion Stores se composait autrement presque en entier de gens médiocres et pratiquement sans éducation. Ils passaient pour des « employés dévoués », euphémisme agaçant pour décrire leur soumission servile à l'orthodoxie obscurantiste de Toma. Quand ils se réunissaient en privé pour un match de baseball ou un tournoi de golf, ils portaient tous des chaussures blanches, d'énormes boucles de ceinture et des chemises voyantes, et ils se racontaient des grivoiseries d'une incroyable banalité.

Ils n'étaient évidemment pas engagés pour leur charme social, mais ce qui me gênait, c'était leur refus entêté d'envisager toute nouveauté, leur conviction arrogante – comme s'il suffisait de le répéter pour l'avérer – qu'ils étaient les meilleurs épiciers d'Amérique du Nord, et leur incapacité à expliquer les chiffres. Quand je me suis joint au conseil d'administration de Dominion Stores en 1979, les états financiers trimestriels tenaient en une page et les chiffres étaient arrondis à la tranche supérieure de cinq millions. Avec le temps, les comptes ont pris du volume, mais les chiffres restaient toujours aussi insatisfaisants et discutables. Aucun directeur financier de Dominion ne pouvait se rappeler l'indicateur même le plus évident de l'état de la société, comme le profit (ou la perte) de l'exercice précédent, sans fouiller dans des masses de papiers pour se rafraîchir la mémoire.

Les chiffres qui étaient dignes de foi n'étaient pas très agréables. Au mieux, Dominion Stores affichait un profit net de 27 millions de dollars pour 2,7 milliards de dollars de ventes, soit 1 %, rendement qui n'était pas anormal pour l'industrie. Les freintes attribuables aux employés, c'est-à-dire le pillage des stocks, totalisaient bon an mal an environ 30 millions de dollars. Les vols attribuables à la clientèle atteignaient environ 10 millions de dollars. Quand j'ai révélé ces chiffres en 1986, au cours d'un débat sur le droit d'employer le surplus du fonds de retraite, j'ai été cloué au pilori pour diffamation des ouvriers non spécialisés de l'Ontario. D'autres entreprises de l'industrie ont cependant confirmé en privé qu'elles subissaient des pertes du même ordre. Il y avait une conspiration du silence à ce propos chez les libéraux embarrassés, comme celle qui a longtemps empêché les médias américains de révéler que 70 % des crimes avec violence sont commis par et contre (donc parmi) les 11 % de la population qui constituent la minorité noire.

Les faibles profits de Dominion ne suffisaient jamais à déclarer plus qu'un modeste dividende, à construire et à approvisionner de nouveaux magasins, et à réapprovisionner les magasins existants. Les produits d'exploitation n'étaient ni suffisants ni assez sûrs pour justifier des emprunts majeurs. Les fonds autogénérés, après les dividendes et les frais d'entretien, étaient négatifs.

Selon le partage d'intérêts convenus en juillet 1976 entre mon frère, moi et Bud McDougald, mon frère est devenu administrateur de Dominion

Stores et de Standard Broadcasting et moi d'Argus et de Ravelston. Finalement, mon frère a succédé à Bud et à Bruce Matthews à la présidence du conseil de Dominion et de Standard et je me suis concentré sur Massey-Ferguson, Hollinger et Norcen. Il y avait des limites à ce que je pouvais accomplir à Dominion comme administrateur externe.

J'insistais constamment pour que l'entreprise génère des fonds pour le holding comme toutes les autres filiales d'Argus (même Massey-Ferguson quand nous avons récupéré des impôts après avoir aliéné nos actions). Mes propositions en vue de faire de l'entreprise un franchiseur et un grossiste ou d'en vendre de gros morceaux n'étaient pas mal accueillies par mon frère et Dick Chant, devenu vice-président de Dominion Stores, mais ils n'étaient pas aussi résolus que moi.

Au début de 1981, j'ai réussi à faire admettre le principe de vendre nos magasins du Québec, qui n'avaient même jamais réalisé 3 millions de dollars de profit sur un chiffre d'affaires de 600 millions. Le premier acheteur avec qui nous sommes entrés en pourparlers était une coopérative du nom de Coop-Prix. Il nous avait été amené par André Saumier (ancien sous-ministre des Mines du Québec avec qui nous avions discuté d'une prise de contrôle conjointe de la Noranda). Les négociations avec Coop-Prix ont poussé la direction de Dominion Stores, exercée conjointement par Allan Jackson, ancien boucher gentil, mais plutôt obtus et neurasthénique, et Tom Bolton (vice-président du conseil sous mon frère) à entamer des négociations avec Provigo, franchiseur qui avait remporté un succès considérable au Québec. Provigo était alors pleine d'assurance, imbue de l'esprit d'entreprise missionnaire qui a animé le Québec dans les années 80 jusqu'à ce que le ballon crève.

Bolton et Jackson ont si bien mené les négociations que nous avons vendu quatre de nos magasins du Québec situés en régions éloignées à Coop-Prix et tous les autres à Provigo. Les magasins vendus à Coop-Prix – deux dans la région du Lac-Saint-Jean, un à Rimouski et un autre en Abitibi – ont entraîné la faillite de la coopérative en moins de deux ans.

Après avoir hurlé son triomphe sur les anglo-fossiles, comme il était à prévoir, Provigo, l'une des entreprises les mieux établies et les plus prospères du Québec, a radié les 78 millions de dollars consacrés à l'achat de nos magasins, puis a congédié ses cadres supérieurs dans un remue-ménage généralement attribué à la transaction.

L'affaire n'a pas été la plus glorieuse du nouveau Québec entrepreneurial. Les 78 millions de dollars que nous a rapportés la vente des magasins Dominion nous ont permis de poursuivre la réorganisation financière brutalement interrompue par le Programme national de l'énergie. Nous avons pris une série de mesures qui ont reproduit la *hollingérisation* d'Argus en 1979. Nous avions alors distribué des actions de la Hollinger sous forme de dividende spécial en nature d'Argus, vendu notre participation majoritaire dans Argus à la Hollinger et employé les liquidités restant entre les mains de Ravelston (actionnaire majoritaire d'abord d'Argus, puis de Hollinger) pour réduire la dette contractée pour l'achat de la moitié des actions participantes d'Argus de Power et augmenter nos avoirs dans la Hollinger.

En 1981, mon frère et moi avons conçu une opération similaire : la Hollinger a déclaré un dividende spécial consistant en toutes ses actions d'Argus, comportant le contrôle de Dominion Stores et de Standard Broadcasting ; puis Ravelston a cédé ses actions majoritaires de la Hollinger à Dominion Stores pour 14 $ et une action et quart de Dominion et l'offre a été étendue à tous les actionnaires de la Hollinger. Dans l'opération, avec les McMartin et les autres qui ont exercé leur droit de nous vendre leurs titres de Hollinger, Dominion est devenue propriétaire d'environ 92 % de la Hollinger. Ravelston a réalisé des liquidités d'environ 30 millions de dollars, qui ont permis de verser un dividende spécial de 10 millions de dollars et de réduire encore la dette, désormais tout à fait sous contrôle.

Mon frère, coauteur du projet, l'a défendu avec panache. Quand l'un de nos conseillers de Dominion Securities a dit que c'était une «grosse» affaire pour Dominion Stores, Monte s'est exclamé : «Grosse, mon œil! Nous allons placer Hollinger sous la coupe de Dominion aussi fermement que des couilles dans un suspensoir.» Le conseiller financier, n'ayant pas très bien saisi la métaphore sportive, est resté bouche bée. À un avocat qui a suggéré que la Commission des valeurs mobilières pourrait élever des objections, mon frère a répliqué : «Nous bâtirons une muraille autour de l'affaire et nous y percerons deux meurtrières par lesquelles nous tiendrons Henry [Knowles, président de la Commission des valeurs mobilières de l'Ontario] à l'œil, poix bouillante en main.» Il a finalement été décidé que notre réponse juridique serait un peu plus ouverte.

Il y a eu des récriminations de la part des institutions. La Sun Life a fait un boucan procédurier à propos de l'opération entre apparentés, surtout après que sept cabinets d'avocats de Toronto eurent refusé tour à tour de prendre action parce qu'ils avaient des relations avec nous. La haute direction de la Sun Life estimait que les actionnaires minoritaires de Dominion Stores, et non seulement les administrateurs indépendants, devaient être consultés. J'ai rendu visite au président du conseil et au président de la Sun Life et les explications que je leur ai données les ont satisfaits. Mais dans l'intervalle, Brian Mulroney s'était immiscé dans le conflit comme intermédiaire. Il était devenu président de l'Iron Ore ; nous l'avions fait élire au conseil de la Labrador Mining and Exploration et de la

Standard Broadcasting, et j'avais piloté sa nomination au conseil de la Banque canadienne impériale de commerce.

La candidature de Brian à la présidence de l'Iron Ore avait d'abord été proposée par Bill Bennett, président sortant, avant que Brian ne sollicite pour la première fois la direction du Parti conservateur. Quand Brian est revenu sur le sujet après l'élection de Joe Clark, la Hanna Mining, de Cleveland, actionnaire majoritaire et administratrice contractuelle de l'Iron Ore, a accepté Brian, mais Bennett, longtemps adjoint de C.D. Howe, n'était plus aussi enthousiaste. Brian devait s'occuper essentiellement des relations avec le personnel et les gouvernements. Ses fonctions étaient certes importantes, d'autant que l'Iron Ore avait souvent eu maille à partir avec sa main-d'œuvre militante de la Côte-Nord, mais Cleveland se chargeait des ventes et de l'administration, tandis que la direction de l'exploitation et du traitement du minerai était confiée à des cadres nommés par la Hanna à Sept-Îles.

Brian s'est bien acquitté du travail, même s'il ne s'agissait pas d'une présidence orthodoxe. Entre les deux congrès pour la direction du Parti conservateur en 1976 et en 1984, il a cessé de défendre viscéralement presque toutes les causes de la classe ouvrière et a adopté un point de vue socioéconomique plus objectif. Il n'était pas du genre à oublier ni à renier ses origines modestes; il en était orgueilleux jusqu'à l'arrogance et les exagérait plutôt. Mais il avait des goûts riches, admirait le style des grands bourgeois industrieux, et sympathisait avec les hommes d'affaires constructifs, au point d'en devenir un. Quand j'ai fait pression sur les administrateurs les plus influents de la Banque de commerce pour le faire admettre au conseil, Brian a pris un intérêt inusité à l'affaire et m'a même appelé de New York une fois pour me donner des conseils oiseux sur la façon de procéder. Il a été dûment élu et s'est révélé, là comme ailleurs, un administrateur compétent et fort apprécié.

Brian portait un intérêt empressé, quasi morbide, aux commérages. Quand il a appris par hasard de Pierre Genest, l'affable et brillant associé de Cassels Brock, que la Sun Life songeait à me poursuivre, il s'est vite glissé dans l'affaire, voulant se rendre utile. Il ne l'a pas vraiment été et ne m'a rien dit que je ne savais déjà. C'était de toute façon une crise passagère que j'ai aisément désamorcée en clarifiant un certain nombre de points pour la direction de la Sun Life. L'incident illustrait cependant la technique de Mulroney dont j'avais souvent été témoin de l'autre côté du mur, mais jamais de cet angle : celle du combinard avide de ramasser des reconnaissances de dettes pour usage futur. Il n'en a pas recueilli à cette occasion.

La dominionisation de la Hollinger s'est effectuée en douce par la suite. Je n'ai pas eu de mal à convaincre les actionnaires institutionnels de Dominion que j'ai rencontrés par petits groupes que le produit de la vente des actifs du Québec serait mieux employé dans des actifs de la qualité de la Norcen, de la Hollinger et de Standard que dans de nouveaux magasins d'alimentation réduits à se battre pour une marge de profit de 1 % contre le grignotage, le vol à l'étalage et les déprédations de nos propres employés.

Comme je l'ai dit au *Globe & Mail*, il faudrait vendre «des quantités inouïes de tomates et de radis» pour produire le genre de fonds sur lesquels Dominion mettait la main sans payer de primes. La presse financière commençait à se montrer sceptique à propos de mes opérations répétées et complexes entre apparentés, et la Commission des valeurs mobilières a par la suite émis de nouvelles directives qui ont rendu les opérations par étapes plus difficiles, mais il n'y a eu absolument aucune plainte des actionnaires; il ne pouvait pas y en avoir. J'ai continué de répondre personnellement aux demandes de renseignements des actionnaires. Ainsi a repris notre avance macarthurienne à cloche-pied pour consolider les bases de la société au bout de neuf mois d'interruption.

J'avais toujours soupçonné Hal Jackman de s'être joint à nous avec le mince espoir de mettre la main sur Argus à prix d'aubaine. Il a reconnu qu'il lui aurait fallu opérer de l'intérieur comme mes associés et moi l'avions fait et non pas de l'extérieur, comme Paul Desmarais avait tenté de le faire. Harry Jackman, père de Hal, est mort en 1980 et Hal a eu une dispute financière plutôt brusque et inégale avec sa sœur Nancy et son frère Eric. À un moment donné, Eric m'a demandé si je voulais acheter des actions de l'une de leurs entreprises semi-publiques à un prix un peu meilleur que l'escompte extraordinaire que Hal offrait sur la valeur comptable. J'ai accepté sur-le-champ, mais quatre minutes plus tard, Hal m'a appelé et m'a supplié de ne pas compliquer sa vie de famille, et j'y ai renoncé. Lorsque l'autre frère, Eddy, avait renié le protestantisme et annoncé son intention de devenir prêtre dominicain, son père l'avait temporairement déshérité, disant : «Il y a deux vœux que j'ai toujours eu du mal à comprendre : la pauvreté et la chasteté.» C'est une famille haute en couleur.

Au début des années 80, Hal désespérait, d'une part, de mettre la main sur Argus et s'inquiétait, d'autre part, que je mène l'entreprise à la faillite. Ses propres techniques étaient profondément conservatrices. Il dirigeait une variété de fonds et de sociétés semi-publiques avec quorum «indépendant», composé invariablement des courtiers en valeurs Bill Corcoran (autrefois chef de cabinet d'E. P. Taylor) et Chris Barron et de l'avocat Alex Langford. Les dividendes en numéraire étaient versés à Hal en franchise d'impôt et les autres dividendes étaient recyclés, si bien que Hal accumulait des actions au prix grossièrement escompté de lots irréguliers.

Les règles régissant les opérations de cette nature sont assez perméables. Il n'y a donc pas eu de gros éclats de rire (autres que les miens) quand Hal est allé voir le président du conseil de la National Trust pour lui dire qu'il venait tout juste de «découvrir» qu'il détenait 44 % des actions de la National Trust dans son groupe et qu'il devrait les vendre à Sam Belzberg à moins que la National ne veuille fusionner avec sa société Victoria & Grey. Hal laissait entendre qu'il y avait conflit entre ses participations dans des sociétés de fiducie concurrentes. Avec Belzberg, il évoquait le pire sort possible pour des dirigeants conservateurs de sociétés de fiducie. «Je ne possède pas d'actions de la National Trust, a-t-il ensuite révélé au *Globe & Mail*, mais des intérêts près de moi en détiennent 44 %.» C'était malin. Hal est extrêmement doué, sauf que sa vue implacablement cynique du monde peut irriter aussi souvent qu'elle amuse.

En 1977, je suis allé au lancement d'un bateau de sa société Algoma Central Railway à Collingwood. Harry Jackman avait été syndic de faillite pour l'une des catégories de détenteurs d'obligations de l'Algoma Central et avait, avec Charlie Burns (oncle de Latham et cofondateur de l'entreprise familiale) et John Aird, maintenu la société en faillite pendant des années jusqu'à ce qu'ils ramassent assez de certificats pour être actionnaires majoritaires lorsque l'affaire a été renflouée. Le maire de Collingwood, décoré de sa chaîne et les larmes aux yeux, a fait un discours émouvant, félicitant Hal Jackman et John Aird (président du conseil de l'Algoma Central) pour «avoir investi leur argent et non seulement leurs paroles». J'ai chuchoté à Hal que je croyais le projet largement subventionné. «Combien la société a-t-elle engagé de fonds dans la construction du bateau?» ai-je demandé innocemment. Tirant une bouffée de son cigare, il a répondu en souriant du coin de la bouche : «Cinq pour cent!»

Hal est l'un des hommes les plus intelligents et les plus amusants que je connaisse. Nos conversations et nos échanges de correspondance sur une période de près de vingt ans nous ont souvent laissés morts de rire. Il prétend n'avoir autre chose en tête que le bien public. Il contribue en fait généreusement aux bonnes causes et s'intéresse sincèrement aux affaires publiques, à preuve ses trois défaites comme candidat conservateur contre Donald Macdonald dans Rosedale. À Toronto, Hal passait pour un empoté ennuyant et sans grand succès. Je lui ai refilé les journalistes qui venaient me voir quand j'étais la coqueluche à la fin des années 70. Graduellement, ils ont découvert et célébré sa forte personnalité, sa grande culture, son sens de l'humour, son sens aigu des affaires et son expérience du monde digne des Borgia. (Il m'a répété plus d'une fois qu'il s'intéressait aux bonnes œuvres en partie parce qu'il craignait d'être forcé de trop donner s'il ne s'occupait pas d'affaires non payantes.)

Pendant des années, quand nous nous rencontrions, même en privé, il affectait de me baiser la main comme un pèlerin à la cour d'un pape médiéval.

À cause de lui, le bruit a longtemps couru que je collectionnais les petits soldats. En fait, c'est lui qui en était collectionneur, et sur une grande échelle. Les murs de sa chambre à coucher étaient couverts d'étagères remplies de milliers de petits soldats jusqu'à ce qu'il en fasse don, à des conditions fiscales avantageuses, au Royal Ontario Museum. À chaque étagère était épinglée une carte affichant le prix d'achat et la valeur courante des petits soldats en montre. Sur certains objets, comme la fanfare de la police des Bahamas, qui lui avait été donnée en cadeau à son cinquantième anniversaire en 1982, le prix était marqué en or à zéro. (Je collectionne les cuirassés miniatures.)

Même si je l'adore et si j'ai beaucoup de plaisir avec lui, Hal n'a pas été l'associé le plus facile. En 1981, je l'ai appelé pour lui demander de ramasser des actions privilégiées d'Argus qui étaient en circulation. Il a proposé plutôt que j'achète la moitié de ses actions de Ravelston. Je me suis entendu avec Bill Corcoran, homme tout à fait charmant qui s'est toujours chargé des négociations les plus délicates de Hal, comme celles qu'il a eues avec sa famille, sur un prix qui s'est plus tard révélé ridiculement bas. Ralph Barford et les membres de la famille Webster, Ben et Lorne, fils de mon ancien collègue Colin Webster, de Massey-Ferguson, et neveu de Howard Webster, ma connaissance dans le milieu des journaux, ont succédé à Hal Jackman pour la moitié de ses actions.

Un matin de 1984, vers quatre heures, au terme d'une beuverie où je ne cessais de remplir son verre de boisson de son cabinet, chez lui, entouré de ses livres et de ses petits soldats, Hal a produit un document qui prétendait démontrer, sur la foi d'altérations pessimistes des valeurs sous-jacentes à la Jackman, que le taux d'augmentation de la valeur des avoirs des actionnaires de Ravelston était moindre que celui que j'avais suggéré. J'ai acheté le reste de ses actions pour le compte de Ravelston et je le lui ai confirmé dans la matinée. Il n'a fait qu'aller et venir au conseil de notre principale société publique. Nous avons fini par convenir qu'il resterait membre du conseil et que je ferais partie du conseil de son chemin de fer, l'Algoma Central, alors en difficulté. L'entente est tombée en désuétude quand Jackman est devenu lieutenant-gouverneur de l'Ontario et que j'ai à toutes fins utiles déménagé en Angleterre.

Les réunions du conseil de l'Algoma Central, largement fréquentées par des politiciens à la retraite, consistaient pour l'essentiel en de joyeuses discussions sur la façon d'arracher plus de subventions ou de riches expropriations à l'un ou l'autre ordre de gouvernement. Le chemin de fer a échappé à la faillite au milieu de la campagne électorale provinciale de 1990 grâce à une subvention accordée en vitesse par le gouvernement Peterson, qui était à l'agonie. Hal a un instinct infaillible pour acheter à bon marché en attendant son heure. Il n'a cependant pas le sens du risque ni aucune imagination financière qui lui permette de voir comment transformer des actifs ou réaliser des accumulations autres que marginales.

En février 1981, j'ai recruté Siegmund Warburg comme acheteur amical d'actions d'Argus Corporation. Malgré ses 78 ans et le fait qu'il «écoutait des disques sur son phonographe» quand je lui ai passé un coup de fil en Suisse, il a sauté sur l'occasion de s'associer à nous. «L'affaire est tout indiquée pour notre société du Luxembourg», a-t-il dit. (J'ai racheté ses actions à profit pour sa société de portefeuille, sans entente préalable, après sa mort survenue à l'automne 1982.)

C'est la dernière opération que j'ai faite avec lui, mais notre correspondance et nos discussions sur l'actualité se sont poursuivies jusqu'à la fin de ses jours. Il pensait alors que les seuls pays bien administrés au monde étaient «la petite Suisse et le grand Japon» et m'a prédit que mon succès serait sans limite quand j'aurais «un peu plus de cheveux gris».

Au cours d'un déjeuner en compagnie de nos épouses à Paris en 1979, j'ai fait parler Siegmund sur sa foi dans la psychanalyse et la graphologie et sa curiosité légèrement lascive pour la vie sexuelle des autres. La veille, au restaurant du Ritz, ma femme et moi n'avions pu éviter de surprendre la conversation d'une dame grassouillette discutant de ses relations avec Siegmund Warburg, de l'offre d'emploi qu'il lui avait faite et, insinuait-elle fortement, de ses autres attentions.

Fidèlement, mais un peu malicieusement, ma femme a rapporté la conversation à Eva Warburg. En rentrant à notre chambre d'hôtel, nous avons reçu un coup de fil d'un Siegmund dans tous ses états. Il a demandé à parler à «votre chère femme qui dit avoir surpris une conversation sur ma vie sexuelle». Ma femme a repris dans le détail ce que la dame aspirant à un emploi dans sa maison avait dit à l'intention manifeste de plusieurs des clients du Ritz. La dame n'a pas été embauchée, au grand soulagement de la plupart des collègues de Siegmund dans son entreprise, ai-je appris plus tard.

En mai 1981, grâce à Donald Macdonald et à Tony Griffin, j'ai assisté à la première d'une série de rencontres annuelles Bilderberg. (Donald, qui avait occupé de hautes fonctions au gouvernement, était maintenant un avocat en vue à Toronto. Tony avait fréquenté le collège Appleby, à Oakville, avec mon père et il avait été directeur des intérêts Siegmund Warburg au Canada.) Donald était membre du comité de direction et Tony membre du conseil consultatif des rencontres Bilderberg. Ils étaient autorisés à inviter des Canadiens aux rencontres. L'institution, créée au milieu des années 50 par le prince Bernhard des Pays-Bas, avait pour but de favoriser la compréhension entre gens éminents de la communauté de l'Atlantique Nord. Le groupe se réunissait à l'hôtel de villégiature hollandais qui lui a donné son nom. Quelque 120 personnes des pays non communistes d'Europe, ainsi que du Canada et des États-Unis, participent aux rencontres. Le groupe comprend d'ordinaire des hauts fonctionnaires des gouvernements des pays représentés et une vaste délégation d'hommes d'affaires, d'universitaires, de journalistes et de chefs militaires éclairés. S'y joint aussi un groupe de fonctionnaires internationaux, sous la direction du secrétaire général et du commandant en chef de l'OTAN et du chef de l'OCDE (Organisation pour la coopération et le développement économique).

La clé du succès exceptionnel des rencontres Bilderberg, c'est qu'elles ont lieu dans des endroits retirés, presque sans épouses ni adjoints, qu'on y décourage les textes écrits, qu'on impose des échéances rigoureuses et qu'on confine les délibérations autant que possible à l'anglais.

J'avais rencontré Henry Kissinger pour la première fois à Palm Beach en 1979, puis à un déjeuner conjoint de l'*Economist* et de notre société à Toronto en 1980, et plus tard socialement à New York. C'est toutefois au Bilderberg que j'ai vraiment fait connaissance avec lui et nombre d'autres de nos futurs administrateurs et membres de conseils consultatifs, parmi lesquels Gianni Agnelli, de Fiat, Dwayne Andreas (actionnaire majoritaire de l'énorme agro-industrie Archer-Daniels, Midland), Zbigniew Brzezinski (ancien conseiller de la Sécurité nationale dans l'administration Carter), lord Carrington (ancien secrétaire d'État aux Affaires étrangères et à la Défense de la Grande-Bretagne, et secrétaire général de l'OTAN), Andrew Knight (rédacteur en chef de l'*Economist*), Richard Perle (ancien secrétaire adjoint à la Défense nationale des États-Unis et l'un des champions du *Strategic Defense Initiative* [«la guerre des étoiles»] et du déploiement des euromissiles), Paul Volcker (ancien président du Federal Reserve Board des États-Unis), et George Will (chroniqueur et commentateur conservateur américain), et beaucoup d'autres gens intéressants.

N'ayant pas de souvenirs très satisfaisants de mes jours d'école et n'étant ni très enthousiaste ni très assidu aux réunions d'anciens d'université, les rencontres de Bilderberg sont ce que j'ai connu de plus près de ce genre de camaraderie. Les rencontres sociales animées et les échanges très vifs sur les grandes questions stratégiques et économiques qu'affronte la communauté Atlantique m'ont donné, de même qu'à bien d'autres participants réguliers, un sens très aigu et fort agréable de communauté avec des personnalités très douées. Après 1986, j'ai assumé la direction conjointe du groupe canadien et j'ai effectivement choisi la plupart des participants canadiens.

Providentiellement, le monde m'est devenu plus accessible alors que le Canada se rétrécissait. C'est à Bilderberg que s'est dessinée la vocation de presse internationale de notre société.

Avec mes associés immédiats, je me suis remis résolument à la tâche de déterminer comment rembourser la dette contractée par la Labrador et la Hollinger pour prendre la direction de la Norcen. Nous avons soigneusement recherché le meilleur moyen d'entreprendre la *norcénisation*, qui était sur le point de se réaliser quand le Programme national de l'énergie l'a interrompue en 1980. Les redevances de la Labrador sur le minerai de fer devaient être reliées aux activités d'exploration de la Norcen. Plus nous pourrions exercer d'influence sur l'Iron Ore, mieux ce serait.

La Hanna Mining détenait 20 % de la Labrador. La direction de la Norcen était aussi intéressée que moi à étendre nos affaires dans l'Amérique de Ronald Reagan. La Hanna n'était pas particulièrement réceptive à nos projets de réorganisation. Bud Humphrey, longtemps président du conseil, rôle qu'il avait hérité de son père, George M. Humphrey, secrétaire au Trésor du président Eisenhower, était mort en 1979. Ni sa veuve Louise ni ses fils, George et Watts, n'étaient très contents du travail du nouveau président du conseil, Bob Anderson, mineur de Hibbing, au Minnesota, qui manquait un peu trop de distinction pour les Humphrey.

J'ai dîné avec Bud Humphrey et ses cadres supérieurs, dont Bob Anderson, à Cleveland en janvier 1979. J'ai dit qu'une fois le groupe Argus réorganisé, nous espérions faire des affaires aux États-Unis et considérions la Hanna comme une alliée naturelle. Bud, administrateur très estimé à la Massey-Ferguson et à la Labrador, semblait réceptif.

En juin, je lui ai passé un coup de fil à Cleveland de l'entrepôt principal de Dominion Stores à Toronto pour lui expliquer comment la *hollingérisation* affecterait la Labrador et l'Iron Ore. Il a évoqué des souvenirs, rappelant notamment que son père lui avait dit à la fin d'un dîner annuel de l'Institut américain du fer et de l'acier : « Ce dont cette industrie a besoin, c'est de quelques grandes funérailles ». Deux jours plus tard, Bud est décédé, à Pebble Beach, en Californie.

La famille Humphrey détenait environ 25 % des actions de la Hanna, réparties parmi des douzaines de tantes et de cousins. J'avais vu assez de ce genre de situations pour savoir quand les héritiers se sentent bousculés par les cadres professionnels. En juillet, j'ai causé avec George Humphrey, fils de Bud et vice-président de la Hanna. Presque à portée de voix de Bob Anderson, il m'a entretenu des malveillances, de l'ingratitude et de l'incompétence de Bob et de ses collègues. Il m'a parlé, comme j'en ai témoigné subséquemment, «en termes très amers et très injurieux».

En avril 1981, ma femme et moi avons assisté à une soirée canadienne du Metropolitan Opera House au Lincoln Center, à New York. L'événement n'était pas sans côtés surréalistes. Tandis que nous attendions l'arrivée de Pierre Trudeau, j'ai aperçu son ministre John Roberts, qui surveillait attentivement la porte d'entrée depuis les marches du grand escalier. Il portait une sorte d'écharpe de cérémonie par-dessus sa chemise de soirée. J'ai essayé de le distraire en disant qu'il avait l'air de «Wallenstein en marche». Aucune réaction. «Tu devrais porter l'uniforme ministériel complet avec des épaulettes de la taille de tartes aux fruits», ai-je lancé. Il a grogné, sans mordre à l'hameçon. «John, ai-je enchéri, excuse-moi de te le dire, mais tu as l'air d'un vrai con!» – «Voilà le premier ministre!» a-t-il répondu, excité.

Après le spectacle, je me suis trouvé au dîner à côté de Louise Humphrey, patronne du Metropolitan Opera, veuve de Bud, et sœur de R. L. «Tim» Ireland, un autre administrateur de la Hanna que George avait informé de sa conversation avec moi. Louise n'a pas tardé à me parler d'affaires. Sur bruit de fond d'orchestre dissonant alternant avec une suite interminable d'administrateurs bavards du Metropolitan, elle s'en est prise à Anderson, a critiqué divers autres cadres et m'a pressé «d'acheter des actions» (mon interprétation). Trudeau était à la table voisine. De temps à autre, nos regards se sont croisés et nous avons échangé des apartés amusants sur l'atmosphère bizarre de la soirée.

En août 1981, Bob Anderson m'a assuré qu'il ne s'opposerait pas à ce que j'achète des actions de la Hanna. Puisqu'il ne s'est pas inquiété du nombre d'actions que nous serions disposés à acheter, je n'ai pas senti le besoin de l'en informer. La Norcen a effectivement acheté des actions en août 1981, et le 9 septembre, le conseil de direction, réunissant Ed Battle, Ed Bovey, Ed Galvin, Dick Chant, mon frère et moi, a autorisé l'achat d'actions jusqu'à concurrence de 4,9 % de l'entreprise.

Les administrateurs étaient partagés sur le placement. Les uns hésitaient à investir et la majorité répugnait à s'engager dans une dispute avec la Hanna, étant donné surtout sa relation étroite avec les Bechtel, les Grace et les Mellon. Ed Battle a parlé d'acheter jusqu'à 51 % des actions sous certaines conditions. Bill Kilbourne, secrétaire, conseiller juridique et vice-président administratif de la Norcen, qui était plutôt surmené, a noté dans le procès-verbal que la réunion avait autorisé l'achat de 4,9 % des actions d'une société anonyme, inscrite à la Bourse de New York, «dans le but éventuel d'en acquérir 51 %». Le rapport était ambigu, mais inexact, puisque ce «but éventuel» n'avait été mentionné qu'en passant parmi d'autres hypothèses.

Habitué par la tradition d'Argus – que la Norcen observait en général – à considérer les procès-verbaux tout à fait inoffensifs (« une discussion générale a suivi »), j'ai signé le document sans revoir cette partie.

Kilbourne ne s'est pas rappelé du procès-verbal et ne l'a pas relu non plus lorsque nos relations avec la direction de la Hanna se sont détériorées. Jimmy Conacher, de Gordon Securities, nous a proposé un bloc de 575 000 actions que nous avons achetées à 37 $US le 28 octobre 1981, portant notre participation à 8,8 %. J'ai téléphoné à Bob Anderson, mais il était au Brésil. J'ai parlé plutôt à son vice-président, Carl Nickels, qui était dans tous ses états. Je lui ai expliqué que nous n'étions pas un actionnaire hostile, mais de toute évidence il ne m'a pas cru.

George Humphrey m'a appelé le lendemain et s'est montré positif, pourvu, a-t-il dit, « que nous ne soyons pas plaqués sur notre côté aveugle, et je suis sûr que nous ne le serons pas ». Je pensais avoir saisi sa métaphore empruntée au football, mais de toute manière je considérais les Humphrey comme des amis plutôt que des ennemis éventuels.

Le 4 novembre, je suis allé à Cleveland avec Ed Battle et nous avons rencontré Bob Anderson et Carl Nickels à l'hôtel Sheraton Hopkins, avec vue sur le hangar de l'aéroport où la Hanna remisait ses deux jets (n'incluant pas le jet de l'Iron Ore que Brian Mulroney avait fait acheter après un voyage particulièrement long et turbulent dans l'avion à turbopropulseur G1 plutôt démodé de l'entreprise).

Anderson et Nickels étaient très hostiles. Ils ne voulaient pas entendre parler d'accommodement et ils ont exigé que nous nous départions de nos actions. J'ai fini par me vexer d'entendre Nickels insinuer que j'étais incompétent et que mes quatre années de mouvement financier perpétuel n'avaient rien donné. Je l'ai invité à comparer la Norcen à l'ancienne Hollinger et Ed Battle à Al Fairley, sauf leur accent (Battle, naturalisé canadien, est d'origine texane et a un accent sudiste presque aussi fort que celui de Fairley). J'ai ajouté que les actionnaires de Ravelston avaient vu leur capital augmenter assez joliment. Le dossier déposé le 9 novembre à la SEC (*Securities and Exchange Commission, U.S.*) décrivait à bon droit notre portefeuille comme un « placement ».

Juste avant Noël 1981, sur la recommandation de Louise Humphrey, Ed Battle et moi avons rendu visite à son fils cadet, Watts, à Sewickley, banlieue cossue de Pittsburgh. Watts était membre de la direction de la National Steel (dont le président du conseil, George Stinson, était administrateur de la Hanna). Il a été très amical et ouvert. J'ai souligné que nous ne voulions pas de dispute, que nous serions heureux d'une participation minoritaire importante et que, même si nous avions probablement une meilleure opinion d'Anderson que son frère, nous avions naturellement plus d'affinités avec les propriétaires et avec des gens plus jeunes, comme son frère et lui. J'ai parlé de mettre les intérêts Hanna-Humphrey-Mellon en commun avec ceux de la Norcen pour exercer une influence dominante sur la Hanna et élever George Humphrey à la présidence de la société. C'est dans cette situation que nous avons laissé le projet pour le congé du Nouvel An. Le 5 février 1982, Ed Battle et mon frère ont rendu visite à Watts. Ils ont été reçus plus froidement que nous l'avions été en décembre, mais non pas négativement. Le 8 février, Watts a passé un coup de fil à mon frère pour lui dire que la Hanna n'était pas intéressée à notre proposition ni à aucune de ses variantes.

Brian Mulroney, à titre d'administrateur de la Hanna, a bravement tenté de convaincre Anderson et ses copains que nos intentions n'étaient pas malveillantes après que je lui eus demandé de dire à ses collègues que je n'avais pas «les pieds fourchus ni de cornes». Au printemps 1982, l'idée d'acquérir à la force du poignet une position d'influence dans la Hanna et de l'évacuer de la Labrador, plutôt que d'obéir aux injonctions répétées d'Anderson de nous débarrasser de nos actions, a commencé à nous sourire.

Ed Battle et moi avons eu des entretiens sporadiques avec Bob Anderson au printemps 1982. Il ne nous a jamais rien proposé d'autre que de vendre à perte nos actions de la Hanna et de faire leurs quatre volontés, alors qu'ils ne détenaient que 20 % des actions de la Labrador contre nos 63 %. Ils étaient disposés à vendre leurs actions de la Labrador, mais à un prix qui n'était pas réaliste et seulement en échange partiel de nos actions de la Hanna. C'est ce qui a émergé d'une réunion avec Bob Anderson à Toronto le 16 février, où j'ai encore une fois exprimé le désir d'une participation de 20 % dans la Hanna (pourcentage qui nous permettait de comptabiliser notre participation à valeur consolidée, c'est-à-dire d'inclure 20 % du bénéfice de la Hanna dans nos comptes).

La condescendance de Cleveland était en train de venir à bout de mon opposition de principe à une simple offre publique d'achat, qui en plus de manquer d'imagination nous entraînerait sûrement dans une dispute âpre et coûteuse. La Hanna s'était toujours considérée, non sans raison, comme l'instigatrice du groupe Iron Ore des sept grandes sidérurgies américaines et l'instigatrice et la directrice du grand projet de l'Ungava. Elle tenait la Hollinger pour une société concédante sclérosée, impression que contredisait à peine la sédentarité moyenâgeuse de Bud McDougald et d'Al Fairley.

Nos associés de Cleveland ne tenaient pas grand compte du fait que la Hollinger avait une nouvelle direction et qu'avec la Norcen, je disposais de cinq fois plus de fonds autogénérés que l'ancienne Hollinger ou la

Hanna. C'était à qui se dégonflerait le premier. La revendication par Bob Anderson d'un front uni des anciennes familles était une imposture que j'ai tolérée d'innombrables fois sans la contredire, parce que je ne voulais pas trahir George. Quelque part en 1982, il faudrait que quelqu'un bouge.

À la Norcen, il a beaucoup été question, quelquefois de ma part, de mettre «le canon à la tempe de Bob». La tentation était renforcée par le discours déloyal des jeunes Humphrey. Ed Battle et moi avions du mal à nous expliquer pourquoi nous acceptions de nous faire traiter par-dessous la jambe par des gens plutôt minables. Leur comportement, pensions-nous, ne représentait pas le vrai rapport de forces entre nous.

Bob Anderson et Carl Nickels sont venus rencontrer Ed Battle et moi à ma résidence de Palm Beach à la mi-mars. Ils se sont dits disposés à un échange entre la Hanna et la Labrador, mais à un prix que nous ne jugions pas satisfaisant. Nous avons supposé qu'il était négociable, mais la question était ailleurs. Nous n'avions pas pris une participation dans la Hanna dans une intention de raid, même si leur refus de collaborer à nos projets de réorganisation nous exaspérait et serait évidemment annulé si nous achetions leurs actions de la Labrador. Ed Battle, mon frère et moi avions commencé à nous enthousiasmer des possibilités de la Hanna et nous n'entendions pas être privés de notre position aussi cavalièrement. Nous avons tenu quelques réunions de stratégie juridique à Palm Beach. Joe Flom, le fameux avocat de New York spécialisé dans les acquisitions, a assisté à l'une des réunions. Il m'a par la suite adressé une facture de 10 000 $ pour un coup de téléphone. Il me plaisait et ses conseils valaient probablement les 10 000 $.

Le 2 avril 1982, je me suis envolé pour Palm Beach avec le banquier d'affaires Rupert Hambro, de Londres. Monte et Ed Battle ont rendu visite à Bob Anderson à l'hôtel Sheraton Hopkins, à l'aéroport de Cleveland, et l'ont informé de l'intention de la Norcen de faire une offre publique d'achat de 51 % des actions de la Hanna le lundi 5 avril. Un échange viril, mais poli, a suivi. Ed a fait savoir que nous nous contenterions d'une position minoritaire avec représentation proportionnelle au conseil d'administration et certaines garanties. Nous voudrions alors 30 % des actions, mais Ed Battle a établi clairement que le chiffre était négociable. Les pourparlers ont été remis au dimanche et les deux parties avaient bon espoir d'éviter une guerre ouverte.

J'ai parlé à Bob Anderson le samedi. Il m'a prié de venir à Cleveland le lendemain. Ma femme était sur le point d'accoucher de notre deuxième enfant. Je craignais que mes collègues interprètent ma venue comme un manque de confiance et j'ai refusé, mais j'ai promis à Bob de rester en rapport étroit avec les représentants de la Norcen et de rechercher un compromis. Vu les enjeux et le mal que nous avons eu par la suite avant d'arriver à nos fins, j'aurais probablement dû y aller.

La rencontre du dimanche 4 avril n'a pas été un succès. Les comptes rendus diffèrent. Selon la Norcen, advenant une participation minoritaire, la Hanna n'offrait aucune garantie à la Norcen contre une dilution ou les caprices des administrateurs en exercice. Selon la Hanna, la Norcen réclamait 30 % des voix et des sièges au conseil et une majorité de 80 % pour presque toutes les catégories de décisions importantes du conseil. Je ne doute pas que le compte rendu de la Norcen est plus près de la vérité.

Dans son récit, par ailleurs assez objectif des faits (*The Establishment Man*, p. 241 à 257), Peter Newman, clairement informé par Brian Mulroney, adopte presque en entier la version de la Hanna. Si Ed Battle et Monte Black ont pris une attitude aussi intraitable que celle qu'il leur prête, ce n'est pas la position sur laquelle ils se sont entendus avec moi avant la réunion ni celle qu'ils m'ont confirmée par la suite.

Il était à prévoir que la Hanna obtiendrait une ordonnance restrictive provisoire contre notre offre d'achat. La cour fédérale de Cleveland n'allait pas abdiquer son autorité devant un intervenant du Canada cherchant à prendre la direction de l'une des sociétés les plus célèbres de Cleveland.

En préparant la documentation devant être mise en preuve, l'avocat américain de la Norcen, Cravath Swaine Moore, a déterré le procès-verbal de la réunion du 9 septembre parlant de l'intention éventuelle du conseil de direction de mettre la main sur 51 % des actions de la Hanna. Bill Kilbourne l'avait laissé derrière comme une grenade dégoupillée. Dès qu'il a été remis au procureur de la Hanna, le document a été décrit comme un «flagrant délit» et on nous a invités avec suffisance à ne pas contester l'ordonnance sous peine d'une déroute complète. Dans le camp de la Norcen, on a cherché, sous l'impulsion de Kilbourne pour des raisons évidentes, à minimiser les conséquences du fiasco. Ed Battle, Kilbourne et le gros de notre équipe juridique sont venus à Palm Beach pour une conférence de stratégie le 8 avril. Le moral n'était pas haut.

J'ai cité de Gaulle : «L'affaire a commencé le plus mal possible. Il faut qu'elle continue.» Nous avons décidé d'aller en cour malgré le procès-verbal du 9 septembre : le procureur de la Hanna n'en croyait pas ses oreilles! Il avait déjà préparé des dossiers et des communiqués de presse me dénonçant avec indignation comme un criminel, un racketteur et un fraudeur récidiviste. Ce genre de langage incendiaire est courant aux États-Unis et n'est pas pris très au sérieux, mais la presse financière du Canada en a fait un plat. Elle contenait mal son enthousiasme pour la douloureuse marche au poteau des relations publiques que devenait pour nous l'aventure de Cleveland.

Je ne pouvais trop en vouloir à la Hanna d'employer les munitions qu'on lui fournissait. Je ne pouvais pas non plus me laisser aller à m'apitoyer sur mon sort. D'une part, j'aurais dû exercer une influence conciliante à la rencontre cruciale de Cleveland, quel qu'en eût été le résultat. D'autre part, j'aurais dû lire le procès-verbal du 9 septembre, assurément avant de le signer, mais au moins une fois qu'il est apparu clairement que la dispute risquait d'être portée en cour outre-frontière. Kilbourne avait fait une bourde, mais Kilbourne n'était pas président du conseil de la société. Pour que la SEC nous laisse en paix, la haute direction de la Norcen a accepté de signer un jugement convenu n'admettant aucun acte illégitime, mais nous engageant à nous conformer à la loi américaine sur les valeurs mobilières.

Pour qui se délectait d'allusions désinvoltes à Napoléon et aux autres grands personnages historiques, il était fort humiliant d'être mêlé à un lancement aussi affreusement torché. Mon manque de rigueur nous avait mis dans le pétrin; j'étais seul à pouvoir nous en sortir par une solide performance en cour. Le point égalisateur avec lequel nous pouvions surprendre nos adversaires, c'était l'ardeur avec laquelle les Humphrey nous avaient encouragés à nous intéresser à «leur» société. Je ne pouvais imaginer que George eût confessé à Bob Anderson plus d'une fraction de ses indiscrétions. Nous avions une grenade pour la contre-offensive, si nous pouvions seulement survivre au barrage d'ouverture.

La notion conventionnelle d'avance à cloche-pied, dont l'astuce consistait à éviter les obstacles difficiles (comme MacArthur avait contourné les 250 000 soldats japonais à Rabaul) et à avancer par assauts rapides et économiques contre des cibles non averties, ne tenait plus. Plutôt qu'Attu et Kiska, il nous faudrait passer par les jungles de Guadalcanal, les plages de Tarawa, les sables d'Iwo Jima et les cavernes de Saipan; un corps-à-corps ne prenant fin qu'avec l'incinération de l'ennemi au lance-flammes.

Je me suis dit que les manœuvres constantes sont plus efficaces si elles sont ponctuées de vrais combats. Parfois, pour renverser l'ennemi, il faut lui infliger des pertes en plus de le gêner. La Norcen était beaucoup plus solide que la Hanna. Les éléments de la presse financière canadienne et leurs partisans qui se réjouissaient de ma déconfiture apprendraient à ne pas me sous-estimer en combat ouvert, pas plus qu'en manœuvres financières, ai-je résolu.

J'ai fait une déposition assermentée, sous un interrogatoire intensif de vingt-quatre heures à Palm Beach les jeudi, vendredi et lundi encadrant la fête de Pâques. L'avocat de la Hanna, John Straugh, de Jones Day, a été extrêmement agressif, mais il n'a pas réussi à m'intimider ni à m'arracher d'aveux préjudiciables. Le facteur d'usure l'a affligé au moins autant que moi.

Le procès s'est ouvert à Cleveland peu après ma déposition. Pour m'y préparer, le cardinal Carter, qui était de passage chez nous à Palm Beach, et notre avocat ont créé un tribunal fictif sur le patio. Le cardinal tenait le rôle du juge. En réponse à une question, j'ai dit que la Norcen avait pris une «décision collégiale». Le cardinal est aussitôt intervenu : «Ne parlez pas de collégialité. Plusieurs papes nous ont fait la leçon. Si vous avez l'autorité, ne prétendez pas que vous ne l'avez pas. Si vous ne l'avez pas, ne prétendez pas que vous l'avez.»

À cette occasion comme en bien d'autres, j'ai béni le ciel pour l'amitié du cardinal Carter. Nos relations, amorcées par des réflexions sur Duplessis, Charbonneau et Léger, se sont poursuivies quand j'ai été patron d'honneur de Sharelife (les œuvres de charité catholiques de Toronto) avant ma conversion au catholicisme. Je me suis retiré de Sharelife quand mes efforts pour fusionner l'organisation au moins partiellement avec United Way ont échoué parce que les parties que je tentais de réconcilier avaient changé d'idée. Mes rapports avec le cardinal se sont approfondis pendant mon lent, prudent et long cheminement vers Rome et ils m'ont été immensément agréables pendant des années.

Malgré nos différences d'âge, de profession et de formation, ou peut-être en partie à cause d'elles, nos relations sont intimes et sans aigreur. La culture du cardinal, qui s'étend des coutumes populaires irlandaises à la théologie thomiste, est inépuisable; son humour vif et gentil. Il est l'une des rares personnes que j'aie connues qui réunissent avec bonheur une grande connaissance des choses du monde et une sincérité idéaliste. Il est toujours optimiste, sans arrogance, serein au seuil de la vieillesse et de la mort.

Dans l'abstrait, son calme m'inspire, mais si je pense à la probabilité actuarielle de devoir me priver de sa présence, ma sensation de tristesse et de solitude est profonde. (Andy Warhol, dans son journal parle de la fête que nous avons faite au cardinal à l'Ontario Art Gallery en 1981; il note que l'état de santé du prélat semblait précaire. Le cardinal venait de se remettre d'une attaque, mais il a survécu de loin à Andy. Il ne faut pas sous-estimer l'endurance d'Emmett.) En dédicace d'un livre biographique dont il m'a fait cadeau, le cardinal a rappelé que nous nous sommes rencontrés quand son «soleil se couchait». Son amitié a été l'un des grands plaisirs et privilèges de ma vie. J'espère seulement que son splendide coucher de soleil s'éternise.

J'ai témoigné durant vingt heures sur quatre jours dans une salle remplie d'avocats, de journalistes et de curieux à Cleveland. Il s'était à peine écoulé une semaine depuis ma déposition à Palm Beach et elle était encore fraîche à mon esprit. Je l'ai complétée en mémorisant systématiquement les parties pertinentes de mon vaste dossier préparatoire au procès. John Straugh n'avait pas compté avec ce prodigieux exploit de mémoire. J'ai senti le vent tourner lorsque, à chaque question préalablement fixée, l'adjoint de Straugh lui tendait la page extraite de ma déposition et l'avocat la lui rendait sans pouvoir trouver la moindre contradiction. J'ai souvent répété mot à mot le contenu de ma déposition. Cela a nettement décontenancé Straugh. Un jour, il a accroché et déchiré le fond de son pantalon, révélant son sous-vêtement. Il est retourné à sa table après un entretien au tribunal sans savoir le divertissement qu'il procurait à l'audience.

Je ne m'était pas rendu compte à quel point les règles de la preuve différaient au Canada et aux États-Unis. Au bout d'environ une demi-heure, je me suis passionné pour la joute. Plus de 90 % des questions pompeuses, répétitives et accusatrices de Straugh et des réponses intéressées, disculpatoires et souvent aussi agressives que je donnais auraient été jugées irrecevables par un tribunal canadien ou britannique.

J'ai pu exposer le double jeu des Humphrey avec grand effet. Avec chaque question, j'enlevais la tape d'un autre canon et je pouvais cribler de trous la déposition de George Humphrey et, à un degré moindre, celle de son frère et les transformer en gruyère. Straugh était tenace et rusé, mais nos quatre jours de combat singulier intense ont renversé la dynamique du procès.

Le quarteron d'assassins – Bob Anderson, Carl Nickels, Jim Courtenay, et Dick Progue, l'associé principal très respecté de Jones Day – s'asseyait au premier rang devant moi à ma droite. Le *Wall Street Journal* a dit qu'il ne semblait pas y avoir de raison d'empêcher notre offre d'aller de l'avant. Même le *Cleveland Plain Dealer* a critiqué la conduite des Humphrey en page éditoriale. Les arbitragistes ont maintenu le prix des actions assez près de notre offre de 45 $, indiquant leur sentiment grandissant que l'offre persisterait malgré le litige. Les reporters de Toronto, Jack Willoughby, du *Globe & Mail*, et Eric Evans, du *Financial Post*, qui sont tous deux des professionnels honnêtes et compétents, ont fait un compte rendu beaucoup plus sympathique de la cause après que j'eus commencé à témoigner.

À la fin de mon témoignage, le président du tribunal, John M. Manos, m'a invité dans son cabinet. Il avait une présence physique formidable dans sa robe de magistrat. C'était un colosse de 1,95 m, qui faisait penser à Daddy Warbucks (père adoptif de *Little Orphan Annie*), la tête chauve comme une boule de billard. Il donnait l'impression d'être intraitable durant le procès. Il écorchait quiconque chuchotait ou faisait un bruissement de papier dans la cour. Les avocats des deux parties ne semblaient pas en admiration devant son érudition juridique, mais il avait une autorité considérable.

«En vingt ans sur le banc, vous êtes le meilleur témoin à se produire devant moi, m'a dit le juge Manos. Quel que soit mon verdict, après ce que j'ai vu cette semaine, je puis vous assurer qu'il ne vous fera pas de tort comme témoin.» Sur un ton un peu moins rassurant, il m'a prévenu de «l'ingéniosité surhumaine des avocats américains». Il m'a mis en garde contre le RICO, nommé, a-t-il dit, d'après l'ancien maire et chef de police de Philadelphie. Je connaissais bien la carrière du maire Frank J. Rizzo et le *Racketeering-Influenced and Corrupt Organizations Act* (RICO), qu'il était alors à la mode d'évoquer dans presque toutes les causes civiles pour souiller la réputation du défendeur, et je savais pertinemment qu'il n'y avait aucun rapport entre le maire et la loi. J'ai néanmoins remercié le juge (malgré son sens imparfait de la jurisprudence) pour ses bons mots et je suis rentré à Palm Beach.

Je n'ai pas été très rassuré non plus quand notre avocat a rendu visite au juge en chef de la cour fédérale de Cleveland dans son entreprise de pièces d'automobile, où ses activités faisaient l'objet d'une enquête par un grand jury. L'opinion du procureur, et d'autres observateurs compétents, était que nous serions de nouveau bien en selle dans la cause, qui serait maintenant jugée au mérite et non pas contre le droit sur la foi d'une lecture fautive du procès-verbal du 9 septembre. Mon hypothèse était que nous perdrions la cause à Cleveland sur l'annulation de l'ordonnance restrictive provisoire, sans que le juge sabote notre recours en appel et qu'alors, des discussions sérieuses pourraient reprendre avec la Hanna.

À ce stade, je craignais davantage que la Hanna se mette à la recherche d'un sauveur marron. J'ai demandé à l'ancien premier secrétaire de Trudeau, Jim Coutts, d'informer Mulroney que le transfert de la direction de l'Iron Ore à une société étrangère serait sujet à un examen rigoureux de l'Agence de tamisage des investissements étrangers, ce qu'il a fait. Je doutais qu'aucune autre société canadienne veuille s'en prendre à la Hanna avec nous. J'étais donc raisonnablement sûr que Bob Anderson aurait à traiter avec nous tôt ou tard et j'ai réagi avec un bon naturel au torrent d'injures dirigées contre moi par l'intermédiaire de la presse. J'estimais avoir racheté mes omissions antérieures et détruit la façade d'hypocrisie de Humphrey-Hanna. Avant la fin du procès, George Humphrey et Bill Kilbourne ont été également (et durement) malmenés par les avocats des parties adverses.

À l'assemblée annuelle de la Labrador, présidée par P. C. Finlay, Bob Anderson s'est levé comme un étudiant le jour de la distribution des prix et a annoncé qu'il votait son bloc de 20 % pour sa réélection, mais contre celles des candidats de la Hollinger. Nous avons réélu les représentants de la Hanna malgré leurs simagrées. Brian Mulroney a eu le bon sens de ne pas se présenter à l'assemblée.

Au dîner annuel de la Hollinger au Toronto Club, j'étais assis à la table d'honneur entre le cardinal Carter et le juge en chef de l'Ontario, Bill Howland, en train d'échanger les politesses d'usage quand l'un des nombreux avocats présents m'a soufflé à l'oreille qu'un mandat avait été lancé et signifié contre le procureur de la Norcen dans une enquête criminelle découlant du procès-verbal du 9 septembre. La Norcen avait fait circuler un document d'offre d'achat qui ne mentionnait pas le changement prétendument essentiel concernant l'« intention » de prendre la direction de la Hanna. La circulaire d'offre d'achat, sur laquelle se fondent les actionnaires pour décider s'ils céderont leurs actions à la société acheteuse, est soumise aux mêmes règles d'exactitude que le prospectus d'émission. L'omission délibérée de renseignements pertinents constitue une infraction à la Loi sur les valeurs mobilières et, au pire, un cas de fraude.

Le mandat avait été lancé en vertu des dispositions du code criminel sur la contrefaçon, « pour faux et usage de faux », qui ont trait aux faux billets et aux trucs du genre et non pas aux prospectus fautifs (ce que n'était pas, du reste, celui de la Norcen). Deux sergents de l'escouade des fraudes de la police métropolitaine de Toronto avaient signifié le mandat au procureur de la Norcen, Fred Huycke, coassocié principal d'Osler Hoskin Harcourt et administrateur de la Norcen.

L'avocat du bureau du procureur de la Couronne qui avait autorisé ou, plus vraisemblablement, incité les dupes de l'escouade des fraudes à obtenir et à exécuter le mandat devait savoir que la Norcen serait forcée d'en faire mention dans son plaidoyer écrit à Cleveland, permettant au procureur de la Hanna de rendre publique l'existence d'une enquête « criminelle ». Le but évident était de créer une apparence de plausibilité pour les pires allégations formulées contre nous aux yeux du juge Manos, dont on pouvait supposer qu'il ne connaissait pas parfaitement les lois étrangères.

Fred Huycke a fait parler l'un des agents de police qui lui ont signifié le mandat et il a dit spontanément qu'il avait « toujours pensé que Black était un escroc depuis qu'il s'est sorti de l'affaire de Massey-Ferguson ». Voilà où menait le complexe destructeur de l'envie dans son expression la plus ignorante et la plus viscérale chez une force de police n'ayant aucune aptitude à exercer de tels pouvoirs. Les deux sergents insinuaient que tous les administrateurs de la Norcen étaient complices de fraude criminelle puisque le procès-verbal du conseil de direction avait circulé parmi eux.

Outre Battle, Bovey, Galvin, Chant, Huycke, Radler et les deux Black, le conseil d'administration comprenait Douglas Bassett, l'éminent avocat montréalais Jacques Courtois, Robert Després, ancien président de l'Université du Québec et président d'Énergie atomique du Canada, Fredrik Eaton, P. C. Finlay, John Finlay, l'ancien lieutenant-gouverneur du Manitoba Jack McKeag, et Bill Twaits, longtemps président du conseil de l'Imperial Oil et doyen de l'industrie canadienne du pétrole. L'idée qu'une seule de ces personnes, pour ne pas dire plusieurs, puisse être partie d'un complot de fraude contre les actionnaires était invraisemblable pour quiconque n'était pas motivé par la malice et avait un quotient intellectuel de plus de dix.

Il était évident que la manœuvre visait à souiller notre réputation et que les services chargés de faire respecter la loi se laissaient manipuler. Après une consultation juridique de dix minutes, je suis retourné parmi mes invités. J'ai lancé ma contre-attaque dès le lendemain matin à neuf heures.

Il est vite apparu que les deux policiers travaillaient souvent, comme dans ce cas, sous la direction d'un procureur adjoint de la Couronne dont la carrière à la Commission des valeurs mobilières de l'Ontario avait été intimement liée à celle de Sam Wakim, ancien camarade de chambre de Brian Mulroney à l'université et avocat à qui Brian avait confié les dossiers juridiques de la Hanna et de l'Iron Ore en Ontario. Il n'était pas besoin d'être Hercule Poirot pour assembler les pièces du casse-tête.

À partir des témoignages entendus à Cleveland, on ne pouvait prouver que nous avions délibérément cherché à induire les actionnaires en erreur par notre note d'information. Il a bientôt été révélé que les cadres supérieurs de la Commission des valeurs mobilières de l'Ontario, sous la direction de l'infiniment patient et juste directeur général Charles Salter, avaient demandé à la police de ne pas se mêler de l'affaire à moins de découvrir la preuve d'une offense criminelle.

Le lendemain du dîner de la Hollinger, j'ai pris rendez-vous avec Roy McMurtry, procureur général de l'Ontario, que je connaissais assez peu, mais avec qui j'avais des relations cordiales depuis des années. Il m'a reçu dans l'après-midi. Quelques-uns de nos avocats de New York étaient de passage à Toronto pour préparer des plans d'urgence pour les divers scénarios juridiques possibles à Cleveland. J'ai demandé à l'un d'eux, Paul Saunders, de m'accompagner chez le procureur général, qui nous a reçus en présence de son sous-ministre Rendall Dick, vieux routier très respecté de la fonction publique. «On peut douter des motifs qui ont inspiré cette enquête», a dit Roy d'entrée de jeu. Je n'avais guère besoin qu'on me le dise, mais j'ai quand même été rassuré qu'il ajoute : «Même si vous aviez omis des renseignements pertinents de votre note d'information, l'offense ne serait pas celle que vous reproche le mandat.» (Ce serait une fraude en vertu de la Loi sur les valeurs mobilières, mais non pas du code criminel.)

J'ai établi clairement que je ne demandais pas l'interruption de l'enquête. Je voulais simplement éviter qu'une initiative financière importante mettant en jeu les intérêts de dizaines de milliers d'actionnaires canadiens et américains et l'éventuelle naturalisation de la plus grande entreprise minière du pays soit compromise par une opération de *salissage* comme celle-là. Je voulais qu'il soit noté que je ne recherchais aucune faveur et j'ai prié Roy de me dire si ma visite était le moindrement déplacée. Elle ne l'était pas, m'a-t-il assuré avec insistance, et le procureur général adjoint l'a confirmé par un signe de tête.

Puisque Roy était un bon ami de Brian Mulroney et avait été l'un de ceux qui l'avaient pressé de solliciter la direction du Parti conservateur en 1975, j'ai cru opportun de passer un message. Puisqu'il pouvait y avoir des retombées politiques et que nous étions tous deux amis de Brian, ai-je dit, Roy devait être mis au courant que «la traînée de poudre de cette charade d'enquête inventée de toutes pièces mène tout droit à la porte de Brian. Je comprends qu'il lui faut plaire à son employeur, mais les traînées de poudre peuvent brûler dans les deux sens et avant la fin de l'été, je pourrais être son employeur.» Roy a fait un signe de tête et a cligné des yeux sans se compromettre. Paul Saunders et moi sommes partis.

Quelques jours plus tard, l'ami de Sam Wakim au bureau du procureur de la Couronne (Brian Johnston) a été retiré du dossier par Rendall Dick, qui jugeait qu'on avait procédé sans discernement dans une affaire commerciale importante (c'est ce que m'a dit Rendall Dick plusieurs mois après l'affaire). Dorénavant, Dick et ses hauts fonctionnaires se sont occupés personnellement du dossier, éliminant virtuellement, semblait-il, toute possibilité de poursuite frivole, contrariante ou malicieuse. Pour faire bonne mesure, j'ai passé un coup de fil à Jack Ackroyd, chef de la police métropolitaine de Toronto, que je connaissais un peu. Je lui ai dit que, même si je ne pouvais évidemment pas influencer une enquête en cours, l'affaire était entièrement fausse et il voudrait peut-être la garder à l'œil. La conversation a été brève.

Manos a prononcé jugement le 11 juin 1982. Comme prévu, l'explication donnée par la Norcen au sujet du procès-verbal du 9 septembre lui a paru «tirée par les cheveux et peu convaincante». Il a jugé qu'il y avait eu des «manœuvres irrégulières» en contravention du *Securities and Exchange Act*, mais il a établi clairement qu'il ne s'agissait pas de fraude et il n'a rien dit d'incendiaire à propos des dirigeants de la Norcen. Nous étions sûrs de gagner un appel expéditif à la Cour d'appel de l'État, deuxième instance de la justice américaine. La cour siégeait à Cincinnati et ses membres ne seraient pas aussi sensibles aux pressions de l'élite de Cleveland.

Bob Anderson et Pierre Trudeau étaient au nombre des récipiendaires de doctorats *honoris causa* de l'Université St. Francis Xavier ce printemps-là, comme Muggeridge et moi l'avions été trois ans auparavant. Bob s'est généreusement pinté à la réception de la veille de la collation des grades et il a proféré une impressionnante litanie de jurons à la roi Lear et des accusations contre moi, qui m'ont été rapportées en temps utile. Elles reflétaient sans doute son état d'esprit à l'époque.

Sans appel expéditif, l'affaire risquait de traîner encore deux ans. Les avocats de la Hanna ont donc vigoureusement contesté la requête, répétant les accusations usées de «récidivisme» et de «banditisme» à mon endroit. Le tribunal a confirmé ce que nous pensions des arguments présentés au procès de Cleveland, n'a pas tenu compte du plaidoyer de la Hanna et a consenti à entendre notre appel sur-le-champ. Enfin, nous avions le dessus. Il ne s'agissait plus que d'une simple question de droit soumise à un tribunal éminent. Si la Hanna perdait, Anderson et ses amis seraient au chômage un mois plus tard, y compris peut-être, selon son comportement, l'héritier présomptif du chef de l'Opposition au Parlement fédéral. La Hanna serait aussi forcée de publier bientôt des états financiers et nous savions par notre position à l'Iron Ore que ses profits s'étaient affaissés. La Hanna, ai-je fait observer au *Globe & Mail*, «n'aurait pas les moyens de payer le salaire du président du conseil».

Je m'attendais à des ouvertures de la Hanna. Elles sont venues rapidement. Peter Newman préparait une suite à son livre de 1975 sur l'élite canadienne des affaires. Il m'a interviewé plusieurs fois, me disant que le livre porterait sur les personnalités de la génération qui avait succédé à celle de Bud McDougald et des autres personnages importants de son premier livre : Hal Jackman, Fred Eaton, Galen Weston, Ted Rogers et moi, entre autres. Ce n'est qu'une fois très avancé dans son projet qu'il m'a laissé entendre que le livre risquait de porter bien davantage sur moi.

Quelques jours après le verdict de Cincinnati, Peter Newman a demandé à me voir, ce qui n'était pas inusité. Il est venu le lendemain. Il n'a pas ouvert la conversation de sa façon habituelle. «Étant votre biographe, a-t-il dit, j'ai peur que vous nuisiez à votre réputation dans la dispute avec la Hanna et je veux vous demander de transiger.» Il m'a dit qu'il avait été prié d'intervenir par l'inévitable Brian Mulroney, qui l'avait préféré de justesse comme intermédiaire à Russell Harrison et à John Turner. Ceux-ci risquaient d'être en conflit, Harrison à cause de sa position à la banque et Turner comme président du conseil de Bechtel Canada.

J'ai répondu que je ne demandais pas mieux que de transiger, que je n'en avais jamais fait secret et que j'avais été diffamé et persécuté par la police pour ma peine. Je comprenais que Bob Anderson m'en veuille de m'être attaqué à la Hanna, mais ma version des faits était différente de la sienne. Si Anderson souhaitait un règlement qui n'était pas une simple reddition de notre part, but que visaient ses propositions antérieures, il devait me passer un coup de fil.

J'ai ajouté que je ne ferais pas l'ombre d'une concession à propos de l'enquête de police. C'était une farce grossière et une fois notre innocence prouvée, nous ferions enquête sur les enquêteurs. J'ai dit que l'affaire de la Hanna se comparait à la guerre du Yom Kippour en 1973. Comme Israël, nous étions partis du mauvais pied, mais nous avions franchi le canal de Suez et encerclé l'une des armées ennemies.

Dans son livre, publié plus tard cet automne-là et plus que généreux à mon égard, donc une sorte de gifle aux forces de l'envie qui se cachaient à Toronto, Peter omet modestement le rôle qu'il a joué dans le règlement du conflit de la Hanna. (Hal Jackman et moi avions un petit concours à savoir lequel de nous réussirait à faire insérer la citation la plus prétentieuse dans le livre de Peter. J'ai gagné avec un commentaire vaporeux disant que Jackman et moi nous demandions constamment si nous étions plus près de Nietzsche que de Hegel philosophiquement. Nietzsche n'était en fait qu'un épigrammatiste brillant à l'esprit dérangé et je connaissais peu l'œuvre de Hegel.)

J'étais plutôt d'accord avec la foule de personnes qui m'estimait indigne d'un ouvrage aussi approfondi et aussi flatteur que celui de Newman. Mon critique favori est l'homme qui a écrit au *Toronto Star* qu'il aurait eu plus de respect pour moi si «j'avais déjà été entraîneur d'une équipe de baseball moustique». Le *Star* a publié le livre en feuilleton.

Le lendemain de la visite de Peter Newman, Bob Anderson m'a téléphoné. Mon imperturbable secrétaire, Joan Avirovic, a cru qu'il s'agissait d'un farceur. N'entretenant pas de tel doute sur l'identité du correspondant, j'ai pris le téléphone en répétant la vieille blague de la fin du régime de la prohibition (qu'aurait faite le gouverneur de l'une des Carolines à son homonyme) : «Il y a longtemps qu'on a pris un coup ensemble!» Nous nous sommes rencontrés le lendemain dans la suite de la Hanna au Carlton House sur Madison Avenue, à New York, où, m'a assuré Bob Anderson, George M. Humphrey avait un jour reçu le président Eisenhower et le vice-président Nixon. Quelques jours plus tard, nous nous sommes revus à l'hôtel Bristol Place, à l'aéroport de Toronto. Ne tenant pas compte de l'avis belliqueux de l'un de nos avocats de New York (qui a plus tard acquis un certain renom en se joignant au concert de ceux qui conseillaient à Bob Campeau «d'oser grand» dans l'industrie des grands magasins), nous en sommes arrivés à un accord général.

Nous avons acheté assez d'actions non émises à 45 $ pour porter notre participation à 20 % et effacer presque toute la dette à long terme de la Hanna. Battle, mon frère et moi sommes devenus administrateurs de la Hanna. J'ai été admis au conseil de la direction. Bob Anderson est devenu administrateur de la Norcen, qui a acheté à bon prix la participation de la Hanna dans la Labrador, la Hollinger North Shore et la Hollinger-Hanna. Nous en sommes restés là pendant huit ans. C'était beaucoup plus près de ce que j'avais proposé à ma réunion de Toronto avec Anderson le 16 février que la contre-proposition faite par la Hanna à Cleveland le 2 avril, mais c'était de toute façon un compromis satisfaisant.

Le lendemain, mon frère a annoncé à l'assemblée annuelle de Dominion Stores (la société mère) qu'un règlement avait été conclu et que «les orages et les feux d'artifices» étaient terminés. À notre premier dîner d'administrateurs à Cleveland, Bob Anderson m'a gentiment présenté et j'ai dit que c'était un plaisir de dire quelques mots à Cleveland «sans être assermenté». J'avais affaire à un groupe d'administrateurs fort intelligents et intéressants. La réunion a été la première d'une série de rencontres amicales et elle a duré jusqu'aux petites heures du matin. Mon frère a improvisé un discours exaltant sur les perspectives économiques des États-Unis, concluant sur une note optimiste pour le drôle George Stinson, président du conseil de la National Steel. «Le chemin de la reprise économique est pavé d'acier!» lui a-t-il dit. George a cligné de l'œil et est allé remplir son verre.

Ayant réglé à 20 %, qui avait toujours été notre ambition, j'osais espérer que les marionnettes de l'escouade locale antifraude seraient persuadées par cette preuve formidable de l'«intention» réelle de la Norcen envers la Hanna. J'ai demandé à Paul Godfrey, président du conseil métropolitain de Toronto et membre de la commission de police, de déterminer (c'est-à-dire de confirmer) la source de l'enquête. Il m'a rapporté quelques jours plus tard que, selon ses renseignements, il n'y avait pas de preuve justifiant l'enquête, mais que les policiers qui en étaient chargés étaient si intransigeants qu'il serait impossible d'y mettre fin sans causer un scandale politique.

Le 28 juin 1982, dans la salle d'attente des futurs papas adjacente à la salle d'accouchement de l'hôpital Wellesley, j'avais la première d'une série de discussions avec Peter Atkinson sur l'enquête inique de la police quand on a amené ma femme et la nouveau-née. Alana, comme nous l'avons appelée, est depuis une source constante de fierté et de bonheur pour nous. Aucune petite fille n'aurait pu procurer à son père qui l'adore plus de plaisir qu'elle m'en a donné.

Paul a aidé à négocier un arrangement avec des avocats de grade assez élevé au bureau du procureur de la Couronne. Si cette affaire absurde devait aller jusqu'au bout, a-t-il été convenu, elle devait procéder aussi rapidement que possible. Nous allions collaborer à fond, leur fournir tout ce qu'ils voudraient, sans mandat (ni requête en cassation de mandat) et ils procéderaient aussi rapidement qu'ils le pourraient. L'existence de l'enquête était maintenant connue du public et les deux parties se sont entendues pour maintenir un silence absolu.

L'entente n'était pas conclue depuis deux jours qu'il est devenu évident que l'autre partie n'avait nulle intention d'honorer ses engagements. Son «intention» était que je m'abstienne de dire (comme je l'ai écrit dans le *Financial Post* dès que l'affaire a été rendue publique) que les auteurs de l'enquête sur la Norcen prêtaient davantage le flanc à une enquête que les administrateurs et dirigeants exemplaires de la Norcen. Leur intention était aussi, comme leur comportement l'a clairement indiqué, de prendre toute l'année que leur accordait la Loi sur les valeurs mobilières pour faire rapport, malgré leur promesse de procéder avec la plus grande célérité.

Deux jours après leur avoir remis des masses de procès-verbaux, de correspondance et d'autres documents soigneusement indexés, nous nous sommes rendu compte qu'ils avaient commencé à parler de «l'enquête criminelle» à la presse. Peter Atkinson et Paul Godfrey en ont fait la remarque et les agents ont aussitôt été «réprimandés». Par la suite, ils se sont bornés à une conférence de presse continue à titre officieux sur leur «intention» de m'envoyer en prison.

Le bureau du procureur de la Couronne a forcé la Commission des valeurs mobilières à mener une enquête conjointe, même si elle a exprimé l'avis que l'affaire ne relevait pas vraiment de la police et pouvait être réglée très rapidement. Charlie Salter m'a dit au bout de quelques mois qu'il était persuadé qu'il n'y avait pas motif à poursuivre l'enquête et que les policiers impliqués étaient «des néo-démocrates qui s'étaient laissé manipuler et ne cherchaient qu'à dénigrer Black». En forçant la CVM à une enquête conjointe, le bureau du procureur de la Couronne a réussi à prolonger la diffamation des administrateurs de la Norcen, et la mienne en particulier, bien au-delà de ce qui aurait été possible autrement.

Je me heurtais pour la première fois à la mentalité fasciste d'éléments de la police. Ils avaient l'habitude de voir leur victime s'abriter derrière un mutisme juridique et trembler devant eux. Plus l'objet de leur attention s'irritait, plus leur conviction de sa culpabilité était inébranlable. Quand j'ai finalement rencontré les deux agents, après qu'ils eurent interviewé la plupart des administrateurs de la Norcen, ils se sont montrés plutôt affables et bûcheurs. Ils souriaient d'un air narquois à chacune de mes réponses à leurs questions plutôt simples.

«Ils ont des bonbons dans la tête», a dit Paul Godfrey. Ils s'imaginaient en combat singulier contre un maître criminel, un adversaire formidable (c'est-à-dire digne d'eux). J'étais l'ogre des affaires. L'idée d'être trompés, de servir de pions dans une conspiration maintenant consommée, aurait surchargé leur imagination limitée. Mon amie Barbara Amiel a écrit dans le *Toronto Sun*: «La police de Toronto impose des normes régissant la taille physique des aspirants. Que fait-elle de la taille mentale?»

Je n'avais jamais eu grand-chose à voir avec la police. J'avais toujours supposé qu'elle était composée de ces hommes et femmes plutôt agréables qui répondaient aux fausses alertes de cambriolage et distribuaient des contraventions. Sans doute est-ce vrai pour la plupart, mais j'ai trouvé cette expérience si désagréable qu'à l'automne 1982, j'ai acquis, au nom de Ravelston, partie d'une agence de sécurité pour m'assurer que la sûreté de mon foyer et de ma famille n'était pas totalement à la merci des pauvres types qui nous opprimaient et nous diffamaient. (Les membres de l'agence étaient, à de rares exceptions près, des boules de suif louées qui passaient le gros de leur quart de surveillance à la maison à dormir ou, comme disait ma femme, à se regarder les pieds. J'ai été ravi que Dick Chant trouve à vendre notre part de l'entreprise, qu'il décrivait fort justement comme une «affaire de merde», avec un modeste profit en 1986.)

Brian Mulroney me téléphonait régulièrement pour me donner des conseils sur la façon de traiter avec la police. Il disait tenir des renseignements à la source d'agents de la police provinciale du Québec qu'il avait rencontrés lorsqu'il était membre de la Commission Cliche. Je lui ai dit qu'il n'avait pas besoin d'inventer d'aussi absurdes subterfuges puisque la véritable source de ses renseignements était bien connue. J'étais assez philosophe à propos du rôle de Brian dans l'affaire parce que je connaissais bien ses petites manies. Lorsque le procès-verbal du 9 septembre a fait surface, il a supposé que nous étions finis, ne sachant pas à quel point les Humphrey étaient impliqués. Il était assez loin dans la chaîne qui a suscité l'enquête sur la Norcen pour éviter que ses empreintes soient sur le poignard. Il a obligeamment assuré ses maîtres de Cleveland que le coup de grâce serait administré. Son rôle exact au cours du procès reste obscur, mais l'hypothèse la plus plausible, c'est qu'il a fait part à ses employeurs d'une tactique pour reprendre l'initiative que nous leur avions ravie.

Je connaissais assez Brian pour savoir qu'il était prêt à se plier à tous les caprices de ceux dont la reconnaissance pouvait lui être utile. Jusqu'à un certain point, j'admirais la ténacité de son ascension de ses modestes origines légendaires de Baie-Comeau au 24, rue Sussex et je l'ai un peu aidé en cours de route. Je ne m'en faisais pas avec ses activités. La nature de ses activités était claire, mais leur portée exacte ne l'était pas. Pour bien des raisons, je préfère lui laisser le bénéfice du doute. Il était, comme il le disait lui-même, «la confiture dans le sandwich». Je me suis toujours bien entendu avec lui, et en général nous nous aimons bien. Mais j'avais du mal à tolérer ses protestations d'aide et d'innocence dans cette affaire et dans quelques autres, non pas tellement pour leur obséquiosité que pour leur supposition implicite de naïveté caverneuse de ma part.

Au printemps 1982, j'étais aussi l'objet des attentions du plus éminent des hommes politiques canadiens, Pierre Elliott Trudeau. Mes amis Jim Coutts et Tom Axworthy, premiers secrétaires successifs du premier ministre et intrigants politiques féconds, ont décidé que je devais être nommé ministre du gouvernement libéral, comme Brian Mulroney et Jack Horner et quelques autres conservateurs en vue. (Jack a accepté et a sombré dans l'oubli. Brian, de toute évidence, a décliné l'invitation.) Trudeau m'a invité à dîner à sa résidence, à la suite d'une rencontre avec les chefs de file du milieu des affaires sur le projet du gouvernement fédéral de combattre l'inflation en limitant les augmentations de salaires à 6 % et à 5 % pour les deux années subséquentes. (Le clou de la rencontre, c'est quand Bob Campeau a dit : «Nous ne devrions pas demander ce que le gouvernement peut faire pour nous, mais ce que nous pouvons faire pour le gouvernement.» J'ai fait observer qu'il était le seul dans la salle qui avait gagné plus de 200 millions de dollars du gouvernement du Canada.)

Je connaissais un peu Trudeau depuis quelques années. J'avais toujours eu des doutes sur ses interventions en limousine dans le Québec de Duplessis (il était allé sur le piquet de grève de Murdochville dans sa Mercedes-Benz 300 SL en 1957). J'avais des réserves sur son opposition dans le vent à la croissance et aux stimulants économiques et à une poursuite vigoureuse de la guerre froide. L'encouragement incessant qu'il prodiguait aux groupes d'intérêt multiculturels, régionaux et sexistes, a causé des dommages terribles et peut-être irréparables au tissu social et fiscal du pays. Il a imposé un rigoureux égalitarisme économique, surtout dans des domaines comme l'assurance-maladie. Néanmoins, j'ai toujours soutenu sa défense du fédéralisme, du biculturalisme et de l'unité nationale.

Trudeau vivait en bénédictin au 24, rue Sussex. Il y avait très peu de meubles dans la maison, sauf dans la salle à manger, qui était munie d'une table et de chaises pour être fonctionnelle. Le dépouillement faisait davantage penser à la maison d'Ezra Pound à Rapallo qu'au décor habituel de résidence officielle d'un chef de gouvernement de pays sérieux.

Le premier ministre s'est gentiment étonné des procédures diffamantes auxquelles mes associés et moi étions soumis. En tant qu'ex-professeur des droits de l'homme, il s'est demandé comment on avait pu rendre une telle affaire publique. Je lui ai épargné les aspects politiques de l'affaire, mais je me suis étendu un peu sur l'esprit d'envie qui l'animait. Occupant la fonction la plus prestigieuse au pays, il était mieux placé que quiconque pour savoir que l'obsession destructrice de l'envieux esprit anglo-canadien exigeait que ceux qui volent le plus haut, sont le plus heureux et le plus agiles soient abattus, de la même façon qu'un chat, dans un parc d'oiseaux, poursuit celui qui vole le plus vite et a le plus beau plumage, celui dont la destruction effraiera le plus les autres.

Je déplorais le désir sadique d'âmes rongées par l'envie d'intimider ceux qui aspiraient à se distinguer le moindrement. Trudeau a dit qu'il connaissait bien le phénomène et il a expliqué par une métaphore sportive la grande difficulté de gouverner le Canada. «Les Canadiens français aiment les gagnants et conspuent sans pitié les perdants, a-t-il dit, tandis que les Canadiens anglais sont indulgents envers les perdants et, pour des raisons que je n'ai jamais comprises, conspuent avec rage les gagnants». (Il voulait évidemment parler de lui, mais son commentaire n'en était pas moins pénétrant.)

Il m'a demandé si je pensais qu'il devait se retirer avant les élections, qui auraient lieu dans deux ans. Je lui ai dit mon sentiment que les Canadiens, qu'ils l'aiment ou non, le respectaient profondément, mais préféreraient penser à lui comme partie importante de leur histoire plutôt que figure dominante de l'actualité. Je doutais que Joe Clark puisse rester à la tête du Parti conservateur après la catastrophe de 1979 (malgré les meilleurs efforts de Trudeau et des autres pour relever son prestige en en parlant toujours avec respect). Je disais que Mulroney, qui était beaucoup plus habile, le remplacerait probablement et qu'il serait difficile, après seize ans de gouvernement libéral, de persuader la population de résister à la tentation du changement.

Ton Axworthy, qui était présent, a dit qu'il avait entendu parler de la possibilité que je sois candidat libéral. J'ai gentiment glissé que je pensais qu'il avait été question qu'on m'offre un siège au Sénat, même si je n'en avais jamais exprimé l'intérêt. La candidature électorale, ai-je dit, me rappelait l'allusion que fait Henry Kissinger dans ses mémoires à la suggestion de Richard Nixon de prier avec lui dans la chambre de Lincoln à la Maison-Blanche la veille de sa démission. «Henry prétend ne pas se souvenir de s'être agenouillé et je ne me rappelle pas avoir parlé de poser ma candidature dans une élection.» Quoi qu'il en soit, il était clair que l'idée de rechercher une fonction politique ne m'enthousiasmait pas. Comme toujours avec Pierre Trudeau, la discussion a néanmoins été des plus stimulantes.

L'enquête sur la Norcen a traîné pendant tout l'automne 1982. La saison a encore été assombrie pour moi par la mort, en succession rapide, de six vieux amis dont j'avais l'habitude de solliciter plus ou moins les conseils (et souvent de les suivre) : Siegmund Warburg, Doug Ward (Dominion Securities), Charlie Burns (Burns Fry), Bob Dale-Harris (Coopers & Lybrand), qui m'avait vu sans sourciller courtiser gauchement sa jolie fille qui a eu le bon sens d'épouser le champion de tennis de la France en 1968; Bob Chisholm (administrateur de la Confederation Life et vétéran du commerce de l'alimentation), qui m'a toujours mis en garde contre «les flatteries»; et, tragiquement, de blessures de balles qu'il s'est infligées, John Robarts.

Nous avons mené à bien notre réorganisation financière, deux ans après le torpillage de notre première tentative par le Programme national de l'énergie. La Labrador Mining and Exploration a été vendue à la Norcen en échange d'un nombre d'actions de la Norcen égal à celui que détenait déjà la Labrador; les actions de la Norcen dans la Labrador ont été rachetées par la Norcen et annulées. En fait, la Labrador a vendu ses actifs de minerai de fer pour le coût du bloc de contrôle de la Norcen et conservé le contrôle de ces actifs en prenant le contrôle de la Norcen. Le prix de base rajusté de notre bloc de contrôle de la Norcen a ainsi été réduit à environ 7 $ l'action. La Norcen a retiré la dette en partageant ses actions en actions avec droit de vote et sans droit de vote et en émettant des actions privilégiées convertibles en titres de la nouvelle classe d'actions sans droit de vote.

Au milieu de 1983, beaucoup d'institutions s'opposaient à l'émission d'actions sans droit de vote et la majorité des deux tiers était requise pour l'émission d'une nouvelle classe d'actions. Par un formidable tordage de bras de dernière minute, j'ai réuni un peu plus de 70 % des suffrages à l'assemblée spéciale des actionnaires. Trevor Eyton, au nom du Royal Trust, et Ced Ritchie, président du conseil de la Banque de Nouvelle-Écosse, ont livré un précieux apport d'actions discrétionnaires quand j'ai sollicité leurs suffrages. Les reporters de la presse financière, présents en grand nombre à la réunion, n'ont pas caché leur déception sur le fait que le partage des actions soit autorisé. J'avais encore une bonne longueur d'avance sur mes adversaires.

La réorganisation a été réalisée sans dissidence majeure. Steve Jarislowsky, qui détenait ou représentait environ 1 % des actions de la Labrador, a proposé des changements qui, après une négociation amicale et un ajustement, ont été acceptés, contredisant les efforts considérables d'une partie de la presse financière pour me faire passer pour l'oppresseur des minorités. Stephen était un important actionnaire minoritaire et il nous a en fait soutenu.

Juste avant Noël 1982, le *Globe & Mail* a publié, sous la signature de Jock Ferguson, le compte rendu de la comparution de Roy McMurtry devant le comité des Affaires juridiques de l'Assemblée législative. Soumis à un interrogatoire serré par le député néo-démocrate Jim Renwick, Roy a déclaré que le procureur adjoint de la Couronne qui avait amorcé l'enquête sur la Norcen avait été retiré du dossier parce qu'il n'était pas spécialiste de ce type de cause. Il a vigoureusement démenti ce qu'il avait dit en privé des origines douteuses et irrégulières de l'enquête. Il a abondé dans le sens de Renwick, laissant entendre qu'il était inconvenant que je lui rende visite après la signification du premier mandat. Il a aussi exprimé des réserves à propos de mes commentaires publics intermittents sur l'affaire.

Considérant que la police et le bureau du procureur de la Couronne avaient violé nos ententes, publié, traîné et faussement représenté les procédures qu'ils n'avaient aucune raison valable d'entreprendre au départ, comme les événements subséquents l'ont démontré, je ne pouvais laisser passer le rétropédalage du procureur général sans commentaires. Même en faisant la part des raisons politiques et de son devoir d'appuyer ses fonctionnaires, c'était un comportement minable de la part d'un homme qui, de toute évidence, ne pouvait résister à aucune pression. J'ai téléphoné à Jock Ferguson, que je semblais tirer du lit, et je lui ai dit ce qui c'était vraiment passé, les véritables raisons du changement de procureur de la Couronne et les motifs évidents de la Couronne dans l'affaire, du moins au début.

J'ai aussi parlé de l'écoute illégale de nos téléphones que révélait le balayage électronique régulier de nos bureaux. Nous n'avons jamais été avisés de la mise sur écoute de nos lignes téléphoniques, comme la loi le requiert. Pendant un temps j'ai entamé toutes mes conversations téléphoniques en proférant des jurons contre les oreilles indiscrètes de la police. J'ai une fois étonné David Rockefeller, qui est resté perplexe au bout du fil. Ferguson a publié dans le *Globe & Mail* le matin de Noël un article assez provocant, dont j'étais la source. C'était mon cadeau de Noël au procureur général.

Peu après le Nouvel An, *Maclean's* a publié un article en page couverture sur moi. Le reportage était illustré par une caricature de visage mal rasé comme celles que faisait Herblock de Richard Nixon durant les audiences de McCarthy et il était intitulé *Power in High Places* (le pouvoir en haut lieu). La reporter principale, Linda McQuaig, que j'ai plus tard décrite (fidèlement) dans le *Financial Post* comme une «mauviette gauchisante, menteuse et peu brillante», n'avait pas le moindre souci d'objectivité et encore moins la présomption d'innocence. Les thèmes galvaudés de riches corrompus, d'abus de pouvoir et de guerre des classes dominaient l'article, qui était juste assez épuré pour ne pas être clairement diffamatoire.

À partir de là, les échanges publics ont dégénéré. Roy McMurtry se levait régulièrement en chambre pour dire en réponse aux interpellations de l'Opposition : «L'enquête criminelle sur M. Black et ses activités est en cours» (péchant à la fois contre la syntaxe et la vérité). Je parlais couramment de «Roy et de ses fascistes en action». Chaque fois qu'on m'en donnait l'occasion, je dénonçais le simulacre de justice qu'était l'enquête sur la Norcen. Douglas Bassett et Fred Eaton ont écrit au premier ministre Bill Davis pour protester contre la bouffonnerie de la police.

Avant qu'expire le délai d'un an de la Commission des valeurs mobilières, les huit commissaires, sur la foi de deux avis juridiques de source indépendante, ont déclaré à l'unanimité que «la Norcen et ses dirigeants [s'étaient] acquittés correctement d'une situation de conformité difficile et conformés en tous points à la loi». Roy et ses fonctionnaires ont fait pression sur la CVM pour qu'elle porte une accusation (n'importe laquelle) en vertu de la Loi sur les valeurs mobilières afin de préserver l'apparence d'une justification pour l'enquête secrète et arbitraire d'un an. La Commission a refusé de se laisser intimider et, la première semaine de mai 1983, elle a annoncé publiquement qu'une enquête approfondie avec laquelle nous avions collaboré sans réserve n'avait révélé aucun indice d'acte illégitime.

Le lendemain, à l'assemblée annuelle de la Norcen, j'ai décrit l'élément policier de l'enquête comme «une opération de salissage lâche et dégoûtante qui ne peut avoir d'autre but que de diffamer des innocents sans égard à l'effet que cela pourrait avoir sur les intérêts des actionnaires de la Norcen. Elle est le fait d'une élite poursuivante insolente qui croit pouvoir persécuter qui elle veut aussi longtemps qu'elle le veut.»

Ma femme et moi sommes partis le lendemain pour Rome et la réunion de la Commission trilatérale. À mon grand étonnement on m'a rejoint à notre hôtel pour m'informer que la «petite farce indigne» (une autre de mes descriptions citées publiquement) avait pris une nouvelle tournure. Linda McQuaig avait une sorte de relation personnelle avec l'avocat qui s'occupait d'une autre affaire pour l'un des policiers chargés de l'enquête. Le policier a informé Linda McQuaig par ce canal que le ministère du procureur général avait demandé de poursuivre, mais qu'on avait refusé parce que le président de la CVM, Peter Dey (successeur de Henry Knowles), avait travaillé chez Osler, Hoskin & Harcourt sur une émission de débentures de la Norcen. Peter Dey, avocat distingué d'une intégrité indiscutable, était accusé d'avoir arrangé la décision en faveur de la Norcen. Le *Maclean's* est revenu à la charge avec une page couverture diffamant la CVM et peu flatteuse pour moi puisqu'elle laissait entendre que j'étais coupable de subornation en même que de fraude contre les actionnaires. Encore une fois, l'article était assez épuré pour ne pas être clairement diffamatoire envers moi.

À mon retour de Rome et de Londres cinq jours plus tard, mon frère m'a dit que j'avais choisi «une bonne semaine pour m'absenter». J'ai déclenché ma pire attaque. Je me suis porté à la défense de la Commission des valeurs mobilières, disant qu'elle était composée de gens distingués (dont Frank Iacobucci, futur juge à la Cour suprême du Canada) et j'ai exigé de savoir pourquoi une enquête «criminelle» était «en cours» quand une enquête approfondie d'un an menée par l'excellent personnel de la CVM n'avait pas réussi à trouver la moindre preuve d'infraction civile à la Loi sur les valeurs mobilières. (L'un des jeunes enquêteurs de la CVM a suggéré d'émettre des directives à titre expérimental sur l'interprétation juridique de «l'intention», pour déterminer quand elle doit être jugée réelle et sujette à divulgation obligatoire.)

Un subalterne de la Commission nous a adressé «par hasard» de la documentation, dont une lettre au ministre de la Consommation et des Corporations, Robert Elgie, responsable de la CVM, déclarant que la Commission ne pouvait plus faire confiance au ministère du procureur général ou à Roy McMurtry ni travailler avec eux. Enchanté, je l'ai envoyée sur-le-champ au chef de l'Opposition, David Peterson. Il en a donné lecture en chambre au grand embarras de Roy McMurtry, qui s'est mis à bafouiller encore plus que de coutume.

Le cardinal Emmett Carter, Paul Godfrey, Alan Eagleson et John Aird, qui m'ont tous magnifiquement soutenu durant cette épreuve qui entrait dans sa deuxième année, sont intervenus discrètement auprès du premier ministre Bill Davis ou de son entourage. Je n'ai soulevé la question avec le premier ministre qu'une fois, lorsque je l'ai croisé dans les toilettes du York Club au cours d'une fête pour Don Hartford, de CFRB, qui prenait sa retraite. Sur un fond de chansons sentimentales de Wally Crouter, j'ai suggéré au premier ministre de secouer son procureur général. Il s'est contenté de sourire en faisant un clin d'œil énigmatique, sa réponse habituelle à toute remarque un peu gênante.

Finalement, le 9 juin 1982, Jack Ackroyd a annoncé qu'il n'y aurait pas de poursuite faute de preuve suffisante (en fait, il ne possédait aucune preuve, a-t-il plus tard avoué). Je rentrais de Halifax où j'étais allé aider à préserver la dernière corvette commémorant la lutte anti-sous-marine de la Marine royale canadienne durant la Deuxième Guerre mondiale. Ed Bovey et George Mara m'accompagnaient. J'ai prédit avec justesse que Brian Mulroney me passerait un coup de fil pour me féliciter et m'offrir des conseils (ce qui n'était pas une merveille de clairvoyance).

Chuchotant en français, comme il en avait l'habitude dans les affaires particulièrement délicates, Brian m'a conseillé de garder «un mutisme parfait». J'ai répondu que c'était «une option valable», mais que j'attendrais la déclaration de Roy McMurtry. Les chambres étaient toutes ajournées pour le congrès du Parti conservateur fédéral. J'ai demandé à Brian, à Julian Porter et à Paul Godfrey de dire à Roy au congrès, où ils seraient tous présents, que si sa conclusion à l'Assemblée législative était conciliante, mes derniers commentaires le seraient aussi.

C'était trop demander à Roy. La veille de la prorogation de la chambre, il a exprimé ses regrets que la Norcen n'ait pas été poursuivie en justice. J'ai répondu moi-même aux appels des journalistes et j'ai produit une nouvelle avalanche d'épigrammes sulfureuses. À Diane Francis, du *Toronto Star*, j'ai dit que «Roy avait fouillé dans nos dossiers comme un cafard asphyxié pendant plus d'un an et en était sorti les mains vides».

L'éminent avocat criminel Ed Greenspan m'a écrit une note pour me dire qu'il regrettait presque qu'il n'y ait pas eu de poursuite pour le plaisir que nous aurions eu à mettre le bureau du procureur de la Couronne en pièces.

L'épisode avait été singulièrement exténuant. La police s'était comportée comme des bandits kafkaïens, orwelliens, koestlériens. Le procureur général avait été complètement mou. Le nouveau chef de l'Opposition (fédérale), s'il n'était pas impardonnable, avait manqué de distinction pour dire le moins et s'était peut-être rendu méprisable. Rien ne m'a plus irrité que sa prétention d'être intervenu pour empêcher une poursuite contre moi après que la Norcen eut été blanchie par la CVM. Nous avions de bonnes relations, quoique réservées, mais je lui ai quand même rappelé sur un ton glacial qu'il avait eu plus à voir avec le début qu'avec la fin de cette affaire honteuse.

Mes vrais amis, le cardinal Carter, les Bassett, les Eaton, Paul Godfrey, John Aird et John Turner ont été une source d'inspiration, mais bien d'autres brûlaient manifestement de croire le pire. Je n'étais pas naïf, mais j'ai été désappointé de voir comment la pensée du groupe social se réchauffait vite à l'idée que je puisse être envoyé, menottes aux poignets, à ce que j'appelais «la suite commémorative Harold Ballard» de la prison provinciale. J'aurais trouvé cela moins ennuyeux, comme j'ai dit à l'époque, «si j'avais vraiment fait quelque chose de croche».

L'un de nos nombreux avocats, après avoir passé le dossier en revue, m'a dit en blaguant : «Votre honnêteté était si méticuleuse qu'elle en est devenue une forme de sournoiserie.» C'était embêtant de descendre pour le petit déjeuner à la maison et d'entendre le chauffeur et la femme de ménage chuchoter des rumeurs dans la cuisine, de passer en voiture devant une affiche lumineuse de *Maclean's* proclamant mes ennuis juridiques sur le boulevard Lakeshore, de recevoir les regrets du juge en chef de la province de ne pouvoir assister au dîner de la Hollinger par souci évident de préserver sa respectabilité. (Son absence au premier anniversaire du début de l'enquête, en 1983, a été largement compensée par la présence de Henry Kissinger, de David Rockefeller, de Jack Heinz et de Tony O'Reilly, respectivement président du conseil et président de la H. J. Heinz, qui s'y sont arrêtés en route pour la rencontre Bilderberg à Montebello.)

Quand Leonard Rosenberg, dernier acheteur de la Crown Trust dans une opération qui a plus tard été jugée frauduleuse, s'est fait confisquer ses actifs en préemption, il nous a téléphoné pour dire qu'il avait un dossier volumineux sur Roy McMurtry. Je l'ai invité à passer à nos bureaux. Ses renseignements, comme je le pensais, n'étaient pas très solides. Nous ne nous sommes pas revus, mais j'ai admiré le culot de Rosenberg qui est arrivé dans une limousine Cadillac allongée, placardée de collants disant «Rosenberg a raison, c'est le temps de combattre!» et citant Hitler (pour illustrer les injustices dont il était victime). Peter Atkinson s'est joint à la réunion. Notre réceptionniste, femme attentive et consciencieuse, a dit, après le départ de Rosenberg : «Nous n'avons pas l'habitude de recevoir des gens comme lui ici! Je suis contente que vous ne l'ayez pas rencontré seul.»

Les deux agents de police et le fonctionnaire de la Couronne qui avait amorcé l'affaire avec eux n'ont certainement pas fait avancer leur carrière. Il était inutile de poursuivre Roy McMurtry puisqu'il venait d'évoquer l'immunité absolue de la Couronne dans l'affaire Susan Nelles. (Infirmière du Sick Children's Hospital de Toronto accusée d'avoir empoisonné des enfants, Susan Nelles a été relâchée après son enquête préliminaire pour insuffisance de preuves. Elle poursuivait le ministère public pour poursuite abusive.)

Encore une fois, nos grands médias libéraux ont dormi sur leurs deux oreilles. J'ai écrit un article pour le magazine *Report on Business* du *Globe & Mail*, dénonçant le concept scandaleux d'immunité absolue qui aurait dégagé les procureurs de la Couronne de toute retenue ou responsabilité dans l'exercice de leurs vastes pouvoirs. Le *Maclean's*, le *Toronto Star*, le NPD et les bonnes âmes compulsives comme June Callwood et Clayton Ruby ont observé à ce sujet «un mutisme parfait».

Roy McMurtry ne m'a pas poursuivi, mais il a été abusif, pusillanime et incompétent. Je me suis donc contenté de faire un don au fonds de défense de Susan Nelles. John Sopinka a plaidé la cause de l'infirmière avec brio et la Cour suprême du Canada lui a donné raison. Nommé à la Cour suprême dans l'intervalle, Sopinka a dû se récuser après avoir plaidé la cause. J'étais fier d'avoir au moins contribué modestement à faire révoquer l'immunité absolue.

Les événements ont suivi leur cours. J'ai fait une sorte de paix avec les principaux acteurs de l'affaire et il y a peu de chances que je croise de nouveau ceux qui y ont joué de petits rôles. Jack Ackroyd a présenté des excuses et Roy a reconnu que l'affaire avait été mal menée et que j'en avais été « victime ». Le rédacteur en chef de *Maclean's*, Kevin Doyle, m'a fait des excuses pour le tort que l'article de Linda McQuaig m'a causé et il a prétendu ne pas regretter le départ de Linda McQuaig pour le *Globe & Mail*. Cette année de diffamation et de harcèlement inutile n'aurait pas pu mieux se terminer.

La réorganisation d'Argus a été un autre gigantesque et essentiel bond en avant pour notre groupe. Nous étions maintenant pleinement propriétaires de la Norcen et la dette contractée pour sa prise de contrôle avait été effacée. L'opération a cependant entraîné des coûts psychologiques et de relations publiques énormes. Il devait y avoir une façon plus facile de gagner sa vie, pensais-je. J'étais assez robuste, mais je m'évertuais à imiter les campagnes les moins sanglantes de Bonaparte et de MacArthur, non pas les aventures du roi Pyrrhus.

CHAPITRE 9

Argus devient Hollinger: de l'épicerie aux journaux (1983-1986)

Il y avait une étrange symétrie dans l'élévation de Brian Mulroney au poste de chef de l'Opposition (fédérale) quelques jours après la fin de la fausse enquête sur la Norcen (c'est-à-dire sur moi). Au congrès annuel du Parti progressiste-conservateur, Joe Clark s'était laissé manœuvrer pour convenir avec les amis de Brian dans les médias qu'à moins d'être confirmé par 70 % des délégués comme chef de parti, il convoquerait un congrès pour la direction.

À Winnipeg, 69,5 % des délégués ont confirmé Joe dans ses fonctions. Fidèle à sa promesse, sans tenir compte du vœu de l'immense majorité, il a convoqué un congrès de leadership auquel il posait sa candidature. Avec son piquant habituel, Hal Jackman m'a décrit l'arrivée des délégués du Québec, «entassés dans des cars comme des sardines, n'ayant pas la moindre idée d'où ils étaient, de ce qu'ils faisaient ou de ce qu'était le Parti conservateur, ayant simplement instruction de voter oui à un congrès». (Cette sorte d'opération était appelée «paquetage» dans le Québec de Duplessis où Brian Mulroney avait fait ses premières armes politiques.)

L'avalanche de Québécois de motivation discutable, opération coûteuse à laquelle j'ai largement contribué, a tout juste suffi à pousser Joe sous le seuil des 70 % qu'il s'était imposé. J'ai concrètement soutenu l'initiative non pas parce qu'elle me semblait un brillant exercice de politique réformiste, ni parce que j'avais une dent contre Joe, mais parce que j'estimais qu'il devait prendre la responsabilité de ses actions. Joe avait soumis son parti et son pays à un fiasco électoral, sans précédent que je sache. Je pensais que de déloger le parti au pouvoir depuis seize ans et d'être maladroit au Parlement au point d'être renversé sans raison au bout de six mois dénotaient plus d'amateurisme que n'importe quel parti – même les conservateurs criblés par des générations d'automutilations, de Meighen à Stanfield en passant par Bennett et Diefenbaker – devait être tenu d'endurer.

Hal était avant tout légitimiste. Le même raisonnement qui l'avait poussé à s'abstenir de voter contre Max Meighen ou Alex Barron et à voter pour la promotion de leurs successeurs l'a incité à soutenir Joe loyalement, même avec ferveur. Les changements involontaires de direction dans n'importe quelle organisation avaient pour lui une odeur de révolution. Il ne voulait pas partager au figuré le sort de Charles Ier et ne voulait pas voter pour l'infliger aux autres. Dans l'esprit de ce *nec plus ultra* du cynisme tory, un vote contre Clark équivalait à un vote contre sa propre réélection à la présidence du conseil de l'Empire Life, de la National Victoria and Grey Trust ou de l'Algoma Central Railway. (On m'a envoyé un enregistrement vidéo montrant Hal au congrès de Winnipeg, debout sur une chaise devant la salle, agitant une veste au-dessus de sa tête pour stimuler les supporters de Joe. Pour m'amuser conformément au ton général de nos relations, j'ai proposé au conseil de Ravelston une résolution reprochant à Hal d'avoir fait rejaillir « l'embarras, le discrédit, le ridicule et l'opprobre » sur ses collègues par son comportement.) Vers la même période, Fred Eaton, arrivant avec du retard à une réunion du conseil, a demandé à nos commissionnaires d'enlever un vieux tacot du terrain de stationnement de la société, rue Toronto. Il ne pouvait imaginer qu'une telle guimbarde puisse appartenir à un administrateur d'Argus ou de Hollinger. C'était la voiture de Jackman, une des mille et une façons qu'il avait trouvées pour se moquer des attitudes bourgeoises de l'establishment de Toronto. Hal a prétendu y prendre grand ombrage.

Dès après le congrès, Brian Mulroney est parti en vacances en Floride et m'a rendu visite à Palm Beach. Au cours d'une conversation dans ma bibliothèque, il m'a demandé si j'interviendrais auprès de mes « riches amis de Toronto », en particulier Hal Jackman, les Bassett et les Eaton, pour les détacher du camp de Joe Clark. J'ai promis de faire de mon mieux, mais sans grand optimisme. Je lui ai dit que la plupart des membres de l'establishment de Toronto ne voulaient vraiment rien d'aucun gouvernement et que, s'ils s'intéressaient à la politique, c'était en général sans opportunisme. Brian comprenait mal ce genre de culture et de motivation politiques.

J'ai profité de l'occasion pour sonder Brian davantage que je n'avais pu le faire depuis nos soirées bien arrosées d'une dizaine d'années auparavant, alors que nous étions célibataires ou qu'il était jeune marié et dénigrait avec ironie les adeptes naïfs de la « gestion nationale ». J'avais le sentiment, lui ai-je dit, qu'il voulait être en politique et devenir premier ministre « pour que d'humbles gens comme moi, Paul Desmarais et Charles Bronfman fassent appel à lui plutôt que l'inverse ». Il a reconnu que c'était en partie vrai, mais qu'il voulait aussi faire des choses.

Je lui ai demandé s'il était candidat parce qu'il avait des idées fermes. « Pas exactement », a-t-il habilement répondu. Il a esquissé des notions générales : la bonne entente franco-anglaise, de meilleures relations avec les États-Unis, surtout l'administration Reagan, et un meilleur climat pour le secteur privé en matière d'impôt et d'investissement étranger. J'ai assimilé ses bonnes intentions sans trop de mal, et je suis retourné à l'aspect sociologique.

«Je suis tout à fait d'accord avec ça, comme tu sais, et je sais que tu l'es aussi, mais si je peux me permettre, à titre de vieil ami, ton ambition réelle – et il n'y a rien de mal à ça ni à l'ambition en général – n'est-elle pas de grimper au sommet du mât de cocagne, pour emprunter les mots de Disraëli?» Il m'a dévisagé pensivement quelques secondes, se demandant non pas quelle était la vraie réponse à la question, ai-je supposé, mais s'il devait y répondre franchement. «Oui, a-t-il dit finalement en pesant ses mots, mais je veux faire des choses utiles quand j'arriverai là et je n'oublierai pas mes amis.»

Je lui ai promis de faire les appels qu'il demandait et j'ai prédit qu'il remporterait la direction et probablement les élections. Mais, ai-je ajouté, «il y a des millions de Canadiens qui s'attendront que tu les aides personnellement. Tu sais que les Canadiens investissent des espoirs déraisonnables dans leurs nouveaux chefs, sauf Joe qui n'avait pas la personnalité d'un chef, et déversent ensuite injustement leurs frustrations sur eux. Es-tu prêt à ça?» Il m'a assuré qu'il l'était et je lui ai souhaité bonne chance, sincèrement. Comme j'avais prévu, Jackman a refusé d'abandonner Clark pour des raisons politiques. Les Bassett, John (père) et Douglas, méprisent toute forme de déloyauté et n'allaient pas quitter leur candidat de prédilection, même s'il était assiégé de toutes parts et si leurs raisons de l'appuyer au départ étaient obscures.

Les activités politiques des Eaton étaient alors entre les mains de John Craig Eaton, chargé avec Joe Barnicke de la collecte de fonds pour Bill Davis. John Craig prenait ses directives du premier ministre, que des membres de son entourage pressaient de poser sa propre candidature. Dans les circonstances, Bill Davis, l'un des hommes politiques canadiens les plus compétents et les plus insondables que j'aie connus et qui, après douze ans comme premier ministre, ayant perdu et repris la majorité, avait maintenant l'Ontario bien en main, inclinait apparemment vers Clark tout en se demandant s'il allait lui couper l'herbe sous le pied. Même s'il y avait eu une ruée vers Mulroney parmi leurs pairs (et il n'y en avait pas), les Eaton n'étaient pas près de s'y joindre.

Au cours de la campagne, les entreprises de notre groupe ont soutenu Brian non seulement en versant des dons importants, mais aussi en réglant les dépenses de Peter White, qui voyageait et travaillait avec le candidat. Nous avons aussi contribué une somme importante à la campagne de John Crosbie, l'irrésistible ancien ministre des Finances qui était notre deuxième choix. Enfin, en souvenir du passé, nous avons fait un don modeste à Michael Wilson, qui avait été associé à mon frère et à moi et que j'avais aidé (avec plaisir) à se lancer en politique. À l'approche du congrès, Brian a téléphoné pour réclamer d'urgence des dons supplémentaires. Il s'est livré à ce rite ancien et fondamentalement indigne du politicien avec beaucoup plus de panache que Wagner, Jean-Jacques Bertrand et d'autres que j'avais observés (et dont j'avais entendu parler) dans les mêmes circonstances et j'ai été plutôt obligeant.

Sa victoire n'a pas été inattendue ni mal accueillie. Joe a perdu de justesse et avec grande dignité. Les forces aveugles de la désaffection, du régicide et de l'élévation d'un nouveau chef qui secouaient le Canada tous les dix ans étaient en branle et ne pouvaient être arrêtées que si les libéraux changeaient habilement de chef comme ils l'avaient fait en 1968 et si le nouveau chef, vraisemblablement John Turner, démontrait la même virtuosité qu'avait alors démontrée Pierre Trudeau. Sinon, le balayage dont aurait bénéficié Wagner en 1979 favoriserait Mulroney cinq ans plus tard.

Je pensais que Brian ferait un bon premier ministre. Sa politique serait équivoque, mais sensée. Il maintiendrait sans plus d'originalité les systèmes très lourds et quasi autonomes de paiements de transfert et de péréquation, serait favorable au secteur privé, capable de négocier avec le Québec et de tirer le maximum de nos relations avec les États-Unis, remportant de ce côté un succès instantané. Puisque les principales raisons d'être du gouvernement fédéral étaient de garder le Québec dans la Confédération et de maintenir de bonnes relations avec les Américains, Brian était bien qualifié, même si ses références antérieures étaient minces. Politiquement, il couchait à gauche et à droite.

La longue suite de perdants – de chefs distingués comme Meighen et Drew et de moins distingués comme Bennett, Manion, Hanson, Bracken, Stanfield et Clark, ponctuée par l'inqualifiable et volcanique John Diefenbaker – n'avait pas préparé les libéraux à la charge de détermination, de chicane et de professionnalisme partisan que, j'en étais sûr, Brian allait monter. Le temps du système fédéral à parti unique, auquel seuls les principaux premiers ministres de provinces constituaient une opposition réelle, était révolu et je ne m'en plaignais pas.

Sur le plan personnel, mes relations avec Brian avaient toujours été cordiales. J'avais des doutes sur son rôle dans la honteuse enquête sur la Norcen, mais je savais que le zèle qu'il déployait au service de son patron de l'heure (en l'occurrence Bob Anderson) partait d'un souci réel (et peut-être aussi opportuniste) que la situation dégénère et aboutisse à un malheur. S'il n'était pas toujours facile de déterminer où se croisaient la sincérité et l'opportunisme dans l'esprit de Brian, s'il embrouillait les limites de la vérité plus que la plupart des gens que je connaissais aussi bien que lui, son opportunisme était presque majestueux dans sa détermination et quelquefois dans son ingéniosité, mais rarement l'a-t-il poussé à être méchant sans raison ou complètement immoral.

Tandis que Brian Mulroney, misant sur ses aptitudes politiques et sur sa bonne fortune, gravissait à coup sûr les échelons conduisant à la plus haute fonction politique au pays, je me suis remis à la tâche routinière de réformer ce qu'on appelait encore généralement le groupe Argus. La Standard Broadcasting a été cédée par Argus à la Hollinger à la fin de 1982. Les murmures habituels se sont fait entendre dans le milieu financier à propos de ce qu'on estimait être des opérations entre apparentés. Les grognements n'ont pas duré longtemps parce que la Standard Broadcasting a rapporté en deçà de quelques années près de quatre fois ce que la Hollinger avait versé à Argus pour les actions.

J'étais alors l'objet de critiques narquoises de l'extérieur pour n'avoir pas été plus orthodoxe et n'avoir apparemment pas mieux réussi sur le plan industriel que mes prédécesseurs Taylor et McDougald. Les critiques, au moins les plus modérées, n'étaient pas sans fondement. Massey-Ferguson s'était révélée une cause perdue et Dominion Stores peu rémunératrice. Nous aurions pu nous attacher à résoudre les problèmes d'exploitation par une meilleure gestion de nos entreprises. Cela aurait été une façon positive d'aborder le problème. Nous aurions pu l'expliquer franchement et y procéder facilement, mais ce n'était pas l'issue la plus rapide, la plus directe ni la plus profitable du fouillis inextricable d'entreprises de valeur discutable que nous avait léguées Bud McDougald. Ce n'était pas non plus, il faut le reconnaître, le rôle pour lequel j'étais le plus apte. Comme mes critiques ne manquaient pas de le souligner (à bon droit), je n'avais rien dirigé de plus important que le *Sherbrooke Record* (et David Radler s'en était chargé beaucoup plus que moi).

M'étant investi du mandat complexe d'améliorer la valeur des actifs d'Argus, d'en devenir vraiment propriétaire, et de donner un aspect un peu plus organisé et éclatant à notre petit empire industriel, je ne pouvais pas me plaindre (et je l'ai rarement fait) qu'on me jugeât sévèrement. Je m'efforçais, pas toujours sans succès, d'avoir plus de style que les matérialistes criards de la fin des années 80 qui sont devenus pour un temps ma caricature. J'ai quelquefois éprouvé un vif embarras à lire mes propres commentaires. Je n'aime pas les gens vantards ni trop matérialistes, mais je m'étais mis dans la position de devoir constamment justifier mon travail d'administrateur et je ne pouvais le faire qu'en faisant valoir l'enrichissement des actionnaires, et d'abord le mien.

Il n'y avait rien de répréhensible à cela, mais ce n'était pas très séduisant, surtout au Canada, où faire de l'argent vient loin derrière «l'humanité et le partage» dans la hiérarchie des valeurs, même dans le milieu des affaires, et où le modèle de l'homme d'affaires devait ressembler à Alan Alda, sinon à John Denver. En faisant exception de mes amis, qui étaient heureusement nombreux et avaient souvent de l'influence, des voracement envieux et des misanthropes, je pouvais souvent comprendre pourquoi une bonne partie des bien-pensants seraient ravis de me voir échouer et subir un sort qu'ils jugeaient richement mérité. Je pouvais comprendre ce point de vue, mais je ne pouvais évidemment pas le partager ni y satisfaire. Je ne pouvais rien d'autre que d'achever la reconstruction de nos affaires et d'exploiter l'antagonisme ambiant en continuant de tirer profit du prix relativement bas de nos actions.

Des analystes boursiers avaient conçu la théorie d'un «facteur Black» qu'ils appliquaient à rabais à nos actions sous prétexte qu'il était impossible de prédire comment le groupe évoluerait ni quelle opération complexe entre apparentés il était susceptible d'entreprendre. On ne disait pas que j'étais incompétent ou déshonnête, quoiqu'on l'insinuait à l'occasion, mais simplement que d'investir chez nous était un coup de dés parce qu'on ne pouvait pas prédire comment nos entreprises seraient échangées, remaniées et cannibalisées plutôt que d'être gérées de façon classique pour augmenter la valeur des avoirs de nos actionnaires.

Les administrateurs de fonds institutionnels qui avaient plus de discernement, notamment Tullio Cedraschi et Stephen Jarislowsky (nos deuxième et troisième plus gros actionnaires), s'inquiétaient moins du quotidien des opérations que de la hausse vertigineuse des avoirs des actionnaires. Il leur suffisait d'être passagers à bord du train mystérieux que je pilotais. Leur devoir, estimaient-ils, était de veiller à l'augmentation des actifs et non pas d'identifier le parfait industriel. Dans les circonstances, le «facteur Black» a joué en notre faveur. On l'appliquait d'ordinaire à la Norcen, ce qui était particulièrement absurde puisque Ed Battle dirigeait l'entreprise avec une habileté consommée et une honnêteté absolue et que je n'avais pratiquement rien à y voir. Si nos titres devaient être systématiquement sous-évalués, nous devions en acheter plus, pour les accumuler ou les annuler (distribuant ainsi la valeur non réalisée parmi les actionnaires restants).

Il y avait un nouveau jeu en ville et, dans l'esprit de ce jeu, nous avons fait de Dominion Stores en 1984 une filiale à 100 % de la société mère, qui était aussi propriétaire à 50 % de Standard Broadcasting, à 93 % de la Hollinger et de la Labrador, et par leur intermédiaire de près de 40 % de la Norcen. La société de portefeuille était appelée Argcen Holdings Ltd., le nom le moins séduisant que nous avons pu imaginer, acronyme d'Argus et de Norcen. L'un de nos conseillers juridiques nous a suggéré avec humour d'inclure Dominion dans l'anagramme pour faire Arcend, qui l'aurait apparenté à l'argot scatologique.

La suggestion n'a pas été faite sérieusement, mais le principe d'accentuer sans manipulation la sous-évaluation de nos titres possédait une logique admirable. L'offre d'achat de la Norcen, qui a servi de prétexte à l'enquête de 1982, a été la première d'une série que nous avons faites parmi les entreprises du groupe, émaillées, dans les délais autorisés, d'achats cumulatifs d'ordinaire payés par des dividendes spéciaux occasionnels du produit de la vente d'actifs de mauvaise qualité aux prix gonflés des années 80.

Les mesures foncièrement difficiles, comme la pratique de taux d'intérêt élevés par une banque centrale ou l'abattement des prix par un détaillant, doivent être maintenues plus longtemps que prévu et avec une ténacité qui devient presque aussi intenable pour celui qui les impose que pour le public qui en est l'objet. J'ai fini par me sentir moi-même mal à l'aise de démolir des entreprises et de découper et de recoller des actifs qui n'avaient aucun rapport entre eux. Mais plus la presse financière et le milieu des affaires me critiquaient, plus j'étais déterminé à poursuivre cette politique jusqu'à épuisement naturel de son utilité.

Le manque de compétitivité de Dominion Stores devenait chronique. En 1981, tandis que nous «dominionisions» la Hollinger après avoir vendu les actifs du Québec à Provigo et à Coop-Prix, Ray Wolfe (président du conseil et propriétaire des actions avec droit de vote de l'Oshawa Group) a fait appeler la Bourse de Toronto par son conseiller juridique pour demander de ne pas suspendre les transactions sur nos titres en attendant l'annonce de notre projet de vente de la Hollinger à la Dominion parce qu'il voulait faire une offre d'achat de Dominion. L'ouverture était plutôt maladroite et la Bourse lui a fait valoir qu'elle consultait normalement la direction des entreprises concernées sur la suspension des transactions. Ray nous proposait environ 90 millions de dollars pour notre participation dans Dominion. Mon frère, Dick Chant et moi étions persuadés que nous pouvions faire beaucoup mieux, d'autant qu'il y avait déjà 85 millions provenant de la vente des actifs du Québec dans les coffres de Dominion. J'ai donc refusé l'offre.

En 1983, j'ai repris la discussion sur Dominion avec Ray Wolfe et j'en ai aussi discuté avec Steinberg, notre concurrent direct, les Dobrin (Mel et Mitzi, fille de Sam Steinberg) nous ayant fait part de leur intérêt. Ray Wolfe et Arnold Steinberg (avec qui j'ai surtout traité) étaient parmi les plus parcimonieux des négociateurs que j'aie rencontrés, mais non pas les plus décisifs. Ray demandait de plus en plus de détails à chacune de nos rencontres, qui avaient invariablement lieu tôt le matin chez lui, à moins de deux kilomètres de chez moi. Son comptable, Marvin Kates, était présent et concluait presque chaque réunion en disant qu'ils avaient « une liste de blanchissage » de renseignements supplémentaires qui leur seraient nécessaires.

Pour les discussions avec Steinberg, j'ai retenu les services de John Turner comme conseiller juridique. Aussi longtemps que Trudeau serait au pouvoir, il était peu probable qu'on permette à des intérêts étrangers d'acquérir Dominion, mais je pensais qu'il pourrait être un jour politiquement utile que John Turner soit au moins au courant du dossier. J'ai reçu une proposition d'A & P en 1984 par l'entremise d'un ami de New York, Arthur Ross, de la Central National Bank Corporation, un autre actionnaire sagace et loyal de la Hollinger.

En 1983 et 1984, il devenait de plus en plus clair que Ray Wolfe et les Steinberg étaient désespérément mordus du déclin de Dominion Stores, qui leur rendait chaque année la vie plus facile comme concurrents. En hommes prudents qu'ils étaient dans un secteur à haut volume et à faible marge de profit, rempli de mauvaises langues, ils se disaient qu'aussi longtemps que Dominion continuait de se détériorer, ils seraient en bonne position. Si un détaillant en alimentation consciencieux l'achetait, la baleine endormie de l'industrie s'éveillerait et ils ne pourraient plus s'en tailler des morceaux. Si l'un ou l'autre d'entre eux l'achetait, ils ne pourraient plus tous en profiter et l'acheteur devrait nettoyer nos dégâts. Que l'idée que nous pouvions nous-mêmes revitaliser l'entreprise ne les ait pas vraiment effleurés était un indice de mon manque de crédibilité comme exploitant de supermarchés.

Le successeur de Tom Bolton, Al Jackson, a pris une retraite prématurée en 1983, évoquant des raisons de santé, plausiblement puisqu'il était hypocondriaque notoire, mais aussi à cause de la détérioration constante de l'entreprise et de son incapacité à y remédier. John Toma l'a remplacé, mais mon frère a prudemment conservé le poste de chef de la direction. Toma était déjà considéré suspect, mais il était le choix de Jackson et de Bolton et les proportions de la baisse de l'entreprise au début de 1983 ne m'apparaissaient pas clairement comme administrateur externe. Puisque je n'aimais pas l'industrie de toute façon et que la vente de nos actifs du Québec avait été si profitable, même si l'industrie y était encore moins profitable qu'ailleurs, je ne m'inquiétais pas trop. Même quand il devint évident, à la fin de 1983, qu'il ne serait pas possible de vendre à des Canadiens à un prix convenable, je ne me suis pas alarmé autant que j'aurais dû.

En prenant la direction de Dominion, Toma s'est mis en frais de persuader les administrateurs qu'il mettrait en œuvre un plan radicalement nouveau pour augmenter les ventes et la satisfaction de la clientèle. Il confirmait implicitement nos soupçons qu'au lieu d'être dicté par la demande, le merchandising de Dominion était déterminé par les relations ténébreuses de Toma avec certains fournisseurs. Toma avait auparavant écarté ou rejeté pratiquement toutes les recommandations d'un consultant en alimentation sur la réforme des pratiques d'achat, l'amélioration des magasins, la promotion du personnel du bourbier de copinage médiocre qu'elle était devenue, la diversification dans le sens de l'intégration verticale, et la modernisation de la publicité («C'est surtout à cause des viandes» semblait un peu dépassé à une époque où tout le monde mangeait des pâtes). Cherchant à se faire confirmer directeur général, Toma a forcé la main des reptiles bien dressés de son groupe de direction et présenté un train de changements inspirés pour la plupart des recommandations des consultants externes.

Nous étions disposés à accepter, quand même prudemment, sa conversion. En 1983, les résultats ont semblé s'améliorer, même si les bénéfices étaient sensiblement plus élevés sur des volumes presque inchangés. Toma et ses cadres, soumis à un interrogatoire serré, ont juré qu'ils ne faisaient pas que relever les prix et les marges et sacrifier le volume aux meilleurs emplacements de la société où la résistance à des prix plus élevés était moindre. Ils ont prétendu, sans qu'on puisse le vérifier, avoir réalisé des économies d'exploitation et stocké les magasins de produits de meilleur rendement. Non sans appréhension, nous avons conféré à Toma la dignité de directeur général, avec un généreux contrat, sur la recommandation mûrement réfléchie de Monte et de Dixon, contre la dissidence catégorique de John Finlay, en 1984.

Vers la fin de 1984, les petites combines de Toma lui sont retombées dessus. Ses manipulations des comptes des fournisseurs n'arrivaient plus à dissimuler l'érosion de la part de marché de Dominion. Les profits s'étaient évaporés et les espérances discrètes de Ray Wolfe et des cadres de Steinberg s'étaient réalisées. Sur l'insistance de quelques administrateurs, Toma avait finalement ouvert des magasins en franchise. La politique de l'entreprise à l'égard des magasins déficitaires consistait à livrer une guerre locale de prix et dès que les pertes augmentaient, comme il était inévitable, de fermer le magasin. Il n'y avait pas de flair, pas de combativité, de souplesse ni d'imagination, simplement de la routine, du défaitisme et le type d'arrogance perverse que le défaitisme engendre parfois.

Il y avait aussi, soupçonnions-nous et nous allions bientôt le confirmer, la corruption des pillards dans une ville déserte ou même dans un bateau qui coule. (Il serait injuste de blâmer seulement les employés. Il étaient responsables des trois quarts des vols, mais les clients volaient aussi pour

10 millions de dollars de marchandise. Dans le même trimestre, un ministre protestant, un prêtre catholique et un rabbin, dans trois provinces différentes, ont été appréhendés pour vol à l'étalage.)

La tentative de franchisage a été menée suivant les conseils d'un avocat d'un bureau très respecté, spécialisé en relations du travail. Malheureusement, cet avocat s'est révélé être sans doute le seul dans le bureau qui avait le don de donner des conseils entièrement erronés. Nous demandions sans cesse à Toma et à son directeur des relations industrielles de nous faire rapport du progrès de la première cause type de nos concessions Mr. Grocer, et on nous répétait invariablement que nous étions presque assurés de gagner devant la Commission des relations du travail de l'Ontario, ce qui ne manquait pas d'éveiller les plus grands doutes dans mon esprit. Quand le verdict est arrivé à la fin de 1984, il était pire que ce que j'avais moi-même imaginé.

Un universitaire marron de la Colombie-Britannique, qui demandait parfois à siéger dans des causes de la Commission des relations du travail de l'Ontario, a rédigé un verdict fleuri, rempli d'allusions à «la présence étouffante» de Dominion Stores et d'autres expressions littéraires collégiales. Il concluait qu'aucun des employés de Mr. Grocer n'avait le droit d'y travailler et que les employés de Dominion Stores qui travaillaient dans le même établissement avant la fermeture du magasin et sa réouverture comme concession avaient été congédiés à tort. Cela n'était pas trop étonnant, mais il a aussi trouvé que les employés de Mr. Grocer étaient de toute manière représentés par l'Union des employés de gros, de détail et de magasins à rayons. Ainsi, même si le verdict prétendait ne traiter aucunement des conséquences financières, il forçait Dominion à reprendre à son service les employés congédiés avec rappel de salaire, tandis que les employés des concessions conservaient leurs droits, qui se trouvaient même renforcés du fait qu'ils étaient rattachés à un syndicat dont ils ne voulaient pas et devaient être rémunérés au même taux que les employés précédents au même emplacement. Les frais découlant des salaires, qui avaient contribué de façon importante (en plus de l'incompétence générale des cadres de la société) à la fermeture du magasin au départ, seraient plus que doublés.

Les médias de la province se sont en général réjouis de ce qu'ils percevaient comme ma déconfiture. Ils ont naturellement omis de noter la légère absurdité qui consistait à déclarer l'UEGDMR représentante de travailleurs qui, selon le syndicat (et la Commission) n'avaient pas droit au travail. Cliff Pilkey, longtemps chef de la Fédération des travailleurs de l'Ontario et l'un de mes amis de la gauche modérée, m'a dit que sous Bill Davis, 19 sur 20 des membres soi-disant neutres nommés à la Commission des relations du travail de l'Ontario étaient en fait des candidats des syndicats. (Sous David Peterson, le rapport est passé à 39 sur 40; sous Bob Ray, à 40 sur 40.)

Mon opinion, après avoir entendu le conseiller juridique dire que nous avions de bonnes raisons de porter la cause en appel en vertu de la Charte des droits, à part le fait que nous devions congédier notre imbécile d'avocat et réclamer le remboursement des honoraires que nous lui avions payés, ce que nous avons réussi à faire, c'était que le jugement était si ridicule que nous devions tout simplement ne pas en tenir compte, en appeler, et continuer à fermer et à convertir nos magasins à un rythme accéléré.

Comme la situation de l'entreprise continuait à se détériorer, je me suis mis à visiter les magasins de nos concurrents les samedis. Une fois, dans un magasin Loblaws, j'ai vu une troupe de vieilles dames en extase devant un écran de télévision en circuit fermé sur lequel Dave Nichol, le président de la société, préparait une sorte de barbecue. Jusque-là, il ne m'était jamais venu à l'esprit qu'on puisse considérer son autoréclame prétentieuse comme une incitation à magasiner ailleurs que chez un concurrent. Je me trompais.

Vers le même temps, John Finlay a visité le magasin Dominion au coin des avenues Bayview et Eglinton, que nous tenions pour un musée des vieilles habitudes d'épicerie, et il a vu Galen Weston déambulant dans le magasin en se frottant les mains. «Quel bon magasin!» s'est exclamé Galen avec enthousiasme. Bon pour lui, sans doute. (L'une de mes rares réalisations à Dominion a été de remplacer ce magasin pour un autre plus attrayant.)

La plus démoralisante de mes visites de magasin a été celle que j'ai faite en novembre 1984 dans un magasin Knob Hill Farms, à Etobicoke. Je connaissais et j'admirais Steve Stavro, qui avait bâti son entreprise à partir d'un éventaire de fruits et légumes. Il n'avait pas de syndicat ni d'immenses magasins, et son bureau était dans sa voiture ou partout où il se trouvait. (Dans une conversation politique que j'avais eue avec lui et George Eaton quelques années auparavant, Steve avait dit sur un ton exaspéré qu'il fallait confier le gouvernement du Canada à «ce commis comptable». J'ai fini par découvrir qu'il voulait parler du vérificateur général. Steve a plus tard rendu un fier service au public en restituant aux Maple Leafs de Toronto une bonne partie de leur gloire d'antan après les singeries embarrassantes de Harold Ballard.)

Avec mon fils âgé de sept ans, je marchais dans les allées du magasin, qui emploie peu de personnel et mise sur un volume énorme pour vendre à bas prix. Soudain, il y a eu une commotion. D'énormes portes se sont ouvertes sur un mur extérieur pour laisser entrer un wagon de marchandises en plein dans le magasin. Les employés ont commencé à le décharger directement sur les rayons. Comment pouvions-nous faire concurrence à ce genre d'entreprise avec nos petits magasins et nos employés surprotégés, payés 40 000 $ par an pour ranger des sacs de petits pois congelés sur les tablettes, et qui passaient leur temps à surveiller l'horloge de pointage? C'était impossible.

J'ai été presque aussi déprimé par ma visite des entrepôts caverneux de Dominion, où le vol de stock aurait fait honte aux artistes du pickpocket incarnés par W. C. Fields. En virant, un chariot de levage a fait tomber sa cargaison sur le plancher et les marchandises endommagées ont dû être vendues aux enchères à 90 % de rabais, probablement à l'entreprenant conducteur du chariot.

L'entreprise était pourrie de fond en comble. Pour préserver la valeur de nos actifs, il nous faudrait en confier la direction à un cadre sérieux, au moins donner l'apparence de remettre l'entreprise sur la bonne voie et élargir nos discussions de vente pour inclure des étrangers. C'était maintenant possible parce que Mulroney avait succédé à Trudeau et, en tant qu'ancien président d'une entreprise minière appartenant à des intérêts américains, il était beaucoup plus ouvert que Trudeau à la propriété étrangère.

Mon frère a fait venir John Toma chez moi à Palm Beach et, dans la même pièce où j'avais sondé les motivations politiques de Brian Mulroney l'année précédente, nous avons remis à Toma son proverbial billet d'autobus avec un minimum de bavardage. Il a accepté poliment et mon frère a écrit dans le livre des visiteurs : «Deux cafés et un congédiement!»

David Radler, devenu administrateur de Dominion Stores, avait mené une enquête avec John Finlay sur les activités de Toma. Sur la foi des résultats de l'enquête, le conseil avait voté à l'unanimité le renvoi de Toma et l'embauchage de comptables légistes pour mener une enquête plus approfondie. Dick Chant a qualifié sa direction de «diaboliquement malhonnête». Le mot était bien choisi.

David Radler est devenu président de la société et a entrepris de faire le grand ménage. Dès son premier déjeuner au siège social, il a demandé combien de temps il faudrait pour mettre fin à l'extravagance de la salle à manger des cadres. Le vice-président responsable des finances a demandé à David s'il avait terminé son dessert. David a fait un signe de tête et le vice-président a aussitôt annoncé : «C'est fermé.» La salle à manger n'a pas rouvert ses portes. On a découvert que Toma avait conclu des ententes avec son fils pour vendre des maisons de poupées dans les magasins (un peu hors des sentiers battus pour un supermarché) et avait engagé un copain comme coordinateur de la publicité, un autre comme consultant non consulté en gestion, et une amie, qu'il promenait galamment dans un avion de fonction et logeait dans une copropriétée sagement achetée par la société à Fort Lauderdale, comme cadre dans une affaire naissante d'embouteillage d'eau minérale. Il a fait grâce d'une dette de près d'un million de dollars à un autre ami, qui fournissait l'entreprise en sacs de plastique. Bref, l'entreprise tout entière était une ruche d'activités louches. L'un des acolytes de Toma s'est tellement inquiété de notre nouveau régime qu'il s'est joint brusquement à l'Armée du salut. David a fait des progrès rapides, mais l'entreprise était vraiment sinistrée.

Nous avons unilatéralement révoqué l'indemnité de licenciement de Toma et le jour avant que son action soit entendue en cour, il a réglé, renonçant au supplément qui devait lui être versé en tant qu'ancien chef de la direction et ne retenant que ses droits contractuels découlant de ses années de service, que nous n'avions jamais souhaité contester.

Nos entreprises ont contribué assez généreusement à la campagne de John Turner pour succéder à Pierre Trudeau à l'été 1984. La campagne n'était pas aussi bien organisée que celle de Brian (mais Brian tentait après tout de déloger un chef en exercice).

J'avais rencontré John Turner pour la première fois en février 1963. Il venait d'être élu comme député juste avant l'effondrement du régime Diefenbaker. En mai 1963, il a épousé Geills Kilgour, filleule de mon père, que je connaissais depuis mon enfance. Elle était plutôt controversée dans les milieux politiques, sa manière tranchante ayant le don d'exaspérer. Je l'ai toujours défendue envers et contre tous jusqu'à ce que je sois soudain victime de l'un de ses emportements névrosés et qu'elle annule mon invitation à la fête du 60e anniversaire de John en 1989. J'ai plutôt tempéré mes ardeurs à la défendre par la suite.

Je voyais John assez souvent du temps qu'il était au conseil des ministres. Il m'a emmené à un concert de l'Orchestre symphonique de Montréal au Capital Theatre d'Ottawa en 1964. Quand le rideau est tombé, il a bondi sur ses pieds en criant «*Attaboy, Zube*» à l'intention du chef d'orchestre Zubin Mehta. Ses grandes qualités intellectuelles se sont toujours doublées d'une sorte d'exubérance de vestiaire de gymnase. Au moment de son mariage, il passait pour un Kennedy canadien, intelligent, de bonne éducation, séduisant et catholique. (Aucun catholique non francophone n'avait été élu premier ministre du Canada avant Joe Clark en 1979, quoique J.S.D. Thompson a brièvement exercé la fonction en 1891.) On prédisait à John Turner un brillant avenir. Il n'aurait sûrement pas fait mentir les prédictions s'il n'avait eu la malchance d'être coincé entre un Trudeau, qui tardait à quitter le devant de la scène, et un Mulroney, qui brûlait de l'occuper. John est passé presque du jour au lendemain de l'homme de demain à celui d'hier, sans avoir pu profiter du temps présent.

Sans prendre de libertés psychologiques excessives, je dirais que la différence entre Brian Mulroney et John Turner est celle qui sépare les cultures catholiques anglaise et irlandaise. Brian, malin, pas trop regardant sur les moyens mais assez louable dans ses fins, éprouvant un vif désir de venger les griefs sociologiques du passé, ne se faisait pas trop de scrupules à moins qu'il ne puisse vraiment l'éviter. John, sans ruse, spontané et plein de bonnes intentions sans jamais être onctueux ni extérieurement pieux, ne pouvait manquer d'être désarçonné par la poussée intense et implacable de Brian pour la plus haute fonction du pays.

Durant la campagne de septembre 1984, John ne pouvait regarder droit dans l'œil de la télévision et dire sincèrement que le gouvernement Trudeau, dont il avait démissionné en 1976, méritait d'être réélu simplement parce qu'il avait remplacé Trudeau. Il respectait trop la vérité et il était trop indifférent à la manie égocentrique qui permet à bien des politiciens de demander avec sans-gêne les plus grandes faveurs.

Durant huit ans, il a été premier ministre en attente. Peter Newman a même avili le nom du général de Gaulle en écrivant dans sa chronique du *Maclean's* que le Colombey-les-Deux-Églises du Canada était la banquette de coin de John Turner au restaurant Winston. C'était une terrible métaphore, mais elle illustrait comment John a réussi à demeurer héritier présomptif pendant près d'une décennie après sa retraite comme ministre des Finances. J'assistais régulièrement aux déjeuners et aux dîners d'affaires de John à Toronto et il semblait prêt à prendre la place de Trudeau à pied levé. Quand son heure est venue, il est apparu clairement dès le départ que les années passées à l'écart de la politique avaient émoussé son désir, ses instincts et le sens de son droit à la succession.

Quand sa campagne électorale a commencé à piétiner, John a persévéré stoïquement. Dans ce qui a dû être un véritable cauchemar pour lui, il n'a pas, comme le vrai dauphin de Colombey a écrit à propos de Paul Reynaud au printemps 1940, «pendant des jours sans répit et des nuits sans dormir, pleuré, gémi, fait des colères ou blâmé les membres de son entourage».

Quels qu'aient été les défauts de John Turner, il est resté splendidement philosophe pendant que la plus grande entreprise de sa vie devenait une prison d'humiliation. Son Dieu ne le désertait pas ; il le mettait à l'épreuve. John a remporté haut la main l'épreuve qui comptait le plus pour lui, le jugement de l'Électeur suprême. Il ne fait pas de doute que ce critère compte davantage que les caprices des électeurs canadiens et il est tout à l'honneur de John Turner comme homme, mais le Parti libéral ne l'a pas désigné à la succession de Trudeau pour des raisons théologiques.

Le soir des élections de 1984, je me suis réjoui pour le gagnant, j'ai éprouvé de la sympathie pour le perdant et j'ai espéré, peut-être avec un peu trop d'optimisme, voir un bon gouvernement et une opposition intelligente. Je n'ai pas fait une croix sur l'avenir politique de John Turner. J'ai voté conservateur, en partie par loyauté pour mon ancien confrère d'école et député local John Bosley et en partie parce que j'avais entendu Geills Turner le matin des élections presser des touristes américains de voter pour Walter Mondale. (Peu d'Américains l'ont fait puisque Reagan a remporté 49 États six semaines plus tard.)

Ma seule contribution à la campagne, c'est quand l'éphémère tabloïd de Montréal, *Sunday Express*, a révélé que Brian Mulroney, à titre d'administrateur de Standard Broadcasting, avait été mêlé à la distribution de films pornos par le biais d'un magasin de vente et de location de vidéos dans lequel Standard avait investi. L'histoire avait été en partie confirmée par la remarque désinvolte d'un jeune cadre de l'entreprise et Brian m'a appelé en catastrophe de Sept-Îles un dimanche matin. Je suis sorti de la piscine pour prendre son appel et j'ai empêché l'histoire de faire son tour de presse avec un démenti formel cinglant que j'ai donné à Mac McCurdy, président de Standard, pour publication. Je ne me suis donc manifesté que très brièvement dans la campagne.

Contrairement à l'opinion générale, je pensais que John Turner pouvait être un adversaire formidable pour Brian. Une fois confessé, contrit et absous, John serait tout aussi résolu que Brian, sinon aussi bon tacticien, et les maniérismes de Brian finiraient par agacer le public, pensais-je. John aurait fait pénitence (pour des offenses qu'il n'avait probablement pas commises du reste) et pourrait redevenir gagnant, comme il l'avait toujours été. J'ai publié un article en ce sens dans le magazine *Report on Business* du *Globe & Mail*. Je l'ai conclu en citant le passage de Newman dans son superbe ouvrage *Second printemps* faisant allusion à « la révolution du cercle solennel, qui ne s'arrête jamais et nous enseigne au sommet de l'espoir à rester sobre et au pire de la désolation de ne jamais désespérer ». Comme pour Claude Wagner, mon apologie nécessitait plus de virtuosité qu'en possédait le sujet. (George Radwanski, alors rédacteur en chef du *Toronto Star*, a offert de proposer ma candidature à la médaille de l'humour Leacock quand je lui ai plaidé la cause de Turner.)

À l'automne 1984, je travaillais comme un forcené pour vendre Dominion Stores, de préférence à des étrangers. Mon idée du commerce de détail consistait alors à vendre au prix de gros les actifs de détail. Je suivais le conseil de mon talentueux collègue Ralph Barford, qui me disait «de courir et non pas de marcher vers la sortie la plus proche». À la fin de l'année, les pourparlers avec Jim Wood, d'A & P, avaient atteint un stade assez avancé. Pour éviter de mettre tous nos œufs dans le même panier, j'ai fait de mon mieux pour rester en contact avec Ray Wolfe, mais il n'était qu'un gentil charognard, préférant sucer une carcasse prostrée plutôt que de négocier avec un vendeur qui n'avait pas besoin de vendre.

En février 1985, Jim et ses cadres supérieurs sont venus à Toronto en plein blizzard et nous avons mis au point une entente. A & P prenait 115 magasins, l'entrepôt, la «tour» à bureaux (de six étages, tout est relatif; les deux immeubles comptaient parmi les plus prodigieux «éléphants blancs» de Toronto), et nous laissait 30 magasins en Ontario, 40 autres dans l'Ouest et les provinces de l'Atlantique, le commerce de gros, le surplus du fonds de retraite, des magasins généraux et des épiceries de dépannage, des postes d'essence, des boulangeries, une laiterie que Toma avait surpayée et, finalement le reste des biens-fonds.

Il n'y avait pas d'incorporels, mais la marque de commerce Dominion n'avait plus grande valeur. Nous avons empoché environ 150 millions de dollars. Nous estimions pouvoir réaliser jusqu'à 200 millions avec les autres actifs. La vente du gros de nos actifs à A & P mettait fin à nos pertes d'exploitation et faisait passer le reste des actifs d'un marché d'acheteur à un marché de vendeur.

Quand la nouvelle de l'entente avec A & P a commencé à s'ébruiter, Dick Currie, de Weston, nous a offert d'acheter nos 30 meilleurs emplacements. Ray Wolfe m'a accusé sans méchanceté de faire courir la rumeur pour le forcer à mettre fin à ses demandes incessantes de listes de blanchissage. Avant et après la transaction, Ray a fait part de son incrédulité, puis de son étonnement que Dominion puisse se tirer (apparemment) sans douleur du pétrin dans lequel elle était.

Le reste des actifs a été vendu petit à petit au cours des deux années suivantes. Nous avons demandé que les directeurs de magasins protègent les employés les plus méritants; c'est le mieux que nous pouvions faire en matière de sécurité d'emploi. L'entreprise avait été si mal administrée depuis si longtemps avant l'arrivée de David Radler qu'il faudrait une sagesse de Salomon pour distinguer les employés méritants des non-méritants, séparer la majorité honnête des chapardeurs gloutons qui suçaient 30 millions de dollars par an des actionnaires. J'ai recommandé qu'on fauche les rangs des rongeurs dans l'entrepôt. C'est ce qu'on a fait.

L'UEGDMR, qui s'était montrée intraitable contrairement au Syndicat international des travailleurs unis de l'alimentation et du commerce qui était accrédité chez la plupart de nos concurrents, sentait maintenant venir sa mort. Elle avait refusé d'envisager toute concession sur le franchisage, les employés à temps partiel, la définition de tâches, le renforcement des mesures dissuasives de vol, dans l'assurance tranquille qu'elle aurait toujours une vache Dominion à traire. Le chef du syndicat était un petit homme qui parlait en monosyllabes et qui s'était arrangé pour passer le drapeau de l'organisation moribonde à son fils. Lui et son syndicat étaient sur le point d'être avalés par son rival à A & P. La guerre à mort (de l'entreprise) entre le syndicat et Dominion allait avoir un dernier sursaut.

Nous avons vendu la plupart des magasins des provinces de l'Atlantique à Ray Wolfe, maintenant agréablement expéditif et même désinvolte. Les opérations de gros des provinces de l'Atlantique ont été rachetées par un excellent groupe de cadres. La liquidation ordonnée des actifs s'est poursuivie en 1985 et en 1986. L'un des faits saillants a été l'achat de General Bakeries par Weston. À une réunion d'analystes financiers quelque temps après, Galen m'a fait l'honneur de dire que sa société nous avait vraiment trop payé, mais que «quiconque achetait de Conrad se faisait écorcher».

Les efforts de David pour se débarrasser d'Epletts Dairy ont été moins satisfaisants au départ. Un visiteur du Québec, présenté par mon ami Fraser Elliott, avocat distingué, a fait une offre semblable à celle de Mme Fortabat pour Massey-Ferguson d'Argentine en 1979 : il était prêt à acheter pourvu qu'on le paye. David l'a invité à sortir sans cérémonie, mais il m'a appelé tout de suite après pour me dire que son visiteur avait hélas probablement raison. (Un an plus tard, David a réussi, dans un chef-d'œuvre de négociations aux nerfs d'acier, à nous débarrasser de la laiterie avec un joli profit.)

Quand la vénalité et l'incompétence de l'ancienne administration sont apparues dans toute leur ampleur, mon frère, qui est scrupuleusement honnête, s'est senti une lourde responsabilité pour le comportement disgracieux de ceux qui étaient officiellement ses subalternes. En fait, ils avaient si bien caché ce qui se passait sous les ponts de Dominion que la responsabilité du président du conseil ne pouvait être qu'une responsabilité de principe, comme celle du ministre qui accepte la charge des actions de ses subalternes et tire honorablement sa révérence. Après mûre considération, mon frère a décidé de rompre notre association, tout à fait amicalement, et de se retirer.

Il n'avait pas toujours trouvé le rôle de président d'Argus Corporation facile ni agréable, et cela l'avait rarement été. J'ai trouvé mon réconfort au cours de ces années tumultueuses dans l'espoir d'une vocation plus sereine pour un groupe réorganisé. Il n'a jamais perdu cet espoir, mais n'y voyait pas un grand rôle pour lui. Ébranlé par les scrupules qu'il entretenait à propos de sa suzeraineté de Dominion Stores et peut-être par la fin acrimonieuse de son mariage, il a décidé de se prendre un fort joli profit et de se tailler un nouveau rôle, loin de la publicité intense et des comparaisons blessantes avec son frère. Dans les mois qui ont suivi, il y a eu bien des jours où je l'ai envié. Nos excellentes relations n'ont jamais été interrompues et notre association étroite se poursuit heureusement dans plusieurs entreprises privées et familiales.

Deux autres événements sont survenus en même temps qui m'ont permis d'entrevoir la fin des manœuvres et de la réorganisation financière. Une série complexe d'opérations était encore requise pour parachever la réorganisation qui durait depuis sept ans, mais le départ de mon frère et la réalisation d'importantes sommes d'argent avec la vente des actifs de Dominion Stores m'ont permis d'envisager le rachat de la plupart des autres partenaires de Ravelston, puis deux occasions d'investissement majeur dans les journaux se sont présentées qui ont justifié notre espoir de pouvoir un jour nous concentrer sur les journaux où ma carrière sinueuse avait commencé dix-neuf ans auparavant, à Knowlton, au Québec.

En 1978, nous nous étions fixé comme objectifs de devenir propriétaires réels et non symboliques d'actifs de qualité nettement supérieure et, en général, d'améliorer les normes de gestion des entreprises du groupe Argus. Ces objectifs étaient en très grande partie réalisés. J'étais, avec mon frère, à moitié propriétaire de la société Warspite (j'ai donné à la plupart de nos sociétés à numéro des noms de navires de la Marine royale durant la Première Grande guerre), qui était propriétaire à 70 % de Western Dominion (Peter White et David Radler détenaient le reste), qui détenait 51 % de Ravelston (Glen Davis, fils de Nelson; Fred Eaton; Ron Riley et sa sœur; les Webster, en remplacement de Hal Jackman; Ralph Barford, Douglas Bassett, Dick Chant et John Finlay étaient actionnaires minoritaires).

En un mot, je détenais 18 % des actions de Ravelston, ou entre 8 % et 9 % de celles d'Argcen, bloc stratégique et utile, mais non du genre qui constitue une grande fortune ou même une propriété réelle. J'ai dit aux administrateurs de Ravelston (sauf David Radler et Peter White) que c'était le moment de se retirer s'ils le désiraient; que j'avais l'intention de déclarer à même le produit de la vente de Dominion un dividende spécial suffisant pour leur offrir plus du triple de leur investissement initial six ans et demi plus tôt. Je ne leur demandais pas de partir. Je n'avais ni le pouvoir ni le désir d'évincer qui que ce soit, mais quelques-uns avaient montré un peu d'impatience de temps à autre et m'avaient laissé entendre qu'ils pouvaient employer leur argent autrement. Je ne voulais pas, quant à moi, continuer à exposer Western Dominion au danger permanent d'être forcée d'acheter leurs actions.

Après en avoir longuement discuté entre eux, ils ont tous décidé de partir à l'exception de Dick Chant, qui travaillait régulièrement dans l'entreprise. Mon frère a accepté de vendre et il a même laissé les autres négocier le prix de ses actions pour lui. Avec le dividende spécial, Ravelston était évaluée à un peu moins de 200 millions de dollars. Ma participation est passée à environ 70 %, mais la dette résultant de la série de transactions était substantielle. Notre association avait été on ne peut plus heureuse. Tout le monde a fait un bon profit. Tout le monde s'est amusé – «les meilleurs billets de théâtre en ville», a dit Ralph Barford – et aucun mot dur n'a jamais été échangé entre nous. Nous restons tous amis et, dans bien des cas, collègues.

La dette réelle et éventuelle ayant augmenté, il fallait vendre d'autres actifs. Standard Broadcasting était une magnifique société, mais elle n'avait jamais pu susciter d'intérêt chez les investisseurs. Le cours des actions stagnait au tiers ou à la moitié de leur valeur réelle. J'aimais beaucoup la station FM de Toronto, dont les annonceurs parlaient souvent de moi en termes très humoristiques, mais Mac McCurdy souhaitait se retirer et il n'y avait aucun candidat de sa trempe pour lui succéder. CFRB avait un succès unique à Toronto, mais son auditoire se limitait de plus en plus aux gens âgés. L'achat du système de câble de Los Angeles avait été jusque-là un fiasco et le gouvernement fédéral avait annoncé son intention d'accorder à Ottawa une licence de télévision indépendante qui ne pouvait manquer de rogner sur le marché de notre station CJOH, affiliée locale du réseau CTV.

La Standard n'était pas la Domtar, à laquelle je ne portais aucun intérêt, ni Massey, dont j'avais été forcé de nous dépêtrer dans les circonstances désespérées de la fin des années 80, ni Dominion Stores, qui était depuis longtemps pourrie de pied en cap. Nous avions gardé CFRB et son auditoire vieillissant plus longtemps que de raison. L'investissement dans le câble de Los Angeles n'avait pas été expliqué comme il aurait dû l'être (les actionnaires ne voyaient que la baisse des revenus déclarés, non pas l'augmentation très nette de la marge brute d'autofinancement du fait que les coûts accessoires annulaient le bénéfice imposable). Il y avait des doutes sur la compétence et la compétitivité de la direction de la télévision à Ottawa. Mais la Standard demeurait néanmoins une entreprise saine et attachante. Je m'entendais bien avec toutes les vedettes des ondes, comme Gordon Sinclair et Betty Kennedy. C'était une entreprise dont il était agréable d'être gros actionnaire et qui avait une réputation de qualité en radio et en télévision.

Elle montrait des signes de l'érosion classique du groupe Argus. Le nouveau président avait beaucoup moins d'autorité que Mac McCurdy, devenu vice-président du conseil. Le câble de la Californie était passé sous la coupe de David Radler quelques mois avant qu'il ne soit forcé d'aller renflouer Dominion Stores. Dans les circonstances, le vice-président responsable des finances, un Anglais compétent et efficace, dirigeait plus ou moins les affaires de la Standard et le médecin de la société, qui était aussi le médecin de famille de la plupart des principaux associés d'Argus et de Ravelston, était de fait vice-président des ressources humaines (c'est-à-dire du personnel). En toute bonne foi, les deux se sont empressés de combler un vide partiel à la direction.

Résolus à ne pas répéter le fiasco de Dominion en allant trop loin avec des cadres improvisés qui n'étaient pas à la hauteur de la tâche, nous passions en revue des candidats. Cependant, le rachat de la participation de mon frère et des autres partenaires de Ravelston, l'obligation de verser un dividende spécial et peut-être de faire une offre quelconque pour garantir la mainmise d'une Ravelston réduite sur le groupe Argus, qui s'étiolait rapidement, faisaient une somme mathématique qui militait fortement en faveur de la vente avantageuse de Standard.

John Finlay a entamé des pourparlers avec Allan Slaight, détenteur de licences AM et FM moins bien établies que celles de la Standard à Toronto. Allan a manifesté dès le départ beaucoup d'intérêt. Je le connaissais depuis 1975 alors que nous avions eu des négociations prolongées et presque fructueuses au sujet de la fusion de Sterling Newspapers et du réseau de télévision Global, dont il était le président. Il était toujours un interlocuteur et un compagnon des plus agréables. Il a rapidement fait une offre de 21 $ l'action pour un titre généralement coté de 8 $ à 10 $. Il y a eu d'inévitables indiscrétions, des bruits ont couru, le prix des actions a grimpé de quelques dollars et d'autres acheteurs se sont matérialisés, parmi lesquels Raif Engle, de Selkirk Broadcasting, était le plus tenace. Il y avait tout un contraste avec les actifs malades de Dominion Stores, qu'il fallait pousser, et ceux de Massey-Ferguson, qu'il fallait presque donner comme « le prix de consolation d'une soirée de bridge de quartier », ont écrit les commentateurs du *Toronto Star.*

Les discussions avec Allan Slaight étaient déjà très avancées lorsqu'il a accepté une invitation à déjeuner chez nous en l'honneur de Marietta Tree, l'élégante et gracieuse hôtesse et femme d'affaires de New York, peut-être mieux connue pour avoir été la châtelaine de Ditchley Park et la compagne d'Adlai E. Stevenson. Elle nous avait présenté à notre architecte, Thierry Despont, qui a redessiné et complètement rénové notre maison avant d'atteindre un renom considérable et bien mérité, et elle brûlait de voir la maison terminée. Après le déjeuner, j'ai pris Allan à part dans ma bibliothèque et je lui ai conseillé, digestifs en main, d'élever son offre parce que nous étions inondés d'offres concurrentes. Il l'a augmentée de 50 cents l'action et il a écrit à ma femme le lendemain pour la remercier de son «déjeuner splendide et agréable, qui ne m'a coûté que trois millions de dollars!»

À la fin des négociations, l'offre de Selkirk était sensiblement supérieure à celle de Slaight. Elle était toutefois sujette à l'autorisation du CRTC. Or celle-ci était douteuse dans le cas de Selkirk et presque certaine dans le cas d'Allan parce qu'il s'engageait à revendre les stations de radio qu'il possédait et avait déjà entamé des négociations dans ce sens. Allan exigeait le droit de nous revendre le système de câble de la Californie au coût historique. Lui et son banquier, la Banque de Nouvelle-Écosse, nous ont laissé entendre en privé qu'il était presque certain d'y arriver. Le retour du câble améliorait son offre dans notre esprit. Nous étions persuadés que sa valeur était bien supérieure au prix d'aubaine que nous avions payé à son ancien propriétaire, devenu soudain prodigue parce qu'il était soumis à de fortes pressions de la banque Toronto-Dominion.

Le soir où les enchères devaient se terminer et le marché devait être conclu, Latham Burns a téléphoné pour annoncer que la Selkirk était prête à faire une offre inconditionnelle, au risque de l'acheteur que la transaction soit désapprouvée par le CRTC. L'offre était tentante et l'aurait probablement emporté si elle avait été faite plus tôt. Mais nous nous étions déjà engagés à régler avec Allan Slaight à moins de circonstances tout à fait exceptionnelles. La légère supériorité de l'offre de Selkirk était compensée, selon nous, par la perspective de récupérer le câble de la Californie à un prix dérisoirement bas. Nous avons donc décidé de faire affaire avec Allan.

Allan a téléphoné quelques minutes après Latham. J'étais en train de lire des histoires aux enfants pour les endormir. Allan a prié ma femme de m'interrompre et de dire aux enfants que «l'oncle Allan leur ferait la lecture». Quand j'ai pris le téléphone, il a dit : «Je suis en compagnie d'avocats à très gros honoraires et je cherche à qui intenter une action. Y a-t-il quelqu'un que je peux poursuivre?» Je lui ai dit de ne pas s'inquiéter et je suis retourné aux périls de Frédéric le mulot et de Garth le cochon.

Allan Slaight a exercé son droit de nous forcer à racheter le câble de la Californie. Avec son flair habituel pour le dramatique, il m'a remis l'avis au déjeuner que j'ai organisé pour le nouvel ambassadeur américain au Canada, Tom Niles, au York Club, en septembre 1985. Nous avons revendu 90 % de l'entreprise à un profit d'environ 30 millions de dollars moins de deux ans plus tard. À raison de 1 200 $ par abonné, c'était l'un des prix les plus forts payés jusque-là pour un système de câble aux États-Unis. Nous avons conservé l'abri fiscal des anciens propriétaires et l'avons utilisé pour mettre nos revenus ultérieurs de journaux américains hors d'atteinte du fisc. En tout, nous avons touché environ 40 $ pour chacune de nos trois millions d'actions de la Standard Broadcasting, de quatre à cinq fois plus que leur valeur courante au début de l'été 1985. La Standard nous manque, mais nous la savons entre bonnes mains avec Allan Slaight.

À la suite de réalisations d'actifs s'échelonnant sur plusieurs années, nous avons retiré un bénéfice net de près de 60 $ l'action de Dominion, qui ne s'est jamais échangée au-delà de 24 $. Argcen (plus tard devenue Hollinger) a empoché le produit entier de près de 500 millions de dollars puisque Dominion était une filiale à 100 % au moment de la vente. La vente de Standard Broadcasting et de Dominion Stores, réalisée petit à petit en plusieurs opérations, a permis à David Radler, à Peter White, à Dick Chant et à moi de devenir pleinement propriétaires d'une société se concentrant sur un champ d'activités qui nous était familier.

La dernière étape, le repositionnement de la société dans les journaux, a emprunté deux grandes voies en 1985. Au printemps 1985, le prix des actions de la Southam fluctuait énormément. Le cinquième environ des actions de la société était détenu par un groupe diffus d'environ 200 membres des familles Southam, Balfour et Fisher. Des générations successives des trois familles étaient aux commandes de la société depuis un siècle. J'avais de bons rapports avec plusieurs d'entre eux. Leurs entreprises étaient splendides – monopoles de journaux plein format à Calgary, à Edmonton et, en langue anglaise, à Ottawa ; monopole de langue anglaise à Montréal ; et monopoles absolus à Vancouver, Windsor, Sault Ste. Marie, Kitchener-Waterloo, North Bay, Moose Jaw, Medicine Hat, Prince George, Owen Sound, Barrie et Kamloops, toutes de bonnes villes. La société avait pour politique de ne pas acheter de journaux étrangers parce que la propriété étrangère de journaux canadiens était effectivement prohibée. C'était honorable, mais stratégiquement insensé.

Les journaux Southam, par conséquent, nageaient dans l'argent. Dans presque toutes les villes Southam, l'immeuble du journal se profilait sur l'horizon comme un Taj Mahal, monument au manque d'imagination pitoyable du propriétaire dans l'art de réinvestir les bénéfices. Les bénéfices n'étaient pas non plus ce qu'ils devaient être, jamais plus de 12 % de fonds autogénérés avant impôts sur les revenus des quotidiens, soit moins de la moitié de ce que nous tirions de concessions médiocres à Sherbrooke, au Québec, et à Prince Rupert, en Colombie-Britannique. Les journaux Southam n'étaient pas non plus très distingués, contrairement à la mythologie ardemment propagée. À part de très rares exceptions, ils témoignaient de la fadeur, des inhibitions et du manque d'originalité et de personnalité de la plus grande partie de la société canadienne. Ils avaient un ton banalement prêcheur. « Nous sommes fiers d'être partie de l'expérience canadienne», prônait pompeusement un rapport annuel en marge d'une vue panoramique majestueuse de la côte du Pacifique.

Les cadres dirigeants, Clair Balfour et Gordon Fisher, qui se mourait alors tristement de cancer, étaient des hommes de qualité, mais ils n'étaient apparemment pas disposés à modifier radicalement les produits entre les mains des actionnaires ou des lecteurs. Des fluctuations des titres de Southam et du volume très élevé des transactions à la Bourse, on a déduit que je me préparais à faire une offre d'achat. En fait, je n'avais pas acheté une seule action. À part de recevoir des propositions non sollicitées des courtiers, surtout de mon bon ami Jimmy Connacher, et de quelques investisseurs institutionnels, je n'avais strictement rien à voir aux activités qui secouaient le marché.

J'ai téléphoné à Clair Balfour et je me suis proposé comme «Southam honoraire», c'est-à-dire que j'étais disposé, avec la bénédiction de la direction en exercice, à prendre une participation dans Southam et à voter de concert avec les familles propriétaires. Il m'a remercié très poliment pour mon intérêt et, «tirant son chapeau à la façon d'un gentilhomme», comme je l'ai plus tard noté, il s'est empressé de sauter dans les bras du *Toronto Star*. Ils ont mis au point une vaste participation croisée, sans les autorisations requises par la Bourse de Toronto pour l'émission de nouvelles actions. C'était un coup audacieux, pour ne pas dire impétueux, de la part de sociétés aussi correctes, la vieille Southam à collet monté et la gauchiste grinçante et moralisatrice Torstar.

Le *Star*, qui brimait régulièrement les actions sans droit de vote sans se formaliser du fait que près de 90 % de ses propres actions l'étaient, a émis au plus profond de la nuit, sans autre autorisation que celle du conseil, en contravention flagrante de la Loi sur les valeurs mobilières, un bon 30 % de nouvelles actions sans droit de vote en faveur de Southam, codéfenderesse récemment acquittée avec Thomson dans la cause célèbre des monopoles post-FP. Comme exemples de conformité, on comprend que les régulateurs aient pensé que la Torstar et la Southam laissaient à désirer. Southam a payé Torstar avec près de 20 % d'actions normales avec droit de vote, sous réserve d'un engagement global à voter avec les familles Southam, Balfour et Fisher, qui ont d'abord réuni leurs actions en neuf groupes, puis les ont fédérés en un seul au cours des mois suivants afin de voter et de conserver la direction de la société.

L'arrangement était assez ingénieux. Je n'ai jamais eu de motifs ni d'intérêt à le critiquer, mais Southam et Torstar n'auraient pas dû enfreindre la Loi sur les valeurs mobilières. Elles ont ainsi affiché une attitude de panique qui ne leur seyait pas et elles ont prêté le flanc à la réprobation du ministère fédéral des Institutions financières et des Consommateurs, qui les a forcées à dissoudre la plupart de leurs rapports formels sans toutefois annuler les actions qu'elles se sont émises.

Pis encore, l'opération a fait outrage à des milliers d'actionnaires, aux arbitragistes qui ont acheté des actions dans l'espoir d'une lutte pour la prise de contrôle, et aux investisseurs comme Steve Jarislowsky, actionnaire fidèle à qui la direction de Southam avait promis que leurs intérêts seraient protégés. Ils ont été mis de côté sans cérémonie. Comme nous n'étions pas actionnaires, ce n'était pas mon affaire. L'affligeant assaut officiel contre les arrangements de Southam et de Torstar préservait la possibilité que le mariage ne soit jamais consommé et que Southam puisse encore être l'objet de nos attentions.

Des perspectives plus prometteuses, plus imminentes et beaucoup plus bizarres se sont ouvertes au *Daily Telegraph* de Londres. Au printemps 1985, le rédacteur en chef de l'*Economist*, Andrew Knight, collègue de Bilderberg, m'a dit à la rencontre Bilderberg de Westchester, dans l'État de New York, que le *Daily Telegraph*, le quotidien plein format ayant le plus fort tirage dans le monde occidental, était à la recherche de capitaux. Il m'a demandé si j'étais intéressé. (En Grande-Bretagne, les journaux du dimanche sont considérés comme des titres distincts. Le *Sunday Telegraph* allait avec le *Daily*.) Je connaissais Andrew depuis que l'*Economist* et notre entreprise avaient organisé une manifestation conjointe où Henry Kissinger avait pris la parole en mai 1980, à Toronto. Hors des rencontres Bilderberg, nous nous voyions de temps à autre, d'ordinaire quand je passais par Londres. Je lui ai dit que l'affaire pouvait nous intéresser.

L'air toujours jeune et séduisant, Andrew Knight jouissait d'un grand prestige. Comme rédacteur en chef de l'*Economist*, il avait apparemment amélioré le contenu déjà excellent du magazine et sensiblement augmenté le tirage par une campagne bien conçue aux États-Unis. Universellement respecté et très influent, il ne touchait pourtant qu'un modeste salaire et n'avait pas de fortune.

Andrew m'a donné un coup de fil à six heures du matin le jour de la fête de la reine Victoria (qui n'est pas observée au Royaume-Uni) et m'a dit que le preneur ferme, Evelyn de Rothschild, également président du conseil de l'*Economist* que j'avais aussi rencontré aux réunions Bilderberg, m'enverrait la note d'information du *Daily Telegraph* et me rappellerait. Le document révélait qu'un prêt de 80 millions de livres était conditionnel à l'obtention de capitaux de 30 millions de livres, qui n'étaient qu'à moitié réunis. Bref, avant que les prêteurs ne fournissent l'argent nécessaire pour achever les installations en chantier, il fallait trouver des actionnaires prêts à investir 15 millions de livres. La prise ferme était de toute évidence en sérieuse difficulté. La note d'information révélait que l'énorme atelier d'imprimerie offset avait été mis en chantier par le *Daily Telegraph* sans savoir comment il serait payé ni capitalisé.

Les patrons du *Daily Telegraph* avaient littéralement entrepris la construction d'installations géantes, qui ressemblaient à s'y méprendre à des hangars à zeppelins et à dirigeables des années 30, et payé les factures des entrepreneurs au fur et à mesure jusqu'à ce que les banques, inévitablement, les mettent en demeure de trouver des fonds. Une entente usuraire avait été conclue avec un groupe de prêteurs, laissant la famille Berry (surtout lord Hartwell et lord Camrose) aux commandes avec 59 % des actions. Il était assez difficile de prendre la note d'information au sérieux puisqu'elle prévoyait une augmentation miraculeuse des revenus sans économies appréciables du côté des salaires.

Le moment était d'autant plus propice qu'un certain Eddie Shah venait de remporter une bataille contre les syndicats de typographes dans un journal de province dont il était propriétaire et se préparait à lancer un quotidien national à Londres avec la technologie soi-disant nouvelle (la composition directe par les journalistes à l'aide de machines à traitement de texte, les journalistes faisant leurs propres corrections sur leur propre écran – pas de grouillots de rédaction, pas de plomb, pas de typographes et d'énormes économies de main-d'œuvre).

Rupert Murdoch, que j'avais rencontré par l'entremise de Marietta Tree en 1980, avait construit juste à l'est de la Tour de Londres un très grand atelier d'impression équipé de la nouvelle technologie et l'immeuble était inoccupé depuis cinq ans, sauf par le personnel d'hygiène et de sécurité. Il était de notoriété publique que Mme Thatcher avait imposé des conditions sévères aux syndicats britanniques dans d'autres secteurs, notamment chez les mineurs de charbon. Mon petit doigt me disait que cette occasion se présentait peut-être à un tournant providentiel dans l'histoire des journaux de la Grande-Bretagne.

Je connaissais passablement bien l'histoire du *Daily Telegraph*. Le journal avait été fondé en 1855 pour empêcher que l'incompétent duc de Cambridge, cousin de la reine Victoria, reste commandant de nom de l'armée britannique après les déboires de la Crimée, au moment où Aberdeen était remplacé par Palmerston, plus résolu, comme ailleurs dans l'histoire des guerres de la Grande-Bretagne, Rockingham avait cédé le pas à Pitt, Asquith à Lloyd George, et Chamberlain à Churchill. L'entreprise a échoué de façon éclatante : le duc a continué d'exercer ses fonctions pendant encore 25 ans.

Les heures de gloire du *Daily Telegraph* avaient été la fameuse interview avec l'empereur d'Allemagne, Guillaume II, en 1908, dans laquelle le kaiser fantasmait sur son rôle dans la guerre des Boers et sur les relations anglo-allemandes en général, et la publication en 1917 de la lettre de lord Lansdowne réclamant une paix négociée. Dans les années 30, Chamberlain avait persuadé lord Beaverbrook de congédier Churchill à l'*Express* et le patron du *Telegraph*, le vicomte Camrose, l'avait employé. À la fin des années 30, alors que le rédacteur en chef du *Times*, Geoffrey Dawson, était chef de la Ligue d'amitié anglo-allemande et se chargeait personnellement de censurer les propos négatifs sur Hitler, le *Telegraph* affichait un scepticisme de bon aloi au sujet de la politique d'apaisement.

Je connaissais ces histoires par mes lectures sur les grands journaux britanniques et leurs célèbres propriétaires. J'étais encore beaucoup plus au courant de la supériorité du tirage du *Telegraph* sur les autres journaux plein format de Londres. Le quotidien tirait à plus de 1,1 million d'exemplaires, soit beaucoup plus que le tirage combiné du *Times* et du *Guardian*. Si le *Times* était le journal de l'establishment financier, politique, universitaire, clérical et militaire et le *Guardian* le journal de la gauche pensante, le *Telegraph* était le fidèle porte-parole de la bourgeoisie britannique – économe, sobre, lascive, industrieuse, pleine de principes, nombreuse et pas dépourvue de sens de l'humour.

Le *Telegraph* avait eu un succès bœuf sous le vicomte Burnham à la fin du XIXe et au début du XXe siècle, puis avait décliné jusqu'à ce que le vicomte Camrose lui redonne un succès phénoménal dans les années 20, augmentant considérablement son tirage en réduisant le prix au numéro et forçant son principal concurrent, le *Morning Post*, à une fusion inégale.

La clé de l'immense succès du *Daily Telegraph* était une formule conçue par lord Camrose et fidèlement reprise par son fils, lord Hartwell : un journal excellent, concis, informateur, de bonnes pages sportives, une page trois dans laquelle étaient publiées de la manière apparemment la plus sobre les histoires les plus sordides, les plus vicieuses, les plus salaces et les plus scatologiques de la Grande-Bretagne, avec des citations sadiquement explicites des procès-verbaux de la cour, et une extrême vénération de la famille royale. Sur les vérandas ou dans les salles publiques des hôtels de Russell Square, des générations de voyageurs ont lu avidement, avec délices et sans embarras, les articles sur les flagellateurs, le clergé pervers, les politiciens dévoyés et les criminels psychotiques en page trois du journal. Le *Daily Telegraph* était en quelque sorte une brillante escroquerie : une chronique titillante, emballée dans un bon quotidien de nouvelles générales et sportives, presque entièrement dépourvu d'articles de fond.

En 1985, en plus d'être écartelé financièrement, le journal était affligé d'une direction et d'une rédaction sclérosées qui l'entraînaient dans une chute que d'aucuns jugeaient irréversible. En achetant le *Times* de Ken

Thomson en 1980, Rupert Murdoch a annoncé qu'il courtiserait «les fils et les filles des lecteurs du *Telegraph*». Dans ce but, il a donné au *Times* une présentation un peu plus bas de gamme, publiant des concours de promotion et des articles plutôt risqués qui ont fait rechigner sa clientèle classique – elle l'a traité de «carte de bingo yuppy» – mais qui ont sensiblement augmenté le tirage.

Malgré l'érosion de sa domination absolue, le *Telegraph* ne perdrait pas d'argent s'il était capitalisé convenablement. Je ne pouvais concevoir qu'on ne puisse arrêter la saignée avant que s'évapore son avance de près de 600 000 exemplaires sur le tirage de son plus proche concurrent. L'occasion se présentait à un moment fascinant de l'histoire des journaux de Londres.

Evelyn de Rothschild m'a téléphoné pour me demander si je pouvais aller à Londres la semaine suivante. Je ne pouvais pas. Il m'a rappelé quelques minutes plus tard pour me demander si je pouvais rencontrer ses clients à l'aéroport Kennedy et j'ai accepté. Je suis arrivé à la chambre convenue du médiocre J.F.K. Hilton quelques minutes après les Britanniques, lord Hartwell, son directeur général et son directeur général adjoint, le banquier d'affaires Rupert Hambro (que j'avais engagé pour me conseiller sur les personnalités et la politique de l'entreprise) et un représentant de Rothschild. Ils semblaient étonnés que je sois seul.

J'ai dit à lord Hartwell que j'avais lu sa note d'information et que je pouvais probablement souscrire au reste de l'émission d'actions à condition qu'on nous donne la priorité d'achat advenant la vente d'actions du bloc de contrôle ou d'importantes émissions d'actions autodétenues. J'ai été soulagé qu'il réponde aussitôt : «Je ne pense pas que nous puissions nous opposer à cela.» Lord Hartwell m'a fait bonne impression dès l'abord. Il n'a pas cherché à me sermonner sur la valeur historique du journal ni à me faire valoir son avenir. N'importe quelle personne sensée dans ma position aurait posé la même condition. Il fallait donc plus d'intelligence, sinon une grande intelligence, de sa part pour me l'accorder avec grâce et avec confiance qu'il m'en fallait pour demander un droit de préemption. J'ai éprouvé le même sentiment que le jour de mai 1978 où les successions Phillips et McDougald ont conclu avec nous une entente entre actionnaires de Ravelston. Après des années de retraite et de regroupement, une perspective fascinante s'ouvrait. En affaires comme ailleurs, la patience finissait par donner des résultats.

Comme équipe administrative, Hartwell et ses compagnons souffraient d'un manque sérieux de crédibilité pour réaliser les objectifs ambitieux énoncés dans la note d'information. Son directeur général, H. M. Stephen, était un homme agréable qui avait accumulé des états de service distingués durant la guerre et avait abondamment travaillé aux côtés de lord

Beaverbrook et de lord Thomson, mais il n'avait aucune expérience des relations de travail et renvoyait mes questions sur le dégraissage des effectifs à son adjoint.

Le directeur général adjoint était un personnage singulier. Cheveux noirs droits, visage rond, portant le monocle et de corpulence énorme, il ne cessait de gambader dans la chambre d'hôtel. Sa respiration bruyante s'accompagnait une fois sur trois de ronflements déconcertants et il beuglait des «monsieur» à Hartwell (qui faisaient bondir de surprise le couple noir de Detroit en seconde lune de miel dans la chambre voisine). Il grognait par intervalles fréquents, mais imprévisibles, comme un endomorphe Terry Thomas et se posait au hasard des fauteuils et des autres surfaces planes comme un aéroglisseur monoplace. Ses réponses à mes questions sur le dégraissage des effectifs et la position par rapport à la concurrence n'étaient pas très probantes.

Hartwell, de son côté, était bien mis, semblait avoir été assez bel homme dans son temps, tenait son fume-cigarette avec une sorte d'assurance rooseveltienne et arborait un sourire espiègle engageant. Il était assez sourd et marmonnait constamment de sorte qu'il était difficile de déterminer si les messages passaient bien de part et d'autre quand on lui parlait. Ne voulant pas paraître trop impatient ni trop décisif, je les ai priés de nous excuser, Rupert Hambro et moi, et nous sommes allés marcher quelques fois autour de l'hôtel, forcés de nous exprimer par signes à cause des avions qui ronronnaient sans cesse au-dessus de nos têtes. Ayant rencontré la haute direction, je doutais fort qu'elle puisse éviter une autre demande d'injection massive de capitaux ou la vente pure et simple.

Rupert, qui s'y connaissait peu en matière de journaux et qui était naturellement plus respectueux que moi des talents de l'aristocratie héréditaire anglaise, pensait que les objectifs énoncés dans la note d'information étaient réalisables. Je n'ai pas insisté parce que je voulais qu'il emploie toutes les ressources de sa personnalité adoucissante pour rassurer nos interlocuteurs, mais il me semblait qu'une option sur le contrôle de l'un des plus grands journaux d'Europe s'offrait à un prix qui n'arrive qu'une fois dans une vie. Au pire, Hartwell et moi devrions pouvoir trouver quelque égotiste ou timbré dans la longue tradition de Fleet Street qui nous rachèterait sans qu'il m'en coûte un sou ou presque. Nous sommes retournés à la chambre. J'ai reconfirmé notre entente à haute voix et en prenant soin de bien articuler pour m'assurer que Hartwell avait bien saisi ma condition et l'acceptait sous réserve de vérifications mineures.

Je les ai renvoyés à la gare de British Airways avec le chauffeur que j'avais engagé et j'ai assisté de la chambre d'hôtel au décollage de leur

Concorde. Ils sont rentrés à Londres tout juste douze heures après en être partis et je suis retourné à Toronto. Il n'y avait plus que des formalités juridiques nous séparant d'une occasion et d'un défi extraordinaires. Je m'en suis remis avec confiance à Dan Colson pour le travail juridique. Les ententes ont été parachevées six semaines plus tard environ, libérant les 30 millions de livres de capitaux et les 80 millions de livres d'emprunt, et j'ai attendu avec impatience ma première réunion des administrateurs en septembre.

L'affaire du *Telegraph* a coïncidé avec le rachat de Ravelston. Le processus de transition s'accélérait, d'une société de portefeuille disparate avec des intérêts importants, mais non déterminants, à la propriété réelle d'une société active dans une industrie où les propriétaires avaient une certaine expérience.

En septembre à Londres, j'ai visité le *Telegraph* et j'ai pu faire ma propre évaluation de la direction, qui confirmait mes impressions initiales. Hugh Lawson s'immisçait dans chaque conversation comme une vieille culotte de peau, empêchant qu'on réponde à mes questions les plus élémentaires. Le chef de la production, Alan Rawcliffe, était de toute évidence un cadre exceptionnel, le directeur des relations industrielles avait du potentiel, le directeur de la publicité était passable, et la qualité allait en diminuant pour le reste. Rawcliffe m'a fait visiter la salle de la presse dont les machines tonitruantes dataient d'avant-guerre et dont les effectifs étaient désespérément pléthoriques.

De l'hôtel le lendemain, j'ai appelé les petites annonces, prétendant que je voulais placer une annonce. Je me suis fait répondre sèchement par une femme très agitée qu'il me faudrait patienter quelques semaines ou appeler le *Times* ou le *Guardian*. Je l'ai même persuadée de me donner le numéro des petites annonces du *Guardian*, mais elle a refusé de me donner celui du *Times*. Le début n'était pas prometteur pour un actionnaire à 14 %, sinon dans le sens de mai 1940 : plus le déclin serait brusque, plus vite on passerait à un nouveau régime que je dominerais.

J'étais autorisé à désigner deux administrateurs au conseil du *Telegraph*. Je me suis désigné, avec Rupert Hambro comme substitut. Pour l'autre, j'ai demandé conseil à Andrew Knight. Il m'a recommandé Frank Rogers, qui avait été directeur général du *Daily Mirror* à l'époque où le journal a atteint un tirage quotidien de plus de cinq millions d'exemplaires. Frank était maintenant président du conseil d'East Midland Allied Press, dont le bénéfice annuel est passé de 200 000 livres à plus de 20 millions sous sa direction. Nous avons tous trois dîné à l'*Economist*, au sommet de son immeuble de la place St. James, avec vue sur le centre de Londres.

Frank m'a plu dès l'abord. Physiquement, il ressemblait à E. P. Taylor en plus petit et en moins exubérant. Son accent du Staffordshire faisait un contraste rafraîchissant avec les sonorités de la *public school* qui hantaient le *Daily Telegraph* et son vocabulaire était le produit unique d'un autodidacte original et très intelligent. Il m'a plusieurs fois engagé à me «départir» de telle ou telle notion et il semble qu'il lui arrivait souvent d'entendre «de pures sottises» qu'il écartait du revers de la main.

Je lui ai demandé d'être notre second administrateur au *Daily Telegraph* et je lui ai décrit l'état de la direction, des perspectives et de la propriété du journal tel qu'il m'apparaissait. Il m'a demandé qui j'envisageais de nommer directeur général (H. M. Stephen avait atteint l'âge de la retraite) si je prenais la direction du quotidien. «Notre aimable hôte, Andrew S. B. Knight, écuyer jusqu'à l'adoubement», ai-je répondu. Frank a alors eu cette phrase sublime : «Ha! s'est-il exclamé, se laissant aller en arrière dans son fauteuil. Ces joyeuses agapes réunissent donc un propriétaire du *Daily Telegraph* en puissance, un directeur général du *Daily Telegraph* en puissance et un administrateur du *Daily Telegraph* en puissance. Fi de la puissance! Voyons ce que NOUS allons faire de NOTRE journal.»

La question a vite été réglée. Avant notre première réunion du conseil du *Telegraph*, j'ai déjeuné avec les autres nouveaux venus, Rupert Hambro, David Montagu et lord Rawlinson au bureau de Jacob Rothschild (Montagu était vice-président du conseil de J. Rothschild and Company, à ne pas confondre avec N. M. Rothschild, la fameuse banque d'affaires dirigée par Evelyn, plus tard sir Evelyn Rothschild). Lord Peter Rawlinson, ancien solliciteur général et procureur général du Royaume-Uni, pimpant et gracieux, brillant avocat, était un collègue rassurant pour les jours difficiles qui s'annonçaient.

Montagu est un homme courtois et rusé, dont l'ingéniosité et le sens de l'humour qui ne le quittent jamais allaient se révéler inestimables. Nos relations ont toujours été excellentes. L'entreprise familiale, Samuel Montagu, avait été vendue à son insu à la banque Midland et David était devenu président du conseil de la banque Orion, consortium bancaire réunissant la Banque royale du Canada, la Chase-Manhattan et trois autres banques, avant de passer à Merrill Lynch, à Londres. Je l'avais rencontré une fois dans un hippodrome alors que j'étais en voyage d'affaires à Londres pour le compte de Massey-Ferguson en 1979. Propriétaire de chevaux, David avait autrefois consacré beaucoup de temps à ce loisir. Un jour, il a reçu un télex du quartier général de Merrill Lynch à New York lui demandant pourquoi il avait voyagé en première classe de Londres à Paris (pour aller voir courir son cheval à Longchamp). Laconiquement, il a répondu : «Parce qu'il n'y avait pas de jet à affréter!» Il est bientôt passé de Merrill Lynch à la culture plus agréable de Jacob Rothschild et, en vertu des ententes du prospectus d'émission du *Daily Telegraph*, il était président du comité de vérification (une nouvelle fonction).

Investi de pouvoirs d'expertise très étendu, il a été consterné par les choses qu'il a découvertes. «De deux choses l'une, a-t-il dit au cours de notre déjeuner, ou vous avez fait un bon investissement minoritaire ou vous serez bientôt maître de deux journaux sensationnels (le *Daily Telegraph* et le *Sunday Telegraph*).» Il a tôt fait de remplacer le petit cabinet vieillot d'experts-comptables qui se chargeait de la vérification par Coopers & Lybrand. Il n'y avait pas de contrôles apparents ni de véritables procédures de vérification en place et les chiffres, y compris ceux qui apparaissaient dans la note d'information, n'étaient que des conjectures. «Un fouillis indescriptible», a-t-il dit. Je n'étais pas autrement surpris. La maison des Berry (Hartwell et Camrose) chancelait de la cave au grenier. David Montagu m'a supplié d'assister à la réunion d'octobre. «Je me sentirai complètement nu sans vous», m'a-t-il dit. J'ai promis d'y assister, «ne serait-ce que pour vous épargner le sort du cardinal Wolsey».

Lord Hartwell a fort agréablement reçu à dîner chez lui une trentaine de personnes associées au refinancement en septembre. J'étais assis à côté de son fils cadet abrasif et raseur, Nicholas. Hormis quelques phrases à la réunion d'octobre, les échanges que j'ai eus avec lui se sont limités à ce dîner et ils ont été parfaitement civils. Quand son père l'a finalement informé de notre entente, il est devenu terriblement agressif et injurieux avec moi. Dan Colson a supporté et rabroué sans mal ses bourrasques enfantines.

J'ai quitté Londres au bout de huit jours. Quand j'y suis retourné un mois plus tard, la différence était la même que celle qui avait caractérisé les visites de Churchill à Paris et à Briare en mai 1940. Dans l'intervalle, Andrew Knight est venu me voir à Toronto pour me parler d'un projet écervelé : il envisageait de quitter l'*Economist* et d'aller travailler pour Tiny Rowland à l'*Observer* et de passer au *Telegraph* au bout d'un an ou deux, une fois que j'y aurais atteint une position d'influence. Le projet trahissait deux traits de caractère d'Andrew : une tendance à former des projets ridiculement compliqués et irréalistes – l'idée de faire la navette suivant une entente préétablie entre postes de direction de maisons sérieuses comme l'*Economist*, l'*Observer* et le *Telegraph* était absurde – et un penchant à courtiser avidement les riches et les puissants qui souffraient de lacunes dans leurs relations avec l'establishment britannique. (Il m'a assuré que la seule personne à qui il avait parlé du projet à part sa femme était Mohammad Haikal, propagandiste et rédacteur en chef d'un journal égyptien pro-Nasser, source pour le moins exotique pour solliciter des conseils professionnels.)

Rowland était un Germano-Rhodésien de grand talent et très onctueux qui avait plus ou moins été ostracisé par l'élite traditionnelle à cause de ses manières bagarreuses, obscures et non conformistes en politique et en affaires. On lui reprochait entre autres d'avoir fait du vertueux *Observer* de Kenneth Tynan et des Astor un tapis volant pour ses vendettas, en particulier contre la transformation d'un investissement apparemment passif ou même d'un accord d'entreposage des Al-Fayed dans la maison Fraser, qui comprenait Harrods, en une prise de contrôle.

J'ai dit à Andrew que les événements se précipitaient et qu'il ne lui serait pas possible professionnellement, ni même physiquement probablement, de quitter l'*Economist* avant que le régime Hartwell ne prenne fin au *Telegraph*. Il était légèrement incrédule, mais il a promptement changé son fusil d'épaule. Au cours des six ou sept semaines qui ont suivi, il a insisté sur un partage à peu près égal des actions entre Hartwell et moi de manière à pouvoir reproduire sa position insubordonnée de l'*Economist* où Pearson était propriétaire de la moitié des actions sans pouvoir exercer son droit de vote, Evelyn de Rothschild représentait le reste et le rédacteur en chef était à l'abri des deux parties en vertu des règlements conçus par Brendan Bracken du temps où il dirigeait l'*Economist*. Andrew était autonome et virtuellement assuré d'une position à vie.

Je n'ai évidemment pas tenu compte des conseils qu'Andrew me donnait dans un but intéressé, d'autant qu'il n'était pas particulièrement versé dans ce domaine. M'étant tout juste dépêtré d'une association très complexe, bien qu'amicale, dans Ravelston, je n'allais pas me remettre dans le même bain avec Hartwell et sa famille fissipare, en particulier Nicholas, qui était en train de devenir une nuisance publique.

De même ai-je feint d'ignorer les supplications d'Andrew m'implorant d'aller à Londres en novembre ou en décembre. (Cela ne l'a pas empêché de dire à l'historien du *Telegraph*, Duff Hart-Davis, qu'il m'avait conseillé de m'en abstenir. En fait, il m'a conjuré d'y aller avant la chute de l'ancien régime, mais m'a sagement conseillé de rester à l'écart tandis qu'on négociait le dégraissage des effectifs en 1986.)

Je suis arrivé à Londres par le vol de nuit du Concorde la veille de la réunion d'octobre et j'ai rencontré Andrew, Dan Colson et Frank Rogers, qui se préparaient à assister à leur première réunion du conseil du *Telegraph*, à l'Inn on the Park. Frank venait de présider un dîner de la Press Association en l'honneur du chef du Trades Union Congress. Ayant une expérience considérable des dynasties de Fleet Street, il m'a prévenu que leur ténacité était homérique. Andrew a ajouté que tandis que nous discutions de l'avenir du *Daily Telegraph*, « lord Hartwell dort sur ses deux oreilles devant un feu de charbon ».

Je me suis éveillé tôt le lendemain. Comme j'en étais à l'étape finale de ma conversion au catholicisme, j'en ai profité pour aller à l'église du cardinal Newman, le magnifique Brompton Oratory. (Il n'a peut-être jamais mis les pieds dans l'église actuelle, mais on y a fait son éloge funèbre.) À l'heure peu canonique où j'y suis allé – il était sept heures -, il n'y avait que quatre autres communiants. Je ne profanerais jamais le nom du Seigneur en ne l'invoquant que pour des affaires commerciales et mes pensées étaient pieuses comme il se devait quand je me suis agenouillé à la sainte table pour recevoir l'hostie des mains de l'officiant (je n'avais techniquement pas le droit de communier). J'ai donc été stupéfait quand une vieille religieuse à côté de moi m'a soufflé à l'oreille : «Bonne chance avec le *Telegraph*. Nous en sommes toutes de fidèles lectrices.»

J'ai rencontré Hartwell avec David Montagu au milieu de la matinée. David a souligné la gravité des révélations de Coopers & Lybrand et nous lui avons fait valoir qu'il serait sage de rassurer les banques (souvent une tâche difficile même pour qui est plus énergique et a un meilleur sens de l'arithmétique que Hartwell) en nommant un nouveau directeur général pour remplacer H. M. Stephen, qui prenait sa retraite. David avait déjà pensé à Andrew Knight et l'a proposé en notre nom. Hartwell a accepté, pratiquement sans faire de commentaires.

Le syndicat de banques, dirigé par la National Westminster et incluant notamment Security Pacific et la Banque de Hong Kong et de Chang-Hai, a demandé à me voir au cours d'un déjeuner aux sandwiches. J'ai fait de mon mieux pour donner des réponses sincères sans manquer de loyauté envers mon président du conseil. En réponse à une question hypothétique, j'ai affirmé qu'on pourrait trouver de nouveaux acheteurs au besoin pour éviter des pertes aux banques. J'ai été moins ferme quand on m'a demandé si je prendrais la tête d'un tel groupe. Il fallait être assez souple déjà pour faire le pont entre l'opiniâtreté dynastique de Hartwell et la perplexité croissante des prêteurs. Le risque grandissait chaque jour de perdre le vénérable quotidien aux mains d'autres preneurs.

Frank Rogers a été gracieusement présenté par lord Hartwell lorsqu'il a pris place à la réunion du conseil l'après-midi. David Montagu a fait état des conditions périlleuses dans lesquelles se débattait la malheureuse entreprise. (Nous nous sommes réunis dans une salle lambrissée de lourdes boiseries. Une carte du monde datant de 1939 était suspendue à un mur et une statuette de Salisbury ornait la tablette de la cheminée.) Dan Colson et Rupert Hambro ont assisté à la réunion sur invitation.

H. M. Stephen a proposé d'éliminer 17 portiers et de pratiquer diverses autres coupures du même ordre et il a demandé au conseil d'adopter une résolution dans ce sens. Frank a attendu de voir si on ferait des remarques, puis il a rompu le silence avec la première d'une série d'interventions fort pertinentes comme administrateur du *Telegraph*. «C'est la première fois de ma carrière que je vois un directeur général demander au conseil la permission de faire son travail», a-t-il dit. Je suis allé directement de Fleet Street à Heathrow après avoir échangé quelques plaisanteries avec David Montagu et j'ai donné un coup de fil à Andrew Knight du salon Concorde. «L'heure de ton destin a sonné, lui ai-je dit. Hartwell va te téléphoner demain.» Il l'a effectivement appelé, mais Hartwell allait se révéler hésitant et indécis jusqu'à ce que les événements lui forcent la main.

Dans les semaines qui ont suivi, Nicholas Berry a embêté à peu près toutes ses connaissances qui avaient des moyens partout au monde pour les inciter à acheter une participation dans le *Telegraph*. Il leur disait que notre entente n'avait aucune valeur juridique. Montagu a finalement demandé à Rawlinson de lire l'entente et de lui donner son avis. Colson et moi étions persuadés que l'entente était absolument étanche. Lord Rawlinson, l'un des avocats les plus éminents de la Grande-Bretagne, l'a lue durant la nuit et a déclaré le lendemain matin que le texte de Colson était «parfaitement blindé, inviolable et inattaquable».

Nicholas n'en démordait pas. Lord Hanson, l'un des industriels les plus doués et les plus puissants de la Grande-Bretagne, a téléphoné à Evelyn de Rothschild de la Chambre des lords pour lui dire qu'il était fin prêt à acheter le *Daily Telegraph* et allait de ce pas au bureau de N. M. Rothschild. Sans même retirer son manteau ni s'asseoir à son arrivée, il a pris connaissance de l'entente qui nous liait à Hartwell et il a dit : «Il semble que nous n'ayons rien à nous dire». Puis, il s'est dirigé vers un autre bureau de Rothschild pour discuter avec d'autres associés d'une acquisition dans une industrie qui n'avait aucun rapport avec la presse.

Le corsaire australien Robert Holmes à Court m'a appelé un jour à Toronto pour me dire qu'il envisageait de faire une offre concurrente. Je lui ai dit poliment de ne pas se gêner et j'ai offert de lui envoyer une copie de notre entente. Une antilope n'aurait pas réagi plus rapidement. Il a décidé gaillardement de ne pas faire d'offre. Nous avons maintenu une relation sporadique, mais cordiale, jusqu'à sa mort prématurée. Fairfax, le consortium de presse d'Australie, a aussi songé brièvement à venir sur les rangs. La préférence de Hartwell pour tout autre candidat que moi, malgré la courtoisie («magnanimité», a dit son frère, le vicomte Camrose) que je lui avais toujours témoignée, commençait à m'agacer.

Nicholas Berry a répandu de malicieux bobards dans la presse de Londres. Il y en avait de condescendants pour le Canada qui ont eu pour effet de provoquer un léger choc en retour en ma faveur dans les médias canadiens, pourtant très critiques depuis deux ou trois ans. (Même Peter

Newman, soudain décontenancé par le démantèlement de Dominion Stores, m'a provisoirement fait faux bond.) L'ami d'Adrienne Clarkson, John Ralston Saul, avec qui j'avais toujours entretenu d'assez bons rapports, a écrit un article extrêmement hostile dans le *Spectator*. De peur que la contagion tourne à l'épidémie, j'ai décidé de répondre fermement, contre l'avis d'Andrew Knight, qui craignait que je m'aliène «toute l'aristocratie et l'intelligentsia britanniques». Il voulait être le seul porte-parole du régime en attente et éventuellement du régime en exercice.

J'ai rédigé un démenti global et cinglant, disant en conclusion qu'il (Saul) «devrait se borner à des sujets convenant mieux que celui-ci à ses talents d'enfant grognon et ricaneur». La mise au point a semblé plaire à «l'aristocratie et (à) l'intelligentsia». La réponse de Saul quelques semaines plus tard a fait long feu comme celle de Ramsay Cook dans des circonstances semblables neuf ans auparavant. Elle était écrite sur «un ton terriblement menu», aurait dit *Punch* à l'époque victorienne. De Newman, qu'avait cité Saul, j'ai dit sans le nommer qu'il était «un groupie de l'establishment qui n'était pas payé de retour». Il faut dire cependant qu'avec la perspective du succès de notre stratégie, Newman est redevenu positif à mon égard et nos relations se sont promptement rétablies. La presse de Londres a adopté par la suite une attitude plus prudente et plus objective et elle s'est en général montrée bienveillante.

Les prêteurs ont informé Hartwell officiellement qu'il fallait une nouvelle injection de capitaux. Les Rothschild (de N. M. Rothschild, courtiers du *Telegraph* et des Berry qui m'avaient recruté) ont entamé des négociations avec Dan Colson sur le montant et le prix des titres que nous étions prêts à prendre à notre compte. Evelyn était dans une position délicate. Sa maison prêtait le flanc à de sérieuses critiques à propos de la note d'information du *Daily Telegraph* publiée plus tôt. Montagu a prétendu théâtralement qu'elle m'offrait «les couilles de la famille Berry sur un plateau d'argent». Evelyn disait à la famille Berry et au *Telegraph* que leurs intérêts seraient mieux servis s'ils faisaient des affaires avec nous. Il était bien avisé, comme les événements l'ont démontré par la suite, mais sa position n'était pas facile à soutenir à l'époque.

Les rencontres avec les prêteurs et les banquiers d'affaires se déroulaient presque sans interruption et elles étaient intenses. À l'une des rencontres, Michael Richardson, l'un des principaux négociateurs des Rothschild, a fait observer qu'il neigeait à l'extérieur. «Il va neiger des ordres de cour si nous ne nous entendons pas sur ce prix», a rétorqué Dan Colson. À un certain point, Richardson m'a appelé et a laissé entendre que je changeais les règles du jeu en insistant sur la mainmise. «Les règles changent plus vite que le jeu, ai-je répondu. Elles ne sont plus qu'une masse confuse. Je suis le seul qui n'ait pas modifié sa position. Ce n'est pas moi qui ai écrit ce prospectus fictif, c'est vous!» On ne m'a plus reparlé de changer les règles du jeu.

Nicholas Berry, devenu une véritable peste, faisait souvent irruption dans les meetings, traitant Colson de «porte-parole colonial» et d'autres termes d'affection. Une fois, il a lancé qu'il n'accepterait pas d'être administrateur d'une société dominée par «ce pirate» (moi). Colson l'a assuré qu'il ne serait pas forcé de le faire plus longtemps que le délai requis par les statuts pour convoquer une assemblée des actionnaires et congédier les administrateurs indésirables. Finalement, après avoir accusé son père d'être débile mental, Nicholas a été presque expulsé de force d'un meeting chez les Rothschild et il est parti en criant et en jurant. Son désappointement était compréhensible, mais sa conduite était difficile à excuser.

La réunion du conseil du *Telegraph* à laquelle je n'ai pas assisté en novembre a été tragi-comique. Hartwell s'est évanoui, suffoquant, gargouillant, l'écume aux lèvres. Les membres du conseil pensaient qu'il avait une syncope. Nicholas était heureusement absent, ayant quitté la réunion en trombe quelques instants plus tôt, mais l'autre fils de Hartwell, Adrian (gentilhomme, un peu particulier, avec qui j'ai toujours eu une relation cordiale), était là et s'est mis à crier «papa! papa!» avec sa réserve tout anglaise tandis qu'on appelait une ambulance. Quand les auxiliaires médicaux sont arrivés, la fidèle secrétaire de Hartwell, respectueuse jusqu'à ce qui semblait être la toute fin de la dignité du *Telegraph* et son président du conseil désemparé, a lancé avec défi: «Je ne permettrai pas à quiconque de toucher à lord Hartwell.» (Ce n'était qu'une défaillance.) La scène tenait du surréalisme, comme finit toujours par l'être la résistance obstinée à l'inévitable, l'indice le plus sûr qu'on touchait enfin au dénouement de l'affaire. Evelyn de Rothschild est allé régulièrement au chevet de Hartwell, qui estimait naturellement que la célèbre maison Rothschild ne l'avait pas servi avec la plus grande distinction.

Les jacasseries quotidiennes de Hartwell et ses histoires en queue de poisson, que me rapportaient Rothschild, Montagu et d'autres, étaient ennuyeuses, surtout après les visites de son fils Nicholas, le derviche tourneur, mais il était difficile de ne pas sympathiser avec lui. Il avait pris un soin passionné de ses journaux, avait veillé scrupuleusement à préserver l'intégrité de leur contenu, avait entrepris avec courage, quoique impétueusement, la construction de nouveaux ateliers splendides, et avait travaillé dur pour contenir la crise. Il avait supporté le veuvage, une surdité qui allait en s'aggravant, la solitude de la vieillesse, des problèmes financiers de plus en plus aigus, les sautes d'humeur de son fils Nicholas (dont le seul titre à diriger le *Telegraph* me semblait être d'avoir survécu à sa naissance), qui avait mis bas le masque filial et sauvagement accusé son père de mauvaise administration, et les attaques les plus irrévérencieuses – le *Private Eye* l'appelait invariablement «Lord Fartwell» (lord pète-sec).

Personnellement, je le trouve parfois mesquin et impénitent, mais jamais malhonnête ni méprisable. J'ai rarement entendu lord Hartwell dire du bien de quiconque (Churchill était «pique-assiette», Mountbatten était «bidon» et aucun de ses collègues propriétaires de journaux ne trouvait grâce à ses yeux). Il est l'un des grands misanthropes que j'ai connus, au contraire de son frère affable et sémillant, lord Camrose, mais il n'est ni méchant ni indigne de sympathie, sinon d'affection. Je ferais certes tout en mon pouvoir pour protéger les alluvions de sa dignité. Camrose et Joan, sa femme extravagante naguère mariée à Lowell Guinness et à Ali Khan et mère de l'Aga Khan actuel, vivent dans un luxe inouï à Hackwood Park, près de Basingstoke. La première fois que je leur y ai rendu visite, j'ai dit à Andrew Knight au moment où nous partions : «Joan est une femme énergique et dynamique». Andrew, qui n'a pas l'habitude de faire des plaisanteries, a répondu pensivement : «Énergique, oui ; dynamique, oui, mais pour la mère de Dieu, on repassera.»

À la fin de novembre, les prêteurs menaçaient d'appeler les syndics et les vérificateurs avaient avisé Montagu que la société frisait l'insolvabilité technique, qu'il faudrait rendre publique. Hartwell avait deux fois avancé plus d'un million de livres de sa poche en réponse à des ultimatums sévères et insolents de banquiers secondaires. David Montagu avait fait des prodiges, passant par-dessus la tête de petits fonctionnaires de banque morveux, prétendant même au cours d'un meeting particulièrement orageux être en conversation téléphonique avec le gouverneur de la Banque d'Angleterre, alors qu'il parlait à un commis.

«Oui, monsieur le gouverneur, vous avez dit clairement que ce serait un déshonneur et une tragédie nationale si ces grands journaux faisaient banqueroute à cause de l'impatience et de l'incompétence de quelques banquiers», a-t-il dit sur un ton pince-sans-rire à une secrétaire interloquée à l'autre bout du fil. Malheureusement, le banquier principal, gros Américain de la Security Pacific qui n'entendait rien au protocole britannique et s'en fichait éperdument, a demandé à bon droit si le gouverneur de la banque centrale allait garantir ses prêts. La roublardise de David n'a servi de rien dans ce cas.

Dans l'intervalle, j'avais fait mes devoirs : un sommaire d'une page de Colson sur les changements apportés aux lois britanniques du travail et à leur application sous Thatcher et un émissaire à Rupert Murdoch, Marietta Tree en l'occurrencc, pour lui demander carrément ce qu'il entendait faire de son atelier d'imprimerie vacant à Wapping. Rupert n'a pas voulu donner de précisions, mais il a dit qu'il ne le tolérerait pas beaucoup plus longtemps. «Je vais prendre des mesures draconiennes», a-t-il dit. C'était assez rassurant, mais je ne me rendais pas compte que Murdoch allait se surpasser et congédier tous ses effectifs de production de 5 500 sans se donner la peine de leur offrir une indemnité de licenciement.

Le 6 décembre, nous avons conclu une entente. Trente millions de livres seraient injectées par la Hollinger. (Ravelston n'avait malheureusement pas les moyens d'être preneur. J'ai été sévèrement blâmé par quelques analystes pour le fait de faire payer la note de mes violons d'Ingres par la Hollinger, mais peu s'en sont souvenu quelques années plus tard quand nous avons commencé à récolter la manne financière.) Le prix de l'action serait ramené à 50 pence, de 1,40 livre six mois auparavant, assurant Hollinger et Ravelston d'au moins 50,1 % des actions, même si toutes les institutions actionnaires souscrivaient à l'émission. Nicholas Berry a démissionné, me privant du bonheur de le remercier. Hartwell pouvait demeurer à volonté président du conseil et sa famille aurait droit à quatre administrateurs. H. M. Stephen a remplacé Nicholas, tandis que Camrose et Adrian Berry ont continué de faire partie du conseil.

La nomination d'Andrew Knight à la direction générale a été annoncée. Quelques heures avant, il nous a si bien rançonnés que Dan Colson a failli le renvoyer avec armes et bagages. Andrew m'a expliqué qu'on lui demandait de laisser «un petit bain douillet pour un bain glacé». Il réclamait (c'est-à-dire exigeait) donc une option sur 5 % des avoirs du *Telegraph* à 1 livre l'action. J'ai accepté la plupart de ses conditions parce que je croyais qu'Andrew apaiserait les prêteurs avec sa faconde, son assurance et le prestige qu'il avait acquis à l'*Economist* et me servirait de façade auprès des diverses élites de Londres. Je croyais aussi qu'il pouvait nous indiquer les nouveaux cadres qu'il fallait installer à presque tous les postes clés. Il fallait d'urgence une hécatombe dans la gérontocratie du *Telegraph*.

Je ne me formalisais pas autant que Dan de sa cupidité. Andrew m'avait signalé l'affaire du *Telegraph* et si elle réussissait, nous aurions dix fois plus d'actions qu'il en aurait et nous ferions un bénéfice de 100 % sur ses actions.

L'arrogance insondable d'Andrew était irritante cependant. Juste avant que le cinéma de Nicholas Berry atteigne son paroxysme, Andrew m'a assuré que Nicholas avait de «l'admiration» pour lui. Il a été blessé que je lui réponde : «Nous en avons tous, Andrew, mais pouvez-vous convertir cette admiration bien fondée que vous porte Nicholas en un comportement sensé?» Dan Colson a finalement cédé à contrecœur aux demandes d'Andrew, mais seulement parce que je le lui ai demandé. Je ne pensais pas que nous pouvions nous permettre à ce stade de nous lancer à la recherche d'un nouveau directeur général. Andrew a téléphoné à Evelyn de Rothschild, président du conseil de l'*Economist*, pour l'en informer officiellement. «C'est une journée sombre pour l'*Economist*», a-t-il dit modestement. Lorsqu'il nous a quittés près de quatre ans plus tard, Andrew nous a proposé de dire dans le communiqué de presse : «M. Knight est le plus grand phénomène depuis le fil à couper le beurre.»

De telles déclarations auraient provoqué une telle levée de boucliers qu'il était compréhensible qu'Andrew préfère ne laisser à personne d'autre le soin de porter jugement sur lui. Entre ces deux andréwismes grinçants cependant, nous avons passé en sa compagnie beaucoup plus de jours gais que de jours «sombres» et sans lui, nous n'aurions pas été là du tout. Le *Telegraph* était mon plus grand coup de dés, mais j'avais une telle confiance dans mon intuition que je suis parti pour Palm Beach l'âme en paix le lendemain de Noël 1985. Il était heureux qu'il en soit ainsi, car 1986 allait bientôt apporter son lot de problèmes.

CHAPITRE 10

Une société de journaux transatlantique (1986-1989)

Au moment où nos huit ans d'efforts pour acquérir la propriété réelle d'actifs comportant quelques perspectives de croissance que nous étions en mesure de gérer allaient aboutir, une autre crise a éclaté. Malgré le dividende spécial d'Argcen, le rachat de Ravelston a porté la dette de cette société à un sommet de 154 millions de dollars, alors que l'aptitude de la Hollinger à mobiliser des fonds dépendait de la vente d'autres actifs, en particulier des actifs restants de Dominion Stores. La société au nom dissonant d'Argcen ayant épuisé son utilité, la Hollinger a refait surface après le dividende spécial. La perspective la plus intéressante, espérions-nous, serait le surplus du fonds de retraite des employés de Dominion Stores que nous estimions autour de 75 millions de dollars.

Le surplus avait été accumulé sur une période de sept ou huit ans. Un examen subséquent a révélé qu'une petite part du surplus provenait du licenciement d'employés comptant peu d'ancienneté, qui n'avaient donc pas d'avantages acquis en vertu des cotisations de la société au régime de retraite. L'inflation a aidé, mais seulement à cause des instructions données aux administrateurs du fonds de retraite par le comité de gestion du fonds, présidé par Dick Chant, à propos des niveaux de liquidités. Dick avait une intuition phénoménale du cours des taux d'intérêt et c'est ce facteur, plus que tout autre, qui a conduit à la croissance énorme du surplus. Les actionnaires étaient responsables des insuffisances du fonds et les représentants des actionnaires avaient engendré le surplus. Les précédents et les avis juridiques nous indiquaient tous que les actionnaires avaient droit au surplus quoique ce droit risquait d'être mal interprété par le public, étant donné le démantèlement de Dominion Stores. Il était évident que d'extraire le surplus du régime de retraite ne serait pas une mesure populaire, alors qu'on était en train de liquider la société.

J'en étais conscient, mais je ne m'attendais pas aux secousses qu'allait entraîner le retrait d'environ 60 millions de dollars du régime de retraite, autorisé par la Commission des régimes de retraite de l'Ontario. Le syndicat représentant les employés concernés de Dominion Stores, an-ciens et actuels, (représentant aussi, selon la Commission des relations du travail de l'Ontario, les employés des concessions Mr. Grocer, qui, de l'avis du syndicat, n'avaient pas droit à leur emploi) a intenté une action à la Commission des régimes de retraite, alléguant qu'elle avait omis de donner aux bénéficiaires du fonds de retraite l'avis de retrait requis par la loi.

Au moment de l'amorce du litige, que nos procureurs ne prenaient pas très au sérieux à l'origine, parce qu'ils supposaient que la Commission des régimes de retraite savait ce qu'elle faisait, le resserrement du crédit se faisait chaque jour plus aigu à la Hollinger et à la Ravelston. La situation était encore aggravée par l'attitude agressive de cadres intermédiaires dans l'administration du crédit de la BCIC, dont je suis resté dans une ignorance béate pendant quelques semaines. Je supposais naïvement que 15 ans de prêts fructueux, 10 ans comme administrateur de la banque et d'excellentes relations personnelles avec quatre présidents du conseil consécutifs constituaient une sorte de pare-feu contre une inflammation soudaine.

J'avais vu Henry Kissinger en passant par New York en décembre et il m'avait dit qu'à l'occasion de ses contacts récents avec les dirigeants de l'Arabie saoudite, dont le roi, on l'avait informé que le prix mondial du pétrole passerait d'environ 25 $ le baril à moins de 10 $. Il était assez évident que l'offre excédait la demande et qu'une chute, peut-être brutale, du prix mondial était inévitable. Je pensais que la Norcen pouvait encaisser un tel revers sans trop nuire à son rendement, tellement la gestion d'Ed Battle était habile.

Une chute de l'ordre de celle que prédisait Kissinger était plus difficile à absorber et puisque notre statut d'emprunteur était passé au peigne fin, avec la prise en main du *Daily Telegraph* et du câble de Los Angeles qu'Allan Slaight nous avait obligés à reprendre, il devenait nécessaire d'envisager la vente de la Norcen. Alors que les pourparlers à propos du *Daily Telegraph* entraient dans leur phase critique, j'avais eu plusieurs entretiens avec le président du conseil de la BCIC, Don Fullerton, pour m'assurer que l'argent serait disponible pour les achats de Londres et de Los Angeles, et avec Trevor Eyton, Jack Cockwell et d'autres personnages de la Brascan au sujet de la vente de nos actions de la Norcen. Ces discussions, après une très courte pause pour le Nouvel An, ont repris en janvier et j'espérais les mener à terme avant l'effondrement prévu des prix du pétrole.

À la fin de janvier 1986, mes douleurs au dos consécutives à une hernie discale ont soudain réapparu ; j'éprouvais des élancements violents dans les jambes, par tout le dos et dans la poitrine. Je n'arrivais même pas à m'asseoir sans m'évanouir au bout de quelques secondes tant la douleur était intense. J'ai néanmoins poursuivi les négociations avec Trevor Eyton et Jack Cockwell, qui m'ont deux fois rendu visite à ma chambre de l'hôpital Wellesley et m'ont apporté des livres utiles sur les maux de dos, tandis que les prix du pétrole se sont mis à descendre sérieusement. Nous avons conclu une entente qui a été ratifiée par le conseil de la Hollinger au début de février, avec une obligation suspensive de réinvestissement pour protéger l'acheteur tant bien que mal contre une chute trop brusque ou trop durable des prix du pétrole. La société Hees International, géant financier créé par Jack Cockwell à partir de l'ancienne fabrique de stores vénitiens de George Hees, était l'acheteuse.

La contrepartie s'élevait à un peu plus de 300 millions de dollars, dont 130 millions seulement étaient versés en espèces, constituant le prix de base rajusté aux fins de l'impôt de nos actions initiales de la Labrador, contre lesquelles nos actions de la Norcen avaient été échangées dans la transaction complexe de 1983. Le solde nous était versé en actions de la société Hees au cours d'émission de 27 $, que nous avons revendues quelques mois plus tard à près de 35 $ l'action, ajoutant près de 50 millions de dollars au produit réel de la vente, que nous avons mis à l'abri de l'impôt avec les pertes fiscales de Dominion Stores.

Nous avons compensé la clause de réinvestissement par une contre-obligation de réinvestissement de la société Hees dans la Hollinger, avec droit d'option de la Ravelston de racheter ces actions. Ainsi, la Hollinger investissait 25 millions de dollars dans la société qui achetait nos actions de la Norcen et cet argent était aussitôt réinvesti en actions privilégiées de la Hollinger convertibles en actions ordinaires à 8 $. La Ravelston a acheté cet effet à l'aide d'un prêt à frais fixes coûtant à peine plus que les dividendes sur les actions achetées et a vite bénéficié d'un gain en capital non matérialisé de près de 100 %.

C'était une sortie fructueuse, mais difficile, d'une entreprise splendide dans une industrie dont les cours débordent l'influence du secteur privé et la capacité d'établir des pronostics sûrs. Je suis devenu administrateur de la Brascan et de la Hees et j'ai pu apprécier la virtuosité financière de Jack Cockwell. Au cours d'une passe difficile en 1991, émerveillé par l'ingéniosité de Jack qui a trouvé moyen de faire déclarer un bénéfice par la Brascan à partir du gain en capital d'une filiale, j'ai remis à mon voisin (Alf Powis) à la table du conseil une note disant : « Nous sommes une entreprise manufacturière. Nous manufacturons des bénéfices ! »

Mon malaise au dos me faisait encore clopiner quand j'ai été terrassé par une bronchite. Alité à la maison dans une chambre inondée des vapeurs dégagées par un assortiment d'inhalateurs, je ne me sentais pas très gaillard lorsque la Cour provinciale de l'Ontario nous a ordonné de rembourser les 60 millions de dollars de surplus que nous avions retirés légalement du fonds de retraite des employés de la société Dominion Stores. Le juge Robert F. Reid a d'abord été saisi de la cause.

Il s'est livré à une petite charade, offrant de se récuser parce que nous avions tous deux été membres brièvement de la section de Toronto de la

Commanderie de Bordeaux. Puis il a fait droit à l'objection du syndicat contre la distribution du surplus du fonds de retraite, parce que la Commission des régimes de retraite de l'Ontario n'avait pas exigé de consultations préalables en bonne et due forme avec les administrateurs du régime de retraite. Reid et les autres juges de première instance se sont un instant gavés de l'attention que leur accordait la presse et ont réalisé des prodiges d'affectation et de sollicitude populistes. Les premiers jugements étaient déraisonnés, irréfléchis et polémiques, y compris l'obligation insipide que nous a faite un quelconque ouvrier juge, Hollingworth, de rembourser sur-le-champ le montant du retrait, comme si 60 millions de dollars n'étaient qu'une bagatelle. Les jugements se bornaient à des questions de procédure qui n'avaient rien à voir au droit éventuel de propriété du surplus.

Dans un élan de démagogie diffamatoire qui allait se répercuter et se ramifier pendant des années, le chef du NPD de l'Ontario, Bob Rae, s'est emmitouflé dans l'immunité parlementaire et m'a accusé carrément de vol, me qualifiant gentiment de «symbole du capitalisme le plus bouffi». J'ai riposté dans le *Sun* le lendemain. La voix flûtée et congestionnée, j'ai dit que Rae, en voie de devenir «la question triviale qui met fin au jeu» était «le symbole de la démagogie socialiste la plus dégueulasse». En termes d'injures, j'avais au moins fait partie nulle, suivant mon habitude, mais les calomnies de Rae, sous l'immunité que lui procurait sa fonction, n'allaient pas être oubliées si rapidement.

J'ai aussi dit au *Sun* que l'ancien gouvernement Davis n'avait maintenu l'existence du NPD que pour diviser l'opposition et que les conseillers de Davis, Eddie Goodman et Hugh Segal, avaient «insufflé de l'air fétide dans les voiles flasques» du NPD. J'ai aussitôt reçu, par l'intermédiaire d'un huissier très démonstratif, une assignation en justice pour diffamation contre Eddie Goodman pour avoir laissé entendre qu'il avait «mauvaise haleine». J'ai bien rigolé et j'ai renvoyé un simulacre de défense citant toutes sortes de jugements fictifs (*Listerine c. Encyclopedia Britannica*, Archives juridiques de la Grande-Bretagne [AJGB], 1947, et ainsi de suite).

La polémique s'est intensifiée au cours des deux jours suivants quand j'ai dit au *Globe & Mail* que, tout en déplorant le licenciement des employés de Dominion et les malheurs qu'il entraînait dans bien des foyers, il ne fallait pas perdre de vue qu'une minorité des membres de ce personnel avait, de temps immémoriaux, volé chaque année une somme supérieure au bénéfice réparti entre les actionnaires. La déclaration a provoqué une tempête et toute la mauviétocratie de l'Ontario a grimpé sur les remparts pour se porter à la défense de la classe ouvrière injustement attaquée. Un concert ahurissant de pharisaïsme outré s'est fait entendre, que j'ai fait mine d'ignorer, non seulement parce qu'il était constitué presque entièrement de déclarations hypocrites destinées à la galerie par les groupies du « lumpenprolétariat dominé par les yuppies » (comme je les ai alors décrits dans le magazine *Report on Business*), mais parce que ma voix et mes forces me faisaient complètement défaut.

Le milieu des affaires de Toronto s'est enfermé dans son cocon habituel de pusillanimité silencieuse. Interrogés par la presse, les cadres supérieurs des principaux détaillants en alimentation, qui me disaient en privé que leur expérience du vol de stock par les employés était semblable à la nôtre, ont exprimé des doutes sur mes remarques. Même si nous menions la bataille pour toutes les entreprises de la province disposant d'un fonds de retraite bien administré, je n'ai pas reçu un seul mot d'encouragement en public ou en privé dans la cause que nous défendions. Lorsque l'infâme tribunal de guerre de la Commission des relations du travail de l'Ontario a décrété qu'un syndicat représentait des travailleurs qui n'y adhéraient pas et à qui le syndicat niait le droit à leur emploi, les employeurs ontariens ont maintenu un silence absolu.

Je me savais impopulaire dans le milieu fermé, rassis, conformiste et plutôt refoulé de l'élite des affaires de Toronto. Je savais que beaucoup considéraient que j'étais dogmatique, prétentieux et qu'en matière d'administration, je n'avais pas vraiment fait mes preuves. Ce jugement ne m'étonnait pas et n'était pas forcément dépourvu de tout fondement. Mais certaines des causes auxquelles j'étais mêlé en touchaient plusieurs au moins au même degré que moi. Si de me voir chargé d'ennuis leur était de quelque reconfort, leur passivité ne démontrait pas un très grand instinct de conservation.

Cinq ans plus tard, après que j'eus financièrement évacué la province et l'élection de Bob Rae comme premier ministre sur une plate-forme d'usurpation syndicale de la position dominante du secteur privé et de mainmise fiscale, je n'ai pas retourné à mes pairs de l'industrie leur complaisant *schadenfreude**. Mes invectives contre la cleptocratie officielle de Rae ont recueilli un vaste concert d'approbation, outre quelques voix discordantes de partisans irréductibles de la politique d'apaisement.

Alors que j'étais physiquement abattu et gravement affaibli, ma femme a donné naissance à notre troisième enfant, James, et, par l'entremise d'un agent de crédit plutôt nerveux, la Banque canadienne impériale de commerce a consommé une dispute qui couvait depuis longtemps avec David Radler et rappelé l'un des prêts majeurs consentis à Dominion. David a brusquement démissionné de la présidence de Dominion Stores et, selon notre entente, a rappelé Peter White du bureau de Brian Mulroney

* Réjouissance maligne du malheur d'autrui. (NDT)

pour le remplacer. David et moi (une fois rétabli) allions nous consacrer tout entiers à la liquidation des actifs accessoires et au ménage financier de la société. À la mi-février 1986, accablé de l'opprobre des médias et des milieux politiques, respirant péniblement avec douleur et presque sans voix, j'ai vu avec consternation notre banque rappeler un prêt de 40 millions de dollars et le tribunal exiger le remboursement de 60 millions de dollars.

Alors même que mes plus vieux associés et moi devenions propriétaires réels de ce qui était principalement un consortium de journaux, notre solvabilité était sérieusement mise en doute et j'étais complètement immobilisé. Notre ratio d'endettement était excessif et la valeur de nos actifs incertaine. Des cadres subalternes de notre prêteur principal, du même genre que ceux qui avaient harcelé si implacablement lord Hartwell en Grande-Bretagne, se sont mis à me téléphoner sur mon lit de malade pour réclamer d'urgence la vente de la Hollinger.

J'ai appelé Don Fullerton encore tout enrhumé et j'ai pris rendez-vous avec lui. Dès que j'en ai eu la force (environ une semaine plus tard), je me suis fait conduire à son bureau pour lui livrer un simple message : si le portefeuille de prêts de la BCIC était évalué avec autant de scepticisme que les actifs de la Hollinger, la banque n'aurait pas de capitaux propres; si le prêteur pensait que les prêts consentis à la Hollinger étaient le moindrement douteux, il était du devoir de la direction de la Hollinger d'écarter ces doutes, mais la banque devait donner à la direction de la Hollinger une chance honnête de remettre les choses en ordre. Je lui ai remis un sommaire des mesures énergiques de réduction de la dette que j'envisageais. Don Fullerton n'avait pas besoin que je lui rappelle aimablement l'obligation que la Loi sur les banques impose aux administrateurs de banque d'agir dans le meilleur intérêt de leur banque. Il m'a assuré aussitôt qu'on me donnerait le temps de nettoyer les affaires de la société. Mon rétablissement physique et financier s'est amorcé sur-le-champ et est allé en s'accélérant, mais je n'ai pas connu de périodes plus angoissantes.

Paul Desmarais m'a rendu visite à la maison au moment où j'étais au plus bas et m'a prodigué quelques mots d'encouragement. Les indiscrétions qu'il a commises tout de suite après ont été moins utiles. Elles ont conduit une série de gens importants, dont Brian Mulroney, à supposer que j'étais au bord de la faillite. Heureusement, la presse financière n'en a pas eu vent.

Plutôt que de m'apitoyer sur mon sort, je m'en voulais de constater qu'après huit ans d'efforts acharnés notre fortune soit aussi précaire. Logiquement, j'étais sûr que notre stratégie avait été la bonne. Mes erreurs tactiques, quelles qu'elles aient été, n'avaient pas fondamentalement vicié notre progrès stratégique. La logique n'est pas d'une grande utilité devant des prêteurs vociférants et des tribunaux hostiles. Néanmoins, j'ai gardé le moral. David Radler, Peter White, Dick Chant, notre inlassable vice-président responsable des affaires juridiques, Charlie Cowan et moi avons développé une intrépide attitude de défi. Chacun a fait sa part.

David, retombant promptement sur ses pieds après les jours pénibles qu'il avait vécus à la tête de l'exploitation de Dominion Stores, s'est comporté brillamment. Il a menacé de la faillite du locataire les propriétaires de centres commerciaux qui ne voulaient pas nous dégager de notre entente avec une pénalité raisonnable. Dans quelques cas, il a demandé aux employés d'étaler devant le magasin des légumes pourris pour gâter l'ambiance des centres commerciaux et inciter les propriétaires à nous libérer de nos baux. Presque tous les propriétaires ont bientôt capitulé. David s'est empressé de réévaluer des baux cadres auxquels on n'accordait pas de valeur comptable et il en a marchandé quelques-uns, toujours à des prix inespérés.

Dick Chant a vendu à bon compte la société de surveillance dans laquelle j'avais pris une participation lorsque les persécutions de Roy McMurtry en 1982 et en 1983 m'avaient rendu plutôt méfiant à l'égard de la police. Il a aussi vendu notre jet Challenger, dont Bud McDougald avait tiré une vanité démesurée (quoiqu'il n'ait pas vécu assez longtemps pour en profiter), à un prix supérieur à ce que nous aurions cru. Quelques mois plus tard, notre prospérité revenant, l'expansion de nos affaires exigeait un avion. L'aversion de Jack Cockwell pour l'avion l'amenant à nous offrir le G2 (Grumman Gulfstream, appareil très confortable et très sûr) de la Norcen comme actions de la société à but unique, l'ancienne Sugra Ltd. (graphie inversée d'Argus) de Bud McDougald, Dick Chant a sauté sur l'occasion et l'a acheté à des conditions très favorables.

Peter White, au sommet de l'iceberg fondant de Dominion Stores, s'est montré inlassable et imperturbable. Chaque semaine nous fermions des magasins pour les convertir en concessions de Mr. Grocer. Nous estimions que c'était la meilleure façon d'amener le syndicat à négocier avant que l'implacablement partiale Commission des relations du travail, qui a mis neuf mois à se prononcer sur un seul magasin, nous impose son régime oppressif. À mesure que notre ancien syndicat se faisait absorber par celui d'A & P et que les employés restants de Dominion étaient licenciés en raison de la fermeture ou du franchisage des magasins, je gardais espoir que les chefs syndicaux, pour continuer d'exercer leur népotisme et conserver leurs emplois sinécures ainsi que ceux de leurs membres, seraient disposés à faire des concessions et que leurs concessions s'étendraient à la question du surplus du fonds de retraite.

Dans le même but, j'ai entamé des négociations avec Dick Currie, chef exceptionnellement compétent de l'exploitation du groupe Weston-Loblaw, pour la vente des opérations de gros de Dominion Stores. À la fin de l'été 1986, Dick pensait qu'une entente était proche. J'espérais que la perspective de la fin des hostilités et l'arrivée d'un employeur stable inciteraient le syndicat à considérer un règlement de l'ensemble du litige. La mise au point des détails et l'obtention des autorisations ont requis tout l'automne et se sont prolongées jusque dans la nouvelle année. Le syndicat des employés de Dominion, dont la rapacité et le cynisme avaient suppléé si efficacement aux carences de la direction pour ruiner la société, pour éviter l'extinction (c'est-à-dire l'extinction des revenus et des privilèges des chefs syndicaux), a consenti à admettre les employés des concessions et à prétendre les représenter. De notre côté, pour renchérir, nous avons consenti un abattement à Weston sur notre entreprise de gros pour tenir compte des trois ans de cotisations syndicales qu'elle serait tenue de verser au nom des employés.

J'ai mes doutes sur la destination finale de ce *danegeld*, mais nous devions certainement aux employés suppléants de ne pas les forcer à cotiser directement au syndicat flemmard qu'ils avaient contribué si puissamment à mettre au pas.

Il a été convenu que le surplus du fonds de retraite serait divisé en parts égales entre les actionnaires et les bénéficiaires du régime de retraite. Étant donné le climat politique de l'époque, c'était une conciliation honnête des intérêts des deux parties au litige. Il faut dire que l'UEGDMR a au moins une fois accompli quelque chose pour ses membres. Comme le surplus avait continué de s'accumuler, nous avons reçu environ les trois quarts de la somme que nous escomptions à l'origine et nous avons été assez heureux d'établir un fonds d'indemnisation pour aider les anciens employés dans leur recherche d'un emploi plus stable que celui qu'avait pu leur offrir l'entreprise dévastée et saccagée de Dominion Stores. La vente à Weston des opérations de gros et la récupération du surplus du fonds de retraite nous ont rapporté la somme nette de 80 millions de dollars.

L'un des éléments du plan de redressement que nous avions formulé consistait à réunir une équipe hautement professionnelle au 10, rue Toronto. Dick Chant a fait un pas de géant dans cette direction en recrutant Charlie Cowan, l'ancien associé directeur général du cabinet de P. C. Finlay, au poste de vice-président responsable du service du contentieux et secrétaire de la Hollinger. Le vice-président responsable des services financiers, Wendell White, était parfaitement apte à tenir les livres et à adresser des factures de redevances à Cleveland, mais il avait tendance à s'énerver et à bégayer ou à glousser s'il était pressé de questions par les banquiers. Il était sur le point de prendre sa retraite et j'ai invité mon vieux conseiller fiscal,

Jack Boultbee, chef des services du fisc chez Coopers & Lybrand, à le remplacer.

Je ne lui ai pas caché les difficultés de la Hollinger et je ne les croyais pas de nature à l'intimider. Jack Boultbee était un joueur intrépide qui allait parfois littéralement jusqu'à parier sa main au poker sans regarder ses cartes. C'était un planificateur fiscal agressif et un comptable hardi et inventif comme j'en ai rarement vu. Il m'avait été présenté par Igor Kaplan, note de nostalgie qui n'avait vraiment aucun rapport, mais qui me procurait psychologiquement une assurance de continuité. Il a accepté ma proposition et il est entré en fonction en mai. Sa nomination a été l'un des coups les plus futés que j'aie réussis à la Hollinger. Il a accompli des prouesses dans ses relations avec nos prêteurs et nos actionnaires et il a consacré dès son arrivée une attention imaginative aux comptes de la Hollinger. Il s'est révélé infiniment débrouillard.

S'il fallait appliquer un modèle militaire à nos opérations de 1986, je parlerais d'une guerre défensive sur le front intérieur, comme celle de Frédéric le Grand dans la dernière phase de la guerre de Sept Ans, le passage de la Berezina par Napoléon en 1812 en face de l'armée russe trois fois plus nombreuse, ou pour rappeler un exemple plus exaltant : la bataille d'Angleterre. Comme les escadrilles de la Royal Air Force, le produit de la vente de la Norcen a été jalousement gardé et déployé, au moins rhétoriquement, pour apaiser les prêteurs et, au besoin, les acheteurs qui s'inquiétaient de notre permanence. (Il était parfois difficile de séparer ceux-ci des bailleurs de Dominion Stores que David menaçait de la faillite – de Dominion et non pas de la Hollinger – s'ils se montraient trop rapaces dans les conditions de cessation des baux.)

Au creux de la vague, au début de février, je suis allé jusqu'à écouter les propositions de Don Cormie, qui cherchait une couverture financière honorable pour ses activités de placement, qui se sont effondrées avec fracas quelques années plus tard. Notre situation était si précaire à un certain moment que je craignais que l'édifice tout entier s'écroule si notre associé dans la petite entreprise de surveillance que nous possédions nous obligeait à acheter ses actions, comme il en avait le droit. J'ai dû déployer des efforts cicéroniens pour convaincre la Banque de commerce d'honorer le billet que j'avais émis à l'ordre de mon frère pour compléter mon achat de ses actions de Ravelston. J'ai hypothéqué ma maison de Palm Beach en faveur de la BCIC pour quelques mois, afin de régler ma dette envers mon frère. (J'ai acheté la maison en 1980 avec un bénéfice réalisé sur le marché de l'or, matière qui s'apprécie en temps de grande incertitude politique du type engendré par l'administration Carter.) J'ai même discuté avec Doug Creighton de la possibilité de vendre une partie de nos intérêts dans le

Daily Telegraph au *Sun* de Toronto, tellement les prêteurs faisaient pression sur nous. Le moment n'était pas propice pour Doug et notre situation financière s'est rétablie assez vite pour que nous n'ayons pas à envisager de mesures aussi désespérées durant plus de quelques semaines. Nous avons vécu une période angoissante durant laquelle le seul fait de se comporter en personne calme et réfléchie tenait de l'exploit. Nos horizons se bornaient à continuer de progresser vers une lointaine perspective de prospérité, à éviter les indiscrétions et à nous concentrer sur les valeurs essentielles : la santé, la famille et les amis. Mon réconfort tenait au fait que l'enjeu était la solvabilité et non pas, comme dans la fausse enquête sur la Norcen, la morale et le respect de la loi. Il y a eu cependant bien des moments d'anxiété et d'autocritique. Comme beaucoup d'événements désagréables, celui-ci s'est révélé plus formateur après que pendant.

Sans qu'il y ait intervention de ma part, les instigateurs de l'affrontement à la BCIC ont reconnu qu'il avait nui à leur carrière. Si je n'avais pas eu accès aux cadres supérieurs de la banque, les fonctionnaires nerveux qui m'avaient harcelé et m'avaient brutalement conseillé de «vendre la Hollinger» en février 1986 auraient sérieusement compromis un compte essentiellement sain.

Au printemps, la crise se dissipait. À l'automne, elle était terminée. L'aventure a été humiliante, mais formatrice. La guerre à finir de la société Dominion Stores avec l'Union des employés de gros, de détail et de magasins à rayons a conduit à la mort des deux institutions, sort que justifiaient leur mauvaise administration, leur anachronisme et leur futilité. Je n'ai de regret que pour les victimes innocentes qui ne se doutaient de rien. Les actionnaires, petits et grands, ont au moins été épargnés et la plupart des employés, les plus méritants si les cadres ont enfin daigné obéir à leurs instructions, ont été retenus par les nouveaux employeurs.

Presque toutes les grandes entreprises en affaires depuis 50 ans ou plus accumulent un tas de valeurs cachées dans des actifs méconnus. Au fur et à mesure de l'exécution du programme de réduction de la dette, que j'ai exposé d'une voix rauque à Don Fullerton en février, la confiance des prêteurs s'est rétablie. La pression sur Ravelston et Argus a été quelque peu atténuée par la vente à regret du célèbre immeuble du 10, rue Toronto (dont la porte d'entrée a servi à illustrer les pages de garde de l'ouvrage de Peter Newman sur l'establishment canadien) et de la participation initiale de Ravelston dans le *Daily Telegraph* à la Hollinger. (Les pressions les plus fortes s'exerçaient sur Ravelston et Argus Corporation. La menace qui pesait sur la Hollinger était plus distante; elle provenait de la dette au titre du régime de retraite et de sa vulnérabilité aux décisions de la Commission des relations du travail avant qu'il y ait plus-value au *Daily Telegraph*.)

Les deux ventes ont été effectuées à ce qui s'est bientôt révélé un prix d'aubaine. L'opération a favorisé les actionnaires minoritaires et procuré un soulagement nécessaire à l'actionnaire majoritaire. Au nombre des multiples irritants de cette période, je dois inclure les fréquents appels que j'ai eus, quelquefois d'impétueux spéculateurs immobiliers, m'offrant d'acheter notre immeuble. On pensait clairement, dans bien des cas, que nous étions sur le point d'abandonner les affaires. J'ai aussi vendu un million d'actions de la Hollinger au Fonds de retraite du CN. L'astucieux directeur de l'institution, Tullio Cedraschi, tout comme Stephen Jarislowsky, a vu presque en même temps que moi le potentiel du *Daily Telegraph*.

La vente régulière et à bon prix des épaves de la société Dominion Stores et la perception grandissante de la valeur potentielle du *Daily Telegraph* ont amorcé une longue ascension des titres de la Hollinger. Leur valeur a triplé en deux ans après notre rachat des actions de nos premiers associés dans la Ravelston en 1985. (Même après l'effondrement des cours de la Bourse en octobre 1987, leur valeur s'est stabilisée autour de 80 % à 85 % de son sommet.) L'année 1986 s'est déroulée en dents de scie : elle a commencé par une lutte désespérée pour notre survie financière et elle s'est terminée par des mois de prospérité, dont une période de 10 jours pendant lesquels ma valeur personnelle démontrable a augmenté de plus de cinq millions de dollars par jour, pratiquement sans aucun jour de perte.

Elle a aussi été l'une des plus tumultueuses des 132 années de l'histoire du *Daily Telegraph* de Londres. Avant la fin de la période statutaire requise pour la vente d'une nouvelle émission de titres, les employés de la production de Rupert Murdoch au *Times*, au *Sunday Times*, au *Sun* et au *News of the World* ont reçu instruction de se présenter au travail à l'atelier d'impression relativement nouveau et encore vacant de Murdoch, dans l'Est de Londres. Fidèles à la tradition de Fleet Street, et sans penser aux conséquences de la révolution de Mme Thatcher, les syndicats ont posé leurs outils et fait grève illégalement. En conformité avec la loi, Murdoch a sommairement renvoyé ceux qui ont poursuivi l'arrêt du travail au-delà de 48 heures. Les vieux syndicats de la production de Fleet Street étaient sûrs d'eux et ne soupçonnaient pas que Murdoch avait formé un personnel de rechange, composé en partie d'Australiens et d'Américains, qu'il avait fait certifier par le syndicat des électriciens.

Margaret Thatcher croyait passionnément que, pour être concurrentielle, la Grande-Bretagne devait discipliner sa main-d'œuvre industrielle, habituée depuis longtemps à faire plier les patrons presque à volonté.

Les employés substituts sont arrivés au travail dans des autobus dont les vitres étaient bardées de treillis de métal. Des bandes de durs à cuire ont attaqué les barrières de l'immeuble de Murdoch avec une telle férocité que des centaines de policiers ont été blessés dans les scènes de violence qui se sont répétées plusieurs fois la semaine, et surtout le samedi soir, sur une période de quelques mois.

L'ancien recours au boycottage de solidarité, aussi déclaré illégal, a été impitoyablement battu en brèche par le procureur général, et le trésor du principal syndicat partie au litige, la Society of Graphic and Allied Trades (SOGAT), a finalement été confisqué. En réponse à une interpellation en Chambre au sujet de la défense des installations de Wapping par le Home Office, Mme Thatcher a déclaré : « S'il y a 10 000 émeutiers, il y aura 10 001 policiers. » Elle a affirmé que l'ordre serait maintenu et que la loi de la jungle ne serait pas tolérée. C'était un contraste frappant et rafraîchissant avec l'abdication pratiquée, même par nos tribunaux de l'Ontario, devant le pouvoir du travail organisé.

En dépit des immenses protestations, il était évident au bout de quelques jours, lorsqu'il a réussi à publier ses journaux, que Rupert Murdoch l'emporterait. Les répercussions ne pouvaient manquer d'être positives pour nous au moment de la prise de contrôle du *Telegraph*.

Rupert Murdoch est un homme d'un courage, d'une résistance et d'une intelligence extraordinaires. Il s'est révélé une aimable relation et un cosignataire sûr et il a rendu de magnifiques services à l'industrie des journaux à Wapping et ailleurs. Par contre, il souffre à un degré particulièrement virulent de la méfiance des Australiens envers les Britanniques; et le contenu de ses journaux, dans leurs réflexions sur le monde et sur leurs guerres intestines, a une teneur qui tend à être fade, médisante, envieuse et souvent odieuse sans raison.

Rupert commande le respect pour le progrès remarquable qu'il a fait en moins de 40 ans à partir de deux journaux de province d'Australie qui piétinaient. Son parcours spectaculaire m'a parfois grandement inspiré, même si ses motifs n'ont jamais été très clairs. Ni l'argent ni l'influence n'ont semblé peser aussi lourdement que l'art de la construction financière, l'agilité de l'achat et de la vente, l'ivresse de la marche sur la corde raide au-dessus d'une montagne de dettes. Quoi qu'il en soit, Rupert est un homme remarquable et admirable, qui s'est refusé sans raison la pleine mesure de la grandeur en se comportant partout en démystificateur, en particulier de l'establishment britannique (vraiment au-delà de ce qu'il mérite), en critique, en homme dont les instincts journalistiques se situent presque entièrement dans le bas de gamme, au contraire de son agréable personnalité et de sa belle et talentueuse épouse, Anna.

Au *Telegraph*, Andrew Knight s'est d'abord attaché à nommer de nouveaux rédacteurs en chef parce que ceux qui étaient en exercice au *Daily* et au *Sunday Telegraph* prenaient leur retraite. Il a fait des choix inspirés : pour le *Daily*, Max Hastings, l'un des plus grands journalistes de la Grande-Bretagne et un historien militaire exceptionnel; pour le *Sunday*, Peregrine Worsthorne, chroniqueur légendaire et original. J'avais lu l'ouvrage de Hastings sur la Normandie et j'étais au courant de ses prouesses journalistiques dans les Malouines. Je supposais qu'il était au moins dans la cinquantaine, mais il est plus jeune que moi. Andrew a naturellement fait une offre sujette à mon autorisation et Max est venu me voir à Toronto en février 1986. Je l'ai vu vite entre deux équipes de relais de négociateurs de la Brascan au sujet de la vente de nos actions de la Norcen. La technique de la Brascan consistait à envoyer d'abord deux représentants de Hees International, suivis de deux autres une heure ou deux plus tard, puis de Trevor Eyton au bout d'une autre heure et de Jack Cockwell peu après. Ils n'avaient vraiment à traiter qu'avec moi et je me suis senti légèrement surpassé en nombre, sinon dépassé. J'ai parlé à Max Hastings entre deux vagues d'interlocuteurs.

Il était extraordinairement motivé et semblait connaître les lecteurs du *Daily Telegraph*. Ils n'étaient pas tous «de petits bourgeois boulots dans la cinquantaine habitant un bungalow avec une caravane sur la route d'Oxford», m'a-t-il assuré, plus ou moins à la blague. Il était fortement résolu à résister à la défection de nos lecteurs traditionnels de la classe moyenne. Je l'ai assuré de mon appui et il est rentré à Londres pour terminer son histoire de la guerre de Corée, me laissant me débrouiller du mieux que je pouvais avec les légions de Jack Cockwell.

L'entrevue que j'ai eue avec Perry Worsthorne pour le *Sunday Telegraph* a été plus pittoresque. Le seul jour disponible pour sa visite à Toronto était un dimanche. Il est donc venu chez moi. On lui a soigneusement expliqué qu'il devait demander au chauffeur de taxi de passer par l'allée arrière dont la barrière serait laissée ouverte. Le message s'est perdu ou s'est embrouillé dans la transmission. Perry est arrivé au milieu d'un terrible blizzard. Il s'est fait déposer devant la barrière avant et il a dû patauger dans la neige jusqu'aux genoux sur 200 mètres avant d'arriver à la porte. Il traînait les pieds comme un soldat de la Wehrmacht ou un poilu battant la retraite durant la campagne de Russie. Il est passé devant mon garde de sécurité, qui dormait profondément comme d'habitude au volant de sa voiture, et il s'est présenté à la porte la crinière en bataille comme Lloyd George, tenant à la main un sac de voyage au cas où il aurait le malheur de devoir passer la nuit à Toronto. (Chaque fois que les menaces d'employés déplacés de Dominion Stores se faisaient plus fortes et plus explicites, la «surveillance» était «renforcée».)

J'avais lu les chroniques de Worsthorne dans le *Sunday Telegraph* lors de ma première visite en Grande-Bretagne à l'été 1963 et je me rappelais très bien la première que j'avais lue. Elle proposait de fédérer la Grande-Bretagne et les États-Unis. J'avais un préjugé très favorable en sa faveur, malgré l'article plutôt condescendant qu'il venait de publier à mon sujet dans le *Spectator*, inspiré par ma démolition de Ralston Saul. Je n'y ai pas fait référence et j'ai ouvert la conversation en disant : «Vous auriez dû être nommé à ce poste il y a 20 ans. Qu'est-ce que vous entendez en faire?» Il a répondu : «La même chose qu'il s'y fait maintenant, mais je compte le faire mieux.»

Je l'ai assuré qu'il en aurait la chance et il a demandé de l'aspirine. Comme je n'en avais pas, je me suis fait le plus grand plaisir d'éveiller le garde de sécurité de sa torpeur et de l'envoyer en chercher à la pharmacie. Le cachet, quelques whiskys bien tassés et une vigoureuse conversation sur l'histoire britannique du XIXe siècle ont eu raison de son mal de tête et il est rentré à Londres. Mes relations avec les deux rédacteurs en chef n'ont jamais été autrement qu'excellentes. Ils ont fait un travail splendide et c'est à Andrew Knight que revient tout le crédit de les avoir nommés.

La maladie, la naissance de notre dernier enfant et la crise financière, en plus de raisons tactiques, ont retardé ma première visite à Londres comme propriétaire du *Daily Telegraph* depuis octobre 1985 jusqu'en avril suivant. Le deuxième jour de cette visite à Londres, je suis allé déjeuner avec Margaret Thatcher à Chequers, la maison de campagne de la première ministre.

Mme Thatcher passait alors par l'une de ses phases de défaveur populaire. Le secrétaire à la Défense, Michael Heseltine, avait démissionné à propos de la sotte question de savoir si le fabricant d'hélicoptères Westland devait passer aux mains d'une société américaine ou européenne (Heseltine est si antiaméricain qu'il en est rasant). Le raid américain contre la Libye est survenu le jour de mon arrivée à Londres. J'ai fait l'une de mes rares interventions dans la politique éditoriale du *Daily Telegraph* en disant à Max de ne pas prendre une position qui puisse être interprétée comme une aide et un soutien à Kadhafi et mettre l'alliance anglo-américaine à rude épreuve*.

Je pensais que l'intervention américaine était entièrement justifiée. Le comportement relativement inoffensif de Kadhafi par la suite a semblé en faire la preuve. En outre, si la Grande-Bretagne décidait que les Américains ne pouvaient utiliser leurs bases chez elle que selon son bon vouloir, et non

* Deux semaines auparavant, j'ai assisté au dîner de David Rockefeller en l'honneur de lord Carrington à New York. L'invité d'honneur, qui était alors secrétaire général de l'OTAN, a recommandé la prudence dans le contre-terrorisme : «Nous avons malheureusement plus d'expérience que vous n'en avez de ces gens-là.» J'ai répondu que de ne rien faire tandis que «les gangsters de Kadhafi font sauter les avions, les discothèques et les autres endroits publics et abattent les policières de Londres nous conduirait à une expérience illimitée de ces gens-là».

quand les États-Unis considèrent que leur intérêt national l'exige, c'en serait fait de l'alliance. Max a promis «de ne pas être inutilement bête envers les Américains» et il a en fait légèrement corrigé son tir sur la question. L'opinion britannique sur le coup était telle que la reflétait Max.

C'est sur cette toile de fond qu'a eu lieu ma visite à Chequers. Charles Powell, son secrétaire en matière de politique étrangère et un fonctionnaire d'une variété de talents et d'une discrétion presque surhumaines, s'est joint à la première ministre, à Andrew Knight et à moi. (Denis Thatcher assistait à un match de football.) Mme Thatcher, dont la cote d'amour se situait autour de 20 %, était résolue à tenter une remontée, mais elle était disposée à se retirer si elle estimait n'avoir aucune chance de mener le parti à la victoire.

Je lui ai demandé quelle était la source de sa confiance dans l'électorat britannique. J'ai indiqué que les trois grandes questions qui s'étaient posées à l'électorat britannique au XIXe siècle avaient été l'abolition des «corn laws», qui avait abruptement mis fin à la carrière de sir Robert Peel même s'il avait raison; la question du Proche-Orient*, que Disraeli avait raison de juger impertinente comme enjeu d'une élection britannique, mais qui a quand même mis fin à sa carrière chamaniste et magique; et le *Home Rule*, c'est-à-dire l'autonomie de l'Irlande, pour laquelle Gladstone avait presque certainement raison de faire campagne, mais qui n'en a pas moins ruiné ses trois derniers mandats comme premier ministre et effectivement mis fin à sa carrière politique.

Elle a écouté attentivement et répondu spontanément : «La raison de mon optimisme, c'est que les anciens gouvernements récents n'ont pas fait appel clairement aux intérêts économiques des électeurs britanniques et que moi, je le fais. Il y avait peu de différence apparente entre Ted Heath et Harold Wilson quant à l'effet sur le salaire net du travailleur moyen. Mais il y a maintenant une énorme différence entre nous et le Parti travailliste, et les gens le savent. Mais ma foi dans le peuple britannique au bout du compte vient du fait que je connais son instinct de patriotisme. Je l'ai vu durant la guerre des Malouines. Il veut qu'on respecte la Grande-Bretagne dans le monde. Il ne veut rien avoir à faire avec le désarmement nucléaire unilatéral.»

Sa logique était irrésistible. Bien sûr, elle devait avoir raison au sujet de Wilson et de Heath. Si les gens ne pouvaient pas voir de quel côté se situait leur intérêt économique, c'était comme un match de cricket et celui qui semblait avoir le plus de cœur au ventre en sortait gagnant. La

---

* La Grande-Bretagne a apporté son soutien à l'Empire ottoman et à ses aventures impériales dans les Balkans, que le chef libéral William Gladstone, adversaire de Benjamin Disraeli, jugeait contraires au droit des peuples. (NDT)

conscience puritaine et non conformiste de la Grande-Bretagne pouvait s'offenser d'être si attentive à son bien-être matériel, mais Margaret Thatcher n'était pas les deux faces d'une même médaille.

Après le déjeuner, j'ai voulu lui demander si elle interviendrait dans le cas peu probable où il y aurait un arrêt de travail au *Daily Telegraph* avec l'introduction de la nouvelle technologie dans nos ateliers et qu'il nous faudrait importer du personnel de production du Canada. Je n'ai pas eu le temps de terminer ma question qu'elle a répondu : «Je signerai les permis de travail moi-même.» Son orthodoxie idéologique et sa fermeté étaient aussi irrésistibles que sa logique.

Avant qu'elle ne parte pour son audience hebdomadaire avec la reine, je lui ai dit que la révolution qu'elle avait déclenchée me paraissait plus importante que tous les épisodes de l'histoire de la Grande-Bretagne auquel on a attribué ce nom. «Que sont la décapitation de Charles Ier et la déposition de Jacques II à côté de ce que vous avez fait?» ai-je dit. Elle m'a tapoté l'avant-bras avec indulgence : «Voilà qui est très bien. Revenez, je vous en prie.» Je l'ai assurée qu'elle n'aurait pas à me le demander deux fois.

Tel a été le début splendide d'une relation qui allait se révéler fort agréable. Elle m'a donné l'impression d'avoir peu de perspective historique avant l'époque de Churchill, mais un sens très vif de la façon d'assurer la prospérité de la Grande-Bretagne et de rehausser son prestige international. Dans la recherche de ces deux objectifs, son courage et sa résistance pouvaient venir à bout des pires obstacles. Malgré son énergie et sa farouche résolution qui lui donnaient l'air autoritaire, elle n'était pas du tout arrogante. Elle se savait vulnérable et exagérait ce trait même – «nous ne pouvons pas gagner sans vous, vous savez» – et elle était d'une courtoisie impeccable envers le personnel de sa résidence.

Mme Thatcher était une femme déterminée, mais elle ne semblait pas s'attacher à sa haute fonction simplement pour le plaisir d'exercer le pouvoir, contrairement à la plupart des politiciens que j'ai connus. Elle aimait le pouvoir, mais seulement pour implanter sa notion d'une Grande-Bretagne forte jouant un rôle mondial important à la charnière des puissances de l'Atlantique. Elle était très féminine, une femme forte mais pas hommasse, presque élisabéthaine par son habileté, son courage, ses passions et ses haines.

J'étais persuadé qu'elle serait réélue. Les sondages révélaient qu'elle était respectée, sinon aimée. Elle inspirait le même respect que la bonne d'enfants ou la maîtresse d'école, qui récompense généreusement et châtie bien. Elle savait utiliser le fouet contre ceux qui se conduisaient mal, comme Arthur Scargill (chef des syndicats de mineurs), avec une énergie qui aurait fait le bonheur des habitués de la page trois du *Daily Telegraph* (qui publie régulièrement le compte rendu des procès de flagellateurs). Elle est l'une des rares personnalités que j'ai connues qui ne démentaient pas leur réputation en personne. Elle a aisément gagné mon admiration et l'a toujours conservée, même quand elle professait des opinions extrêmes ou simplistes, ce qui ne lui arrivait pas fréquemment. Ses instincts sont sûrs et son courage, son intégrité et sa ténacité sont remarquables, presque sans égal.

La tâche qui m'attendait au *Daily Telegraph* était aussi intimidante que l'occasion était séduisante.

Le journal avait perdu 300 000 lecteurs en cinq ans. On mesure mieux l'ampleur de la dégringolade quand on sait que le tirage mondial du *Financial Times* à l'époque s'établissait à 253 000 et que, pendant la même période, le tirage des principaux concurrents du *Telegraph* avait augmenté de 172 000, ou 55 %, au *Times* et de 150 000, environ 40 %, au *Guardian*.

De 1975 à 1986, l'annonce de presse n'avait augmenté que de 3,4 %, bien moins que chez les concurrents, et les petites annonces avaient décliné de quelque 520 pages par année, comparativement à de fortes augmentations au *Times* et au *Guardian*.

Pour des raisons complexes que les historiens mettront du temps à déterminer, la Grande-Bretagne d'avant Thatcher s'était persuadée que le commerce, tel que le définissent les Nord-Américains, était crasse, cru et cupide, et que c'était une chose qui ne se faisait tout simplement pas. Dans les années qui ont précédé l'arrivée de Thatcher au pouvoir, les taux d'impôt sur le revenu des particuliers et sur les bénéfices des sociétés s'élevaient à 98 % et à 80 %. On trouvait acceptable que les particuliers aspirent à une maison de campagne, trois voitures, des vacances à volonté n'importe où et les meilleures écoles et universités pour leurs enfants. Mais l'accumulation de la richesse était inconvenante, indigne et contredisait la culture pré-Thatcher et le principe de redistribution de la richesse que Malcolm Muggeridge a mémorablement dénoncé comme l'un des principaux ingrédients de ce qu'il appelait le « grand désir libéral de mort de la Grande-Bretagne ».

Presque chaque soir, les délégués d'atelier et les maîtres de chapelle des syndicats de typographes remettaient en question la sortie des journaux du lendemain sur Fleet Street. Leur publication n'était finalement arrachée qu'au prix de concessions sans fin et aucun éditeur de Londres ne s'est privé d'en faire, surtout pas Rupert Murdoch.

Nos priorités au *Daily Telegraph* était d'arrêter la saignée de l'annonce et du tirage. Les pertes s'établissaient alors à 10 000 exemplaires par mois, presque entièrement attribuables à la mort d'abonnés. En deuxième lieu, il nous fallait réduire sensiblement les effectifs, puis refinancer et renouveler le personnel et la base des actifs et, enfin, diminuer la surcapacité d'impression.

L'état précaire de l'entreprise nous commandait de nous mettre à la tâche sans tarder. Nous n'avions pas le temps de délibérer. Le *Daily Telegraph* perdait plus d'un million de livres par mois et le ratio d'endettement était de quatre à un quand nous sommes devenus actionnaires majoritaires en février 1986.

Dès que les moyens de l'entreprise l'ont permis, nous avons ajouté des pages au journal. Les nouveaux ateliers permettaient d'améliorer considérablement la présentation du journal et la nouvelle rédaction, s'appuyant sur le bassin de fidèles du *Telegraph*, a graduellement rajeuni le produit. Malgré une augmentation de 40 % du prix au numéro, le lancement réussi d'un nouveau concurrent, l'*Independent*, par d'anciens employés du *Telegraph* et la mort de plus de 150 000 de nos abonnés en trois ans, nos ventes ont augmenté de 20 000 exemplaires, tandis que le *Times* en a perdu plus de 30 000 et le *Guardian* 90 000. L'*Independent* a bâti un tirage à peu près égal à celui du *Times* et du *Guardian*, mais notre avance sur notre plus proche concurrent est passée de 580 000 à près de 700 000 exemplaires par jour.

L'annonce de presse a augmenté d'un pourcentage cinq fois plus élevé que celui du *Times* et quinze fois plus que celui du *Guardian*. Les petites annonces ont augmenté de plus de 600 pages en trois ans. En 1990, je suis allé à Bruxelles pour parler au personnel de vente de publicité du *Telegraph*. Notre bateau m'a déposé au quai de la Tamise inférieure, adjacent à l'aéroport de la Cité de Londres, m'a assuré le pilote. Tandis que le bateau disparaissait dans la nuit, j'ai constaté que le quai était en réalité séparé de la terre ferme et adjacent au terrain de stationnement désert d'une brasserie. L'aéroport était à quelques kilomètres de distance. J'ai lancé ma valise par-dessus une clôture que j'ai enjambée, manquant me tordre une cheville, et j'ai marché huit cents mètres jusqu'à la brasserie dont j'ai payé le gardien de nuit pour qu'il me conduise à l'aéroport. Le reste du voyage à Bruxelles s'est déroulé sans incident, mais tandis que je pataugeais dans l'obscurité vers la brasserie, valise en main comme un revendeur, je me suis demandé s'il était arrivé à Rupert Murdoch ou à Vere Rothermere de subir de telles indignités. L'incident a fourni la matière d'une bonne introduction pour mes remarques du lendemain aux vendeurs.

Les deux nouveaux ateliers d'impression ont été établis en coentreprises, d'abord avec le *News International* de Murdoch, puis avec le *Guardian* et l'*Evening News*, de Manchester, et *Express Newspapers*, de Londres. Depuis 1990, nous y avons imprimé plus de deux millions et demi d'exemplaires chaque jour, faisant des ateliers de West Ferry Road les plus grands au monde après ceux de Wapping, hors du Japon.

Aucune de ces améliorations n'aurait été possible si nous n'avions pas procédé auparavant à un dégraissage sans précédent des effectifs. La nouvelle technologie de composition directe nous permettait de nous dispenser des grouillots de rédaction, des linos et de tous ceux qui manipulaient le plomb chaud. J'ai pris une participation dans le *Telegraph* en partie parce qu'en matière de relations de travail, je pariais sur Mme Thatcher et sur Rupert Murdoch autant que sur moi. Ils ne m'ont pas déçu.

Le *Daily Telegraph* n'avait pas de régime de retraite mixte. Les employés qui prenaient leur retraite touchaient une demi-livre par semaine par année de service, donc 20 livres par semaine après 40 ans de service. Beaucoup d'employés voulaient se retirer, mais n'en avaient pas les moyens. Nous n'avons pas tenu compte des bureaux nationaux et de district des syndicats de production et nous avons traité directement avec les 40 syndicats de métiers.

Joe Cooke, consultant que connaissait Frank Rogers et dont il a retenu les services, a été le principal artisan du dégraissage. Nous avons offert aux employés des indemnités de licenciement allant jusqu'à 45 000 livres libres d'impôt. Voyant que leurs membres étaient alléchés par la proposition, les dirigeants syndicaux ont eu recours à des moyens désespérés pour y faire obstacle, comme de réclamer un scrutin secret auquel ils s'opposaient depuis des décennies. Notre propre personnel de relations industrielles a d'abord douté que Joe Cooke puisse réaliser ses objectifs, mais le désir de bien des employés de prendre une retraite dorée et leur crainte (pourtant injustifiée) que le nœud gordien soit tranché sur le modèle de Wapping ont fini par l'emporter. Les syndicats de métiers se sont rangés, un à un. Un accord définitif a été conclu dans les dernières semaines de 1986. Au bout de huit mois de négociations ardues se prolongeant jusqu'en soirée six jours par semaine, nous avons convenu d'indemnités généreuses pour 2 500 des 4 000 employés de l'impression et de l'édition, réduisant nos effectifs dans ces deux services à moins de 1 500. Nous avons ajouté plus d'une centaine d'employés dans les services de la rédaction et de la publicité. Chaque employé est lié par un contrat individuel prévoyant des sanctions claires et sévères pour toute dérogation, y compris le risque d'être renvoyé avec motif avec une indemnité minimale. Officiellement, les syndicats ne sont plus présents dans nos entreprises depuis 1989.

À partir de là, il était inévitable que le *Daily Telegraph* redevienne rentable. Les pertes de 15 millions de livres enregistrées en 1986 se sont transformées en un bénéfice avant impôt de 800 000 livres en 1987, de 29 millions de livres en 1988, et de 40 à 46 millions de livres annuellement jusqu'en 1992, malgré la pire récession qu'on ait vue en Grande-Bretagne depuis des décennies. Avec le redressement des bénéfices et quelques gains inattendus, le ratio d'endettement est passé de quatre à un en 1986 à un à dix en 1992. La consolidation de l'entreprise par l'élargissement de sa base et le rajeunissement du profil des lecteurs était loin d'être acquise, mais la position du *Daily Telegraph* était enviable. Il est promptement redevenu l'un des plus grands quotidiens au monde et l'un des plus rentables de la Grande-Bretagne.

Avec le rétablissement du *Telegraph*, la longue marche de la Hollinger, de la Ravelston, de mes associés et de moi vers la propriété réelle d'actifs rentables et de grande qualité que nous avions quelque aptitude à gérer s'est soudain arrêtée au bout de huit ans d'efforts indicibles et huit mois d'angoisse. Dorénavant, nos efforts allaient porter sur une croissance normale d'actifs et de bénéfices, entraînée par le moteur puissant du *Daily Telegraph*.

J'ai passé l'été 1986 à Londres avec ma famille. Il est de tradition en Grande-Bretagne de traiter les patrons de grands journaux avec beaucoup de déférence, sans doute plus que ne le justifie leur mérite personnel. J'ai été bénéficiaire de ces traditions et je n'en ai trouvé aucune plus agréable que de voir le gratin de la Grande-Bretagne chercher à s'insinuer dans les bonnes grâces de qui peut lui être de quelque utilité ou de quelque importance. Pour ma part, j'ai dû naviguer de Charybde en Scylla, entre avoir l'air d'un arriviste du Commonwealth traversant l'Atlantique basques en poupe en quête d'une pairie ou d'un cambrioleur d'actifs nord-américain sans connaissance ni souci des institutions britanniques.

Ni l'un ni l'autre des deux stéréotypes ne m'allait très bien, de sorte qu'il était facile de les éviter, mais la plupart des Britanniques sont inébranlablement attachés à l'image qu'ils se font de l'homme d'affaires nord-américain et il faut faire un effort pour les en changer. J'ai toujours pensé que Roy Thomson était populaire en Grande-Bretagne en partie parce qu'il n'a jamais prétendu s'intéresser à autre chose qu'à faire de l'argent, confirmant le préjugé anglais de l'homme d'affaires nord-américain. Il n'a pas brouillé son image de prétentions de culture ou même d'altruisme.

Les cadres de Thomson m'ont gentiment invité ainsi que Frank Rogers à dîner au Savoy en compagnie des patrons des autres journaux de Londres, dont le vicomte Blakenham, président du conseil de Pearsons, propriétaire du *Financial Times*, et Robert Maxwell, propriétaire controversé du *Mirror*. J'ai noué d'excellentes relations avec les deux, qui étaient pourtant très différents. Michael Blakenham est un homme plutôt timide, qui aime s'asseoir sur les rochers des côtes les plus escarpées de l'Écosse pour contempler les oiseaux marins. C'est un gentilhomme, voire un noble, délicieusement discret et complètement honnête.

Nous avons discuté avec Bob Maxwell d'une coentreprise dans notre atelier de Manchester. Andrew Knight, Frank Rogers et Dan Colson lui ont rendu visite à son quartier général d'Oxford, le 2 janvier 1986. Bob a montré combien il avait du nerf. Utilisant son téléphone-conférence pour que Knight, Rogers et Colson puissent entendre la conversation, il a passé un coup de fil à Brenda Dean, directrice de la Society of Graphic and Allied Trades (SOGAT), à minuit et demi : «Brenda, j'espère que je ne vous tire pas du lit... enfin, je suis sûr que non...» Et avant de raccrocher : «Brenda, je compte que vous ne direz pas un mot de tout ça aux gens du *Telegraph*!»

Il tentait de lui arracher des concessions de préemption au cas où il s'associerait à nous dans l'atelier de Manchester. C'était une technique favorite de Bob, une forme de sournoiserie dont il tirait fierté, et il l'a souvent répétée avec moi par la suite. «Je compte que vous ne direz pas un mot de ça à Conrad», disait-il avec force clins d'œil en terminant des conversations téléphoniques dont j'étais témoin.

Un jour que je lui ai rendu visite chez lui à Oxford, Bob m'a confié l'origine du formidable service de table étalé dans son immense buffet. Il m'a dit sans gêne qu'alors qu'il faisait partie des forces britanniques d'occupation à Berlin en 1945, il passait une bonne partie de son temps à piller les maisons. Un jour, dans la zone française, il a découvert ce splendide service de table qui, prétendait-il, avait appartenu à un tsar. Il a commencé à le charger sur ses camions quand un représentant du commandement français est arrivé et lui a dit de le remettre à sa place. «J'ai une meilleure idée, s'est exclamé Bob. Désignez quelqu'un qui aidera mes hommes à le partager en deux. J'en livrerai la moitié où vous voulez dans n'importe laquelle des trois zones d'occupation alliée et je vais m'occuper de l'autre.» – «Très bonne idée, mon capitaine!» a répondu le Français. Bob a toujours considéré qu'il avait parfaitement le droit de s'emparer de tout ce qui pouvait lui tomber sous la main, comme il est scandaleusement apparu peu après sa mort en 1991.

Le soir où je l'ai rencontré pour la première fois, sous les auspices de Thomson, en juillet 1986, Bob avait l'air sinistre, même diabolique, et pas du tout affable, avec ses sourcils en broussaille teints noir, ses cheveux teints noir bien lissés vers l'arrière, ses yeux noirs, et sa taille de géant.

Moitié marchand de tapis de souk du Proche-Orient et moitié conjuré polyglotte d'Europe orientale, il se faisait chaque jour une fête de ne pas être pourchassé par les nazis ni failli non réhabilité apostrophé par le ministère de l'Industrie et du Commerce parce qu'indigne d'administrer une société ouverte. Quand il était avachi sur le divan de son bureau décoré à la façon d'une scène de théâtre à Holborn Circus, le béhémoth de

150 kilos faisait penser à Hephthal le Hun. Il était sincèrement attaché à sa famille et authentiquement généreux envers toutes sortes de bonnes causes. Je le tenais pour un aimable fripon, foncièrement fourbe et en même temps très sûr pour peu qu'on lui fasse une proposition contenant des éléments de vengeance et de subterfuge.

Il s'affichait comme le protecteur et le modèle des Juifs du monde entier, mais il avait écrit des années auparavant dans le *London Jewish Chronicle* qu'il n'était pas vraiment juif. À quelqu'un qui lui demandait un jour au casino de John Aspinall comment il conciliait sa présence au casino avec son adhésion et son appui au *Labour*, il a rétorqué : «Comment je le justifie? En vous faisant flanquer à la porte! Voilà comment. Mettez-le à la porte!» Il a annoncé qu'il financerait les Jeux du Commonwealth à Édimbourg en 1986, mais n'a jamais avancé un farthing.

À force de cajoleries, il a tenté de nous faire imprimer sans contrat le *London Daily News*, qu'il a lancé pour faire concurrence à l'*Evening Standard* de Rothermere. Andrew Knight l'a talonné d'une pièce à l'autre au lancement qu'il a donné au siège social du *Mirror*. La fête était un véritable cirque, avec acrobates, fauves, monstres, bizarreries et manèges. Andrew a finalement coincé Maxwell et l'a menacé d'arrêter la presse s'il ne signait pas le contrat. Il a finalement apposé sa griffe sous le dais de la diseuse de bonne aventure qu'il a soudain envahi au grand étonnement de celle-ci et de ses clients.

Ne voulant pas jeter d'huile sur le feu, j'ai refusé de prononcer le discours de circonstance à l'assemblée annuelle de la Chambre de commerce de Québec après les mesures linguistiques répressives promulguées par le gouvernement en 1989. Bob Maxwell m'a remplacé et m'a reproché sans vergogne de m'opposer à l'interdiction des affiches bilingues. L'éditeur du *Soleil* m'a fait parvenir le texte des remarques de Bob et j'ai riposté à la une du journal le lendemain que les opinions qu'il avait exprimées n'étaient que «bouffonnerie et hypocrisie». Il m'a adressé une note plutôt insignifiante par télécopieur et je l'ai publiée avec une autre réplique cinglante à la une du *Soleil* du lendemain. Bob ne s'est pas manifesté pendant quelques jours, puis il m'a timidement suggéré de poursuivre notre correspondance sans la publier. Notre échange amusant a fait son tour de presse au Québec.

Bob Maxwell prétendait avoir répondu à Konstantin Tchernenko, qui lui demandait ce qu'aurait été le sort du monde si Nikita Khrouchtchev avait été assassiné au lieu de John F. Kennedy : «Onassis n'aurait probablement pas épousé Mme Khrouchtchev». Le mot d'esprit est d'ordinaire attribué à Mao Zedong. Bob ne l'a sans doute pas dit le premier, mais il l'a dit plus souvent que n'importe qui d'autre. Ses courbettes onctueuses devant les plus méprisables tyrans communistes, notamment Ceausescu («Pourquoi votre peuple vous aime tant, monsieur le Président?») et Erich Honecker («Les Allemands de l'Est ne désertent pas, ils ne font que rendre visite à leurs parents dans l'Ouest», a-t-il expliqué deux semaines avant la chute du mur de Berlin), étaient particulièrement choquantes.

Mais celui qui parlait c'était Bob, le fils prodigue de la Tchécoslovaquie, Bob l'arriviste, Bob l'éditeur qui trafiquait avec l'Europe de l'Est, Bob l'ancien député travailliste, Bob l'Européen sincère, mais malavisé, pré- et post-guerre froide. Rupert Murdoch, dont le succès obsédait Bob Maxwell, m'a confié en 1987 qu'il le tenait pour «un escroc, un bandit, un bouffon et, peut-être, un agent du KGB». Les trois premiers qualificatifs lui allaient certainement, et peut-être aussi le dernier, mais ce qui comptait chez Bob Maxwell, ce n'était ni ce qu'il disait ni ce qu'il faisait, mais l'exubérance, l'astuce, la détermination qui ont propulsé cette masse de manies corrompue, courageuse et rusée de la pauvreté, de la persécution, du combat, de l'obscurité, de l'adversité et de l'opprobre à la richesse et à la gloire.

Quand Bob est mort le 6 novembre 1991, Max Hastings a généreusement et fort justement noté : «Les manchettes de la nation se ressentiront de ce deuil. Le long trajet qu'il a parcouru depuis le lieu et les circonstances de sa naissance commande à nous tous le respect, nous qui avons fait une moins long voyage pour monter moins haut.»

Naturellement, j'ai été désappointé et scandalisé d'apprendre qu'il avait grossièrement abusé de sa position de fiduciaire et détourné des centaines de millions de livres du fonds de retraite de ses employés pour renflouer les actions de son entreprise. Ses talents de bonimenteur extraordinaire ne se traduisaient pas facilement en administrateur orthodoxe. Quand son extravagance l'a mené au bord du gouffre financier, il n'a pas eu assez d'assurance pour réunir ses banquiers, comme l'a fait Murdoch, afin de leur faire part des dimensions du problème et de leur exposer un plan de redressement, comme je l'ai fait à une échelle très modeste en février 1986.

Hanneton effronté, poseur, fugitif et escroc, il a tenté de se tirer de ses problèmes par l'arnaque. Il n'a fait que retarder le jour du jugement en s'entêtant orgueilleusement à faire le matamore et à voler. Au dernier moment, Bob a finalement pensé à son admirable et charmante famille. Il s'est apparemment suicidé en tentant de faire passer sa mort pour un accident et pour peut-être chiper les indemnités d'assurances au profit de ses héritiers.

Au lieu d'une prodigieuse fripouille aux vertus rédhibitoires, il laisse le souvenir de l'un des grands escrocs de l'histoire, un escroc de dimension dickensienne (*la Petite Dorrit*) et zoléenne (*l'Argent*). Rupert Murdoch m'a donné un coup de fil quelques semaines après la mort de Bob (on a promptement rendu les honneurs suprêmes à sa dépouille à Jérusalem juste avant que son maquignonnage ne soit révélé), apparemment pour parler de l'Australie où je venais d'investir. J'ai bientôt compris qu'il voulait plutôt chanter victoire à propos de la chute de Maxwell, dont certains effets personnels étaient vendus aux enchères ce jour-là. Quand je lui ai demandé s'il éprouvait quand même de la sympathie pour la famille de Bob, Rupert a gardé un instant le silence, puis a répondu : «J'ai de la sympathie pour quiconque était parent avec ce salopard!»

Quelque répréhensible et finalement honteux qu'ait été son comportement, j'ai toujours aimé Maxwell pour avoir dit à la Société des analystes financiers de New York à propos du *Daily Telegraph*, avant même que je le rencontre : «M. Black a attrapé le plus gros poisson de l'histoire avec le plus petit hameçon de l'histoire.» Cela s'est avéré pour l'essentiel, mais Bob Maxwell l'a constaté avant moi.

Le lendemain du dîner de la Hollinger où William F. Buckley* a prononcé une causerie plutôt divertissante en mai 1986, j'ai pris l'avion pour Hornell (New York) avec David Radler afin d'explorer la possibilité d'acheter un groupe de 18 petits quotidiens américains avec un tirage combiné de moins de 100 000 exemplaires. C'était la seule catégorie de quotidiens américains qui n'avait pas été repêchée par les grandes chaînes ou au moins dont la valeur d'estimation n'atteignait pas des sommets insoutenables. Suivant le même raisonnement que nous appliquions au câble de télévision, David et moi estimions que la valeur cumulative du groupe s'approcherait tôt ou tard de celle d'un quotidien unique d'une grande ville avec un tirage équivalent. Nous avons négocié tout l'été et l'automne.

Nous nous sommes entendus sur l'achat des 18 petits quotidiens et nous avons lancé l'American Publishing Company le dernier jour de 1986. Le *Punxsutawney (Pennsylvania) Spirit*, situé dans la ville rendue célèbre par la marmotte qui s'aventure hors de son terrier de verre sous l'hôtel de ville pour prédire la fin des grands froids le 2 février (qui nous a valu le film *Groundhog Day*), était représentatif du groupe. L'achat des modestes quotidiens a marqué la première étape de ce que j'ai appelé pour le bénéfice d'éditeurs incrédules de grandes villes comme Kay Graham (*Washington Post*) et Punch Sulzberger (*New York Times*) ma «stratégie Mao Zedong» : nous allions encercler les grandes villes et mystifier leurs quotidiens assiégés.

* Commentateur politique américain ultra-conservateur. (NDT)

Ma foi dans le *reaganomics**, la renaissance de la *Rust Belt*** et la détermination et la compétence des travailleurs américains n'a jamais flanché. J'ai fait traduire en latin la devise « *in rust we trust* » (dans la rouille, nous avons toute confiance) pour inspirer notre entreprise. Au cours des six années suivantes, l'American Publishing s'est étendue progressivement jusqu'à inclure plus de 80 quotidiens dans une trentaine d'États, justifiant notre confiance. Rupert Murdoch a dit au *New York Times* qu'il n'avait pas « le temps de visiter des journaux dans un tas de petites villes comme le fait Conrad Black ». Moi non plus, mais David Radler s'en charge.

Dans la même foulée, nous avons vendu Sterling Newspapers à la Hollinger à la fin de 1986, selon la formule de prix appliquée à l'achat des journaux américains. John Tory, président de Thomson, nous a adressé une lettre exprimant son soutien pour cette formule, qui nous a rapporté 37 millions de dollars en échange de Sterling (un peu plus de dix fois le bénéfice avant impôt et intérêts). Nous avions fondé Sterling près de 20 ans auparavant avec 18 000 $ provenant du *Knowlton Advertiser* (l'entreprise dans laquelle j'avais pris en 1967 une participation de 50 % pour 500 $ moins une vieille carpette, en définitive mon seul investissement dans la Sterling ou la Hollinger). Pour reporter l'imposition sur le gain en capital, 15 millions de dollars ont été versés sous forme d'actions privilégiées convertibles en actions ordinaires de la Hollinger à un peu plus de 8 $ l'action. Au moment d'écrire ces lignes, l'opération et la conversion vaudraient aux vendeurs de Sterling une somme totale de 46 millions de dollars.

Le rendement passé et futur de Sterling en justifiait amplement le prix. Après que le conseil eut approuvé la transaction, David, pour la première fois en 17 ans d'association, m'a félicité et je me suis empressé de lui retourner les félicitations. Plus qu'a nul autre lui revenait le crédit d'avoir administré Sterling, et par la suite American Publishing, avec une fermeté enragée qui aboutissait régulièrement à des marges bénéficiaires plus de deux fois supérieures à celles réalisées par la Southam dans son marché douillet de monopoles métropolitains. Au terme de la tumultueuse année 1986, nous avions des sociétés de journaux viables et assez rentables au Canada, en Grande-Bretagne et aux États-Unis. Nous pouvions bâtir sur cette base.

Les produits de nos ventes d'actifs ont continué d'affluer tout au long de 1987. David Radler a eu un autre moment d'inspiration à la fin de

---

* Programme économique du Président Reagan préconisant la relance des investissements et l'abaissement de la pression fiscale. (NDT)

** Littéralement, la région de la rouille, expression qui désigne la région fortement industrialisée du nord-est des États-Unis où sont situées la plupart des vieilles industries et des vieilles usines. (NDT)

1987 : il a vendu le câble de la Californie pour 30 millions de dollars de plus que nous l'avions payé à Allan Slaight un an auparavant (n'en conservant qu'une faible portion pour préserver notre régime d'imposition). La question du surplus du fonds de retraite était sur le point de se régler, dissipant la sombre perspective de devoir renoncer à toutes ces ressources, et nous avons liquidé nos actions de la Hees International au profit de Dominion Stores en réalisant un imposant bénéfice sur le prix d'émission en franchise d'impôt. Le produit en espèces de la vente de la Norcen, que je gardais en réserve comme marge de manœuvre pour parer à toute situation d'urgence, est devenu disponible pour les projets d'acquisition qui se dessinaient.

Au *Daily Telegraph*, la situation s'est redressée promptement. Nous avons procédé à une nouvelle émission de titres et exercé notre option d'achat de la moitié des titres de lord Hartwell et de sa famille. Aux États-Unis, il semblait y avoir une foison inépuisable de petits quotidiens sur le marché et notre expérience du début avec l'American Publishing confirmait le principe que nous appliquions depuis longtemps dans la Sterling, soit qu'on peut exploiter de petits journaux à profit en exerçant une surveillance informatique étroite et constante de la paye, de la publicité et du tirage, impossible jusqu'à récemment, et en maintenant une équipe volante de conseillers-ravaudeurs qui se déplacent d'une ville à l'autre dans notre avion et prodiguent des conseils et des encouragements, imposent des contrôles ou pratiquent des chirurgies, comme les *marshals* du Far West.

Quand j'ai fondé Sterling Newspapers avec David en 1971, la Banque royale était la seule à offrir un système rudimentaire de gestion de la trésorerie permettant que le solde d'un compte courant dans un lieu compense le découvert dans un autre. En 1986, il était possible de centraliser la gestion d'un vaste réseau de petites entreprises jusqu'à l'émission des chèques et des factures. Le vieux dicton de Roy Thomson, de Roy Park et d'autres propriétaires de réseaux de petits journaux selon lequel il ne vaut pas la peine de s'intéresser aux quotidiens qui tirent à moins de 10 000 exemplaires – ou 7 000 avec perspective d'augmentation jusqu'à 10 000 – ne tenait plus. David Radler est sans aucun doute l'autorité mondiale sur les journaux de cette taille. Quand il a dit à la Commission Kent en 1980 que notre plus grande contribution au journalisme canadien était « la rédaction de trois personnes dont deux vendent de la publicité », il ne parlait pas simplement pour rire.

La chaîne Thomson a dans l'ensemble négligé de tenir compte des « prospectus » (journaux gratuits) et tellement fait pression sur ses éditeurs pour atteindre de hautes marges bénéficiaires que ses concessions se sont dégradées et les prospectus concurrents ont poussé comme des pissenlits.

Les nouvelles technologies ont effleuré notre secteur de l'industrie juste assez pour permettre la gestion centrale de multiples petites entreprises, mais pas assez pour constituer un danger comme elles l'ont fait aux journaux métropolitains. Il y avait rarement intérêt à câbler les petites villes où nous avions pignon sur rue. Les syndicats n'étaient pas présents ou se montraient raisonnables. Nos lecteurs ne pouvaient prendre connaissance des résultats de la ligue de bowling locale ou du bingo paroissial en lisant le *Chicago Tribune* ou le *New York Times* et l'épicier local ne pouvait pas vendre ses produits par leur intermédiaire. Sur le plan stratégique, les grands journaux ne pouvaient pas envahir nos marchés pour les mêmes raisons que Hitler n'a pas envahi la Suisse : les bénéfices à tirer n'en justifiaient pas le coût.

Nous avons appliqué à nos achats des coefficients rigoureux et travaillé avec acharnement pour améliorer la rédaction de nos journaux au moindre coût, mettant même à profit le service des nouvelles du *Daily Telegraph*, et l'American Publishing a fait des progrès réguliers, augmentant son tirage quotidien d'environ 100 000 exemplaires par année, à la fin des années 80 et au début des années 90.

Au Canada, la première affaire sérieuse qui s'est présentée était UniMédia, la société de Jacques Francœur qui possédait *Le Soleil*, *Le Quotidien*, *Le Droit*, *La Parole* et un pot-pourri d'autres actifs, dont quelques journaux gratuits à Laval. Je connaissais Jacques Francœur depuis que Peter White et moi avions tenté de lui acheter le *Leader Mail*, de Granby, en 1967. Je l'ai mieux connu après avoir fait l'acquisition du *Sherbrooke Record*. Nous nous croisions souvent dans les rencontres de l'Association des éditeurs du Québec. Je l'avais interviewé pour mon ouvrage sur Duplessis, parce que son père, Louis Francœur, un des grands personnages de la petite histoire du Québec, avait bien connu Duplessis.

Louis Francœur étudiait en Belgique en vue de devenir moine bénédictin lorsque la Première Grande guerre a éclaté et il s'est distingué par son efficacité et son courage comme espion allié. À son retour au Québec, il a travaillé comme journaliste et il est devenu l'une des grandes vedettes de la radio. Il a présenté le monde au Québec, un peu comme l'a fait René Lévesque une génération plus tard à la télévision. L'un des premiers partisans de Duplessis, Louis Francœur a été coauteur du fameux *Catéchisme des électeurs* en 1936 et il a brigué les suffrages avec brio à quelques reprises*.

* Il a même été considéré comme candidat à la direction du Parti conservateur du Québec pour succéder à Camillien Houde contre Duplessis en 1933. Chargé de le solliciter, Noël Dorion, plus tard secrétaire d'État dans le cabinet de John Diefenbaker, a commencé en disant : «Si tu arrêtes de boire et de te conduire comme un voyou...» Francœur l'a aussitôt interrompu : «Vous pouvez garder votre job de chef. J'en veux pas!»

La mort prématurée de Louis Francœur dans un accident de voiture en 1941 a consterné la province et on lui a fait des funérailles qui n'étaient pas sans rappeler les obsèques extravagantes des étoiles de Hollywood dans les années 30.

Jacques Francœur était aussi un personnage intéressant quoiqu'il n'ait pas eu une carrière aussi tapageuse que celle de son père. Il a innové en créant le *Dimanche-Matin*, qu'il faisait distribuer à la porte des églises dans les années 50. Le journal publiait des instantanés du match de hockey de la veille au Forum de Montréal. Les photos étaient développées dans une fourgonnette en route pour Granby où le journal était imprimé. En 1972, Francœur a réussi à mettre la main sur le quotidien *Le Soleil* de Québec quand le premier ministre Bourassa est intervenu pour empêcher la famille Gilbert de le vendre à Paul Desmarais.

Longtemps, *Le Soleil* avait été ardemment libéral, le journal se décrivait même comme l'«organe libéral». Mais dans les années 50, son propriétaire, le sénateur Jacob Nicol, a voulu obtenir de Duplessis la permission d'installer l'émetteur de la station de télévision qu'il venait d'être autorisé à établir à Sherbrooke dans le parc provincial du mont Orford. En échange, il a consenti à désigner le colonel Oscar Gilbert comme éditeur du journal. Le colonel Gilbert a aussitôt été nommé conseiller législatif de l'Union nationale dans la meilleure tradition de neutralité des journaux du Québec.

Peter White et moi avons pris contact avec Jacques Francœur en 1987. Il s'est dit prêt à vendre sa société pour 50 millions de dollars, somme supérieure à ce que lui offrait Paul Desmarais, a-t-il reconnu. Jacques était par son attitude, sa diction et son vocabulaire un Québécois de la vieille école de Duplessis. Nous avons conclu un marché qui comportait une forme de continuité pour Francœur pour des raisons d'impôt.

La transaction a suscité une vive controverse. Les députés péquistes à l'Assemblée nationale ont tenté d'y faire obstacle sous prétexte qu'on ne devait pas permettre à des étrangers – pour ne pas dire non-francophones – de posséder des journaux du Québec. Je suis reconnaissant du soutien que nous ont prodigué nombre de Québécois en vue, dont Claude Ryan, qui aurait déclaré à l'Assemblée nationale que «Conrad Black peut en remontrer à bien des journalistes et des éditeurs du Québec sur leur métier et sur l'histoire du Québec».

La campagne contre la transaction était orchestrée par Paul Desmarais. Nous avions depuis longtemps des relations cordiales, mais Paul brûlait d'ajouter *Le Soleil* à son réseau de journaux du Québec, qui comprenait déjà *La Presse*, *La Tribune*, *Le Nouvelliste* et *La Voix de l'Est*. Il est plusieurs fois revenu à la charge auprès de Bourassa. Après chacune de ses visites, Bourassa me téléphonait pour me demander, suivant sa technique habituelle, de susciter des pressions dans l'autre sens.

Peter White a mis au point avec le ministre des Communications, Richard French, une entente par laquelle nous nous engagions à offrir *Le Soleil* et *Le Quotidien de Chicoutimi* d'abord à des Québécois en cas de revente. J'ai promis à Bourassa de recruter «des Québécois prestigieux» comme administrateurs d'UniMédia. Dans le délai de 48 heures qui m'a été imparti, j'ai réuni un groupe imposant. J'ai confié la présidence d'UniMédia à Pierre Des Marais, ancien président du comité exécutif de la Communauté urbaine de Montréal et mon président du conseil à la Carling O'Keefe (je lui ai dit que je le considérais «sous-employé» quand je l'ai appelé pour lui proposer la présidence). J'avais eu mon premier contact avec lui quinze ans auparavant lorsque, à la demande de Robert Rumilly, j'avais tenté de le convaincre de solliciter la direction de l'Union nationale.

Ces gestes ont suffisamment refroidi les pressions de Paul Desmarais et des nationalistes, et Bourassa m'a téléphoné pour me remercier de mon «ouverture». Il a minimisé les objections du PQ, disant qu'elles étaient l'œuvre sans effet d'une «brave femme», Carmen Juneau, députée mineure de l'Opposition. Le comportement le plus scandaleux a été celui de Roger Landry, éditeur de *La Presse*. Il a accompagné son patron (Paul Desmarais) chez Bourassa pour faire pression contre nous, tout en recherchant avidement – il a négocié avec Peter et moi par téléphone et deux fois en personne – la direction d'UniMédia offerte à Pierre Des Marais, qui l'a acceptée. Même dans le plus haut opéra bouffe des affaires au Québec, il a témoigné d'une impudence à faire rire et pleurer à la fois.

La tâche qui attendait Pierre Des Marais était prodigieuse. Francœur avait laissé proliférer un méli-mélo d'actifs improductifs qu'il fallait vendre ou remanier de fond en comble. La direction de toutes les entreprises du groupe était à renouveler et Pierre s'y est attaché au cours des deux années qui ont suivi. Les hebdos de la région de Montréal, qui n'avaient jamais été très rentables comme groupe, sauf occasionnellement ceux de Laval, ont été vendus à Philippe de Gaspé Beaubien. Peter White et moi avions d'abord proposé à Philippe Beaubien de s'associer à nous dans UniMédia, mais nous avons renoncé à lui quand il nous a solennellement assuré que nous ne serions jamais agréés comme propriétaires d'UniMédia et qu'il devait par conséquent détenir 51 % des actions. En comptant toutes les formes de compensation, y compris la publicité gratuite sur les ondes des stations de radio de Philippe, nous avons réalisé 20 millions de dollars dans cette transaction.

L'Imprimerie Montréal-Granby, où avaient été imprimés le *Dimanche-Matin* et le *Leader Mail*, n'était plus rentable. Pierre Des Marais a vendu les presses et l'immeuble séparément pour environ 10 millions de dollars. L'imprimerie Litho-Prestige, de Drummondville, qui avait été largement financée par des subventions fédérales et provinciales et où était imprimé le magazine *New York* de Rupert Murdoch, posait un problème plus épineux. L'entreprise était en piteux état depuis que les cadres de Murdoch avaient brusquement révoqué le contrat d'impression du magazine *New York*. Jacques avait naturellement intenté une action à Murdoch. Je suis allé déjeuner avec Rupert à son bureau de New York en septembre 1987 et nous avons réglé pour 4,5 millions de dollars.

Pierre a fermé les bureaux régionaux de vente, qui ne rapportaient guère, engagé un directeur d'atelier qui a obtenu d'importantes concessions salariales des employés, et éliminé les pertes d'exploitation de trois millions de dollars. Il a négocié intensément avec la Southam durant la meilleure partie de la première année de notre arrivée à UniMédia, mais Southam a finalement refusé d'acheter Litho-Prestige, disant qu'elle préférait attendre la banqueroute. Trois ans plus tard, une fois les pertes éliminées à l'usine de Drummondville, la Southam a fermé quelques-unes de ses imprimeries et a de nouveau lorgné du côté de Litho-Prestige. Elle a finalement payé 14 millions de dollars une entreprise qu'elle aurait pu acheter pour un dollar un an auparavant. Dix-huit mois plus tard, après un branle-bas considérable et de lourdes pertes financières à la Southam, Litho-Prestige a été remise en vente avec d'autres actifs à un prix bien inférieur à ce qui nous a été versé.

Le quotidien d'Ottawa posait un problème encore plus difficile à résoudre. *Le Droit* avait été fondé par les oblats de Marie-Immaculée au cours de la Première Grande guerre pour combattre l'infâme projet de loi 17, qui interdisait l'enseignement en langue française en Ontario, et promouvoir en même temps que l'Université d'Ottawa les intérêts et la culture des Franco-Ontariens. Le cardinal Villeneuve, qui a contribué plus que tout autre Canadien français, à l'exception peut-être de Louis Saint-Laurent, à l'unité du Canada au cours de la Deuxième Guerre mondiale, avait été l'un des brillants polémistes du quotidien dans la fougue nationaliste de sa jeunesse dans les années 20.

Les oblats avaient concédé aux travailleurs de la production les contrats les plus douillets et les plus riches que j'aie vus dans l'industrie des journaux (y compris Fleet Street et New York) et Francœur n'avait fait aucun progrès durant les 14 ans de son régime. Pierre Des Marais a conçu et mis en œuvre un plan complexe, digne de la plus byzantine tradition politique canadienne-française dont il avait eu un rigoureux apprentissage. Il a acheté à Hull une imprimerie offset, dont le personnel appartenait à un syndicat indépendant et qui pouvait imprimer *Le Droit* à des conditions très avantageuses. Les journalistes du *Droit* ont fait grève au début de 1988, commettant une sérieuse erreur tactique puisque nous avons publié le journal sans eux et obtenu l'entente que nous recherchions. Les journalistes d'un journal franco-ontarien qui perdait de l'argent depuis 40 ans ne constituaient pas le groupe le plus intimidant avec qui traiter.

En 1989, nous avons transféré l'impression du *Droit* à notre atelier de Hull, changement qui aurait été plus difficile à effectuer s'il avait eu lieu à l'intérieur de la province. Nous avons déménagé la rédaction, le service de la publicité et le personnel administratif dans des locaux loués à Ottawa et nous avons plus tard vendu la vieille presse et le vieil immeuble à cinq millions de dollars pièce. Nous avons procédé à un dégraissage massif des effectifs que nous avons généreusement indemnisés. En 1991, pour la première fois depuis les années 20, *Le Droit* a déclaré un modeste profit. Avec la vente d'actifs improductifs, nous avons donc réalisé près de 60 millions de dollars (y compris le règlement du litige avec Murdoch), soit 10 millions de plus que nous avions payé pour la société et, de 1987 à 1992, les fonds autogénérés d'UniMédia sont passés de 2 millions à 14 millions de dollars.

Entre Litho-Prestige et *Le Droit*, 5 millions de dollars de pertes ont été convertis en encaisse et en actifs disponibles de 25 millions, plus un modeste bénéfice d'exploitation. Le dégraissage des effectifs du *Soleil* a été lent. Les syndicats de la rédaction et de la production n'étaient pas à prendre avec des pincettes et il fallait y aller à pas plus mesurées qu'en Grande-Bretagne ou dans les autres pays où nous faisions affaires. La division Novalis d'UniMédia publiait des brochures d'accompagnement des offices religieux pour une bonne partie de l'est du Canada et du centre-nord et de l'est des États-Unis en collaboration avec l'Université Saint-Paul d'Ottawa.

Le cardinal Carter m'a prévenu que le contenu des publications de Novalis avait souvent une forte saveur socialiste. Quand il a démissionné de l'archevêché de Toronto, je l'ai donc invité à faire partie du conseil d'administration d'UniMédia, avec mission de s'intéresser particulièrement à Novalis. Il s'est révélé d'un précieux concours à cause de sa connaissance du Québec et de ses talents d'administrateur. Je ne suis pas en mesure de juger de sa délicate recherche d'équilibre dans les publications de Novalis.

Dès notre arrivée à UniMédia, nous avons renoué connaissance avec Pierre Péladeau, le dynamique et excentrique propriétaire des tabloïds *Le Journal de Montréal* et *Le Journal de Québec*, concurrent du *Soleil*. Pierre a remporté un succès instantané avec *Le Journal de Montréal*, lancé à la faveur d'une grève à *La Presse*, parce qu'il a perçu correctement l'appétit de la classe ouvrière francophone du Québec pour les faits divers (« *Hold-up au snack-bar : un voleur audacieux prend $2,79* », proclamait une manchette du journal alors que j'étais étudiant à Laval) et le star-system dans les spectacles, le sport, la politique et autres. Péladeau a eu une vie amoureuse passionnée dont il n'hésite pas à parler avec une franchise désarmante, même s'il prétend être chrétien régénéré et très fervent (un jour que je lui ai rendu visite au début des années 80, il s'est soudain interrompu en plein milieu d'une phrase comme s'il allait faire une crise d'épilepsie et s'est mis à marmonner des prières).

Sujet à de graves crises nerveuses, Pierre Péladeau régnait sur son empire en s'appuyant sur un réseau de renseignements à nid d'abeilles digne de celui de Richelieu par le nombre d'informateurs et de délateurs, sinon par la subtilité de leur mission. Reste qu'il a monté une entreprise considérable, qu'il est de bon commerce et un formidable concurrent. N'étant que rarement offensé par les petites manies des autres, je l'ai toujours aimé et respecté. Je n'ai pas pour autant été tenté de participer à son projet de quotidien tabloïd de langue anglaise à Montréal même si Pierre ne cessait de prétendre à ses conférences de presse que je m'associerais à lui. Finalement, c'est Robert Maxwell qui s'est associé à lui. Les deux faisaient la paire. Je n'ai jamais été optimiste sur les chances de succès de l'entreprise dans un marché de langue anglaise qui se rétrécissait comme une peau de chagrin. Je me réjouissais cependant pour mon ami George MacLaren, qui avait acheté le *Sherbrooke Record* de David et de moi en 1977 pour 865 000 $ et l'a revendu dix rentables années plus tard à Pierre Péladeau pour trois millions de dollars afin de devenir éditeur du nouveau quotidien montréalais de Péladeau et Maxwell.

La rencontre Bilderberg 1987 a eu lieu à Como, en Italie, où nous recevait Gianni Agnelli, actionnaire majoritaire de Fiat admiré à travers le monde pour son bon goût et son génie des affaires*.

Donald Macdonald s'était retiré du comité directeur de Bilderberg et c'est à moi qu'incombait principalement la tâche de choisir les délégués du Canada. Norman Webster, rédacteur en chef du *Globe & Mail*, faisait partie de la délégation. Je connaissais Norman et plusieurs autres membres de sa famille depuis des années. J'ai toujours admiré ses talents d'écrivain et son intégrité journalistique, quelles que soient mes réserves sur ses tendances à absoudre la gauche et sur sa duplicité dans le complot de Roy Megarry pour nous écarter de la direction du groupe FP et du *Globe & Mail.*

J'ai fait le voyage avec Norman, entre Como et l'aéroport de Milan dans une limousine de la police accompagnée d'une escorte militaire que Gianni Agnelli avait obtenue pour tous les participants à la rencontre

* Au cours de la rencontre, Gianni Agnelli m'a fait l'une des répliques les plus mémorables que j'aie entendues. Je lui ai demandé comment il s'y était pris pour arracher des concessions politiques pour la Fiat. Il a fixé le vide un instant, puis il a répondu : «Rappelez-vous que l'Italie est le pays de Machiavel.» Agnelli est un prince beaucoup plus considérable que le médiocre Borgia à qui Machiavel a dédié son ouvrage.

Bilderberg (l'influence d'Agnelli rappelait les princes de la Renaissance italienne; sans doute peu d'entre eux avaient plus de pouvoir, de prestige et de munificence que lui). Norman était depuis quelques années propriétaire du magazine *Saturday Night*. Tandis que nous filions vers l'aéroport sous le salut cassant des soldats italiens, aussi splendides dans leurs uniformes que Mussolini et son gendre Ciano passant en revue les «conquérants de l'Abyssinie», j'ai demandé à Norman s'il était intéressé à me vendre le magazine. «Oui», a-t-il répondu à brûle-pourpoint. Nous nous sommes entendus sur une méthode d'évaluation et j'ai confié le détail de la négociation à Peter White.

L'affaire a suscité une légère controverse. L'actif net à court terme de *Saturday Night* s'était détérioré davantage que l'avait supposé Norman. Malgré un hoquet semi-public, nous avons conclu la transaction pour une somme nominale au cours de l'été. J'estimais que *Saturday Night* pouvait être transformé en un magazine faisant autorité si nous le souhaitions et qu'il serait au moins utile pour neutraliser ou rallier l'opinion dans le milieu plutôt conformiste de la littérature canadienne. J'avais en tête de faire une offre d'achat de la Southam et, le cas échéant, je ne voulais pas que l'intelligentsia du Canada anglais se dresse sur ses ergots.

Finalement, après avoir accumulé 5 % des actions de la Southam, j'ai décidé qu'on ne pouvait rien faire sans la collaboration de la Torstar, qui, avec l'hydre des familles Balfour, Fisher et Southam, le fonds de retraite et le régime de participation des employés, détenait environ la moitié des actions. J'ai vendu notre participation dans la Southam la veille du Nouvel An 1989 à la Dominion Securities. J'ai interrompu Tony Fell juste au moment où il commandait un deuxième cognac au déjeuner annuel du York Club pour régler la transaction. À 31 $ nets l'action, la Hollinger réalisait un modeste profit. Au cours des 18 mois qui ont suivi, le cours des titres a décliné régulièrement jusqu'à environ la moitié de notre prix de sortie. La direction de la Southam prétendait avec fanfare avoir ajouté de la valeur au cours des actions. Elle avait effectué quelques changements salutaires, mais n'avait en réalité ébruité la possibilité d'une offre d'achat de notre part que pour attiser la spéculation sur le prix des actions.

En 1988, les journaux Southam ont réalisé le meilleur pourcentage de marge brute de leur histoire avec 15 %, tandis que les concessions largement inférieures de Sterling Newspapers et d'American Publishing ont réalisé 26 % et 27 % respectivement. La direction de la Southam engloutissait des fonds d'emprunt dans son secteur de l'imprimerie, opération qui n'est en général pas rentable. L'excellente société était depuis trop longtemps administrée par du bon monde dont les qualités exemplaires n'étaient pas tamisées par un sens très aigu des affaires ni une grande aptitude pour un journalisme hautement professionnel. La Southam aurait mieux fait de dénoncer la loi injuste bloquant la propriété étrangère de journaux canadiens, comme la Thomson (et nous l'avons fait), et d'acheter des journaux étrangers, comme la Thomson (et nous l'avons fait), plutôt que de gaspiller une somme démesurée de bénéfices non répartis dans des palais de publication dans toutes les villes Southam au Canada.

J'admirais Robert Fulford comme auteur et je l'ai invité à déjeuner avec Peter White et moi pour le prier de rester rédacteur en chef de *Saturday Night*. Il n'a pas été ravi de la rencontre, comme il l'a dit dans ses mémoires, et il a démissionné. Nos rapports se sont heureusement améliorés par la suite et il a consenti à reprendre sa collaboration avec le magazine. John Fraser a fait part de son intérêt pour la position. Quand je l'ai appelé à Londres, où il était chef du bureau du *Globe & Mail*, pour lui dire que le poste s'ouvrirait peut-être, il a dit : « Je serais prêt à tuer pour l'obtenir. » Je n'avais pas vu autant d'enthousiasme depuis Max Hastings.

Nous avons reçu quelques démissions de la part de collaborateurs moins vénérables que Robert Fulford et dont le départ était moins regrettable. Sandra Gwyn, la volumineuse épouse du correspondant londonien du *Toronto Star*, Richard Gwyn (tous deux sont d'excellents journalistes quoique « libéraux au grand cœur hémophile », pour emprunter l'expression de Ronald Reagan), m'a intercepté sur le seuil du Royal Opera House, à Covent Garden, pour me dire en haletant qu'elle démissionnait. Je n'étais pas sûr d'avoir bien compris ce qu'elle m'avait dit ni à qui elle parlait. Elle m'a expliqué laborieusement qu'elle démissionnait en tant que « collaboratrice non collaboratrice », pour reprendre l'expression de Fraser, parce qu'elle craignait (sans raison) que j'intervienne dans la rédaction du magazine. J'ai accepté sa démission stoïquement.

Le départ moins remarqué de Ron Graham, avec qui j'entretenais des relations cordiales depuis près de dix ans, a porté davantage à conséquence. Il a cessé sa collaboration, du reste très sporadique.

Allan Gotlieb est devenu éditeur de *Saturday Night* après sa retraite comme ambassadeur du Canada à Washington et nous avons décidé de faire distribuer le magazine dans les zones les plus prospères servies par le *Globe & Mail* et les journaux Southam de Vancouver, Montréal, Ottawa, Edmonton et Calgary. Nous en avons modernisé le contenu et, au moment d'écrire ces lignes, il apparaît que le magazine sera bientôt rentable pour la première fois depuis l'époque où Jack Kent Cooke en était propriétaire au début des années 60. Dans le *Globe & Mail*, John Fraser a décrit les premiers résultats mensuels positifs de *Saturday Night* depuis des décennies en novembre 1992 comme « le plus grand miracle depuis les apparitions de Lourdes ». (Cela après des pertes de plus de cinq millions de dollars, plus qu'en mérite la littérature canadienne, mais quand même un service public.)

En juillet 1987, le *Globe & Mail* a publié un article sur moi. On y disait que mes critiques, d'ordinaire anonymes, estimaient que j'avais « dépouillé » des sociétés et des institutions, opprimé des actionnaires minoritaires, empoché les prestations de retraite de nos employés, « détruit » des sociétés ouvertes et que j'avais été pris « la main trop près du sac ». L'article me reconnaissait quelques qualités et concluait en disant que j'avais une mainmise inexpugnable sur la Hollinger, que j'administrais au moins avec une certaine dose de succès.

Le cardinal Carter séjournait avec nous dans la maison que nous avions louée pour l'été en Angleterre quand l'article a paru. Après l'avoir lu, il a jugé qu'il était certainement diffamatoire. Peter Atkinson m'a dit qu'il n'y aurait peut-être jamais plus une aussi belle occasion de dissuader les journalistes financiers du Canada de nuire à ma réputation. Un groupe identifiable de rédacteurs du magazine *Report on Business* du *Globe & Mail*, dont John Partridge, l'auteur de l'article (à qui je n'ai pas parlé pour les fins de son article, mais quantité de mes amis s'en sont chargés, notamment Hal Jackman, Peter White, Roy MacLaren et Michael Meighen) s'acharnait depuis des années à me faire passer pour un homme d'affaires raté de morale douteuse. Le premier volet de la description ne me gênait pas puisqu'il était affaire d'opinion et de commentaires raisonnables ; le second, s'il était exprimé trop clairement, donnait cependant matière à poursuite. Le coq avait chanté une fois de trop et trop fort. J'ai intenté une action avec l'intention de n'accepter rien de moins que des excuses publiques.

Je savais depuis près de dix ans que j'avais des ennemis implacables parmi les durs à cuire de la gauche politique et les débris chancelants de la vieille garde de l'establishment qui se mourait dans la salle de billard du Toronto Club. Ceux-là ne me touchaient pas. Les forces contemporaines de l'envie étaient plus hostiles et plus susceptibles de me nuire pour des raisons moins défendables que ceux qui me percevaient comme un monstre idéologique ou un usurpateur précoce.

C'est chez les jeunes journalistes que l'envie typique des Canadiens était la plus sulfureuse. Le ressentiment qu'ils éprouvaient du fait d'être auteurs plutôt que sujets de la chronique des affaires se doublait d'une indignation pharisaïque du fait que j'avais réalisé des bénéfices considérables d'opérations latérales, en particulier d'opérations entre apparentés, et du dépouillement licite d'actifs de sociétés. De concert avec mon conseiller spirituel (Carter) et mon conseiller juridique (Atkinson), j'ai perçu l'article de Partridge comme une impétuosité que mes adversaires pouvaient payer cher.

C'est ce qui s'est produit. J'ai passé bien des heures agréables au lit à lire la transcription des interrogatoires auxquels Peter Atkinson a soumis Partridge et ses codiffamateurs. «De quelle autorité, M. Partridge, faites-vous cette allégation à propos de M. Black? – Beuh! Vous savez... – Non, je ne sais pas, M. Partridge Voilà pourquoi nous sommes ici. Vous allez nous le dire, n'est-ce pas?» Le témoin finissait par donner à contrecœur le nom d'un collègue du magazine *ROB* qui avait allégué quelque malhonnêteté de ma part dans une transaction et nous ajoutions son nom à la liste des défendeurs. Le *Globe & Mail* soutenait que les délais d'inscription des défendeurs étaient prescrits. Nous ripostions que nous pouvions ajouter des défendeurs dès que nous avions raison de croire qu'ils étaient complices de la publication des commentaires que nous jugions diffamatoires. Chaque fois que le juge tranchait en notre faveur, le journal en appelait au protonotaire et affectait un reporter chez le protonotaire pour recueillir sa décision. Invariablement, le journal omettait de rendre compte des décisions du protonotaire qui nous étaient favorables. Petit à petit, nous avons étanché comme un buvard toute la rédaction du *ROB*, recueillant les témoignages contradictoires de journalistes, les faisant suer en cour, exposant leur intention de nuire, et les ajoutant à la liste des défendeurs.

Le tort causé par les diffamations antérieures, de la part de Bob Rae en particulier, est apparu dans les communications préalables d'adversaires bien disposés, notamment Norman Webster et l'avocat du *Globe*, Bruce MacDougall. Il ressortait clairement des réponses de Norman et des questions de Bruce qu'ils croyaient vraiment que j'avais commis des actes malhonnêtes dans la prise de direction de la Hanna et l'affaire du fonds de retraite de Dominion Stores.

À plus forte raison fallait-il persister devant le tribunal pour mettre les choses au clair une fois pour toutes. Au bout de quatre jours complets d'interrogatoire au cours duquel nous avons couvert par le menu les épisodes de la Massey-Ferguson, de la Hanna et de Dominion Stores, entre autres, l'avocat du *Globe* s'est bien rendu compte que son client était en fort mauvaise posture. Les négociations en vue d'un règlement ont commencé sérieusement à l'automne 1988.

L'action de cour ne constituait que la moitié de la vengeance que je voulais exercer contre le *Globe & Mail*. L'autre moitié consistait à pousser pour la transformation du *Financial Post* en quotidien. Les embardées tactiques inconsidérées de Roy Megarry avaient amené le *Toronto Star*, depuis toujours journal du soir, à faire directement concurrence au *Globe* le matin et à lui ravir une bonne partie de ses lecteurs traditionnels de la haute bourgeoisie torontoise. Le *Globe* dépendait dorénavant de la clientèle d'affaires nationale. Il avait perdu presque toute la publicité des détaillants et une bonne partie de son annonce presse. Il ne vivait pratiquement plus que des annonces de recrutement et des annonces d'affaires publiées dans son *Report on Business.*

Suivant les principes farfelus de Norman Webster et du directeur de la rédaction, Geoffrey Stevens, personne extraordinairement peu sympathique (plus pour ses prétentions obséquieuses à la perspicacité et à l'excellence journalistique que pour son gauchisme ennuyeux et son hostilité acharnée à mon égard, attitudes désagréables auxquelles je n'ai jamais contesté son droit), les reporters étaient affectés au hasard à tous les services de la rédaction. Ainsi, quelques-uns des gauchistes les plus doctrinaires infestaient le *ROB*, s'en prenant non seulement aux hommes d'affaires malhonnêtes et incompétents comme le leur commandait leur devoir, mais au système en général. C'était une façon pour le moins inorthodoxe de fidéliser la clientèle d'affaires.

J'estimais que la clientèle classique du *Globe & Mail* avait été gravement malmenée par les flagorneries gauchisantes de Stevens et d'autres carences comme les nouvelles sportives de l'avant-veille, la présentation graphique de l'âge de Gutenberg et la teneur de plus en plus déclamatoire et exaltée des articles, qui ne retenaient pratiquement plus rien du style littéraire qui fondait la réputation du *Globe & Mail* à l'époque où j'ai fait sa connaissance dans les années 50 et 60. Megarry et Webster s'étaient mis la tête sur le bûcher et je me suis mis en frais de trouver des alliés pour procéder à leur décapitation. Le *Financial Times* de Londres a d'emblée manifesté son intérêt. Le *Wall Street Journal* préférait rester à l'écart et bâtir son propre tirage au Canada.

Doug Creighton était intrigué par l'idée. Quand il a réussi à se débarrasser du Houston Post sur le dos de Dean Singleton en 1987, il a fait de la conversion du *Financial Post* en quotidien sa priorité. La plus grande autorité en Amérique du Nord sur le lancement de quotidiens en même temps que l'un des personnages le plus haut en couleur et le plus affable de l'industrie internationale des journaux, Doug Creighton s'est attelé à mon idée, qui avait évolué graduellement de la vengeance à l'opportunisme, et d'un château en Espagne il a fait une réalité imminente.

Doug s'est chargé des préparatifs fastidieux. Le *Financial Times* a pris une participation de 25 % et Doug m'a gentiment offert une participation de 15 % (que nous avons portée à 20 % en 1991). J'ai promis à la fête de lancement, le 4 février 1988, «de donner un sens nouveau à l'odieuse expression de droits minoritaires». En fait, l'association a été agréable, même si la rentabilité devra attendre la fin de la récession et la chute du gouvernement du NPD, à Queen's Park. Creighton a réussi l'exploit de porter le tirage de 0 à 100 000 en moins de deux ans.

Norman Webster m'a remercié comme chroniqueur du magazine *Report on Business* du *Globe & Mail* à cause de mon rôle dans la fondation du *Daily Financial Post.* J'ai déploré son étroitesse d'esprit dans mon dernier article et j'ai noté que la pénible nouvelle de mon congédiement m'avait été assénée la veille de Noël. J'ai voulu terminer ma dernière chronique par le « 30 » traditionnel, mais la direction a refusé en disant que c'était extravagant.

Margaret Thatcher a assisté et a pris la parole au dîner de la Hollinger en juin 1988 après la rencontre au sommet du Groupe des sept à Toronto. Toutes les huiles des milieux politiques et financiers du Canada étaient présentes et je n'ai pu m'empêcher de faire observer le contraste avec le maigre groupe d'hipparques et de mineurs à la retraite que Bud McDougald et Al Fairley avaient l'habitude de réunir en pareilles occasions. Mme Thatcher a exposé sa philosophie politique et elle a offert un conseil : « Il y en a plusieurs qui ont professé de l'admiration pour nos réalisations mais ont décrié nos méthodes. Si vous n'avez pas vraiment foi dans notre programme, ne tentez pas de l'appliquer parce que vous n'aurez pas le courage de le mener jusqu'au bout. » Tous les regards se sont tournés vers un Brian Mulroney légèrement mal à l'aise, qui envisageait alors sans trop de conviction de privatiser partiellement quelques sociétés de la Couronne.

J'ai présenté Mme Thatcher, et Henry Kissinger, devenu administrateur de la Hollinger en 1987, l'a remerciée, reprenant le fameux aphorisme de Bismarck, qui disait que l'homme d'État doit « prêter l'oreille au ballon de Dieu et toucher l'ourlet de son vêtement au passage ». Mme Thatcher, lassée par son discours de 45 minutes après quatre jours d'intenses discussions au sommet, a eu un moment d'inattention et m'a demandé : « Quel ourlet Henry touche-t-il? » Je lui ai répété les remarques de Henry et elle a répliqué : « Bismarck touchant l'ourlet de la robe de Dieu? Ma foi! Il est temps de rentrer à la maison! »

Le lendemain à Ottawa, Mme Thatcher a prononcé un discours au Parlement. Brian Mulroney m'en a gentiment fait parvenir un enregistrement vidéo. Quand Mme Thatcher a fait l'éloge de Paul Reichmann et de moi, en disant que nous étions des forces constructives très admirées en Grande-Bretagne, j'ai éprouvé un rare instant de regret que ma mère n'ait (apparemment) pas été là pour l'entendre.

David Radler et Dan Colson ont passé une bonne partie du printemps de 1988 à négocier l'achat du *Jerusalem Post.* Fondé en 1930 sous le nom de *Palestine Post*, le journal a toujours servi avec courage et éloquence la population juive du Proche-Orient. Le *Post* était la voix authentique de l'élite du vieux Parti travailliste mapai, des intellectuels kibboutznik et des disciples de David Ben Gourion. Il était très critique à l'égard du Likoud sous Menahem Begin et Itzhak Shamir et nettement hostile à toute forme d'occupation des territoires occupés par Israël après la guerre de 1967.

La difficulté était que le gros de la couverture occidentale du Proche-Orient, malgré le travail remarquable des bureaux locaux du *New York Times*, des meilleurs journaux londoniens (dont le nôtre) et de quelques autres grands journaux, provenait d'articles récrits du *Jerusalem Post*. Plusieurs journalistes du *Post* étaient correspondants à temps partiel de journaux du Canada et des États-Unis et leur militantisme hostile au gouvernement israélien se propageait à toute la presse occidentale. J'étais moi-même assez critique de la politique intransigeante et peu imaginative du gouvernement Shamir, mais il n'était pas souhaitable que la source israélienne la plus autorisée des médias occidentaux répande une vue si unilatérale de la région.

David et moi estimions que la politique éditoriale du *Post* devait être plus robuste, que ses reportages devaient être plus équilibrés et que ses analyses devaient mieux refléter les quatre grands points de vue sur la question de la paix : en gros celui du mouvement Shalom Akhshav (Paix maintenant), dirigé par la vieille garde du Parti travailliste, le maire de Jérusalem, Théodore Kollek, et l'ancien ministre des Affaires étrangères Abba Eban, qui proposait de retourner aux frontières d'avant 1967, sauf pour Jérusalem qui resterait indivise ; celui du mouvement Terre pour la paix, identifié à l'aile droite du Parti travailliste et à des hommes comme Itzhak Rabin, épousant une notion plus restreinte des concessions territoriales ; la position plus libérale du Likoud, favorisant une définition conservatrice des besoins de la sécurité d'Israël, faction représentée par le ministre séfarade des Affaires étrangères, David Levy ; et celui du groupe d'Ariel Sharon, opposé à toute négociation et à tout compromis. Shamir était à califourchon sur les deux premiers groupes, tandis que le chef de l'Opposition Shimon Peres embrassait les deux derniers. (Je crois depuis longtemps, et mon expérience d'Israël ne fait que renforcer mon opinion, que l'avenir se situe quelque part entre le deuxième et le troisième point de vue, soit essentiellement la position adoptée par Rabin durant sa campagne électorale victorieuse de 1992 et l'accord de 1993 avec l'OLP.)

Le *Post* était à vendre parce que la centrale ouvrière Histadrut avait subi de graves revers économiques sur plusieurs fronts et la société mère du journal était insolvable. Le journal a été mis aux enchères et nous y avons participé à la demande du colonel Yehuda Levy, dont David avait fait la connaissance alors qu'il représentait à Vancouver le Fonds national juif. David et moi avons calculé la valeur du journal à environ 40 % de ce que nous paierions pour un journal équivalent au Canada ou aux États-Unis.

Cela nous semblait adéquat compte tenu des caprices des affaires en Israël et nous avons fait une offre sur cette base.

Le bruit a couru que nous avions payé le *Post* trop cher, mais l'accusation ne résiste ni à nos critères habituels de calcul des prix ni au rendement subséquent de l'entreprise. Nous estimions que les perspectives d'Israël étaient en réalité assez bonnes, que la menace arabe s'estompait et que les pressions invitant Israël à abandonner son flirt sentimental avec le collectivisme herzlien et à adopter un système économique fondé sur l'incitation vers lequel se dirigeait presque tout le reste de l'ancien bloc socialiste finiraient par être irrésistibles. L'un des grands paradoxes du monde contemporain, m'a-t-il toujours semblé, c'est que le peuple juif, partout où il est minoritaire, est exceptionnellement doué financièrement et professionnellement, démesurément prospère et pas particulièrement militariste, et qu'Israël, l'État-garnison le plus belliqueux du monde, est complètement paumé économiquement et vit aux crochets de New York et de Washington. Cela ne pouvait pas durer indéfiniment.

Le *Jerusalem Post* comptait 420 employés, plus du quart des effectifs du *Daily Telegraph*, dont le tirage était près de 40 fois supérieur à celui du *Post* (qui atteignait en moyenne 30 000 exemplaires en semaine et 60 000 pour son édition internationale hebdomadaire). De toute évidence, pensions-nous, nous pouvions faire des économies, quelque sévères que soient les lois israéliennes du travail. Au bout du compte, nous achetions, pour les raisons déjà esquissées plus haut, une grande mesure d'influence relativement bon marché.

L'ineffable Bob Maxwell était l'un de ceux qui prétendaient que nous avions payé trop cher. Il affichait la même attitude possessive et protectrice envers la presse d'Israël que Paul Desmarais envers *Le Soleil*. Il m'a reproché de « pisser dans son urinoir ». Il a fait pression sur les administrateurs juifs de la Hollinger, notamment Paul Reichmann, Allan Gotlieb et Henry Kissinger, qui m'a appelé pour me dire, avec son accent caractéristique de gueule de bois qui fait penser aux frères Marx imitant le kaiser Guillaume : « J'apprends que vous rivalisez avec Maxwell pour l'achat du *Jerusalem Post* et je veux simplement vous dire que vous y êtes l'un et l'autre bienvenus ! »

Le quotidien hébreu dans lequel Bob Maxwell avait un intérêt, le *Ma'ariv*, a jugé qu'il ne convenait pas que je sois propriétaire du *Post* du fait que j'étais « catholique dévot », description discutable et de toute manière impertinente, surtout venant de Maxwell, qui avait nié être juif avant son autocouronnement napoléonien comme roi de Judée. J'ai menacé de publier son infâme déclaration des années 50 niant qu'il était juif, si l'un de ses journaux se mêlait encore une fois de publier de tels canards à mon sujet. Il a fait des excuses – sincères pour une fois, m'a-t-il semblé – et l'incident ne s'est pas reproduit.

Alors que Dan Colson quittait son hôtel de Tel Aviv avec les contrats de vente du *Post* dans sa serviette au bout d'intenses négociations à New York et en Israël, il a constaté que Bob Maxwell tenait une conférence de presse dans l'un des salons. Il s'est glissé discrètement au fond de la pièce et il a entendu Bob dire aux journalistes qu'il avait sondé les administrateurs de la Hollinger. « L'affaire n'est pas réglée, a-t-il dit. Je ne crois pas que la Hollinger peut clore le marché. Je suis ici pour me porter acquéreur du *Jerusalem Post* et je compte bien le faire. » Bob m'a proposé la semaine suivante un gain en capital substantiel sur le prix que nous avions payé et il a répété son offre régulièrement par la suite. J'ai décliné puisque nous ne sommes pas trafiquants de journaux, mais je l'ai nommé administrateur du *Jerusalem Post* en 1990. Il a rejoint au conseil Richard Perle, lord George Weidenfeld et l'ancien chef du service de renseignement militaire israélien, le général Shlomo Gazit. (En quittant Israël ce jour-là, Dan Colson est passé par tous les contrôles de sécurité requis pour les vols d'El-Al à l'aéroport et il a expliqué que le but de son voyage était d'acheter le *Jerusalem Post*. « Vous ne pouvez pas l'acheter à Londres? » lui a demandé, incrédule, l'agent de sécurité.)

Comme tout le reste au Moyen-Orient, la révision de la position éditoriale du *Jerusalem Post* n'allait pas se faire sans difficulté. Itzhak Rabin, alors chef adjoint du Parti travailliste et ministre de la Défense, a appelé Yehuda Levy une fois la transaction faite pour exprimer l'espoir que le *Post* cesserait de prendre fait et cause pour l'OLP. En 1989, le rédacteur en chef Ari Rath, en exercice depuis longtemps, a pris sa retraite et, à la fin de l'année, son adjoint Irwin Frenkel a démissionné quand Yehuda Levy a supprimé de l'édition internationale hebdomadaire un passage de l'éditorial reproduit du quotidien, disant que le *Post* n'approuverait « jamais » les revendications territoriales du gouvernement israélien. Yehuda ne chicanait pas la réprobation de la politique gouvernementale, mais il ne voulait pas que le journal s'engage à s'y opposer pour toujours, quelles que soient les circonstances futures, dans l'édition internationale.

Le directeur de la rédaction, David Landau, qui exploitait à partir du *Post* et aux frais du *Post* l'agence de nouvelles Jewish Telegraph, en concurrence directe avec le *Post* jusqu'à ce que Yehuda le prévienne que le nouveau régime ne le tolérerait pas, a exigé d'être nommé rédacteur en chef. David, Yehuda et moi avons rejeté sa demande à l'unanimité. Landau a insisté, exigeant cette fois que Yehuda Levy soit renvoyé comme éditeur, à défaut de quoi lui et une bonne partie de la rédaction partiraient. C'était une manifestation d'insolence que nous ne pouvions pas tolérer si nous voulions conserver un semblant d'autorité. C'était en même temps une bonne occasion de dégraisser à peu de frais les effectifs de la rédaction. Nous avons donc rejeté catégoriquement la demande de Landau et nous avons reçu avec plaisir les démissions non indemnisées de quinze journalistes. Landau était correspondant du *Toronto Star*, qui a bientôt commencé à publier ses récits fictifs d'holocauste rédactionnel sans effusion de sang au *Jerusalem Post.*

Des éléments de la presse au Canada, erronément influencés par la même source, ont répandu l'idée que j'étais la sage-femme d'un véritable fascisme israélien. Christopher Young, rédacteur en chef à la retraite du *Citizen* d'Ottawa, a écrit servilement que je faisais «la honte du Canada». Au moment de l'offensive de déstabilisation de Landau, Yehuda faisait son service annuel au régiment. Il est rentré promptement à la salle de rédaction, vêtu de son treillis de parachutiste (il a participé au raid sur Entebbe et il a une présence physique imposante). Discrètement, il a déposé sa mitraillette dans son bureau et il a grimpé sur un pupitre pour haranguer les journalistes. «Nous ne sommes pas dans un kibboutz!» a-t-il commencé.

Yehuda et moi avons respectueusement réfuté les principales accusations colportées par les journaux canadiens, dont une particulièrement venimeuse et malhonnête publiée par le *Canadian Jewish News*, et la controverse s'est dissipée peu à peu. Nous avons diminué le personnel d'une ou deux personnes par semaine durant notre première année à la direction du journal. La rentabilité, qui avait semblé aussi insaisissable au *Jerusalem Post* qu'au *Droit* d'Ottawa, s'est manifestée lentement en 1990 et 1991, puis elle a été brusquement interrompue par la Guerre du golfe.

Quand les Scuds se sont mis à pleuvoir sur Jérusalem et Tel Aviv en février 1991, nos lecteurs se sont terrés dans leur sous-sol avec des masques à gaz et des biscuits secs, et la publicité, comme il était à prévoir, s'est évaporée. Les missiles ennemis ont ravagé nos ventes de publicité plus que tout autre obstacle que David et moi avons eu à affronter. Après la guerre, la longue marche vers la prospérité a repris à Jérusalem et au printemps de 1992, le *Post* déclarait des bénéfices satisfaisants.

À l'automne 1988, Brian Mulroney a appelé la population aux urnes sur la question du libre-échange avec les États-Unis. J'y étais favorable parce que je croyais que les Canadiens seraient plus assurés, plus sereins et moins envieux s'ils voyaient qu'ils peuvent concurrencer les Américains. Brian est devenu le seul premier ministre depuis Louis Saint-Laurent à remporter deux majorités consécutives. La campagne a été intéressante parce que des chefs de file du monde des affaires comme Paul Reichmann, Galen Weston, David Culver (Alcan) et Alf Powis se sont prononcés publiquement et ont entraîné plus de voix que Stephen Lewis, June Callwood et Margaret Atwood. J'étais encouragé. John Turner a mené une campagne beaucoup plus professionnelle qu'en 1984, mais son opposition au libre-échange et ses propositions de dépenses publiques étaient absurdes. Il a plus que doublé le nombre de ses députés, puis il a annoncé sa retraite comme chef du Parti libéral au printemps 1989. Brian Mulroney m'a donné un coup de fil et m'a prié d'offrir à John le poste d'ambassadeur au Vatican. La démarche devait être entourée du plus grand secret, de manière que le premier ministre puisse la démentir en cas d'indiscrétion. Il n'y a pas eu d'indiscrétion. John a refusé catégoriquement, laissant entendre qu'il s'attendait à une proposition plus prestigieuse qu'il aurait de toute façon refusée. Le geste du premier ministre était généreux.

J'ai mieux aimé écrire pour le *Financial Post* que pour le magazine *ROB* du *Globe & Mail*. Le délai de trois mois du magazine ne procure pas la même satisfaction que le quotidien. Ironie du sort, Roy Megarry a soudain pris conscience à la fin de 1988, que la politique éditoriale inspirée par Stevens – celle du loup néo-démocrate attifé des fringues mitées de la vieille brebis tory tumescente – avait complètement aliéné les lecteurs habituels du *Globe & Mail* et il a congédié Webster et Stevens. J'ai regretté le départ de Norman, mais son affectation subséquente au poste de rédacteur en chef de la *Gazette* de Montréal lui a sans doute permis d'exploiter ses grands talents d'éditorialiste davantage qu'il n'était possible au *Globe*. Megarry lui-même a quitté le *Globe* quelques années plus tard.

Le nouveau rédacteur en chef, William Thorsell, tenait une chronique en alternance avec la mienne dans les pages du magazine *Report on Business* et il était une sorte d'âme sœur idéologique. Sur la recommandation de l'avocat du *Globe*, qui n'était plus gêné par la fierté déplacée de Stevens, Thorsell a dirigé la négociation de la rétractation mettant fin à l'un des procès en diffamation les plus vastes au Canada. La dénégation a finalement été publiée le 30 juin 1989 et Thorsell m'a invité à reprendre ma chronique dans les pages du *Globe*. La loyauté envers Creighton me commandait de refuser, mais l'heureux dénouement du litige a aussi marqué la fin de la guerre sporadique que me livrait le *Globe & Mail* (John Partridge, le défendeur initial, s'est révélé depuis très objectif et indulgent). Il est normal qu'il y ait encore de la rivalité et des accrochages, mais la paix a été déclarée officiellement par une manchette en caractères gras en page deux du journal. La rétractation, publiée dans le magazine, a été entièrement rédigée par les membres de la rédaction en chef et l'avocat du *Globe* sur la foi du long interrogatoire préliminaire auquel j'ai été soumis.

Le *Globe* s'est excusé sans réserve et a généreusement fait état d'un sondage qui me tenait pour « l'homme d'affaires le plus respecté au Canada » (l'échantillonnage était restreint et le sondage n'était pas vraiment scientifique).

La dénégation a démystifié les légendes selon lesquelles j'avais trompé les veuves ou agi incorrectement dans la prise de contrôle de la Hanna, la réorganisation de la Norcen et de la Labrador ou l'affaire du fonds de retraite de Dominion Stores. À la Massey-Ferguson, lisait-on, « M. Black a nommé une nouvelle direction, qui a remis l'entreprise sur la voie de la rentabilité, et il a amené Argus à se départir de son intérêt dans la filiale aux meilleures conditions possibles. La direction de la Massey a depuis confirmé que la décision de M. Black de mettre fin à l'association de la compagnie avec le groupe Argus a permis à l'entreprise d'obtenir le financement nécessaire à sa survie. »

Chez Dominion Stores, j'ai « persuadé l'entreprise de fermer ou de vendre les magasins déficitaires ou marginaux, de concéder les magasins viables en franchises, de vendre les autres actifs à des conditions avantageuses pour tous les actionnaires et de sauvegarder les emplois.

« Les actionnaires qui sont restés fidèles aux entreprises dirigées par M. Black ont prospéré avec lui et soutiennent sa gestion.

« Le *Globe & Mail* se porte garant de l'exactitude des faits rapportés ci-haut. »

La phase de remaniement et de dépouillement d'actifs, et les crises financières et les débats publics qu'elle a entraînés, étaient terminés. Le travail plus satisfaisant d'édification systématique d'un réseau international de journaux de qualité était en bonne voie.

Chapitre 11

Autour du globe, du Québec à l'Australie (1989-1991)

La rétractation du *Globe and Mail*, largement remarquée, a constitué un agréable avis de séparation, tandis que je déménageais sans tambours ni trompettes du Canada.

La bigoterie culturelle au Québec, l'inexorable érosion vers la gauche en Ontario, le marécage constitutionnel, l'envie pandémique, la médiocrité et la papelardise, ponctuées par ma propre expérience d'innombrables diffamations et d'une chasse aux sorcières publique et policière, avaient prélevé leur dû. Je ne manquerais jamais d'être fier d'être Canadien, et je n'abandonnerais jamais mon domicile ou mon bureau si chèrement acquis dans Toronto Street, mais du point de vue résidentiel, le Canada et moi méritions tous deux de nous reposer l'un de l'autre, même si ce n'était pas nécessairement un répit définitif.

En juin 1989, une controverse avait surgi à propos du rôle joué dans les relations complexes des gouvernements municipal et provincial par la société de développement foncier d'un de mes voisins, les Del Zotto. J'étais un des administrateurs de cette entreprise Tridel. Les activités politiques des promoteurs sont toujours délicates, et dans ce cas précis, le statut d'Elvio Del Zotto comme président du Parti libéral en Ontario aggravait les choses. J'avais toujours apprécié personnellement David Peterson; cela remontait à l'époque où il avait les plus bas sondages enregistrés au Canada, seulement 12 % environ en face de Bill Davis. Il avait été d'un grand secours lors de mon épreuve aux mains de Roy McMurtry et des «fascistes performants» de la police torontoise.

Quand on a révélé que l'un des assistants de Peterson aurait accepté un réfrigérateur et une couche de peinture gratuite pour sa maison des mains d'un cadre de Tridel, la presse torontoise est tombée dans une frénésie carnassière aux dépens du premier ministre et des promoteurs du secteur privé, qui n'avaient pas été officiellement accusés de quoi que ce soit. Linda McQuaig menait la bande des lyncheurs; six ans plus tôt, elle avait été l'auteure principale de la théorie selon laquelle j'avais acheté toute la Commission ontarienne des valeurs mobilières pour qu'elle ferme les yeux sur mon «faux» dans le prospectus de l'offre publique d'achat de Norcen. J'ai téléphoné au premier ministre pour l'encourager et le presser de ne pas se laisser intimider par des journalistes enragés, triomphants et assoiffés de sang. Il a apprécié le coup de téléphone, mais, le lendemain, son bureau demandait à la femme d'Elvio de se retirer de son poste d'administratrice non rétribuée de TV Ontario, et au frère d'Elvio de renoncer à celui de fiduciaire non rétribué dans un hôpital.

J'ai écrit au *Financial Post* à propos du droit à la présomption d'innocence, en particulier quand, comme dans ce cas, il n'y avait eu aucune mise en accusation judiciaire (et il n'y en a jamais eue contre les Del Zotto ou leur société). J'ai accusé le premier ministre de souffrir d'une «implosion d'autorité» et de permettre à une procédure quasi-judiciaire d'être déterminée par «la foule des chacals grognants du journalisme d'enquête, surtout McQuaig, que je décrivais avec un plaisir certain comme, *inter alia*, «une journaliste gauchisante, malingre, (...) et pas très brillante».

Le matin où j'ai quitté le Canada, alors que le *Globe and Mail* se préparait dans l'honneur à abandonner son effort long et décousu pour me peindre en financier immoral et dont la compétence se limitait aux opérations d'initiés, le *Financial Post* et le *Sun* publiaient mon assaut sur le traitement secret et arbitraire que la presse réservait aux Del Zotto.

Malheureusement, quand le *Sun* a coupé encore un autre mot par crainte de poursuites en diffamation (McQuaig, après sa performance de 1983, aurait eu du mal à m'attaquer avec succès en justice, même si j'avais écrit qu'elle était une chauve-souris vampire spécialisée dans la molestation des enfants), le *Financial Post* a retiré toute la description de McQuaig. C'était contraire aux ordres de Creighton et aux promesses qu'on m'avait faites, et j'ai bien entendu cessé de contribuer au *Financial Post*, n'y revenant qu'après une absence rituelle d'une année.

Les échos de cet épisode se sont propagés pendant un moment. L'inévitable et dépenaillé Allan Fotheringham, encore amusant par moments, a écrit que j'avais apporté quelque répit à l'ennui estival, tout comme des athlètes et artistes qui avaient échangé des insultes avec des spectateurs payants.

J'ai répliqué dans une lettre au *Sun* (puisque je n'avais temporairement plus de rubrique dans aucun journal), que la présomption d'innocence n'était pas vraiment un sujet de divertissement, en concluant : «Je suppose qu'il m'est légèrement agréable qu'Allan me trouve amusant. J'aimerais pouvoir dire que l'inverse est vrai.» (La dernière fois que j'avais rencontré Allan, presque quatre ans plus tôt, je l'avais reconduit à son hôtel à la fin de la soirée donnée en l'honneur du mariage de Barbara Amiel avec David Graham. Quelque peu éméché, il me faisait la leçon sur les insuffisances de la chaîne Dominion. J'étais en gros d'accord avec lui, ce qui n'était pas sans l'irriter, et quand notre voiture s'est arrêtée à l'entrée principale de l'hôtel Park Plaza, il a déclamé : «Je dis quand même que vous êtes en train de patauger!», et il est sorti en titubant de la voiture pour s'écrouler aux pieds du portier de l'hôtel.)

En 1990, la Cour Suprême du Canada a débouté toute la procédure d'enquête mise en œuvre par David Peterson comme grossièrement préjudiciable aux droits et à la réputation des parties impliquées, en particulier les Del Zotto. Le *Globe and Mail* a fini par présenter des excuses à ceux-ci et leur a payé 15 000 $ après que McQuaig eut quitté le journal pour recevoir une subvention du Conseil des Arts afin d'écrire un autre de ses livres de collégienne, gauchisants et soporifiques. Le système canadien procure encore un filet de sécurité aux gens qui propagent le bla-bla socialiste.

La brève apparition, à ce stade, de Ronald Reagan, l'homme de la décennie, pour assister au souper d'Hollinger, le 19 juin 1989, et y prononcer une allocution, constituait aussi en quelque sorte un contraste approprié. Depuis l'assassinat de Kennedy jusqu'aux vertueuses inanités de l'ère Carter, en passant par le purgatoire du Viêt-nam et de Watergate, j'aurais pu pleurer pour l'Amérique, un pays optimiste et généreux rongé par la pulsion de mort libérale à l'intérieur et l'envie vindicative des étrangers, «ni l'acier, ni le poison, ni la malveillance domestique, ni les guerres étrangères». C'était la plus grande des nations, humiliée toutes les nuits dans soixante millions de salons américains par les médias libéraux qui exagéraient la violence et l'inégalité raciale à l'intérieur, l'inefficacité à l'extérieur.

Il m'a toujours semblé que le plus grand schisme, dans la vie américaine, ne se situe pas entre les races, les régions et les groupes économiques, mais entre l'idéalisme impérissable des origines mythologisées de l'Amérique, la vertueuse nation dressée dans les rêves d'innombrables millions d'immigrants – les réunions du conseil municipal, le kiosque dans le parc, où joue l'orchestre le dimanche, les blanches églises de la Nouvelle-Angleterre, Norman Rockwell, Grandma Moses et Grant Wood – et le clinquant et les étoiles, la gloutonnerie, le marchandage et la fade sensiblerie de Madison Avenue, Détroit et Hollywood au summum de leur mauvais goût.

Reagan a comblé cet écart culturel en combinant les techniques du cynisme et la glorification des vertus anciennes, et en incarnant une personnalité à la fois si distraite, si intuitive et si vénérable qu'elle pouvait accommoder sans problème des tendances sérieusement contradictoires. Comme me l'a dit Rupert Murdoch, Reagan était «un vieux paysan rusé», mais qui n'en était pas moins sincère pour autant. Ce n'était pas plus «un aimable crétin» qu'un acteur de série B. Comme l'a expliqué Gore Vidal lui-même, ce misanthrope libéral et typique des protestants blancs anglo-saxons : «C'était un des plus grands acteurs de l'histoire mondiale, qui eut la malchance de jouer aussi dans beaucoup de films de série B.».

Son intelligence n'était pas sans limites, mais au meilleur de sa forme, il était très loin d'être bête. Le 29 juin 1989, comme lors d'autres rencontres antérieures et ultérieures, Ronald Reagan m'a fait l'impression d'un homme d'une assurance et d'un patriotisme stupéfiants, un puissant Claude Wagner qui aurait vraiment fonctionné, et qui, en fait, fonctionnait de façon admirable : courageux, plein de décision et de positivité, fauchant les années à l'aide d'une psychologie de Walter Mitty allégée d'une version simplifiée du système Coué.

Son expression vague, son imprécision et les anecdotes avec lesquelles il réagissait à presque tout pouvaient être déconcertantes, mais c'était un chaman, un magicien aussi doué, sinon aussi intelligent ou conscient de ses pouvoirs que Roosevelt et Disraeli. Quelle que soit la façon dont il s'y est pris, il a racheté l'Amérique : la combinaison d'une flotte de 600 vaisseaux, de 19 millions de nouveaux emplois nets, l'élimination virtuelle de l'inflation, la victoire dans la guerre froide, et un taux maximum d'imposition individuelle de 28 % l'ont qualifié à mes yeux pour le Mont Rushmore. Sa seule erreur sérieuse a été de ne pas vérifier la viabilité financière du système de sécurité sociale ou d'autres programmes sociaux, amorçant un fameux jeu de poltrons avec le Congrès sur la question des déficits.

Lors de son passage à Toronto en 1989, il en était au dernier chapitre d'une carrière sensationnelle qui l'avait mené de Tampico dans l'Illinois au Collège Euréka et à son premier emploi de sauveteur parti pour la Californie pendant la Grande Dépression; à Des Moines, dans l'Iowa, où comme journaliste sportif, dans sa vingtaine, il était devenu l'une des voix les plus célèbres du Midwest; à Hollywood, avec la célébrité comme acteur, six mandats à la tête du syndicat des acteurs de cinéma, un poste de cadre de General Electric, puis de gouverneur de l'État de Californie, puis de président des États-Unis.

Malgré ses hyperboles (l'élection de Lyndon Johnson en 1964 n'était pas vraiment «un premier pas dans mille ans de noirceur», et les contras, au Nicaragua, n'évoquaient pas vraiment Washington, Jefferson, Franklin et Hamilton), et malgré ses occasionnelles et complètes défaillances mentales, comme dans sa célèbre affirmation d'une relation entre les arbres et la pollution atmosphérique, son pays et le monde l'ont finalement reconnu. Toute sa carrière publique a été fondée sur le système du stimulus économique, la supériorité et la légitimité du gouvernement démocratique et le caractère criminellement frauduleux du communisme.

Comme l'a dit Henry Kissinger, ce n'était pas «un joueur d'échec, mais un joueur de poker, et un joueur brillant»; il a continué à monter la mise jusqu'à ce que son adversaire soviétique soit en faillite. Ses théories de l'offre ont nourri des désirs exagérés de consommation et suscité des notions insoutenables de gratification instantanée. Mais elles ont aussi complètement accoutumé la classe moyenne à la drogue des impôts peu élevés comme elle l'était depuis déjà longtemps à ses programmes sociaux, pour créer une impasse avec le Congrès qui a mis fin à des décennies d'utilisation des impôts prélevés sur les citoyens qui produisent le plus pour acheter les votes de ceux qui produisent le moins. La révolution reaganiste a gagné la guerre froide, la plus grande victoire stratégique, la moins sanglante et la plus bénigne depuis la naissance de l'État-nation; elle a réindustrialisé l'Amérique, réétabli la place prééminente de la présidence dans le système américain et enlevé de la poche des citoyens au moins deux doigts de la main de l'État.

Comme je l'ai dit lorsque je l'ai présenté ce jour de juin 1989 (après une introduction pleine de goût faite par Brian Mulroney): «Ses compatriotes, qui seuls pouvaient lui demander des comptes, ont jugé qu'il avait changé pour le mieux le cours de l'histoire américaine et mondiale. Aucun homme d'État ne peut désirer davantage, et il y en a bien peu qui y réussissent.» Les années ont passé par la suite et exercé leurs ravages, mais son crépuscule n'a pas été sans majesté ni sans émotion, et il n'a rien retiré à l'étincelante trajectoire de sa vie et des services qu'il a rendus.

Reagan a été éloquent au souper de Hollinger, en particulier dans son éloge des regrettés P. C. Finlay et E. P. Taylor et celui des contributions du Canada aux guerres mondiales, ainsi que dans sa prédiction correcte de la chute imminente du régime Ceaucescu en Roumanie.

Je suis arrivé à Londres le 30 juin, en laissant derrière moi les paroles émouvantes de Ronald Reagan, l'apologie exemplaire du *Globe and Mail*, le tonnerre feutré des pattes de la dernière bande de lyncheurs rameutée par Linda McQuaig, et les banalités d'Allan Fotheringham. J'ai alors trouvé le *Daily Telegraph* dans un désordre administratif considérable.

Le *Sunday Telegraph* avait été fondé en 1961 par Lord Hartwell lorsque son cousin, lord Kemsley, avait vendu le *Sunday Times* à Roy Thomson. En révoquant le contrat d'impression du *Sunday Times*, Hartwell pensait qu'il pourrait créer des difficultés impossibles à surmonter pour le *Sunday Times* alors qu'il lancerait son propre journal. Le *Sunday Times* avait en gros le même lectorat que le *Daily Telegraph*, avec une portion significative des lecteurs du quotidien le *Times*. À l'exception de la grève catastrophique du *Times* et du *Sunday Times* en 1977 et 1978, le *Sunday Times* a maintenu auprès des annonceurs un avantage écrasant sur le *Sunday Telegraph* en circulation et en qualité de lectorat.

Malgré les splendides efforts de Perry Worsthorne, qui a contribué à donner au *Sunday Telegraph* sa réputation bien établie de journal conservateur de choc, défenseur de la petite Angleterre, excentrique et réactionnaire, le *Sunday Times* a maintenu son avantage, et après que la survie et la rentabilité du *Telegraph* eurent été assurées, ce qu'on allait faire de celui-ci est devenu une des questions les plus urgentes de la société.

Andrew Knight en est finalement venu à la conclusion que la meilleure voie était celle dite de «l'option sept jours»: Max Hastings serait aussi le rédacteur en chef du journal du dimanche, sauf pour une section de commentaires et de lettres couvrant quatre pages, qui resterait à la charge de Perry Worsthorne; toutes les autres fonctions seraient mises en commun, et partagées entre les deux journaux.

Telle quelle, ce n'était pas une proposition sans mérite, mais Andrew a commis de sérieuses erreurs tactiques. Il a annoncé la transformation sans plan précis pour l'actualiser, et il nous a présenté séparément, à Max Hastings, Frank Rogers et moi, des versions exagérées de la mesure dans laquelle chacun était en faveur de la chose.

Quand la nouvelle a été annoncée, une pluie toujours plus véhémentes de critiques est tombée sur Andrew, incluant celles de Paul Johnson au *Spectator*, une expérience qu'il n'avait jamais connue de toute sa carrière et qui lui a semblé fort désagréable : il en a visiblement été très démoralisé. Il y avait effectivement des redondances considérables entre les éditions quotidiennes et celle du dimanche, et il était certainement nécessaire de les réduire, mais cela aurait pu être fait (et le fut, en fin de compte) sans faire du journal du dimanche ce que Paul Johson avait appelé «un cheval de pantomime».

Cette affaire est tombée en plein milieu d'un autre débat interne sur la croissance inexorable des coûts éditoriaux, qui dépassaient en proportion ceux de tous les autres départements où des économies étaient réalisables, et progressivement réalisées. Avec une insistance également croissante, j'avais demandé qu'on impose des restrictions. Quand je suis arrivé à Londre en juillet, je me suis rendu compte qu'Andrew avait rencontré, dans ses propres termes, «une faillite totale» dans ses efforts pour obtenir de Max Hastings des concessions sur les coûts : Max l'ignorait et gérait le département éditorial comme une cité médiévale fortifiée, prêt à déverser de l'huile enflammée sur quiconque approcherait des remparts.

Le département était autonome, une «zone interdite à la direction», comme disait Frank Rogers. La plupart des autres départements étaient plus ou moins sous l'autorité de Joe Cooke, le directeur général, et Andrew entretenait une sorte de cour itinérante de favoris passagers, connus sous l'étiquette «la saveur du mois», des gens qui, sous sa direction pour le moins inconstante, voletaient d'un projet à l'autre comme des abeilles en train de polliniser.

Andrew Knight était un homme intelligent à qui je devais à l'origine de m'avoir signalé que le *Telegraph* était à vendre, et d'avoir choisi presque tout le personnel de cadres supérieurs qui a conduit l'entreprise à son étonnant succès. Mais son style de gestion pessimiste, divisé, erratique et sans joie avait abaissé à un niveau sordide de disputes internes incessantes et démoralisantes un groupe qui aurait dû être en train de célébrer l'un des plus grands retournements journalistiques du monde.

Une enquête conjointe du département éditorial et de celui des méthodes, pour étudier les niveaux optimaux du personnel rédactionnel, enquête écartée avec mépris par Max pour qui il s'agissait d'«une étude des cadences», a suscité des recommandations agressives et a fini par devenir l'étincelle d'une guerre civile virtuelle entre Max et Joe Cooke – Andrew, chef de la direction et principal rédacteur ayant ignominieusement abdiqué. À l'été 1989, le *Daily Telegraph* ressemblait à un grand bateau fendant les eaux de façon satisfaisante, mais dont le gouvernail reste bloqué par le travers parce qu'aucun consensus concernant une correction de trajectoire ne peut se faire parmi les officiers généraux, férocement divisés en factions querelleuses et errant sur le pont dans le plus grand désordre. Puisqu'Andrew Knight avait perdu toute volonté ou toute capacité d'affirmer son autorité, il fallait que je le fasse.

J'ai finalement imposé aux barons-rédacteurs de Max et aux réducteurs de personnel de Cooke un nombre moyen d'employés, une semaine de travail de quatre jours avec planification sur six jours (c'est-à-dire que tous les employés pouvaient avoir à travailler le samedi ou le dimanche), et un point final aux querelles et aux médisances. J'ai particulièrement insisté pour que cessent les menaces les plus théâtrales de démission et de vengeance qui avaient résonné depuis des mois dans les étages supérieurs de l'édifice du *Telegraph*. En même temps que le vacarme belliqueux le plus lassant ont aussi disparu quelques-uns des gambits plus élégants, comme l'assertion solennelle de Jeremy Deede, le suave directeur de la rédaction, voulant que si je continuais à insister, il serait obligé de renvoyer «Deedes», c'est-à-dire son père, le sujet de *Scoop*, roman d'Evelyn Waugh, ministre de l'Information d'Harold MacMillan, modèle pour les lettres «Dear Bill» du *Private Eye*, directeur du *Telegraph* pendant quatorze ans, et chroniqueur encore apprécié.

Une partie du personnel de rédaction a fait une grève de trente-six heures quand la nouvelle politique a été promulguée, mais Max, stupéfait de cette insubordination, y répondit de façon brillante et, avec ses principaux collaborateurs, a publié deux splendides éditions du journal, bourrées de nouvelles, dénonçant ainsi l'un des plus grands mythes de l'industrie : que les journalistes sont essentiels à la publication d'un journal. L'opposition s'est éteinte.

Ce fut la dernière initiative du règne d'Andrew Knight. Il m'a informé de son intention de se retirer, ce qui n'était pas propre à fendre le cœur dans les circonstances créées par sa lassitude et son pessimisme. Il a entrepris d'empêcher toute rumeur de son départ de filtrer, tandis que je m'occupais de la mise en place des nouvelles structures, mais il a laissé échapper la nouvelle lors d'une réunion du comité de compensation au tout début de septembre. Il était extrêmement pressé de nous quitter pour des raisons que beaucoup soupçonnaient, et qui sont bientôt devenues très claires.

À la fin de l'été de 1989, je suis allé en Pologne en compagnie de ma femme avec le Comité américain pour le souvenir de l'holocauste, qui incluait sept sénateurs américains. Nous étions invités par mon ami George Will. La visite d'Auschwitz et de Treblinka a été inoubliable, et le reste du voyage quand même assez gai. George, autorité renommée en matière de base-ball, directeur des Orioles de Baltimore et moi avons pris des paris sur l'affrontement entre Baltimore et les Blue Jays de Toronto pour la tête de la division Est de la Ligue américaine. Nous avons parié des millions de zlotys sur les parties de la semaine, rapportées dans le *Herald Tribune*, mais en fin de compte, George m'a donné deux cents et une cravate aux couleurs des Orioles en trop perçu. Quand je lui ai fait remarquer que le sénateur de la Californie, Alan Cranston, transportait une raquette dans le bus qui nous menait à Auschwitz, George s'est rappelé que Cranston avait autrefois perdu un procès contre Adolf Hitler pour manquement à la loi sur les droits d'auteur, à propos de *Mein Kampf*, et il s'est écrié : «Bon sang, je suis aveugle! Cranston à Auschwitz avec une raquette de tennis! Ça doit être bon pour au moins une chronique!»

On m'a demandé d'improviser un petit discours devant le Mur de la Mort à Auschwitz, où 30 000 personnes ont été fusillées. Comme il est adjacent au laboratoire où le gaz Cyclon B a été mis au point et testé, j'ai cité Winston Churchill et sa référence à «la longue nuit de la barbarie nazie [...] rendue plus sinistre et plus longue encore par les lumières d'une science dévoyée. » Ce fut un de mes voyages les plus émouvants.

Pendant plusieurs années avant et après cette période, Hollinger était le propriétaire effectif du magazine intellectuel de droite *Encounter*. Celui-ci avait été fondé au summum de la guerre froide, en partie par la CIA, et parmi ses rédacteurs se trouvaient Malcolm Muggeridge, Stephen Spender et Irving Kristol. *Encounter* a joué un rôle magnifique dans la défaite des tentatives communistes, juste après la guerre, tout en étant un éminent magazine littéraire, publiant *inter alia* le fameux essai de Nancy Mitford sur ce qui est « U et non-U ». Pour ces raisons historiques, et parce que j'étais un abonné de longue date, j'étais heureux d'aider l'*Encounter*, mais quand j'ai suggéré que la guerre froide s'achevait de façon satisfaisante et qu'il était temps de trouver une raison d'être autre que l'anticommunisme, Mel Lasky, le rédacteur en chef de longue date, s'est révélé un cas terminal d'obsidionite lié à la guerre froide et il est devenu extrêmement insultant. Le but de nos largesses n'étant pas d'être en proie aux insolences de leurs bénéficiaires, j'ai épongé le découvert bancaire du magazine avec de l'argent comptant, des négociations serrées et des espaces publicitaires pour la banque de crédit, et je me suis retiré. Peu après Lasky a conduit l'*Encounter* à la faillite, et une institution distinguée de la guerre froide a disparu avec le conflit qu'elle avait aidé de façon importante à gagner.

Andrew Knight avait depuis des années une admiration évidente et durable pour Rupert Murdoch. Il se précipitait toujours à sa cour pour aller lui rendre hommage, le citait interminablement pendant des semaines ensuite, et supprimait de nos titres toute nouvelle qui n'était pas flatteuse pour ses intérêts. J'avais toujours eu le sentiment qu'Andrew s'imaginait que Murdoch, comme Tiny Rowland, Paul Reichmann et même Evelyn de Rothschild, souffrait d'une certaine maladresse face à l'establishment britannique, que lui, Andrew Knight, pouvait pallier. Je n'allais certainement pas sous-estimer ses talents de courtisan, ayant eu amplement l'occasion d'y être exposé.

J'avais donc dit à Andrew que s'il voulait travailler pour Rupert, cela ne causerait aucun problème ; il faudrait simplement effectuer le transfert en prenant soin de ménager la proverbiale attente exigée par le décorum, ainsi que l'apparence d'une absence de motifs mercenaires, dans la mesure où Andrew partirait avec des droits d'option aux retombées d'une valeur d'environ 14 millions de livres. Je ne lui ai jamais reproché son coup financier, mais la façon acharnée, tortueuse et sans vergogne qu'il a utilisée pour rejoindre notre principal adversaire, en niant tout au long du processus qu'il le faisait.

Il a commençé par accepter d'être vice-président au *Telegraph*, pour se retirer presque aussitôt, mais accepter alors de continuer à un poste d'administrateur permanent. C'est à ce moment qu'il a élaboré avec modestie un projet de communiqué de presse concernant sa mise à la retraite du poste de chef de la direction, en suggérant que je déclare : «M. Knight est la plus grande invention depuis celle du pain tranché». Pendant tout le printemps, l'été et l'automne 1989, l'entourage de Murdoch, d'une poreuse indiscrétion, répétait qu'Andrew allait incessamment se joindre à eux. Lorsque ces rumeurs atteignaient le niveau d'alerte, comme elles le faisaient à peu près toutes les six semaines, je rappelais à Andrew qu'il était le bienvenu s'il voulait jouer ce coup, mais qu'il devait le faire avec élégance. À chaque étape, il niait avec véhémence et proclamait qu'il n'y avait aucune vérité dans les rumeurs.

Sa femme a essayé de faire pression sur Dan Colson et moi, afin que nous ne soumettions pas Andrew à une «pression aussi effroyable», c'est-à-dire que nous ne le forcions pas à nous dire la vérité quant à ses intentions. À ces plaidoyers, elle ajouta, un jour d'octobre 1989, dans mon salon, une proposition inqualifiable en ce qui me concerne : lui confier l'intégralité du budget des donations charitables du *Daily Telegraph* afin qu'elle puisse progressivement «abolir l'ignorance et l'envie dans le monde» en publiant un journal créatif pour enfants.

Je répétais à Max Hastings, Frank Rogers et aux autres chaque assurance solennelle donnée par Andrew de son indéfectible attachement au *Telegraph*; ils souriaient avec une certaine condescendance et marmonnaient des phrases sagement sceptiques. Pour moi, je n'étais plus motivé par ma foi en la parole d'Andrew, mais je réprimais le soupçon qu'il ose pousser la provocation jusqu'à passer à Murdoch, de façon soudaine quoique soigneusement préparée, après toutes ses dénégations. Je me trompais.

Deux jours avant mon départ de Londres pour des vacances au Canada et à Palm Beach, à la mi-décembre, j'ai téléphoné à Andrew pour m'assurer de l'exactitude de mon commentaire à paraître dans le rapport trimestriel d'Hollinger, à savoir qu'il continuerait à servir indéfiniment comme administrateur du *Daily Telegraph*. Il m'a assuré que c'était bien le cas, mais trois jours plus tard il venait au bureau du *Telegraph* après une absence de plusieurs semaines, prenait tous ses dossiers, laissait une facture de 5 000 livres pour du vin (essentiellement du Lynch-Bages) livré chez lui mais à payer par nous, et déposait sa lettre de démission.

Il a également tenté, mais en vain, de forcer le secrétaire de l'entreprise, bien servi en l'occurrence par sa ténacité toute dickensienne sur des points techniques, à rétrodater sa démission au mois d'août. Cette initiative a rencontré de la résistance et n'a pas abouti. Il a reconnu devant plusieurs de nos cadres ce qu'il avait nié trois jours plus tôt devant moi – son acceptation d'un poste de cadre supérieur dans l'organisation de Murdoch. Deux jours plus tard, il m'a envoyé une note déclarant que «le citoyen Murdoch m'a fait une offre que je ne peux pas refuser». Je ne lui ai pas répondu tout de suite.

Il s'est lancé dans une fiévreuse campagne d'auto-justification en essayant de s'attirer les bonnes grâces du personnel cadre du *Telegraph*. Il avait eu plusieurs réunions avec des cadres moyens, comprenant des graphiques, des séances de questions et réponses, et un discours écrit pour l'aider à expliquer qu'il avait sauvé le *Telegraph* et qu'il était temps pour lui d'aller plus loin. Il a bombardé un certain nombre de gens de notes serviles et il a fait de son mieux pour s'assurer d'une couverture généreuse par nos journalistes de la section affaires : il a prétendu devant Franck Rogers puis devant moi que l'autre était en faveur de transférer nos journalistes financiers des Docklands à la City, ce qu'il a alors fait lui-même de façon unilatérale, un gain de popularité pour lui, à nos considérables dépens. (Il s'était opposé à notre transfert de Fleet Street aux Docklands, avec la contre-proposition délirante de répartir le *Telegraph* entre trois édifices dans des districts différents. Dan Colson et moi avons acheté un édifice dans la Plaza South Quay à Cross-Harbour, près de Greenwich en 1987, le revendant à Paul Reichmann trois ans plus tard avec un profit de 27 millions de livres, dans le cadre de notre déménagement dans l'énorme projet d'Olympia & York, le Canary Wharf.)

Andrew a passé de longues vacances à l'étranger et il est entré ostensiblement en fonction comme président à la haute direction de News International au début de mars, bien qu'il ait en fait eu là un bureau avec secrétaire qui l'attendait depuis le début de janvier.

Je lui ai écrit une lettre de Palm Beach à la fin de décembre, l'invitant à concilier ses actions avec ses innombrables assurances de ne pas vouloir passer à Murdoch, et d'observer une «durée appropriée» avant de s'engager dans d'importe quelle autre entreprise. Je lui demandais aussi de justifier sa vente de deux millions d'actions aux Cayzer (une famille écossaise d'investisseurs distingués), pour payer la levée de ses 27 millions de livres d'options et de parts rachetables, sur la garantie solennelle qu'il resterait à son poste, le lendemain du jour où il m'avait appris son intention de se retirer. (Ses profits bruts sur un prix ferme par la société de Rupert Murdoch, geste inhabituel de la part d'un concurrent, et indiquant les talents d'Andrew pour l'auto-promotion, étaient de 16,25 millions de livres.)

Frank Rogers a donné ma lettre au *Sunday Telegraph* comme à l'*Observer*, et Andrew, dont la sensibilité morbide à la critique était légendaire, s'est fait assez malmener par la presse pendant plusieur semaines. Perry Worsthorne, Frank Johnson et Geoffrey Wheatcroft ont lâché leurs plus gros tueurs, et Andrew ne s'est pas rendu la vie plus facile avec les lettres bouffies de justification qu'il a expédiées aux journaux pour me répondre et répondre à ses principaux accusateurs.

Au début de janvier, lord Cayzer, personnalité vénérable et universellement respectée, retrouvé par le *Daily Mail*, a déclaré de lui-même que sa famille n'aurait peut-être pas acheté les actions si Andrew n'avait pas assuré qu'il resterait indéfiniment administrateur au *Telegraph*.

Ce qui a finalement émergé, quoique pas de façon publique, c'est qu'Andrew avait essayé de vendre quelques-unes de ses actions à Lord Hartwell, en recrutant le président du *Spectator*, Algy Cluff, qui ne se doutait de rien, comme intermédiaire. Ceci était destiné à payer la levée de son droit de rachat et d'option (il pouvait acheter un million d'actions à 50 pence et six millions de plus à 1 livre, puis vendre aux Cayzer à 3,25 livres.) Compte tenu de mes relations quelque peu subtiles avec Hartwell, qu'Andrew essayait d'exploiter, c'était un geste singulièrement déplacé.

Le 16 janvier 1990, dans une entrevue avec Ray Snoddy du *Financial Times*, et avec Andrew qui roucoulait à ses côtés, Rupert Murdoch a annoncé qu'Andrew Knight était son éventuel successeur. Qu'Andrew ait pu s'imaginer que quiconque pourrait croire au développement d'une relation de cet ordre en seulement quatre semaines pendant les vacances de Noël et du Jour de l'an, cela me dépasse complètement.

Ayant pu constater, pendant toutes les années où je l'ai connu, la cour assidue qu'il faisait aux bons et aux grands, j'étais stupéfait qu'il pût s'exposer à ce point : selon toute vraisemblance j'étais en mesure d'empoisonner ces puits, que je fréquentais autant que lui, bien que d'une façon moins courtisane. Nos administrateurs du *Daily Telegraph* et d'Hollinger, parmi lesquels certains avaient si bien été soignés par Andrew par le passé, partageaient ma déception devant ses bouffonneries. David Montagu a écrit à Andrew qu'il avait ajouté «une profondeur, une chaleur et une couleur nouvelles au sens du mot "merde"».

Je n'oublierai jamais, et ne pardonnerai pas de sitôt à Andrew, la façon scandaleuse dont il s'est retiré, mais je n'oublierai jamais non plus sa contribution à mon aisance financière, et au rétablissement du *Telegraph*. Nos rencontres sont toujours aimables, et souvent intéressantes.

Au Canada, pendant toute l'année 1989 et une partie de 1990, les antiques croquemitaines se sont remis à suppurer et à s'enflammer : les droits linguistiques, la Constitution, le statut du Québec. La Cour suprême du Canada avait maintenu les décisions de la Cour supérieure et de la Cour d'appel déclarant illégale l'interdiction québécoise des affichages commerciaux bilingues en décembre 1988; Robert Bourassa avait répliqué en évoquant, pour invalider ces décisions, la clause «nonobstant» des accords constitutionnels de 1982. Il a remis sa loi en place tout en éviscérant la charte québécoise des droits et liberté, et en persuadant le soi-disant conseil national du Parti libéral du Québec de faire modifier le manifeste du parti pendant la fin de semaine.

La nouvelle loi, la loi 178, décrétait que tous les affichages commerciaux extérieurs se feraient exclusivement en français au Québec, et que tout autre texte dans une autre langue, même en caractères minuscules, était illégal et sujet à de lourdes amendes ainsi qu'à l'éradication physique. Comme Mordecai Richler l'a souligné par la suite dans le *New Yorker*, cela s'appliquait même au texte écrit à la craie sur un tableau devant un restaurant indiquant en version bilingue le menu du jour. En ce qui me concernait, c'était le *nec plus ultra* de la trahison. Bourassa était censé avoir appris sa leçon après le fiasco de la loi 22, en 1974, où il avait perdu une large portion du vote non francophone sans récupérer une portion significative de nationalistes. Il avait effectué son retour miraculeux en 1985 avec une plate-forme appelant à la restauration du bilinguisme officiel. Même son opposant de jadis, Pierre Marc Johnson, attendait de Bourassa quelque chose de plus subtil.

Johnson, qui était l'un de nos administrateurs d'UniMédia, a dîné avec moi à Toronto juste avant la décision de la Cour suprême; il pensait, comme moi, que Bourassa répondrait à cette décision dont on anticipait déjà la teneur par quelque chinoiserie, en exigeant des signes unilingues dans des endroits pratiquement dépourvus de résidents non francophones, en zonant le Montréal métropolitain rue par rue, ou en décrétant la taille et le nombre relatif des mots dans les énoncés – mais pas une abjecte capitulation devant les extrémistes.

Outre le fait d'être, en soi, une attaque exécrable contre la liberté d'expression, cet acte était l'ultime abandon des Anglo-Canadiens modérés, de tous ceux qui avaient combattu pour la reconnaissance du fait français à travers le pays. Nous nous étions rendus ridicules aux yeux de nos compatriotes moins tolérants, qui avaient toujours argué qu'essayer d'amadouer le Québec équivalait à pousser une porte tournante, un processus qui n'en finirait pas de coûter de l'argent et de s'attirer des provocations humiliantes. Nous étions revenus au stade de la Loi 22, qui m'avait fait quitter le Québec en 1974, mais avec l'insulte additionnelle de voir renverser par législation une triple interprétation judiciaire canadienne de la loi, et de la justice.

C'était l'insulte majeure au Canada anglais, le bienfaiteur du Québec comme le reconnaissait Bourassa lui-même, avec 58 milliards de dollars par an pour le Québec. La province continuerait à prendre cet argent en paiements de transfert, mais rendrait invisible la langue de 70 % de Canadiens, plus de 90 % de Nord-Américains (au-dessus du Rio Grande) et 20 % de Québécois.

Ce n'était pas tolérable, et le jour suivant l'introduction de la loi 178, dès que Brian Mulroney a répondu au Parlement à des questions sur le sujet (en français, même si les questions étaient posées en anglais), comme s'il s'agissait d'une affaire sans importance, il est devenu évident qu'il avait fait un pacte faustien avec les nationalistes québécois. C'était un spectacle répugnant. (Brian s'est éloigné dans le soleil couchant par la suite en prononçant des apologies mensongères pour Bourassa, arguant des «pressions» auxquelles il était soumis. Il m'a aussi écrit, en objectant que ma version n'était pas en accord avec celle du *Hansard*, et en suggérant, peut-être avec quelque raison, que ce que j'avais vu à la télévision avait été monté de façon trompeuse. Le traitement qu'il a reçu des médias était souvent assez scandaleux pour justifier une telle crainte.)

J'estimai aussitôt que l'Accord du lac Meech, l'accord constitutionnel qui envisageait le retour du Québec comme signataire de la Constitution canadienne en échange d'une dévolution partielle des pouvoirs, et que Brian avait présenté comme un grand succès, était mort. En tout cas, je n'avais quant à moi pas du tout le désir de poursuivre dans cette voie. J'avais initialement soutenu l'Accord du lac Meech, en dépit du droit de veto de dix provinces sur quatre domaines constitutionnels essentiels, et de la sélection des juges de la Cour suprême à partir de listes fournies par les provinces : c'était pour ramener le Québec dans le giron constitutionnel, une nécessité supérieure. Je n'avais jamais eu de problème particulier avec la description faite par l'Accord du lac Meech du Québec comme société «distincte», puisque, de toute évidence, c'en est une.

Mais quand Bourassa, le chef bien visible d'un gouvernement fédéraliste au Québec, avait recours à une telle négation des doctrines libérales, il devenait évident que sa version du fédéralisme n'avait pas évolué depuis la louvoyante casuistique crypto-séparatiste à laquelle il s'adonnait au début et au milieu des années 70. J'estimais qu'un gouvernement capable de rendre invisibles toutes les langues sauf le français, et de traiter d'une façon aussi cavalière les libertés fondamentales n'était en aucun sens préférable à un gouvernement séparatiste. Et je crois dépourvu de toute valeur un arrangement constitutionnel fondé sur l'hypothèse que la signature d'un tel gouvernement signifiait une adhésion durable à quoi que ce fût. C'est à peu de choses près ce que j'ai écrit dans le *Financial Post* et *Le Soleil*, ce qui m'a gagné un support massif des lecteurs au Canada anglais et une vindicte assourdissante au Québec français. C'est à cette occasion que mon vieil ami Gérald Godin s'empressa de se rendre à une station-radio de Québec pour me dénoncer comme «imbécile».

La procédure d'adoption de l'Accord du lac Meech s'est bel et bien enlisée, et au printemps de 1990, tout en se déguisant en pères des derniers jours de la Confédération, nos «premiers ministres» commençaient à s'affoler, ayant survécu un peu trop longtemps en chantant *Ô Canada*, leur éternelle dose de drogue, dans la vieille gare d'Ottawa rajeunie en centre des congrès.

Il y a eu une dernière oraison, un dernier accès hypocritement vertueux d'*Ô Canada* dans la vieille gare. Puis Brian Mulroney s'est félicité dans le *Globe and Mail* d'avoir «roulé les dés» constitutionnels, un député NPD du Manitoba s'est embarqué dans une longue obstruction, le premier ministre de Terre-Neuve, un trudeauiste, a refusé de faire voter son parlement sur l'accord, et le lac Meech a fini par s'évaporer. Même si je ne l'ai pas regretté pour ses mérites, tandis que je regardais en Angleterre un reportage heureusement abrégé sur la question, c'était le pire des mondes possibles. Duplessis avait toujours prédit que la seule circonstance où le Québec envisagerait de se séparer du Canada serait s'il se sentait rejeté par le Canada anglais. C'était là le point lugubre que nous avions atteint.

Même les Québécois raisonnables sont incapables d'imaginer à quel point la loi 178 est un outrage pour les Anglo-Canadiens, et les Québécois nationalistes se réjouissent devant toute provocation faite aux Anglo-Canadiens; le Québec francophone a donc été presque unanime à voir dans l'échec du lac Meech un rejet gratuit par le Canada anglais de toute notion d'un caractère distinct du Québec.

Les Anglo-Canadiens n'ont pas de sympathie pour les problèmes démographiques du Québec, ou ils ne les connaissent pas; dans tous les cas, ils estiment (à juste titre) que l'affichage commercial n'a pas de rapport avec la démographie : leur sentiment d'avoir été trahi, le sentiment d'une réponse traîtresse du Québec à leurs offres de conciliation, a été irrésistible et presque indissoluble. Et parce que Brian Mulroney avait traité la loi 178 comme un expédient déplaisant mais sans importance, et somme toute excusable, cela a encouragé les Franco-Canadiens à croire que le Canada anglais les avait rejetés. Parce qu'il ne s'était pas donné la peine d'expliquer le cas du Québec au reste du Canada, les Anglo-Canadiens n'ont guère l'occasion de s'assurer que le

Québec n'agissait pas simplement par rancune, si stupides et offensants que soient ses actes.

L'échec du gouvernement fédéral à remplir son devoir le plus fondamental en permettant aux Canadiens anglophones et francophones de se comprendre mutuellement a fait que presque aucun Canadien n'avait quelque idée que ce soit des causes et des effets réels qui ont menés à cette impasse pleine de rancœur. Les tentatives de Mulroney pour forcer les Anglo-Canadiens à soutenir le lac Meech en évoquant l'ogre séparatiste n'ont fait que donner de la légitimité aux réactionnaires, français et anglais, qui ne manquaient pas. Bourassa, fonctionnaire sans conviction et serviteur plutôt déglingué qu'il était, ne pouvait prendre la responsabilité de l'imbroglio causé par l'infâme loi 178, et ne pouvait aller plus loin pour calmer les esprits échauffés que de faire des commentaires obscurantistes et apparemment non séparatistes sur les intérêts économiques du Québec.

Le chef de l'Opposition, Jacques Parizeau, sans contradiction de la part des apaiseurs fédéralistes au Québec, ne pouvait que vendre avec un succès certain une version du séparatisme qui ajoutait les joies de l'indépendance aux bénéfices découlant d'une participation canadienne. Puisque personne ne soulignait que le Québec aurait à assumer sa pleine part de la dette publique fédérale (400 milliards de dollars), ou que les circonscriptions qui avaient voté pour demeurer au Canada pouvaient le faire, ou encore que, légalement, l'Ungawa reviendrait au Canada, Parizeau a eu au début beaucoup de succès avec une version de l'indépendance québécoise incluant la monnaie canadienne, un marché commun, et même le statut de membre dans le Commonwealth. C'était une version politique provocatrice de la consomption et de la rétention simultanées du même gâteau politique.

L'affaire constitutionnelle allait maintenant inévitablement s'enflammer pour plusieurs années. Aussi longtemps qu'à Ottawa le gouvernement et l'opposition étaient déterminés à amadouer le Québec, et que le concept officiel du fédéralisme à Québec était un décor symbolique recouvrant un transfert régulier d'impôts fédéraux et de juridiction fédérale d'Ottawa à Québec, le mécontentement des fédéralistes, des nationalistes et des rangs croissants des bigots anglophones et francophones, était assuré. Ce cercle vicieux devait atteindre son point final si, comme cela est arrivé en 1992, une formule révisée était offerte qui donnait tout à toutes les juridictions et à tous les groupes d'intérêts spécialisés qui le demandaient, particulièrement si elle était accompagnée de l'orgie habituelle d'auto-congratulations gouvernementales. Par chance, les Nations Unies ont finalement convaincu Québec de relâcher sa prohibition du bilinguisme visible. Québec pouvait plus aisément accepter une telle proposition de la part de cette organisation que de ses propres cours ou du gouvernement fédéral. En 1991, j'étais l'un des garants financiers des fêtes du cinquantième anniversaire de la Charte Atlantique de Placentia, à Terre-Neuve, où Churchill et Roosevelt avaient proclamé les «quatre libertés», incluant la liberté d'expression. Tandis qu'on reconstituait la cérémonie, je songeais à quel point il aurait semblé improbable que n'importe laquelle de ces libertés pût avoir à être réaffirmée grâce à une intervention extérieure dans quelque autre partie du Canada.

La débâcle constitutionnelle a été complétée par la certitude d'une débâcle économique, avec l'élection en Ontario du Nouveau Parti démocratique conduit par Bob Rae, en septembre 1990. Les suffisants électeurs de l'Ontario, qui depuis des décennies s'étaient vautrés dans une croissance et une prospérité faciles, avec la notion de la supériorité manifeste de leur «qualité de vie», avaient mis fin à quarante-deux ans de pouvoir conservateur parce qu'ils étaient devenus grognons à l'idée de remplir des obligations vieilles de 118 ans envers un système d'éducation séparé. David Peterson et ses libéraux en avaient été les bénéficiaires en 1985. Quand il a décrété une élection après seulement trois ans d'un mandat majoritaire qu'il avait gagné en 1987, Peterson a été mis à la porte, et, apparemment sans examen sérieux de ce que le NPD avait promis de faire en Ontario, l'Opposition officielle a été portée au pouvoir avec 37,6 % des votes. Les élections en Ontario, cette province trop sûre d'elle-même, étaient devenues un jeu absurde. C'était la fausse romance dont se berçaient des Ontariens par ailleurs austères et qui savent très bien que la vraie vie n'est ni de la *romance* ni des jeux politiques. Le nouveau gouvernement n'était en aucune façon un parti cohérent ; au sens traditionnel, c'était une coalition inquiète et désordonnée de fanatiques attachés à une seule question, des avocats militants du syndicalisme ouvrier, des féministes, des partisans de l'avortement, des homosexuels, des tarés de l'environnement, tous à se monter sur les épaules les uns des autres pour crier plus fort, et pourtant soutenus par la couche profonde des Ontariens traditionnels, aimables bienfaiteurs, mais qui oublient d'emballer leurs donations.

Puisqu'ils pensaient que les gens occupés au commerce ne sont que des éboueurs qui, comme des ratons laveurs pillant les poubelles, prendraient ce qu'ils trouveraient et continueraient à investir et à créer de l'emploi avec une énergie toujours renouvelée, même si leurs marges de profits se trouvaient considérablement réduites, l'idée que le capital quitterait l'Ontario et que la création d'emploi en souffrirait ne les a même pas effleurés.

Lors d'un souper que je donnais au Toronto Club avec Hal Jackman pour le chef du Parti réformiste, Preston Manning, à la veille des élections, j'ai expliqué en plaisantant dans mon introduction de Preston que je ne me sentais pas concerné par les élections provinciales qui allaient avoir lieu le jour suivant parce que «je peux me rendre à l'aéroport avant que Bob Rae ne puisse se rendre au bureau du lieutenant-gouverneur!» Ce qui arriva, mais j'ai publié un article dans le *Financial Post* en prédisant le désastre économique. Quand le gouvernement Rae abandonnerait tout le pouvoir industriel aux syndicats, comme il l'avait promis, l'investissement dans le secteur privé et la création d'emploi devaient obligatoirement se tarir. Le processus serait aggravé par les augmentations d'impôt promises par le NPD. Aucun investisseur sensé ne mettrait un cent en Ontario sous ce régime, et le secteur manufacturier de l'Ontario, qui constituait la grande majorité des industries secondaires canadiennes, et dans sa plus grande partie relié à l'industrie automobile, allait très certainement se prévaloir de la plus grande flexibilité permise par le libre échange avec les États-Unis, et partir vers le Sud.

L'exactitude de cette prédiction a été confirmée quand le *Toronto Star*, le plus gros, le plus acheté et le plus écouté des journaux canadiens de gauche, partisan maquillé de n'importe quelle cause libérale bien saignante, annonça dans un éditorial stupéfiant (7 septembre 1991) qu'il ne pourrait garantir sa capacité à rester en lice si on passait les amendements proposés par le gouvernement provincial à la Loi sur les relations de travail.

D'après ces règlements, qui ont été adoptés l'année suivante, les contrats de travail doivent être exécutés dans la province (les contrats ne peuvent être attribués à un sous-traitant de l'extérieur à un prix inférieur); en cas de grève, il ne peut y avoir aucun remplacement par de l'embauche ou par le personnel cadre, et presque tout le personnel sauf le personnel de la plus haute direction est matériellement encouragé à se syndiquer. C'était, comme je l'ai écrit dans le *Financial Post*, la capture des hauteurs qui commandaient le secteur privé, et l'élimination de l'intérêt des actionnaires au profit de celui des employés. Les employeurs perdraient toute capacité à retirer les profits aux travailleurs pour les remettre aux investisseurs.

L'irritabilité et la naïveté des électeurs de l'Ontario qui offraient plus de la moitié du PNB canadien à un tel régime de voleurs et de vandales, juste après une éruption de l'ancestrale dispute avec le Québec, a réduit la vie publique canadienne au point le plus bas que j'aie connu dans l'intérêt personnel mesquin, le souverain mépris, les débats médiocres, et une pulsion de mort économique généralisée.

À une époque où presque tout le reste du monde célébrait la fin victorieuse de la guerre froide, ou remplaçait des régimes répressifs par des régimes libéraux, les deux plus importantes provinces du Canada, les deux tiers du pays, étaient gouvernées par les faire-valoir décérébrés d'un mouvement syndical antédiluvien et corrompu en Ontario, et des ethnonarcissistes poltrons au Québec. Même loin et en sécurité à Londres, il était pour moi douloureux de voir un si grand pays réduit à tant de bassesse par la lassitude, la soumission à la mode, et le philistinisme de ses propres électeurs.

À la réunion annuelle d'Hollinger, en juin 1991, Hal Jackman était assis dans la section des administrateurs, à la première rangée, et lisait avec ostentation un exemplaire de l'*Independent* de Londres pendant mes commentaires. Ma réponse à cette amusante diversion fut de souligner que ceux qui, comme Hal, avaient prématurément félicité le premier ministre ontarien de sa supposée modération, s'étaient avérés, dans la phrase fameuse de Lénine, «des imbéciles utiles».

Bob Rae n'ayant apparemment aucun sens de l'humour, a ignoré la possibilité que Jackman et moi pussions plaisanter à nos propres dépens. Il s'est lancé à la défense d'Hal, ce qui a donné naissance à un autre acide échange de vues entre nous dans les pages du *Financial Post*. Jackman, s'étant assuré d'une subvention pour sa compagnie de chemin de fer, Agoma, qui perdait de l'argent, et après avoir eu le plaisir de voir le gouvernement provincial abandonner son plan d'une nationalisation de l'assurance automobile, a enfin été récompensé pour sa déférence par l'accord du gouvernement provincial sur sa nomination comme lieutenant-gouverneur.

J'ai trouvé quelque peu décourageant le spectacle de Hal abandonnant les hautes fonctions qu'il occupait dans le secteur privé pour accepter un poste honorifique aussi antique, alors qu'il pouvait, comme je l'ai dit dans un *roast** organisé pour lui par Michael Cohen, en donnant un assentiment royal à la sodomisation du secteur privé par Bob Rae, émuler le jeune évêque Talleyrand votant l'abolition de la propriété de l'église.

Mais le plus décourageant, ce furent les critiques que j'ai reçues en privé de quelques-uns de mes amis torontois les plus riches à cause de mes joutes publiques avec Bob Rae. J'avais reçu de petits employeurs et d'employés de toute la province une masse de messages d'appui propre à provoquer une hernie, mais quelques-uns des employeurs les plus importants et les plus respectés de l'Ontario me pressaient en privé de ne pas irriter le premier ministre. La pusillanimité fin de race de ceux dont le

* Réunion humoristique où l'on met un invité en boîte.

commun des gens du secteur privé est absolument en droit d'attendre une direction claire a fait plus que tout pour me convaincre du fait que notre leadership corporatif avait échoué aussi complètement que les élites universitaires, journalistiques, administratives, politiques et religieuses.

Tous, à quelques exceptions près, avaient souscrit au mythe de la compassion canadienne, d'une confiscation de plus en plus radicale des revenus et de leur redistribution en échange pour des votes et au nom de la justice. Austère hypocrisie : n'entendre, ni ne voir ni ne dire du mal; c'était en majeure partie une illusion, et cette illusion était glorifiée. Comme Irving Layton (lui entre tous!) l'avait écrit du Canada vingt-cinq ans plus tôt : être médiocre, c'est être sensé, être un philistin, c'est faire preuve d'une sérénité olympienne, et la vindicte des faibles, c'est de l'indignation morale. Les études des Nations Unies sont sans aucun doute correctes lorsqu'elles placent le Canada et le Danemark en tête de leur liste des endroits où il fait bon vivre, mais ce n'est pas le cas pour les gens les plus ambitieux, les êtres d'exception qui donnent son caractère à une nation. C'était un endroit confortable, mais peu excitant. À cette époque, je ne me sentais vraiment aucun sentiment d'appartenance.

L'Angleterre où je retournais, quelques jours après l'intronisation de Bob Rae en septembre 1990, n'était pas dépourvue de ses propres aridités politiques. Les présidents du *Daily Telegraph* peuvent toujours jouer un rôle dans la politique des tories, s'ils le désirent. J'ai rarement cédé en toute conscience à qui que ce soit dans mon admiration de Margaret Thatcher, et j'ai été consterné de constater à quel point son caucus était devenu rétif et ombrageux sous sa direction pourtant solide, quoique excentrique et quelque peu arbitraire. J'ai fait ma ronde accoutumée auprès de quelques-uns des vétérans du parti, et j'ai trouvé là une réticence déconcertante à l'égard du premier ministre.

J'étais passionnément certain qu'elle avait sauvé son pays du vasselage où le tenaient les truands qui dirigeaient le Parti travailliste, et l'avait sorti de la lourde botte ferrée des 98 % d'imposition personnelle maximale; elle avait aussi joué un rôle mondial indispensable à la victoire dans la guerre froide. Ses services étaient sans prix, et elle les avait traduits en trois victoires électorales consécutives et trois mandats menés à leur terme, cas unique pour un chef de parti britannique depuis lord Liverpool, avant la première réforme qui a élargi l'électorat au-delà des «quelques-uns» de Disraeli en 1832.

Mon zèle à soutenir ce chef menacé n'a été qu'à peine dilué par l'inconscience béate de celle-ci lorsque je lui ai rendu visite, et celle de ses principaux partisans quant à la menace pesant sur la poursuite de son mandat.

Le Parti conservateur, au Parlement, était infesté de gens qui n'éprouvaient aucune loyauté personnelle envers Margaret Thatcher, n'avaient aucune réelle compréhension de son programme, et aucun autre souci que celui de rester à leur poste. Parmi la masse des députés, il y en avait environ une quarantaine qu'elle avait, dans les onze dernières années, éloignés de postes de cabinets ou de postes ministériaux pour les consigner aux postes de simples députés. Ils attendaient de toute évidence une occasion de la poignarder dans le dos, et le bruit du métal qu'on aiguise était parfaitement audible à Westminster. Elle n'avait accordé que quelques postes de favoritisme, comme celui de Leon Brittan à Bruxelles, et le titre de pair seulement à quelques loyaux sujets, laissant la plupart de ses opposants implacables au caucus, les militants, comme Edward Heath, attendre dans l'ombre avec le sombre espoir (ou l'ambition) des assassins.

Nigel Lawson avait admirablement bien réduit et réformé l'impôt, mais il a eu une réaction exagérée en octobre 1987 lorsque le marché s'est effondré, créant de graves pressions inflationnistes, auxquelles sa seule réponse a été d'augmenter les taux d'intérêt de 15 %. Étant donné que chaque point du taux d'intérêt représente un demi-point dans le taux d'inflation, cela m'a toujours semblé équivaloir à verser de l'essence sur le feu. Quatre-vingt pour cent des hypothèques britanniques ont des taux flottants, et les inconvénients causés par la politique de Nigel, tout comme celle de son successeur, John Major, quand Nigel démissionna à l'automne 1989, furent considérables. Nigel avait abandonné l'idée de travailler sur la masse monétaire, et a fait de sa politique financière une ombre de celle du Deutschmark – abdication de la souveraineté nationale et escapade hasardeuse, comme les effets secondaires de la réunification allemande allaient le prouver.

Le plus important croquemitaine qui tourmentait le gouvernement semblait être l'impôt local, la supposée capitation selon laquelle tous les adultes d'une municipalité, au-dessus d'un certain niveau minimal de revenu, payaient une taxe annuelle uniforme pour les services locaux, quels que soient leurs moyens et la valeur de leur propriété résidentielle. Le principe n'était pas sans mérite : chacun utilise les services municipaux, comme l'éclairage public, les bancs des parcs et la collecte des ordures, et chacun devrait y contribuer également, tout comme dans le cas des transports publics. La capitation remplaçait le système des taux où on appliquait cinquante-sept critères pour obtenir du gouvernement central des sommes globales qui allaient aux municipalités plus démunies ; en conséquence, les conseils municipaux de gauche attribuaient de façon routinière des subventions aux sandinistes, à l'*African National Congress*, à des Groupes de conscientisation gay, et, en exagérant à peine seulement, à la Société des lesbiennes turques pour la pratique du vol plané.

Mme Thatcher avait déjà répliqué aux outrages perpétrés par le Conseil du Grand Londres, dominé par l'extrême-gauche, en l'abolissant, en mettant à la porte ses employés, en vendant son quartier général – County Hall, le plus grand édifice d'Angleterre – à des promoteurs, et en plaçant de fait l'une des plus grandes cités du monde sous la gouvernement direct du ministère de l'Intérieur.

L'impôt local était conçu pour éliminer ceux qui profitaient indûment du système. Le nombre des électeurs dépassait de plus de 15 millions celui des contribuables, même si la plupart étaient des épouses ou l'équivalent, ou des enfants en âge de voter vivant avec leurs parents, tout comme des locataires dont les loyers incluaient prétendument une portion d'impôt. Le nouvel impôt devait aussi être une baguette à appliquer sur le dos des conseils municipaux locaux et dépensiers de gauche.

Tous ces buts étaient admirables en soi, mais la capitation était mal conçue et a été appliquée de façon incompétente. L'imposition de la nouvelle taxe a d'abord été confiée à Nicholas Ridley, un homme au caractère perversement abrasif et hostile. Je l'avais rencontré à plusieurs reprises et bien qu'il fût idéologiquement fiable, d'une loyauté fervente à l'égard de Thatcher, et un conservateur intelligent et dévoué, j'avais toujours trouvé sa brutalité réactionnaire plutôt déplaisante. En juillet 1990, Dominic Lawson (le fils de Nigel) a publié dans le *Spectator* (dont le *Daily Telegraph* avait été propriétaire pendant deux ans) une entrevue de Ridley qui incluait des remarques incendiaires sur les Allemands en général et le chancelier fédéral, Helmut Kohl, en particulier. En conséquence, il a été obligé de donner sa démission. Il était récemment passé du ministère de l'Environnement, responsable de la capitation, à celui du Commerce et de l'Industrie; il avait été remplacé à l'Environnement par Chris Patten, un tory rouge aimable et intelligent dont le héros politique était Stanley Baldwin et qui n'avait jamais cru en la capitation. Il a fait deux bons discours au Parlement pour démolir la position du Parti travailliste, mais il n'a jamais levé un doigt pour vendre l'impôt au public britannique.

La question la plus explosive de la politique anglaise a donc été retirée à un ministre muni des convictions appropriées, mais pas des talents nécessaires de persuasion, pour être confiée à un vendeur d'un talent considérable mais qui n'avait aucune foi dans une politique dont, il le savait quand il avait obtenu la promotion, l'application serait sa tâche principale. L'amour particulier des Britanniques pour les opprimés, si aisément accordé à tant de groupes qui en sont économiquement indignes, comme les grévistes ou les drogués volontaires de l'aide sociale, s'est déchaîné contre l'impôt et son auteur initial, le premier ministre. La Grand-Bretagne est un pays assez irréligieux, mais on peut aiguillonner sa conscience non conformiste, comme l'a fait Gladstone en 1879 dans la campagne de Midlothian contre les Turcs, et le pays a été balayé par la croyance impossible à détruire que la capitation était injuste, régressive, et qu'elle suçait l'argent de ceux qui pouvaient le moins se le permettre.

La plupart des municipalités, et pas seulement celles que gouvernaient les travaillistes, ont majoré leurs taxes de façon scandaleuse et en ont blamé le nouvel impôt. Au lieu d'obliger les municipalités dépensières à la discipline fiscale, celui-ci est devenu une massue avec laquelle les autorités municipales les plus douteuses ont massacré, mis en déroute et humilié le gouvernement d'un des premiers ministres les plus puissants et les plus talentueux de l'histoire anglaise. Ce fut un fiasco monumental, et, en termes juridictionnels, l'un des plus grands bouleversements en Angleterre depuis que Jacques II avait été renvoyé en 1688 pour avoir prêché la tolérance religieuse. Et même les faiseurs de mythes utiles chez les Whigs, comme Macaulay ou les Trevelyans, ne pourraient considérer la débâcle de la capitation comme une «glorieuse révolution».

Les émeutes de la capitation à Londres, au printemps 1990, au cours desquelles les foules déchaînées de l'écume londonienne ont vandalisé Trafalgar Square et ses environs, ont fourni un exemple vivant de l'érosion du soutien populaire au gouvernement. Les sondages subséquents n'ont indiqué aucun soutien aux émeutiers, mais ils n'ont pas non plus montré un enthousiasme de réaction pour le gouvernement.

La seule bonne chose révélée par les émeutes, c'est que les Anglais n'avaient pas envie de voir leurs taxes augmenter, malgré toutes leurs hypocrites déclarations pieuses aux sondeurs quant à leur bonne volonté à payer des taxes plus élevées si les gens désavantagés en profitaient.

J'ai été convoqué auprès de Mme Thatcher et du président alors en fonction du parti, Kenneth Baker, juste avant de partir pour l'Afrique du Sud, Palm Beach et le Japon en mars 1990. Mme Thatcher paraissait fatiguée et quelque peu secouée par les désordres récents, et elle ne semblait pas du tout comprendre la nature et l'étendue de l'opposition publique à la capitation. Elle était, comme toujours, résolue à se battre. Lors de l'année écoulée, j'avais critiqué ses tactiques, mais c'était la première fois dans mes quelque cinquante rencontres avec elle que je la voyais décrochée du réel, hagarde, et abasourdie.

Kenneth Baker était bien plus réaliste et il avait mis au point une campagne électorale municipale sur le slogan «Les conseils municipaux travaillistes vous coûtent plus cher», laquelle s'est en effet avérée obtenir un modeste succès en permettant au gouvernement, comme Max Hastings l'a exprimé en une image dunkerquoise, «de sortir 300 000 hommes des plages». Mme Thatcher, malgré toutes ses qualités de leader, n'était pas toujours un juge pénétrant ni minutieux de ses associés politiques. À l'été 1989, elle avait finalement renvoyé de son poste de ministre aux Affaires étrangères l'aimable sir Geoffrey Howe qui avait rendu des services par le passé comme chancelier de l'Échiquier, pour avoir conduit l'Angleterre trop loin sur le chemin utopique et vague de l'Europe intégrée. Ce n'était pas une inquiétude sans fondement, mais il y avait du bouc émissaire dans la situation : Mme Thatcher était le premier ministre, le chef. L'irritation de Geoffrey Howe d'être mis à l'écart dans un non-poste de premier ministre adjoint et de chef de la Chambre des députés était compréhensible – et même là, Thatcher ne l'a pas traité très aimablement.

À partir de l'été 1989, Geoffrey Howe est devenu une bombe à retardement attendant le signal d'exploser. Cela avait déjà été le cas, et pendant plusieurs années, de Michael Heseltine, l'ancien ministre de la Défense, homme flamboyant, légèrement gauchisant, qui avait quitté le gouvernement lors de l'affaire des hélicoptères Westland, en 1986, mais qui avait conservé un groupe important de partisans indépendants dans le caucus tory. Nigel Lawson, irrité par les suggestions répétées de Mme Thatcher quant au fait qu'il s'était empêtré dans l'inflation et la récession (ce qu'il avait fait), avait brusquement démissionné comme chancelier à l'automne 1989. En ne le saquant pas, et en ne le défendant pas non plus, Thatcher semblait à la fois ne pas soutenir un collègue estimé et être pourtant totalement engagée dans des politiques impopulaires.

Ma crainte à l'automne 1989 avait été qu'Heseltine, Howe et Lawson s'allient pour attaquer Thatcher lors de l'élection annuelle du chef par le caucus – une procédure aberrante mise en place après qu'Harold MacMillan eut ignoré et le caucus et les associations locales pour désigner sir Alec Douglas Home comme son successeur à la place de Rab Butler et Quintin Hailsham, en 1963.

C'était absurde pour un premier ministre en fonction d'avoir à se soumettre à une procédure aussi humiliante et dégradante qu'un combat annuel pour la direction devant le caucus, et quand Anthony Mayer, homme sans distinction particulière, s'est présenté contre Mme Thatcher en 1989, je me suis apprêté à susciter un éditorial suggérant un bulletin de vote signé : on supposerait que les membres du caucus n'ayant pas signé le leur étaient des partisans de Mayer, avec la perspective implicite de n'être pas réélus en retour. Mme Thatcher m'a alors téléphoné pour me dire que le bulletin de vote devait être libre, équitable et anonyme. Je lui ai rappelé qu'il s'agissait là d'un «combat mortel, nous ne devons prendre aucun prisonnier. Dans les termes de votre très illustre prédécesseur, [Churchill], "nous devons étrangler cette insurrection au berceau".» Elle m'a félicité de ma disposition d'esprit, mais a refusé d'adopter mes méthodes.

En 1989 et 1990, j'ai discuté à plusieurs occasions avec Tim Renton, le whip en chef, un machiavellien incompétent qui, ce fut bientôt évident, n'éprouvait aucune loyauté envers Mme Thatcher. Elle-même, étant une personne honorable, bien consciente de sa capacité à dominer et à écraser ses opposants aussi bien à l'intérieur qu'à l'extérieur de son parti, méprisant la tromperie, et consciente aussi de son impressionnant succès à mener son parti au pouvoir et à l'y maintenir pendant plus de dix ans, elle ne pouvait pas concevoir que ceux qui lui devaient le pouvoir pussent la trahir.

Avec sa personnalité toute élizabéthaine, elle s'était intéressée à des hommes jeunes – d'une façon non physique – et les avait promus les uns après les autres. Le dernier en date était John Major, qui avait succédé à Nigel Lawson comme chancelier de l'Échiquier. Les partisans les plus loyaux de Thatcher avaient tendance à être les figures les plus discutables ou les moins impressionnantes, comme Nicholas Ridley, et dans la mesure où le caucus comprenait un si grand nombre d'ex-fonctionnaires de l'État mécontents, il y avait là une bonne quantité de petit bois attendant l'étincelle. L'occasion s'est présentée lorsque Geoffrey Howe s'est enfin fatigué des intimidations de Margaret Thatcher et a donné sa démission, lui assénant un coup mortel dans son discours d'adieu à la Chambre, quelques jours plus tard : il y prétendait avoir attendu trop longtemps avant d'objecter à la politique européenne erronée du premier ministre, et en général à son comportement autoritaire.

En dehors des questions de personnalité (Mme Thatcher parlait toujours de Geoffrey Howe en termes de pudding et autres substances malléables), leur plus grand sujet de discorde était l'Europe. Cette question menaçait de susciter le plus grand schisme dans le Parti conservateur britannique depuis le tournant du siècle et la campagne de Joseph Chamberlain pour la préférence aux produits de l'Empire, sinon depuis le conflit destructeur entre Peel et Disraeli à propos des «corn laws» dans les années 1840. Les Britanniques semblaient penser en général que l'Europe était une bonne chose et que le Royaume-Uni devait donc en faire partie, mais ils avaient des réserves considérables quant aux idées utopiques des euro-intégrationnistes. Bruxelles était vue comme à tendance socialiste, encline à se mêler de tout, droguée aux taux élevés d'imposition et à la sur-régulation, non démocratique, et dirigiste. Et la plupart des tories avaient aussi des réserves en ce qui concernait le transfert des pouvoirs de Westminster à des institutions qui n'avaient pas fait leurs preuves, et qui seraient dominées par des pays où ne s'étaient jamais développées des institutions démocratiques fonctionnelles, comme l'Italie, ou seulement de façon récente, comme l'Allemagne en 1949, la France en 1958, ou l'Espagne en 1974.

La réponse anglaise traditionnelle était de faire des bruits conciliants, mais d'avancer de façon plutôt prudente, en espérant que les Européens deviendraient plus crédibles ou moins unitariens. Quelques-uns, comme Heath, Heseltine et Howe, et presque tout le ministère des Affaires Étrangères, voulaient plonger tête première dans l'Europe, en partie parce qu'ils souscrivaient à la vision grandiose incluant la résurrection de l'«Europe» comme centre du monde politique, en partie simplement pour échapper à une présence américaine perçue comme une intolérable domination. Mme Thatcher voulait un marché commun et une coordination des politiques monétaires, mais aucune autre concession de souveraineté, pas de monnaie commune ou de banque centrale, et certainement ni défense ni politique étrangère communes.

J'ai pris la parole au colloque annuel du Parti conservateur à Bournemouth en octobre 1990, au Centre des études politiques, sous la présidence du distingué historien Hugh Thomas (lord Thomas), dont j'avais traîné l'étude magistrale de la Guerre civile espagnole avec moi en Espagne, alors que j'étais étudiant, en 1963. Mon thème principal était que les institutions européennes n'étaient pas adéquates pour faire ce qu'elles essayaient déjà de faire, qu'il n'y avait aucune évidence à l'appui de la thèse voulant que d'autres concessions de souveraineté assureraient à la Grande-Bretagne un meilleur gouvernement, que la Communauté européenne devrait être élargie pour accueillir aussi vite que possible l'Europe de l'Est en train d'émerger, que la Grande-Bretagne ne devait jamais être contrainte à choisir entre l'Europe et les États-Unis, et que les vues de l'Opposition sur l'Europe étaient idiotes et essentiellement fondées sur l'assertion du président de la Commission européenne, Jacques Delors, en 1987, au Congrès des syndicats, et selon laquelle tous les pouvoirs enlevés aux mineurs et aux autres syndicats par Thatcher leur seraient rendus en quelques années par Bruxelles.

Mes commentaires ont été bien reçus par Mme Thatcher et ses partisans, et Hugh Thomas lui-même, pourtant plutôt intégrationniste, lorsque je lui ai demandé à la fin de mon discours si nous nous parlions toujours, a répliqué : «Bien entendu, je ne suis pas d'accord avec vous, mais je vous aime bien!». J'avais été aidé dans la préparation de mon discours par un de nos rédacteurs les plus talentueux et traditionalistes, Simon Heffer, lequel n'était pas trop dérangé par les efforts de Max Hastings pour l'envoyer couvrir la guerre d'Afghanistan, où ses cheveux roux et ses complets de tweed l'auraient rendu assez visible. Je l'ai dissuadé de se rendre au bureau central du Parti conservateur avec un appel aux armes électorales si émouvant qu'il s'est dressé d'un bond en déclarant solennellement : «C'est magnifique. J'inviterai Enoch à dîner.» C'était manifester là le plus haut degré d'enthousiasme. Enoch Powell, le maverick légendaire de la droite conservatrice, est effectivement venu dîner, mais bien que nos relations soient cordiales, elles sont handicapées par son anti-américanisme pathologique et son soutien de longue date à l'idée d'une alliance anglo-russe comme remplacement de l'OTAN.

Le Parti conservateur et le pays tout entier commençaient à se fatiguer des tirades de Mme Thatcher aux réunions de la Communauté européenne, et de la sempiternelle défaite britannique aux voix, par onze contre une, dans chacune de ces réunions. Après la démission de Geoffrey Howe, l'inquiétude des députés conservateurs à propos de l'Europe a fini par égaler leur hostilité à la capitation, leur crainte des taux d'intérêt élevés et de la récession – et l'inquiétude plus générale selon laquelle le premier ministre avait perdu contact avec la réalité.

Michael Heseltine a exprimé son soutien pour Howe et le belliqueux attaché de presse de Mme Thatcher, Bernard Ingham, lui a dit de «se battre ou de se taire» dans les prochaines élections au caucus. Heseltine a annoncé qu'il se présenterait contre le premier ministre, laquelle a indiqué une fois de plus à quel point elle sous-estimait la force de son opposition au caucus en confiant sa campagne de réélection à deux députés très bien sous tout rapport mais très effacés, Peter Morrison et George Younger.

Pendant tout l'automne, je recevais de nos correspondants à Westminster des bulletins réguliers sur l'état de l'opinion dans le caucus ; les rangs de nos correspondants avaient été augmentés à mesure que la crise s'aggravait, et ils n'ont eu aucune difficulté à solliciter de façon presque quotidienne l'opinion d'une large section du caucus. D'après toutes mes informations, le premier ministre était en difficulté, mais quand j'ai téléphoné à ses aides pour demander ce qui était fait «pour écraser cet état d'insurrection», on m'a signalé d'une façon toute avunculaire l'inadéquation de cette réaction excessive. Notre soutien éditorial à Mme Thatcher était sans ambiguïté.

Max Hastings m'a averti des résultats du premier tour de scrutin – il manquait quatre votes à Thatcher sur les deux tiers requis – et j'ai répondu aussitôt qu'elle était finie. Elle avait certainement la volonté de combattre avant les résultats, mais je doutais que même elle pût aisément absorber le choc de se retrouver avec une marge d'avance si étroite sur un homme qu'elle considérait avec mépris comme un traître et un charlatan. Notre politique éditoriale, cependant, n'a pas vacillé dans notre soutien au premier ministre.

Je me suis rendu à une réunion de défense de Thatcher improvisée en catastrophe, dans un salon privé du Mark's Club, avec le trésorier du parti, lord Alastair McAlpine, les tacticiens de Thatcher, sir Gordon Reece et Tim Bell, et le rédacteur du *Daily Mail*, sir David English. John Major, qui se remettait de l'extraction d'une dent de sagesse, était présent par téléphone.

J'ai conseillé d'indiquer bien clairement qu'on était prêt à reprendre Heseltine au gouvernement, d'envisager de se retirer avec élégance si la cote du gouvernement dans le pays ne s'améliorait pas de façon appréciable dans les six prochains mois, et de laisser savoir, grâce à des «sources» – et j'étais volontaire pour faire imprimer cela dans le *Daily Telegraph* – que si en dépit de ces démarches, le caucus ne la soutenait toujours pas, Mme Thatcher conseillerait à la reine de dissoudre le Parlement. J'ai remarqué que «la perspective de devoir aller travailler pour vivre pourrait inspirer à nos députés une reconnaissance tardive des vertus de la loyauté envers leur chef.» On a considéré mes opinions comme plutôt de la ligne dure, mais Alistair McAlpine a entrepris de les présenter au premier ministre avec les commentaires des autres à 7 h 30 ce même soir.

J'ai travaillé avec Max Hastings à l'éditorial du jour suivant, lequel concluait que Mme Thatcher avait été l'un des plus grands premiers ministres de l'histoire anglaise, «et elle peut compter sur le soutien de ce journal aussi longtemps qu'elle cherchera à conserver ce poste.»

Alors qu'on lisait la majeure partie de cette édition du *Daily Telegraph*, Thatcher avait déjà fait annoncer son intention de se retirer, comme Max m'en informa quelques minutes après huit heures du matin. Il y avait eu, m'a-t-elle dit plus tard, «de la malfaisance dans l'air» la nuit précédente, alors que son secrétaire de cabinet et ses ministres se succédaient à Downing Street en faisant des déclarations de soutien tout à fait insuffisantes. Heseltine, m'a-t-elle confié, était réputé pour «aspirer les votes».

Ainsi la grande Thatcher était tombée, comme sous le coup d'assassins.

En partie à cause des inattentions de Mme Thatcher, mais surtout parce que tant de membres de son caucus étaient des êtres pleins de rancune, de lâcheté et d'un intérêt personnel mesquin, ce fut une fin lamentable pour un grand premier ministre. Ce qui lui a donné un peu de dignité en l'étirant un peu dans le temps, ce fut seulement la possibilité de sauver le gouvernement des anti-Thatcher, et la brillante réponse du premier ministre à la motion de non-confiance déposée par l'Opposition dans l'après-midi suivant l'annonce de sa démission. Les applaudissements les plus nourris sont allés au député d'arrière-banc tory qui s'est servi d'une pause dans le discours magistral par lequel Mme Thatcher répliquait à ses opposants officiels, pour désigner les candidats déclarés à sa succession, Heseltine, Major et le ministre des Affaires étrangères Douglas Hurd, tout comme l'Opposition officielle, en disant : «Vous pourriez essuyer le plancher avec ces gens-là.»

Au *Telegraph*, comme ailleurs dans les cercles conservateurs, après peut-être une heure consacrée à saluer le chef sur le départ, les habituelles manœuvres fébriles ont pris le relais. Pour ceux qui n'étaient pas en faveur d'Heseltine, le plus urgent était de faire sauter une des roues de son chariot, puisque avec le retrait de Thatcher il était brièvement le seul candidat, et avait déjà un élan considérable. Mes propres rencontres avec Heseltine avaient été cordiales. Il avait été un éditeur commercial couronné de succès, un ministre de la Défense compétent, et il possédait un bon nombre de qualités engageantes, incluant des talents certains d'ornithologue. Je ne pouvais le soutenir, cependant, pour des raisons à la fois tactiques et politiques.

Sa victoire serait universellement interprétée en Angleterre et à l'extérieur comme une répudiation de Thatcher, situation que nous ne pouvions vraiment pas tolérer. Que soit remplacée par un homme aussi décidé à démolir son travail qu'à le poursuivre celle qui avait vaincu les marxistes brutalisant les organisations ouvrières anglaises, celle qui avait restauré un système économique basé sur la compétition et le stimulus matériel, tout comme l'importance politique de la Grande-Bretagne dans le monde, c'était une idée affreuse et déprimante. En termes stricts de politique, Heseltine m'avait toujours semblé un europhile trop compulsif, vacillant dans son engagement à maintenir des taux d'imposition peu élevés ainsi que l'expansion du secteur privé, tout en étant d'un anti-américanisme abrasif.

J'ai donc appelé mon collègue au *Telegraph* et chez Hollinger, lord Carrington, qui est en fait un aristocrate whig cynique et rusé, et je lui ai annoncé en plaisantant que puisqu'il s'était publiquement déclaré pour Heseltine, je le mettais à la porte comme administrateur. Il me dit qu'il ne voulait pas passer «son vieil âge sous un régime travailliste» et qu'il demanderait à Heseltine de me téléphoner. Quand celui-ci l'a fait, tôt dans la matinée du second vote, pour voir si rien ne pouvait être fait pour rendre plus positif le traitement de sa candidature dans le *Telegraph*, je lui ai expliqué que nous ne pouvions pas soutenir ce qui serait perçu comme une dé-Thatchérisation, et j'ai fait mention des divergences politiques qui m'inquiétaient plus spécifiquement. Il a nié son anti-américanisme, mais quand je lui ai demandé pourquoi, lorsque mon ami Richard Perle lui avait confié des photographies par satellite comme preuves d'une violation soviétique du traité sur la limitation des missiles anti-balistiques avec les installations radar de Krasnoyarsk, il les avait écartées, il sembla être en proie à une attaque de coups de glotte avant de bégayer quelque chose à propos de son «soutien à ses subordonnés». Je lui ai dit que si Major gagnait, j'espérais que lui, Heseltine, entrerait dans le gouvernement. Il l'a fait et s'est rendu utile en démantelant la capitation sans retourner complètement aux inanités de l'ancien système; il a aussi fait une brillante performance dans la campagne électorale de 1992. (Je devrais également ajouter qu'il a été d'un très grand secours à ceux d'entre nous qui demandaient l'érection d'un monument au rôle du Canada dans les deux guerres mondiales, à Green Park, en face de Buckingham Palace. Sans son aide et celle de John Major, le projet aurait été définitivement enterré dans les organismes d'État municipaux et culturels.)

La stratégie que j'ai mise au point avec Max Hastings était de soutenir à la fois John Major et Douglas Hurd de façon à retirer le plus de votes possibles à Heseltine, et de soutenir le plus fort des deux, vraisemblablement Major, dans le vote final. Le *Daily Telegraph* a appuyé Hurd, avec des mots aimables pour Major, ce qui a sans aucun doute aidé Hurd à obtenir le soutien qu'il a eu. Le *Sunday Telegraph* a soutenu Major avec des mots aimables pour Hurd. Entre le retrait de Thatcher suivi de la déclaration officielle de candidature de Hurd et de Major et le second tour de scrutin, les membres du caucus conservateur sont retournés dans leurs circonscriptions pour écouter ce qu'avaient à leur dire les cadres de leurs associations politiques locales.

Nous avons profité au mieux de cette occasion, car tout indique que près de 90 % des cadres des associations municipales conservatrices sont des lecteurs du *Daily Telegraph*, et leur écrasante majorité était loyale à Mme Thatcher.

Nos éditoriaux ont déclaré que le caucus, à la manière des plus minables assassins de César, pourrait bien se demander à présent «Qu'avons-nous fait?», et ils ont employé la phrase «assassinat politique» dans un contexte tendancieux mais qui n'était pas, je pense, totalement faux. Ces initiatives, avec plusieurs mouvements anti-Heseltine, incluant un lobbying soutenu de la part de Margaret Thatcher, ont fait leur effet, et au scrutin suivant, John Major est arrivé à un vote de la victoire totale, ses opposants se sont retirés, et la succession de Thatcher a au moins échu à son candidat préféré, la personne la plus susceptible de continuer et de défendre ses accomplissements.

Sous l'amabilité presque impénétrable de John Major, j'avais déjà eu l'occasion de découvrir un opérateur résistant et rusé. Fils d'un acrobate de cirque, il n'avait pas terminé ses études secondaires, avait passé plus d'un an comme assisté social à Brixton, et à quarante-sept ans s'était frayé un chemin d'employé de banque à premier ministre; John Major était le type même des gens qui font fortune en partant de rien. Il avait réussi à s'attirer et à conserver l'approbation de Mme Thatcher, mais sans les pratiques flagorneuses de quelques-uns des plus jeunes favoris précédents de celle-ci, tout en étant le candidat favori de ceux qui étaient généralement d'accord avec tout ce qu'elle avait fait, mais aspiraient à une approche plus douce. Il semblait devoir être un porteur d'étendard inspiré pour le parti qui prônait l'aide au mérite et à l'autonomie pour les désavantagés au lieu de la formule traditionnelle du Parti travailliste : confiscation et redistribution vertueuses des revenus.

Dans l'abstrait, le changement de chef constituait un mélange d'opportunisme politique et de continuité qui serait efficace si Major possédait réellement une aptitude à gouverner. Il pourrait mieux satisfaire au désir de changement que Neil Kinnock, qui avait déjà fait partie des chefs de l'Opposition les plus longtemps en service et les moins impressionnants du XXe siècle. Cette capacité de poser un masque plausible sur une déroute (telle la description par Mountbatten de la retraite chaotique de l'Inde comme conclusion bien planifiée d'un objectif longtemps caressé, l'indépendance du sous-continent) ne pouvait cependant déguiser entièrement les proportions de ladite déroute et de la traîtrise qui l'avait causée. Après onze ans de productivité et de compétitivité, la moitié du caucus de Mme Thatcher ne comprenait pas ou ne soutenait pas ce qu'elle avait accompli.

L'un des gouvernements les plus puissants et les plus déterminés de l'histoire britannique avait été ridiculement mis en déroute par un mélange hétéroclite de politiciens locaux, depuis la guérilla urbaine de gauche jusqu'aux pires détritus des tories du comté de Pecksniffian. Selon les critères britanniques, c'était en effet une révolution. Les éléments les plus présentables avaient réussi à prendre la tête de la masse juste avant que la situation ne dégénère de toute évidence en totale gabegie parlementaire.

Mais pour qui avait observé de près ou de loin, souvent en les connaissant personnellement, pendant ou après, le départ de John

Diefenbaker (le seul départ de cette sorte que j'aie approuvé), Jean Lesage, Lyndon Johnson, Charles de Gaulle, Richard Nixon, c'était un spectacle lugubre et propre à désabuser.

Là où Margaret Thatcher avait laissé les services publiques se détériorer tout en les privatisant et en diminuant les impôts, suscitant ainsi une amélioration générale desdits services et du moral des imposés, John Major devrait maintenant convaincre ses électeurs qu'il verrait à de meilleurs services et des privatisations moins systématiques, tout en continuant à être le défenseur des impôts moins élevés et de la responsabilité fiscale. Il y aurait sans doute une lutte soutenue, mais pleine d'espoir et non sans attrait esthétique afin de préserver l'héritage bienfaisant d'un régime splendide et d'un chef admirable. De toute évidence, comme de Gaulle et Reagan, et Roosevelt en son temps, Thatcher avait fait glisser tout le corps politique de son côté, et un retour au désordre, au découragement et à la débauche qui avaient précédé l'ancien chef et l'avaient portée au pouvoir était tout simplement impensable. Et pourtant, maintenant qu'on se précipitait pour préserver un dossier de courage et d'accomplissements d'une si manifeste excellence, le processus semblait d'une déconcertante familiarité.

J'ai envoyé à Thatcher les commentaires de de Gaulle sur le rejet de Churchill en 1945, comme quoi la personnalité de Churchill (soit de Thatcher), confondue avec une entreprise grandiose, son expression, gravée par le feu et la glace de grands événements, ne convenaient plus dans une ère de médiocrité. Elle a apprécié la comparaison.

Pendant un temps, je l'ai vue plus souvent maintenant qu'elle n'était plus en poste qu'avant. Elle n'avait pas grand-chose pour s'occuper, qu'il s'agisse de ses propres intérêts ou de ses amis, à part Denis, n'ayant jamais été particulièrement grégaire ou sociable. L'ennui, le choc, la perte de ses points de repère et la rancœur à l'idée de la trahison et de ce qui aurait pu être, tout cela lui pesait infiniment.

Environ deux semaines après son retrait, je l'ai reçue à dîner avec Henry Kissinger pour discuter de la meilleure façon de gérer ses mémoires, ses apparitions télévisées, la fondation qu'elle projetait de créer, et les problèmes d'ajustement. Les conseils d'Henry venaient d'une grande expertise tout autant que de son admiration pour elle, et elle a fini par en suivre la plupart.

Dans les mois suivants, graduellement, Margaret Thatcher s'est remise. Dans les plus noirs moments de privation et d'amertume, son courage naturel et sa dignité majestueuse, inattaquable, ont banni les comportements inappropriés. Si décevantes que fussent l'ingratitude et la vénalité de ceux qui lui devaient tout, si stupéfiante qu'eût été l'atrophie de son propre sens d'auto-conservation, la paralysie a cédé peu à peu à une activité renouvelée, encouragée par la vaste armée des partisans qui n'avaient pas changé d'allégeance, et dont je faisais partie. Nous lui rappelions, quoique rarement de façon explicite, la vérité de de Gaulle réalisant sereinement que «puisque toute chose recommence éternellement, tout ce que nous faisons de bien sera repris avec une ardeur nouvelle quand nous ne serons plus là.»

En 1990 et 1991, les conditions économiques ont empiré, imposant des contraintes croissantes aux entreprises surendettées. Bien des fortunes qui s'étaient édifiées de façon spectaculaire dans les décades précédentes se sont écroulées de façon tout aussi flamboyante. Bob Campeau, Sam Belzberg, les héritiers de Steve Roman, Reuben Cohen et Leonard Ellen, Bernard Lamarre et, de la façon la plus ahurissante, Bob Maxwell, puis enfin Paul et Albert Reichmann, tous ont vu leurs richesses s'évaporer, ou être sévèrement réduite. N'étant pas envieux des gens riches, j'ai sincèrement regretté ces revers. Tandis que les problèmes de Bob Campeau s'intensifiaient, lui et Paul Reichmann, qui était alors son garant principal, m'ont demandé de devenir administrateur indépendant de la corporation Campeau. J'ai conservé ce poste pendant six mois, mais quand Bob a rejeté le compromis que j'avais arraché avec difficulté à ses autres administrateurs – il resterait comme président mais se retirerait comme chef à la direction – et quand il est devenu essentiellement occupé à essayer de lancer des poursuites mensongères contre les Reichmann, je me suis retiré.

J'avais voulu encourager Bob dans son mouvement vers les États-Unis parce que j'étais en accord avec ses prémisses : les États-Unis étaient un pays où il était plus intéressant d'investir, et le Canada devait devenir conscient du fait qu'il l'était vraiment de moins en moins.

Quand nous avions pris le contrôle du *Daily Telegraph*, au début de 1986, si on m'avait demandé quels hommes d'affaires me semblaient les plus inattaquables dans leur habileté démontrée à prévoir et à surmonter les vicissitudes économiques, j'aurais cité Rupert Murdoch et Paul Reichmann. En 1991, Rupert a souffert d'une crise sévère, quoique non mortelle, de liquidités, et Paul s'est retrouvé en proie aux indiscrétions pestilentielles de banquiers nerveux.

(Les Reichmann ont demandé une protection judiciaire contre leurs créanciers en mai 1992. À la fin de 1992, Paul n'espérait pas sauver autre chose que des bribes de la valeur nette d'Olympia & York.)

J'ai fait une allocution à la Media Society, au Café Royal de Londres en février 1991. Parmi d'autres sujets, j'y attaquais les critiques de Murdoch comme généralement motivés par «la rancune et la jalousie». Il a été si reconnaissant d'entendre dire quelque chose de positif à son sujet (et je m'étais assuré que ce passage serait cité dans le résumé fait par le *Daily Telegraph*), que lui, son exquise épouse, Anna, Andrew Knight et le rédacteur en chef du *Times*, Simon Jenkins, m'ont écrit pour me dire leur appréciation. Rupert a finalement dû accepter de douloureux rééchelonnements de ses dettes ainsi que des ventes de ses actifs. Si son offre d'achat pour MGM n'avait pas été battue à la dernière minute par celui d'un parvenu australien, il aurait complètement fait faillite (ce qui est arrivé au gagnant de l'offre pour MGM). Le sort des Reichmann a été plus triste et plus choquant. Mais tous ont subi leurs épreuves avec dignité. Je me suis engagé officiellement dans un lobbying mesuré au nom de Paul auprès des gouvernements canadien et anglais et de la BCIC, dans le cadre contraignant d'une arithmétique indiscutable. C'était ce que je pouvais faire de mieux, et le moins que je pouvais faire, pour un ami et un homme d'affaires aussi distingué, aussi exemplaire, et aussi cultivé.

Dans nos rapports annuels et nos réunions annuelles chez Hollinger, depuis 1989, j'avais assuré à nos actionnaires que si la récession longtemps crainte devait arriver, nos liquidités s'avéreraient résistantes à toute poussée à la baisse, et que nous serions bien placés pour prendre avantage de ce qui serait alors un marché d'acheteurs, en ce qui concernait les actifs. Ce qui a été le cas. Tandis que la récession s'aggravait, nos fonds autogénérés n'ont virtuellement pas été affectés, grâce à la gestion rigoureuse du *Daily Telegraph* et sa dominance invincible sur le marché, à la résistance tenace et à la discipline financière des unités de l'American Publishing, et parce que l'amélioration graduelle de nos actifs québécois permettait de surmonter les ravages de la récession ; ils avaient les jarrets coupés quand nous les avions trouvés, nous les avions guéris de cette condition, ainsi que de leur excès de personnel : rationaliser les opérations en temps de prospérité, quand on peut se permettre des règlement généreux et que les employés congédiés peuvent assez facilement retrouver du travail, cela sauve des emplois quand l'économie ralentit.

Dans la déprime économique générale, nous pouvions envisager un grand nombre d'acquisitions potentielles dans les opérations qui nous concernaient de près. Le plus intéressant a été le tout premier des grands de l'industrie de la presse à succomber aux problèmes créés par la récession. La société John Fairfax, en Australie, gérait les principaux journaux du pays et jouissait d'un monopole virtuel des dépliants à Sydney, Melbourne et dans plusieurs petits villes; elle était également propriétaire du seul quotidien financier national, et de toute une variété d'autres actifs. Dans une dispute interne à la famille, un jeune rejeton,

Warwick Fairfax, se fit avancer 2,4 milliards de dollars par des banques et des preneurs fermes d'obligations à risque afin de se lancer dans une campagne de rachat des actionnaires minoritaires. On raconte qu'il avait été influencé par sa mère, une excentrique quelque peu hallucinée, lady Mary Fairfax (elle envoyait des cartes de Noël de 12 pages, bourrées de citations variées, et elle avait acheté les trois derniers étages de l'Hôtel Pierre, à New York)*. Le ratio d'endettement, environ 2,4 milliards australiens contre un, était probablement le plus haut jamais enregistré, et c'était juste avant la dégringolade du marché de la bourse en octobre 1987.

Les anciens cadres de Fairfax s'étaient trouvé parmi la longue liste des choix possibles pour le *Telegraph* dans les options envisagées et poursuivies par Nicholas Berry en 1985, mais ils s'étaient retirés de la course, raisonnablement, quand ils avaient découvert les termes de notre accord avec lord Hartwell. Deux cadres supérieurs ont fait une visite de courtoisie à Andrew Knight et moi-même à l'été 1987. Warwick est venu me voir à Palm Beach, avec son nouveau chef à la direction au tout début de 1987, à la recherche d'un acheteur possible pour le *Melbourne Age*, afin de soulager son déséquilibre financier aigu. Ils ont d'abord rencontré Andrew Knight à Londres, qui m'a prévenu de m'attendre à rencontrer «un homme d'âge moyen tenant un homme plus jeune en laisse, ce dernier présentant la longue face plutôt dénuée d'expression des derniers Habsburg». Warwick s'est avéré un homme courtois et dont la bêtise n'était pas évidente, tout comme ses tendances bien connues de reclus et de chrétien évangélique.

Nous avons finalement proposé une offre d'achat conditionnelle pour le *Age*, mais c'étaient 300 millions de dollars de moins que l'offre faite par Bob Maxwell avant qu'il ne soit déclaré inéligible par le ministre des finances australien de l'époque, Paul Keating, lequel estimait que Maxwell n'était pas le genre de propriétaire étranger de médias le plus désirable. Andrew, Dan Colson et moi avions tous l'impression d'être utilisés pour faire monter les enchères, ce qui s'est avéré finalement le cas, mais nous avons joué le jeu afin de récupérer le *Spectator* de Londres, hebdomadaire vivant et lettré qui perdait de l'argent : nous pensions pouvoir le gérer de façon plus efficace et utiliser sa réserve d'excellents journalistes, qui pourraient être recyclés dans les deux *Telegraphs*.

---

* Elle déclarait qu'elle pourrait les louer à des hommes d'État en visite, mais comme je lui ai fait remarquer un jour au Claridge, ces gens semblent tout à fait contents de rester dans leurs légations aux Nations Unies, ou au Waldorf Astoria, et les recruter comme locataires pourrait se révéler tout un défi de gestion.

Le *Spectator* était offert à un prix presque symbolique, comme appât pour le *Age* : nous avons pris l'appât, mais pas l'hameçon (le *Age* fut retiré des transactions après le fiasco avec Maxwell). On a perçu une certaine ironie dans l'achat du *Spectator* dans la mesure où ce journal avait été le terrain des attaques de John Ralston Saul contre moi en 1985.

Comme on l'avait généralement prévu, Warwick, qui avait déménagé à Chicago pour étudier l'industrie de la presse en commençant par le bas de l'échelle, a été à court d'argent à la fin de 1990, et la société Fairfax s'est retrouvée en tutelle. Les résultats d'opération se sont améliorés de façon significative, mais les taux d'intérêt en hausse foudroyante, les revenus en déclin à cause de la récession et une incapacité à faire tourner ses actifs assez rapidement et de façon avantageuse ont abattu l'entreprise et mis à la folle escapade de Warwick un triste point final, qu'on avait largement anticipé.

L'Australie, avec une population de 17 millions, ne possède pas des masses de gens financièrement solides, en particulier après la dévastation économique de la fin des années 80. Mais tous ceux qui pouvaient encore manifester quelque ambition se sont réveillés à la perspective d'acheter Fairfax.

En juin 1990, chez Jimmie Goldsmith, à Londres, j'avais rencontré Kerry Packer, le plus riche et le plus pittoresque des hommes d'affaires australien (essentiellement propriétaire de réseaux de télévision et de magazines), et je lui avais demandé ses prédictions à propos de Fairfax. Il avait évidemment prévu l'arrivée des syndics, et manifesté un certain intérêt à participer à une offre au moment approprié. Nous avions convenu de rester en contact, et, presque un an plus tard, nous avons décidé qu'il était temps de placer notre enchère.

Kerry Packer est le plus rude, le plus solide, et l'un des plus astucieux et des plus pittoresques hommes d'affaires que j'aie jamais rencontré. C'est un homme qui possède des qualités monumentales et très inégales, même s'il faut souligner qu'il a été un splendide partenaire dans le consortium formé pour faire une offre à Fairfax. Pendant tout le processus, et même quand il a été obligé par les événements de se retirer de notre consortium, il nous a fourni un soutien résolu et essentiel à notre succès final.

Le père de Kerry Packer, sir Franck Packer, était un séducteur et un joueur légendaire. Kerry était une figure familière et bien connue dans les principaux endroits du monde occidental où l'on joue. À un moment décisif de notre offre à Tourang, il s'est envolé pour Las Vegas, emmenant avec lui divers boxeurs, joueurs de polo et associés d'affaires, a gagné 7 millions de dollars en quatre jours et donné en sortant 66 000 dollars en pourboire à chaque croupier.

Homme de proportions impressionnantes, plus intéressé au polo qu'à quoi que ce soit d'autre, il avait le penchant habituel du mâle australien pour le sexe, les blagues salaces et la vulgarité. (Une société prête-nom, société incorporée jamais utilisée, laissée à notre disposition comme véhicule pour notre offre à Fairfax, avait été mise sur pied par un apprenti étudiant en droit doué d'un bon sens australien de l'humour, et avait pour acronyme le terme désignant un acte particulièrement obscène, décrit vulgairement.) Kerry Packer est un tyran généreux, brillant quoique dyslexique, dominateur mais convivial, totalement dépourvu de prétention et pourtant un homme solitaire, intensément possessif, féroce et rancunier dans les disputes, et pourtant étrangement doux et protecteur à l'occasion; Dan Colson et moi nous sommes très bien entendus avec lui.

Son immense maison de campagne, entourée de 120 000 arpents, possède des étables capables d'abriter plus de 200 poneys de polo, et plusieurs des meilleurs terrains de polo au monde. Son impeccable majordome, Brian, servait en pantalons rayés dans la maison ancestrale de Sydney des repas splendides que Kerry, qui ne boit pas, consommait habituellement en survêtement de sport. Bagarreur, toujours en mouvement, un peu paranoïaque, grossier et paradoxal, il a été pour moi un compagnon et un associé fort plaisant. Ce fut une coalition pour le moins remarquable et inattendue lorsque Kerry s'est allié au presque évangélique Jimmie Goldsmith (un administrateur du *Daily Telegraph*), et au courtois Jacob Rothschild (un membre du Conseil consultatif de Hollinger) pour «effeuiller» (le passe-temps favori de Jimmie, avant que l'écologie ne prenne le dessus dans ses passions) BAT Industries, dirigées par sir Patrick Sheehy (l'un de nos administrateurs au *Spectator*). (Jimmie Goldsmith est un esprit si agile et hyperactif, une personnalité si effervescente qu'il lui faut toujours être persuadé que le monde est au bord d'un embrasement triomphant dépassant l'imagination humaine ou bien d'une inimaginable catastrophe universelle. Si les possibilités imaginaires étaient moins extrêmes, il s'ennuierait à mort, ou serait fort déprimé.) À un moment, pendant l'affaire Fairfax, l'avion de fonction de BAT a heurté le DC8 de Kerry Packer alors qu'on le rangeait dans un hangar à Sydney, ce qui a causé des dommages mineurs, mais une irritation considérable.

Kerry Packer m'a téléphoné en mai 1991 pour suggérer que nous nous consultions très sérieusement à propos de Fairfax, et je l'ai rencontré dans sa luxueuse suite au Savoy, deux fois, pendant son voyage de polo annuel et printanier en Angleterre. À la première réunion, j'ai amené Dan Colson, qui allait être très engagé si le projet démarrait vraiment, bien que personne ne pouvait prédire à quel point; et Max Hastings qui, depuis qu'il était devenu membre du Conseil d'administration au *Telegraph*, avait fait preuve d'une encourageante compréhension de l'aspect commercial des opérations. (L'une de nos objections à la charte d'indépendance éditoriale que nous rencontrerions bientôt chez Fairfax, c'était l'interdiction d'avoir des rédacteurs dans les conseils de sociétés mères. En plus de tous ses autres accomplissements, Max a montré à quel point ces ségrégations antiques sont absurdes et nuisibles.)

Ce fut une rencontre très conviviale. Kerry Packer à son plus aimable est un hôte extrêmement gracieux. Un accord s'est fait sur l'esquisse générale de notre future approche. Après qu'on eut servi le dîner, Kerry ne voulait pas être importuné par les valets du Savoy, qui abondaient, et il l'a dit. Malheureusement, le chef de leur équipe était Italien et ne l'a pas bien compris, et, tandis que Kerry disait aux valets d'«arrêter de se démener, et de partir», il en arrivait toujours plus dans la pièce, exactement comme la fameuse scène à bord du navire, dans *Une Nuit à l'Opéra* des Marx Brothers, jusqu'à ce qu'enfin quelqu'un dont la compréhension de l'anglais était adéquate fasse sortir toutes ces cohortes.

Une proposition avait été élaborée à Sydney par un courtier, Neville Miles, et par un spécialiste des banques d'affaires, Malcolm Tunrbull : elle rassemblait les détenteurs majoritairement américains d'obligations à risque en une seule entité (ils étaient en litige avec le groupe des banques et avaient à défendre une valeur théorique de 450 millions de dollars). L'entité ainsi créée s'allierait sur une base exclusive avec des investisseurs invités afin d'assurer une valeur à leurs obligations. Les banques étaient les principaux créanciers et elles étaient représentées par Max Burrows, un banquier d'affaires bien connu à Sydney, qui observait l'ancienne règle du *caveat emptor,* et avait tendance à considérer les détenteurs d'obligations à risque comme des perdants à ne pas prendre en considération. Ses insoucieux clients prêteurs d'argent étaient naturellement, et légalement, dans une catégorie bien plus sécuritaire.

Le raisonnement qui fondait l'arrangement d'exclusivité pour les obligations à rique était le suivant : les détenteurs avaient quelques droits, même s'ils étaient de second rang; ils avaient un pouvoir réel de nuisance et ils avaient engagé un représentant approprié à de telles entreprises (Turnbull); eux seuls pouvaient mettre fin au litige et ainsi permettre une vente légale et sans reproche des parts, contrairement aux actifs de Fairfax. Cette stratégie préserverait l'énorme perte de crédits d'impôts que Warwick Fairfax avait encourue, et serait d'une valeur considérable pour un acheteur. C'était une proposition hardie.

Turnbull et Miles auraient difficilement pu avoir des personnalités plus différentes. Alors que Neville Miles est un Sud-Africain plutôt respectueux, calme et sereinement courtois, Malcolm Turnbull est volcanique et d'humeur changeante. C'est un homme intelligent, séduisant et disert, qui a parfois une difficulté considérable à contrôler les assauts de tensions intérieures inimaginables, tout comme ceux d'une ambition inéluctable. Il a une immense facilité à élaborer des scénarios dont le point commun est une fin heureuse où il règne sur le monde, ou la partie du monde sous considération à ce moment-là.

Les équipées de Malcolm sont bien connues, comme la fois où il est censé avoir mis un point final à une dispute avec une amie en se glissant chez elle tard dans la nuit pour mettre son chaton dans le congélateur, transformant ainsi un animal bondissant en un cadavre bien préservé. Il pouvait devenir d'une agressivité théâtrale qui dépassait les bornes, menaçant d'exercer sa vengeance sur autrui, et occasionnellement sur lui-même.

Comme toujours lors des retombées d'une débâcle d'une société comme Fairfax, qui possède une valeur réelle quoique cachée, les joueurs les plus malins se sont déclarés, et ont parcouru les lieux du naufrage en cherchant comment en tirer parti. Tout en regardant se détacher les roues de l'achat superendetté effectué par Warwick Fairfax, j'ai demandé ses prédictions à Rupert Murdoch, sans suggérer aucun intérêt potentiel de ma part. «Les racleurs de plancher vont être les premiers. Évidemment, Kerry (Packer) est le plus excessif de tous les racleurs de plancher, mais ça ira vite plus loin, et il est difficile de deviner qui émergera tant qu'on ne saura pas qui sont les joueurs. Le problème, ce sera d'avoir des propriétaires de nationalité étrangère, et propriétaires de médias multiples. Même si les offres de Kerry deviennent sérieuses, il aura de vrais problèmes politiques.» Comme toujours, l'analyse de Murdoch s'est révélée très exacte. Avec Kerry Packer, c'était presque le seul homme d'affaires australien que je connaissais, mais quelques conseils venant d'eux étaient fort utiles.

Il n'a pas fallu longtemps à Malcolm pour faire appel à Kerry Packer, qui, de façon prévisible, doutait de la solidité financière et de la valeur stratégique des détenteurs d'obligations. Malcolm avait aussi fait appel à Tony O'Reilly, qu'on retrouvait partout, tête irlandaise de la société H. J. Heinz à Pittsburgh. O'Reilly avait aussi acheté quelques journaux de province en Australie, essentiellement par l'intermédiaire d'une société fiduciaire mise en place pour ses enfants qui étaient tous des citoyens australiens, puisque la première femme d'O'Reilly était australienne. Il possédait des journaux en Irlande et il était connu pour être un acheteur actif dans ce domaine. O'Reilly avait apparemment envoyé paître Malcolm, amenant celui-ci à prononcer une des phrases célèbres de la saga de Fairfax, à savoir que cette décision d'ignorer les détenteurs d'obligations finirait par lui coûter l'entreprise.

Turnbull et Packer avaient été des amis et des collègues pendant les moments les plus orageux de la pittoresque carrière de ce dernier. Cela incluait une commission royale d'enquête qui avait duré dix ans sur les rapports des syndicats australiens avec le monde de la pègre, et qui était devenue une campagne de diffamation contre Packer. Ayant subi quelque chose de ce genre, je respectais certainement la nature de leurs relations, et je supposais qu'elle se révélerait plus durable qu'elle ne l'a été en fin de compte.

Packer a laissé savoir qu'il serait prêt à payer en partie les détenteurs d'obligations, même si les lois sur la propriété de médias multiples l'empêchaient d'acheter plus de 15 % de Fairfax. Quand Turnbull a fait savoir qu'il me demanderait de participer, Packer lui a conseillé de n'en rien faire, puisque lui et moi étions déjà en consultations. (Turnbull et moi ne nous étions jamais rencontrés, et il supposait, d'après les rumeurs, que notre société pourrait s'intéresser à Fairfax.)

Le décor était planté pour la seconde réunion avec Kerry Packer au Savoy, le lundi 3 juin 1991. Je suis arrivé peu après 3 heures de l'après-midi pour trouver mon hôte en compagnie de Malcolm Turnbull, Brian Powers, de la firme de gestion financière de San Francisco, Hellman & Friedman, Steve Ezzes de New York, président des détenteurs d'obligations de Fairfax, Neville Miles, et quelques autres. La réunion durait depuis plusieurs heures.

Malcolm Turnbull m'a tout de suite rappelé Brian Mulroney, l'aimable assurance, l'aspect net et soigné, le menton proéminent et l'éloquence persuasive. L'affaire Spycatcher était son équivalent du passage de Mulroney à la Commission Cliche. J'ai supposé que sa relation avec Packer ressemblait quelque peu à celle de Mulroney avec Paul Desmarais, relation que je connaissais bien. La ressemblance se révélerait superficielle. Turnbull et Miles nous invitaient, Packer, Hellman & Friedman et moi, à diriger les avoirs du consortium qui aurait un arrangement exclusif avec les détenteurs d'obligation et dont les besoins additionnels en avoirs seraient garantis par Ord Minett, avec des facilités bancaires offertes par Westpac. C'était une affaire fort astucieuse, bien présentée par Turnbull.

J'ai été frappé dès le début par l'aspect très familial des arrangements : Turnbull représentait les détenteurs d'obligation, recevait un salaire de Ord Minett, avait été l'avocat de Packer. À l'exception de Packer, je les rencontrais tous pour la première fois.

J'ai posé les questions évidentes quant à la possibilité de vendre politiquement l'achat des principaux journaux australiens par un propriétaire de médias multiples et deux personnes de nationalité étrangère. L'Australie était, à cette époque, un pays que je n'avais jamais visité et dont je ne savais pas grand-chose. Je savais qu'il y avait des lois concernant les deux types d'investisseurs, et je me demandais comment tout cela serait reçu. Je n'avais d'autre choix que de m'appuyer sur le barrage subséquent d'assurances auquel j'ai été soumis, et selon lesquelles tout cela serait facile à gérer politiquement. Packer et Turnbull étaient tous les deux des opérateurs politiques réputés en Australie.

Trois accords principaux ont émergé de cette réunion. Le *Telegraph* souscrirait à 20 % de Tourang Ltd. (le véhicule de notre offre d'achat), Hellman & Friedman à 15 % et Packers's Consolidated Press à 14,99 %, la limite prescrite aux propriétaires de médias multiples. La composante non australienne était à la discrétion du ministre des finances australien, mais Packer et Turnbull répétaient à l'envi qu'un tel niveau d'investissement étranger étaient politiquement acceptable.

Le second et le troisième accord résultant de cette réunion sont nés de discussions entre Packer et moi, dans sa chambre, à propos de la concision des propriétaires. Nous sommes tombés d'accord pour offrir 28 cents du dollar aux détenteurs d'obligation, soit 125 millions de dollars. Packer avait commencé à 50 millions (réalisant la prédiction de Murdoch quant aux «racleurs de plancher»). Mon idée de départ était 100 millions, mais après la performance de Turnbull, j'étais persuadé que nous pourrions aisément être dédommagés par les banques d'une addition de 25 millions destinés aux détenteurs d'obligations.

Finalement, j'avais demandé à quelques amis qui pourrait bien être l'administrateur délégué australien de Fairfax. Frank Rogers, qui avait travaillé en Australie, a contribué de façon fort utile à cet échange de vues. Un des noms qui revenaient était celui de Trevor Kennedy, l'administrateur délégué de Packer à la Consolidated Press. Quand j'ai demandé à Packer ce qu'il en pensait, il m'a dit qu'il avait envisagé Kennedy. Conditionnellement à ma rencontre avec Kennedy, au cours de laquelle je lui offrirais le poste, c'était donc notre candidat.

De toute évidence, les relations intimes entre Packer, Powers, Turnbull et Kennedy créeraient l'impression que Tourang était simplement une société prête-nom pour Packer. J'ai dit très clairement que je n'étais pas intéressé à servir de feuille de vigne et que si ce consortium devait avoir quelque crédibilité politique que ce soit, cela dépendrait de ma capacité à convaincre un grand état où je n'avais jamais mis les pieds, que je n'étais pas un drapeau de complaisance pour Packer. Je me sentais à la hauteur de la tâche, puisque ce n'était rien moins que la vérité, mais je voulais qu'il fût bien compris à l'avance que je m'attendais à être traité comme le principal actionnaire et le principal directeur de journal du Groupe, et non comme un mannequin stupide dans une farce corporative australienne de salon. Après quelques modifications de cette position à mesure que les choses évoluaient, j'ai été sûr que tous les participants essentiels comprenaient bien le rôle du *Telegraph*.

Turnbull professait l'ambition d'être le représentant des détenteurs d'obligations dans le conseil d'administration de Fairfax. Ni Packer ni moi n'avions d'objections à cela. Trevor Kennedy est venu me voir à Toronto le 18 juin. J'ai été impressionné par ses antécédents, sa personnalité agréable et son désir évident de diriger Fairfax : je lui ai offert le poste de candidat désigné à la direction de la gestion. Il a accepté. Entre-temps, le lendemain de la réunion du 3 juin au Savoy, tous les participants sauf Packer sont venus me rendre visite au *Telegraph*. Powers et Turnbull sont arrivés tôt mais séparément, chacun pour me prévenir de me méfier de l'autre. Depuis les premiers jours, Turnbull avait eu des objections à la présence de Hellman & Friedman, dans la mesure où on pouvait trouver facilement des investisseurs de capitaux australiens, mais le problème pour lui était de toute évidence personnel. Powers s'opposait à la présence de Turnbull comme représentant des détenteurs d'obligations, délégué du preneur ferme, investisseur minoritaire de capitaux et conseiller de Packer, mais sa véritable objection secrète concernait la personnalité de Trunbull. Après un seul jour, notre sereine coalition montrait déjà des signes de fatigue.

En dehors du fait qu'ils ne s'aimaient pas, Powers et Turnbull étaient apparemment chacun inquiets de la relation de l'autre avec Packer. J'étais sûr que je parviendrais à établir ma propre indépendance vis-à-vis de Packer sans irriter celui-ci, mais dès les premiers moments de Tourang, je me suis rappelé la déclaration du maréchal Foch : «J'ai moins de respect pour Napoléon maintenant que je sais ce qu'est une coalition». Quand j'ai quitté Londres quelques jours après la réunion au *Telegraph* pour passer l'été au Canada, j'ai laissé à Dan Colson le soin de mener à bien les discussions détaillées concernant notre participation à Tourang. Pendant un moment, elles se sont poursuivies sans trop de problèmes.

J'ai fait une visite mouvementée mais assez réussie à Sydney et à Canberra en juillet 1991, pour lancer notre offre d'achat. Trevor Kennedy est venu me chercher à l'aéroport de Sydney à six heures du matin, avec la Rolls blanche de Packer. Ce qui s'est ensuivi, c'est un tourbillon de visites aux dirigeants australiens du monde politique et du monde des affaires. Trevor avait arrangé une entrevue téléphonique quelques semaines plus tôt, pour l'un des magazines de Packer, et elle était arrivée dans les kiosques en même temps que moi. J'ai donc eu l'expérience étrange de marcher dans une ville que je ne connaissais pas, en voyant mon visage me contempler depuis les couvertures et les affiches publicitaires du magazine. Ce fut un exercice en création instantanée de crédibilité, sinon de célébrité. J'étais le cobaye quelque peu abasourdi d'une expérience socioéconomique, en même temps que le leader d'un consortium engagé dans une offre sérieuse de prise de contrôle. L'article du magazine était un effort pour répondre à l'avance à la plupart des inquiétudes concernant Tourang, et il a été suivi de tout un blitz médiatique et politique.

J'ai été ravi quand sir Zelman Cowen, ancien gouverneur général d'Australie, a accepté de devenir le président de Tourang. Je l'avais rencontré chez George Weidenfeld, alors qu'il était directeur du Collège Oriel, à Oxford, et nous partagions un intérêt pour le cardinal Newman, ainsi qu'il l'a expliqué plus tard pour le plus grand ébahissement du jeune journaliste du Queensland qui l'interviewait. (À la question concernant ce qui nous avait réunis, Zelman répondit cérémonieusement : «Le cardinal Newman».) Il m'a invité à visiter la collection Newman à Oriel, et à la cérémonie célébrant le centenaire de la mort du Cardinal, en 1990. La présence d'une personnalité aussi distinguée était destinée à rassurer le public australien sur la qualité et la probité de Tourang.

Le deuxième jour de mon séjour en Australie, Trevor Kennedy m'a conduit à Canberra pour rencontre le Premier Ministre Bob Hawke, le ministre des Finances John Kerin, et le ministre des Communications, Kim Beazley. Nous avons emprunté l'un des avions de Packer et nous sommes descendus dans sa maison de Canberra. Ma première introduction à la porosité de la sécurité industrielle en Australie, ce fut quand je suis allé à la fenêtre du salon pour découvrir une batterie de caméras et de journalistes sur la pelouse. Quand nous nous sommes rendus dans les édifices du gouvernement, ce fut avec une phalange improvisée de voitures de la presse hérissées de caméras de télévision comme d'autant de batteries anti-aériennes sur les vaisseaux de la Seconde Guerre mondiale.

Bob Hawke était un homme affable, même s'il était visiblement distrait par la mise en question croissante de sa position, à la suite de sa mince victoire dans son caucus sur Paul Keating, l'ancien ministre des Finances remplacé par Kerin. J'ai souligné notre indépendance à l'égard de Packer, ce qui, c'était de plus en plus clair, ne serait pas un argument facile à soutenir. À part moi, qui étais totalement inconnu en Australie, sir Zelman Cowen et sir Laurence Street, personne d'autre à Tourang ne semblait très indépendant de Packer. L'évocation de la présence de sir Zelman fut remarquée, même si Hawke a concédé qu'il ne considérait pas l'ancien gouverneur général comme «un tonneau de rigolade».

J'ai exprimé un désir fervent de répondre à toute inquiétude politique raisonnable du gouvernement, et demandé au premier ministre et au ministre des Finances de m'indiquer ce à quoi ils pouvaient donner leur accord en matière de propriété étrangère et de propriété de médias multiples, afin de ne pas leur donner par inadvertance «une grenade politique dégoupillée». C'est à ce moment que Kerin a remarqué que «jusqu'à 35 %, les inquiétudes sur la propriété par des étrangers, ce sont des niaiseries». Il a par la suite nié avoir employé le terme «niaiseries», mais c'est précisément ce qu'il a dit, et j'ai évidemment pris bien soin de le noter pour le répéter. Compte tenu du comportement ultérieur de Kerin, y compris son congédiement pour avoir oublié quelques-unes des exigences fondamentales de sa fonction, son trou de mémoire n'était pas surprenant. J'ai estimé que c'était le point le plus important de notre discussion. Les deux hommes professaient le désir d'encourager l'investissement étranger, mais ne s'inquiétaient guère des banques qui avaient prêté de l'argent en quantité injustifiable à Warwick pour sa folle gasconnade. Quand j'ai suggéré qu'elles ne récupéreraient pas toutes leur argent, Hawke a reniflé moqueusement et dit que c'était «une question de coiffure», faisant référence à la pratique alors courante de décrire les pertes financières comme étant des coupes de cheveux. Nous avons tous deux discuté un moment de la politique israélienne, et j'ai pu avoir quelques paroles aimables pour le Parti travailliste de ce pays.

Kerin m'a semblé un homme simple, à la parole franche, mais dont l'éducation en matière d'économie laissait à désirer. Hawke, lui, était un vieux roué politique plein de charme. Tous deux avaient bien des problèmes dans les sondages comme dans leur propre caucus. La réunion s'est bien passée, et les rapports officieux, par la suite, ont été très favorables, mais il était évident que ni Hawke ni Kerin n'étaient bien fiables. Leurs paroles encourageantes n'étaient que ciel bleu passager qui peut changer au premier coup de vent, et il n'était pas besoin d'être un médium pour voir que l'affaire Fairfax allait tourner à l'orage. Il était également évident que, comme les médias avec qui Trevor et moi avons parlé pendant le reste de mon voyage, ils prenaient la question de la position de Packer dans Tourang beaucoup plus au sérieux que Packer, Kennedy, Turnbull ou Powers. Avec Hawke et Kerin, comme avec la presse australienne, j'ai utilisé l'ancien commentaire de Jackman à l'égard de Packer : «avec 15 %, il aura droit à un repas gratuit et à une visite de l'usine.» Les Australiens n'avaient pas l'habitude d'imaginer «le grand homme» dans un rôle aussi passif.

Les mêmes sujets sont revenus lors d'un repas avec le ministre des Communications, Beazley, au cours duquel nous avons passé la majeure partie de notre temps à contempler les caméras pointées sur nous de partout, puisque le restaurant où nous étions, au sommet d'une colline, jouit d'une vue panoramique. Beazley et moi avons eu quelques échanges amusants à propos d'histoire militaire. À un moment, le ministre s'est interrogé en plaisantant sur le défi que constituait le poste d'officier en charge du contrôle des dommages sur le cuirassé géant *Yamato* attaqué par 360 avions américains au large d'Okinawa en 1945. L'aspect du problème que constituait Packer et sur lequel il se concentrait, c'était le statut de Trevor Kennedy. Au bout de quelques minutes, je me suis tourné vers Trevor et je lui ai dit en riant qu'il était «saqué». Ce n'était pas censé être une prophétie.

J'étais raisonnablement confiant, parce que si ni Packer ni moi n'étions capables de convaincre les autorités de la véritable nature de Tourang, il y avait toujours la possibilité de continuer sans Packer. Cela m'ennuierait, parce qu'il était à l'origine de mon intervention dans Fairfax et dans Tourang, même si Turnbull et Miles m'auraient sollicité de toute façon. Les inquiétudes à propos des propriétaires de nationalité étrangère, dans les limites envisagées par Tourang, étaient écartées par les dirigeants politiques. Il n'y avait aucune évidence à ce stade que les efforts d'O'Reilly visant à me peindre comme le mortel ennemi du journalisme indépendant, et dont les opinions politiques faisaient de Genghis Khan un socio-démocrate, avaient eu beaucoup d'impact.

O'Reilly avait déployé ses pouvoirs prodigieux de persuasion et de séduction afin de se faire passer pour un quasi-Australien et de faire pression sur ceux des membres du caucus du Parti travailliste en place qui étaient d'origine irlandaise. Il avait acheté quelques journaux de province à Warwick Fairfax couvert de dettes, par l'intermédiaire d'une société fiduciaire dont ses fils étaient les bénéficiaires, et il avait eu l'aide de Murdoch pour effectuer un gain instantané dans l'achat de quelques journaux au Queensland. Grâce à ces filons et à sa possession de quelques journaux en Irlande, O'Reilly, qui se décrivait en Australie comme «Dr O'Reilly» pour célébrer un diplôme post-doctoral en économie de marketing, se présentait comme le propriétaire de grands journaux très rentables, un homme aux qualifications idéales et qui avait fait ses preuves.

Nous avons participé à ce qui est devenu un vrai débat à la radio nationale australienne, alors que j'étais à Sydney en juillet et lui à

Dublin. Après avoir rendu hommage à son talent indiscutable et à nos cordiales relations de longue date, j'ai souligné que «le Docteur, comme il s'appelle dans l'hémisphère sud, n'a pas acquis son bel accent dans le *billabong*», qu'il n'était pas plus australien que moi et que, même s'il possédait quelques journaux rentables, ce n'était pas sa véritable occupation, qui consistait à «fabriquer du ketchup à Pittsburgh». Il a répondu jovialement que je lui rappelais «ce jésuite qui, lorsqu'on lui demandait ce qui faisait la réputation de son ordre, répondait : "Nous sommes les meilleurs en ce qui concerne l'humilité"». Plus tard, quand notre discussion officielle fut terminée, je lui ai demandé l'origine de son doctorat. Au grand amusement des techniciens, et de ceux qui étaient encore en ligne, il a répondu : «économie de marketing et ça ne vaut pas de la merde!»

O'Reilly, une ancienne star internationale du rugby irlandais, avait connu un succès spectaculaire avec Heinz, mais une carrière plus aléatoire comme entrepreneur agissant à son compte ou pour ses amis. Son expédition dans les cristaux Waterford, et Fitzwilton, la firme de capital de risque, n'avait pas eu des résultats très satisfaisants. Mais ses talents de lobbyist et de courtisan à l'irrépressible affabilité étaient formidables, quand il venait se promener en Australie avec l'avion de Heinz (il ne pouvait passer que quatre-vingt-dix jours par an aux États-Unis à cause de raisons personnelles ayant à voir avec les impôts). (Quelques mois après ma visite à Hawke, Henry Kissinger vint le voir, et quoique légèrement dérouté quand la presse australienne l'a interrogé presque exclusivement sur notre offre d'achat pour Fairfax, Henry fut à la hauteur et proclama mon «éminente désirabilité» en tant que propriétaire de journaux en Australie.)

Mon impression initiale de l'Australie était très positive. C'était vaste et beau. Sydney était une ville magnifique offrant nombre des meilleurs aspects de San Francisco et Vancouver, et peu des aspects les moins plaisants. Melbourne était solide et rassurante, comme devait l'être une capitale victorienne. Canberra ressemblait beaucoup à ce qu'Ankara et Brasilia sont supposées être mais ne sont pas, des monuments généralement élégants dans un parc. La vie culturelle du pays semblait vivace; les gens instruits n'étaient pas difficiles à trouver. L'atmosphère générale était gaie sans être d'une grégarité oppressante – les Australiens sont des gens d'aspect agréable, surtout les femmes de Sydney. Les journaux de Fairfax et un ou deux autres étaient d'une excellente qualité; il y avait des universités florissantes et de puissantes cathédrales. (J'ai été impressionné par le souvenir de Newman immortalisé dans un vitrail et une chapelle de la Cathédrale Sainte-Marie, à Sydney.) Une telle déclaration est problablement de l'hémisphérisme, mais c'était assez surprenant de trouver tout cela à l'autre bout du monde. Je n'avais pas eu cette impression quand j'avais visité Sao Paulo en 1968. (La chose la plus vraie que m'aie dite Bob Hawke, c'est : «Ce n'est pas vrai que l'Australie n'est pas un pays situé dans un endroit central : c'est à vingt-quatre heures de vol de n'importe où!») Quelques semaines plus tard, parlant à un journaliste canadien, et tout en essayant de ne pas avoir l'air trop désireux d'acheter Fairfax, afin de ne pas exciter les attentes de Mark Burrows quant à un redressement, j'ai dit que j'avais passé 46 ans sans aller en Australie et que je pouvais vivre aussi longtemps sans jamais y remettre les pieds. Le contexte était clair, mais nos opposants en Australie ont utilisé mes paroles pour suggérer que je n'aimais pas le pays. En fait, c'est l'inverse qui est vrai. Je n'ai jamais manqué de trouver l'Australie rafraîchissante.

Deux semaines après mon départ d'Australie, Kerry Packer est revenu de son voyage de polo en Angleterre, voyage au terme duquel il avait marié sa fille dans une cérémonie spectaculaire (rapportée de façon quelque peu morveuse par le *Daily Telegraph*). Quand les célébrations du mariage ont été à court de boisson, Kerry a mené une délégation au pub le plus proche. Le propriétaire a refusé d'ouvrir à cette heure tardive, et Kerry a continué jusqu'au pub suivant, qui a ouvert. Kerry a récompensé le propriétaire par un très gros chèque, à la condition (acceptée avec joie) d'aller le montrer au propriétaire peu arrangeant du pub voisin.

Peu de temps après son retour, Kerry, Brian Powers et Dan Colson, qui s'étaient rendus en Australie pour nous représenter, tandis que la procédure d'offres s'accélérait, ont tous trois commencé à s'inquiéter du fait que les préoccupations à propos des propriétés de médias multiples et des propriétaires étrangers empêcheraient les principaux partenaires de Tourang d'exercer quelque autorité que ce soit dans Fairfax. La loi sur les communications empêcherait Packer de devenir un des directeurs de Fairfax, puisqu'il contrôlait un réseau de télévision qu'il avait vendu à Alan Bond pour un milliard de dollars et dans lequel il avait racheté assez d'actions pour avoir un contrôle (après les revers financiers de Bond), à moins de la moitié de la valeur individuelle des actions lors de son premier achat. Si ces craintes étaient justifiées, Trevor et Malcolm, en utilisant l'argent des étrangers et celui de Packer, régneraient sur Fairfax et influenceraient le destin de toute l'Australie. Packer, Colson et Powers ne pensaient pas que c'était là le but de notre investissement.

Je me faisais plus de souci pour les discussions de Packer avec Powers selon lesquelles Powers succéderait à Kennedy comme administrateur délégué de la société de Packer. Tant que cette rumeur courrait, il serait impossible de propager l'idée que Powers et ses mandants seraient en réalité indépendants de Packer. Dan Colson et moi, nous les avons pressés de désamorcer cette crainte avant qu'elle ne devienne pour nos compétiteurs une autre massue avec laquelle nous attaquer. Ils sont tombés d'accord, et ces négociations ont pris fin, bien que Powers ait bel et bien pris le poste en 1993.

J'avais toujours considéré Trevor Kennedy comme un homme assez agréable, et mes relations avec Malcolm Turnbull étaient assez affables, mais les frictions entre eux et Packer, Powers et Colson se sont régulièrement aggravées au cours de la fin de l'été et de l'automne dans l'hémiphère nord. Les tensions ont encore été aggravées par la façon cavalière dont Trevor concevait la tâche pour laquelle il était plus que généreusement payé.

Ce n'est pas la moindre ironie dans l'affaire de Fairfax que l'agitation toujours plus intense contre Kennedy et Turnbull vus comme des laquais de Packer au moment même où ils faisaient la démonstration gratuite de leur «indépendance» à son égard, d'une façon qui dépassait de loin ce qui était nécessaire ou approprié. C'était doublement irritant parce que les allégations contre Kennedy et Turnbull étaient alimentées par O'Reilly, alors même qu'il s'essayait avec assiduité à les séduire pour leur faire quitter Tourang. En même temps, O'Reilly avait engagé le célèbre avocat new-yorkais, Arthur Liman, l'un des conseillers du comité du congrès enquêtant sur l'affaire Iran-Contra, pour essayer d'éloigner les détenteurs d'obligations de Tourang, tout en ne parvenant pas tout à fait à les amener jusqu'à être en rupture de contrat. J'ai essayé, avec de moins en moins de succès, d'avoir une influence apaisante sur cette coalition rétive des personnalités discordantes qui constituaient Tourang.

L'autre principal compétiteur à faire surface, outre O'Reilly, était un groupe d'institutions financières de Melbourne qui se présentaient avec fracas comme l'offre exclusivement australienne, et pro-journalistes; ils avaient amorcé une agitation politique considérable dans le but de restreindre la participation étrangère à la fois chez les détenteurs de capitaux et ceux de la dette, à un point qui éliminerait de fait O'Reilly et nous-mêmes. Ils avaient recruté Greg Taylor, administrateur délégué du groupe Fairfax de Melbourne et pilier fort distingué des médias du pays, pour être leur candidat désigné au poste d'administrateur délégué de leur groupe. Celui-ci, Australian Independent Newspapers (AIN), était mené par les opposants consommés de l'establishment de Melbourne au gouvernement du Parti travailliste. La carte nationaliste était jouée par une alliance conservatrice de dirigeants d'institutions financières assez grisonnants, l'antithèse du partisan moyen de Bob Hawke.

O'Reilly, grâce à la cour incessante qu'il faisait à Hawke et à son entourage, et à celle non moins ardente qu'il faisait aux membres irlando-australiens du caucus de Hawke, était le candidat préféré du premier ministre. Hawke n'aimait pas l'establishment de Melbourne et n'avait rien contre moi, mais Packer le terrifiait. Hawke, comme beaucoup d'Australiens importants, craignait tellement l'influence de Packer qu'il ne voulait pas l'attaquer directement, mais suscitait plutôt par en dessous des chicanes interminables à propos du statut de Kennedy et de Turnbull. C'était un spectacle de lâcheté et d'hypocrisie générales auquel ma longue expérience des limites du courage politique même ne m'avait pas préparé.

Mes sympathies allaient entièrement à Packer. Quels que fussent ses défauts, c'était un citoyen distingué et un propriétaire de médias extrêmement retors. Il s'était conformé avec exactitude à la loi exigeant une séparation complète de la propriété de journaux et de réseaux de télévision, et personne n'était prêt à me présenter comme un homme de paille de Packer après mes rencontres avec les médias et les politiciens australiens. Les objections faites à Packer étaient totalement mensongères et rendues plus méprisables encore par l'incapacité de qui que ce fût, à commencer par le premier ministre, à admettre la source réelle de leurs craintes. C'était un embarras que Kerry ne méritait pas, et cela me rappelait mes sentiments quand, alors que j'essayais de rapatrier l'une des plus importantes sociétés minières canadiennes (la Iron Ore, dont le président était Brian Mulroney), je m'étais fait poignarder dans le dos par les types de l'Office des lois de la Couronne.

Les activités d'O'Reilly étaient diaboliquement insidieuses. Tandis qu'il jouait la sérénade aux détenteurs d'obligations américains, il bombardait l'Australian Broadcasting Tribunal d'allégations scandaleuses contre Packer et Tourang et jouait sur les susceptibilités assez incandescentes de Kennedy et de Turnbull. Je n'ai jamais eu d'objections aux tactiques chahuteuses, comme l'a démontré mon stoïcisme pendant les absurdités de l'affaire Hanna, et je ne suis pas le dernier à réagir, mais les diffamations systématiques amplifiées par le barguignage officiel sont plus difficiles à endurer.

À la mi-septembre, Hawke a dit à Mark Burrows que le caucus n'accepterait pas Tourang aussi longtemps que Packer en faisait partie. À peu près au même moment, Rupert Murdoch, dont les sources australiennes avaient toujours été fiables selon mon expérience, m'a dit que je pourrais gagner si je laissais tomber Kerry. J'ai évidemment répondu que je ne voyais aucune justification à un tel acte.

Entre le début de septembre et la fin d'octobre, un accord du Comité des transports et des communications s'opposant à plus de 20 % d'investissement étranger dans un groupe important de journaux australien, y compris toute forme de dette, a été défait de justesse par le caucus du parti en place, et la limite de 20 % a été seulement appliquée aux actions avec droit de vote. J'ai téléphoné à Kerry Packer, ce qui n'était pas une occurrence rare à ce stade, et je lui ai dit que je ne voulais sans doute pas connaître l'étendue exacte de ses méthodes de lobbying. Il m'a répondu (en plaisantant), qu'il ne les commenterait donc pas, sinon pour dire qu'il avait «presque été à court de billets de 1 000 dollars, de photographies incriminantes et de pieds-de-biche».

À partir de là, à la fin octobre, les fortunes de l'AIN se sont mis à décliner. Leur stratégie avait essentiellement consisté à inclure toutes les institutions domestiques dans leur groupe, de faire pression avec succès pour l'exclusion des prêteurs étrangers (en comptant sur le provincialisme de lobotomisés de gauche du parti gouvernemental et la lassitude de son premier ministre éparviné pour les faire souscrire à l'idée que des prêts consentis par des banques étrangères seraient une infraction à la souveraineté nationale et à l'indépendance éditoriale, une idée avec laquelle Castro ou Franco n'auraient eu aucun problème), et ainsi d'éliminer Tourang et O'Reilly. Fairfax manqua d'un cheveu un autre destin funeste qu'elle ne méritait pas : devenir une succursale et le mouchard du club de Melbourne.

Trevor Kennedy avait commis une grave erreur tactique en ne signant pas un contrat très tôt. Quand il s'est mis à la tâche avec Dan Colson en octobre, il y avait eu beaucoup de rencontres désagréables entre Trevor, Dan et Brian Powers et Trevor avait considérablement échoué à les impressionner par son aptitude à diriger une société aussi importante et difficile à gérer que Fairfax : on a donc envisagé des révisions sérieuses aux compensations originelles et du contrat global d'emploi. Dans les négociations ultérieures, Trevor a adopté une attitude complètement déraisonnable, exigeant des conditions exorbitantes, incluant des options inconditionnelles, même s'il ne restait pas comme administrateur délégué, et menaçant régulièrement de «faire sauter» notre marché, déambulant dans la pièce en se décrivant comme un «lanceur de bombes» et secouant son poing dans la figure de Dan (un défi que seul le souci de celui-ci pour le décorum corporatif et certainement pas pour sa propre sécurité physique a pu empêcher Colson de relever). Dan et Brian Powers ont enlevé les cendriers et tous les objets utilisables comme projectiles avant leur rencontre ultime avec Trevor.

Dans les circonstances, notre offre n'était pas à la hauteur de ses vertigineuses attentes, et Trevor s'est retiré bien fâché, en blâmant le «McCarthysme» de son indépendance auprès des critiques des médias et des institutions de contrôle. Ayant apparemment été, comme Turnbull, contacté par nos compétiteurs, et après avoir obtenu de Packer un règlement de départ de plusieurs millions de dollars, Kennedy, quand il démissionna de Consolidated Press, était sûr de pouvoir couler notre offre et se frayer ensuite son propre chemin vers une autre offre gagnante. Il avait le même avocat qu'O'Reilly, et celui-ci n'a pas perdu de temps à lui présenter d'alléchantes possibilités d'emploi, mais les arrangements de Kennedy avec nous pour son départ exigeaient qu'il fît preuve de discrétion.

La campagne fomentée contre Tourang en partie par O'Reilly, avait tourné à l'hystérie. Des groupes d'employés protestaient en s'appelant les Amis de Fairfax, le Comité d'indépendance du *Age* à Melbourne dénigrait systématiquement Packer, montait des grèves sauvages, faisait pression sur les politiciens et distribuait des pamphlets incendiaires aux passants dans les rues. Ils avaient préparé des «chartes d'indépendance éditoriale» assez puériles et pleines de lieux communs qui séparaient radicalement de la fonction éditoriale la direction, les administrateurs et les actionnaire. O'Reilly et l'AIN avaient promis de signer ces chartes, et O'Reilly me présentait sans relâche comme un troglodyte rapace dont la raison d'être comme éditeur était de dégrader l'art du journalisme et susciter la nostalgie du public pour les temps féodaux.

Encore plus lassante était la soudaine émergence d'une alliance contre nature entre les anciens premiers ministres Gough Whitlam et Malcolm Fraser, partis en croisade contre la propriété étrangère des médias australiens, même s'ils étaient encore plus ambivalents à l'égard d'O'Reilly qu'au nôtre. C'était vraiment un artifice hypocrite au plus haut degré, compte tenu de leur long antagonisme mutuel, et de l'appel de Whitlam à ses partisans à «alimenter et soutenir la colère» contre Fraser en tant que bénéficiaire du congédiement inhabituel du gouvernement de Whitlam par le gouverneur général.

Quand j'ai lu que Fraser avait dit au comité des médias de la Chambre qu'il devrait enquêter sur les relations de Murdoch avec l'administration Reagan, j'ai commenté la chose dans mon entrevue téléphonique régulière avec Peter Martin, de la Australian Broadcasting Corporation, en disant que la dernière fois que j'avais vu Malcolm Fraser, il nous pressait, moi et quelques-uns de mes riches amis de Palm Beach, de soutenir les contras au Salvador, une entreprise douteuse qui faisait de lui un support discutable pour une vertu si ostentatoire. (En fait, j'approuvais les contras et je pensais que le décret interdisant de les soutenir était non seulement erroné mais encore *ultra vires* pour le Congrès américain, mais ce n'était pas une cause appropriée au secteur privé, et Malcolm Fraser était, comme je l'ai dit dans le *Morning Herald* de Sydney, «un ballon hypocrite qui avait besoin d'une aiguille».) Fraser a répliqué à mes commentaires en hurlant comme un animal blessé mais à partir de là, ses interventions n'ont plus guère eu de poids. Fraser a atteint le comble de la sottise à Melbourne, quand il a dit à 2000 personnes que l'achat de Fairfax par Tourang serait «un crime contre le peuple australien». Peu de gens ont remarqué l'ironie du fait que mon match d'insultes avec Fraser résultait de ma défense de Murdoch sur ABC, et en particulier de ses relations avec l'administration Reagan, ce qui ne regardait personne en Australie.

Packer a offert à plusieurs reprises de se retirer de Tourang, mais je l'ai pressé de rester. Il n'avait rien fait pour offenser l'esprit des lois et règlements en vigueur, et j'étais contre l'idée de «jeter de la viande fraîche aux chacals». Packer et moi nous sommes présentés, deux nuits consécutives, à l'un des programmes d'affaires publiques les plus populaires d'une de ses stations, «A Current Affair». Il a discuté avec trois journalistes, en exigeant qu'ils lisent le premier article du Code d'éthique des journalistes australiens, qui demandait l'impartialité et l'exactitude. Ils ont décliné, et Packer a gagné dans cet échange. Je suis venu deux fois, quittant à la seconde occasion mon armagnac du Brook's Club au souper du *Spectator*, pour me rendre dans un petit studio de Newman Street où j'étais assis devant un agrandissement sur carton de la cathédrale Saint-Paul, de la Tour et du Pont de Londres, dans une lumière éclatante d'été, pour faire obstruction à la plutôt ravissante journaliste, Jana Wendt. Je lui ai assuré que, si nous ne gagnions pas avec l'offre que nous faisions, «je ne serai pas découragé au point de me jeter du haut du pont qui se trouve derrière moi en ce moment.»

J'ai intenté un procès aux Amis de Fairfax pour diffamation, et j'ai demandé à l'avocat de présenter les assignations à comparaître aux intéressés chez eux, afin que leur famille puisse réaliser que leurs actes inconsidérés avaient un revers. (À mesure que les événements se sont développés, cela n'a pas été nécessaire). Nous avons aussi informé Fairfax qu'une injonction serait envisagée pour empêcher l'entreprise de participer aux frais de justice. Leurs descriptions de ma personne comme étant un fasciste et un raciste étaient des entreprises isolées. En Australie comme ailleurs, il était nécessaire de bien souligner que me diffamer comportait des risques. Quand Dan Colson a dit à Packer ce que j'étais en train de faire, il s'est écrié que si j'avais été diffamé, il l'avait certainement été aussi, et on envoya aux quatre accusés une note jointe d'intention de poursuivre en justice. Les Amis de Fairfax ne se sont plus guère fait entendre jusqu'à ce que la prise de contrôle ait eu lieu, et ce fut alors dans des termes plus civils.

J'ai donné une entrevue de deux pages au *Morning Herald* de Sydney, dont le chef du bureau de New York m'a rendu visite à Toronto. Elle a été publiée le 2 novembre. J'y dénonçais en termes extrêmes et plutôt flamboyants l'hypocrisie des journalistes de Fairfax et autres qui épousaient les inquiétudes concernant les critères d'honnêteté professionnelle, tout en étant grossièrement malhonnêtes dans leurs commentaires sur l'offre de Tourang et le rôle qu'y jouait Packer.

La pièce de résistance a été la parution volontaire de Kerry Packer, sous serment, devant le comité restreint des médias de la Chambre des députés. Sa performance télévisée à l'échelle nationale a été brillante. Se référant à une crise cardiaque presque fatale subie sur un terrain de polo, il a déclaré : «Je ne suis pas mort longtemps, mais c'était assez longtemps pour moi. Je ne suis pas revenu d'entre les morts pour contrôler John Fairfax. Je ne suis pas revenu d'entre les morts pour enfreindre la loi. Et je ne suis certainement pas revenu volontairement d'entre les morts pour témoigner devant une commission d'enquête parlementaire.» C'était une performance magistrale. Il a écarté chacune des questions du comité, habituellement naïves et parfois insolentes, tel Babe Ruth frappant des champignons. O'Reilly avait fait des pressions intenses sur le tribunal de l'Australian Broadcasting pour empêtrer Tourang dans une enquête durant des mois sur ses relations avec Packer, ce qui nous aurait éliminés, en fait. Notre arrangement d'exclusivité avec les détenteurs d'obligations serait venu à expiration et il aurait été difficile de le renouveler, surtout quand O'Reilly avait finalement compris que les détenteurs d'obligations avaient une valeur tactique et qu'il leur offrait de dépasser nos 125 millions de dollars s'il pouvait le faire légalement. La pression était intense de la part de Burrows, des banques et des politiciens, pour mettre fin à la tutelle de Fairfax. La défense éclatante de Packer nous a apparemment assuré de passer sans problème devant l'Australian Broadcasting Tribunal, et a contribué à augmenter les pressions visant à faire sortir plus tôt Fairfax de sa tutelle.

En octobre, le 31, pour faire monter encore la pression et compléter notre contre-attaque, nous avons présenté à Burrow une offre améliorée, en augmentant notre offre de 300 millions de dollars et en proposant de prendre toutes les banques et tous les créanciers non assurés à leur valeur nominale. Burrows avait livré la marchandise pour ses clients. Les banques ne supporteraient pas d'avoir à souffrir une pénalité financière à cause de leurs prêts inconsidérés à Warwick Fairfax. Nous avons pensé que cela accélérerait la procédure et obligerait O'Reilly à se démasquer, car quelle que soit la ferveur avec laquelle il poursuivait Fairfax, il n'était pas très spécifique quant à la façon dont il paierait cet achat.

Burrows avait convaincu le groupe de Melbourne d'accepter le même preneur ferme qui prétendait garantir le prix d'offre d'O'Reilly avec jusqu'à huit fois le capital de ses propres actionnaires, un arrangement peu plausible. Même O'Reilly a été stupéfait de voir que le même preneur s'engagerait dans deux offres concurrentes. Les désinvoltes méthodes commerciales australiennes réservaient quelques surprises, même à un voyageur aguerri comme le docteur.

Nous avions pour le moment stabilisé la position de Tourang, mais la pression sur Packer n'a pas diminué. Cent trente-sept députés (sur 195 qui n'étaient pas des ministres) ont signé une pétition contre la concentration des médias, visant clairement Tourang aussi longtemps que Packer en ferait partie. Les abstentions les plus visibles étaient celles de l'aile droite du Nouveau Parti travailliste de South Wales, incluant Paul Keating, qui préparait un coup décisif contre Hawke. Le 22 octobre, Keating avait dit au Club national de la presse qu'il n'y avait aucun problème de concentration des médias dans le cas de Tourang, et aucune raison de douter du statut de Packer comme actionnaire sans bloc de contrôle. Packer et moi avons beaucoup apprécié son calme et son honnêteté. Je n'avais pas encore rencontré Keating, à ce stade, mais je ne pouvais pas imaginer que ce beau pays ne puisse produire des hommes politiques plus substantiels que Whitlam, Fraser et Hawke. (J'avais été informé du fait que Hawke avait essayé de signer la pétition anti-Tourang jusqu'à ce qu'on lui fasse remarquer que ce serait inapproprié, puisqu'elle lui était adressée.)

Trunbull me pressait maintenant de jeter Packer par-dessus bord, malgré la belle défense de celui-ci devant le comité des médias sur les écrans de télévision de toute la nation. J'ai refusé avec indignation. C'était par l'entremise de Packer que je m'étais engagé dans la poursuite de Fairfax, et je ne traitais pas ainsi mes partenaires. On nous pressait avec bien plus d'agitation de nous passer de Malcolm Turnbull. Les détenteurs d'obligations déclaraient régulièrement qu'ils n'étaient pas satisfaits de lui, et nous faisions remarquer que c'était leur problème. Les banques et Burrows exprimaient aussi des griefs contre Turnbull, mais nous étions prêts à les ignorer; plus problématiques étaient les questions sur notre indépendance, et les inquiétudes du Tribunal de l'Australian Broadcasting. Mais ni Brian Powers ni Dan Colson ne pouvaient travailler avec lui; ils le trouvaient d'un commerce indiciblement difficile, le soupçonnaient de communiquer à la presse des informations internes à Tourang, et d'avoir eu des conversations discutables avec O'Reilly. Je m'étais assez bien entendu avec Malcolm, mais je n'étais pas prêt à admettre des conduites déloyales envers les partenaires du consortium qui fournissaient effectivement l'argent, en particulier Packer, à qui Turnbull devait tant.

Powers et Colson ont exigé le départ de Turnbull, et ni Packer ni moi n'étions disposés à leur résister. Une féroce bataille interne s'est ensuivie. On a convoqué les actionnaires de Tourang à une réunion spéciale pour congédier Turnbull, mais un arrangemenent a été conclu juste avant la réunion. Colson et Turnbull ont fait une promenade dont on a beaucoup parlé dans le Jardin botanique de Sydney, au-dessus de l'Opéra, avec Malcolm rageant et écumant parmi les plantes exotiques en fleurs. L'ancien premier ministre de New South Wales, Neville Wran, un associé de Turnbull, a plaidé l'essentiel de sa cause, et a essayé de faire peur à Dan Colson en agitant le spectre des talents de Malcolm pour le sabotage – talents que nous connaissions bien. Malcolm, comme à son habitude, a écrit quelques lettres verbeuses et d'une vertueuse hypocrisie alléguant *inter alia* que la seule véritable inquiétude que nous avions à son sujet, c'était qu'il était véritablement indépendant. Il suggérait aussi, de façon plus pertinente, que son départ pourrait bien susciter l'intérêt du Tribunal de l'Australian Broadcasting qui, après avoir fait remplir d'épais questionnaires aux membres de Tourang, n'était pas censé faire une enquête sur le groupe. Malcolm n'était pas le genre de personne à s'en aller sans faire de bruit, spécialement en ce qui concernait le poste d'administrateur de Fairfax qu'il avait brigué depuis si longtemps avec tant d'ardeur. Et il n'est pas parti sans faire de bruit, non plus.

Trevor Kennedy a envoyé au tribunal de l'Australian Broadcasting une lettre contenant ses «notes personnelles» hâtivement reconstituées dix minutes avant la date limite pour les soumissions. Il prétendait que lorqu'il était administrateur délégué de Tourang, il considérait ne devoir rendre des comptes qu'à Packer et à moi. Cela contredisait son témoignage précédent à l'enquête sur les médias écrits, et semblait aussi contredire le témoignage de Kerry Packer devant le comité des médias à la Chambre des députés, où il avait nié vouloir exercer quelque autorité que ce soit sur Fairfax.

Comme Malcolm Turnbull avait suggéré que son départ pourrait avoir des répercussions au Tribunal, et qu'il avait de toute façon une influence méphistophélienne sur Trevor, il n'était pas difficile de trouver ses empreintes sur le couteau. Le Tribunal a évidemment annoncé qu'il mènerait une enquête, en fin de compte. Tourang était mort à moins que Packer ne se retire. Me parlant au téléphone depuis l'Argentine, où il était aller jouer au polo après son brillant succès au casino de Las Vegas, Packer m'a dit : «Un bon général doit savoir quand attaquer et quand faire retraite, et c'est le moment de faire retraite. Je me retire.» Il nous a laissé son importante organisation politique. Nos relations étaient, et demeurent, excellentes. Je lui ai dit à l'époque, et l'ai publiquement répété, que, en ce qui me concernait, il serait toujours le bienvenu comme actionnaire, particulièrement à Fairfax. Son départ du consortium éliminait le principal obstacle politique à notre succès, mais nous laissait sans l'influence politique que lui seul, personnellement, possédait.

Bob Hawke a été indiciblement soulagé, une fois informé par Mark Burrows du retrait de Packer, et il a sorti de sa mallette une copie d'une lettre écrite par l'ambassadeur d'Angleterre à Moscou, pendant la guerre, célébrant l'arrivée d'un nouvel ambassadeur turc qui s'enorgueillissait du joli nom de Mustapha Kunt : «Nous nous sentons tous ainsi de temps en temps, particulièrement au printemps, mais nous n'oserions pas le mettre sur notre carte.» Il pensait d'abord que Tourang au complet allait se retirer et il a été déçu quand Burrows lui a expliqué que seul Packer partait, mais que j'allais continuer à me battre. Il s'inquiétait aussi que Packer ne pense que le caucus travailliste s'était opposé à lui, alors que c'était bel et bien ce qui s'était passé.

Dan Colson et Brian Powers se rappelaient l'un des personnages de Monty Python, le Chevalier, qui, tandis que l'épée de son adversaire tranche chacun de ses membres, crie avec une agressivité croissante : «Allez, attaque!» De ceux qui avaient commencé avec notre groupe la longue marche pour acquérir Fairfax en juillet, seuls restaient maintenant Hellman & Friedman et le *Daily Telegraph.*

Les légions des membres du caucus du Parti travailliste australien, des lâches et des moins que rien, avaient déclaré trouver problématique la présence de Packer, mais ils avaient peur de lui faire face en personne. Ils rongeaient à la périphérie, en soulevant la question de la propriété étrangère et de l'indépendance de Kennedy et de Turnbull (ironique, considérant la conduite de ceux-ci). Maintenant, ils pouvaient succomber à la corruption et aux cajoleries insidieuses d'O'Reilly sans encourir la colère du «grand homme».

L'atmosphère devenait d'un goût de plus en plus douteux autour du dénouement de l'affaire Fairfax, à cause des manigances sans relâche d'O'Reilly, qui lubrifiait son chemin en encerclant la zone crépusculaire d'un gouvernement dont les sondages indiquaient que la plupart des

Australiens estimaient qu'il s'était vautré assez longtemps au pouvoir. Il courait des rumeurs persistantes d'offres faites à Kennedy par la faction d'O'Reilly. Pour diverses raisons, on a prévenu Trevor qu'il avait violé notre accord de séparation et que, en conséquence, nous ne pouvions pas en honorer toutes les (généreuses) clauses financières. Le départ de Turnbull, cependant, a été accueilli dans le soulagement et l'enthousiasme généraux, quoique accompagné de façon prévisible par de nouvelles menaces à la Roi Lear de «faire sauter» notre marché.

Dans sa soumission au Foreign Investment Review Board, O'Reilly a pris la liberté assez hardie d'inclure une section de quatre pages intitulée «Observations sur l'acquisition proposée par Tourang du Groupe Fairfax», où il prédisait des interventions partisanes dans les questions éditoriales, et «un extrême désordre industriel, des grèves, et la perte d'un personnel précieux» si Tourang réussissait. De son côté, O'Reilly envisageait de fermer le *Sunday Age* et se bagarrait avec Burrows, le menaçant même de lui faire un procès pour la façon dont il menait les enchères. Maintenant que Turnbull n'était plus avec nous, il faisait avec O'Reilly des efforts frénétiques pour détacher de Tourang les détenteurs d'obligations, et O'Reilly faisait de façon redoublée miroiter les offres d'emploi devant Kennedy. Et il faisait peser toutes sortes de pression sur l'incompétent John Kerin; en tant que Ministre des Finances, Kerin déciderait de l'acceptabilité des offres réclamant l'attention du Foreign Investment Review Board.

Il était clair d'après les rapports que nous recevions au début décembre qu'O'Reilly avait suborné ou forcé assez de députés pour que Bob Hawke, qui faisait maintenant face à un sérieux défi pour le leadership de la part de Keating, en partie à cause de la performance minable de Kerin, puisse facilement être influencé par cet Irlandais plein de ressources : il ne pouvait plus résister à des pressions qui prendraient naissance dans son propre caucus.

Kerin avait décidé d'écarter Tourang, en accrochant son chapeau sur l'appeau de la propriété étrangère, même si en actions avec droit de vote, l'offre d'O'Reilly constituait un niveau équivalent de participation étrangère. Le Foreign Investment Review Board se divisait en deux camps égaux : deux membres voulaient approuver O'Reilly et Tourang, deux autres voulaient que les deux offres soient rejetées. Le Conseil conseillait de ne pas accepter O'Reilly en écartant Tourang, et tous les membres étaient sceptiques quant à l'offre de Melbourne (l'AIN), car ils estimaient qu'elle n'offrait aucun changement et aucune nouvelle expertise, puisque presque aucun de ses investisseurs n'avait une quelconque expérience de journalisme. Les circonstances politiques étaient en faveur d'O'Reilly, et Kerin disqualifia avec soumission Tourang comme «n'étant pas dans l'intérêt national», presque son dernier acte avant d'être congédié de son poste de ministre des Finances le 9 décembre 1991. Ce qui avait été «des niaiseries» en juillet était devenu une politique nationale indélogeable en décembre, après cinq mois de cours donnés par O'Reilly.

Comme nous nous attendions à ce genre de traîtrise, nous avions obtenu une prolongation de la date limite pour la soumission des offres, et nous étions prêts avec une offre révisée. O'Reilly avait espéré nous faire obstruction de façon plus décisive avec un rejet officiel tombant une demi-heure avant la limite de réception des offres. Mais Kerin était en train de se faire saquer, et manipuler les factions les plus susceptibles du Parti travailliste australien s'est avéré au-delà même de ses possibilités. Nous avons aussitôt monté une campagne pour exprimer notre outrage moral, campagne qui fut largement reprise, même par des éléments des médias qui avaient auparavant été plutôt hostiles. Cette intervention politique corrompue consterna l'opinion des gens sensés dans toute l'Australie. J'ai décrit la volte-face officielle dans une entrevue avec le *Morning Herald* de Syndey comme «sordide, vénale et méprisable», et le processus des enchères comme «une charade grotesque et dégradante».

Hellman & Friedman avaient aussi fait des remontrances utiles sur le traitement peu honorable reçu par les investisseurs américains. Comme le président George Bush était attendu en Australie deux semaines plus tard, la première visite d'un président américain depuis que Lyndon Johnson était venu aux obsèques d'Harold Holt en 1967, c'était un point particulièrement sensible.

O'Reilly, se croyant près de la victoire, a lancé un assaut invraisemblable contre les détenteurs d'obligations, mais nous avons augmenté nos offres de 125 à 140 millions de dollars et nous l'avons repoussé. En fait, O'Reilly n'allait pas gagner. Non seulement la prise ferme à des conditions de faveur constituait le ventre mou de son offre, mais encore il avait besoin d'une réunion des actionnaires de sa société australienne, dont il ne possédait que 28 %. Comme la plupart de ses propositions et de ses comportements, seuls les gens qui étaient les plus petits dénominateurs communs politiques à Canberra pouvaient le croire. Si nous avions été incapables de surmonter l'obstacle politique, Burrows serait allé se joindre le groupe de Melbourne (l'AIN), qui avait l'argent – Burrows était à présent complètement exaspéré par la conduite flagrante d'O'Reilly. Nous avons aussi engagé cet indescriptible gavroche, John Singleton, marié bien des fois, grand buveur, grande gueule, le fabricant de slogans du Parti travailliste, un intime de Hawke et de Packer. «Singo» a importuné Hawke sans relâche, en insistant sur le fait que, puisque Tourang était maintenant l'exact reflet d'Independant (le groupe d'O'Reilly) en ce qui concernait la propriété étrangère, il serait grotesque de nous écarter. Singo nous avait conseillé plus tôt, alors que Packer était encore concerné, et il avait conçu une campagne de publicité hilarante suggérant que Packer possédait des qualités humanitaires insoupçonnées (nous ne l'avons pas déclenchée).

Dan Colson faisait pression sur une partie du caucus de gauche, en suggérant que nous pourrions donner notre accord à la charte des journalistes moyennant quelques modifications de bon sens, et en discutant la nomination d'Eric Beecher, un ancien rédacteur du *Herald*, au poste de chef de la direction de Fairfax. J'avais rencontré Beecher auparavant, et j'ai discuté de nouveau avec lui. Son point de vue de base était que si nous n'annoncions pas tout de suite sa nomination, nous n'avions aucune chance de la faire accepter. Dan et moi, nous sommes tombés d'accord que Beecher nous rappelait Andrew Knight et que nous ne voulions pas recommencer le même cirque. Mark Burrows a rappelé au nouveau Ministre des finances que près de 3000 créanciers non assurés récupéreraient leur argent à Noël avec l'offre de Tourang, alors qu'O'Reilly devait attendre près d'un mois, vulnérable aux fluctuations du marché et sans accord avec les détenteurs d'obligations.

Les enchères finales ont été déposées le 11 décembre. L'offre révisée de Tourang a été approuvée par le ministre des Finances le 13. Burrows a soutenu Tourang et nous avons passé un accord avec les banques le 16. Il y a eu une autre confrontation sérieuse avec les banquiers le 15; ils essayaient de mettre 50 à 60 millions de dollars de frais de tutelle et d'intérêts de pénalités sur le dos de Tourang. Dan Colson a quitté les négociations pour plusieurs heures, et Brian Powers a négocié un compromis d'environ 50 % sur ce qui avait été demandé.

J'ai suggéré à Dan Colson que mes critiques vigoureuses du gouvernement avaient peut-être été utiles, mais il pensait que ce n'était pas le cas.

C'était une grande victoire. Quand on achète d'un administrateur judiciaire, on paie rarement plus que la valeur réelle. Les porteurs d'actions avaient été royalement payés par Warwick Fairfax, et personne n'avait l'intention de payer quoi que ce soit à Warwick. Nous avons payé 1,39 milliard de dollars pour une entreprise qui sous Warwick avait produit des revenus comptants de 190 millions, soit sept fois le comptant de la meilleure année. Nous étions sûrs de pouvoir faire encore mieux avec une gestion rationalisée. Si on faisait entrer dans l'équation du cycle économique un retour à la prospérité, nous avions acheté le comptant résultant de seulement quatre fois et demie sa valeur.

Nos preneurs ferme ne doutaient pas qu'en quelques mois une émission publique pourrait être mise sur le marché, qui se vendrait à environ 150 % du prix de nos actions. Ce qui a été le cas. Les actions ont été offertes au public en avril 1992 en hausse de 20 %, à 1,20 $, et ont grimpé régulièrement pendant toute l'année suivante jusqu'à bien plus de 2 $. Les franchises et les actifs que nous avions acquis étaient de la meilleure qualité, et leur prix plus que raisonnable. Autant que je puisse en juger, c'était le meilleur marché conclu dans le monde occidental pour un gros journal, depuis l'achat du *Telegraph*, et il nous déchargeait de l'obligation si souvent répétée à nos actionnaires de prendre avantage de la récession avec des investissements judicieux.

Je suis retourné en Australie après la confirmation de notre victoire, juste après Noël 1991. Après ce spectacle ambulant qui avait duré seulement deux jours, les institutions financières australiennes ont sursouscrit de 200 millions nos 240 millions de dollars d'émissions. J'ai eu toute la presse dans le bureau de notre courtier pour une séance humoristique qui a duré plus de deux heures, aussi longtemps que les journalistes avaient des questions à poser. Il a été suggéré que j'avais été «peu flatteur pour le Docteur O'Reilly». J'ai répliqué : «Ce n'était pas peu flatteur. C'était neutre. Si vous voulez du pas flatteur, je vais vous en donner.» Quand on m'a demandé ce qui m'impressionnait le plus chez les journalistes australiens, plutôt que de répondre «leur insularité» ou «leur manque de professionnalisme», et par respect pour le formidable éventail de jolies femmes assises dans des poses assez révélatrices devant moi, j'ai fait un commentaire flatteur et sans chauvinisme sur l'aspect physique de nombre de journalistes locales.

Trois jours après l'acceptation formelle de notre offre, l'inconstant caucus du Parti travailliste a finalement renvoyé Bob Hawke et choisi Paul Keating. Les lobbyists et les conseillers de Kerry Packer qui avaient travaillé pour nous avaient encore plus d'influence sur le nouveau régime que sur celui de Hawke. En conséquence, notre victoire était complète. Hawke est devenu l'hôte officiel dans un hôtel nouvellement ouvert à Sydney, et nous l'y avons rencontré quelques fois, portant son survêtement de sport; comme la plupart des politiciens, il était bien plus amical lorsqu'il n'était pas en poste que lorsqu'il y était. Malcolm Turnbull a suggéré à Dan Colson que nous voudrions peut-être de lui comme administrateur du *Telegraph*. Trevor Kennedy et sa femme m'ont envoyé des fleurs. La victoire a ses récompenses.

La tutelle a pris fin le 23 décembre (malgré le dernier effort d'O'Reilly pour obtenir une injonction, une tentative procédurière frivole et fâcheuse qui fut rejetée par les tribunaux avec un retentissant avertissement de la Cour). Dan Colson avait passé dix-sept semaines en Australie, dont plusieurs avaient été des temps de combat apparemment désespéré contre les problèmes aussi apparemment insurmontables de chicanes et de mauvaise foi politiques.

Quand il a finalement quitté l'Australie pour rejoindre sa famille en Floride, le 23 décembre, il avait transformé le troisième étage du Ritz-Carlton de Sydney en une véritable cour, y recevant les dignitaires locaux devenus soudain très respectueux (y compris des officiers de police supérieurs appelés sur les lieux pour enquêter sur l'interception et la publication dans l'*Australian* de Murdoch d'une description assez peu flatteuse de quelques rédacteurs de Fairfax. Cette description avait fait partie d'une télécopie que m'avait transmise Max Hastings, laquelle incluait une note envoyée spontanément par un journaliste australien au rédacteur du *Daily Telegraph* pour les nouvelles étrangères, Nigel Wade.) Nous avions maintenant des têtes-de-pont sur quatre continents, et le soleil ne se coucherait jamais sur nos entreprises de presse, et leurs succès.

La saga de Fairfax avait fait la une des journaux australiens presque chaque jour pendant six mois. C'était un chapitre de l'histoire australienne. Une quantité importante du personnel s'est alignée dans le hall et les couloirs de notre hôtel quand Dan et moi avons quitté Sydney deux jours plus tard, juste avant Noël. La performance de Dan était au-delà de tout éloge, sans prix. C'était une conclusion satisfaisante à un combat implacable.

C'était la bataille la plus dure que j'aie jamais vue pour une prise de contrôle, sans exclure le cas d'Hanna. Mon mépris pour le comportement de nombre de ceux qui y avaient été impliqué était adouci par le fait que nous avions gagné. Le provincialisme et la bigoterie de quelques politiciens est probablement inévitable dans un pays aussi isolé. L'hypocrisie d'une bonne part de l'attention journalistique que j'ai reçue est peut-être inévitable aussi de le part de monopoles de la presse écrite et parlée où il n'y a guère eu de discipline professionnelle pendant des années.

Ce pays a de la grandeur. J'aime me promener à pied dans Sydney, en lisant les plaques qui rappellent les opinions de visiteurs littéraires distingués comme Mark Twain ou Anthony Trollope, ou celles qui commémorent le départ des troupes australiennes pour les guerres étrangères où elles se sont conduites avec héroïsme.

Dépourvue de la présence d'un voisin colossal, ou de l'existence d'un schisme culturel profond, qui sont les principales réalités politiques du Canada, l'Australie a développé un caractère national distinct. C'est évident quand on monte à bord d'un avion australien dans un pays étranger, ou en rencontrant des Australiens à l'étranger, ou encore en entendant une chanson australienne familière. Lointaine et détendue, habitée par une population clairsemée de gens séduisants et bronzés de toutes les origines ethniques imaginables, l'Australie est un concept étrangement romantique qui ne déçoit pas les attentes. Quand on la quitte pour survoler le Pacifique, il est possible d'imaginer ce que les premiers visiteurs et les immigrants venus des horizons les plus disparates pouvaient imaginer de cette vaste, splendide et verte contrée quand ils l'ont vue pour la première fois : un immense paradis aux antipodes, plein de promesses et d'espoirs. C'est ce qu'elle est toujours pour moi, comme pour tous ceux qui m'ont précédé sur ses rives mystérieuses.

Chapitre 12

Bouleversements domestiques et vision du monde (1991-1993)

Tandis que 1991 s'achevait, mon mariage faisait de même, contrairement à bien des années d'espoir, d'efforts et d'attentes. Ma femme n'aimait pas les années passées en Angleterre. Même si la vie sociale était intéressante, elle se trouvait confinée à Highgate, dépendant des chauffeurs pour se déplacer dans une vaste cité dynamique qui ne lui était pas familière, regrettant ses amis et la familiarité d'environnements qu'elle sentait lui appartenir.

J'étais prêt à répartir plus également mon temps entre Londres et Toronto, quoique sans enthousiasme à l'idée de quitter complètement l'existence que je m'étais gagnée comme propriétaire de journal à Londres pour me plonger dans la vie banlieusarde de l'Ontario de Bob Rae. Toute ma vie, j'avais recherché une existence plus distinguée, plus variée et plus mouvementée que celle que pouvait me procurer le milieu où j'avais été élevé.

Pourtant, j'aurais pu sacrifier beaucoup si cela avait réellement pu sauver notre mariage. En septembre 1991, je suis retourné à Londres, et ma femme et mes enfants sont restés au Canada. J'ai essayé, pendant septembre et octobre, de proposer des arrangements qui pourraient restaurer les fondements de notre mariage. La géographie n'était, en fin de compte, qu'un problème parmi d'autres.

Ma femme finit par me dire que, malgré ma fidélité, ma générosité et la «vie intéressante» que je lui avais procurée, comme en général les mérites qui faisaient de moi quelqu'un de «meilleur que 90 % des maris», elle n'était pas «heureuse». Nos vies avaient graduellement divergé l'une de l'autre pendant les années et seuls l'habitude et notre amour pour nos enfants nous rapprochaient. Je n'allais pas faire durer un «mariage dépourvu de vie». Ce qui devait porter un coup mortel à ce mariage, ce fut l'intérêt presque inextinguible de ma femme pour des membres choisis du clergé catholique romain. Nos maisons étaient pratiquement devenues des séminaires, et je n'étais *de facto* plus sa compagnie masculine préférée. Il y a eu quelque acrimonie, quoique sans excès. Presque imperceptiblement, douloureusement, le mariage s'est éteint. En mai 1993, elle a épousé l'un des pasteurs, après l'avoir fait passer des questions religieuses aux études environnementales. Compte tenu du fait que je m'étais adonné à un examen long et complexe de l'Église romaine avant d'y adhérer, ce retournement était d'une riche ironie.

La dernière phase a été le dîner de Hollinger et la réunion d'ouverture du Conseil consultatif à Londres en 1991. Ma femme, mon frère, ma belle-sœur et le cardinal Carter se sont envolés de Toronto pour venir demeurer dans notre maison. Pour la dernière fois, ma femme et moi avons accueilli un long défilé des bons et des grands, dans la splendide Spencer House de Jacob Rothschild. Margaret Thatcher a fait un discours, Bill Buckley l'a remerciée. Lord Carrington a proposé un toast à la reine, David Brinckley au président des États-Unis.

La nuit suivante, nous sommes allés au Harry's Bar puis chez Annabel's. Le jour suivant, j'ai emmené le cardinal Carter chez le cardinal Hume, et dans la soirée, ma femme et moi sommes allés au dernier des grands dîners auxquels nous assistions ensemble, celui de Malcolm Forbes Junior pour Ronald et Nancy Reagan. Ma femme est repartie pour Toronto avec le cardinal Carter le jour suivant.

Une semaine plus tard, je lui ai téléphoné avec des propositions pour rebâtir notre mariage, en soulignant que c'était ce que je désirais. Nous sommes tombés d'accord pour que je la rappelle une semaine plus tard. Quand je l'ai fait, Joanna (elle avait changé son prénom, Shirley, l'année précédente, puisqu'elle ne l'avait jamais aimé et pouvait maintenant en changer sans peiner sa mère, morte en 1987), m'a expliqué d'une voix somnolente qu'elle «ne savait pas ce qu'elle voulait». Mes plans pour ressusciter le mariage ne la remplissaient toujours pas d'enthousiasme, et elle considérait que nous étions «séparés» de fait, elle «vivant dans une de nos maisons». Cela n'était pas satisfaisant, et ne pouvait pas durer.

Je suis resté assis pendant plusieurs heures dans la pénombre grandissante de ma serre à Highgate, avec les feuilles d'automne balayées par le vent sur le châssis, dans une maison où mes enfants avaient joué en riant, où ils avaient grandi, et qui suscitait maintenant en moi un amer sentiment de solitude.

Ce n'est jamais tant que lorsque ma relation avec eux est devenue plus ténue que j'ai pu apprécier le fameux aphorisme du Dr Freud, «mes enfants sont ma joie et mes richesses». Le moment le plus triste, le point le plus bas de la courbe dans ce mariage qui se défaisait, ce fut quand notre fils de cinq ans, James, un enfant brillant, adorable et spontané, m'a répété au téléphone, qui était maintenant mon principal moyen de contact avec mes enfants, «ça me rend triste». Tout ce que j'ai pu lui dire, c'était que cela me rendait triste aussi. «Est-ce que tu aimes maman encore un peu?» Je lui ai dit que oui – et c'est encore le cas. Ses remarques m'ont brisé le cœur et m'ont inspiré des sentiments d'échec, d'impuissance et de remords qui m'ont hanté. Nous avons presque pleuré ensemble.

Pour un homme fier, amant de la tradition, qui croit au mariage et aime sa famille comme moi, c'était un sort bien dur. La faille qui avait toujours existé au cœur de notre mariage, c'était que j'avais romantiquement adhéré à l'idée que la naissance de notre fils aîné avait rapproché deux personnes qui étaient destinées à vivre ensemble. De temps en temps, ma femme a suggéré que ce même événement pouvait très bien avoir rapproché deux personnes qui n'avaient rien à faire ensemble*.

Notre rupture, ai-je estimé, en était une où il n'y avait pas de faute, ou alors une responsabilité conjointe. J'avais échoué à donner à Joanna le sentiment d'être aimée et appréciée, qu'elle estimait mériter. Elle m'avait peu à peu privé de tous les éléments d'un mariage fonctionnel – l'empathie, l'intimité, et même la simple sollicitude. Le fait d'élever nos enfants et un certain degré de respect désintéressé, c'était tout ce qui restait. Ce fut une période lourde de craintes, de reproches personnels, de chagrin et de solitude.

Je suis resté trois semaines à Highgate, m'aventurant dehors le jour, mais passant généralement mes nuits dans une sorte de *manresa* d'où j'ai émergé avec des décisions aux conséquences importantes. Je ne désirais pas vivre seul. Ce mariage-ci était terminé, mais il devait être remplacé par une relation entièrement volontaire fondée sur des bases solides d'intérêts, de buts, d'opinions communs, comme sur une intense affection réciproque.

Je sentais, peut-être non sans quelque faiblesse coupable envers moi-même, que si je me consacrais exclusivement à ma carrière et jouissais d'une raisonnable bonne fortune, je pourrais aspirer à un éloge funèbre semblable à celui d'André Laurendeau pour Duplessis : « Vu de loin, une telle carrière (...) semble en effet brillante. Examinée de plus près, elle semble bien plus austère à cause de la solitude à laquelle est condamné celui qui exerce le pouvoir, et à cause des renoncements exigés par une telle carrière. »

---

* Mon intense attachement à mes enfants ne m'a pas empêché d'apprécier de temps en temps l'esprit décisif de Jimmie Goldsmith, quand l'exaspération causée par l'un de ses fils a atteint un tel point qu'il a téléphoné au service des informations de la BBC, a trouvé la ville la plus proche de l'endroit exactement opposé à sa résidence de Londres, de l'autre côté du monde, South Island, en Nouvelle-Zélande, a demandé les informations de cette ville par téléphone, négocié un emploi dans un restaurant pour son fils, qu'il a payé, et envoyé là l'apprenti restaurateur avec un billet d'aller simple. Ça a marché.

Je n'allais pas, ai-je décidé, accepter ces renoncements et cette solitude. Tandis que j'observais depuis ma serre le crépuscule de l'automne et de ma vie conjugale, j'ai passé en revue l'ensemble de mes relations féminines comme je ne l'avais jamais fait pendant les onze ou douze ans où j'avais pensé jouir d'un mariage raisonnablement heureux. Peu à peu, avec une certaine hésitation d'abord, puis avec une plus grande détermination et une conviction approfondie, et finalement avec une ferme résolution, mes pensées et mes espoirs se sont fixés sur Barbara Amiel.

Belle, brillante, idéologiquement robuste âme sœur, écrivaine talentueuse et oratrice électrisante, chic, pleine d'humour, surnaturellement sexy, juive fière de l'être sans être pratiquante, ayant connu les tempêtes maritales et les déceptions maternelles, une rescapée du Canada qui faisait assurément son chemin depuis des points de départ qui n'étaient pas sans ressembler au mien, tout comme ses points d'arrivée éventuels, une relation amicale pendant des années, elle est bientôt devenue le summum de mes désirs les plus ardents et intraitables. J'ai été stupéfait, rassuré et, au cas où mes sentiments ne me seraient pas retournés, inquiet de découvrir que j'étais profondément amoureux. Ma stupeur devant la tournure des événements fut aisément dépassée par celle de Barbara.

Elle méditait de déménager à New York, à la recherche d'une vie plus sereine en compagnie d'un romancier et scénariste distingué. Alors que nous étions tous deux seuls à Londres, en dix semaines nous étions allés déjeuner deux fois, et dîner une fois ensemble; nous devions aller à l'opéra de Covent Garden, le samedi 17 novembre. Je suis arrivé tôt pour la chercher, et je me suis installé avec résolution, «un Canadien de grande taille», sur son sofa.

Lentement, avec hésitation d'abord, j'ai déballé ma marchandise. Elle a d'abord été abasourdie, puis incrédule, et enfin pénétrée de stupeur. Elle m'a conseillé avec bonhomie d'aller consulter un psychiatre, ce que j'ai fait. Un analyste distingué de Tavistock m'a assuré que mes pensées, comme ma conduite, n'avaient rien d'exceptionnels. Lecteur habituel de Barbara, il l'avait souvent vue à la télévision, et ne trouvait pas son attrait difficile à comprendre. J'ai donc persévéré sans relâche et le scepticisme de Barbara s'est peu à peu transformé en réceptivité, et finalement en réciprocité. Nous nous sommes adonnés au nouveau genre littéraire qu'était la télécopie amoureuse.

Quand la situation a atteint le point où l'honneur exigeait que je parle à Joanna, je l'ai fait. Les discussions portant sur notre séparation et les arrangements afférents avaient déjà progressé de façon raisonnablement civile, même s'il y avait eu quelques moments très déplaisants. Les indignités publiques ont été évitées, et ma position légale facilitait la négociation d'un accord financier supportable. J'étais attristé, mais je n'ai pas manqué de générosité. L'avocat a admis que nous étions séparés depuis le moment où Joanna avait quitté l'Angleterre en mai 1991, et que nous serions admissibles au divorce une année plus tard.

Afin de maintenir un semblant de cadre familial pour Noël, nous avons passé de petites vacances assez chiches, même si Joanna et moi avons donné notre habituel party de Noël à Toronto et que nous soyons allés à l'excursion annuelle de Trevor Eyton à North Palm Beach. Nous étions tous deux déterminés à traverser cette phase infortunée avec autant de dignité et de discrétion que possible. Je suis retourné à Londres pour le Nouvel An après m'être séparé de mes enfants avec une singulière difficulté, et ma liaison avec Barbara est devenue publique à la mi-janvier, dans la colonne de potins de Nigel Dempster, du *Daily Mail*, qui était universellement lue.

La presse canadienne a manifesté un intérêt soutenu, avec quelques portraits exceptionnellement médisants de la vie conjugale et amoureuse de Barbara avant moi, et quelques insinuations complètement fausses comme quoi elle avait brisé mon mariage. Le rédacteur en chef du *Globe and Mail* m'a spontanément présenté des excuses pour l'un de ces articles à l'insolence toute particulière. Tous ceux qui enviaient le talent et la beauté manifestes de Barbara, tous ceux que sa fermeté idéologique offensait, tous les antagonismes infestant sa profession, parmi les tenants des «modes de vie» déviants, lesbiennes et autres, toutes ces forces explosèrent de vindicte. La presse britannique était bien plus à même d'accepter les talents éditoriaux de Barbara et sa beauté, et bien moins vulgaire et méprisable que les journaux canadiens. Le *Daily Mail*, en particulier, émit des spéculations assez bénignes en se demandant si les motivations amoureuses l'emporteraient sur mon aversion catholique présumée pour les divorces et les remariages.

J'avais averti le cardinal Carter de la fin de mon mariage le jour de Noël, ainsi que de ma nouvelle vie amoureuse, et après avoir exprimé une inquiétude appropriée, en particulier pour nos «délicieux enfants», il a cité Thomas d'Aquin – «*Primo vivere* – d'abord, nous devons vivre.» Il comprenait mon dilemme, et m'a demandé de transmettre ses amitiés à Barbara. Comme toujours dans les affaires importantes, je lui ai été indiciblement reconnaissant de son soutien.

Barbara et moi nous sommes mariés le 21 juillet 1992 au Bureau de l'état civil de Chelsea, quatorze ans et une semaine après mon premier mariage. J'ai envoyé un message à Joanna, dont je me suis assuré qu'il est bien arrivé la veille, et Joanna m'a envoyé en retour ses amicales félicitations. Nous nous souhaitions du bien, et nous nous en souhaitons encore. Le greffier nous a prévenus qu'en vertu de la Loi sur le mariage de 1946, toute référence à Dieu et toute imitation des paroles sacramentelles de quelque religion que ce soit, même une version muzak de la marche nuptiale de Wagner ou de celle de Mendelssohn, n'étaient pas admises. Nous avons improvisé des références samizdat aux institutions conjugales qui surpassent «celles du parlement et de l'État» par leur durabilité et leur transcendance, etc. Ce fut une cérémonie pleine de dignité, qui a fourni à Barbaba le joli sujet d'une chronique fort appréciée dans le *Sunday Times*; elle l'a transmise depuis le Maine, où nous sommes allés passer les vacances avec mes enfants.

Nous sommes allés directement de notre cérémonie de mariage au party de Walter Annenberg pour la reine mère au Claridge. Son deuxième toast a été pour nous, et nous nous sommes bien amusés. J'avais développé une relation assez intime avec Walter, alors âgé de quatre-vingt-quatre ans, et que mon père aurait pu décrire ainsi : «réduit à quatre milliards de dollars, avec le vieil âge qui s'en vient». Son amitié, sa générosité et ses conseils avisés sont rendus plus précieux encore par ses manières Vieille Philadelphie; une de ses formules d'ostracisme préférées dans une conversation, c'est: «Les portes de Sunnylands (sa somptueuse demeure de Palm Springs, en Californie) ne s'ouvriront jamais pour cet individu».

Oubliant parfois que peu de gens sont aussi riches que lui, Walter me presse, de temps à autres, d'exécuter un prise de contrôle de quatre ou cinq milliards de dollars. C'est un compagnon charmant. En cette occasion, la reine mère m'a remercié pour la façon pleine de tact dont mon groupe avait couvert les ennuis conjugaux de la famille royale, comme l'avait fait la reine elle-même, lorqu'elle m'avait fait prêter serment pour mon entrée dans le Conseil privé, trois semaines plus tôt.

Nous avons entretenu une vingtaine d'amis chez Annabel dans la soirée, et sommes allés à New York le jour suivant pour ce que Bill Buckley a intitulé «un souper plein de gaîté». Puis de là à Toronto, et d'autres festivités, incluant un dîner où, pour être présent, le cardinal Carter encourut des dérangements considérables, et où il nous a offert un toast avec une émouvante bonté. Barbara et moi, nous espérons vivre heureux ensemble pendant très longtemps.

Comme je l'avais prédit pendant des années, notre trésorerie s'avéra pratiquement imperméable à la récession qui frappait bien d'autres entreprises de presse et les rendait vulnérables. Une fois les gesticulations théâtrales d'O'Reilly calmées, en Australie, j'ai aussitôt entrepris d'augmenter notre pourcentage de rentabilité chez Fairfax.

J'étais retourné en Australie à la mi-janvier 1992, et suis allé dîner chez le nouveau premier ministre, Paul Keating, à sa résidence de Sydney, Kiribilli House (en apposant ma signature dans le registre des invités immédiatement après George Bush). Là où Hawke avait été doucereux, facilement émotif et pourtant inaccessible, pour ne pas dire dépourvu de franchise, Keating était direct et d'un humour contagieux, avec des lèvres qui frémissent souvent de la tentation du bon mot à venir. C'était la différence entre un homme au pouvoir inquiet et menacé de toute part, s'accrochant désespérément à un poste auquel il a perdu tout droit, et l'héritier longtemps frustré, débordant du désir de remplir une fonction dont il craint qu'elle ne lui ait été trop longtemps déniée.

Sur la terrasse surplombant Sydney Harbour, Paul Keating considérait avec un calme tout à fait philosophique ses maigres chances de ré-élection. Il parlait presque avec ferveur, et avec sa salacité toute australienne, de ce qu'il avait accompli comme ministre des Finances de Hawke, dérégulation, réduction des impôts, promotion des intérêts des entrepreneurs contre les appétits excessifs des syndicats qui étaient le soutien traditionnel de son parti. À en croire l'éloquence en plein essor de Paul Keating, on pouvait presque s'imaginer que l'Australie était une martyre de l'éthique du travail, plutôt que, ainsi qu'on la décrit plus souvent, une nation d'hommes plutôt léthargiques, égrillards et grands buveurs de bière, titubant à la poursuite des femmes du pays, lesquelles sont d'un attrait peu commun.

Le premier ministre a décrit avec une franchise hilarante les errances d'un régime dont il venait de saisir de justesse la direction, et m'a expliqué comment il ne pouvait pas modifier le plafond maximum de 15 % que nous avaient imposé les infâmies d'O'Reilly et les simagrées du groupe moribond de Melbourne. C'était «merdique et scandaleux, évidemment», mais lui laisserais-je six mois pour que la poussière retombe, après quoi il promettait de rétablir la situation? Bien sûr, lui ai-je répondu : je n'avais pas le choix. J'ai fini par comprendre de quelle extraordinaire et vigoureuse manière Paul Keating combine la ruse de Bankstown (Sydney) – Irlandais, homme à tout faire politique, autodidacte content de parler de Nash et d'horloges anciennes avec la reine et écoutant constamment de la musique classique; et en même temps un homme d'un grand talent comique, magnifiquement conscient de l'absurdité de toute action, y compris en grande partie des siennes.

John Major et Michael Heseltine se sont débarrassés de la capitation, et avec Douglas Hurd, le premier ministre a gagné pour l'Angleterre une clause de sortie de la Communauté européenne, eu égard au chapitre social du Traité de l'Union. Major et Douglas Hurd étaient partis à la conférence de Maastricht en décembre 1991, avec dans les oreilles le résonant éditorial de Max, auquel j'avais un peu prêté la main. (Ma contribution avait été en partie suscitée par Barbara lisant à haute voix des extraits d'Orwell, «England, Their England», pour nous rafraîchir la mémoire.) Nous les pressions de se sentir toute liberté de revenir sans un accord s'ils estimaient que cela servirait l'intérêt national. Ils ont bien fait de négocier comme ils l'ont fait, et le spectre le plus effrayant, celui d'un schisme du Parti conservateur sur la question de l'Europe, fut évité. On s'entendait largement, dans les cercles naturellement conservateurs, pour penser que nous devions faire ce que nous pouvions pour remettre le présent gouvernement au pouvoir; nous essaierions plus tard de gagner le cœur et l'esprit de John Major. L'élection est arrivée au dernier moment possible, et la campagne a commencé de façon très chancelante pour le gouvernement, qui a pataugé et hésité pendant les deux premières semaines.

J'étais en Floride mais je recevais des bulletins quotidiens. J'ai posé à Max la question quasi-militaire : «Est-ce l'Armée française en 1914, se préparant à la victoire de la Marne, ou en 1940, prête à une lâche déroute?» Ce n'était pas clair, mais John Major gardait la tête froide. Il a littéralement fait campagne sur la boîte de savon qu'il utilisait alors qu'il se présentait comme conseiller municipal à Brixton, bien des années auparavant, et il s'est bien comporté quand on l'a bombardé avec des œufs, un contraste tout particulier avec un Neil Kinnock suffisant, en train de hurler à un ralliement à Sheffield comme un blouson noir gallois ivre à un match de football.

Major m'avait dit dès le début de l'année qu'il ne pensait pas «être devenu premier ministre pour devenir un détail de l'histoire, un trophée dans la carrière de quelqu'un d'autre, en particulier pas celle de Neil Kinnock – pas en ayant obtenu ce poste à l'âge que j'ai.» Cela indiquait un sentiment proche d'un sens du destin, et Major est resté solidement en lice tandis que le jour du scrutin approchait, même si ses collègues, à part Michael Heseltine, manifestaient leur démoralisation et leur inefficacité.

Les journaux possédés ou contrôlés par Murdoch, Rothermere, Stevens et moi avertissaient régulièrement des conséquences découlant d'une élection du Parti travailliste et de l'augmentation des impôts sur le revenu comme des paiements du National Health Service jusqu'à concurrence de 59 % (au lieu de 45 %), comme il l'avait promis. Le *Sun*, le jour de l'élection, mit en page 3 une femme nue de 150 kilos, sans soutien-gorge, avec le titre «Si les Travaillistes gagnent, voilà à quoi ressemblera la Pin Up de la page 3». Ils avaient déjà utilisé le titre «Cauchemar dans Kinnock Street». Le jour de l'élection, la première page du *Daily Mail* était occupée par l'avertissement «Ne faites pas confiance au Parti travailliste!» La page correspondante du *Daily Express* disait : «Ne gâchez pas tout!»

La proverbiale presse tory, tous les journaux londoniens sauf le *Guardian*, l'*Independent*, l'*Observer* et le *Mirror*, ont mieux travaillé que le gouvernement à prévenir le public des implications d'une victoire travailliste.

Nous possédons des journaux sérieux, et avons fait des reportages honnêtes, mais nous sommes allés aussi loin que possible dans nos éditoriaux pour présenter des arguments rationnels en faveur du gouvernement. Dans le dernier *Sunday Telegraph* avant le scrutin, Charles Moore, Paul Johnson, Frank Johnson, sir Peregrine Worsthorne, Ambrose Evans-Prichard, Christopher Booker, la plupart de nos élégants et vigoureux rédacteurs tirèrent toutes les volées de canon en leur pouvoir pour promouvoir la cause gouvernementale. (J'avais appelé Perry Worsthorne de Floride une semaine plus tôt, après qu'il eut pratiquement appuyé les travaillistes tant il trouvait les tories incolores et sans conviction. Je l'ai pressé d'envisager toute l'horreur d'une victoire travailliste, et il a réagi courageusement dans le dernier *Sunday* avant l'élection, en appuyant le gouvernement parce que celui-ci refusait d'abolir la chasse au renard, une activité à laquelle ne s'adonnait pas Perry, et qu'il n'approuvait même pas particulièrement, mais qu'il considérait comme une tradition valant la peine d'être conservée.)

La nuit du scrutin, le *Telegraph* et le *Spectator* ont ressuscité une tradition de l'ère Berry, et nous avons donné un grand party au Savoy. Nous sommes allés, Barbara et moi, assister à un opéra distrayant à Covent Garden, et nous sommes arrivés à notre party alors que les premiers résultats commençaient à tomber. (Comme mon costume de soirée était à moitié chez moi et à moitié chez Barbara, j'étais l'un des électeurs les plus bizarrement accoutrés à mon poste de scrutin local. J'ai perdu, puisque Hampstead et Highgate ont voté pour cette candidate particulièrement défavorisée par la nature, Glenda Jackson, la candidate travailliste.)

Le sondage Gallup du *Telegraph* était le seul à prédire une victoire des Conservateurs, bien que destiné à former sans doute un gouvernement minoritaire, et je pensais que la question des impôts, avec les réticences à l'égard de Kinnock, pourrait juste faire la différence, malgré la campagne inepte du gouvernement. Il est vite devenu clair que les conservateurs étaient très en avance des prévisions, et le suspense de la soirée n'a pas été particulièrement poignant, même s'il y a eu quelques moments remarquables à notre party.

Margaret et Denis Thatcher sont venus directement du Concorde et de Heathrow, et elle a monté les marches d'entrée du Savoy en disant «Nous avons gagné, nous avons réussi!» Les gens ont voté pour le thatchérisme, sinon pour Thatcher, lui ai-je dit, ce qui était sans aucun doute la vérité. Les partisans symboliques des travaillistes, comme John Mortimer ou l'ancien otage au Liban, Charles Glass, se sont défilés assez tôt, mais parmi les tories soulagés, il s'est établi une atmosphère presque émotionnelle.

Des gens qui s'étaient querellés pendant des années s'embrassaient; Max Hastings, qui n'est pas un pratiquant, avait promis 500 livres à son église anglicane locale si le gouvernement revenait au pouvoir, et il déambulait dans la salle comme un pacificateur biblique apaisant les disputes et les insultes accumulées pendant les années. Paul Johnson était tellement soulagé de ne pas se sentir obligé d'émigrer qu'il est redevenu rédacteur régulier au *Daily Telegraph*, d'où Max Hastings l'avait congédié sans cérémonie trois ans plus tôt pour avoir écrit des réflexions «déloyales» dans le *Spectator*.

L'esprit de réconciliation n'a cependant pas rapproché Lady Thatcher de Max, auquel elle ne pardonnait pas sa dispute avec Carole Thatcher. (Max a dit une fois à nos directeurs, et justement, que «ce serait trop demander à Mme Thatcher de voir dans le congédiement de sa fille un exemple du thatchérisme en action.») Neil Kinnock a concédé la victoire dans le discours le plus malgracieux que j'aie jamais entendu, mais avec aussi les paroles les plus véridiques que je lui aie jamais entendu prononcer : la presse tory avait gagné l'élection. Assurément, la campagne officielle du gouvernement n'était pas bien organisée.

Le gouvernement est sorti des élections avec une majorité de 21 sièges, bien en deçà des victoires massives de Thatcher, et John Major m'a aimablement écrit pour me remercier de la contribution du *Telegraph* à ce résultat. Dans la première réunion post-électorale que j'ai eue avec lui, il a répété son opinion que l'union monétaire européenne était indésirable, et qu'il n'y ferait jamais participer la Grande-Bretagne, malgré le fait que l'énoncé du Traité de Maastricht («Un Traité d'Union») soutient entièrement et de façon écrasante une telle union. Je lui ai demandé pourquoi, s'il était opposé à l'accomplissement des buts qui sont la raison d'être affirmée du traité, il avait quand même risqué avec tant d'abandon la vie de son gouvernement, quelques semaines plus tôt, afin obtenir un nouveau mandat, hautement personnalisé, pour la ratification de ce traité.

Il a exprimé alors un désir, une vocation et une capacité à désocialiser l'Europe. À la place d'une Grande-Bretagne perdue dans le monde euro-narcissique de «pauvres riches et de riches pauvres» (une formule de l'aimable et intelligente reine des Pays-Bas), par respect pour le rôle joué dans l'histoire française et allemande par les énormes masses des ouvriers et des fermiers mécontents, la Grande-Bretagne aiderait l'Europe à sortir de sa crainte relative du système des stimuli économiques. À l'exception de l'Angleterre, la Communauté européenne manifeste une détermination exagérée et un poids insupportable aux dépenses sociales, et plus de 50 % de son produit national brut collectif se retrouve dans le secteur public.

Dans la mesure où, sur ce sujet, il adapte son discours à son interlocuteur, il est difficile de savoir à quel point John Major énonce de façon confidentielle sa politique, ou s'il est simplement en train de retapisser les crevasses qui divisent ses partisans. L'un et l'autre rôle ne sont pas sans mérite, mais il est inquiétant de ne pas arriver à les départager.

Quand je suis retourné en Australie pour une approximation de lune de miel, en août, j'ai de nouveau parlé à Paul Keating de notre bloc d'actions dans Fairfax, et il a renvoyé sa réponse au mois de novembre, dans son torrent habituel de mots orduriers, déluge de calomnies à l'égard d'une variété d'amis et d'ennemis du monde politique et journalistique.

La réunion annuelle de Fairfax en novembre a eu lieu dans le pittoresque Opéra de Sydney. Cela aurait dû être une séance d'appréciation mutuelle où l'on se serait félicité du progrès énorme de la société dans les onze mois précédents, de la rapidité avec laquelle on était sorti de la tutelle, de l'augmentation de 60 % de la valeur des actions, des profits en nette et croissante augmentation, et de la nouvelle équipe de direction. Au lieu de cela, Malcolm Turnbull s'offrit une dernière brève gasconnade. À cause de conseils juridiques et d'un projet de contrat incompétents, Malcolm avait pu gagner la sympathie de la cour sur un point technique selon lequel on n'avait pas averti les administrateurs assez à l'avance de la nécessité d'une résolution spéciale pour approuver les options.

Malcolm a rameuté quelques partenaires de bric et de broc, comme s'il s'était agi du pillage de l'entreprise et non d'une banale erreur de procédure. La Bourse australienne, faisant montre de la même résistance granitique à toute agitation minoritaire que nous avions déjà rencontrée chez les régulateurs australiens, nous a demandé de retirer la résolution en question. Ce que nous avons fait. Mais Malcolm a harangué l'assistance comme un procureur à Nuremberg. Nous nous étions engagés dans une entreprise de mensonge total aux actionnaires, nous avions mélangé les stimuli réels et des récompenses rétroactives non méritées, nous étions coupables «de cupidité et de mauvaise gestion», et puisque les administrateurs australiens comprenaient un ancien gouverneur général et ancien président du tribunal de New South Wales, ainsi que des industriels que Malcolm avait «respecté toute [sa] vie», ils devaient être tombés sous la funeste influence des administrateurs d'outre-mer.

Comme d'habitude, Malcolm y allait de sa mâchoire prognathe, le menton en avant, tandis qu'il bredouillait les ridicules accusations du discours qu'il avait préparé. J'ai pris des notes, et j'ai eu le plaisir de lui répondre (comme cette sorte d'empoignade déplaisait fort à Zelman Cowen) que les administrateurs avaient bien honte des erreurs techniques, qui ne se répéteraient pas mais avaient au moins conduit à une réduction des coûts juridiques, mais que ceux que nous voulions récompenser le méritaient complètement, pour avoir «émancipé Fairfax d'une tutelle dégradante, et avoir si rapidement enrichi les partenaires.» J'ai souligné que Malcolm avait «arraché» 6,3 millions de dollars à l'entreprise et à ses propres clients pour des services très minimes, «et de surcroît il a fait obstruction au consortium dont il était ostensiblement l'un des membres. En conséquence, le voir faire la morale à quelques-uns des plus illustres citoyens de ce pays, c'est, à dire le moins, bizarre.» J'ai considéré comme une motion mineure de confiance le fait que Malcolm ait chapardé 3,3 millions d'actions auprès de ses clients, aux prix de fondateur, et les ait conservées jalousement, malgré ses critiques si tranchantes de gens qui lui avaient permis de faire un gain en capital de 2 millions de dollars.

La marée a définitivement tourné avec ma conclusion, qui dénonçait comme «honteuse» l'attaque «xénophobe» de Malcolm «contre des citoyens étrangers dont il avait, dans mon cas, sollicité la présence comme actionnaires de Fairfax, qui sont venus en Australie avec des réputations sans tache, et qui sont fiers d'avoir investi dans ce pays.» Des applaudissements longs et soutenus ont suivi.

Deux jours plus tard, Paul Keating m'a reçu avec Dan Colson à son bureau de Sydney. Il avait lu une transcription de mes remarques, et en avait cité des passages à un souper de remise de prix (journalistiques). Nous avons eu l'habituelle conversation informelle dans un langage plutôt grossier, et il a admis qu'il était coupable de ne pas avoir tenu plus tôt sa promesse de janvier. Il nous a pressés d'envoyer immédiatement une demande au Foreign Investment Review Board pour augmenter notre part à 25 %, en disant qu'il nous appuierait. Il était tout à fait d'accord pour notre présence à long terme en Australie.

Au cours de cette année, Keating était arrivé à peu près à égalité avec son opposant dans les sondages, principalement à cause de son recours à une série de leurres, le drapeau, la monarchie, le rôle de la Grande-Bretagne dans la Seconde Guerre mondiale, et autres sujets sensibles dans les antipodes. De façon plus significative, Hewson était empêtré dans sa promotion d'un impôt sur les biens et services. En mars 1993, Keating a été facilement réélu, et en avril il a donné son approbation à notre demande d'augmentation de nos parts. Il me fait l'effet d'un leader plus capable que n'importe lequel des chefs de gouvernement actuels dans le monde anglophone, et d'un compagnon charmant, de surcroît. Rupert Murdoch m'avait averti que les journalistes de Fairfax nous sembleraient sortis d'un «panier de serpents», mais les réflexions de Keating à leur sujet sont souvent encore moins charitables. C'est aussi le cas chez des politiciens plus conservateurs. Le premier de Victoria a traité le *Melbourne Sunday Age* d'«étoile du matin en travesti», tandis qu'un important pasteur et homme politique m'a écrit en se plaignant du «Sydney Morning Homosexuel». Les deux exagèrent. En fait, la plupart de ces journalistes me semblent acceptables, mais en tant que groupe, ils avaient besoin d'un bon *debriefing* à propos de la longue période de liberté excessive où ils ont pu être aussi tendancieux ou même aussi diffamatoires qu'ils le désiraient.

Nous étions au bord d'un grand succès d'entreprise. Toutes nos informations et notre intuition indiquaient que les profits de Fairfax, ainsi que le prix des actions, allaient plus que doubler dans les quatre années suivantes, après avoir déjà doublé dans la première année.

Avec l'aide de personnages d'aussi grand cru que Morris West, le distingué auteur, j'avais fini par énormément apprécier ce pays lointain, splendide et rude.

L'ingrédient qui manquait pour compléter notre grandiose stratégie journalistique, c'était une société qui nous servirait de vaisseau amiral en Amérique. C'est en prévision de cette démarche que j'ai décidé de diminuer la dette d'Hollinger au printemps 1992.

Mon investissement stratégique dans la United Newspapers de lord David Stevens s'était révélé une erreur. Mon raisonnement initial, en 1988 et 1989, avait été que United Newspaper était une entreprise sous-gérée et sous-évaluée, que le marché avait exagéré le déclin soi-disant inexorable des titres de l'Express (le *Daily Express* était passé de ventes de 4 millions à la mort de lord Beaverbrook en 1964 à seulement 1,6 million, 25 ans et près de dix rédacteurs en chef plus tard). Plusieurs présidents d'entreprises de presse dynamiques et bien gérées me faisaient des déclarations résolues à propos d'une prise de contrôle de

United, ce qui n'aurait pas été une initiative si exagérément audacieuse dans le climat financier de la fin des années 80.

Mon espoir initial était que lord Stevens prendrait lui-même la tête d'un rachat des titres nationaux, quelque peu aidé par un levier financier. Nous avons eu plusieurs conversations à ce sujet, mais il est bientôt apparu qu'il ne voulait pas conclure de marché, malgré ses déclarations en sens contraire, et qu'il était moins que ravi de m'avoir comme actionnaire important. Je ne pouvais entièrement le blâmer, même si je pensais qu'il y avait des possibilités de collaboration que sa nature soupçonneuse empêchait de pleinement explorer.

Mon onzième commandement, en tant que président d'un journal londonien, c'est de ne jamais dire du mal d'un autre président, et mes relations ont été presque toujours cordiales avec tous ceux-ci. J'ai toujours considéré David Stevens comme un opérateur financier sagace qui s'est transformé avec une considérable agilité de mauvais directeur administratif d'entreprise de presse provinciale en un président de Fleet Street. Il avait, c'est vrai, payé lourdement pour entrer dans le marché des journaux nationaux, évaluant Express Newspaper à six fois notre estimé de la valeur de Telegraph (p.l.c.) quand nous en avions pris le contrôle à peu près au même moment. Il avait congédié lord (Victor) Matthews, homme capable et modeste qui a laissé un bon souvenir chez ses collègues de la presse pour son militantisme dans les affaires de relations de travail. Quand on téléphonait chez lui, on subissait en général les beuglements à l'arrière-plan de lady Matthews, «Saque-les, Victor», ou, de façon encore plus belliqueuse, les glapissements du perroquet de la famille, qui criait sans arrêt : «Saque-les, Victor, pour l'amour du ciel, Saque-les tous! Sois un homme! Tous dehors!» L'ambiance de la demeure de lord Stevens, à ce que j'en ai observé, est aussi résolue, mais moins conflictuelle.

En 1992, le climat économique avait changé d'une manière plus dramatique que je ne l'avais anticipé, les bavardages belliqueux des aspirants prédateurs ont fait place à l'attente de me voir placer une offre, ce que je trouvais agaçant, et Stevens a habilement retourné ses limitations bien connues comme éditeur de l'*Express* en une arme de dissuasion contre ceux qui désiraient s'emparer de sa société. J'étais assez bon tacticien pour admirer sans rancœur son astuce à transformer une faiblesse en force. Les problèmes de l'*Express* ont découragé les offres de prise de contrôle tout en lui permettant de suggérer que United pourrait être une cible pour une prise de contrôle de ma part – ce qu'il devait savoir hautement improbable –, faisant ainsi monter le prix de ses actions, tout en ne s'inquiétant pas trop d'une offre d'achat hostile.

Pendant la campagne électorale, je croyais généralement en une réélection du gouvernement conservateur, sauf pendant les dix derniers jours, où il ne montrait guère de signes de vie, mais le catalyseur dans la vente des actions de United en mars, ce furent les nombreux sondages indiquant une victoire des travaillistes. Dans un tel cas malvenu, il n'aurait pas été bon d'avoir chez Hollinger 17 250 000 actions de United Newspapers (8,8 % du total) en garantie d'un prêt bancaire.

J'ai négocié en mars avec N. M. Rothschild la vente de notre bloc d'actions. (David Stevens a été très bien quand je l'ai prévenu à l'avance, et il m'a invité aimablement pour la première fois depuis des années, me donnant la place vide de Bob Maxwell à la table principale de son dîner corporatif annuel.) Au même moment, nous avons annoncé une prochaine vente en prise ferme de nos actions du *Daily Telegraph*, en quantité suffisante pour qualifier la société à être inscrite à la cote de la Bourse de Londres. Nous étions réticents à nous séparer de nos actions du *Telegraph*, mais les ambitions de croissance de notre entreprise exigeaient d'éponger notre dette et de rétablir nos positions de comptant et de crédit en prévision de nouvelles acquisitions.

Le procédure d'inscription en cote de Londres s'est révélée quelque peu plus compliquée que prévu. L'épouvantable fiasco de Bob Maxwell, le dernier partenaires avec vote de contrôle d'une société de médias à faire inscrire une division en cote en Angleterre, avait effarouché les administrateurs de la Bourse.

Les forces médisantes ricanantes de l'envie, qui sont parfois aussi facile à mettre en branle en Angleterre qu'au Canada, du moins en matière de commerce, firent une brève apparition à nos réunions institutionnelles et dans la presse financière. Elles proclamaient qu'il n'y avait aucune croissance au *Telegraph* et que nous étions sur le point de nous mettre collectivement la tête dans le four à gaz en acquérant des réseaux de télévision, ou encore à New York, où nous étions en négociations à propos du *Daily News*.

J'ai souligné dans des séances houleuses que notre stratégie d'acquisition avait été plutôt couronnée de succès jusqu'à présent, qu'en quelques années Hollinger s'était transformée de société minière essoufflée en société de médias hautement rentable, et à quel point le *Télégraph*, Fairfax et American Publishing avaient été des réussites.

Je pense avoir bien présenté l'argument : j'étais parfaitement au courant des errances des sociétés de presse écrite à New York et de télévision en Grande-Bretagne, mais nous avions une certaine obligation à considérer toutes les options sérieuses d'investissement. Finalement, N. M. Rothschild s'est déclaré preneur ferme pour la vente de 26 millions d'actions du *Telegraph* à 3,25 livres. À ce moment, la livre valait 2,40 dollars canadiens, et la combinaison des ventes de United et du *Telegraph* ont produit près de 320 millions de dollars et un gain net en capital de près de 50 millions.

Le mise au point des détails avec les preneurs fermes ont donné lieu à quantité de discussions amusantes, dont la moindre n'a pas été les discussions finales concernant le prix des actions, qui a eu lieu un dimanche au cours d'une conférence téléphonique, alors que j'étais chez moi à Toronto. J'étais dans mon cabinet de toilette en robe de chambre quand on s'est mis à taper et à sonner à ma porte avec insistance. J'ai fini par laisser là temporairement les Rothschild et Cazenove, à qui je parlais, pour découvrir sur mon seuil un galopin qui vendait des animaux en peluche pour une cause charitable enfantine à propos de laquelle il s'est montré fort vague quand je lui ai posé des questions plus précises.

Je lui ai dit : «C'est de toute évidence une attrape, et je suis plutôt occupé maintenant, mais je respecte l'esprit d'entreprise de n'importe quelle jeune personne qui vient sans rendez-vous, à pied, un dimanche, et remonte un chemin d'entrée aussi long que le mien avec des animaux en peluche à vendre pour une cause imaginaire. (Le dernier visiteur de cette sorte avait été Perry Worsthorne, en 1986, alors qu'il essayait d'obtenir le poste de rédacteur en chef du *Sunday Telegraph*.) Je lui ai dit que je paierais 10 $ pour un ours doré pour ma fille, mais quand il m'a demandé de payer la taxe de vente en plus, je lui ai dit que je me sentais insulté, que les charités ne paient pas la TPS, et que de toute évidence il ne payait pas de taxe ou d'ailleurs quoi que ce soit au gouvernement. «Je ne vois pas d'inconvénient à donner une occasion de se faire les dents à un jeune entrepreneur, mais je ne vais pas me laisser entuber alors que je suis en robe de chambre sur le seuil de ma propre maison, un dimanche matin. C'est ça ou rien.»

Il a décidé qu'il était preneur, et je suis retourné au téléphone pour résumer les points les plus saillants de la conversation à mes interlocuteurs; nous avons ensuite conclu nos négociations après en être arrivés à des chiffres qui convenaient à tous, non sans la menace d'annuler complètement la transaction si je ne recevais pas un prix raisonnable.

Les Rothschilds avaient des sous-preneurs et étaient des agents ne présentant aucun risque. La presse concurrente a réagi avec une allégresse maligne quand les actions ont ouvert à 2,85 livres, mais nous avions notre argent en main à 3,25 l'action, et le prix a joliment monté dans les mois suivants grâce à nos performances et à la dévaluation de la livre en septembre. Pendant que nous étions à nettoyer la maison, nous avons transféré quelques actions de Trinity International (une société d'édition américaine et anglaise) de Hollinger au *Telegraph*, émis un dividende spécial de 10 par action au *Telegraph*, qui serait en vigueur avant la diminution de notre contrôle, de 83 à 68 %, et nous avons vendu le tout dernier reste de notre California Cable, que nous avions conservée pour raisons d'impôts, en faisant monter notre conversion en espèces par action à 43 $ sur les vieilles actions achetées 8 $ à 12 $ de Standard Broadcasting. Les actions de Trinity ont été revendues en mars 1993, produisant un gain en capital de 6 millions de livres pour le *Telegraph*, s'ajoutant aux 12 millions de dollars de gain sur les mêmes actions pour Hollinger.

L'incomparable habileté de Jack Boultbee a réussi aussi à mettre sur le marché 150 millions de dollars d'actions à faible taux de rendement privilégié (3,6 %), ce qui correspondait à une participation minoritaire, à la place d'un montant équivalent de dette qui avait donné du 8 %. La réduction totale de notre dette à la suite de toutes ces opérations était de 522 millions de dollars. Le bilan d'inventaire, qui avait été l'objet en Angleterre de commentaires pincés nous comparant ouvertement et ridiculement à Murdoch, sinon à Maxwell, se retrouva présentable, comme remaquillé par un baume de Gilead fiscal.

Dans le zèle régulatoire qui a suivi l'affaire Maxwell, la Bourse de Londres nous a imposé des conditions absurdes. On exigeait par exemple que si le *Telegraph* déclinait une affaire à risque en Europe ou en Australasie, comme en Grèce ou en Nouvelle-Zélande, mais si Hollinger voulait l'essayer, le droit d'une société canadienne à acheter un journal ou toute autre propriété en Grèce ou en Nouvelle- Zélande devrait être sujette à une majorité des votes des actionnaires minoritaires du *Telegraph* (c'est-à-dire que les actionnaires majoritaires s'abstiendraient).

Ainsi les régulateurs s'attirent-ils le mépris du public, et spécialement de ceux qu'ils réglementent : par l'imposition capricieuse de mesures injustes et ridicules grossièrement *ultra vires* pour eux-mêmes.

Kevin Maxwell est venu me voir chez moi le dimanche 24 novembre, à 8 h 30 du matin, pour m'offrir des actions dans les entreprises de son père, juste avant que ne se révèle au grand jour les monstrueuses machinations de Bob. J'ai dit à Barbara que j'étais déterminé à ce que mes enfants n'aient jamais à faire une visite aussi financièrement embarrassante à quiconque après ma mort. Il ne m'a pas nommément offert le *New York News*, mais il était évident que le groupe subissait de fortes pressions financières, même avant l'apparition des problèmes légaux et éthiques, c'est une situation que je n'ai pas essayé d'exploiter.

Les discussions à propos du *New York News* ont continué pendant presque un an. Moins d'un mois après la mort de Bob Maxwell, alors que sa corporation commençait à s'effondrer, le fameux tabloïd, modèle du *Daily Planet* de Clark Kent et Perry White, a été mis au Chapitre 11 par ses administrateurs. Le journal avait vu son tirage diminuer depuis trente-cinq ans, passant de 4 millions tout de suite après la fin de la Seconde Guerre mondiale à environ 800 000 à la mort de Maxwell.

Il avait été de 1,2 million avant la ruineuse grève de 1990 qui l'a réduite à 200 000, essentiellement à cause du comportement antisportif du syndicat des chauffeurs, qui a lancé des bombes incendiaires sur des agences d'informations sélectionnées, et tiré sur plusieurs véhicules – et sur leurs chauffeurs –, des pratiques qui démoraliseraient même les plus enthousiastes des employés.

J'estimais que c'était un tour de force pour Maxwell d'avoir réussi à faire remonter le tirage du journal comme il l'avait fait. Il avait aussi réussi à faire disqualifier les employés accusés de conduites criminelles, les rendant inéligibles à revenir au *News*. Cela non plus n'était pas un mince accomplissement pour Bob, compte tenu de l'attitude désinvolte à cet égard des syndicats new-yorkais de l'industrie du livre.

Le chef du Syndicat des chauffeurs, Doug LaChance, évoquait ses années de prison en les appelant «service gouvernemental», et la dernière fois que je l'ai vu, et lui ai demandé comment il allait, il a répondu, philosophe : «Très mal. Hier, on a lancé un mouvement pour me révoquer comme président du syndicat. Ma femme commence les procédures de divorce aujourd'hui. Je m'attends à être cité en cour pour détournement de fonds demain ou après-demain. Et j'ai une gueule de bois terrible.»

Après avoir rencontré Doug Lachance et les autres personnalités du monde du travail, de la justice et des affaires qui se trouvaient dans le tableau, j'étais en mesure de m'identifier à Maxwell quand il avait dit avec quelque stupeur lors d'une conférence de presse, en 1989 : «On dirait que tous ces gens ont été inventés par Damon Runyan.» En plein milieu des discussions, quand nous avons été désignés comme acheteurs préférentiels par le comité des créanciers, Rupert Murdoch m'a téléphoné pour me dire : «À New York comme à Londres, ton minutage est parfait.». Sa preuve était que le procureur Robert Morgenthau, avait finalement réussi à obtenir une condamnation contre le chef de la mafia, John Gotti.

Je ne trouvais pas la condamnation d'un patron de la mafia particulièrement rassurant, ni même particulièrement pertinente aux relations de travail, même s'il était bien connu que le Syndicat des chauffeurs, en plus de son penchant pour la violence, livrait autant de cocaïne que de journaux.

Le *New York Times* avait remplacé le Syndicat des chauffeurs par celui des camionneurs, ce qui était en la circonstance considéré comme un pas de géant vers la réforme. Je soupçonnais que tous les syndicats – les plus corrompus, (les chauffeurs), les plus Luddites (dans ce méli-mélo) les journalistes, quintessence de l'obstination irlando-américaine, les typographes, qui avaient des garanties d'emploi à vie, les pompiers qui représentaient seulement deux personnes, mais faisaient du bruit pour 2000 –, tous pouvaient être influencés par le fait que si le *News* fermait boutique, ils n'auraient rien du tout.

Aussi longtemps que le *Chicago Tribune* aurait été le propriétaire, toute fermeture aurait été généreusement compensée et tous les employés seraient partis avec dans les poches des sommes confortables. Tout était différent à présent. Sans le *Chicago Tribune* pour régler les paies de départ dans le cas d'une fermeture, et avec la seule armoire bien vide des administrateurs de Maxwell, je me disais que même les syndicats les plus turbulents de New York accepteraient les réductions de personnel, les modifications dans la régulation du travail et des transformations radicales de la culture du journal, qui seules pouvaient rendre le *News* susceptible d'être ressuscité, et de quelque intérêt pour nous. Nous ne ferions pas affaire avec des syndicats marxistes sur l'ancien modèle de Fleet Street. Quoi qu'ils soient par ailleurs, les maffiosos sont des capitalistes. Le *Daily News* fonctionnait dans les limites de ce que la direction appelait «la zone rouge», un crédit de 10 millions de dollars avancés par la banque qui lui faisait face dans la 42e Rue, et dont la devise confirmée par son prêt au *News* était proclamée en grosses lettres dans ses fenêtres : «Nous prêtons à n'importe qui!».

Le *New York News* avait été fondé par le colonel McCormick et son cousin, le capitaine Patterson, en 1919. Il avait bel et bien forcé le *Mirror*, le tabloïd de William Randolph Hearst, à fermer boutique, et il était devenu le support journalistique et la voix des Archie Bunker blancs de la classe ouvrière, particulièrement dans Queens et Brooklyn. Il n'avait pas suivi sa clientèle dans les banlieues, s'était éloigné du conservatisme extrême de son fondateur pour devenir plus libéral, et recherchait les Noirs et les Hispaniques, clientèle moins séduisante pour les annonceurs. Tout ceci créait des conditions dans lesquelles nous nous trouvions être la seule société de presse sérieuse au monde à exprimer quelque intérêt dans le *News*.

Le *News* avait 2 100 employés, soit environ 700 de plus que ce qui était nécessaire, à mon avis. Chaque emploi coûtait environ 67 000 $ par an à l'entreprise, et le *News* perdait, en argent liquide, environ 750 000 $. Notre idée de la situation économique était que, avec l'élimination de 700 emplois et diverses autres économies auxquelles nous avions pensé (1 million de dollar par mois rien qu'en location dans la 42e Rue, dont le *Chicago Tribune* était encore le propriétaire), nous pouvions gagner 50 à 60 millions de dollars, ce qui justifierait l'achat d'une nouvelle imprimerie à 125 millions de dollars. (J'avais rencontré le maire de New York, David Dinkins, quand il était venu à Londres en juin ; la ville était prête à faire des concessions généreuses pour garder l'impression du *News* à l'intérieur des cinq districts). Libérés des règlements de travail désuets, des relations de travail hostiles et des procédés antiques d'imprimerie, nous pensions que la franchise pouvait être en partie reconstruite, et son déclin, à tout le moins, arrêté.

Notre véritable implication a commencé quand Barbara Walters, ma compagne de table au salon de George Weidenfeld au Chelsea, au début de décembre 1991, m'a suggéré qu'elle pourrait demander à John Veronis, l'acheteur de média bien connu, de me téléphoner. C'est ce qu'il a fait, et il été notre intermédiaire dans la procédure longue et complexe qui a suivi.

Ma première idée était une association avec le *New York Post*, qui avait prospéré pendant la grève du *News*, mais dont le propriétaire, Peter Kalikow, était personnellement aussi au Chapitre 11. Nous avons mangé ensemble chez John Veronis en février 1992, et nous avons mis au point une stratégie d'offre d'achat commune pour le *News*. Comme l'a prédit John Veronis : « L'administration de la corporation pourrait devenir un problème. »

C'est ce qui arriva bien avant l'existence d'une corporation à diriger. Kalikow avança très tôt l'idée que nous apporterions l'argent, et que lui mènerait l'entreprise ; tout indiquait que son but était de dépouiller le *News* de façon à remonter la valeur d'actif du *Post*, renforçant ainsi sa situation désespérée face à ses créanciers. Ce n'était pas ce que nous avions dans l'idée, aussi avons-nous continué seuls. De temps en temps, on réactivait des discussions avec Kalikow, mais tandis que les mois passaient, il tombait de plus en plus profondément et sans espoir entre les mains de créanciers et de nouveaux investisseurs racleurs de plancher. Les conversations que nous avions avec lui continuaient d'être divertissantes, mais elles avaient de moins en moins de rapport avec nos intérêts réels.

Sous la houlette de Mme Dorothy Schiff et ses rédacteurs au chic gauchisant, le *Post* avait été le journal du soir à Manhattan pour les Juifs libéraux à revenus élevés, mais Rupert Murdoch en avait fait un tabloïd écervelé du matin, très ciblé à droite et d'une tendance sensationnaliste marquée. Quand Rupert avait demandé à Marvin Traub, directeur de Bloomingdale, d'acheter davantage d'espaces publicitaires pour répondre à l'augmentation de son tirage, Traub est censé avoir répondu : « Vos abonnés sont mes voleurs à l'étalage. »

Sous Kalikow, qui l'avait acheté de Murdoch quand Teddy Kennedy et quelques autres eurent poussé à l'adoption de lois sévères contre la concentration des médias, pour se venger de Murdoch qui possédait une station de télévision à New York, le *Post*, mal ciblé, perdit de la circulation. C'était le revers du *News* : un produit éditorial souvent supérieur, avec une franchise sévèrement, et peut-être définitivement réduite. Après la fin de 1991, quand on a prouvé que Kalikow avait gonflé les chiffres de circulation, et que la section des livreurs a été décimée par les condamnations pour trafic de cocaïne, la franchise semblait pratiquement morte.

La firme Salomon Brothers s'occupait de trouver un acheteur pour le *News*, mais le juge de faillite qui supervisait le Chapitre 11, Tina Broznan, a de fait invité les syndicats à désigner le nouveau propriétaire. Les anciens porteurs d'actions, les administrateurs de Bob Maxwell, ont été exclus comme n'ayant plus une participation viable. Les prêteurs, les créanciers du secteur de la presse et les syndicats étaient tous représentés dans le comité des créanciers, où le *Chicago Tribune* figurait de façon proéminente comme propriétaire des immeubles, fournisseur de papier journal et partie intéressée de façon contingente aux pensions et autres engagements, là où Maxwell les avait annulées.

Tous les syndicats sauf l'Union internationale des typographes se trouvaient dans le Allied Printing Trade Council, mais ils n'avaient aucune cohésion, je pouvais l'attester à partir de mes rencontres avec eux. Les chauffeurs et les journalistes étaient représentés par John Connery, un avocat plutôt hargneux de la firme de Joe Flom, qui s'est opposé à nous à chaque étape. J'ai appelé Joe et lui ai demandé d'imposer quelque civilité, même si l'impartialité était impossible, à son partenaire. Le comportement de Connery est devenu légèrement moins exécrable pendant quelque temps.

Connery essayait d'écarter Ted Kheel, le vénérable conseiller syndical de Allied, et le chef du syndicat des journalistes, Jack Kennedy, essayait de remplacer George McDonald comme président de Allied. Le syndicat de McDonald, les Coupeurs de papier, comme les machinistes, les photograveurs et même la Guilde, étaient comparativement flexibles. Les stéréotypeurs, dont la fonction était complètement redondante même avec les technologies des années 50 en usage au *News*, étaient très militants. C'était aussi le cas des portiers, un syndicat récent, constitué presque entièrement de Noirs, et rassemblant les portiers et les concierges. Il y avait aussi plusieurs autres syndicats mineurs qui rouspétaient sans repos, présentant des stades divers d'agressivité stupide.

La direction et les administrateurs n'avait qu'un rôle de soutien dans l'accomplissement de leur propre destin, puisqu'ils s'étaient initialement laissés tomber sur leurs épées en allant au Chapitre 11 et en donnant à Salomon Brothers le mandat de trouver des nouveaux propriétaires. Le comité des créanciers a raté l'occasion de jouer un rôle, suite à une complète absence de leadership dans ses rangs. Aucun consensus n'a jamais été atteint, et les intérêts des diverses catégories de créanciers étaient si divergents que les banques, les fournisseurs et les syndicats n'ont jamais même essayé de feindre qu'ils cherchaient à former un front commun.

Les administrateurs du *News* comprenaient trois nouveaux outsiders, Arthur Levitt, fils du vérificateur de l'État de New York de longue date, et par la suite président de S.E.C. Richard Ravitch, un récent candidat malheureux à la mairie, et un cadre du service des nouvelles de CBS. L'un de ceux-ci désirait participer à l'offre gagnante, et Ravitch était le coparrain de l'autre offre, une communauté coopérative néo-fouriériste d'employés, financée par un groupe d'investisseurs venus du monde du cinéma. Cette offre ne décolla jamais.

Les réunions étaient toujours bourrées de conseillers spécialisés, et c'étaient d'interminables séances d'obstruction menées par une série sans fin de factions irréconciliables, arguant inflexiblement de leurs intérêts respectifs, habituellement à la manière amusante et typique de leur quartiers ethniques et de leurs professions.

À partir d'avril, il est devenu clair que la proposition de Mortimer Zuckerman était la seule proposition sérieuse avec la nôtre. C'était un promoteur immobilier originellement de Montréal, et propriétaire du *U.S. News and World Report* et de l'*Atlantic Monthly.* Aux réunions de la commission trilatérale à Lisbonne en avril, j'ai suggéré au rédacteur en chef de Zuckerman au *U.S. News*, David Gergen, l'ancien directeur des communications de Ronald Reagan, que nous évitions une guerre des enchères.

Mort Zuckerman m'a téléphoné quelques jours plus tard, et nous nous sommes rencontrés deux semaines plus tard à New York. C'était un type qui me rappelait mes jours à Montréal : Snowdon-Côte-des-Neiges, très dorloté par sa mère, très intelligent, immensément ambitieux, avec des manières agréables et un ego vulnérable. Son principal associé, Fred Drasner, en était la variante brooklinoise, beaucoup plus suffisant et abrasif, mais non sans le charme agressif de l'homme d'affaire juif new-yorkais. Fred allait être l'éditeur du *News*, comme il l'était déjà de *U.S. News and World Report*, et il dirigerait le *Daily News* plus ou moins dans ses moments de liberté. David Radler, qui était bien plus sérieusement engagé dans les négociations directes que moi, et moi-même, nous avons pensé que Mort et Fred sous-estimaient considérablement les difficultés de gestion d'un grand journal, particulièrement dans l'environnement compétitif et l'atmosphère des relations de travail à New York – et en tenant compte de l'histoire récente du *News*.

Avec Mort et David, j'ai exploré plusieurs façons de mettre sur pied une offre conjointe. Le gambit d'ouverture de Kalikow sembla faire de lui la raison même. Puisque l'entreprise était en faillite, elle ne paierait pas de primes de départ. Le gros règlement serait versé à Connery, Kennedy et LaChance, et tous les autres seraient alignés contre un mur. Nous pouvions apporter les sommes nécessaires, et nous serions «les bienvenus pour dîner quand vous passez à New York, nous vous dirons comment nous nous en tirons» (avec votre argent – c'était une des perles de bonhomie de Drasner.)

David et moi avons essayé toutes sortes de formules avec Zuckerman. Au moment où il était clairement sur le point d'abandonner la boutique aux chauffeurs et aux journalistes, j'ai suggéré que nous rédigions un offre commune combinant, du point de vue de l'acheteur, les meilleurs éléments de son offre et de la nôtre, et d'avoir ensuite un arbitre, une vente forcée ou même un tirage à pile ou face pour savoir qui serait le seul propriétaire, parce que, «je préférerais n'avoir rien du tout pour toute ma peine que de bourrer les poches et les egos de la racaille que vous vous apprêtez à acheter.»

Mon candidat comme arbitre était Henry Kissinger. Il m'a assuré qu'il était prêt à jouer le rôle d'arbitre entre Mort et moi, et que si on faisait appel à lui, il ne servirait pas des intérêts contraires aux nôtres. (Quand je lui ai dit cela, Barbara, bien qu'elle soit une admiratrice d'Henry et apprécie pleinement sa personnalité bouffonne et subtile, m'a répliqué : «C'est ce qu'il a dit aux Sud-Viétnamiens.») Mort a refusé un arbitre, que ce soit Henry ou Richard Perle, mon autre candidat, même s'il apprécie et respecte chacun d'eux.

Henry Kissinger, en 1992, avait porté la visite d'homme d'État dans le secteur privé à un degré de raffinement plus élevé que David Rockfeller lui-même, celui qui, parmi mes relations, l'avait inventée. Alors que nous passions en revue dans un rapport annuel les occupations de nos administrateurs, David Radler et moi, nous sommes tombés d'accord pour estimer que l'occupation d'Henry était d'être Henry Kissinger.

L'Amérique n'a jamais réellement eu à pratiquer la diplomatie comme d'autres grandes puissances, depuis le temps où Franklin et Jefferson se promenaient à travers l'Europe pour gagner des appuis à la Révolution, jusqu'à l'époque de Nixon : elle était trop isolée ou trop prééminente dans son hémisphère puis dans les divers systèmes d'alliances de la guerre froide. Lorsqu'il lui a réellement fallu peser l'intérêt des nations les unes contre les autres pendant les longs accès d'isolationnisme ponctués par la ferveur diplomatique d'un Woodrow Wilson ou même d'un John Foster Dulles, les deux premiers praticiens de la chose furent un Juif allemand et un Polonais canadien, Kissinger et Brzezinski : c'est un témoignage de la flexibilité méritocratique de ce pays.

Henry avait gagné beaucoup d'argent sans dévaluer l'originalité et l'impartialité de ses opinions, malgré les efforts frénétiques de la gauche molle comme de la gauche dure pour le discréditer. Pendant les dix premières années de l'ère post-nixonienne, les médias libéraux américains, dans leur haine fébrile du président déposé, ont attribué à Henry tout le crédit de ce que Nixon et Kissinger avaient accompli ensemble. Ensuite, pendant la période post-cartérienne, quand Kissinger a semblé pouvoir revenir au gouvernement, ils ont re-transféré le crédit à Nixon et systématiquement dénigré Kissinger. Les historiens sérieux débattront longtemps de l'allocation des crédits de la politique chinoise, du début du processus de paix au Moyen-Orient et du processus de Contrôle des Armes Stratégiques, tout comme le plan de vietnamisation Nixon-Kissinger sera longtemps débattu. Nixon et Kissinger comprenaient bien tous les deux les composantes stratégiques, mais, à cause de sa position d'autorité finale, Nixon était le *sine qua non* de l'accomplissement de tout progrès dans ces domaines.

Leurs relations sont cordiales et empreintes de respect mutuel, mais non sans rivalité. Quand Nixon est devenu un contributeur fréquent de ses anciens persécuteurs, le *New York Times* et le *Washington Post*, Henry m'a dit : «Il est comme un prisonnier qui est tombé amoureux de son gardien». Les talents de Kissinger sont du domaine de l'analyse historique des politiques étrangères et stratégiques, c'est un chercheur rigoureux, un éxécutant de concepts audacieux de politique étrangère et stratégique qui a fait ses preuves dans des circonstances dramatiques, un présentateur de talent, avec son sens perçant de l'humour et son énonciation sépulchralement teutonique, une figure historique, une personnalité très en demande, bref, une star.

Ses fioritures rhétoriques sont invariablement divertissantes : «Nous devons cesser de traiter la politique étrangère comme un substitut de la psychiatrie ou de la théologie», a longtemps été l'une de ses meilleures.

Il a un répertoire inépuisable de citations tirées de Metternich, dont ma préférée : «La politique étrangère est comme un drame. Une fois commencée, elle continue jusqu'à sa conclusion logique, soit par l'intermédiaire des acteurs qui lisent leur texte, soit par celui de l'assistance qui envahit la scène.» (Comme pour le cardinal Newman dans ses citations de Napoléon, personne ne sait si Henry cite Metternich sans embellissements.)

Son sens de l'humour ne le quitte jamais, dans les grandes ou les petites occasions. Alors que, secrétaire d'État, il assistait à la bar mitzvah du fils d'un subordonné, un journaliste lui a demandé si l'occasion lui rappelait sa propre bar mitzvah en Allemagne en 1938. «Von Ribbentrop n'a pas pu assister à la mienne», a-t-il répondu avec un sérieux parfait. Quand il est devenu l'un des administrateurs d'Hollinger, nous avons organisé un dîner pour lui dans notre maison de Toronto, et je l'ai assis près d'un de mes voisins qui favorisait une installation d'égouts locaux à laquelle je m'opposais parce qu'elle serait votée par chaque propriétaire, mais payée proportionnellement au nombre de mètres de façade : j'aurais payé les égouts de mon voisin auxquels, pourvu d'une fosse septique parfaitement adéquate, je ne voulais pas me raccorder parce que, comme je l'ai dit au conseiller municipal local, je ne voulais pas voir des étrons bondir comme des saumons dans mon sous-sol.

J'avais un peu prévenu Henry, qui a solennellement déclaré à mon voisin que les problèmes mondiaux majeurs étaient les réformes internes en Russie, l'agitation de l'Europe de l'Est, les déficits commerciaux avec le Japon, les installations d'égouts dans la banlieue de Toronto et le contrôles des armements. Son interlocuteur abasourdi lui a demandé de reprendre et il a nonchalamment répété son énumération dans le même ordre qu'auparavant. Une résolution toute bismarckienne était requise pour trouver du comique à des sujets d'une telle banalité.

Henry Kissinger est sans aucun doute capable de bien des détours, comme Walter Isaacson l'a abondamment raconté dans son livre bien écrit mais à la critique assez destructrice, *Kissinger*. (Quand j'ai demandé à Henry ce qu'il en pensait après avoir été invité par le *Sunday Telegraph* et par le *Spectator* à en faire la critique, il m'a dit, bien qu'il ait travaillé avec l'auteur : «La seule chose que j'aime dans ce livre, c'est le titre.») Le moteur d'Henry Kissinger, c'est une vigoureuse ambition, et par-dessus tout l'ambition de mettre le plus de distance sociale et économique possible entre lui et les pogromes anti-sémites qu'il a fuis lorsqu'il était enfant en Allemagne. (Ses motivations seraient sans pertinence et sans intérêt s'il n'était un brillant stratège et un grand homme d'État méritant pleinement de se voir appliquer les traditions qui ont tellement fasciné ses tendances universitaires). Je l'ai toujours trouvé plein de franchise et d'humour, un ami secourable et sûr, et un compagnon divertissant. Tout comme le président encore plus complexe dont il a été le principal serviteur, mais de façon différente, c'est un grand homme et un homme très incompris.

Mais Mort Zuckerman ne voulait pas de lui comme arbitre d'un risque partagé au *New York News*.

Quand le comité des créanciers et le conseil d'administration du *News* nous ont désignés une fois de plus comme acheteur préférentiel, le juge Broznan m'a donné une période limitée, la durée de ses vacances d'été, pour trouver un terrain d'entente avec les syndicats. J'ai donc présenté mon offre aux dirigeants : nouveaux niveaux de personnel, nouvelles règles de travail, esprit-maison différent, et les adhérents de leurs syndicats «allant travailler comme de joyeux petits elfes en chantant Hi-ho Hi-ho», en échange d'une nouvelle imprimerie, d'un budget sérieux de mise en marché et de la détermination pleine et entière de notre société, avec ses succès à Londres et ailleurs, de renverser la marée de décennies de détérioration au *News*, et «de poursuivre Archie Bunker dans les banlieues», tout en desservant les New-Yorkais plus récents.

À l'exception des journalistes, nous avons obtenu un accord théorique des syndicats, même des chauffeurs, mais à la fin de chacune de ces séances, les négociateurs syndicaux téléphonaient à Fred Drasner, qui leur assurait alors que lui et Zuckerman feraient mieux. Connery avait été acheté et menait Kennedy et ses simiesques journalistes par le bout du nez. Nous avions presque un accord avec LaChance, jusqu'à ce que Zuckerman accepte d'interdire les grossistes, (se mettant définitivement entre les mains capricieuses des chauffeurs), et de révoquer l'interdiction de Maxwell concernant l'engagement d'anciens grévistes accusés de conduites criminelles. C'était une concession d'une signification symbolique considérable. Engager des malfaiteurs violents venant d'un syndicat dominé par la Mafia et considérés comme moralement inemployables par Bob Maxwell lui-même, ce n'était vraiment pas ce à quoi nous pensions quand nous parlions de changer l'esprit-maison.

Quand Zuckerman et Drasner ont suffisamment fait dérailler nos discussions avec leurs ingérences, et que nous ne pouvions plus arriver à un accord dans les limites de durée fixées par le juge, nos représentants à New York, en particulier l'infatigable David Dodd, le vice-président aux finances de notre société American Publishing, ont tenu une conférence de presse commune très amicale avec LaChance et Kennedy, qui nous ont gracieusement remerciés d'avoir donné à Mort

Zuckerman des raisons de leur faire des offres qu'ils trouvaient extrêmement difficiles à refuser.

Mort exigeait des réductions de personnel minimales, et n'admettait pas que les syndicats les moins puissants aient quelque droit que ce fût à des primes de séparation de la part d'une entreprise en faillite. Il proposait seulement 13 millions de dollars pour un tirage de 800 000 exemplaires d'un journal publié dans le plus grand marché, et le plus riche, du monde. Et pourtant, ses comptes étaient clairement impossibles. La réduction de personnel qu'il obtiendrait ne justifierait pas les dépenses en capital résultant d'une nouvelle imprimerie, même avec des stimulants offerts par le gouvernement local, et une nouvelle imprimerie était absolument nécessaire pour arrêter le déclin du *News*.

Nos relations ont continué à être aimables, et je lui ai souhaité bonne chance, en public comme en privé, même si la fermeture a été retardée pendant deux mois, tandis que les unions mineures qu'il avait espéré écraser allaient en cour avec des succès partiels. Il a eu un succès important avec la Guilde, ce qui a en partie justifié sa stratégie, mais il devra aller chercher d'autres massives réductions de coûts en réduisant le personnel, et il n'y aura pas d'autre occasion aussi propice que la faillite post-Maxwell.

L'une des irritations de nos nombreux mois d'efforts sans succès à New York, ce fut de voir que personne ne nous prenait au mot quand nous disions que nous ne poursuivrions pas le *News* au-delà du point où nous nous sentions financièrement à l'aise. Ni les créanciers, qui nous ont téléphoné à la fin du processus pour demander ce que «NOUS allions faire»; ni les syndicats plus sympathiques à notre cause, qui en ont fait autant; ni les analystes en valeurs mobilières de Toronto ou de Londres qui se sont convaincus que nous paierions n'importe quel prix pour le privilège de perdre de l'argent sur les trottoirs de New York. J'ai fait de mon mieux pour donner à la presse des épigrammes très explicites, mais, comme dans d'autres sphères, ces gens croient ce qu'ils ont envie de croire, et nombre d'entre eux avaient envie de croire que nous n'avions rien de plus pressé que de nous ouvrir une artère à New York. Vers la fin du drame, j'ai dit au *Globe and Mail* : «Nous avons autre chose à faire que d'essayer de réveiller en l'embrassant cette princesse comateuse.» Rien n'y a fait.

Les créanciers qui, dans les termes d'un de mes amis à la société Tribune, «avaient mis les pouces», les syndicats favorablement disposés, les cadres et les administrateurs qui s'agitaient et complotaient comme les partisans du Gros Minh entre la fuite de Thieu et la chute de Saïgon en 1975, tous ces gens étaient pour nous des alliés dépourvus de valeur.

Mort Zuckerman s'était clairement appuyé sur des combattants plus robustes, dans la mesure où Connery, une fois acheté, restait acheté, et amenait avec lui la bande hétéroclite de sa clientèle. (LaChance n'a pas tenu la distance : il n'a pas passé son test de cocaïne alors qu'il était en probation, et a été renvoyé au «service gouvernemental», tandis que son syndicat était submergé par une nouvelle vague de mises en accusation.)

Le gâchis du *Post* et l'effondrement final de Kalikow ont fait tomber ce journal entre les mains d'un homme qui a été immédiatement après cité à comparaître pour fraude boursière massive, puis dans le giron d'un propriétaire de parkings qui avait des hallucinations. Finalement, Rupert Murdoch a semblé revenir comme propriétaire, en partie pour récupérer les sommes à recevoir et en partie, sans doute, dans le but également utile d'humilier Teddy Kennedy. Deux jours après, le *Post* a publié un dessin humoristique de Mort Zuckerman affolé sur un divan de psychiatre. Bref, il ne me semble guère y avoir de profit pour qui que ce soit dans le domaine des tabloïds new-yorkais, excepté avec *Newsday* dans Long Island.

Mort Zuckerman a fait une fois de plus la preuve que le fléau de l'industrie de la presse, c'est l'amateur aisé qui conclut des marchés économiquement non viables pour se lancer en affaires dans le *glamour* et l'influence, plus particulièrement dans les très grandes villes. En la circonstance, nous en étions quant à nous complètement sortis : ni pour David Radler ni pour moi il n'y a jamais eu de *glamour* ou d'influence à perdre de l'argent.

Aucunement ébranlés par cette déception, mais ayant toujours besoin d'un vaisseau amiral américain, nous sommes passés à d'autres soicétés possibles, qui avaient des propriétaires, des profits, et de bonnes relations de travail.

Peu de temps après la fin de notre rôle dans la pièce de New York, notre menuet bizantin avec Southam a finalement pris un tournant décisif. Nous avions acheté le magazine *Saturday Night* en 1987, en partie pour calmer l'establishment littéraire canadien dans l'hypothèse où nous monterions à l'assaut de l'alliance difficile et contre nature entre Southam et Torstar; nous avions vendu en 1989 les 5 % d'actions de Southam accumulées par Hollinger. Mes associés et moi avons donc contemplé, sans en être vraiment inconsolables, l'écroulement de ce soufflé, les prétentions de la vieille famille Southam à ajouter de la valeur à leurs actions grâce à l'application de leur talent de gestionnaires.

En même temps, Torstar consacrait près d'un demi-milliard de dollars à une nouvelle usine au nord de Toronto, pourvue de presses allemandes ultra-sophistiquées. On empilait des dettes sur la société et laissait presque toute sa capacité de gagner des revenus entre les mains de quelques journalistes hautement spécialisés armés de tous les glorieux pouvoirs prétoriens conférés par les amendements de Bob Rae à la Loi sur les relations de travail. (Le *Star*, foyer et inspiration de quatre générations de la gauche ontarienne surnourrie au sein, avait déjà commenté dans un éditorial du 7 septembre 1990 que cela pourrait bien pousser le journal à la faillite.)

Finalement, au printemps 1992, Torstar s'était rebellée contre ce qu'elle pensait être (et avec justesse) la complaisante extravagance d'actifs à la performance en dessous de la moyenne, y compris l'imprimerie payée bien trop cher par Southam à UniMédia deux ans plus tôt, pour la somme de 14 millions de dollars. Les membres des deux vieilles familles qui avaient contrôlé l'entreprise ont pratiquement été forcées de se retirer des postes de présidence. L'ère Southam-Balfour-Fisher était terminée, et le vaste et disparate éventail de ceux qui s'étaient donné la main pour résister à la menace imaginaire d'une prise de contrôle en 1985, se sont mis à jeter des pans entiers d'actions sur un marché en déclin, comme autant de traités savants dans un brasier rugissant.

Pendant toute l'année 1992, les agents et les représentants auprès de Torstar des anciennes familles dépossédées et démoralisées continuèrent à s'agiter avec chagrin, à la recherche d'un futur meilleur. Quelques-uns effectuèrent la visite rituelle à Paul Desmarais, comme je l'avais fait à sa demande dans le même cas, en 1989 et 1990. Paul m'a dit qu'il était devenu assez sceptique au sujet du Canada en général, et des relations de travail dans l'industrie de la presse en particulier, après ses expériences malheureuses à *La Presse* et *Montréal Matin* (qu'il avait racheté à l'Union Nationale en 1973, et avait dû fermer quelques années plus tard.) Il était bien plus intéressé à consolider ses relations franco-belges, ce qui était devenu un passe-temps financier lucratif et socialement satisfaisant. Ses seules réactions dans l'affaire de Southam, ce fut du raclage de plancher à une échelle qui aurait impressionné même Kerry Packer.

La route de Southam menait, en fin de compte, jusqu'à moi. Comme un éclaireur de l'Ouest abasourdi, je suis sorti un jour de mon campement pour observer l'approche d'une immense armée, qui avait autrefois été manaçante mais qui s'annonçait maintenant par une avant-garde de partisans et de porteurs d'étendards. On a envisagé divers scénarios compliqués pour pousser Torstar à échanger leur 22,6 % d'actions contre les journaux d'Ontario et de l'Alberta. La position de Torstar comme super-initié rendait sa situation très difficile, et l'absurde pilule empoisonnée introduite par les administrateurs pendant leur longue veille figée au créneau de cette société en stagnation totale exigerait d'un nouvel actionnaire qu'il fasse une offre pour l'ensemble des actions, ce que je n'étais pas prêt à envisager.

Inexorablement, l'impatience de Torstar montait. Les complexités de la navigation dans la mer des lois anti-prise de contrôle, et celles liées au découpage de l'entreprise, dans le contexte déprimant de l'interminable récession canadienne, du désarroi constitutionnel, et de l'injection mortelle de socialisme lobotomisé faite par Bob Rae, a finalement poussé Torstar à chercher avec ardeur la porte de sortie. Dave Galloway a demandé si nous achèterions leur bloc de 14,25 millions d'actions à 15 % au-dessus du prix du marché, sans qu'il soit besoin d'une offre de relance pour les 77,4 % des autres actionnaires. Oui, nous le ferions.

Le comité exécutif d'Hollinger a approuvé la transation de 259 millions de dollars lors d'une conférence téléphonique, le 13 novembre 1992. Les administrateurs de Torstar ont approuvé l'accord deux jours plus tard, tandis que Barbara et moi nous étions en route pour Jérusalem pour assister à l'inauguration du nouvel édifice de la Cour Suprême d'Israël par mon collègue lord (Jacob) Rothschild. C'était une cérémonie remarquable. J'ai eu l'occasion de rencontrer les dirigeants du nouveau gouvernement Rabin et j'ai été satisfait de noter que les Israéliens semblaient moins pris dans leur mentalité d'assiégés, professaient des idées plus à la mode, et étaient moins hargneux que lors de ma visite précédente, deux ans plus tôt, bien que l'agitation dans les territoires occupés m'aient semblé beaucoup plus grave.

Les habituelles allées et venues se sont déroulées dans les circuits sociaux, mais le point culminant du voyage, ce fut l'interrogatoire de sir Isaiah Berlin à l'aéroport de Londres par la police israélienne. Le temps qu'Isaiah en finisse avec le résumé généalogique et culturel des buts de sa visite en Israël, les autorités étaient totalement mystifiées. Avec Barbara, j'ai visité le *Jerusalem Post*, y compris l'abri souterrain où le journal a été composé pendant la Guerre du golfe. Barbara a visité des camps de réfugiés éthiopiens. Nous avons avec révérence sacrifiés aux rites sur les principaux autels de nos fois respectives en nous attardant dans le quartier juif le plus traditionnel, réplique des *shtetls* du XVIIe siècle.

Notre voyage était régulièrement interrompu par une circulation croissante de télécopies et de coups de téléphone en provenance du Canada, nous félicitant de notre achat de Southam. (J'ai aussi brièvement eu des nouvelles de Hal Jackman, m'écrivant sur son papier à lettre à l'en-tête de vice-roi pour me dire combien les sociétés National Victoria et

Grey Trust possédaient d'actions de Southam, effectivement ou officiellement en considération. La vie n'était pas constituée uniquement de rubans à couper et de signatures au bas de textes de lois confiscatoires pour le représentant désintéressé de la monarchie dans l'Ontario de Bob Rae.)

À ma grande stupeur, mon vieil ennemi le *Globe and Mail* a mené le bal avec un éditorial déclarant que j'étais ce qui pouvait arriver de mieux à Southam, soulignant l'incompétence et l'égoïsme intéressé du précédent régime, et ajoutait que j'avais été injustement jugé à cause de ma «robuste incorrectitude politique». J'étais pratiquement invité à nettoyer la demeure de Southam.

C'était vraiment là le terme de l'ère bien lassante où les calomnies proférées par Bob Rae en 1986 avaient exigé de moi que je me lance dans des procédures pour faire disparaître des dossiers informatiques de toutes les organisations médiatiques l'idée que je m'étais constitué un capiton en volant les chèques de sécurité sociale des veuves, des orphelins et des travailleurs aux mains chenues. Toutes les agitations infantiles de John Ralston Saul, Ron Graham et même de l'inévitable Pierre Berton, voulant que les lois sur la diffamation auraient dû être modifiées (dans mon cas uniquement) à l'image de celles des États-Unis, et exiger une preuve d'intention de diffamer pour l'obtention d'une victoire en cour, tout cela s'était miséricordieusement évaporé.

Quelques activistes de l'arrêt des poursuites en diffamation ont manifesté contre moi dans Toronto Street, alors que j'étais malheureusement ailleurs. Les Reichmann se sont aussi fait prendre à parti pour avoir objecté à un article meurtrier dans le *Toronto Life*, suggérant que toute la fortune des Reichmann reposait sur la vente de contrebande aux nazis pendant la guerre.

Comme Paul me l'a expliqué, «c'est comme s'ils traitaient ma mère de prostituée». Encore plus diffamatoire que cela, ai-je pensé. J'ai joué un rôle modeste dans l'élaboration d'un accord basé sur une apologie absolument abjecte, et une contribution charitable de bonne taille.

L'auteure d'une autre diffamation me concernant, un volume soporifique sur les droits au surplus des caisses de retraites, a même prétendu, dans ses cercles gauchisants bien concentriques, que les ventes de son livre avaient monté en flèche après que les invendus (la plus grande partie de l'édition) eurent été mis au pilon en réponse à l'ordonnance que j'avais obtenue. (Le livre contenait les allégations habituelles : j'avais empoché les pensions de gens financièrement sans défense, plus quelques autres fioritures.)

En plus de commenter le défi physique et commercial constituant à augmenter les ventes d'un livre mis au pilon, j'ai souligné que pilonner les invendus était une inspiration de l'avocat de la défendante, sans doute après qu'il eut lu le livre de sa cliente et consulté les chiffres de vente. L'éditeur de Ron Graham a payé pour une apologie dans le *Globe and Mail*, admettant la fausseté de son accusation selon laquelle j'avais contribué à la multiplication de la misère humaine. Le *Star* a corrigé l'information et présenté des excuses. Le mythe des pensions a été éliminé de mon dossier, et le calme est revenu dans la tasse de thé saumâtre du journalisme canadien.

Un autre développement rachetant d'une façon gratifiante à cette époque une bonne part d'histoire personnelle difficile, ce fut notre victoire décisive dans la grève des journalistes du *Soleil*, à Québec. Après avoir enduré pendant des années une bonne dose d'agitation marxiste et de provocation anglophobe de la part de certains éléments de la presse québécoise, j'étais fier de la performance de nos administrateurs québécois, menés par Pierre Des Marais, et l'ancien ministre adjoint des Finances du Québec, Robert Normand, éditeur du *Soleil*. Ils ont habilement séparé le reste des employés des journalistes, qui ont finalement fait grève après avoir travaillé deux ans sans contrat. Ils ont refusé leurs affectations et exigé une augmentation considérable du salaire moyen jusqu'à 60 500 $ pour une semaine de travail de trois jours, en plein milieu de la récession la plus sévère des soixante dernières années. Leurs piquets de grève ont été ignorés; des pigistes travaillant chez eux avec des télécopieurs ont produit avec les rédacteurs un journal amélioré, comme l'ont montré les sondages que nous publiions régulièrement en première page, et nous avons renversé la vapeur des relations de travail dans l'industrie de la presse au Québec. Quelques-uns des meneurs de la grève étaient des adversaires de longue date, et l'un d'eux était l'aimable ancien rédacteur en chef de *L'avenir de Sept-Îles*.

Toute cette affaire a été habilement menée à bien par nos administrateurs de Québec pour culminer la veille de Noël dans un vote sur les conditions offertes par la direction, vote qui a amené le gérant du syndicat à donner sa démission. Ce fut l'une des plus plaisantes expériences de ma carrière. (Même dans mes moments les plus combatifs, je ne serais jamais allé aussi loin que Jimmie Goldsmith, qui brisa une grève au magazine parisien *L'Express*, quand il en était le propriétaire, en déclarant dans une harangue aux journalistes que «ce n'est pas du sang que vous avez dans les veines, c'est du pus!»)

Pendant que le théâtre de New York et de Southam se déployait peu à peu, nous avons participé de loin à l'extraordinaire carnaval des demandes de licences pour l'exploitation de réseaux télévisés en

Angleterre. C'était probablement un signe du jugement déclinant de Mme Thatcher d'avoir obligé toutes les télévisions indépendantes à renouveler leur licence en même temps sans avantages pour ceux, presque tous en fait, qui avaient honnêtement utilisé cette licence.

Nous nous sommes joints à un groupe pour faire une offre d'achat de la licence de NBC, pour des émissions du matin en semaine. NBC me téléphonait sans relâche comme à un compatriote nord-américain pour s'assurer que ce qui semblait être une charade grotesque était bien en train d'avoir lieu. C'était grotesque, mais c'était bel et bien en train d'avoir lieu. Il y avait avec nous ITV elle-même, MAI, Taylor Woodrow (l'entreprise de construction), et l'énergique et talentueux Michael Green, président de Carlton, une affaire habilement conçue et gérée qu'il avait bâtie avec un capital de plus de un milliard de livres.

Dans toute vente aux enchères désordonnées d'articles désirables, les opérateurs les plus habiles sont voués à s'emparer du marché. Michael Green, un homme délicieux, fantasque et soupçonneux, a arrangé une série d'accords imprévus avec le président de London Weekend Television, Christopher Bland. Il a discuté notre plan, alors dans ses premiers stages, avec Bland. Quand Bland a présenté l'offre concurrente, elle était plus élevée que la nôtre et il a gagné. Green et Bland ont conclu un accord de partage des installations entre la télévision de semaine et de week-end (une licence que Green avait arrachée à Thames Television; nous avions une participation de 5 % dans l'offre gagnante.) Green s'est retrouvé, ce qui n'était pas une grande surprise, l'actionnaire final des 20 % non souscrits de l'offre de la société de Bland pour les émissions du matin. Tout cela était une affaire de coïncidence, plus ou moins.

Le *Telegraph* avait atteint son objectif de base, devenir un joueur sérieux et reconnu dans le *sweepstake* de la télévision, même s'il était iniquement confiné, comme d'autres entreprises de journaux, à une simple part de 20 %. Michael Green m'a appelé quelques mois après que la poussière fut retombée sur le fiasco, et m'a demandé si je voulais participer à son offre d'achat d'ITV. Quand il est apparu qu'il offrait encore 5 % des parts, je lui ai cité Mussolini : «Je ne suis pas un collectionneur de déserts», (phrase prononcée à l'occasion d'une obscure dispute entre l'Égypte et la Lybie dans les années 30.) Dans ces affaires en tout cas, Green et Bland étaient le contraire de personnages dickensiens, et leur patronymes n'étaient pas appropriés.

Une autre distraction s'est présentée, la préparation d'une offre d'achat de la chaîne 5. Aucune nouvelle licence, dans mon expérience, n'aurait pu être conçue plus habilement pour écarter l'intérêt d'un acheteur. Londres et l'Asie du Sud étaient à peu près exclus, tous les magnétoscopes anglais devraient être réglés de nouveau, à quel degré, on ne le savait pas trop, et il y aurait des problèmes importants, mais également indéterminés à transmettre depuis une antenne émettrice adéquate. Nos associés principaux devaient être Time Warner et le mémorable duo constitué par Bruce Gyngell, un cadre de la télévision australienne, et le producteur et présentateur David Frost.

Notre groupe n'a jamais abordé les problèmes techniques, et nous avons finalement décidé de ne pas continuer, parce que les variables économiques étaient trop hasardeuses, et impossibles à quantifier. Mais nous avons eu de nombreuses séances divertissantes. Elle étaient habituellement allégées par le caractère effervescent de Frostie, y compris dans les occasions où il m'invitait les après-midi de dimanche dans sa maison de Londres pour lever des verres de champagne à notre prochaine «victoire».

De telles célébrations se sont révélées prématurées, mais elles ont directement suivi mes dévotions à l'Oratoire de Brompton, avec pour clou de la fête le spectacle de Frostie en train de déambuler, bouteille de Dom Pérignon et verres en main, avec les pans de sa chemise dépassant de sa veste. J'ai d'abord pensé que c'était semblable à Andrew Knight imitant, sous l'influence de sa première femme, les coutumes pakistanaises, comme pour les pantalons bouffants rouges et la tunique qu'il portait au soixante-cinquième anniversaire de Bob Maxwell. Mais c'était le costume de Frostie quand il arbitrait un match de cricket bénéfice. Aucun travail réel n'a été accompli, et en fin de compte la licence n'a pas été accordée du tout, mais ces réunions de travail étaient certainement parmi les plus amusantes que j'aie eues.

L'achat d'un intérêt dans un journal sud-africain est une autre de ces affaires qui n'ont pas abouti. Avec ma famille, je rendais visite à John Aspinall, ce pittoresque propriétaire de casinos et de zoos privés, dans sa splendide demeure aux environs de Capetown, au printemps 1991. John était un partisan enthousiaste du chef des Zoulous, Mangoshutu G. Buthelezi, et il avait organisé une série de dîners pour lui, pour contrebalancer un peu le grand succès à l'étranger du Congrès national africain, dont nombre des membres essayaient injustement de faire passer Buthelezi pour un Oncle Tom.

En fait, Buthelezi avait été emprisonné en Afrique du Sud pendant quelques années à la fin de l'incarcération de Nelson Mandela, parce qu'il avait refusé de discuter avec le gouvernement blanc, tandis que Mandela était en prison, ainsi que de négocier un simple statut de bantoustan pour ses Zoulous. En tant que capitaliste, il était opposé aux sanctions économiques et considérait comme une farce mal avisée «la résistance armée de la Lance de la Nation» menée par l'ANC (en des années d'un combat théoriquement sans relâche, celle-ci avait fait sauter quelques ponts et assassiné quelques colons blancs).

Gatsha Buthelezi possédait plusieurs des caractéristiques de son peuple : la fierté, la sensibilité, le courage, la loyauté. En dépit de la séduction profonde exercée sur les médias occidentaux par l'ANC, Buthelezi et sa puissante tribu sont la troisième force politique d'Afrique du Sud après l'ANC et le Parti national au gouvernement, et ils joueront un rôle important dans le futur du pays.

J'ai organisé un dîner pour Buthelezi, son entourage, et Aspinall au Toronto Club en novembre 1990. Le lieutenant-gouverneur, Lincoln Alexander, le cardinal Carter, l'ambassadeur sud-african et un éventail considérable de dirigeants du monde des affaires et des médias se trouvaient dans l'assistance. Le souper a eu un succès raisonnable, même si l'un de ses aspects les plus divertissants a été une manifestation de partisans de l'ANC qui ont aspergé de sang la porte du Club et insulté des couples en costume de soirée qui arrivaient pour leur souper préparatoire à la Foire royale d'hiver, dans un autre secteur du Club, et qu'ils ont pris pour Buthelezi et mes invités.

Il y avait une profonde incompréhension culturelle entre les laquais de l'ANC et la coterie vison-et-fumier de Toronto. (Le très apte directeur du Toronto Club, Ingo Schreiber, a prétendu qu'il était un journaliste du *Toronto Star* et a convaincu les manifestants que le dîner avait été transféré dans un hôtel, et ils étaient partis quand je suis arrivé avec Buthelezi. Les émeutiers de gauche, comme tous les autres émeutiers, ne sont pas devenus plus intelligents pendant les décennies où j'ai pu en faire l'expérience.)

J'ai aussi reçu une lettre extrêmement insultante de la part d'un député fédéral noir du NPD, qui m'a accusé de soutenir le racisme blanc en fêtant Buthelezi. Le NPD non plus n'est pas devenu beaucoup plus intelligent depuis que je le connais.

Lors de la première nuit de Buthelezi à Toronto, il est venu avec nous au souper annuel organisé chez eux par Latham et Paddy Ann Burns pour la Foire d'hiver, et il a même assisté au spectacle équestre. On avait compté sur Galen Weston, le président de la foire, et l'ami de plusieurs membres de la famille royale, pour remplir la loge royale d'un groupe approprié, mais il n'avait pu le faire. Paddy Ann, une femme à la personnalité animée, a poussé un cri de joie quand j'ai demandé, un peu timide, si nous pouvions amener Buthelezi et son entourage au souper. «Ce n'est pas un prince ou quelque chose d'autre?» Je lui ai assuré que c'était en effet un prince chez les Zoulous, qui sont selon certains une tribu plus formidable que celle des Hanovre.

«C'est ça! Vous nous avez trouvé quelqu'un digne d'occuper la loge royale!» Gatsha Buthelezi, auprès duquel somnolait John Aspinall en plein décalage horaire, comme un Batman blanc fourbu, a reçu le salut, brandi son bâton et joué à la perfection le rôle qui lui était assigné. Nous sommes ensuite retournés chez les Burns, et cette journée, pendant laquelle des Zoulous irrités avaient déclarés à la presse mondiale avoir «fait fuir par milliers devant eux leurs opposants épouvantés de l'ANC» (*Daily Telegraph*), s'est terminée après deux heures du matin avec Mangosuthu G. Buthelezi et son hôtesse, Paddy Ann Burns, en train de chanter «When Irish Eyes Are Smiling», accompagnés par un pianiste mondain torontois bien connu.

Ayant ainsi fait la connaissance de Buthelezi, et pouvant compter sur une certaine reconnaissance de sa part, j'étais bien placé pour lui rendre visite avec John Aspinall et quelques autres de ses invités au Kwazulu, en avril 1991. John Aspinall est un personnage qui a du cachet, en partie un admirateur des chefs à poigne dans le genre d'Oswald Mosley (dans son cas, Jimmie Goldsmith et Kerry Packer autant que Buthelezi), en partie le type rude et indépendant du *Boys' Own Annual*, et un partisan des valeurs tribales; et en partie le gentleman britannique cynique de l'école des joueurs durs à cuire. Parmi ses meilleurs amis se trouvait le légendaire lord Lucan, qui a disparu mystérieusement après avoir assassiné la gouvernante de ses enfants alors qu'il espérait assassiner sa femme. Le commentaire d'«Aspers», quand la presse l'a interrogé, ce fut que «si ç'avait été ma femme, je l'aurais massacrée depuis longtemps, et il n'y aurait pas eu d'erreur d'identité.»

Quelques-unes des soirées données par Aspinall sont mémorables, en particulier l'une d'elle en 1989, où se trouvaient sir James Goldsmith, Charles Powell (le conseiller principal à la politique étrangère de Mme Thatcher), le ministre de la Défense, Alan Clark, et moi. On a prétendu au Parlement, et Alan Clarke dans ses mémoires, qu'on m'a demandé de renvoyer Max Hastings de son poste de rédacteur en chef du *Daily Telegraph*, ou du moins de modifier notre ligne soi-disant pro-Heseltine. Le *Telegraph* ne suivait nullement cette ligne, et on ne m'a fait aucune demande.

Les invités d'Aspinal en Afrique du Sud en avril 1991, un groupe d'aristocrates britanniques, étaient des visiteurs improbables pour le Kwazulu. Nous avons débarqué à l'aéroport Mangosuthu G. Buthelezi à Ulundi, et roulé le long du Boulevard Mangosuthu G. Buthelezi jusqu'à l'édifice Mangosuthu G. Buthelezi du parlement pour dîner avec Mangosuthu G. Buthelezi. (Le repas a été servi par son efficace major-dome blanc). Au souper, Buthelezi et son roi, Goodwill Zwelathini, ainsi que leurs principaux collaborateurs, apparurent en peaux de léopoard, et Aspers fut prié de faire une allocution dont la conclusion appelait les Zoulous à «Faire reluire leurs boucliers, à aiguiser leurs lances, et à se rappeler Shako le Grand.»

J'ai murmuré à mon voisin anglais foudroyé que «nous aurons de la chance si ça ne cause pas une guerre civile», tandis que Buthelezi déclarait qu'Aspinall était un «Zoulou blanc» et l'invitait à parler au Stade Jambulani à Johannesburg, ce qu'il a fait un mois plus tard. Malheureusement, la nourriture offerte par Buthelezi était immangeable pour qui n'était pas initié, et nous nous sommes réfugiés au Holiday Inn d'Ulundi pour avoir un hamburger à la mode du Texas.

À cette occasion, Buthelezi m'a assuré que les grands jeunes gens porteurs de lances, à l'aspect féroce, qui les accompagnaient, lui et le roi, n'étaient «pas des guerriers. Ce sont des boy scouts. Nous n'avons pas de guerriers.» Je lui ai demandé combien de «boy scouts» il avait. «Environ 100,000». La capacité des Zoulous à jeter la terreur dans le cœur de chacun en Afrique du Sud, excepté peut-être des Afrikaaners, n'est pas difficile à comprendre. Ce sont les descendants de ceux qui ont aidé à faire tomber Disraeli à la suite de la Bataille d'Isandhwana, en 1879, l'équivalent britannique de Little Big Horn, où les Zoulous se sont présentés «aussi nombreux que les brins d'herbe et aussi noirs que l'enfer». C'est à leurs mains aussi qu'est mort le Prince impérial, Napoléon IV, mettant ainsi fin à la dynastie bonapartiste légitime. (Lors d'une visite ultérieure au Zululand, organisée par John Aspinall, Kathy Ford, la troisième femme d'Henry Ford II, qui a un sens magistral de l'humour, a été extrêmement amusée quand un important Zoulou a offert à Aspinall 200 têtes de bétail pour l'acheter. Ces petits voyages officiels sont pour Buthelezi aussi intéressants qu'éducatifs.)

Après m'être informé, j'ai conclu que les deux groupes les plus forts dans la courtepointe ethnique d'Afrique du Sud étaient les Afrikaaners et les Zoulous, et que, aussi longtemps que Buthelezi parlerait pour près de la moitié des Zoulous, et que F.W. De Klerk ne l'écartait pas en faveur de l'ANC, il n'y aurait pas de gouvernement d'extrême-gauche en Afrique du Sud. Il pourrait y avoir une résistance violente et féroce à toute imposition d'un tel gouvernement, les bouleversements pourraient être sévères et fort déplaisants, mais l'Afrique du Sud ne pourrait pas être gouvernée par d'autres partis, devant la résistance armée des Afrikaaners et des Zoulous.

L'évolution de certains aspects de la violence dans les townships suggérait clairement que le gouvernement Afrikaaner ne décourageait pas tout à fait les Zoulous de résister à une mainmise trop complète et trop rigide ne l'ANC sur les townships; l'ANC est un large rassemblement indiscipliné de tendances ressemblant à Solidarité en Pologne. (En Afrique du Sud et à Londres, le président De Klerk m'a assuré qu'il élaborerait des politiques qui devraient parvenir à séparer les modérés des éléments pro-communistes de l'ANC.)

Parce que les Afrikaaners et les Zoulous étaient clairement les groupes ethniques sud-africains les plus importants, historiquement et dans le présent, et qu'ils étaient dirigés par des hommes déterminés à ne pas gaspiller ce qu'ils croyaient être le droit de naissance de leur membres, j'ai pensé que des journaux sud-africains, avec un rabais proportionnel aux risques politiques, pouvaient valoir un modeste pari. Je connaissais Harry Oppenheimer, le principal industriel sud-africain, depuis de nombreuses années, lorsque, assistant à un souper de la Banque canadienne impériale de commerce en tant qu'ancien membre du conseil consultatif, il nous avait raconté sa rencontre avec de Gaulle, que celui-ci avait commencée en demandant «*Que voulez-vous de moi ?*» pour conclure avec le conseil aux Sud-Africains blancs de présenter leur tâche comme «*une mission civilisatrice*».

Harry Oppenheimer avait été l'un des députés modérés du maréchal Smuts, prônant le suffrage universel et un gouvernement bi-caméral où chaque «culture» se verrait donner un droit de veto réel par l'une des chambres. Il avait quitté la vie publique avec Smuts en 1948, mais avait acheté pratiquement toute la presse sud-africaine de langue anglaise pour l'empêcher d'être muselée par les gouvernements d'apartheid du Parti national purifié sous Malan, Strijdom, Verwoerd et Forster. Oppenheimer, un actionnaire majoritaire de Anglo-American et de ses sociétés affiliées, y compris De Beers, l'une des sociétés légendaires de l'ancien Commonwealth avec Canadian Pacific et La Baie d'Hudson au Canada, et Broken Hill en Australie, était un homme trop puissant pour être attaqué, même par les créateurs du système malfaisant et répugnant de l'apartheid.

Ses subordonnés à la Consolidated Industries de Johannesburg, à Times Media Limited et au *Star* de Johannesburg, ont commencé de longues discussions avec Dan Colson et moi pour l'achat de la société qui contrôlait les journaux de Capetown et le journal national du dimanche, et qui possédait une part dans des entreprises associées de Port Elizabeth, Pretoria, et Durban. Avec le temps, les subordonnés d'Harry sont devenus indociles et se sont mis à ergoter et à persifler, ont essayé d'éliminer le rabais pour risques politiques, comme si nous étions en train d'acheter en Caroline du Nord ou en Alberta, et ils ont voulu éterniser de parfaites entreprises conjointes où ils contrôleraient la direction, et où il n'y aurait aucunes liquidités pour nous. En ce qui nous concerne, la porte est restée ouverte.

Lors d'un souper chez Aspinall à Capetown, j'ai suggéré à De Klerk qu'il pourrait produire un ensemble constitutionnel de dévolution massive des pouvoirs aux provinces et aux districts judiciaires, avec une Chambre haute qui aurait un veto *de facto* au nom des principaux blocs d'électeurs, et que le tout pourrait être vendu grâce à la distribution à toute la population d'actions des entreprises d'État, South African Airways, South African Broadcasting, etc. Chaque citoyen, quelle que soit sa pigmentation ou sa tribu, recevrait ses actions lors d'un vote général pour le Oui. Je n'étais certainement pas l'originateur de cette idée, et De Klerk a fortement laissé entendre que ce pourrait bien être sa méthode.

La combinaison de De Klerk, Buthelezi et Mandela constitue l'un des groupes de leaders politiques nationaux les plus impressionnants et les plus talentueux au monde, quoique mon impression de Mandela, quand Kissinger nous a présentés à Davos en février 1992, a été celle d'un vieil homme distingué et plein de vertu, qui n'était plus très jeune et qui était usé, comme c'est bien normal après vingt-sept ans d'injuste emprisonnement*.

Au début de 1993, j'ai conclu avec le président de Southam, Ron Cliff, un accord selon lequel Hollinger succéderait à certains éléments dans l'accord Southam-Torstar. J'ai rejeté les propositions initiales voulant qu'en échange de trois sièges au conseil d'administration, nous nous engagions à l'avance à soutenir la liste provisoire d'administrateurs résultant d'une élection à la majorité par le comité de nomination : elles ne «correspondaient pas vraiment aux forces en présence.» (Après l'évaporation des gains et des avoirs des actionnaires, et l'effondrement du prix des actions, je ne doutais pas que les actionnaires seraient heureux de nous élire et de congédier la plupart des administrateurs en place, ou même tous, si on le leur demandait, même si je préférais éviter

* Après cette introduction, Henry, Barbara et moi nous sommes assis pour nous servir du thé, quand Kissinger a soudain grommelé : «Oh non, encore ce maudit Indien!». Je l'ai accusé de citer le général Custer, mais l'homme auquel il faisait allusion, vêtu avec élégance et d'une courtoisie exquise, se révéla être un membre très haut placé du gouvernement hindou, représentant du premier ministre de ce pays et avec qui Henry, dans le cadre de sa pratique constante des visites d'hommes d'État au secteur privé, a eu ensuite une réunion de travail fort satisfaisante.

cet imbroglio.) J'ai dit à Ron Cliff que nous déclinions «l'honneur de payer pour des actions tout en confiant le vote de leur gestion à d'autres.»

Nous avons finalement conclu un accord qui concédait des majorités indépendantes dans les comités, un plafonnement à 23,5 % de nos actions pendant deux ans, et la promesse de ne pas mener l'opposition à la «pilule empoisonnée» pendant deux ans.

À ma première réunion du conseil avec David Radle en février, le dividende a été diminué de moitié, j'ai proposé une allocation supplémentaire de 80 millions de dollars pour que les réductions de personnels éliminent 1 000 employés superflus, le tout dans les chiffres de l'exercice de fin d'année pour 1992, et un comité spécial a été chargé d'étudier des méthodes de collaboration ultérieures entre Southam et Hollinger. La division de presse de Southam employait 7 500 personnes, dont un tiers n'avait visiblement rien à faire là. Notre étude révélait que de 1981 à 1991, la proportion des coûts en personnel par rapport aux coûts généraux et au total des revenus avait augmenté de 51 à 67 % et de 41 à 58 %. Rétablir les profits exigeait une attaque sérieuse sur les coûts, avant toute autre chose.

Cette discussion a conduit à un échange à propos de la question des avoirs, car les banques prêteuses menaçaient de ne pas nous accorder un désistement à propos d'infractions techniques au contrat si la base en capital n'était pas reconstituée. On a jugé propre à causer des dissensions notre suggestion, à David et à moi, de ne pas se rouler aux pieds des banques et, pour la direction, de se concentrer sur la production de conditions d'améliorations des opérations, au lieu de jeter des actions à bon marché par la fenêtre aux prix les plus bas de l'histoire.

Des échanges ultérieurs du même genre lors de la réunion d'administration suivante (par téléphone) jetèrent dans les bras l'un de l'autre la faction la plus conservative du conseil d'administration de Southam et Paul Desmarais, cet acheteur toujours à l'affût d'une bonne affaire à rabais.

Je connaissais Paul depuis vingt-six ans. Il avait transformé une entreprise d'autobus en faillite, à Sudbury, en Provincial Transport, puis était devenu le partenaire de Jean-Louis Lévesque et avait fini par gagner le contrôle de Power Corporation qui, lorsqu'il a mis la main dessus avec Paul Nesbitt Thomson en 1967, était un fouillis d'actifs peu compatibles. Il a réformé l'entreprise et l'a améliorée grâce à des ventes et des achats judicieux, en particulier avec la prise de contrôle de Great West Life et la vente de Consolidated Bathurst et de Montreal Trust juste avant la fin du grand boom des années 80. En chemin, ses achats réguliers pour l'oblitération de ses propres actions dans Great West Investor's Group et dans Power Corporation elle-même ont été magnifiquement minutés. Je l'avais toujours trouvé habile et divertissant, même s'il fallait un certain talent pour discerner, à travers toute cette énergie et toutes ces effusions, quand il était sérieux et quand, selon l'expression qu'il a rendue fameuse à la Commission des valeurs mobilières de l'Ontario, il « ne faisait que rêvasser ».

Après les ventes de Consolidated Bathurst et du Montreal Trust, il se retrouvait avec 750 millions de dollars comptant dans Power Corporation, et avec d'autres ressources considérables dans quelques-unes des sociétés affiliées. Il me déclarait toujours être en train d'envisager quelque grandiose acquisition, mais après deux années de récession il n'avait toujours pas bougé de façon décisive, et je lui ai dit qu'il me rappelait ce prudent passager de première classe sur le *Lusitania*, en 1915, qui avait tellement peur d'être torpillé qu'il dormait chaque nuit dans un canot de sauvetage, mais qui a failli se noyer quand le paquebot a été coulé au large de la côte irlandaise. Il n'a pas trouvé l'allusion particulièrement appropriée.

En tout cas, le spectacle de l'érosion des actions de Southam l'a tiré de sa torpeur, tout comme le fait que quelques-unes des factions, au conseil de Southam, étaient prêtes à le parachuter de façon préemptive à notre place, pour faire contrepoids à notre présence. Même un lobbying relativement diplomatique pour obtenir une sérieuse amélioration de l'efficacité dans l'entreprise, comme celui de David et le mien, éprouvait les nerfs des survivants de l'*ancien régime*. J'ai eu des nouvelles de Paul Desmarais dans ma voiture, en route pour l'aéroport de Londres et mon avion pour Toronto, le 10 mars 1993. Il m'a dit qu'on l'avait approché pour investir dans Southam, et qu'il avait l'intention de le faire. Il n'a pas fait mention de dates, de quantité ou de prix d'achat des actions, mais a souligné qu'il n'était motivé par aucune inimitié envers nous.

J'ai répondu que je le supposais bien, mais que les représentants de Southam avec qui il était en discussion, eux, l'étaient certainement. Je ne me sentais pas très concerné par les motifs des gens, mais j'ai accueilli favorablement l'arrivée de Paul Desmarais, en général, parce qu'il constituait une force certaine au service d'une rentabilité accrue. Je n'ai pas envisagé alors, ni ensuite, que Paul pourrait s'allier à ce qui était conçu comme une opération d'endiguement pour nous arrêter, même si, comme je le pense, ce n'était pas l'idée qu'il s'en faisait; mais le fait que les éléments conservateurs du conseil d'administration de Southam acceptaient de coopérer avec lui indiquait qu'ils abandonnaient enfin les positions de tranchées qu'ils avaient défendues avec succès contre les efforts par ailleurs inefficaces de Torstar pour une gestion plus intelligente.

Quand je suis arrivé à l'aéroport de Toronto, sept heures plus tard, j'ai été averti d'une réunion des administrateurs le jour suivant, où l'on discuterait de la proposition suivante : la vente à Power Corporation, sur la trésorerie, d'un bloc d'actions plus gros que celui que nous possédions, à 13,50 $ l'action (comparés au 18,10 $ que nous avions entrepris de payer à Torstar pour le 15 avril), et l'attribution à Power Corporation du statut de preneur ferme d'une émission de 75 millions de dollars de droits de souscription à 11,50 $ l'action.

Si elle était acceptée, cette proposition condamnerait Hollinger à un statut secondaire à Southam, diluerait les actionnaires par près de 30 % et coulerait nos tentatives de vendre la moitié de nos actions au *Telegraph*, qui avait le comptant en main pour l'acheter, mais seulement avec l'accord d'une majorité d'actionnaires minoritaires, lesquels ne pourraient pas accepter un prix de 18,10 $ après un tel développement.

Nous devions nous voir offrir notre part proportionnelle de la trésorerie et de l'émission de droits de souscription, comme l'exigeait notre accord asvec Southam, mais il était bien connu de nos collègues de Southam que ce ne serait pas extrêmement pratique pour nous de nous embarquer dans un investissement supplémentaire de 50 millions de dollars, alors que le *Telegraph* était en réalité écarté comme investisseur potentiel. Cela signalait à quel point la vieille garde était déespérée, mais aussi qu'Hollinger était menacée, à la fois attaquée dans sa capacité à influencer Southam et dans sa possibilité de négocier son investissement en banque. Il n'y avait aucune suggestion d'un accord des actionnaires avec Power Corporation semblable à celui que j'avais négocié. Nous pourrions survivre à l'acceptation de l'offre de Power Corporation, mais seulement au prix d'un embarras public et financier.

J'ai commencé à rallier la résistance à la proposition dans ma voiture, avec mon téléphone cellulaire, tandis que j'allais assister à la soirée de talents amateurs de mon fils James à l'école Montessori de Toronto, dont j'avais été un fiduciaire. Ce fut une occasion pour la nostalgie, et un intermède plaisant dans une période de lobbying corporatif de haute intensité. J'ai déposé James chez sa mère, suis rentré chez moi, et ai continué à travailler par téléphone jusqu'après deux heures du matin (il était sept heures du matin à Londres où j'avais commencé ma journée).

Le matin suivant, à Southam, après une discussion longue mais sans acrimonie excessive, et en commençant par l'élection provisoire de James Boultbee au troisième poste d'administrateur de Southam auquel nous avions droit, nous avons tenu bon, et l'offre de Power Corporation a été rejetée de justesse. C'était un tournant décisif, comme lors de l'échec de l'offre d'achat de Prusac pour les actions de Bruce Matthews chez Ravelson en 1978, l'effondrement des efforts fiévreux de Nicholas Berry pour trouver un autre acheteur au *Telegraph* en 1985, et l'accord politique à notre offre révisée d'achat de Fairfax, au détriment de l'opposition à tête d'hydre montée par O'Reilly en 1991. La vieille garde de Southam était finie. C'était Waterloo. Paul Desmarais savait que s'il voulait jouer, il devrait passer par nous, et il m'a téléphoné l'après-midi même. Nous avons convenu de nous rencontrer à Palm Beach deux jours plus tard, le 13 mars.

Je me suis rendu dans sa splendide demeure sur South Ocean Boulevard, et je lui ai expliqué que j'avais le personnel de direction susceptible d'aider à nettoyer Southam, un plan complet pour intégrer partiellement Southam, Fairfax et le *Telegraph* en un regroupement sans égal de journaux de qualité, et la capacité, que personne ne mettait en doute, d'écarter tous les administrateurs actuels récalcitrants à la réunion des actionnaires. Je n'avais pas spécialement besoin de sa présence à lui, et je ne l'ai pas remercié d'avoir plongé dans notre affaire sous prétexte de secourir nos opposants, sans nous en avertir, d'une façon que nous n'aurions jamais employée avec lui et qui violait le protocole bien connu auquel nous avions tous deux souvent souscrit, et en vigueur entre les vrais propriétaires, par opposition à ceux qui font semblant d'en être. Une fois cela dit, j'ai exprimé mon plaisir de travailler avec lui dans un cadre structuré et explicite – contre toute survivance d'une culture de l'inefficacité à Southam, pas l'un contre l'autre.

Il a juré fidélité à l'alliance qu'il conclurait avec nous, en déclarant avoir quelques propositions précises. Nous avons convenu de nous retrouver le jour suivant. À cette occasion, son très affable fils, André, était présent, et nous sommes tombés d'accord sur un système de parité garantie entre nous, ainsi que sur des objectifs communs, en particulier l'amélioration des profits et celle de la politique éditoriale. Nous deviendrions de fait des actionnaires qui partageraient le contrôle de la société sans avoir à payer une prime pour ce contrôle. Le jour suivant, lundi 15 mars, nous avons changé de décor et sommes allés chez moi, avec des avocats présents en personne et par téléphone. Des accords télécopiés et dactylographiés ont été finalement échangés après douze heures de discussions intensives, et le fils de Paul est parti peu après avec son avocat.

Une minute plus tard, mon téléphone a sonné de nouveau. Paul Desmarais, qui était retourné à Montréal plus tôt dans la journée, m'a dit en français, dans les termes les plus flatteurs «je suis ravi de faire affaire avec vous, et je promets d'être un sacrément bon partenaire». Je lui ai dit que je l'admirais aussi depuis des années, et que j'étais honoré d'être son partenaire. Dans la même ville et lors du quinzième anniversaire de la mort de Bud McDougald, l'occasion était, pour moi du moins, assez émouvante. On doit considérer comme précieux des compliments venant d'un financier si éminent, et d'un homme si charmant, et ils ne sont pas accordés facilement. J'ai pensé à notre première rencontre de travail, en 1967, quand Peter White, Brian Stewart et moi nous avons proposé de lui «louer» le *Leader Mail* de Granby, et qu'il nous avait avec bienveillance envoyé voir Jacques Francœur.

Dans la mesure où, s'il voulait se donner la peine de suffisamment augmenter ses prix, il pourrait entrer de force dans Southam, quoi que je fasse, c'était le meilleur marché que je pouvais obtenir. Je devrais ignorer son initiative préliminaire dans l'intérêt de l'efficacité corporative, comme le retournement de Howard Webster à FP en 1979, ou le rôle de Brian Mulroney dans la mensongère enquête de Norcen en 1982. Parfois, il est difficile de faire la différence entre les provocations excusables et celles qui ne le sont pas, mais ce n'était pas le cas ici. À moins que Paul n'ait pris des engagements très sérieux envers ses parrains originels chez Southam, ce qui ne lui ressemblait pas, nos intérêts communs suffiraient à assurer que nous appliquerions notre influence de façon uniforme à encourager la nouvelle direction de Southam. Cette équipe de gestion émettait des bruits plein de détermination, mais dans le pandémonium de l'histoire récente de Southam, elle n'avait pas eu pleinement la possibilité de faire ses preuves.

L'investissement de Power ajouterait 2,50 $ par action à la trésorerie (180 millions de dollars à 14 $ par action), éliminerait le problème du taux d'endettement auprès des prêteurs, et serait perçu comme une démonstration de force de la part de la société. Au lieu d'être jetée par-dessus bord, comme dans la proposition du 11 mars, Hollinger obtenait comme actionnaire la parité permanente avec une entreprise plus importante, avec laquelle nous partagerions le contrôle, et tout ce qui restait de la fameuse pilule empoisonnée, c'était un plafond de 47 % sur nos actions conjointes pendant deux ans.

Il y a eu quelques nouveaux sujets de friction. Le 18 mars se tenait une autre réunion du conseil d'administration de Southam, à laquelle j'ai participé de Palm Beach par téléphone. Plusieurs des enthousiastes de la proposition de la semaine précédente avaient vu Desmarais comme un rempart contre nous et ils étaient clairement moins bien disposés envers la nouvelle proposition, malgré une moindre dilution de leur contrôle et l'augmentation de la valeur des actions, parce que la longue bataille de Southam pour garder son indépendance, qui avait fait perdre tellement de temps, et qui était en fin de compte bien pathétique, était perdue, quoique contre l'alliance de deux adversaires.

Trois des administrateurs indépendants qui nous avaient été d'un grand secours ont malheureusement démissionné, complètement dégoûtés des médisances politiques et des erreurs de gestion qu'ils avaient endurés et auxquelles ils avaient été associés malgré eux à Southam. Nos concurrents dans la presse londonienne ont tenté de susciter l'attente d'une révolte des actionnaires au moment du vote des minoritaires sur la participation du *Telegraph* à l'achat de Southam, et un porte-parole de Torstar, sans doute motivé par le fait que le contrôle de Southam leur ait échappé pendant des années pour tomber entre les mains de deux autres sociétés en à peine trois mois, a eu le front de mettre en doute la capacité d'Hollinger à remplir ses obligations envers Torstar, eu égard au solde de 189 millions de dollars. Dans une réconfortante manifestation de soutien, 97,4 % des actionnaires minoritaires du *Telegraph* ont approuvé la participation de la société à l'entreprise conjointe de Southam avec Hollinger et l'accord avec Power Corporation. Le solde total a été payé à Torstar à la date fixée, le 15 avril. (Des arrangements étaient en place pour le faire financer par Hollinger si nécessaire.) Stephen Jarislowsky a succédé à Jack Boultbee comme notre troisième administrateur chez Southam, une autre démonstration de force, compte tenu de l'influence de Stephen auprès des actionnaires institutionnels. Avec lui, Desmarais, David et moi nous détiendrions clairement une majorité écrasante des actions.

Nous avions acheté une demi-miche de pain au prix d'un quart de miche. Un substantiel gain de capital était pratiquement inévitable, que nous choisissions de l'actualiser ou non, et le marché avec Southam était un digne successeur du *Telegraph* et de Fairfax. La valeur de l'action de Southam était déjà supérieure à ce que nous avions payé au moment de la réunion annuelle de Southam au début de juin 1993. La patience et l'agilité tactique, comme je l'avais prédit, avaient tiré parti de la récession et nous avaient procuré une autre splendide occasion. Compte tenu de notre point de départ, dans l'ombre de Packer à Fairfax, et successeurs de la malheureuse Torstar à Southam, le contrôle effectif de Fairfax et le contrôle conjoint de Southam étaient de belles récompenses tactiques obtenues à un coût économique.

Au printemps 1993, Hollinger était l'une des plus grandes entreprises de presse du monde, un ensemble unique de franchises de journaux de qualité, avec une distribution totale de près de 4,5 millions en incluant

Southam et Fairfax. C'est un chiffre qui a été dépassé dans le monde occidental seulement par Ganett, un fournisseur bourgeois de journaux à l'Amérique de classe moyenne, et par la News Corporation de Rupert Murdoch, qui, dans ses divisions de presse, excepté pour le *Times* de Londres et l'*Australian*, fournit essentiellement des tabloïds de bas de gamme.

C'était une métamorphose profonde depuis le désordre laissé par McDougald en 1978, et même pour Hollinger assiégée qui s'était lancée dans l'industrie de la presse à Londres à la fin de 1985 à la suite de l'abandon profitable, mais douloureux, d'autres industries. L'achat de Southam rendait aussi de quelque façon plus supportable l'échec de notre offre d'achat de FP (incluant le *Globe and Mail*) en 1979. Nous n'aurions pas pu conclure les deux marchés, et Southam est une bien meilleure entreprise.

Notre destin corporatif est maintenant clair, sinon manifeste, même pour l'observateur le plus sceptique (il en reste cependant peu pour exprimer leur scepticisme à haute voix). Les journaux, en particulier les journaux de qualité, demeurent des débouchés publicitaires importants et de puissants supports pour l'information (et l'influence politique). La fragmentation du marché, les appareils de contrôle à distance qui baissent le son lors des pauses publicitaires, et les magnétoscopes ont rendu la publicité télévisuelle plus vulnérable qu'auparavant, et ni le mot écrit ni la capacité de lire ne sont passés de mode au point où beaucoup l'avaient craint.

D'autres acquisitions, avec des périodes appropriées de consolidation, devraient être possibles. Une certaine diversification, sectorielle et géographique, serait à conseiller. Le défi, moins formidable que bien d'autres auxquels nous avons fait face dans les quinze dernières années, sera une croissance équilibrée. Les capitaux de base devront être augmentés en même temps que les ressources d'exécution, pour éviter un endettement excessif et de trop grandes difficultés de gestion. À cette fin, en 1993, Dan Colson s'est joint à plein temps au *Telegraph* et à Hollinger, une reconnaissance méritée depuis longtemps de ses grands talents et des immenses services qu'il a rendus.

Dans l'imbroglio constitutionnel canadien de 1992, tous les groupes d'intérêts spécialisés et tous les appétits juridictionnels avaient été amadoués par une dévolution terminale des pouvoirs qui aurait émasculé le gouvernement fédéral. Si le processus dont la ratification était proposée par référendum le 26 octobre avait été mené à bien, il aurait laissé les provinces en charge de l'immigration, des nominations à la Cour Suprême du Canada, et probablement des communications comme de l'éducation, des ressources naturelles, de la sécurité sociale, des droits de propriété, des droits civils, et de la culture; le Sénat aurait été régionalisé et chargé de la nomination du gouverneur de la Banque du Canada; et des indigènes choisis se seraient gouvernés de façon autonome.

J'ai demandé à Bill Davis, l'un des leaders prévisibles du Comité pour le Oui, ce qu'il resterait à faire à Brian Mulroney ou à n'importe lequel de ses successeurs, à part imprimer des timbres-poste et accueillir des visiteurs officiels (il n'en manquerait pas!). Bill, qui s'est trouvé une seconde carrière comme conseiller de Bob Rae, service pour lequel sa propre gestion des fortunes de l'Ontario le qualifie amplement, m'a adressé un sourire énigmatique en répondant : «L'accord n'est pas idéal.» C'est le même Bill Davis qui est devenu le principal collecteur de fonds pour la Fondation Gorbachev en Ontario, et qui m'a dit une fois avoir des «objections de nature religieuse» à quelque chose, en me souriant d'une façon caractéristique quand j'ai répliqué : «Vous voulez sûrement dire des objections statistiques. Autant que je puisse en juger, vos opinions religieuses sont celles d'un Unitarien non pratiquant.».

Les trois leaders des partis fédéraux, les premiers ministres de toutes les provinces, pratiquement toute la presse, les capitaines d'industrie et les dirigeants des syndicats incitaient à voter OUI le 26 octobre 1992 à la dévolution proposée par Brian Mulroney. (Le premier appel téléphonique que j'ai accepté en revenant à mon bureau de Toronto quelques jours avant le référendum, après six semaines à l'étranger, ce fut celui du sénateur Trevor Eyton me demandant 100 000 $ pour le Comité pour le Oui. J'ai refusé, ce dont il m'a félicité quelques jours plus tard.) Brian Mulroney a même accusé ceux qui pourraient voter non de «trahison» et d'être des «ennemis du Canada».

Le jour du référendum, je faisais une allocution, dont la date avait été arrangée bien avant le référendum, au Canadian Club de Toronto. À cause de mes relations personnelles avec Mulroney et Bourassa, dont je ne questionnais pas la sincérité en l'affaire, seulement le jugement, je n'ai pas recommandé de voter non, mais il était évident que je n'avais pas une admiration excessive pour le marché proposé.

La nuit du référendum, le Canada a finalement répudié l'intégralité de sa classe politique, à l'exception de trois des premiers ministres des provinces atlantiques. Jacques Parizeau s'est aussi retrouvé justifié, puisqu'il avait persuadé les Québécois que, en termes de juridiction, des concessions totales étaient en quelque sorte insuffisantes.

Laissant de côté ses préoccupations antérieures de «trahison», Brian Mulroney, qui avait sombrement suggéré des répercussions si inimaginables, dans l'éventualité d'un vote négatif, qu'il y avait eu une chute brutale du dollar canadien et que la Banque du Canada avait augmenté les taux d'intérêt de 2 % en plein milieu de la campagne, déclara benoîtement à ses compatriotes, dont 54 % avaient voté non, qu'il était temps pour le Canada de s'occuper de nouveau d'économie.

Le système fédéral canadien avait enfin, après avoir graduellement approché ce stade pendant des années, atteint un état de totale absurdité. Le peuple avait manifesté son désir de voir arrêter le cirque et remplacer les clowns, mais, ne trouvant pas le message à son goût, les malheureux artistes se sont contentés de continuer à ennuyer mortellement leur public malgré lui.

Brian Mulroney fit ce qui était honorable, tout autant que nécessaire, en se retirant au printemps de 1993. Malgré ses vaines tentatives pour abandonner aux provinces l'essentiel des juridictions fédérales, il a été, en termes de politiques, le meilleur premier ministre qu'ait eu le Canada depuis Louis Saint-Laurent. Jamais alourdi par ses convictions, cherchant toujours à réconcilier les lobbyistes les plus persistants, Brian a fini par tomber, victime des pièges tendus par des attentes publiques impossibles à satisfaire, et que nous avions prévues lorsqu'il était venu me rendre visite à Palm Beach dix ans plus tôt. Le libre échange avec les États-Unis a été son triomphe, mais il a quitté ses hautes fonctions alors qu'il y parvenait enfin, une personnalité mal définie. Politiquement agile jusqu'à la fin, il s'en est tiré sans avoir été défait, mais son départ n'a vraiment pas fait date, et presque personne ne l'a regretté. Il méritait sans doute un peu mieux. Une possibilité s'est peut-être présentée pour lui d'être choisi comme secrétaire général des Nations Unies en 1991, s'il avait vraiment voulu briguer ce poste, et il y aurait sans aucun doute très bien réussi. Il ne recevra probablement pas le crédit qui lui est dû pour avoir laissé passer cette occasion afin de lutter plutôt pour sa vision de l'unité nationale, pas plus que Richard Nixon n'a reçu le crédit qu'il méritait pour avoir accepté avec tant de philosophie de se voir voler la victoire dans l'élection présidentielle de 1960. (Nixon m'a dit que contester l'élection en justice aurait été «vraiment irresponsable, car cela aurait laissé le pays sans président pendant six mois.»

Comme nombre de ses amis l'avaient craint, après une vie consacrée à l'ardente poursuite du poste le plus important de la politique canadienne, Brian Mulroney a été incapable de bâtir un véritable mouvement de partisans, fondé sur des visées nationales communes. Comme quelques dirigeants dans d'autres pays, par exemple Richard Nixon et Lyndon Johnson, il est devenu la victime de ce que le Dr Samuel Johnson a appelé «la malhonnêteté des années». Il a suscité une méfiance excessive, et reçu trop peu de crédit pour ce qu'il a accompli. Ce serait de l'injustice politique, et une ineptie sociologique, de vouer sa carrière publique à être *Death of a Salesman*, mais il y a malheureusement quelques indications qu'un tel sort l'attend. Vers la fin de sa première année en poste, en 1985, il a fait la liste des réalisations de son gouvernement, et inclus la mise en application d'un «système métrique sensible». Il y a des pieds et des yards et des mètres, mais pas de mètres sensible. Peu après avoir quitté son poste, Brian était assez amer, plein de reproches pour ses compatriotes et pas très convaincu qu'ils désirent vraiment voir le Canada fonctionner.

En dehors de ses défauts réels et du fait que ses non moins réelles réussites aient été grossièrement sous-estimées par lesdits compatriotes, Brian m'a toujours fait l'effet d'exagérer considérablement l'importance de son poste. Le système politique canadien est si fragmenté dans ses juridictions, et la population de chaque région si indocile, que le rôle du premier ministre fédéral consiste principalement en des débats interminables avec ses analogues provinciaux. Maurice Duplessis a pris l'habitude, à la fin des années 40, d'évoquer avec mépris les «*circonférences*» fédérales-provinciales. Lorsque ce fut le tour de Brian Mulroney de convoquer de telles conférences, l'ensemble du système politique canadien était devenu une ridicule et dégradante boutique à bavardages, distribuant onctueusement de l'argent emprunté à une population presque entièrement composée de victimes auto-proclamées de la géographie, de la race, du comportement et de la physiologie. On recherche activement et on apaise sans cesse de nouvelles catégories de victimes, car chacune d'elles prouve que le Canada possède un niveau de compassion et de soins bien supérieur à celui des États-Unis. Les droits collectifs ont été distribués si généreusement que les droits individuels en souffrent. La liberté d'expression ne peut plus inclure quelque sorte de dénigrement que ce soit, ou quelque attaque subjectivement perçue comme du harcèlement. Les pays démocratiques ont normalement les gouvernements qu'ils méritent, mais je ne suis pas convaincu qu'un peuple aussi envieux et geignard que celui du Canada depuis le milieu des années 80 méritait réellement un caméléon politique aussi fondamentalement bien intentionné que Brian Mulroney. Je lui souhaite bonne chance, tout comme à son excellente famille victime de tant d'attaques.

Le Canada n'avait pas énormément moins de cohésion que d'autres cultures politiques plus respectables. Tandis que les États-Unis des années Reagan créaient 19 millions de nouveaux emplois, l'Europe – excepté la Grande-Bretagne – n'en créait aucun. John Major sait bien à quel point l'Europe est un mythe politique et économique, à quel point elle manque de compétitivité, et à quel point ses institutions sont dominées par les diplômés *dirigistes* des grandes écoles françaises. Toutes les institutions de l'État français ont été créées par Richelieu, Colbert (au nom de Louis XIV), Napoléon et de Gaulle, et aucun de ceux-ci n'avaient le moindre respect, ni la moindre tolérance, pour un secteur privé. Cette mentalité de délirante régimentation est complètement sortie de ses bornes à la Commission européenne à Bruxelles. Lors de sa première apparition en public après des années, au Palais d'Orsay en juin 1958, de Gaulle a réclamé le crédit de toutes sortes de programmes sociaux, de nationalisations industrielles, d'augmentations d'impôts même, qui avaient eu lieu alors qu'il était à la tête du gouvernement de 1944 à 1946. Dans une importante mesure, de Gaulle était souvent très loin d'être un conservateur.

En vain ai-je suggéré à John Major, en juillet et de nouveau en octobre 1992, que sa mission de désocialiser l'Europe, si recommandable soit-elle, est un concept difficile à réaliser quand on s'y attaque à travers un traité conçu pour réaliser précisément le contraire, et qu'un tel programme serait délicat même pour Richelieu, Metternich ou Bismarck. Je lui ai suggéré avec respect que ces trois hommes d'État avaient plus d'expérience des subtilités diplomatiques que mon interlocuteur (lequel était ministre des affaires étrangères depuis trois mois, juste assez de temps, comme il le disait, pour «apprendre où est le Burkina Fasso»), que le groupe qui leur conférait leur légitimité politique était composé d'une seule personne, les rois qu'ils servaient, et que deux d'entre eux s'étaient quand même finalement fait renvoyer.

Ces incongruités de la politique britannique sont venues occuper le devant de la scène quand a fini par s'écrouler en septembre 1992, comme presque tout le monde l'avait prédit, la politique monétaire consistant à imiter le Deutschmark et à essayer de poursuivre une course qui allait de nouveau susciter l'inflation, tout en maintenant un taux des changes pratiquement fixe avec une Allemagne déflationnaire. Une seule et unique politique fiscale pour tous, ou des taux flottants, c'est la seule alternative, et seul un émule autoritaire, inflexible, universitaire, continental, bureaucrate ou britannique pouvait imaginer le contraire.

Il était pénible de contempler le gâchis de la crédibilité gouvernementale anglaise, dans la débâcle de la dévaluation de la livre sterling en septembre, et dans les hésitations sur la ratification du Traité de Maastricht plus tard cet automne-là. Max Hastings a commandité un dessin humoristique montrant le chancelier de l'Échiquier, Norman

Lamont, en Sidney Carton fuyant la guillotine. Et nous l'appelions «M. Grimes», comme ce personnage de Waugh dans *Decline and Fall*, qui, après s'être couvert de honte dans la Grande Guerre, se voit donner une bouteille de whisky, et un revolver chargé pour qu'il le retourne contre lui-même. Quand ses juges reviennent, après un intervalle décent, ils trouvent la bouteille vide, le revolver toujours complètement chargé, et M. Grimes nulle part. Norman Lamont est finalement parti en mai 1993, mais dans des circonstances si disgracieuses qu'il était difficile de ne pas éprouver de la sympathie pour lui.

Après le plébiscite du Danemark rejetant Maastricht, et le vote de justesse en faveur du traité en France, l'attachement fervent de John Major à une politique en butte à tant de difficultés était encore plus difficile à comprendre. Des doutes sont nés dans l'esprit de tous, incluant ceux qui espéraient le plus de lui, quant à l'aptitude réelle de Major à gouverner. Sa tendance à s'obstiner à soutenir des causes qu'il est bientôt forcé d'abandonner, de n'accepter alors aucune responsabilité, ne montrant ainsi aucune contrition, et de s'empêtrer ensuite dans une autre position vulnérable, est profondément déconcertante. Avec une livre sterling raisonnablement dévaluée et des travailleurs raisonnablement libres de la corruption anesthésiante de l'Europe socialiste, la prospérité a commencé enfin, timidement, à reparaître.

John Major est un homme capable et attentionné qui s'est battu de façon louable contre un schisme à l'intérieur de son propre caucus. Il serait peu avenant de ne pas souhaiter du succès à ce type même de personne qui réussit avec peu au départ, élevé à la tête d'un grand parti et d'une grande nation. Malheureusement, en cherchant à être simultanément le leader de la réduction des impôts, de la responsabilité fiscale et de l'amélioration des services publics, «au cœur de l'Europe» et pourtant hors de l'Europe par certains côtés importants, il a entrepris une tâche impossible. Il lui manque la force primaire d'une Thatcher et la magie manipulative d'un Disraeli, et il compte essentiellement sur son caractère hésitant à la Baldwin : son succès est très loin d'être assuré.

Tandis que le gouvernement continuait sur sa route pleine d'embarrassants trous et bosses, l'institution britannique ultime, la monarchie, s'est trouvée sérieusement démystifiée. La nation a été attristée et irritée, tout comme les membres du Commonwealth, par des commérages et des enregistrements pirates révélant apparemment de la froideur conjugale, de l'infidélité, de la banalité, et de monstrueuses erreurs de conduite de la part des quelques-uns des membres les plus jeunes de la famille royale.

Encore plus préjudiciable que la déception du public, le sentiment se propage parmi les grands Whigs, les aristocrates les plus intelligents et les plus désintéressés du royaume, que le monarque n'a en général pas recherché ou accepté les meilleurs conseils, et a fait preuve d'une complaisance et d'un manque de sophistication tout bourgeois.

Personne ne pourrait remplir les fonctions cérémonielles du chef de l'État avec autant de diligence que la reine, ou en prêtant plus d'attention qu'elle à l'aspect spectaculaire de son office. J'espère et je suppose que cet anachronisme utile qu'est la monarchie continuera à exister, du moins dans sa patrie d'origine. Perry Worsthorne exagérait à peine quand il écrivait en décembre 1992 dans le *Sunday Telegraph* que plutôt que d'attendre de voir les tabloïds londoniens abattre la souveraine, il serait plus miséricordieux de la sortir avec respect de Buckingham Palace et de la guillotiner. Elle devrait quand même connaître un sort plus doux que ces deux possibilités.

En résumé, l'antique fierté que la Grande-Bretagne dérivait de ses institutions gouvernementales a été ébranlée juste au moment où le débat se fait confus sur l'importance des juridictions à céder à l'Europe, et que le gouvernement anglais semble de moins en moins capable de gouverner. Le pays a connu des crises plus graves, mais c'est une période particulièrement débilitante.

Si le Canada et le Royaume-Uni se vautrent dans un bourbier politique post-guerre froide, la perspective depuis les États-Unis n'élève l'âme guère davantage. Un règne républicain de douze ans à la Maison-Blanche a pris fin, conséquence inévitable de la campagne de George Bush, décrite par Nixon un mois après l'élection, dans une conversation avec moi, comme «la campagne la plus incompétente pour un poste important qu'il m'ait jamais été donné de suivre». Bush avait été un président correct, avait réussi de façon brillante dans la Guerre du golfe, de façon adéquate pour l'environnement et le problème de la drogue, et de façon excusable dans l'éducation.

Avec Bush, comme avec des politiciens moins importants comme John Turner et Claude Wagner, les arguments que j'envisage pour l'excuser étaient peut-être un peu trop sophistiqués. Quand je lui ai dit que je supposais que Saddam Hussein était encore au pouvoir à Baghdad parce que lui, Bush, voulait qu'il y soit, complètement discrédité, et pourtant la seule personne capable d'empêcher les Shiites irakiens d'adhérer au «Grand Iran» et les Kurdes de déstabiliser l'est de la Turquie, il m'a regardé d'un air incrédule.

Quand j'ai essayé le même discours avec Dan Quayle, dont les instincts politiques étaient souvent meilleurs que ceux de son patron, il a éclaté de rire.

Bush a été défait parce que les électeurs ont senti qu'il ne s'intéressait pas aux problèmes qui les concernaient le plus, parce qu'ils en avaient assez de ses formules confondantes, «regardez bien mes lèvres», «le président de l'éducation», «mille points de lumières», «le gel flexible» (les Américains auraient réellement adoré Brian Mulroney), et parce qu'il n'avait de toute évidence pas un désir passionné de gagner. Ce sont toutes des bonnes raisons, et depuis que je suis né, les électeurs américains ont presque toujours eu raison dans leurs choix présidentiels.

On ne peut vraiment pas condamner le grand peuple américain pour avoir régulièrement ré-élu Roosevelt, qui a triomphé de son handicap physique et sauvé le capitalisme, nonobstant les imbécillités des capitalistes, qui a banni la Grande Dépression en conduisant ses compatriotes dans le type même de la Guerre Juste, et à travers, qui a fait don à l'humanité, sous les espèces de la fission nucléaire et des Nations Unies, des destinées jumelles de l'Armageddon et de l'amour fraternel universel. On ne peut pas reprocher au peuple américain d'avoir choisi Truman, vaillant créateur de politiques et d'institutions qui nous ont finalement gagné la guerre froide; ni Eisenhower, la suprême figure paternelle et rassurante, un homme âgé qui jouait au golfe, vêtu d'un uniforme de général cinq étoiles; ni le séduisant Kennedy; ni ces maîtres du jeu politique, si doués malgré leurs défauts, Johnson et Nixon, et Reagan, l'optimiste à la langue d'or qui a laissé l'Amérique être l'Amérique.

Avec George Bush, le manteau conservateur est passé à un non-croyant. Parce qu'il n'était si visiblement pas convaincu de ce qu'il disait sur l'avortement et les impôts, et donnait bien trop de place aux extrémistes religieux, il s'est aliéné les centristes sans gagner la droite. Pour les vrais conservateurs, de la variété la plus intelligente, ou simplement de la variété fervente, Reagan était le ventriloque et Bush la marionnette, abandonné à des platitudes mécaniques quand son maître s'est retiré.

Les tenants du déclin de l'empire américain ont été mis en déroute, et même si Clinton est un homme banal et impressionnable, les politiciens n'infligent jamais des dégâts réels ou durables à la nature résistante et à la base solide des institutions d'une grande nation. Harding était un Charlie Bon Temps, Hoover a aggravé la Dépression, Carter a embarrassé le pays avec ses angoisses déprimantes à propos d'un «malaise» inexistant et dont le seul véritable symptôme était la présence même de Jimmy Carter à la Maison-Blanche. Et pourtant, ils n'ont guère infligé de dommages durables. La phase actuelle d'auto-mutilation, avec sa discrimination inversée et sa dénigration recto-politique de traditions admirables, ne démolira pas, mais finira au contraire par se briser sur le bon sens, la fierté individuelle, et le génie inébranlable du peuple américain.

Clinton peut enfin commencer à s'occuper, avec le Congrès, de quelques-uns des graves problèmes américains que Reagan a benoîtement négligé et Bush ignoré, en particulier les soins médicaux, l'éducation, et le crime. Comme le dit George Will, «les enfants américains sont les seuls dans le monde développé qui s'endorment au son des armes à feu.» De toute évidence, ceci doit prendre fin.

Avec un démocrate libéral à la Maison-Blanche se sont heureusement tues la plupart des idioties sur un déclin relatif ou absolu des États-Unis en tant que puissance mondiale. Ce n'étaient que les aigreurs de perdants politiques et idéologiques, comme les déclarations des républicains, il y a quarante ans, selon lesquelles Roosevelt et Truman s'étaient fait rouler par les communistes. Roosevelt plus que quiconque (excepté peut-être Churchill) a gagné la Seconde Guerre mondiale, et Truman et Reagan, plus que quiconque (à l'exception peut-être de Nixon) ont gagné la guerre froide. À part la période du monopole nucléaire américain, 1945-1948, aucun pays n'a été aussi important dans le monde depuis la naissance de l'État-nation que les États-Unis l'ont été au début des années 90.

J'ai eu l'occasion de suggérer à Bush et à Quayle que les unités militaires retirées d'Europe et de Corée pourraient être entraînées et redéployées sous contrôle local dans les grandes villes d'Amérique. De nombreuses et vastes zones urbaines sont maintenant des endroits où les gens respectables savent ne pas pouvoir mettre les pieds. Le président et le vice-président m'ont écouté avec une certaine inquiétude, tandis que je leur expliquais que «s'il y a 60 000 motards armés à Los Angeles, mettez-y deux divisions de *marines*. Récupérez les rues et les trottoirs de vos grandes villes. Les armées qui nous ont gagné la guerre froide ne sont pas nécessaires en Allemagne ou en Corée à leurs niveaux présents de personnel, mais on en a besoin à Détroit, à Washington et à Los Angeles.» Ils étaient tous les deux horrifiés. Même un contrôle sérieux des armes à feu était un concept trop radical.

Je doute que le président Clinton soit assez informé en matière de fiscalité, et assez habile aux arts du Congrès pour réaliser ses buts. Sans la capacité de Reagan à mobiliser l'opinion, celle de Johnson à manipuler le Congrès, ou celle de Roosevelt à faire les deux, le système politique américain ne bouge pas beaucoup, et ce sont les barons du Congrès qui gouvernent. Il y a déjà des signes que c'est ce qui est en train de se passer. Au moment même où l'Ouest connaît son triomphe suprême, les contrées anglophones, en particulier, manifestent du désarroi et sont gouvernées de façon médiocre (à l'exception de l'Australie et, dans les limites où elle se qualifie, l'Afrique du Sud.)

La structure financière du Japon a connu des vacillements, et son système politique n'est pas loin d'avoir aussi mauvaise réputation que celui de l'Italie, mais ses forces manufacturières et de mise en marché sont plus solides. L'Allemagne mènera à bien sa réunification, mais une grande partie de l'Europe doit faire face à une longue bataille avec la complaisance de ses travailleurs accoutumés à la drogue de l'assistance sociale. Les États-Unis devraient atteindre de nouveaux sommets de productivité et de compétitivité. L'identité de l'occupant de la Maison-Blanche est pratiquement secondaire en l'occurrence. Bush, sans conviction ni buts reconnaissables, devait partir. Si les convictions de Clinton sont du vent, ou des erreurs, ou s'il ne se conduit pas en président, il partira aussi. L'Amérique dure, la seule nation du monde vraiment grande, presque inconsciente, ce qui est charmant, de sa suprématie au plan de l'économie, de la force militaire et de la culture populaire.

Les États-Unis n'ont pas de rivaux, mais des buts incertains. Les puissances traditionnelles de l'Europe et du Japon connaissent des rivalités civilisées, en demi-teintes, tout en essayant de retrouver le statut international perdu lors de la Seconde Guerre mondiale. Aux frontières de ces traditions, en Chine et dans certaines parties de l'Islam, des ambitions féroces, et sans doute inadmissibles, brûlent.

Le Canada est l'objet d'une passagère et rare curiosité de la part du grand monde turbulent qui l'environne, et qu'il habite presque comme un capricieux dieu Pan parmi les autres nations. Chaque fois que j'y reviens, je réalise à quel point je suis maintenant loin de la mentalité méfiante, dérivative et envieuse du pays, bien que je songe souvent au Canada et au processus miraculeux d'une pleine accession à la conscience nationale. C'est pourquoi j'ai voulu participer à Southam, presque autant que pour des raisons économiques. Même si ses élites gouvernantes sont usées et discréditées, le peuple canadien reste admirable et le pays riche. Le Canada peut être sauvé de ses doutes et de ses défauts, de son statut unique dans l'histoire de premier pays à définir presque tous ses citoyens comme des victimes, et ceci, avec l'ironie appropriée souvent manifestée par l'histoire, dans la contrée la plus riche et la plus fortunée.

Le processus entrepris par Trudeau, utiliser la trésorerie publique et le Parlement pour identifier et apaiser les groupes geignards, que leurs plaintes ressortissent à l'ethnicité, la régionalité, le comportement, le sexe ou la physiologie, est devenu aussi dangereux qu'absurde. Pratiquement tous, sauf les Anglo-Saxons ontariens sains de corps, d'âge moyen, hétérosexuels, mâles et de classe moyenne, sont maintenant officiellement reconnus comme pouvant se réclamer d'un grief subventionable. L'organisation de la société en catégories vociférantes de spécialistes de l'auto-apitoiement est à peine distinguable de l'ancienne pratique québécoise, si méprisée au Canada anglais, de faire passer les droits collectifs avant les droits individuels – et c'est aussi dangereux. Cette dernière pratique est et a toujours été reconnue comme la matrice de toute dictature, qu'on prétende protéger la société des communistes, des Témoins de Jéhovah, de tout un assortiment de bigots, des batteurs de femmes, des critiqueurs de gay, des voyeurs dans les bureaux ou d'employeurs qui donnent dans la discrimination.

Alors que je termine ce livre, une Commission royale d'enquête, extrêmement coûteuse, la dernière en date dans une longue série d'orgies institutionnelles d'auto-critique nationale, a publié près de 500 recommandations destinées à éviter la violence faite aux femmes. Elles comprennent, de la part de la population mâle adulte, le serment universel d'éviter d'avoir des intentions violentes à l'égard des femmes; elles comprennent aussi des vérifications localement gérées dans les quartiers pour inciter à la dénonciation et au commérage et pour évaluer ces dénonciations. À cause de nouvelles définitions du viol actuellement en train d'être élaborées, on va bientôt conseiller l'usage de formulaires de consentement entre des adultes canadiens envisageant une intimité hétérosexuelle, même si les parties sont mariées ensemble. La liberté d'expression ne s'étend plus à de nombreuses formes de dénigrement ou à la perception subjective d'un harcèlement. Comme l'a écrit Chesterton, l'État est devenu fou.

Plus on met l'accent sur la charte des droits, plus les droits des Canadiens deviennent ambigus. Sujets uniquement à des règlements conçus pour protéger et non gruger les libertés individuelles, les Canadiens reconnus légalement compétents devraient jouir de droits pleins et entiers seulement limités là où l'exercice de ces droits empiète sur l'exercice des mêmes droits par un autre citoyen.

On devrait démanteler presque toute la structure massive et compliquée de l'égalisation forcée, partout où elle ne porte pas sur l'égalisation des droits légaux fondamentaux de tous les citoyens, ce qui économiserait des milliards de dollars qu'on pourrait utiliser pour réduire le déficit. C'est une tâche sysiphéenne et contre nature d'imposer à tout un peuple une norme prescrite par l'État de ce que doivent être le comportement, l'économie et la culture. Nous avons atteint un point final, terminal, de cette fraude qui est la *raison d'être* d'un Canada à la compassion et aux soins infinis.

Quand cela s'effondrera, et si le gouvernement fédéral a conservé quelque autorité, il devrait l'utiliser pour assurer des taux d'imposition raisonnables et une distribution équitable des profits aux travailleurs et aux investisseurs, à la force de travail et au capital. Il devrait le faire, si nécessaire, en menaçant de lever des impôts exorbitants qu'on reverserait aux citoyens sans en retrancher des taxes provinciales, et en menaçant d'acheter à ses propriétaires légitimes le secteur manufacturier canadien en déclin, puis de leur louer, afin de le protéger des lois provinciales communisantes sur le travail. (À moins qu'Ottawa ne réalise son apparent et récent désir d'implosion totale, et n'abandonne tous ses pouvoirs aux provinces, celles-ci ne devraient pas pouvoir imposer les remises d'impôts fédéraux, ou légiférer sur les lois de travail dans des corporations qui sont ostensiblement des propriétés de la Couronne.)

Voilà la véritable vocation du gouvernement canadien : protéger les droits de ses citoyens, y compris leurs droits d'être traités comme des individus et non comme des unités interchangeable dans une vaste mer de récriminations; leur droit à la propriété et à l'intégralité de leurs revenus, excepté une portion raisonnable d'impôts; et leur droit à un pays qui fonctionne. Ce n'est pas le travail du gouvernement fédéral de pourvoir à toute imperfection sociale, ni de se démembrer au plan juridictionnel en faveur de ce que John Diefenbacker a si bien décrit comme «les dix satrapes».

À défaut de mesures de ce genre, le Canada va continuer à se vautrer dans sa banalité, sa vertueuse hypocrisie et son incapacité à convaincre le monde qu'il a une identité nationale.

Comme l'a montré le référendum du 26 octobre 1992, les gens savent que la clé du problème, c'est de rejeter et remplacer, dans le calme, presque toute la classe dirigeante. En conclusion, mon évaluation des élites dirigeantes du Canada n'a guère changé depuis mes jours lointains et misérables au Upper Canada College.

Le Canada n'aura pas confiance en lui-même tant qu'un nombre croissant de Canadiens n'auront pas confiance en eux-mêmes en tant qu'individus. Alors seulement le Canada pourra-t-il être ce qu'il n'a jamais été, un endroit vraiment intéressant pour la compétition. Le pays peut être reconstruit si les Français et les Anglais cessent de fantasmer et s'acceptent mutuellement comme des concitoyens légitimes. On pourra mettre fin au processus atrocement pénible qui consiste à chercher des distinctions artificielles entre la société canadienne et la société américaine.

Il prendra fin soit par le développement de distinctions réelles et constructives, fondées sur une durable compréhension mutelle des Français et des Anglais, ou par une association plus intime et plus directe des Anglo-Canadiens avec les États-Unis, ce qui serait un événement géo-politique bien plus important que la réunification de l'Allemagne. L'une et l'autre hypothèse sera préférable à la persistance de la paralysante ambiguïté canadienne. Sans les Français, les Anglo-Canadiens devraient accepter l'idée qu'il n'existe aucune profonde différence entre eux et les Américains, et que nous devrions cesser d'essayer d'en inventer.

Le Québec doit cesser de jouer les Sainte-Nitouche, et accepter ou rejeter le Canada. Le Canada accueillera le Québec, et à défaut du Québec, les États-Unis. L'Amérique du Nord sera divisée géographiquement, ou linguistiquement. La Grande-Bretagne et les États-Unis, comme d'autres nations pourvues de cohésion, peuvent se permettre d'avancer indéfiniment dans une certaine confusion, mais le Canada en est encore à décider s'il désire être un véritable pays. Sur ce point au moins, Pierre Trudeau et Brian Mulroney sont d'accord, et ils ont raison. Les Canadiens patients attendent, et le monde, pour une fois, conscient de l'importance stratégique du Canada, regarde. Earle Birney, dans sa jolie allégorie poétique où le Canada est un adolescent dépourvu de maturité, concluait avec impatience : «Grandira-t-il avant qu'il ne soit trop tard?» La réponse est oui, c'est ce que font ordinairement les adolescents. Je doute que Québec, à moins d'être opprimé et rejeté d'une façon inimaginable, ait un véritable penchant pour l'indépendance si cela lui coûte quoi que ce soit – et il n'existe aucune version de l'indépendance qui ne coûte quelque chose.

Duplessis disait qu'il avait fait taire les nationalistes québécois pendant dix ans avec le drapeau du Québec, qu'il le ferait pendant encore dix ans avec une délégation québécoise à Paris, et pendant dix ans encore après cela avec une Exposition mondiale. Il avait l'habitude de dire qu'avoir affaire aux nationalistes québécois, c'était «comme d'avoir un poisson de dix livres au bout d'une ligne faite pour cinq livres. Il faut le ramener et le laisser aller doucement.» Il est encore temps que ce jeu prenne fin. Après tout ce que j'ai vu et essayé de décrire, je suis encore persuadé que le temps du Canada viendra.

En élargissant et en explorant mes propres horizons, je n'ai pas déserté mon pays. Il est possible de transcender le nationalisme, mais peu de gens sont entièrement détachés des événements politiques, aussi décevantes que soient habituellement les pratiques et les personnalités de la politique. J'attends avec d'autres que s'allume dans l'éparpillement canadien une étincelle de fierté nationale et de renouveau : le Canada pour l'amour de lui-même et de sa propre valeur, et non lancé à la poursuite de quelque fable extravagante comme quoi il est plus socialiste que les Américains. Si un tel renouveau n'a pas lieu, je me ferai une raison, et serai en partie un exilé volontaire, à l'aise, citoyen du monde entier. Si le renouveau a lieu, je serai présent pour m'en réjouir.